Emmet Connor

Pandémie rouge :

Le culte marxiste mondial

Emmet Connor

Emmet Connor est un auteur et Youtubeur irlandais. Son travail porte sur des sujets tels que le patriotisme, l'idéologie, l'endoctrinement, le mondialisme, les affaires courantes et la géopolitique. Dans son premier livre - *Red Pandemic: The Global Marxist Cult* - Connor expose la source de tout l'activisme révolutionnaire fou dans le monde d'aujourd'hui - l'idéologie du marxisme - en soulignant son impact toxique inégalé sur les affaires mondiales et l'humanité en général.

PANDÉMIE ROUGE :
Le culte marxiste mondial

Red Pandemic:
The Global Marxist Cult

Publié par Omnia Veritas Limited - 2024

Traduit de l'anglais et publié par Le Retour aux Sources

www.leretourauxsources.com

Cet ouvrage est dédié aux centaines de millions de personnes (et ce n'est pas fini) qui ont dû subir l'irritation, les désagréments, le jugement, l'ostracisme, le harcèlement, l'intimidation, les dommages matériels, les agressions, la torture, le viol, le suicide forcé, le meurtre et le génocide "révolutionnaires", "progressistes" ou "activistes" tout au long de l'histoire du marxisme ; et à tous les véritables amoureux de la vérité, de la liberté et de la justice, qui que vous soyez et où que vous vous trouviez dans ce monde contaminé.

"Le marxisme ~~(religieux)~~ est le soupir de la créature opprimée, le cœur d'un monde sans cœur et l'âme de nos conditions sans âme. C'est l'opium du peuple"

~~KarlMarx~~

"Mon peuple est détruit par manque de connaissances".

Osée 4:6

"Quand il n'y aura plus de place en enfer, les morts marcheront sur la terre.

Peter Washington, L'aube des morts, 1978

La pandémie rouge : Le culte marxiste mondial
- Table des matières

PRÉFACE

Nous constatons que le monde a connu ces derniers temps des changements profonds et extraordinaires. Nous avons également constaté que ces changements colossaux ne sont pas simplement circonstanciels, ou le résultat d'une sorte d'évolution sociétale organique, ou d'autres facteurs indépendants de la volonté de l'humanité, mais des changements qui ont été encouragés et soutenus par certains mouvements, organisations et individus motivés.

En 2020, nous avons vu la pandémie de grippe aviaire devenir un événement universel qui a bouleversé la vie, une situation qui a eu des répercussions sur la quasi-totalité de la population mondiale. La même année, les manifestations et les émeutes "Black Lives Matter" ont fait la une des journaux dans le monde occidental, entraînant des répercussions dans de nombreux pays, mais surtout (et de manière prévisible) aux États-Unis. Nous avons vu le mouvement alarmiste sur le climat prendre encore plus d'ampleur ; on nous a dit que "passer au vert" était si crucial que si l'on n'y parvenait pas, cela conduirait inévitablement à une catastrophe mondiale si l'on n'agissait pas immédiatement. Cela semble s'appliquer même aux pays dont la production de CO2 est comparativement infinitésimale dans le schéma global des choses, comme l'Irlande.

Nous avons assisté à des changements massifs en matière de sexe, de sexualité, de genre et de relations, qui ne concernent pas seulement les adultes, mais aussi, bizarrement, les adolescents et les enfants. Le mouvement LGBTQ s'est intensifié et les organisations de défense des droits des personnes transgenres ont proliféré. Les "marches *des fiertés"* ont régulièrement envahi les rues de nombreuses villes du monde.

Nous avons également constaté que certains milieux ont mis l'accent sur la question de la pédophilie, ce qui n'est pas un durcissement (comme toute personne raisonnable le penserait), mais plutôt un adoucissement, une "normalisation". Il est étrange que quelque chose qui était auparavant considéré par beaucoup comme une maladie mentale ou tout simplement comme un mal, soit maintenant suggéré par certains comme étant fondamentalement une autre forme d'orientation sexuelle.

L'immigration de masse est une question qui divise et qui a un impact considérable dans le monde entier, en particulier en Europe. Toutefois, il ne s'agit pas d'une voie à double sens : il s'agit essentiellement d'un mouvement de masse de personnes provenant principalement de régions du tiers-monde vers des pays occidentaux généralement plus prospères, plus stables et plus civilisés. Ce phénomène a parfois été présenté comme un mouvement organique raisonnable et naturel d'un grand nombre de personnes d'une région à l'autre, alors qu'il est encouragé, promu, coordonné et justifié par l'establishment au niveau national (ainsi que par des organisations conglomérales internationales telles que les Nations unies et l'Union européenne). Il a également été présenté comme un mouvement de réfugiés provenant de régions déchirées par la guerre, ce qui est manifestement faux pour la majorité des masses, compte tenu du nombre et des pays d'origine (non déchirés par la guerre) en question ; d'autres rétorquent raisonnablement qu'il s'agit de migrants économiques, qui viennent chercher une vie meilleure en Occident. On constate également une augmentation de la rhétorique anti-blanc. À première vue, c'est aux États-Unis qu'elle se manifeste le plus, grâce à l'intérêt de l'Occident anglophone pour les affaires américaines, mais cette rhétorique raciste est également présente dans d'autres parties du monde, à des degrés divers.

Certains pays connaissent des changements plus radicaux que d'autres. L'Irlande, un pays relativement isolé géographiquement par rapport au reste de l'Europe et auparavant considéré comme chrétien-catholique et traditionnel dans une certaine mesure, a connu des changements à un rythme alarmant : entre 2015 et 2018, des référendums constitutionnels ont été organisés pour modifier la loi sur le mariage homosexuel et l'avortement, et les changements se poursuivent. Compte tenu de la vitesse à laquelle ce pays se transforme, c'est presque comme s'il était contraint de "rattraper" les autres, car il ne devenait pas "progressiste" assez rapidement...

Au vu des événements mondiaux, nous pourrions simplement dire que tout le monde n'est pas d'accord avec ces changements, mais il s'agit là d'un énorme euphémisme. En effet, il existe un mouvement croissant d'individus du monde entier qui s'opposent à cette "révolution" mondiale ou qui s'y opposent activement. *En fait,* une fois que l'on met de côté toutes les distractions, on peut voir que ce qui se passe n'est rien d'autre qu'un conflit : entre ceux qui accueillent ces changements colossaux - cette "révolution" - et ceux qui ne les accueillent pas.

La question primordiale du "pourquoi" doit être posée : pourquoi ces changements se produisent-ils ? Et pourquoi se produisent-ils maintenant, à cette époque, et dans une succession relativement rapide ? Pourquoi tant de mentalité activiste révolutionnaire ? Pourquoi tant de divisions entre les différents groupes et dans la société en général ? Pourquoi tant de ces groupes revendiquent-ils une forme ou une autre d'oppression ? Pourquoi entendons-nous parler de justice sociale ?

Pourquoi, souvent, dès que l'on veut exprimer en public une opinion qui n'est pas "politiquement correcte", on s'attend à une contradiction immédiate, presque par défaut ? Pourquoi, finalement, la simple idée d'exprimer une telle idée peut-elle souvent mettre mal à l'aise ? Pourquoi le politiquement correct apparaît-il aujourd'hui comme une pierre angulaire de la société à laquelle nos comportements doivent se conformer ? Pourquoi la non-conformité entraîne-t-elle souvent des conséquences désastreuses pour ceux qui contredisent ce statu quo ?

Pourquoi assistons-nous à une intensification du phénomène de la signalisation de la vertu ? Pourquoi ce comportement est-il adopté par toute personne en position d'influence dans notre monde ? Pourquoi l'observons-nous à un degré et à une fréquence nauséabonds ? Ceux qui s'engagent dans la voie de la vertu sont-ils réellement des êtres humains exceptionnels (comme ils voudraient nous le faire croire), ou y a-t-il d'autres raisons pour lesquelles ils se comportent de la sorte ?

Pourquoi les "appareils d'État" des pays occidentaux insistent-ils pour que nous nous engagions dans un altruisme pathologique et que nous essayions de sauver le monde aux dépens de nos propres pays et populations ? Pourquoi ont-ils constamment réinjecté ce message dans le psychisme des masses ? Pourquoi nous dit-on que les pays occidentaux ont l'obligation d'accepter un flot ininterrompu de migrants, alors que nos gouvernements ne peuvent même pas gérer leurs pays avec les niveaux de population actuels ?

Comment se fait-il que des pays comme la Suède et l'Allemagne - qui sont à un stade beaucoup plus avancé et catastrophique de saturation migratoire - aient encore été obligés de les importer, alors que ces pays se trouvent désormais dans une situation désespérée ? Pourquoi ce comportement suicidaire se poursuit-il en dépit des résultats évidents ? Pourquoi cette domination extrême des émotions sur la logique ?

Comment se fait-il que les grands médias des pays occidentaux nous montrent constamment à quel point le "multiculturalisme" est merveilleux et présentent régulièrement des étrangers qui se sont "intégrés" dans nos sociétés, alors que les agressions, les viols et les meurtres quasi systématiques dont sont victimes quotidiennement les Européens autochtones de la part des migrants font à peine la une des journaux ?

Inversement, comment se fait-il que l'assassinat ou l'abattage de membres de gangs, de junkies dangereux et d'autres criminels soient aujourd'hui considérés par les grands médias comme d'horribles crimes contre l'humanité, s'ils ne sont pas blancs ? Pourquoi nous rappelle-t-on régulièrement les souffrances des personnes non blanches en Afrique ou au Moyen-Orient, alors que la discrimination et la violence approuvées par le gouvernement à l'encontre des personnes blanches en Afrique du Sud sont ignorées ? Pourquoi nous dit-on, dans les pays occidentaux, de prendre soin des autres groupes et de les respecter, alors que cette attitude n'est généralement pas réciproque ? Pourquoi ces deux poids, deux mesures ? D'où vient ce mépris flagrant, raciste, pour les Blancs ? Pourquoi, si vous soulevez ces points, serez-vous contradictoirement (et bizarrement) qualifié de raciste ?

Pourquoi, alors que les problèmes et les maux de notre monde sont nombreux et réels, nous répète-t-on sans cesse que le racisme est l'un des pires, sinon le pire ?

Pourquoi, lorsque le criminel George Floyd est tué aux États-Unis par un policier blanc, le monde entier doit-il s'agenouiller ? Qui (ou quoi) décide des incidents dont le monde doit être informé et pour lesquels il doit s'indigner ? Pourquoi, dans un monde où il y a un mort toutes les quelques secondes, certains incidents sont-ils mis en exergue de cette manière ?

Pourquoi nos gouvernements et nos institutions consacrent-ils du temps, de l'énergie et des ressources à des initiatives bizarres et perverses telles que l'"éducation sexuelle" de nos jeunes ? Pourquoi leur attitude presque prédatrice et énergique dans ce domaine ? Pourquoi entendons-nous parler de "théorie queer" et d'"hétéronormativité" ? Pourquoi le phénomène récent des hommes et des femmes qui disent qu'ils sont "non binaires", croyant qu'ils ne sont ni mâles ni femelles ? Où sont les experts qui expliquent que c'est impossible ? Pourquoi certains gouvernements insistent-ils avec force pour que les enfants qui veulent subir des opérations de "réassignation sexuelle" n'aient pas à consulter leurs parents avant de voir leur corps modifié, leurs organes génitaux massacrés et de devenir stériles ? Pourquoi nous dit-on qu'il faut appeler "elle" une personne qui est clairement de sexe masculin ? Ou une personne qui est clairement de sexe féminin un "homme" ? Pourquoi devons-nous appeler les autres par les pronoms "ils" ou "elles" ? Pourquoi les parents et les enseignants ont-ils des ennuis parce qu'ils appellent les jeunes par un terme (apparemment) erroné ?

Pourquoi les matières qui devraient être davantage mises en valeur dans les écoles, telles que l'histoire, la culture nationale et les langues indigènes, sont-elles aujourd'hui marginalisées ou négligées au profit de matières plus "progressistes" ? Pourquoi nos enfants sont-ils encouragés à devenir des révolutionnaires quasi-politiques publiquement actifs et à s'impliquer dans des questions telles que le changement climatique, alors qu'ils sont à peine en âge de faire leurs lacets ? Pourquoi nous dit-on que les jeunes garçons doivent être éduqués à ne pas violer les filles, pour lutter contre ce qu'on appelle la "culture du viol" ? Pourquoi cette pratique bizarre et inappropriée qu'est l'heure du conte des Drag-Queens ? Qu'est-ce que cela est censé apporter ? Quelles connaissances, qualifications ou aptitudes à la vie quotidienne les drag-queens possèdent-elles pour être utiles à nos enfants ? Essayer de ressembler à une femme (si l'on est un homme) nécessite-t-il des connaissances ou des compétences ? Parmi tous les hommes et femmes brillants du monde qui pourraient être présentés comme des modèles à nos enfants, pourquoi ces personnages bizarres et quelconques ?

Comment se fait-il que la critique ouverte et la marginalisation du christianisme approuvées par l'État soient autorisées, alors que la critique d'autres confessions religieuses ne l'est pas ? Comment se fait-il qu'en outre, comme c'est le cas pour l'islam, une confession non chrétienne puisse être activement promue et soutenue par l'État ? Pourquoi ce double standard, en particulier à une époque où la notion d'égalité est sacro-sainte ? Pourquoi avons-nous vu, dans tout l'Occident, des personnalités politiques blanches et non musulmanes parler et agir en fausse "solidarité" avec l'islam et les musulmans ? Pourquoi toute critique du judaïsme ou des juifs est-elle considérée comme condamnable et "antisémite", alors que la critique du christianisme et des chrétiens est non seulement autorisée, mais encouragée et à la mode ? Pourquoi ce parti pris ?

Pourquoi entendons-nous constamment des termes tels que "égalité", "diversité", "multiculturalisme", "compassion" et "solidarité", qui sont toujours considérés comme positifs ? Pourquoi sont-ils continuellement scandés comme les murmures d'une secte ? Pourquoi entendons-nous, à l'inverse, une liste presque sans fin de termes utilisés comme des insultes, tels que : "homophobe ; misogyne ; xénophobe ; islamophobe ; transphobe ; raciste ; négationniste du changement climatique ; anti-vaxxiste ; conspirationniste ; fasciste ; nazi", etc. Pourquoi entend-on des termes comme "hésitation vaccinale" surgir lorsque le vaccin Covid est apparu ?

Pourquoi entendons-nous parler de "discours de haine" ? Pourquoi entendons-nous les gens utiliser le mot "haine" lorsqu'ils font référence à la critique ? Pourquoi ce mot est-il utilisé pour rejeter d'emblée toute critique ? Et quel type de critique est utilisé pour rejeter/neutraliser exactement ? Tous les types de critiques, ou seulement certains ?

Pourquoi entendons-nous tous ces gens se dire "opprimés" ou parler de l'"oppression" des autres ? Pourquoi mettre l'accent sur la politique de l'identité ? Pourquoi entendons-nous tant d'organisations, de politiciens et de médias parler d'"extrême droite" ? *Pourquoi entendons-nous d'*autres termes pour décrire certains concepts, tels que "victim blaming" et "slut shaming" ? Pourquoi entendons-nous parler de "masculinité toxique" et non de "féminité toxique" ? Pourquoi entendons-nous des choses comme "man-splaining" et non "woman-splaining" ? Pourquoi entendons-nous parler de "privilège blanc" ou de "privilège masculin", mais pas de "privilège noir", de "privilège asiatique" ou de "privilège féminin" ? Est-ce parce que seuls les hommes blancs jouissent de tous les "privilèges" ? Les hommes blancs sont-ils privilégiés, alors que les Noirs, les Asiatiques ou les femmes ne le sont pas ? Ou y a-t-il une autre raison pour laquelle nous entendons ces termes inégaux, à deux vitesses ? Pourquoi entendons-nous des termes tels que "théorie critique de la race", "relativisme culturel" et "relativisme moral" ? D'où viennent tous ces termes relativement nouveaux ?

Pourquoi semble-t-il, au cours des dernières décennies, que le monde se remplit d'activistes révolutionnaires ? Pourquoi nombre d'entre eux sont-ils associés d'une manière ou d'une autre aux universités, ou sont-ils eux-mêmes étudiants ? Aux États-Unis, lors de l'agitation "Black Lives Matter", pourquoi ces étudiants activistes sont-ils si fanatiques au point de se blesser ou de se faire écraser par des véhicules ? Qu'est-ce qui les pousse à se faire mutiler ou tuer ? Pourquoi ces militants, dont beaucoup sont des enfants, sont-ils si complètement possédés par cette énergie révolutionnaire et détachés de la réalité ? Pourquoi semblent-ils subir un lavage de cerveau aussi intense ? Comment se fait-il que les États-Unis aient été plongés dans une agitation aussi violente et à si grande échelle à cause de la mort d'une personne, alors que des gens y meurent tout le temps ? (comme c'est le cas dans d'autres pays). Pourquoi les gens ordinaires sont-ils obligés de descendre dans la rue et de faire face à ces foules "révolutionnaires" ? Pourquoi ces personnes sont-elles obligées de faire le travail que la police/les forces de l'État refusent (dans de nombreux cas) de faire, pour empêcher ces foules agressives de détruire leurs maisons et leurs entreprises ? Pourquoi ces "révolutionnaires" s'en prennent-ils à ces gens ordinaires, comme s'ils étaient le problème, alors qu'ils sont eux-mêmes le problème ? Comment peuvent-ils être aussi complètement à l'envers ?

Comment se fait-il que le mouvement patriote mondial - qui s'oppose au totalitarisme international/au "globalisme" - soit harcelé par ces groupes "révolutionnaires" ou "rebelles" qui, par défaut, servent le système auquel ils disent s'opposer ? Comment se fait-il qu'ils servent et protègent (apparemment de manière contradictoire) le système ? Encore une fois, comment peuvent-ils avoir les choses à l'envers ? Pourquoi cette inversion ?

Pourquoi tous ces militants "révolutionnaires" sont-ils fondamentalement identiques, comme s'ils sortaient tous de la même chaîne de production d'une usine ? Pourquoi ceux du Canada semblent-ils penser la même chose que ceux d'Australie ? Pourquoi ceux des États-Unis utilisent-ils la même terminologie et les mêmes expressions que ceux d'Irlande ? Pourquoi les Néo-Zélandais agissent-ils de la même manière que les Suédois ? Que vous soyez à Toronto ou Tokyo, Perth ou Portland, Londres ou Los Angeles, Stockholm ou Stanley, Dublin ou Dubaï, Le Cap ou Canberra, Amsterdam ou Aberdeen, Seattle ou Séville, Paris ou Prague, Moscou ou Monaco, Rome ou Reykjavik, San Paulo ou San Francisco, Santiago ou San José, Edmonton ou Édimbourg, Berlin ou Pékin, Buenos Aires ou Bangkok, New York ou New Delhi, Chicago ou Shanghai, Washington ou Wellington, Helsinki ou Hell's Kitchen - pourquoi ces personnes sont-elles toutes pratiquement identiques dans leurs attitudes, leurs comportements et leurs discours ?

Comment cela est-il possible, malgré la variété des lieux, des langues et des cultures ? Pourquoi sont-ils si peu diversifiés ? Pourquoi ont-ils tous les mêmes points de vue et promeuvent-ils les mêmes programmes ? Pourquoi traitent-ils tous les gens qui ne sont pas d'accord avec eux de "racistes", de "fascistes", de "nazis", etc. et avec le même degré d'animosité ?

Pourquoi les grands médias irlandais se comportent-ils plus ou moins de la même manière que ceux des autres pays occidentaux ? Pourquoi les médias grand public du Royaume-Uni, du Canada, de l'Australie, de la France, de l'Espagne, de l'Italie, de l'Allemagne, de la Suède, etc. se comportent-ils de manière très similaire, avec de légères variations ? Pourquoi chantent-ils tous plus ou moins la même partition ?

Comment se fait-il qu'une personne puisse tweeter, poster ou publier les choses les plus dégénérées et les plus stupides tant qu'elles sont conformes au politiquement correct, alors que si elle critique la "culture PC" avec virulence, ces opinions peuvent être supprimées ? Comment se fait-il que certains soient interdits en ligne, alors que d'autres ne le sont pas ? Qui décide de ce qui est bien et de ce qui est mal dans ce cas, et quel est son raisonnement ? Pourquoi certaines opinions sont-elles autorisées, alors que d'autres sont supprimées, et de quels types d'opinions s'agit-il ?

Comment se fait-il que l'État mette l'accent sur la "santé mentale" dans la société actuelle, alors que le même système est à l'origine de l'énorme problème mondial d'endoctrinement en matière de santé mentale ? Comment se fait-il que nous ayons actuellement dans le monde ce problème de psychopathie de masse rampante que l'écrasante majorité des "experts" n'aborde jamais ?

Pourquoi tous ces termes/concepts/agendas "politiquement corrects" semblent-ils dominer le discours politique, social, culturel, éducatif et médiatique au cours des dernières décennies, avec une augmentation alarmante de la saturation dans ces domaines ? Comment se fait-il que nous ne puissions même pas regarder un journal ou allumer la télévision ou la radio sans qu'ils nous soient constamment rappelés ? Ces choses sur lesquelles nous devons apparemment nous concentrer - le changement climatique, la justice sociale, l'inégalité, le racisme, etc. - sont-elles des questions sérieuses qui devraient nous préoccuper réellement, ou nous dit-on de nous y intéresser pour d'autres raisons ? Pourquoi tous ces problèmes et comportements se manifestent-ils globalement et presque simultanément, comme s'ils étaient coordonnés ?

Pourquoi avons-nous l'impression de vivre une apocalypse zombie, avec des millions de personnes sans cerveau, incapables de se forger leur propre opinion et qui pensent, parlent et agissent toutes de la même manière ? Pourquoi vivons-nous cette pandémie de comportements fous, coordonnés et destructeurs de la civilisation, comme si nous avions affaire à une énorme secte mondiale ?

Introduction

"J'ai renoncé au paradis, je le sais très bien. Mon âme, autrefois fidèle à Dieu, est choisie pour l'enfer"

Karl Marx, *Vierge pâle*, 1837[1]

Un seul problème central ...

La cause de tous ces changements et problèmes est une infection idéologique mondiale appelée marxisme.

Le principal problème de votre pays n'est pas le gouvernement ou la classe politique, les organes de l'État, la police, les Nations unies, l'Union européenne, les multinationales, les "élites", le capitalisme, les banquiers et le système bancaire international, la "bourgeoisie", les ONG et les organisations à but non lucratif, George Soros, les médias traditionnels, les migrants, les musulmans, les sionistes, les francs-maçons, les Illuminati, etc. etc. Le problème fondamental de votre pays (et de la plupart des autres) est qu'il est infecté par le marxisme. Vous aurez du mal à trouver une question problématique dans le monde d'aujourd'hui qui ne soit pas liée à cette idéologie, influencée par elle ou issue d'elle. Le "fil rouge" marxiste est présent dans toute la société et dans le monde entier. Ce problème central dans votre pays existe parce que les autochtones/les résidents normaux ont (ou ont eu historiquement) un manque suicidaire d'hostilité à l'égard de cette idéologie étrangère toxique. C'est le problème fondamental, et tous les autres problèmes majeurs énumérés que nous connaissons actuellement découlent de celui-ci.

Le mot à souligner ici est celui d'hostilité. Comme l'histoire nous le montre, toute autre attitude est inadéquate pour protéger une nation des effets néfastes de cette idéologie. Toute forme de tolérance ou de compromis à son égard n'est perçue que comme un signe de faiblesse, et vous serez envahis de toute façon ; toute tolérance à sa présence est pleinement exploitée. Toute tolérance à son égard est en fait suicidaire pour un peuple et une nation. Nous pouvons constater, en examinant la société d'aujourd'hui, que non seulement il n'y a pas d'hostilité à l'égard de cette idéologie anti-souveraineté et internationaliste, mais qu'il y a une fascination inquiétante pour elle. Elle s'est ancrée dans nos pays au point de faire partie des meubles, pour ainsi dire. En raison de cet

---

[1] Marx, M. "Pale Maiden", 1837 ("Young Marx-Writings from Karl Marx before Rheinsche Zeitung", 1975).

enracinement, il ne suffit pas de lui demander poliment de partir. Sans une position extrêmement ferme sur le sujet, il est impossible de l'éliminer en premier lieu. En outre, sans cette position ferme, la réinfection se reproduira, car l'idéologie trouvera inévitablement le ou les points faibles de la société (c'est-à-dire certains individus et groupes) et les utilisera pour s'imposer à nouveau. Cela s'est produit à de nombreuses reprises dans l'histoire de notre lutte contre cette idéologie.

"Bonne chance..."

Aux personnes (raisonnablement) libres qui essaient d'empêcher cette machine internationaliste "mondialiste" de détruire leur pays, je dis ceci : bonne chance pour essayer de l'arrêter sans d'abord traiter suffisamment l'infection marxiste dans votre pays. Une fois qu'elle est reconnue et comprise par un nombre suffisant de personnes, il faut s'y attaquer de front.

Il sera extrêmement difficile d'essayer de faire avancer un mouvement pro-souveraineté/patriotique/nationaliste (appelez-le comme vous voulez) dans votre pays - sans d'abord traiter le problème du marxisme. Quelle que soit l'énergie et l'enthousiasme que vous y consacrerez, vous ne ferez peut-être que tourner en rond.

Il est peut-être encore possible d'atteindre la liberté sans traiter d'abord l'infection marxiste, mais cela serait inefficace et prendrait plus de temps que nécessaire ; et n'est-il pas vrai que le temps est un facteur essentiel ?

Le but de ce livre n'est pas d'examiner les tenants et aboutissants dogmatiques et monotones de la théorie marxiste (officielle) et de ses diverses interprétations ; cela prendrait des volumes et n'aboutirait de toute façon qu'à une seule conclusion - elle ne mérite pas ce type d'analyse. Ce serait comme fouiller à mains nues une décharge puante pendant des années à la recherche de bibelots. D'ailleurs, quelle différence cela ferait-il ? Cela n'aurait aucun effet sur ceux qui sont déjà endoctrinés, et pour ceux qui ne le sont pas, cela reviendrait à "prêcher des pédés" (je suis conscient que personne ne dit cela). Cela dit, je suis persuadé que le message de ce livre apportera énormément de valeur, de clarté et de plaisir à ceux qui ont la bonne attitude. Ceux qui sont capables de comprendre cet ouvrage le comprendront. Il ne s'adresse évidemment pas aux endoctrinés, qui ont déjà leur idée en tête (ou faite pour eux, pour être plus précis) ; il s'adresse à ceux qui veulent mettre un terme à cette pandémie mondiale de folie.

Au fur et à mesure que vous avancerez dans ce travail, vous comprendrez pourquoi nous devrions nous concentrer sur le marxisme en particulier. Quelles que soient les causes particulières que vous aimez défendre, une compréhension approfondie de cette question vous sera bénéfique (ainsi qu'à ceux qui bénéficient de vos efforts). Ou si vous souhaitez simplement protéger vos proches, ce travail vous fournira l'antidote au cas où ils seraient "exposés" à cet agent pathogène.

On a souvent dit ces dernières années, à cause de Covid, que le monde n'avait jamais rien connu de tel, que nous vivions une époque sans précédent. C'est vrai. Cette époque est également unique pour une autre raison, moins évidente : jamais auparavant dans l'histoire, nous n'avons assisté à une telle pandémie mondiale de comportements psychotiques et destructeurs de civilisation.

Un ingrédient clé

Le marxisme n'est pas le seul problème de notre monde, ni l'origine de tous les problèmes, mais c'est un gros problème. Il est lui-même, comme nous le verrons, à l'origine de nombreux problèmes (dont certains ont été mentionnés dans la préface). Si nous devons nous concentrer sur une seule chose pour produire l'effet le plus important, nous devrions nous concentrer sur ce point. En comparaison, discuter d'autres choses pour améliorer notre situation globale est tout simplement une perte de temps.

Étant donné que ce sujet peut être, en termes de logique, une pelote de ficelle emmêlée à certains égards, nous devons démêler quelque chose avant d'aller plus loin. Nous devons nous pencher sur les tendances psychologiques du "ceci ou cela" que nous avons lorsque nous décidons de la position à adopter sur des sujets aussi importants que celui-ci. Lorsque l'on propose "le marxisme est un problème grave, et nous devrions nous concentrer principalement sur ce point", les réponses peuvent être du type "il n'y a pas que le marxisme à blâmer" et "le marxisme n'est pas à l'origine du problème". *C'est vrai dans un sens, et nous y reviendrons* plus tard, mais nous devons établir des priorités. En outre, ce type d'attitude est peu constructif car il ne permet pas la formation d'un consensus (dont vous avez absolument besoin pour traiter le problème du marxisme).

Ainsi, en raison de cette tendance chez certains (et chez ceux avec qui le lecteur pourrait interagir), nous devons réaffirmer ce point : ce livre ne suggère pas que le marxisme est le seul ingrédient utilisé dans la machine internationaliste "mondialiste", ou qu'il est à l'origine de tout le chaos du monde. Il souligne cependant que le marxisme est un ingrédient clé et universel qui permet à la machine mondialiste internationaliste de fonctionner au niveau du sol dans nos sociétés.

Tous poussent dans la même direction

En outre, il n'est pas bon d'avoir trop d'opinions divergentes, antagonistes ou contradictoires ; il faut vraiment que tout le monde pousse dans la même direction. Trop d'idées/solutions contradictoires ne font qu'annuler l'impact possible d'une seule idée/solution, et aucun progrès n'est réalisé. Par conséquent, pour progresser dans la résolution du problème dans lequel nous nous trouvons, il faut un consensus massif.

Imaginez quelques hommes travaillant dur et essayant de déplacer un gros rocher d'une route dans le passé, sans l'aide d'un animal (par exemple un bœuf) ou d'outils utiles. Peu importe le nombre d'hommes ou leur force - s'ils poussent tous dans des directions différentes ou opposées, c'est une grande perte de temps et d'énergie. En revanche, s'ils poussent ensemble dans la même direction, c'est une autre affaire. Il s'agit d'une efficacité de la force, due au fait qu'ils combinent leurs efforts. Il y a des façons efficaces et inefficaces de faire les choses, et notre quête collective de liberté face à ce monstre mondialiste n'est pas différente. Si nous voulons tous un monde meilleur, plus libre et plus sain, nous devons travailler ensemble sur cette question, être efficaces et parvenir à un consensus.

Il faut également tenir compte du fait que nous vivons dans un monde rempli de tromperie, de propagande et de démoralisation marxiste, qui essaie toujours d'exploiter les faiblesses de son opposition, en capitalisant sur toute désunion en son sein. C'est pourquoi notre message doit être clair et uni : "Non au marxisme, pas d'exception". Une fois que nous aurons maîtrisé ce problème, nous pourrons constater des améliorations dans notre situation collective.

L'importance de rester concentré

Nous devons nous concentrer sur ce problème et le maintenir en permanence, sans nous laisser distraire par d'autres questions. L'endoctrinement marxiste essaie toujours de nous faire porter notre attention (et notre responsabilité) sur d'autres éléments : les institutions religieuses (c'est-à-dire l'Église catholique), le système bancaire/capitalisme, l'"Empire américain", la bourgeoisie/les élites ou les multinationales, etc. En outre, nous sommes constamment divisés et conquis par les diverses initiatives ou "sous-agendas" soutenus par le marxisme (dont certains ont été mentionnés dans la préface). Ainsi, toutes ces divergences et ce manque de concentration ne sont pas propices à la construction d'une résistance à ce grand système internationaliste auquel nous sommes confrontés. En fait, le marxisme est doué pour absorber toutes les énergies opposées et les diffuser ou les détourner, au point qu'il n'y a plus du tout d'opposition cohérente.

Une autre raison pour laquelle nous devrions nous concentrer sur l'idéologie marxiste (et ses adeptes) est qu'il s'agit d'un problème que nous pouvons aborder et mettre en évidence relativement facilement dans nos pays. Il se trouve également que le marxisme est la première ligne de défense utilisée par la machine mondialiste internationaliste pour empêcher toute véritable résistance de se développer dans la société. Si le grand monstre "mondialiste" a une faille exploitable dans son armure, c'est bien celle-là...

Un ingrédient clé du contrôle

Le marxisme est un ingrédient clé du contrôle mondial et un facteur causal majeur de tout le chaos mondial, en raison des éléments qui composent cette idéologie : les concepts d'égalité, de "révolution", d'internationalisme (et de gouvernement mondial unique), et la formule oppresseur/opprimé, pour n'en citer que quelques-uns. Ces éléments sont au cœur de l'idéologie depuis le début, mais il y en a d'autres. Il est important de noter que c'est la combinaison de ces éléments qui rend le mélange d'endoctrinement idéologique marxiste si puissant. La formule Oppresseur contre Opprimé en particulier (et ses nombreuses manifestations) se combine très bien avec les autres éléments de la "révolution" et de l'égalité.

La simplification dramatique, cynique et excessive du fonctionnement de la société défendue par Karl Marx (1818-1883) et Friedrich Engels (1820-1895) - la "lutte des classes" opposant les riches capitalistes "oppresseurs" aux pauvres travailleurs "opprimés" du "prolétariat" - était une simplification excessive présentée dans *Le Manifeste communiste* (1848) qui a résonné jusqu'à l'éternité.[2] Cette simplification excessive, dont les "intellectuels" et d'autres personnes du monde entier ont fait leurs choux gras, s'est transformée en ce monstre qui détruit la civilisation et dont les ramifications conduiront le monde vers des horizons de plus en plus sombres si rien n'est fait pour l'arrêter. Pour être clair, nous ne parlons pas seulement de ce que l'on appelle le "marxisme culturel" ou l'*école de Francfort*. Comme nous le verrons, toute forme de marxisme (à n'importe quel moment de son histoire) est un problème pour la société ; y compris le socialisme ou le socialisme démocratique, et la multitude d'autres manifestations/étiquettes, indépendamment de leur apparente bénignité ou du nombre de personnes qui les apprécient.

Toutes les traces doivent disparaître

Ainsi, toute trace de marxisme doit disparaître. Si vous voulez reprendre le contrôle de votre pays en arrêtant ce monstre totalitaire mondialiste, vous et vos compatriotes devez rejeter et haïr complètement le marxisme sous toutes ses formes. Nous devons adopter une position de tolérance zéro à l'égard du marxisme en raison de la situation générale dans laquelle nous nous trouvons : en raison du fonctionnement de l'esprit humain individuel et du paysage social hautement contaminé dans nos pays à l'heure actuelle. D'où le mot "haine" : le fait qu'il soit empreint d'émotion contribuera à générer la mentalité requise dans la population générale. Plus les gens ressentent et expriment de l'hostilité envers le marxisme, et plus l'idéologie est considérée comme toxique, mieux c'est. Vous vous donnerez alors une chance de vous battre...

Comprendre les effets de cette idéologie parasitaire sur notre monde - et tenter de s'en immuniser - est une entreprise de grande envergure. Cette idéologie est insidieuse et s'exprime par différents moyens. Il s'agit d'une menace omniprésente, en constante évolution, qui a une longue et fière tradition d'adaptation et de subversion. Il existe plusieurs "souches" et il continue de s'adapter, même aujourd'hui. Récemment, elle s'est adaptée pour subvertir les mouvements patriotiques/nationalistes dans le monde entier. Par conséquent, plus une population est unie dans son hostilité à son égard, mieux c'est.

---

[2] Marx et Engels, *Le Manifeste communiste* (1848).

Une société ne peut-elle pas simplement être et rester immunisée ?

Sans ce rejet unifié, hostile, presque allergique, l'individu moyen a-t-il la capacité de rester immunisé contre ce phénomène ? Est-ce pour cela qu'il a si bien réussi à proliférer et à s'ancrer dans nos sociétés, malgré son horrible CV ? Une société ne peut-elle pas être immunisée sans être vigilante ? En fait, une société peut-elle adopter une position de tolérance zéro à l'égard de l'idéologie et ne pas être affectée dans l'ensemble ? Ce sont là des questions importantes.

Compte tenu du mode opératoire du marxisme (passé et présent), il se peut que de nombreuses personnes aient du mal à rencontrer cette idéologie sans se laisser égarer, sans être "aspirées par la secte" en quelque sorte. Il ne s'agit pas de rejeter le discernement de tant de personnes pour le simple plaisir de le faire ; il s'agit simplement d'illustrer à quel point le marxisme est doué pour se faufiler dans la société/l'esprit des gens et s'y installer, comme le ferait n'importe quel bon parasite. Il infecte ceux qui ne sont pas psychologiquement immunisés, puis se propage d'une personne "vulnérable" à l'autre.

Les nombreuses façons dont cette idéologie peut déformer les perceptions d'une personne et commencer à dicter ses réponses émotionnelles pourraient faire qu'il soit très difficile pour une personne de ne pas être affectée, surtout si elle se trouve dans un environnement pro-marxiste (par exemple, une université infectée).

Pour certains, essayer de rester immunisés dans un tel environnement reviendrait à marcher sur une corde raide psychologiquement, à essayer de rester dans le droit chemin. Pour certains, il faudra choisir entre se conformer ou être ostracisé, ou tout simplement décider de quitter cet environnement au plus vite !

L'exposition à cette idéologie peut être risquée pour n'importe qui, mais surtout pour les jeunes. Nous pouvons clairement voir comment la politique d'endoctrinement de cette secte cible le public sans méfiance à des âges de plus en plus jeunes. Récemment, ils ont utilisé le mouvement fou du changement climatique pour transformer les adolescents et les préadolescents en petits révolutionnaires. Ce n'est pas un hasard : plus une personne est jeune, plus elle est susceptible d'être endoctrinée, en particulier par une idéologie émotionnellement manipulatrice comme le marxisme. L'expérience de la vie, le contrôle des émotions et la maturité générale peuvent contribuer à immuniser une personne, et ce sont des choses que les jeunes n'ont généralement pas à un degré suffisant. Ils ont besoin d'être guidés et protégés par des personnes plus mûres pour éviter ces pièges, et c'est là que les parents et les enseignants (sont censés) intervenir. Bien sûr, si ces "adultes" sont eux-mêmes endoctrinés, les enfants n'ont aucune chance... Dans d'autres cas, le simple fait que les parents ignorent le marxisme suffit à créer un désastre.

Cette idéologie peut être introduite dans les têtes molles des étudiants à n'importe quel âge. Il existe plusieurs autres moyens par lesquels elle peut atteindre l'esprit des gens, et l'"éducation"/l'académie n'est que l'un d'entre eux. Cependant, c'est peut-être le plus efficace car il peut se masquer sous le nom d'"éducation" pour cacher son véritable visage : l'endoctrinement.

Priorités...

Priorisons et mettons les choses dans une perspective rationnelle, du point de vue de la gestion d'une nation. Compte tenu des dommages causés aux pays occidentaux par les attitudes internationalistes/marxistes, n'est-il pas un peu stupide de se concentrer sur les questions intérieures en oubliant la situation globale ? Dans le cas de l'Irlande, par exemple, se concentrer sur des questions telles que les prix du logement/le coût de la location, la criminalité, l'état des services de santé, la santé mentale, les fonds vautours ou les sans-abri n'est pas pertinent si le pays est progressivement conduit vers une falaise en raison de l'idéologie marxiste qui est aux commandes. Est-ce une bonne priorité que de se concentrer sur ces choses au premier plan, alors que les diverses conséquences d'une grave infection marxiste (et les divers "sous-agendas" qu'elle soutient) déchirent le tissu de la société à l'arrière-plan ?

Par exemple, l'immigration de masse dans un pays (qui est due à l'infection marxiste) détruira tout, et les problèmes domestiques déjà présents seront exacerbés à l'extrême (par exemple, la disponibilité et le coût des logements, les services de santé, l'économie, l'enseignement, etc.) En donnant la priorité à ces problèmes domestiques et en essayant de les résoudre dans une société où la démographie raciale est en constante évolution et où les niveaux de population augmentent (en raison du contrôle du marxisme), nous perdons tout simplement notre temps ! Priorités. Il convient également de noter que les divers mouvements marxistes d'un pays donné adorent s'impliquer dans ce type de problèmes domestiques, dans le cadre de leur ADN de signalisation de la vertu, ignorant totalement que l'idéologie à laquelle ils souscrivent garantira que ces problèmes ne seront jamais résolus ! La naïveté au maximum.

Pourquoi nous devrions dire #Notomarxism

> "Vous ne pouvez pas donner un pouce aux gauchistes de merde, si vous leur donnez un pouce, ils l'utiliseront pour vous détruire !
>
> Le président argentin Javier Milei lors d'une interview télévisée[3]

Si le patriotisme/nationalisme/souveraineté nationale (choisissez votre étiquette) est l'idée qu'un pays a le droit souverain de décider de son propre avenir, il s'agit alors d'une réponse idéologique rationnelle au totalitarisme internationaliste imposé à nos pays aujourd'hui. Ces positions de "droite" permettent généralement à un pays d'avoir plus de liberté pour refuser de participer aux plans des internationalistes. En effet, elles défendent l'idée qu'un pays doit avoir un degré raisonnable de séparation du reste du monde

---

[3] *Milei, J., "Javier Milei : you can't give sh*t leftards an inch !"*, YouTube.

(c'est-à-dire d'indépendance). Cela devrait être évident pour tout le monde !

À l'inverse, une idéologie internationaliste - comme le marxisme - a pour effet de réduire la capacité d'un pays à décider de son propre avenir. Pourquoi ? Parce que le marxisme (en général) prône qu'un pays doit être "égal" aux autres pays et ne doit pas/ne doit pas avoir de degré de séparation avec le reste du monde. En substance, les pays devraient faire preuve d'"unité" ou de "solidarité" avec les autres pays, et chacun serait modelé selon l'idéologie/la culture. Pensez à la mentalité naïve du "de toute façon, qui a besoin de frontières ? En outre, il suffit d'adhérer à cette idéologie (même partiellement) pour que votre pays soit emporté par la vague rouge idéologique internationaliste ; et c'est exactement ce qui se passe actuellement dans le monde entier. La secte, en général, veut une fédération "socialiste" du monde.

Si un pays est infecté par le marxisme à un degré significatif, cela signifie simplement qu'une partie importante de la population est psychologiquement contaminée par l'idéologie. Il en résulte un manque de volonté, de conviction (et de consensus !) quant à l'indépendance de ce pays, voire à son identification en tant qu'entité séparée et distincte ! Ces types endoctrinés ont tendance à aimer l'idée que le pays fait partie de la collectivité internationale et qu'il devrait céder sa souveraineté à des organisations telles que l'Union européenne et les Nations unies. Tout cela parce que le marxisme est une idéologie internationaliste. Bien sûr, les apologistes du marxisme pourraient rétorquer que toutes les formes de marxisme ne sont pas internationalistes, mais cela n'a rien à voir. Le marxisme conduit inévitablement un pays à rejoindre le mouvement sectaire international, à être emporté par la "révolution" et à perdre le contrôle de ses affaires.

Le marxisme est l'idéologie centrale la plus dangereuse, presque universelle, dans le monde d'aujourd'hui. Il est véritablement mondial et a détruit tous les pays où il s'est implanté au cours de son histoire. Il est extrêmement toxique pour un pays. Le marxisme (ou son émanation, le socialisme) n'est pas un système économique ou politique alternatif, ni un système de "philosophie" ou d'analyse. C'est une idéologie sectaire qui fait le contraire de ce qu'elle prétend - elle sert les véritables "élites" bourgeoises de type internationaliste, au lieu de s'y opposer ; elle réprime le prolétariat, les "classes laborieuses", au lieu de les libérer ; elle ne rend pas un pays et son peuple forts, elle les affaiblit.

Le marxisme est la ponction interne d'un pays sur son énergie souveraine et patriotique. Il est l'antithèse de la liberté et du patriotisme véritables, sains et naturels, et sabote un pays de l'intérieur vers l'extérieur. Le patriotisme est l'antidote à l'internationalisme mondialiste, et le marxisme est le poison qui neutralise l'antidote, en le gardant occupé - occupé suffisamment longtemps pour que la machine mondiale puisse imposer son agenda à un pays donné.

Il suffit de voir comment les membres de la secte marxiste, partout dans le monde, ont essayé de supprimer la résistance non marxiste/patriotique au "mondialisme" ces derniers temps - c'est toute la preuve dont vous avez besoin. Peu importe ce qu'ils pensent être, ou ce qu'ils prétendent être - que nous disent leurs actions ? Cela nous dit qu'ils sont essentiellement des traîtres, en termes nationaux.

Le marxisme est le contrôle totalitaire international. Il ne s'oppose pas à des choses comme le système bancaire international, il le complète agréablement ; il ne s'oppose pas au système de contrôle mondial, il en est un aspect essentiel ; il n'est pas l'antithèse du pouvoir impérialiste oligarchique, il le sert.

Cette idéologie est au cœur de ce livre, parce qu'elle est le fil rouge commun au monde entier : c'est l'éléphant rouge dans l'espace VIP de la discothèque gay LGBTQIXYZ+ aux couleurs de l'arc-en-ciel et en forme de gode, dans une salle où nous nous trouvons tous.

Le marxisme est l'idéologie racine des divers agendas anti-civilisationnels actifs dans nos sociétés : que nous examinions le mouvement marxiste anti-blanc en Afrique du Sud, ou la légalisation de l'avortement en Irlande, ou les émeutes Black Lives Matter aux États-Unis ou à Londres, ou le problème de l'immigration de masse dans les pays occidentaux, ou les malheurs économiques des pays socialistes, ou le sous-agenda du changement climatique à l'échelle mondiale - le marxisme est l'idéologie au niveau de la société qui est au cœur de tout cela. Sans les millions d'adeptes de ce culte rouge dans le monde, ces mouvements destructeurs et destructeurs de la société n'existeraient pas.

Derrière le marxisme, il y a d'autres idéologies qui remontent à l'histoire de l'humanité, mais c'est celle-là en particulier qui est la clé pour lutter contre le chaos. Le concept de révolution est toujours aussi efficace aujourd'hui qu'il l'était à l'approche de la *Révolution française* (1787-1799), en tant qu'outil incendiaire et de manipulation psychologique. (Le slogan de l'époque était "Liberté ! Égalité, Fraternité", c'est-à-dire "Liberté, Égalité, Fraternité (Solidarité)").[4] Quant à la puissance de l'idéologie, il serait difficile de trouver une forme plus efficace de lavage de cerveau si l'on essayait ! C'est un système fantastique, et (au début) difficile à identifier et à neutraliser dans une population.

Le marxisme est l'ingrédient central du ragoût du totalitarisme mondialiste (mmm, ragoût totalitaire !). Pour être plus précis, si ce totalitarisme mondial est une potion alchimique, alors le marxisme est le liant qui maintient tous les autres ingrédients ensemble. Sans ce liant, la potion ne fonctionnera pas. Quelle est donc l'équation de la liberté ? La formule d'or, le passe-partout, la solution miracle est la suivante : moins il y a de marxisme dans votre pays, plus vous avez de chances d'arrêter ce monstre mondialiste. Inversement, plus

---

[4] "Unité et indivisibilité de la République. Liberté, égalité, fraternité ou mort", Wikipédia.

le niveau de contamination est élevé, plus vous aurez de mal à l'arrêter.

La ligne de démarcation est tracée ...

Si nous supprimons le facteur d'endoctrinement marxiste dans la société, et que nous n'avons plus que la classe politique et quelques autres fanatiques mondialistes qui tentent d'imposer leur volonté, ils seraient largement dépassés en nombre (bien plus qu'ils ne le sont aujourd'hui) ! De plus, comme la majorité serait rationnelle, antimondialiste et antimarxiste, cette minorité de traîtres se distinguerait comme une peau de chagrin. Tout comme leurs opinions, leurs agendas, etc. Il serait beaucoup plus facile de les surveiller et de s'assurer de leur impuissance. En d'autres termes, il serait facile de tracer une ligne claire dans le sable.

Malheureusement, ce n'est pas si simple, et c'est là que l'idéologie marxiste entre en jeu. C'est elle qui fait pencher la balance du côté des mondialistes.

Non seulement elle peut favoriser un état d'esprit pro-mondialiste au sein de la population en général, mais elle transforme en fait les gens en mini-mondialistes. Puisque les chiffres comptent, nous devons réduire progressivement le nombre de personnes dans la société qui ont cet état d'esprit.

Il s'agit d'un livre de "haine", n'est-ce pas ?

Il ne fait aucun doute que les personnes ayant subi un lavage de cerveau décriraient ce livre comme un livre de haine. C'est un discours de haine" et "c'est un livre horrible de fascistes, de racistes, de méchants, d'inutiles, de méchants, de merdiques, d'horribles méchants, de méchants" (insérer la liste des "insultes" marxistes ici). Quand on sait ce qu'est réellement le marxisme, ce qu'il a déjà fait et ce qu'il continue de faire à notre monde, cela devient amusant ; cela devrait nous faire rire de l'hypocrisie d'une pseudo-logique de signalisation de la vertu aussi puérile et odieuse.

C'est comme si un pédophile critiquait un père pour avoir crié sur l'un de ses enfants. Ou comme un violeur essayant de faire honte à un homme parce qu'il ne tient pas chevaleresquement la porte à une dame. Ou comme une femme superficielle et narcissique reprochant à une amie de prendre trop de selfies. Psychotique. Hypocrite. Double. Normes.

Comme des papillons rouges à la flamme nazie

Avez-vous déjà remarqué que lorsque quelqu'un exprime publiquement des opinions qui contredisent les récits "PC" (politiquement corrects/marxistes), il attire le comportement de parasite salaud des drones marxistes ? Ces derniers sont contraints de s'attaquer à la personne, comme des papillons de nuit à l'ampoule proverbiale. Ils sont programmés, par l'endoctrinement marxien, pour essaimer (consciemment ou inconsciemment) toute source de lumière (vérité). Ils essaient de bloquer ou de diffuser la lumière. Ceux d'entre nous qui disent la vérité, qui dénoncent le comportement de la secte : nous sommes la lumière, nous sommes la vérité, et nous attirerons inévitablement ces petits papillons rouges marxistes. "C'est une ampoule fasciste, nazie et raciste ! (insérer l'effet SFX de l'ampoule frappée par un papillon de nuit et les cris de colère provoqués par le soja). "Cette ampoule est détestable... elle émet une lumière raciste et détestable. (etc. etc. ad nauseam)

Lorsque nous critiquons la secte/l'idéologie (ou ses initiatives et ses effets), nous sommes la cible de tirs - nous représentons une menace qu'il faut traiter et faire taire au plus vite. Comme il s'agit d'un champ de bataille idéologique, votre voix doit être noyée dans la rhétorique marxiste, ce qui leur permet de dominer. Cela peut impliquer que vous soyez contredit, "débattu" ou même rabroué. Le harcèlement mesquin et méchant de leurs opposants politiques/idéologiques est une tradition marxiste ; l'utilisation du "ridicule". Toute menace est contrée par des représailles collectivistes, semblables à celles d'une meute, de la part des membres de la secte. Ceci est extrêmement important pour étouffer toute opinion divergente par rapport aux divers sous-agendas/initiatives de la secte/idéologie, souvent dès qu'elle apparaît dans le discours public.

Ces représailles sont souvent de nature enfantine et peuvent aller de simples attaques ad hominem à des attaques plus élaborées. Il peut s'agir d'abus concernant l'apparence de la cible, sa façon de parler ou son accent, sa vie sociale ou familiale, de moqueries à l'égard de ses enfants, de sa famille ou de son partenaire, etc. ou encore de désinformation, de diffamation, d'assassinat professionnel, de tentatives de licenciement (ou d'atteinte à l'employabilité ou aux revenus) ou de mensonges purs et simples. Pour les marxistes, la fin justifie les moyens. C'est l'hypocrisie habituelle de ce culte de la "compassion", de l'"humanitarisme", de la "tolérance" et des "droits de l'homme".

Une nouvelle application régulière est nécessaire

Ce message anti-marxiste doit être répété jusqu'à ce que tout le monde (qui en est capable) le comprenne. Les avertissements ont été supprimés ou sont restés lettre morte. C'est pourquoi ce message doit être répété régulièrement, jusqu'à ce qu'il devienne une seconde nature pour une société de réagir de la sorte. Dans l'histoire du monde, chaque fois que ce message antimarxiste a été gravé sur un mur, une fois le graffiti oublié (ou, en fait, dès que vous le quittez des yeux !), un sous-fifre marxiste zombifié arrive pour badigeonner consciencieusement la peinture rouge... Il semble que le message antimarxiste ait besoin d'être régulièrement réappliqué. Le philosophe George Santayana (1863-1952) a dit un jour : "Ceux qui ne se souviennent pas du passé sont condamnés à le répéter"[5] ; une variante pertinente est : "Ceux qui ne peuvent pas comprendre le passé sont condamnés à le répéter".

Une erreur commise ces derniers temps est que certains ne croient pas que les

---

[5] Santayana, G., *La vie de la raison, La raison dans le bon sens* (1905), p. 284.

horreurs des siècles passés puissent se répéter à leur époque. C'est une présomption très dangereuse. Si l'on ne comprend pas l'histoire, elles peuvent se répéter et elles se répéteront, d'une manière ou d'une autre. La naïveté sera notre fin à tous. C'est une attitude raisonnable en général, mais surtout lorsque nous avons affaire à une idéologie dangereuse, comme le marxisme, qui a fait ses preuves. Il s'agit d'une idéologie qui ne fait pas simplement partie de notre histoire, ou qui s'est affaiblie d'une manière ou d'une autre, mais d'une idéologie qui devient plus puissante qu'elle ne l'a jamais été auparavant.

Lunettes de soleil Magic Anti-Red

Le marxisme est un programme idéologique destiné à laver le cerveau des gens. Il s'agit donc d'une question psychologique, tout autant que politique, géopolitique, etc. Nous ne pouvons pas ignorer le premier aspect ; il est d'une importance capitale. Se concentrer uniquement sur la politique/géopolitique n'est pas suffisant. Nous devons être plus intelligents et plus profonds que cela, et aborder ce problème avec un nouvel état d'esprit.

Pour être les meilleurs défenseurs de la liberté, patriotes, nationalistes, souverains, antimondialistes, nous devons lutter contre l'endoctrinement marxiste et, par conséquent, comprendre pleinement ce dont il s'agit ici, comment fonctionne l'ensemble du processus. Idéalement, nous devrions nous efforcer de mieux comprendre le programme, le programmé et les programmeurs. Nous devons examiner cette question au niveau de la société dans son ensemble, tout en examinant attentivement les personnes concernées. Avec une nouvelle perspective et les connaissances nécessaires, nous pouvons facilement identifier qui est endoctriné et qui ne l'est pas, et à quel degré. Nous pouvons également déterminer quand une personne risque d'être endoctrinée, sur la base d'une analyse de sa personnalité, de son environnement, de ses antécédents, de son âge, etc. Avec de l'entraînement, nous pouvons faire tout cela en quelques secondes. Avec de la pratique, nous pourrons faire toutes ces choses en quelques secondes. Essentiellement, nous serons capables de voir qui est infecté et qui ne l'est pas, et dans quelle mesure ils seront un problème pour le reste d'entre nous.

Dans le film *They Live* (1988)[6] , le personnage central découvre que les élites qui dirigent la société sont en fait des extraterrestres déguisés en humains (deux mots : David Icke). Et comment a-t-il fait ? En mettant ces étonnantes lunettes de soleil - des lunettes qui vous montrent ce que l'être que vous regardez est réellement sous son déguisement. C'est ce que nous devons faire collectivement dans nos sociétés respectives : mettre nos lunettes anti-marxisme.

---

[6] *Ils vivent* (1988).

Section I - Définitions

"Le communisme est une maladie de l'intellect. Il promet la fraternité universelle, la paix et la prospérité pour inciter les humanitaires et les idéalistes à participer à une conspiration qui prend le pouvoir par la tromperie et l'imposture et s'y maintient par la force brute. Le communisme promet l'utopie. Il a provoqué la famine, la pauvreté et la terreur policière au sein de son propre peuple et a encouragé les conflits et la haine dans le monde entier en opposant les races les unes aux autres, les classes les unes aux autres et les religions les unes aux autres. La trahison, la terreur, la torture et les guerres de "libération nationale" dirigées par Moscou ont répandu la "fraternité, la paix et la justice sociale dans le monde" communiste[1]

John A. Stormer, *Personne n'ose parler de trahison* (1964)

Introduction

Le marxisme étant un client glissant, il est prudent de passer en revue quelques définitions dans cette section ; le mot "marxisme" lui-même est problématique en ce sens qu'il peut faire diverger les opinions (au profit de la secte/idéologie). Dans la section suivante, nous passerons également en revue le contexte et les éléments pertinents de l'idéologie. Nous devrions toujours nous efforcer de ne pas nous laisser entraîner par le babillage pseudo-intellectuel qui entoure cette idéologie, mais certains éléments doivent être examinés. Il s'agit de préparer le lecteur aux sections ultérieures, dans lesquelles nous examinerons comment l'infection marxiste détruit la civilisation aujourd'hui. En ce qui concerne les définitions dans cette section, n'oubliez pas que nos perceptions antérieures de ce qu'est le marxisme peuvent être basées sur des définitions, des interprétations et des analyses provenant du système, qui est lui-même truffé de marxistes/marxistes (en particulier dans le domaine de l'éducation).

Dans la section III ("Notre histoire de l'infection mondiale"), nous examinerons la propagation géographique de l'idéologie/infection, ainsi qu'un aperçu général de sa présence à travers l'histoire. Plus loin, dans la section "Les pas rouges vers l'utopie", nous examinerons les mérites de la théorie marxiste en termes économiques (c'est-à-dire le socialisme), afin de ne pas nous enliser dans cette section. On croit souvent à tort que le marxisme est surtout une affaire de sociologie, d'économie et de politique, mais ce n'est pas le cas. Ce n'est qu'un écran de fumée qui lui donne une légitimité, pour cacher

---

[1] Stormer, J., *None Dare Call It Treason* (1964), p. 16.

sa véritable nature, comme nous le verrons.

Théorie contre réalité

Le problème théorie/réalité est un outil que nous pouvons utiliser pour comprendre pourquoi certaines personnes défendent le marxisme, malgré sa nature, son histoire et ses effets malveillants. De nombreux apologistes du marxisme (occasionnels ou fanatiques) qui tentent de nous convaincre que nous nous trompons sur l'idéologie ne comprennent pas qu'elle ne devrait pas être défendue. De même, ils ne comprennent pas (un peu ironiquement) qu'il est dans notre intérêt collectif de ne pas le faire (au contraire, comme le dit ce livre, l'idéologie devrait être activement critiquée, supprimée et éliminée). Mais pourquoi en est-il ainsi ? Pourquoi ces personnes se trompent-elles à ce point ? Comment peut-on être à ce point à l'envers ? Est-ce simplement parce qu'ils ont une perception déformée de sa nature ?

Le problème, pour certains, est que la réalité et les résultats du marxisme ne correspondent pas à ce qu'ils pensent que le marxisme est et à ce qu'il produit. Ils sont pris dans l'analyse théorique, hypothétique et académique de ce que certains hommes morts (ou leurs fans) ont dit. Il est certain que l'endoctrinement marxiste joue ici un rôle clé. Nous nous référerons à ce concept tout au long de l'ouvrage comme étant le problème Théorie/Réalité.

Définitions

Il est important de consacrer un peu de temps aux définitions, car il existe plusieurs perceptions déformées de divers concepts liés à ce sujet, ce qui pourrait être problématique pour certains lecteurs. Problématique non seulement en termes de compréhension personnelle, mais aussi lorsqu'il s'agit d'analyser le culte/l'idéologie dans le monde qui nous entoure et, plus important encore, de le dénoncer activement. Il existe littéralement des tas de définitions et d'interprétations du marxisme, c'est pourquoi nous aborderons une sélection de celles qui sont courantes et/ou pertinentes. Cela sera également utile aux lecteurs qui sont totalement novices en la matière et qui ne sont peut-être pas familiarisés avec les différents termes. Ils seront brefs et la plupart d'entre eux seront développés dans les sections suivantes.

Avant d'énumérer les définitions, il convient de noter que même les différents labels/noms associés au marxisme peuvent prêter à confusion. Ils font un excellent travail pour détourner les gens de la vérité fondamentale - il s'agit d'une idéologie dangereuse et subversive à laquelle nous devrions accorder toute notre attention, et ces différents labels aident à empêcher la population en général d'arriver à cette conclusion. Il est tout à fait approprié que même ces différentes étiquettes du marxisme puissent induire la confusion, ce qui renforce l'un des principaux attributs de l'idéologie - la subversion. Cet attribut lui-même implique souvent l'obscurcissement : cacher intentionnellement la véritable signification de quelque chose.

Alors, comment résoudre un problème s'il n'est pas d'abord clairement identifié ? Comment pouvons-nous montrer aux autres qu'il existe, si nous ne sommes pas tous d'accord sur le nom à lui donner (sans parler de les convaincre de la gravité du problème, de ses effets négatifs, etc.) Pendant que nous faisons des définitions...

Qu'est-ce qu'une idéologie ?

Allons droit au but : une idéologie est un système de croyances, une façon de voir le monde qui nous entoure, une façon de percevoir la réalité, une certaine façon de se percevoir soi-même, de percevoir les autres, de percevoir la vie, etc. Mais les idéologies sont-elles mauvaises ? Cela dépend de leur caractère positif ou négatif. Nous pouvons en juger en fonction des effets qu'elles produisent. Cela semble simple, n'est-ce pas ? Pour ne pas aller trop loin, voici une définition de *Dictionary.com* :

"1. l'ensemble des doctrines, mythes, croyances, etc. qui guident un individu, un mouvement social, une institution, une classe ou un grand groupe". Cette définition suffit. Ainsi, lorsque nous disons "le marxisme est une idéologie", nous disons qu'il s'agit d'une ou de plusieurs croyances d'un groupe. Il est amusant de constater que la deuxième définition est celle-ci : "2. un ensemble de doctrines, de mythes, etc., se référant à un projet politique et social, comme celui du fascisme, ainsi que les moyens de le mettre en œuvre".[2] L'utilisation du mot "fascisme" ici est amusante. Il n'y a pas d'échappatoire, n'est-ce pas ? Même les dictionnaires en ligne sont biaisés en faveur du marxisme, et son vieil ennemi est mentionné ici à la place. (Le fascisme et le marxisme ne sont pas identiques. Il existe des similitudes générales, mais il ne s'agit pas de la même idéologie. Ce point sera développé plus tard).

Qu'est-ce qu'un marxiste ?

Il existe une certaine confusion au niveau de l'étiquetage. Vous verrez/entendrez d'autres termes comme "socialiste" ou "communiste" ou même "libéral" (le terme "néo-con" est parfois utilisé aux États-Unis). Ne vous laissez pas troubler par ces termes et laissez de côté toute idée préconçue ; construisons ce projet à partir de la base.

Puisque nous nous concentrons sur l'idéologie elle-même (et ses adeptes) dans le monde moderne, l'étiquette "marxiste" est parfaitement exacte. Dans l'intérêt du consensus et de l'efficacité (comme indiqué plus haut) et pour simplifier la résolution de ce problème, nous devrions tous les appeler "marxistes".

Un "membre de secte" marxiste est une personne qui - volontairement ou involontairement - préconise/soutient n'importe quelle souche de l'idéologie marxiste (énumérée plus loin), et contribue donc à l'infection idéologique

---

[2] https://www.dictionary.com/browse/ideology

globale du marxisme dans notre monde. En raison de leurs croyances, ils donnent de l'énergie à l'idéologie et la soutiennent donc à un degré ou à un autre (qu'ils en soient conscients ou non). Leurs croyances contribuent à la prolifération de l'infection. Plus il y a de personnes de ce type dans le monde, plus l'idéologie devient influente/puissante, plus il y a de personnes potentiellement influençables, et plus l'idéologie devient influente/puissante, etc. à l'infini. D'où la "pandémie" idéologique.

Ces personnes peuvent être de toutes les formes et de toutes les tailles, et elles peuvent être légèrement infectées/endoctrinées ou gravement infectées/endoctrinées, et à tous les niveaux intermédiaires. Ce n'est pas une question de noir ou de blanc, c'est une question de nuance, une échelle de fanatisme et d'endoctrinement. Il peut s'agir d'un défenseur inconditionnel ou d'un apologiste. Il peut s'agir d'un fervent apologiste ou d'un apologiste peu enthousiaste (certains peuvent être apologistes sans même s'en rendre compte, ou sans même savoir ce qu'est le marxisme). Ils peuvent être politiquement informés et actifs, ou non. Ils peuvent être jeunes ou vieux, riches ou pauvres, instruits ou non, de toute nationalité, ethnie ou croyance religieuse. Il peut s'agir d'un commerçant, d'un policier, d'un enseignant, d'un médecin, d'un menuisier, d'un acteur, d'un étudiant, de votre petite amie/petit ami, d'un membre de votre famille, d'un cousin perdu de vue depuis longtemps, d'un collègue de travail, d'un voisin, etc. La secte/idéologie ne fait aucune discrimination à cet égard. Elle n'est pas difficile.

Le terme "marxiste" n'inclut pas seulement ceux qui aiment/préconisent/soutiennent l'interprétation traditionnelle et superficielle du marxisme, c'est-à-dire ceux qui considèrent le marxisme comme une forme de révolution contre le système, ou comme un système politique ou économique alternatif (alias le "socialisme"). Cela inclut également ceux qui aiment/préconisent/soutiennent les aspects sociologiques plus modernes du marxisme, plus communément connus sous le nom de "marxisme culturel" (c'est là que, sans doute, les théories marxistes ont un véritable impact sur la société et causent de réels dommages). Ces personnes sont souvent qualifiées à tort de "libérales" (nous y reviendrons).

Bien que tous ces types de personnes soient liés, étant des adeptes du marxisme, cela signifie-t-il qu'ils sont tous identiques ? Bien sûr que non. Si nous considérons qu'il s'agit d'une grande secte internationale ou d'une quasi-religion, alors tous ne sont pas de "vrais croyants" ; certains ne font que suivre la foule dans une certaine mesure. Il n'est pas non plus vrai que tous ces gens sont dégénérés, mauvais, nihilistes, contraires à l'éthique, destructeurs, etc. Ils sont tous, cependant, dans l'erreur (à un degré ou à un autre), quel que soit l'aspect du marxisme auquel ils adhèrent. Comme le marxisme a de nombreuses variétés/interprétations différentes, ils peuvent se tromper de nombreuses manières différentes (autant qu'ils le souhaitent ! C'est un buffet gratuit de croyances erronées !).

La tradition marxiste consiste à déconcerter les ennemis idéologiques et politiques en utilisant des termes qui prêtent à confusion ou qui détournent l'attention, même pour se décrire eux-mêmes. Ils ne peuvent pas utiliser le terme "marxiste", mais d'autres termes, y compris (mais sans s'y limiter) : La gauche, les progressistes, les antiracistes, les radicaux, les révolutionnaires, les antifascistes, les partisans antifascistes, les partisans ; *ou d'*autres termes comme les militants de la justice sociale, les militants de Black Lives Matter, les féministes/féministes radicales ; ou d'autres combinaisons des mots "radical", "militant", "progressiste", "révolutionnaire", "gauche", "socialiste", etc. D'autres termes tels que "travailleurs", "ligue", "parti" ou "antifasciste" seront particulièrement utilisés pour désigner les clubs, les organisations, les syndicats, etc. La réalité, bien sûr, c'est qu'il s'agit d'un seul et même grand mouvement. Le fait que la secte/idéologie ait une telle variété d'étiquettes a permis de garder cette vérité suffisamment cachée, jusqu'à aujourd'hui...

Qu'est-ce que le marxisme ?

Il s'agit d'une catégorie très importante. Il s'agit en fait de toute forme d'activisme "révolutionnaire" insensé.

Certains, qui se sont contentés de regarder le livre et son titre, seront déconcertés par le mot "marxisme". Le mot "marxisme" signifie toute variation de : le socialisme, le communisme, le marxisme culturel, le néo-marxisme, le marxisme classique (qui comprend lui-même le marxisme orthodoxe et le marxisme révisionniste), le marxisme libertaire, la social-démocratie (apparentée au marxisme révisionniste et considérée par certains comme une tendance favorable au capitalisme), le socialisme démocratique, le socialisme fabien, marxisme occidental, léninisme, marxisme-léninisme, maoïsme, castrisme, guévarisme, hoxhaïsme, eurocommunisme, titisme, khrouchtchevisme, ho chi minhisme (alias pensée ho chi minh), communisme juche, communisme goulash, trotskisme, luxemburgisme, anarcho-communisme, socialisme libertaire, progressisme, politiquement correct, etc. etc. ad nauseam.

(L'anarchisme mérite également d'être mentionné ici ; c'est un mouvement contaminé par le marxisme/les marxistes. Bien que l'on puisse affirmer que l'anarchisme "pur" est, en théorie, l'idée d'avoir une société sans dirigeants (ce qui est plutôt agréable), il se trouve également qu'il sert grandement le marxisme en voulant que les structures de la civilisation soient brisées afin d'y parvenir. L'anarchisme "pur" est utopique en ce sens qu'il envisage une société largement différente et meilleure sans gouvernants. De nombreuses variantes de l'anarchisme sont simplement destructrices et nihilistes pour le plaisir).

Ils sont tous liés, étant des interprétations/variations différentes de la même idéologie de base ; certains sont plus fidèles aux idées originales de Karl Marx et Friedrich Engels que d'autres (ce qui n'est pas pertinent ; ils font tous partie du problème). D'autres plongent leurs racines plus loin dans l'histoire, car les idées socialistes ne sont pas nées avec ces deux hommes, bien entendu ; en fait, ils ont plagié de nombreux concepts.

Certaines d'entre elles sont des souches engendrées par des souches antérieures. Le marxisme-léninisme, par exemple, qui est lui-même une fusion/interprétation des idées de Karl Marx et de Vladimir Lénine (1870-1924), a engendré plusieurs souches. En fin de compte, elles se résument toutes à la même chose : ce ne sont que des nuances différentes de la même merde, comme nous le disons en Irlande. Les partisans d'une variété particulière peuvent insister sur le fait qu'ils sont différents des autres, et que toutes les critiques que vous pouvez formuler à l'encontre du marxisme, du socialisme ou du communisme ne s'appliquent pas à leur marque particulière (les petites énigmes de ce genre sont répertoriées dans la section "Excuses que les gens (marxistes) font").

Gardons à l'esprit que toutes ces étiquettes différentes ne sont que l'interprétation ou les idées d'une personne basées sur l'interprétation ou les idées d'une autre personne. Certaines des souches sont des idées basées sur les idées des idées de quelqu'un d'autre sur les idées de quelqu'un d'autre (non, pas vraiment).

En termes logiques, si les idées originales et fondamentales sont défectueuses, cela revient à construire un mur de mauvaise qualité, une couche après l'autre : la première couche de "briques" est constituée de barres de crème glacée, la deuxième de sandwichs B.L.T., la troisième de bananes pourries, la quatrième de petits sacs de vomi de la taille d'une boîte à lunch, etc. Bonne chance pour essayer de faire tenir ce mur, surtout par une chaude journée d'été !

Pensez à tous les innombrables "genres" différents que certains cinglés ayant subi un lavage de cerveau inventent aujourd'hui : ce n'est pas parce que des tas d'étiquettes sont utilisées que la légitimité du concept erroné fondamental (à savoir qu'il existe autre chose que le "mâle" et la "femelle") s'en trouve accrue ! C'est la même chose avec le marxisme : on peut lui trouver un million de noms si on veut, cela ne change rien au fait qu'il s'agit d'un poison idéologique.

Certaines de ces souches sont des réinterprétations de la même idéologie de base (par exemple, le "marxisme culturel" de l'école de Francfort), ou des méthodes diverses de diffusion de cette idéologie (par exemple, le socialisme fabien). Certains peuvent également représenter différentes phases du même processus par lequel le marxisme s'empare d'un pays : ce processus commence par une légère infection et se poursuit jusqu'à la domination du marxisme dans ce pays (par exemple, le "politiquement correct" est un signe d'infection légère).

Quelle impression nous donne tout cet étiquetage ? Qu'il y a beaucoup d'expérimentations en cours, comme si la civilisation elle-même - et ceux d'entre nous qui en font partie - devait faire l'objet d'expérimentations. On dit que la folie consiste à répéter les mêmes erreurs et à s'attendre à des résultats différents. Si l'on considère son CV d'échecs constants, qu'est-ce que cela signifie pour le marxisme ? Si les théories marxistes avaient une valeur réelle, elles n'auraient pas besoin d'être modifiées en permanence, puis réessayées à l'infini. Les énormes égos de contrôle qui dominent traditionnellement dans ce culte tentent éternellement de nous convaincre du contraire.

Il est possible, compte tenu du modus operandi de la secte, que les marxistes aient (consciemment ou inconsciemment) inventé/utilisé des termes tels que "stalinisme", "léninisme" et "maoïsme" pour nous détourner de la vérité sous-jacente (à savoir que l'idéologie elle-même a toujours été le problème sous-jacent). Étant donné que ce cloisonnement des termes protège la secte/l'idéologie en nous cachant cette vérité, il s'agit d'un problème grave. Elle nous empêche de l'attaquer et de la supprimer.

Marxisme, socialisme, communisme : quelle est la différence ?

Quelques interprétations de base tout d'abord :

Le "marxisme" est le noyau, l'idéologie source et le fondement de toutes les autres variantes ; le fil (rouge) commun qui les traverse toutes. Il ne s'agit pas seulement de ce que des auteurs comme Marx et Engels ont dit dans leurs écrits. C'est le moteur idéologique de tous les sentiments révolutionnaires marxiens.

Le "socialisme" est la méthode politique, économique et sociologique permettant de mettre en pratique les théories marxistes, de construire une société selon les principes marxiens. Selon certaines interprétations, le socialisme est la phase par laquelle passe une société dans son hypothétique "transition" du capitalisme au communisme.

Le "communisme" est la société égalitaire "utopique" envisagée par Marx et ses disciples une fois que le socialisme aura été pleinement mis en œuvre et que le capitalisme aura été complètement remplacé. Bien entendu, selon le marxisme en général, une "révolution" quelconque est nécessaire pour provoquer ces changements et réaliser cette "utopie". Le "communisme" est le but ultime du marxisme.

Dans le Manifeste communiste (1848), Marx et Engels qualifient ce "nouveau" mouvement révolutionnaire et ses adeptes de "communisme" et de "communistes".[3] Il est également exact, d'une certaine manière, d'appeler les marxistes "communistes", mais étant donné que les mots "communiste" et "communisme" sont principalement associés à certains régimes au cours de l'histoire et à cette hypothétique "utopie" future, il n'est pas aussi avantageux pour nous d'utiliser ces termes à la place (en plus d'autres raisons, comme nous le verrons). En outre, Marx lui-même est la principale origine de l'idéologie.

---

[3] Marx et Engels, *Le Manifeste communiste* (1848).

Pour maintenir notre attention collective sur le problème (la secte/l'idéologie en général), il est plus efficace d'utiliser les termes "marxisme" et "marxistes" (qu'ils soient ou non d'authentiques disciples de Marx). C'est le meilleur choix.

Qu'est-ce que le socialisme ?

Le socialisme est officiellement un système politique, sociologique et économique alternatif, révolutionnaire et anti-establishment. Son objectif est de créer une société "socialiste" dans laquelle les moyens de production, de distribution et d'échange appartiennent à la communauté ("le peuple") dans son ensemble, plutôt qu'à des individus privés. Dans la pratique, cela signifie que les moyens de production, de distribution et d'échange appartiennent à une direction centrale et au gouvernement (au nom du "peuple"). Dans certaines interprétations (par exemple le marxisme classique), le socialisme est une phase de transition entre le capitalisme et le communisme, de sorte qu'une société socialiste pourrait alors, en théorie, "progresser" vers sa destination finale, le communisme.

Le socialisme était présenté comme une amélioration des systèmes précédents en termes d'éthique, en particulier pour le "prolétariat" de la classe ouvrière qui formait généralement la majorité de la population. C'est l'idée qu'il devrait y avoir une propriété publique collective des "moyens de production", des ressources, de la terre, etc. au profit de cette majorité, par opposition à la propriété privée/contrôle de ces choses par la "bourgeoisie" riche et peu nombreuse. Marx pensait que le nouveau système capitaliste industriel qui a émergé au 19e siècle, grâce aux progrès des technologies industrielles, créait une situation intolérable dans laquelle les riches propriétaires d'entreprises capitalistes étaient en mesure d'exploiter les travailleurs (à l'échelle industrielle). Ce concept de "lutte des classes", d'une importance cruciale, était une première manifestation du principe oppresseur contre opprimé (l'un des piliers centraux et omniprésents de l'idéologie).

Il convient de noter à ce stade que le socialisme n'a jamais été prouvé comme étant un système efficace, fonctionnant dans la pratique (bien que la propagande marxiste insiste sur le contraire). Nous examinerons le socialisme dans une section suivante ("Les pas rouges vers l'utopie", sous le sous-titre "La destruction du système capitaliste").

Qu'est-ce que le socialisme démocratique ?

Officiellement, le socialisme démocratique cherche à établir une société démocratique avec un mode de production de type socialiste. Cela signifie simplement que le socialisme est en place dans un pays par le biais du système démocratique, par opposition à un coup d'État militaire, à une dictature ou à une invasion par des forces extérieures. Bien entendu, peu importe la manière dont ce système est mis en œuvre, les résultats finaux destructeurs - ses impacts sociaux et économiques - sont les mêmes. Il s'agit donc toujours de socialisme, mais l'illusion de la démocratie est maintenue, car ce type de socialisme permet des élections "impartiales" (en théorie). La démocratie, lorsque le marxisme est impliqué, signifie en réalité "démocratie" - une situation où, apparemment, "le peuple" peut choisir qui sont ses dirigeants et comment la société est structurée ; mais dans la pratique, le marxisme domine.

La question est donc la suivante : si les marxistes sont aux commandes, une véritable opposition antimarxiste sera-t-elle autorisée ? De toute évidence, non. Nous pouvons voir ce processus en action partout dans le monde aujourd'hui, dans les pays "démocratiques" qui ont une infection marxiste significative (par exemple, les pays occidentaux en général).

Communisme

Le communisme (le "but" du socialisme) vise à créer une société basée sur les principes marxistes : une société égalitaire ("égale") sans classes sociales, où la propriété privée et les droits d'héritage, la religion et le système capitaliste (y compris l'argent lui-même) sont tous abolis. Une "utopie".

Encore une fois, il ne s'agit que de théorie, et les membres de la secte diront que, historiquement, le communisme (tel qu'il a été envisagé par Marx, Engels et d'autres) n'a jamais été réalisé. Si nous considérons cela comme vrai, alors les différents régimes "communistes" aujourd'hui tristement célèbres tout au long du XXe siècle n'étaient pas "communistes".

Il s'agit d'un argument extrêmement problématique, non pertinent et erroné qui permet à l'idéologie marxiste de survivre dans le présent, en s'en tirant constamment (ce point est développé dans la section "Excuses des personnes (marxistes)").

Ces régimes "communistes" étaient très répressifs à l'égard des habitants de leurs pays respectifs, d'où la réputation du communisme d'être de nature ultra-totalitaire. Cela impliquait une centralisation du pouvoir, un État à parti unique et l'abolition inévitable de la démocratie, de la liberté, etc. Les massacres de civils et les guerres étaient également des résultats typiques de ces pays à un niveau élevé d'infection (puisque l'infection cherche à se propager, naturellement). Des exemples sont présentés dans la section historique.

Le terme "communisme allégé" désigne une dictature totalitaire "douce". Si le "communisme" est un contrôle totalitaire manifeste par l'État, le "communisme allégé" est plus discret. Il ne s'agit donc pas d'une version dure et brutale, mais d'une variante plus "gentille" et subtile. Le même système de contrôle dans l'ensemble et les mêmes résultats, mais des méthodes différentes. Un terme quelque peu apparenté est celui de "socialisme rampant" : une prise de pouvoir graduelle, progressive, relativement lente, par opposition à une prise de pouvoir soudaine ou instantanée (c'est-à-dire une invasion militaire par des forces "socialistes" ou "communistes").

Interprétations officielles

Définition de "marxisme" selon *Dictionary.com* : "Le système de pensée économique et politique développé par Karl Marx et Friedrich Engels, en particulier la doctrine selon laquelle l'État a toujours été un instrument d'exploitation des masses par une classe dominante, que la lutte des classes a été le principal facteur de changement historique et que le système capitaliste, qui contient dès le départ les germes de sa propre décadence, sera inévitablement remplacé, après la période de dictature du prolétariat, par un ordre socialiste et une société sans classes.[4]

Curieusement, il n'y est pas fait mention d'une idéologie... Cela signifie-t-il que j'ai tort ? Et pourquoi pas un autre. Cette fois, nous utiliserons *Merriam-webster.com* : "Les principes et les politiques économiques et sociales préconisés par Marx, en particulier : une théorie et une pratique du socialisme, y compris la théorie de la valeur du travail, le matérialisme dialectique, la lutte des classes et la dictature du prolétariat jusqu'à l'instauration d'une société sans classes.[5] Ok, on ne parle pas encore d'idéologie... Peut-être qu'on va arrêter tout de suite ? Non, je ne crois pas.

Quelle impression les définitions nous donnent-elles jusqu'à présent ? Elles disent toutes deux essentiellement que le marxisme est un concept de nature politique, économique et sociologique, conçu par un certain Karl et un autre certain Friedrich. Il y a ce terme fantaisiste appelé "matérialisme dialectique" et ce concept agressif de "dictature du prolétariat" qui dégage ces vibrations de vengeance. C'est à peu près l'impression que nous avons ici. Il suggère un grand changement, avec un ton presque incendiaire.

Pourquoi donc insister sur le fait qu'il s'agit d'une idéologie ? Voici la définition d'"idéologie" *que j'*ai donnée plus haut, mais remplaçons le mot "fascisme" par le mot "marxisme" : "1. l'ensemble des doctrines, mythes, croyances, etc. qui guident un individu, un mouvement social, une institution, une classe ou un grand groupe. 2. un tel corps de doctrine, mythe, etc., se référant à un plan politique et social, comme celui du marxisme, ainsi que les moyens de le mettre en œuvre".

Maintenant, si nous regardons ce qui se passe dans le monde aujourd'hui, quel mot semble le plus approprié dans ce contexte ? Le marxisme est-il le corps de doctrine/mythe/croyance qui guide les individus/mouvements sociaux/institutions/classes/groupes importants ? Oui, absolument, c'est plus évident que jamais.

Le marxisme a-t-il un projet politique et social, et existe-t-il des moyens de le mettre en œuvre ? Oui, indéniablement, la plupart des organes de l'État dans le monde sont dévoués à sa cause. Comme nous le verrons, selon ces

---

[4] https://www.dictionary.com/browse/Marxism

[5] https://www.merriam-webster.com/dictionary/Marxism

définitions de ce qu'est une idéologie, le marxisme répond très bien à cette définition.

Quant aux définitions de ce qu'est le marxisme (selon *Dictionary.com* et *Merriam-webster.com)*, elles reflètent la perception officielle, "politiquement correcte" et quotidienne de ce qu'est le marxisme. En réalité, le marxisme est une idéologie qui va bien au-delà des aspects politiques, financiers ou sociologiques. Il affecte les individus et la société de nombreuses manières qui n'ont pas été examinées auparavant. En outre, un tel gâchis idéologique ne peut malheureusement pas être résumé en quelques phrases dans une simple définition.

En outre, il ne s'agit pas seulement de ce que Marx ou Engels ont pensé ou dit, ou de ce qui se trouve dans Le Manifeste communiste et *Das Kapital* (Marx, 1867),[6] ou de ce que tout autre apologiste marxiste/marxiste (passé ou présent) a dit ; il ne s'agit pas non plus simplement des différents régimes dits communistes, de l'École de Francfort, du socialisme démocratique, etc. C'est bien plus que cela ! La plupart des définitions ou des articles officiels que vous trouverez en ligne décrivant ce qu'est le marxisme seront entachés par le marxisme lui-même. Biaisé n'est pas le mot.

"Culte"

Le mot "culte" vient du latin "cultus" qui signifie "culte" et du mot "colere" qui signifie "cultiver". D'après *Dictionary.com* (édité aux parties pertinentes. Souligné pour l'emphase) : "Un groupe ou une secte liés par la vénération d'une même chose, d'une même personne, d'un même idéal, etc. ; un groupe ayant une idéologie sacrée et un ensemble de rites centrés sur leurs symboles sacrés ; une religion ou une secte considérée comme fausse, non orthodoxe, ou extrémiste".[7]

Si l'on considère le collectif marxiste en général, fait-il preuve d'une grande vénération pour certaines personnalités historiques et les brandit-il comme des quasi-prophètes (Marx, Lénine, Trotsky, Guevera, Mao, etc.) ? Oui.

Utilisent-ils certains symboles et images sacrés universels (le poing fermé, la couleur rouge, la faucille et le marteau, l'étoile rouge) ? Oui.

Sont-ils rejoints par le culte collectif de certains idéaux (révolution, égalité, solidarité, "compassion", internationalisme, lutte des classes/principe de l'oppresseur contre l'opprimé, etc.) Oui. Sont-ils extrémistes/fanatiques et se considèrent-ils comme différents (et supérieurs) à ceux qui ne font pas partie de la secte ? Oui.

Une autre définition de "culte" de *merriam-webster.com* (édité aux parties

---

[6] Marx, K. *Das Kapital* (1867).

[7] https://www.dictionary.com/browse/cult

pertinentes) : "Une religion considérée comme non orthodoxe ou fallacieuse. Également : son groupe d'adeptes. Le culte vaudou. Un culte satanique ; une grande dévotion pour une personne, une idée, un objet, un mouvement ou une œuvre (comme un film ou un livre) ; un groupe généralement restreint de personnes caractérisées par une telle dévotion".[8]

Nous pouvons utiliser ces définitions et les combiner avec nos perceptions générales de ce que sont les sectes. Le marxisme est-il une religion considérée comme non orthodoxe ou fallacieuse (ce qui signifie "extérieurement similaire ou correspondant à quelque chose sans en avoir les qualités authentiques" et "d'une nature ou d'une qualité trompeuse") ? L'idée d'"utopie" (et sa promesse) correspond-elle à la partie "nature trompeuse" ? Par exemple, le marxisme promet l'utopie, il entre donc dans la catégorie des religions "fallacieuses" (c'est-à-dire des cultes).

Le marxisme est-il une "grande dévotion à une personne (Marx et al), à une idée (socialisme/communisme) ou à une œuvre, comme un livre" (Le Manifeste communiste, *Das Kapital,* le *Petit Livre rouge* (Mao Zedong, 1964), etc.[9] Pourrait-on qualifier de "sectes" toutes les variantes/interprétations du marxisme ?

Quelles sont les caractéristiques d'une secte ? Une secte est souvent un groupe qui a un complexe de supériorité. Elle peut également avoir un fort sentiment de fraternité ou d'"amour" entre ses membres, qui ne s'applique pas à ceux qui n'en font pas partie (quoi qu'ils puissent prétendre). Un groupe qui a la folie des grandeurs et qui fait appel à la folie des grandeurs des individus qui sont attirés par lui (et qui le composent). Un groupe qui pense qu'il "lutte" pour une sorte de problème important et non résolu dont le monde doit être informé, ou pour un autre objectif noble ! C'est pourquoi il est souvent de nature "révolutionnaire" - il veut influencer ou changer le monde en le forçant à changer.

Dans les sectes, on peut vous dire que vous êtes spécial et vous remplir la tête de nobles notions - que vous allez changer/sauver le monde ; que vous comprenez des choses que les autres ne comprennent pas (en particulier ceux qui ne font pas partie de la secte). C'est une méthode de lavage de cerveau très efficace parce qu'elle utilise/stimule l'ego, et nous avons tous un ego ! En outre, de nombreuses personnes aimeraient en effet se sentir spéciales et/ou puissantes à un certain niveau de leur être.

Les cultes peuvent avoir des chants ou des mantras, tels que "le pouvoir au peuple", "une seule race, la race humaine", "des maisons pour les gens, pas pour les profits" ou "la racaille nazie hors de nos rues". Sans oublier les termes

---

[8] https://www.merriam-webster.com/dictionary/cult

[9] Zedong, M. *Le petit livre rouge* (1964).

marxistes souvent utilisés : "égalité", "diversité", "solidarité", etc. C'est comme un chant religieux, une transe... De la magie rouge (par opposition à la magie noire). Les termes et les phrases d'accroche que la secte utilise dans le monde entier sont une sorte d'incantation, pour invoquer "l'esprit" de la révolution.

Les membres de la secte peuvent venir de tous les horizons : riches/pauvres, noirs/blancs/asiatiques, grands/petits, hommes/femmes/autres/non binaires/tertiaires/hermaphrodites trans bi gay queer/vous aimez essayer de vous enfoncer le gros bout d'une bouteille de champagne dans le cul une fois par semaine pour prouver que vous n'êtes pas homophobe. Les membres sont de toutes les formes et de toutes les tailles, car il s'agit d'une idéologie qui lave le cerveau.

Tout ce dont vous avez besoin, c'est d'un cerveau capable de subir un lavage de cerveau ; il n'y a pas d'autres conditions, et l'idéologie (manifestement) n'est pas exigeante quant au type de cerveau qu'elle infecte. Dans un sens pseudo-spirituel, ils ne font qu'un au sein de la secte.

Trotskisme

Le trotskisme est une autre tendance du marxisme, qui doit son nom à un "homme" appelé Lev Davidovich Bronstein ou Léon Trotski (1879-1940), comme il a choisi de se faire appeler. Trotski était l'un des principaux protagonistes de la révolution russe de 1917, aux côtés de Vladimir Lénine. Le trotskisme est généralement lié au concept de "révolution permanente" et à l'idée que le socialisme doit être une affaire internationale et pas seulement nationale. Les adeptes de cette tendance particulière sont des trotskistes (ou familièrement appelés "Trots" en Grande-Bretagne).

Marxisme-Léninisme

Cette souche est une fusion des idées de deux personnages différents - Karl Marx et Vladimir Lénine - et des deux interprétations différentes du marxisme qui portent leur nom : Marxisme et Léninisme. Il combine l'idée de Marx d'une économie centralisée (et de la propriété des ressources et des moyens de production par le "peuple") avec l'idée de Lénine d'une "avant-garde prolétarienne" (groupe de dirigeants membres de la secte marxiste). Cette monstruosité idéologique a été favorisée par une monstruosité biologique connue sous le nom de Joseph Staline (1878-1953), qui est arrivé au pouvoir dans le sillage de Lénine. C'est souvent sur cette souche que pèsent les critiques concernant la réputation totalitaire du "communisme".

C'est un terme important parce qu'il est problématique pour comprendre la nature de l'infection marxiste dans le monde. Pourquoi ? Parce que les conséquences catastrophiques et carrément maléfiques de l'implantation du marxisme dans un pays sont souvent attribuées à cette souche "marxiste-léniniste" du marxisme.

Cela permet aux membres de la secte de se détacher de ces régimes, en prétendant que cela n'a rien à voir avec le "vrai" marxisme/communisme, etc.

Le marxisme-léninisme est essentiellement le résultat de la combinaison des idées de deux personnalités dérangées. Il est difficile de savoir lequel de ces personnages est le plus responsable de l'implantation de l'idéologie dans le monde : bien que Marx lui-même ait été à l'origine du processus, la contribution de Lénine a conduit à la création de l'Union soviétique (et à tout ce que cela impliquait), ainsi qu'aux émulations ultérieures de Mao Zedong (1893-1976) et de sa Chine rouge (qui ont conduit à des événements tels que la guerre de Corée (1950-1953), la guerre du Viêt Nam (1954-1975), et à de nombreuses autres manifestations). Si l'Union soviétique n'avait jamais existé, l'idéologie ne se serait peut-être pas répandue comme elle l'a fait.

Le marxisme "centriste"

Il s'agit d'un terme descriptif généralement utilisé pour désigner un type de marxisme qui se situe entre deux types de stratégies typiquement utilisées par la secte : La révolution - l'assaut et la destruction du système établi existant, pour ensuite le remplacer par un système marxiste. Et le réformisme, qui consiste à introduire du marxisme dans le système existant pour le rendre marxiste. Ce dernier est souvent plus insidieux et constitue sans doute une stratégie beaucoup plus difficile à contrer. Le marxisme centriste n'est pas moins destructeur que d'autres souches/interprétations. Dans ce contexte, centriste ne signifie pas "modéré", bien entendu, puisque le marxisme ne peut être qualifié de modéré sous quelque forme que ce soit.

Marxisme occidental

Ce phénomène est lié au "néo-marxisme". Il s'agit simplement d'un autre nom pour une autre souche ou interprétation des idées marxistes, qui a commencé à s'éloigner du format/stratégie de la révolution ouvrière sanglante pour adopter un format plus "civilisé" et finalement académique. La période qui a suivi la Première Guerre mondiale et la révolution russe a marqué une nouvelle phase du marxisme, avec des membres du culte tels que l'Italien Antonio Gramsci (1891-1937), l'Allemand Karl Korsch (1886-1961) et le Hongrois Gyorgy Lukacs (1885-1971), qui sont entrés en force et ont épousé leurs propres interprétations. Plus tard, un groupe crypto-marxiste tristement célèbre, l'École de Francfort, apparaîtra sur la scène pour faire la même chose, faisant ainsi proliférer l'infection idéologique.

Mettre le "culte" dans la "culture" : Le marxisme culturel

Il s'agit d'un terme souvent utilisé pour désigner l'héritage des "marxistes occidentaux" de l'école de Francfort, ou d'autres individus/groupes qui ont eu une influence marxienne distincte sur les pays occidentaux. Ce terme peut être utilisé pour décrire les initiatives/concepts promulgués par ces types d'individus/groupes et leurs effets, tels que ce que l'on appelle le multiculturalisme, le politiquement correct, la théorie critique, etc.

Les marxistes/apologistes prétendent (comme on peut s'y attendre) que ce programme apparent de destruction des pays occidentaux est une théorie du complot. D'autres tentent de discréditer ou de rejeter le terme "marxisme culturel", en disant qu'il n'est pas exact, etc. Rien de tout cela n'a d'importance - le marxisme culturel est bien réel, quel que soit le nom qu'on lui donne. Nous pourrions l'appeler "marxisme des groupes sociaux" ou "marxisme des conflits de groupes" ou "marxisme de la lutte des classes sociales", mais ils ne sonnent pas aussi cool, n'est-ce pas ? Nous ne pouvons pas l'appeler "marxisme social" parce que les incarnations antérieures du marxisme comportaient également un élément social.

Le "marxisme culturel" reprend la formule oppresseur/opprimé de la lutte des classes et l'applique à d'autres groupes de la société. Ainsi, au lieu d'opposer les riches aux pauvres (comme dans le marxisme traditionnel), il s'agit maintenant d'opposer les hommes aux femmes (féminisme), les Noirs aux Blancs ("racisme"), les hétérosexuels aux homosexuels/bisexuels (droits des homosexuels), les "trans" aux non-trans (droits des trans), les "cis" aux "non-binaires" (??? droits), les animaux aux humains (véganisme), les humains à la planète (changement climatique), etc. Cela a l'éternel et omniprésent effet marxien de créer des conflits entre différents groupes afin qu'ils se détruisent les uns les autres (diviser pour régner).

PC" et "discours de haine"

Tel qu'il existe aujourd'hui, il s'agit d'un autre aspect important du totalitarisme marxien. C'est un mécanisme qui permet de garder le public sous contrôle, en particulier ceux qui ont des opinions qui remettent en cause le statu quo (que le marxisme a créé). En d'autres termes, si vous exprimez une opinion qui n'est pas approuvée par le système, vous (et votre opinion) serez ciblés pour être supprimés.

"Le "politiquement correct" (PC) est également un moyen très efficace pour la secte marxiste de surveiller ses opposants politiques, en contrôlant l'utilisation du langage dans la société. Cela permet d'identifier ces opposants politiques potentiels dès qu'ils ouvrent la bouche. Il s'agit également d'une forme de terrorisme psychologique subtil, puisqu'il peut faire craindre à une personne (consciemment ou inconsciemment) d'exprimer des opinions qui ne sont pas conformes au programme marxiste. Cela peut créer un stress dans l'esprit des opposants potentiels de la secte dans la société et étouffer le moral de tout mouvement anti-marxiste qui pourrait se développer.

Celui-ci est un classique ! De nos jours, le "discours de haine" désigne essentiellement toute opinion qui n'est pas de nature marxiste ; il s'agit souvent de dire simplement la vérité. Il incarne très bien l'idéologie - l'appel à la vertu et le double langage hypocrite caractéristique, le tout contenu dans deux mots seulement ! Magnifique, n'est-ce pas ? L'idéologie est allergique à la vérité ;

elle ne peut pas fonctionner en sa présence, elle doit donc être détruite. D'où la charge de propagande linguistique "discours de haine".

C'est un moyen de contrôler le discours public en qualifiant toute opinion non marxiste de mauvaise/négative/maléfique. Une façon de programmer et de convaincre les masses endormies (qui ne sont ni pro ni anti-marxistes) que les opinions non-marxistes sont mauvaises (et par suggestion, que les opinions marxistes sont bonnes). Pour ce faire, elle contrôle émotionnellement leur perception de ces opinions.

Il est évident que l'introduction de lois sur l'incitation à la haine dans un pays correspond à la création de lois en faveur du marxisme, et constitue donc un signe clair que la secte/l'idéologie devient dominante dans ce pays.

Nous avons entendu des membres de sectes parler de "l'extrême droite" en disant "nous ne sommes pas d'accord avec la politique de la haine" ; c'est comme si un pyromane disait "vérifiez régulièrement vos alarmes incendie". Pour eux, tout ce qui est "de droite" ou nationaliste est une politique de haine, ce qui implique que le marxisme est une politique d'amour (!). Être pro-génocide, pro-conflit racial, anti-culture et pro-gouvernement mondial, c'est de l'amour, n'est-ce pas ? Oh, je vois, maintenant je comprends (paume de la main). Dans un sens, le marxisme est en effet une question d'amour : amour pour l'idéologie, pour la révolution ; amour pour les membres de la secte (par les membres de la secte) ; amour pour l'ego, l'illusion, le conflit, l'anarchie, la dégénérescence, le déséquilibre, etc. L'expression "politique de la haine" est une tromperie marxiste typique de loups en habits de moutons qui font de l'esprit de vertu. C'est un classique, et les gens tombent dans le panneau tout le temps.

Relativisme culturel ou moral

Ces concepts remontent à une autre manifestation du marxisme, le postmodernisme. Le "relativisme" vient de l'idée de subjectivité : la réalité est ouverte à l'interprétation individuelle, car elle n'est pas nécessairement gravée dans le marbre. (Le postmodernisme est examiné plus en détail dans sa propre section). D'après Wikipédia : "Le relativisme culturel est l'idée que les croyances et les pratiques d'une personne doivent être comprises en fonction de sa propre culture. Les partisans du relativisme culturel ont également tendance à affirmer que les normes et les valeurs d'une culture ne devraient pas être évaluées en fonction des normes et des valeurs d'une autre culture".[10]

Le relativisme culturel est l'idée, inspirée du marxisme, que toutes les cultures sont égales et doivent être considérées comme telles. Il insiste surtout sur le fait que nous ne devrions pas décider que certaines cultures/pratiques culturelles sont supérieures à d'autres (en particulier si nous estimons que la

---

[10] https://en.wikipedia.org/wiki/Cultural_relativism

ou les cultures occidentales sont supérieures aux cultures non occidentales de quelque manière que ce soit). En outre, la secte/idéologie s'oppose aux hiérarchies et ne peut donc permettre à quiconque de penser de cette manière. Il est évident que des concepts comme ceux-ci sont utilisés pour endoctriner les masses et leur faire accepter des sous-agendas marxiens tels que le "multiculturalisme" et l'immigration de masse.

D'après Wikipédia : "Le relativisme moral ou relativisme éthique (souvent reformulé comme éthique relativiste ou morale relativiste) est un terme utilisé pour décrire plusieurs positions philosophiques qui s'intéressent aux différences de jugements moraux entre différents peuples et leurs cultures particulières.[11] Le "relativisme moral" est donc un autre terme concocté pour empêcher les gens de porter un jugement sur tout comportement dans des cultures ou des groupes différents du leur.

Par exemple, si une personne d'un pays occidental exprime son jugement sur les mutilations génitales féminines pratiquées dans son pays, ses objections peuvent être rejetées en utilisant les termes du relativisme culturel et moral. Elle peut être confrontée à des choses telles que : "ce n'est pas mal, c'est juste que vous pensez que c'est mal, parce que votre culture est différente de la leur !". C'est un non-sens absolu : les mutilations génitales féminines sont condamnables.

Il est intéressant de noter que dans d'autres cas (lorsque cela les arrange), la secte insiste souvent sur le fait que toutes les cultures sont identiques et égales (par exemple dans le cadre du "multiculturalisme"), mais dans des cas comme celui-ci (MGF), elle souligne qu'elles sont différentes et que ces différences doivent simplement être acceptées. Une certaine sélection est évidente ici.

Bien entendu, cette acceptation des différences culturelles n'est pas à double sens : Les pays occidentaux doivent accepter toutes ces "différences culturelles" et adapter leur comportement/attitude en conséquence, mais les non-Occidentaux qui migrent vers les pays occidentaux ne sont pas tenus d'adapter leur comportement/attitude (parce que ce serait se plier aux caprices des "racistes", n'est-ce pas ?) La sélection et le double standard sont des thèmes récurrents de l'idéologie. Le premier est lié à la propagande - l'utilisation sélective et créative de l'information/intel.

Socialiste de la gauche caviar

Un thème commun à toute l'histoire de l'idéologie est que des personnes issues de milieux privilégiés s'allient à des causes socialistes, se proclamant "champions des pauvres", etc. Comme nous l'avons souligné précédemment, des personnes de tous horizons ont été aspirées par le culte marxiste, et pas seulement des pauvres ou des privilégiés. Ceci mis à part, il y a eu une présence

---

[11] https://en.wikipedia.org/wiki/Moral_relativism

significative de ces types "bourgeois".

Ces personnes sont-elles de véritables humanitaires, qui se soucient réellement des moins fortunés ? Sont-ils vraiment empathiques ou ne font-ils que romancer la pauvreté et la dépravation ? Croient-ils vraiment que le marxisme est bienveillant ? Ou sont-ils peut-être conscients qu'il permet en fait de contrôler les masses ?

Pour comprendre l'idéologie, certains peuvent avoir l'impression que le capitalisme et le socialisme/communisme sont des opposés polaires, et que si l'on participe à l'un d'entre eux ou qu'on le défend, on doit certainement rejeter l'autre à cent pour cent. En pratique, cela signifie qu'une personne ne peut pas être riche et servir/soutenir/encourager le marxisme.

Ce n'est manifestement pas le cas si l'on considère l'ensemble des membres de la secte. Le monde politique, par exemple, regorge de personnages hypocrites qui épousent les concepts marxistes tout en étant heureux de devenir immensément riches (généralement en se livrant à des trahisons et à d'autres entreprises criminelles). Il en va de même pour la chaîne ininterrompue de célébrités et de porte-parole des médias qui se prostituent constamment pour promouvoir des causes marxistes en public, tout au long de l'année (nous y reviendrons plus tard). L'idéologie elle-même ne se préoccupe pas de savoir si vous êtes riche ou non, mais seulement si vous l'aidez à se répandre.

Cette contradiction apparente est en effet la pierre angulaire de l'idéologie depuis qu'elle s'est manifestée pour la première fois. En fait, si l'on examine les divers mouvements qui, dans le monde entier, défendent les concepts marxistes, on constate que leurs instigateurs sont souvent issus de milieux relativement privilégiés, y compris Marx et Engels. Non, le marxisme n'est pas un mouvement de "pauvres" ou de "travailleurs", uniquement peuplé de "basses" classes ouvrières.

"Idiot utile"

Ce terme implique deux parties : le manipulateur et le manipulé. Il est souvent utilisé pour décrire ceux qui sont utilisés pour faire avancer une cause (idéologique/politique), sans en être pleinement (ou peut-être même partiellement) conscients. Il décrit parfaitement ceux qui, à l'extrémité naïve du spectre, contribuent à propager l'infection marxiste, volontairement ou involontairement, même à leur propre détriment.

Qu'est-ce qu'un "SJW" ?

Acronyme de Social Justice Warrior (guerrier de la justice sociale) - une personne qui pense se comporter dans l'intérêt de la société ; un héros des opprimés. La culture SJW n'existe que grâce au marxisme, de sorte qu'un SJW pourrait être considéré comme un idiot utile de l'idéologie.

Tous les manifestants qui sont descendus dans les rues des villes et villages du monde entier à cette époque, avec leurs poings serrés, leurs banderoles et leurs mégaphones, soutenant les sous-agendas marxistes, entrent dans cette catégorie.

Il est amusant de constater que la page Wikipédia consacrée à Social Justice Warrior présente un biais marxiste évident dans sa "définition" : "Social Justice Warrior" (SJW) est un terme péjoratif et un mème Internet principalement utilisé pour désigner une personne qui défend des opinions socialement progressistes, de gauche ou libérales, notamment le féminisme, les droits civils, les droits des homosexuels et des transsexuels, la politique identitaire, le politiquement correct et le multiculturalisme. L'accusation selon laquelle quelqu'un est un SJW implique qu'il recherche une validation personnelle plutôt qu'une conviction profonde et qu'il s'engage dans des arguments fallacieux".[12] Bienvenue en enfer. Notez que le terme "libéral" est utilisé, alors que le terme "marxisme/marxiste" n'apparaît nulle part. Comme nous l'avons mentionné, l'idéologie tente de contrôler le récit, en contrôlant les perceptions.

"Woke"

> "Tu es une infection, la définition de la faiblesse. Tout ce qui ne va pas dans le monde, c'est à cause de toi, putain. Le monde n'achète pas tes conneries que tu colportes. Ce type est le putain d'ennemi. Si tu veux voir l'ennemi de notre monde, c'est cet enculé là".[13]
>
> Sean Strickland, combattant de l'UFC, répond à un journaliste "branché" lors d'une conférence de presse, Jan 2024

D'après le site web du *dictionnaire Macmillan* : "Conscient des problèmes sociaux et politiques liés à la race, au sexe, à la classe sociale, etc.[14]

L'utilisation du terme "woke" (éveillé) est une tentative de la part de la secte/idéologie de se présenter comme une forme d'intelligence et de conscience supérieures. Il suggère que le fait de soutenir l'idéologie (et ses sous-agendas) est le signe d'une personne dotée d'un sens éthique supérieur, en particulier sur les questions sociales (ce qui est exactement le contraire de la vérité, une inversion). Par extension, cela suggère qu'être membre d'une secte est en fait une forme de conscience supérieure ou d'"éveil" (il y a bien sûr un lien avec la "spiritualité" et le mouvement "new age"). Si vous êtes "éveillé", vous êtes un membre de secte "spirituellement évolué", en gros (les yeux roulent).

Ce n'est qu'un autre exemple de la secte/idéologie qui tente de contrôler la

---

[12] https://en.wikipedia.org/wiki/Social_justice_warrior

[13] MMAWeekly.com, "Sean Strickland SLAYS Reporter 'You are an INFECTION'", 18 janvier 2024.

[14] https://www.macmillandictionary.com/dictionary/british/woke_2

façon dont elle est perçue, par le biais d'un langage propagandiste. Ce terme est également utilisé comme un terme péjoratif par les non-membres de la secte, tout en étant une source indirecte de fierté pour certaines sections de la secte.

Qu'est-ce qu'un "idéologue fondamentaliste" ?

Il s'agit essentiellement d'un fanatique. Quelqu'un qui a une vision étroite de l'idéologie à laquelle il adhère, qui est intolérant à l'égard des autres opinions et qui peut s'exprimer avec une ferveur religieuse lorsqu'il défend sa "foi".

Toutes les personnes infectées par le marxisme (à un degré ou à un autre) ne sont pas des idéologues fondamentalistes, mais il y en a beaucoup dans la secte qui le sont ; il y a beaucoup de niveaux différents de fanatisme au sein de la secte.

Le fait que toutes les personnes impliquées ne soient pas des fanatiques à part entière n'est pas pertinent lorsqu'il s'agit de l'impact global de la secte sur la société, car les idéologues fondamentalistes qui sont en position de domination/influence dicteront la manière dont le mouvement se comporte globalement. En outre, chaque personne infectée/endoctrinée qui soutient un aspect quelconque de l'idéologie (quel que soit son niveau d'endoctrinement) donne à l'idéologie son soutien et son énergie. Chaque contribution de ce type, qu'elle soit grande ou petite, augmente le pouvoir global de la secte/idéologie.

Dissonance cognitive

La dissonance cognitive est un état d'esprit tout à fait pertinent dans le cadre de l'endoctrinement marxiste. Une personne peut tomber dans cet état mental lorsqu'elle a simultanément des croyances contradictoires dans son esprit, ce qui peut entraîner un "conflit psychologique". Extrait du site web *psychologytoday.com* : "La dissonance cognitive est un terme qui désigne l'état d'inconfort ressenti lorsque deux ou plusieurs modes de pensée se contredisent. Les cognitions qui s'entrechoquent peuvent être des idées, des croyances ou le fait de savoir que l'on s'est comporté d'une certaine manière".[15]

Peut-être que si une personne n'est que légèrement endoctrinée et/ou jeune, elle peut glisser dans cet état assez facilement, puisque le ciment du cerveau (l'idéologie dans le câblage du cerveau) n'est pas complètement "fixé", pour ainsi dire. Inversement, pour quelqu'un qui a été endoctriné pendant un certain temps et qui est plus âgé, il est beaucoup moins probable que cela se produise. Pour certains, cette "plasticité neuronale" se perd davantage avec le temps. D'où l'expression "on ne peut pas apprendre de nouveaux tours à un vieux chien". L'orgueil et/ou la peur peuvent également être en cause dans ce cas, et il est évident qu'une personne qui utilise consciemment son libre arbitre pour

---

[15] "Dissonance cognitive". https://www.psychologytoday.com/us/basics/cognitive-dissonance

se braquer et s'entêter est quelque chose d'assez puissant.

En d'autres termes, lorsque vous avez affaire à une personne ayant subi un lavage de cerveau complet, elle n'aura aucun doute sur le fait qu'elle a raison et que vous avez tort (si vous n'êtes pas d'accord avec elle). Ces personnes sont ce que j'appelle affectueusement des "pertes et profits" (comme une voiture accidentée détruite). Une personnalité en ruine, probablement irrécupérable - l'endoctrinement a fait son œuvre sur eux. Ils n'ont plus rien d'un être humain authentique. Un non-individu. Malheureusement, le monde se remplit de ces personnes en raison de l'infection...

Si l'on considère ce concept de dissonance cognitive d'un point de vue optimiste, lorsqu'on a affaire à des membres de sectes, peut-être qu'une personne qui montre des signes de dissonance cognitive (lorsque nous essayons de lui faire entendre raison) n'est pas irrécupérable ?

Peut-être cela s'applique-t-il aux jeunes en particulier, en raison du facteur de plasticité neuronale ? De futures études et expériences sur les personnes endoctrinées répondront à ces questions (et à d'autres).

Vous ne voulez pas dire "libéralisme" ?

"Lorsque nous serons prêts à prendre les États-Unis, nous ne le ferons pas sous l'étiquette du communisme, nous ne le ferons pas sous l'étiquette du socialisme. Ces étiquettes sont désagréables pour le peuple américain et ont été trop souvent utilisées. Nous prendrons les États-Unis sous les étiquettes que nous avons rendues très aimables ; nous les prendrons sous le "libéralisme", sous le "progressisme", sous la "démocratie". Mais nous les prendrons"[16]

Discours prononcé par Alexander Trachtenberg, membre millionnaire d'une secte et membre du comité central de contrôle du CPUSA, lors de la convention nationale des partis communistes, Madison Square Garden, 1944 (tel que raconté par le dénonciateur Bella Dodd lors d'une conférence à l'université Fordham en 1953).

Une infection marxiste et les conséquences qui en découlent sont souvent attribuées au libéralisme. Il s'agit d'une erreur de diagnostic fréquente. Elle se produit souvent lorsque certains effets du "marxisme culturel" deviennent évidents dans la société, tels que : l'insistance constante sur l'"égalité" (que beaucoup pensent à tort être liée à un véritable humanitarisme) ; les effets de l'immigration de masse/du multiculturalisme et de la "diversité" ; la prévalence du mouvement LGBTQ et du féminisme, etc. Pour certains, ces effets (entre autres) peuvent donner l'impression que le "libéralisme" en est la cause, alors qu'en réalité, c'est le marxisme. Si une personne/société ne comprend pas l'idéologie et n'est pas en mesure d'identifier où et comment

---

[16] "Bella Dodd explique le communisme aux canards",
https://www.YouTube.com/watch?v=VLHNz2YMnRY

elle a un impact, elle arrivera souvent à cette conclusion erronée.

Ce mauvais étiquetage peut être dû à diverses raisons, mais il est principalement dû à ce manque de connaissance/compréhension (qui, pour être juste, est très courant). On peut utiliser cette étiquette incorrecte de "libéralisme" lorsqu'on essaie d'expliquer les changements sociaux susmentionnés en utilisant uniquement la définition officielle, inadéquate et superficielle de ce qu'est le marxisme (c'est-à-dire non pas une idéologie malveillante et subversive, mais une école de pensée politique et socio-économique révolutionnaire et bienveillante, etc.)

En d'autres termes, dans l'esprit de cette personne, elle peut penser que "le marxisme/socialisme concerne l'égalité économique et la manière dont la société dans son ensemble est structurée politiquement, etc., et pas tellement les droits civils modernes et la liberté de choisir ses propres croyances, son comportement sexuel, etc. Et c'est la conclusion qu'ils tirent. D'autres les imitent ensuite. (Encore une fois, si nous ne savons pas ce qu'est le marxisme (en vérité), comment pourrons-nous savoir ce qu'il faut lui reprocher ? Comment pourrons-nous le distinguer d'autres choses (comme le libéralisme) ? Comment voir les effets qu'il produit ? Les étiquettes sont importantes ! Mauvaise étiquette = mauvaise identification).

Un autre facteur est lié au problème de ne connaître que l'interprétation officielle du marxisme : si quelqu'un ne connaît même pas l'école de Francfort et le "marxisme culturel", il peut être incapable d'identifier le marxisme comme étant responsable de ces changements sociétaux. Ils ne comprennent pas la nature subversive et sournoise du marxisme, c'est pourquoi le "libéralisme" semble être une étiquette appropriée. Ils ne voient pas comment le marxisme pourrait être responsable de ces changements sociétaux parce que le libéralisme est une chose officiellement reconnue et ouvertement discutée dans l'éducation/la société dominante, alors que l'influence subversive du marxisme ne l'est pas.

En outre, le terme "libéralisme" peut également être utilisé par des agents de désinformation avisés (membres de sectes) afin de détourner l'attention et la responsabilité du marxisme (tactique mentionnée plus haut).

Le libéralisme et le marxisme sont très différents (à l'exception des différentes souches/interprétations de ce qu'ils sont). Le libéralisme peut être décrit comme une philosophie politique, alors que le marxisme (en vérité) est un mouvement révolutionnaire qui vise à changer la société en la forçant à changer. Il est vrai que le libéralisme a pu être considéré comme révolutionnaire à son époque, mais le marxisme a un aspect révolutionnaire durable qui n'est jamais satisfait.

Le libéralisme met l'accent sur certaines idées associées à la liberté individuelle, telles que la propriété, le droit de choisir une religion ou de ne pas en avoir, et, au niveau sociétal, sur des éléments tels que la paix, la démocratie, la liberté d'expression, l'égalité devant la loi, un gouvernement limité, la tolérance et d'autres droits civils. Telle est la définition générale du libéralisme "classique".

Les derniers - "tolérance" et "droits civils" - peuvent être à l'origine de la confusion pour certains. Le marxisme ne prône-t-il pas la tolérance et les droits civiques ? Non, il semble simplement le faire, afin de parvenir à l'"égalité". Le marxisme ne prône-t-il pas la démocratie ? Non, mais il est heureux d'utiliser le système démocratique pour parvenir à la domination politique. Le marxisme est en grande partie opposé à l'idée des droits de propriété. Il est également, comme nous l'avons vu récemment, opposé à l'idée de liberté d'expression une fois qu'il est suffisamment dominant. En termes économiques, le libéralisme soutient l'idée du marché libre, tandis que le marxisme est totalement anticapitaliste.

Une différence essentielle entre le marxisme et le libéralisme est que le premier (comme nous le verrons) utilise la "révolution" pour attaquer les piliers fondamentaux de la civilisation occidentale - le capitalisme, le christianisme et la culture - ainsi que d'autres éléments connexes (par exemple, la cellule familiale traditionnelle).

Par ailleurs, le libéralisme prône la liberté de l'individu, alors que le marxisme veut imposer l'égalité et le changement à la société ; or, la liberté n'est permise que si l'on se conforme au marxisme. La création d'une société "égalitaire" nécessite l'application d'un contrôle totalitaire, puisque l'égalité est un concept artificiel créé par l'homme (c'est-à-dire qu'il ne reflète pas la façon dont la société fonctionne dans la pratique).

Sur ce point, le libéralisme n'est pas impitoyable et militant dans son attitude, et ne cherche donc pas activement à supprimer l'opposition politique. Le libéralisme n'a pas non plus un long héritage de subversion professionnelle et systématique, avec un réseau mondial d'organisations essayant de forcer le monde à se conformer à son idéologie (!). (Encore une fois, ce point n'est pas perçu par quelqu'un qui ne connaît pas la nature subversive du marxisme). Enfin, le libéralisme est l'idée d'une personne libre de tout contrôle totalitaire/gouvernemental, alors que le marxisme (comme le monde le découvre maintenant, mais les membres de la secte l'ignorent aussi) est en fait pro-totalitaire.

Mais surtout, et c'est un point très pertinent pour ce travail, le libéralisme ne peut pas expliquer le niveau d'endoctrinement systémique et coordonné que nous observons dans le monde. Il n'explique pas comment nous avons affaire à un culte massif et mondial qui illustre le fanatisme ! Si cela n'est pas encore clair pour le lecteur, cela le sera au fur et à mesure que nous avancerons dans ce travail.

Le marxisme se cache-t-il derrière le libéralisme ? En d'autres termes, la nature destructrice de l'idéologie se camoufle-t-elle sous le masque du libéralisme social ? Le marxisme feint la bienveillance, alors le libéralisme fournit ce vernis agréable. En d'autres termes, le marxisme peut sembler être en faveur de la "liberté de l'individu", etc., mais il ne le fait que parce qu'il sait que ces "libertés" n'ont que des effets destructeurs. L'avortement entre dans cette catégorie. Le sous-agenda marxien du féminisme le promeut/soutient sous l'apparence de vouloir ce qu'il y a de mieux pour les femmes au nom de l'"égalité", mais ce que le marxisme veut vraiment, c'est la destruction de la cellule familiale, la réduction de la population, l'encouragement du féminisme "radical", la destruction de la masculinité, etc.

L'une des preuves irréfutables qu'il s'agit de marxisme et non de libéralisme, c'est que ces mouvements apparemment "humanitaires" ou "de défense des droits civiques" sont très exagérés et semblent causer intentionnellement des destructions. Cela nous montre que l'idée que le mouvement en question aide réellement quelqu'un n'est qu'un écran de fumée ; la véritable intention est la destruction. Le mouvement marxiste Black Lives Matter aux États-Unis en 2020 en est un exemple très clair. Ce mouvement, qui prétendait défendre les droits civiques, s'est avéré destructeur et a appelé à une refonte complète de la société. Certains qualifieraient à tort ce mouvement de libéralisme à outrance ou l'appelleraient "libéral". C'est faux ! C'est l'idéologie qui fait ce qu'elle fait de mieux : elle trouve une cause et rassemble les dupes utiles pour faire avancer son propre agenda ; ensuite, c'est le chaos et la destruction.

Cela commence par un événement catalyseur (la mort de George Floyd), et ils prétendent alors que leur réponse concerne la justice, les droits de l'homme, l'égalité, etc. (et certains attribueront cela au "libéralisme") ; mais bientôt vous avez des gens qui parlent de la destruction de l'État policier capitaliste fasciste et oppressif, des propriétaires d'entreprises et de la propriété privée qui sont attaqués/détruits, et des appels à la destruction et à la restructuration du pays tout entier, etc ! C'est du marxisme, pas du libéralisme !

Nous devons être conscients de l'application des tactiques marxistes ici. Les trompeurs marxistes n'hésiteront pas à utiliser le terme "libéralisme" pour empêcher les masses de comprendre qui est le véritable ennemi. C'est ce que l'on constate constamment en ligne dans la multitude de discussions, même dans les cercles conservateurs/de droite/nationalistes/patriotiques. Qu'ils le veuillent ou non, les membres des sectes ne veulent pas que nous parlions des marxistes/du marxisme et que nous les identifiions comme le problème, car c'est le début de la fin pour eux...

Comme nous l'avons dit, cet étiquetage erroné est un problème grave. Nous devons garder à l'esprit que le mot "libéralisme" peut être utilisé dans le discours public pour plusieurs raisons, notamment la maladresse, l'habitude, le manque de compréhension ou de connaissance de la secte ou de l'idéologie, ou l'utilisation délibérée de ce terme par les membres de la secte pour les raisons susmentionnées. Rappelez-vous qu'ils ne s'appellent pas eux-mêmes marxistes, et ce pour de bonnes raisons (parce que c'est avantageux pour eux).

Pour la même raison, ils ne veulent pas que nous les appelions ainsi.

bolchevique

Ce terme désigne les membres d'une faction politique russe créée au début du XXe siècle, à l'époque de Vladimir Lénine. Bolchevik signifie simplement "majorité" en russe (bolshinstvo) et est issu d'une scission avec les mencheviks ("minorité") ; ces deux groupes étaient essentiellement des factions du parti travailliste social-démocrate, un parti marxiste en Russie à l'époque.[17] Les bolcheviks se sont rendus tristement célèbres en étant la force motrice des deux révolutions transformatrices qui ont eu lieu en Russie en 1917. Le bolchevisme est le terme utilisé pour décrire le modus operandi de cette foule.

Est-il donc exact de qualifier les marxistes du monde entier de "bolcheviks" ? Non. Ce n'est pas non plus constructif/pratique, puisque les marxistes adorent prendre leurs distances par rapport à ce qui s'est passé dans ces grands États "socialistes" sinistrés comme la Russie après 1917.

Il existe donc bien un lien entre les bolcheviks, le bolchevisme et le marxisme, mais le marxisme est plus au cœur du problème. Ce qui nous intéresse ici, c'est l'idéologie centrale, omniprésente, et non un groupe, un mouvement, un régime, etc.

Termes diaboliques

Voici quelques définitions de termes relatifs à des choses que les membres de la secte n'aiment pas. La propagande de la secte, au fil des décennies, a fait un très bon travail pour déformer la façon dont les concepts non marxistes sont perçus (ce qui n'est pas une surprise !). En fait, dans ce livre, nous considérons que le marxisme a assuré une perception constamment déformée de ces concepts dans une grande partie du monde moderne, y compris des concepts qui pourraient être à notre avantage (c'est-à-dire des idéologies de "droite" telles que le "nationalisme"). Un pas après l'autre... Aussi, pour le bénéfice du lecteur, nous devons être clairs sur la signification de ces termes. Nous développerons peut-être ces termes (ou certains d'entre eux) dans des sections ultérieures, mais pour l'instant, il est prudent de les mentionner au moins.

Qu'est-ce que la "droite" ?

Ne pas être marxiste. Cela inclut le fait d'avoir des opinions politiques ou sociales qui peuvent être considérées comme nationalistes, conservatrices ou traditionnelles. Nous examinerons plus tard la dichotomie politique gauche-droite. Pour l'instant, il suffit de dire que la "gauche" et la "droite" ne sont pas égales ! C'est la "gauche" qui est le véritable fauteur de troubles dans le monde d'aujourd'hui, et non la "droite" (comme la secte voudrait nous le faire croire,

---

[17] "Bolchevisme",
https://www.oxfordreference.com/display/10.1093/oi/authority.20110803095516209

bien sûr). C'est la "gauche" qui est le plus souvent aux commandes, pas la "droite", et nous nous dirigeons tous vers la falaise.

Qu'est-ce que le "nationalisme" et le "patriotisme" ?

Le nationalisme est l'idée qu'un pays peut être indépendant et souverain en tant que nation, et qu'il peut être une entité distincte et séparée des autres pays. En d'autres termes, il peut se gouverner lui-même, sans avoir à céder son contrôle à une entité étrangère. Par exemple, un pays européen n'est pas contrôlé par l'Union européenne et décide donc de son propre destin. En raison de la confusion qu'inspire le marxisme, certains peuvent penser que l'on peut être nationaliste tout en étant "de gauche" sur certains points (par exemple, un mouvement "républicain" marxiste, qui prétend être nationaliste tout en étant socialiste/marxiste ; nous reviendrons sur ce point plus tard).

Il faudrait examiner cette question au cas par cas pour comprendre ce que signifie exactement cette interprétation. Tout ce qui compte, c'est de savoir dans quelle mesure cette personne soutient le marxisme. Le reste n'est qu'étiquetage et discussion.

Qu'est-ce que le patriotisme ? L'état d'esprit d'un individu ou d'un groupe qui souhaite la souveraineté de son peuple, de son pays. Un patriote est également quelqu'un qui est fier de son identité nationale (culture, traditions, etc.) et qui veut la préserver, qui veut ce qu'il y a de mieux pour son pays/son peuple et qui se préoccupe des conditions qui y règnent. Malheureusement, tout le monde n'a pas la même perception de ce qui est "mieux" ; cela dépend vraiment de la conscience de chacun. Bien sûr, si quelqu'un est un membre de secte endoctriné, avec une perception déformée du bien et du mal (une conscience inférieure à la norme), sa perception de ce qui est le mieux pour un pays/groupe/individu sera inférieure à celle de quelqu'un qui n'est pas endoctriné.

Il s'agit d'une question centrale extrêmement importante dans notre lutte contre la secte/idéologie - l'importance de ce qui est éthiquement "juste" et qui se manifeste dans notre réalité.

L'interprétation marxiste de ces choses

Plus tard, nous ferons une analyse plus approfondie des différents termes (et "insultes") marxistes. Pour l'instant, voici la version courte : La propagande marxiste a essayé de nous convaincre tout au long de son histoire que certaines choses sont carrément mauvaises. Tout ce qui s'oppose à la secte ou à l'idéologie est "mauvais", en gros. Vous avez certainement déjà entendu parler de cela, grâce au comportement pathétique récent de membres de sectes dans le monde entier.

Selon la secte, si vous êtes "de droite", cela signifie que vous n'êtes pas marxiste et que vous êtes donc mauvais. Vous êtes fasciste, autoritaire, potentiellement meurtrier et génocidaire, etc. Naturellement, "gauche" est synonyme d'humanitarisme, de paix, d'amour, de compassion, etc. En gros, si vous êtes de droite, vous êtes mauvais, et si vous êtes de gauche, vous êtes un être humain fantastique. En gros, si vous êtes "de droite", vous êtes mauvais, et si vous êtes "de gauche", vous êtes un être humain fantastique. Toute personne que la secte n'aime pas est qualifiée de "droite" ("mauvaise") ou, pire encore, d'"extrême droite" ("très mauvaise"). Il s'agit donc essentiellement d'une façon très enfantine pour la secte de qualifier ses ennemis de mauvais. C'est tout ce que c'est ! Il n'y a rien de complexe sur le plan intellectuel : juste des injures de cour de récréation, psychologiquement élémentaires, avec une bonne dose d'infantilisme et d'esprit de vertu, ainsi qu'un grand sac économique d'ego. Il est très triste qu'une grande partie de la population mondiale semble être tombée dans le panneau de ce jeu de mots. C'est de la connerie juvénile.

Si vous êtes un "nationaliste", cela signifie que vous n'êtes pas marxiste et que vous êtes comme les nazis qui voulaient conquérir le monde, alors vous voulez conquérir le monde aussi parce que vous êtes un nazi et que vous allez envahir la Pologne, déclencher la troisième guerre mondiale et gazer 666 millions de juifs (et respirer et se détendre). Ce qui est tout à fait diabolique ! Le mal, le mal, la haiiiineeee !

Si vous êtes un "nationaliste" (selon les marxistes), cela signifie que vous pensez que votre pays et votre peuple sont si formidables que vous voudrez inévitablement commencer à attaquer d'autres pays, etc. Donc, "nationalisme" = mal. Il est évident que les millions d'êtres humains sains d'esprit, intelligents et bienveillants qui se disent "nationalistes", "patriotes" ou autres (et qui refusent de se conformer au "mondialisme"/marxisme) n'ont pas l'intention de devenir des meurtriers militaristes et globe-trotters, comme l'insinue la secte ! Ils veulent juste qu'on les laisse tranquilles en paix !

Section II - Vue d'ensemble et éléments pertinents

"Le capital est une force internationale. Pour le vaincre, il faut une alliance internationale des travailleurs, une fraternité internationale des travailleurs. Nous sommes opposés à l'inimitié et à la discorde nationales, à l'exclusivité nationale. Nous sommes internationalistes"[1]

Lénine, "Lettre aux ouvriers et paysans d'Ukraine", 1919

"Le marxisme est un internationalisme. Notre but n'est pas d'ériger de nouvelles frontières, mais de dissoudre toutes les frontières dans une fédération socialiste mondiale"[2]

Article sur socialist.net (Socialist Appeal)
par Alan Woods, juillet 2001

Les choses pour ou contre

En gardant à l'esprit les différents courants de la pensée marxienne, voici la position de la secte internationaliste sur diverses questions en général (nous examinons ici l'idéologie, et non les opinions particulières d'un individu ou d'un groupe).

Le marxisme est pour : la révolution et le changement de la société selon sa volonté ; des frontières "ouvertes" ou inexistantes, puisque les pays ne devraient même pas exister de toute façon, et, par extension, des pays/régions faisant partie de grandes organisations internationales (par exemple, l'ONU, l'UE) ; l'"égalité" ; la division des gens en groupes ; le collectivisme et l'uniformité ; le "multiculturalisme"/les sociétés multiethniques ; un gouvernement de style socialiste et le fait que "le peuple" devrait avoir la "propriété collective" des biens, des ressources, des infrastructures, des services publics, etc. d'un pays (alias "propriété collective") ; une position "progressiste" sur les questions sociales et les causes des "droits civils", y compris le féminisme, les questions LGBTQ, l'avortement, etc. (alias "propriété collective") ; avoir une position "progressiste" sur les questions

---

[1] Lénine, V.I., "Lettre aux ouvriers et paysans d'Ukraine", 28 décembre 1919.

[2] Woods, A., "Marxism versus feminism - The class struggle and the emancipation of women", 18 juillet 2001. https://socialist.net/marxism-feminism-class-struggle-emancipation-women/

sociales et les causes des "droits civils", y compris le féminisme, les questions LGBTQ, l'avortement, etc. ; la dégénérescence (en matière de santé, de relations, de comportement social, de consommation de drogues, d'ordre public, etc.) ; la liberté d'expression (lorsqu'elle n'est pas contrôlée/en cours d'ascension vers la domination).

Le marxisme est contre : l'existence de frontières/séparation des autres pays ; le capitalisme, le marché libre, la richesse, les profits, la propriété privée et les droits de succession ; tout ce qui est considéré comme étant de droite, fasciste, etc., y compris tout ce qui est considéré comme "raciste", xénophobe, etc. ; les "théoriciens du complot" et tout ce que le système considère comme une "théorie du complot" ; le nationalisme, l'identité et la culture nationales (l'idée qu'un pays est souverain, fier de son identité unique, ethnique ou autre) ; la liberté d'expression (ou, plus précisément, tout point de vue non marxiste) lorsqu'il est aux commandes ; la religion (en général, mais en particulier le christianisme) ; l'homogénéité raciale (un pays/une population qui reste majoritairement composé(e) d'un seul groupe racial). Cela ne s'applique qu'aux pays traditionnellement/prédominamment blancs) ; toute critique perçue ou tout mauvais traitement de toute personne/créature appartenant à un groupe "opprimé" (y compris les femmes, les personnes non blanches, les personnes appartenant aux catégories LGBTQ, certains animaux, etc.) ; la privatisation des services (par opposition à la propriété de l'État/la nationalisation) ; les hiérarchies ; l'"impérialisme"/la politique étrangère des États-Unis.

La promesse de l'utopie

Le marxisme promet l'"utopie" une fois que la "révolution" nécessaire aura eu lieu, ce qui est une énorme carotte psychologique à faire miroiter aux gens. C'est la promesse d'un monde meilleur dans un futur hypothétique et lointain. Certaines formes de l'idéologie prônent ostensiblement le "réformisme", qui reste de toute façon un type de révolution : il s'agit d'une modification délibérée de l'ordre établi dans une société pour la rendre plus marxiste. Quelle que soit la méthode choisie par la secte/idéologie, cette utopie est toujours au coin de la rue, comme un mirage dans le désert.

Y a-t-il jamais eu une véritable "utopie" dans le monde ? En tant qu'êtres humains, avons-nous tendance à aimer l'idée d'utopie ? Absolument, cela semble très beau. Et c'est à cause de cette tendance que l'idée d'utopie crée une opportunité de manipulation émotionnelle dans l'esprit de toute personne exposée à l'idéologie. Les adeptes d'une secte ont l'impression d'être à l'origine d'une belle révolution, et qu'au bout du compte, il ne restera qu'une société quasi utopique (à condition que la révolution soit réussie et complète). Cette noble quête peut donner à une personne un "but" dans sa vie. Comme l'a écrit un jour le grand prophète marxiste bolchevique Léon Trotski : "La vie n'est pas une affaire facile... Vous ne pouvez pas la traverser sans tomber dans la frustration et le cynisme, à moins que vous n'ayez devant vous une grande idée qui vous élève au-dessus de la misère personnelle, de la faiblesse, de toutes les formes de perfidie et de bassesse". C'est tout à fait vrai, mais cela ne donne pas le droit d'être un membre dégénéré d'une secte marxiste, bien sûr.[3]

La destruction pour créer l'utopie

"Un marxiste part de sa vérité première, à savoir que tous les maux sont dus à l'exploitation du prolétariat par les capitalistes. À partir de là, il procède logiquement à la révolution pour mettre fin au capitalisme et instaurer un nouvel ordre social, la dictature du prolétariat, et... (ensuite) le paradis politique qu'est le communisme".

Saul Alinsky, *Réveil pour les radicaux* (1946)[4]

"La révolution n'est pas une pomme qui tombe quand elle est mûre. Il faut la faire tomber"[5]

Ernesto "Che" Guevara, membre d'une secte argentine

L'idée de détruire la structure de la société pour créer une utopie communiste égalitaire et sans injustice a toujours été au cœur de la révolution marxiste, même si les méthodes exactes pour y parvenir (selon les prophètes de la secte) ont évolué au fil du temps.

Karl Marx et Friedrich Engels ont prédit que les travailleurs se soulèveraient, renverseraient leurs maîtres capitalistes dans une révolution sanglante et établiraient une dictature du prolétariat. Dans le Manifeste communiste, ils ont écrit : "Les communistes dédaignent de dissimuler leurs vues et leurs objectifs. Ils déclarent ouvertement que leurs objectifs ne peuvent être atteints que par le renversement par la force de toutes les conditions sociales existantes. Que les classes dirigeantes tremblent devant une révolution communiste. Les prolétaires n'ont rien à perdre que leurs chaînes. Ils ont un monde à gagner. Travailleurs de tous les pays, unissez-vous ![6]

Plus tard, l'un des principaux protagonistes de la révolution russe de 1917 - Vladimir Lénine - a compris que les travailleurs du prolétariat ne se lèveraient pas sans avoir été "guidés".

Il a ensuite lancé l'idée d'une "avant-garde prolétarienne" (également connue sous le nom d'"'avant-garde révolutionnaire" et sous d'autres noms), ce qui signifiait qu'un groupe de membres dévoués de la secte marxiste ouvrirait la

---

[3] Trotsky, L., *Journal en exil* (1935). https://libquotes.com/leon-trotsky/quote/lbq4f3f

[4] Alinsky, S., *Reveille for Radicals* (1946). https://libquotes.com/saul-alinsky/quote/lbt7s4h

[5] Che Guevara parle : Selected Speeches and Writings (1967). https://libquotes.com/che-guevara/quote/lbi9v5x

[6] Marx et Engels, *Le Manifeste communiste* (1948), section 4, paragraphe 11.

voie vers la révolution.

Ils gouverneraient ensuite (inévitablement) une fois que l'establishment précédent aurait été renversé et détruit. Cette idée a commencé à apparaître dans son pamphlet de 1902 intitulé "Que faire ? Questions brûlantes de notre mouvement". Lénine y affirme qu'un parti politique doit être créé pour incarner ce mouvement révolutionnaire. Il pourrait alors "influencer" et endoctriner la classe prolétarienne pour qu'elle participe à la révolution.

Il écrit : "Tout le monde est d'accord pour dire qu'il est nécessaire de développer la conscience politique de la classe ouvrière. La question est de savoir comment cela doit être fait et ce qui est nécessaire pour le faire".[7] Il a parlé de l'idée d'"aller parmi les travailleurs" et a déclaré que "la conscience politique de classe ne peut être apportée aux travailleurs que de l'extérieur, c'est-à-dire de l'extérieur de la sphère des relations entre les travailleurs et les employeurs".[8]

Il a parlé de subversion (souligné pour l'accentuation) : "Nous devons "aller parmi toutes les classes de la population" en tant que théoriciens, propagandistes, agitateurs et organisateurs",[9] et "La chose principale, bien sûr, est la propagande et l'agitation parmi toutes les couches de la population".[10] Enfin : "Nous devons nous atteler à la tâche d'organiser une lutte politique globale sous la direction de notre parti, de manière à permettre à toutes les couches de l'opposition d'apporter leur soutien le plus total à la lutte et à notre parti. Nous devons former nos travailleurs pratiques sociaux-démocrates à devenir des dirigeants politiques, capables de guider toutes les manifestations de cette lutte globale".[11]

Le 14 novembre 1917, dans son discours sur la question agraire, il a déclaré : "Un parti est l'avant-garde d'une classe : "Un parti est l'avant-garde d'une classe et son devoir est de diriger les masses et pas seulement de refléter le niveau politique moyen des masses".[12]

Ainsi, après tous ces discours et toutes ces déclarations, tous ces bouleversements et toutes ces effusions de sang, il ne reste plus qu'un régime à parti unique qui n'a de comptes à rendre à personne et qui va mettre le pays à feu et à sang avec des théories marxistes destructrices de la civilisation.

---

[7] Lénine, V. I. "Que faire ? Questions brûlantes de notre mouvement", 1902, p. 48.

[8] Ibid. P. 48.

[9] Ibid. P. 50.

[10] Ibid. P. 50.

[11] Ibid. P. 52-53.

[12] Lénine, V.I., "Discours sur la question agraire", 14 novembre 1917.

Dans son livre *The World on Fire : 1919 and the Battle with Bolshevism,* publié en 2008, l'historien Anthony Read écrit : "Le bolchevisme a été fondé sur un mensonge, créant un précédent qui allait être suivi pendant les quatre-vingt-dix années suivantes. Lénine n'avait pas de temps à consacrer à la démocratie, ne faisait pas confiance aux masses et n'avait aucun scrupule à recourir à la violence. Il voulait un petit parti, étroitement organisé et strictement discipliné, composé de révolutionnaires professionnels purs et durs, qui feraient exactement ce qu'on leur dirait de faire".[13]

Lénine, en tant que figure majeure du marxisme, a donc commencé à promouvoir l'idée que le "prolétariat" devait être "guidé" (poussé) vers la révolution. Cette idée s'éloigne quelque peu des idées de Marx et Engels selon lesquelles il s'agirait d'un processus naturel et évolutif (rappelez-vous "les idées basées sur les idées basées sur les idées").

Les idées de Lénine sur la révolution et la classe prolétarienne ont évolué au fil du temps. À l'origine, il pensait que les travailleurs se soulèveraient spontanément, comme l'avaient fait Marx et Engels, mais à l'époque de son pamphlet de 1920 intitulé "Le communisme de gauche : Un trouble infantile. Une exposition populaire de la stratégie et de la tactique marxistes", il s'est rendu compte que ses opinions antérieures sur le comportement de la classe prolétarienne étaient trop "optimistes" (c'est-à-dire qu'elle ne se comportait pas comme le voudrait un marxiste).[14] Et voilà qu'apparaît l'idée que ces travailleurs étaient tout simplement trop sous l'emprise du système capitaliste bourgeois pour vouloir une révolution. Comme c'est pratique !

Plus tard dans l'évolution de l'idéologie, les membres de la secte ont développé l'idée que les masses ne voulaient pas s'élever ou adhérer pleinement au socialisme parce qu'elles étaient trop attachées et influencées par les piliers perçus de l'Occident : le capitalisme, le christianisme et la culture. Par conséquent, pour que les masses acceptent le socialisme (et finalement le communisme), il fallait d'abord détruire la civilisation occidentale. Ces idées ont ensuite été développées par Herbert Marcuse (1898-1979) et Theodore Adorno (1903-1969) de l'*école de Francfort.*

Cette nature "critique" destructrice du marxisme explique en grande partie le comportement anti-civilisationnel dont nous faisons l'expérience dans le monde d'aujourd'hui. Cette nature est évidente dans le produit du marxisme qu'est le socialisme. Le socialisme contribue à la destruction de la civilisation occidentale en s'attaquant au capitalisme et en proposant une "alternative" non viable à celui-ci ; une alternative qui pourrait conduire à une société plus "juste" (utopique). Il convient également de noter que les mouvements

---

[13] Read, A. *The World on Fire : 1919 and the Battle with Bolshevism* (2008). P. 5.

[14] Le communisme de gauche de Lénine : Un trouble infantile. Exposition populaire de la stratégie et de la tactique marxistes", 1920.

"socialistes" ne sont pas seulement anticapitalistes : ils sont aussi généralement antichrétiens et anti-culturels.

"La fin justifie les moyens "

"Pour faire le mal, un être humain doit d'abord croire que ce qu'il fait est bien, ou bien qu'il s'agit d'un acte réfléchi et conforme à la loi naturelle. Heureusement, il est dans la nature de l'être humain de chercher une justification à ses actes... C'est l'idéologie qui donne à la malfaisance la justification tant recherchée et qui donne au malfaisant la constance et la détermination nécessaires"[15]

Alexandre Soljenitsyne, *L'Archipel du Goulag :*
Une expérience d'investigation littéraire (1973)

L'idée que "la fin justifie les moyens" est un autre aspect majeur du marxisme, lié à sa propension à la destruction pour créer une "utopie". Cela signifie essentiellement que la souffrance, la mort et la dépravation vécues pendant que toute cette destruction a lieu sont non seulement tout à fait justifiables, mais aussi positives ! C'est l'inversion de ce qui est éthique/moral (selon toute personne saine d'esprit et rationnelle), de sorte que ce qui était auparavant considéré comme un mauvais comportement est maintenant considéré comme un bon comportement. Si vous vous êtes déjà demandé pourquoi, chaque jour, les marxistes du monde entier, toutes tendances confondues, peuvent commettre les crimes impardonnables qu'ils commettent contre leurs compatriotes (volontairement ou involontairement), c'est parce qu'ils le font "pour le bien commun". Ils le font "pour le plus grand bien".

Ce qu'il faut comprendre à propos des membres de la secte, c'est que la plupart d'entre eux croient en l'utopie marxienne (socialiste/communiste) ostensiblement bienveillante, mais ne perçoivent pas les effets malveillants de l'idéologie dans le monde réel (le problème de la théorie contre la réalité). Pour certains, ils sont incapables de traiter la réalité d'un point de vue conscient, pragmatique et éthique. Ces personnes sont peut-être simplement endoctrinées et manquent peut-être un peu d'humanité.

Pour d'autres, ils peuvent voir que c'est destructeur, mais ils s'en moquent et peuvent même prendre plaisir à la destruction. Ces personnes sont des psychotiques sadiques. Le marxisme s'adresse à de nombreux types de personnes endommagées, et sa nature destructrice donne aux personnalités destructrices l'excuse dont elles ont besoin... pour détruire. Nous pouvons voir ce processus en action en observant ces émeutes "vertueuses" impliquant des groupes marxistes tout au long de l'histoire.

L'idée d'une révolution pour détruire l'ordre existant et le remplacer par une

---

[15] Soljenitsyne, A., *L'Archipel du Goulag : Une expérience de recherche littéraire* (1973).

société utopique - ou même de "réformer" la société pour la rendre plus "utopique" - est un aspect majeur et central de l'idéologie. Le chaos que nous connaissons actuellement dans nos sociétés existe à cause de ce principe erroné et malavisé. La secte/idéologie pense nous emmener vers le paradis, mais, en fait, elle nous entraîne tous en enfer (pas nécessairement dans le sens d'une "vie religieuse après la mort", mais d'une existence littéralement merdique ici sur Terre, dans cette vie).

En résumé, le marxisme va détruire ou transformer tout ce qui est bon ou qui fonctionne, pour ensuite reconstruire la société à partir d'un tas de théories erronées. En d'autres termes, il va tout détruire sans raison, comme il l'a toujours fait.

Ce que Karl et Freddy ont dit

À eux deux, Marx et Engels ont produit de nombreux écrits, le plus célèbre étant Le Manifeste communiste en 1848 (l'autre écrit le plus célèbre de Marx serait *Das Kapital* ou "Le Capital" en 1867). Dans l'ensemble, leurs opinions sur la manière dont le capitalisme émergent façonnait leur monde étaient généralement négatives, et leurs opinions sur les motivations des hommes d'affaires, des propriétaires terriens et des riches (la "bourgeoisie") étaient pour le moins cyniques. Ce cynisme est à l'origine de la haine de la secte pour le capitalisme et tout ce qui y est associé, y compris les profits, la propriété foncière, les hiérarchies commerciales et toute "exploitation" perçue, etc. L'idée qu'une personne puisse être reconnaissante d'avoir la possibilité de gagner de l'argent et de subvenir à ses besoins et à ceux de sa famille (ou même de simplement survivre) n'a pas été soulignée dans l'ensemble.

Marx et Engels considéraient qu'il était contraire à l'éthique qu'une personne puisse profiter du travail d'une autre personne comme le faisaient les capitalistes de leur époque. Marx ajoutera plus tard à cette notion en promouvant des concepts erronés tels que la "théorie de la valeur du travail" et la théorie ridicule de l'"aliénation" dans son livre Le Capital (qui est considéré comme une œuvre de génie par beaucoup). C'est à cause de ce genre de conneries que l'on voit la mentalité "les profits, c'est le mal !" émaner des membres des sectes.

Selon eux, en raison des défauts du capitalisme et de "l'exploitation nue, éhontée, directe et brutale"[16] en son sein, ce système - et la bourgeoisie d'affaires/propriétaire foncière qui le domine - était destiné à être violemment renversé par les classes laborieuses ("le prolétariat") dont les capitalistes s'étaient (apparemment) emparés.

Ce concept négatif, simplificateur et incendiaire de division de la société en deux classes distinctes - oppresseurs (riches) et opprimés (pauvres) - a été la

---

[16] Marx et Engels, *Le Manifeste communiste* (1848). P. 16.

graine qui a donné naissance à cette vague de chaos qui détruit aujourd'hui la civilisation ; c'est le fondement de mauvaise qualité sur lequel toutes les "révolutions" et les institutions marxistes sont construites.

Il convient de noter que dans le marxisme, les "classes moyennes" ont été traditionnellement considérées comme liées à la "bourgeoisie", ce qui en faisait inévitablement une cible ; toute personne possédant des richesses, en fait. (Évidemment, la définition de ce qu'est la "classe moyenne" a changé au fil du temps).

Nous analyserons et utiliserons ce concept "Oppresseur contre Opprimé" en profondeur tout au long de notre étude. Pour l'instant, il suffit de dire que ce concept a donné à d'innombrables personnes au cours des deux derniers siècles un exutoire pour leurs sentiments de privation de droits et une excuse pour se "révolter" et détruire : "Nous sommes les pauvres et innocents opprimés, et nous nous vengeons de l'oppresseur !

Hegel

Certains éléments du travail théorique de Marx et Engels ont été influencés par les travaux du philosophe allemand G.W.F. Hegel (1770-1831). Le dialecte hégélien, par exemple, a été identifié à juste titre comme faisant partie de l'ADN du marxisme. Ce dialecte a été décrit à l'aide de la triade des termes thèse, antithèse et synthèse, mais pas par Hegel lui-même (la description est venue d'un autre philosophe allemand du nom de Heinrich Moritz Chalybaus (1796-1862)). Hegel a utilisé les termes abstrait, négatif et concret (une autre interprétation est Problème-Réaction-Solution). La manipulation dialectique, essentiellement, consiste à présenter un "choix" à un sujet (individu ou groupe) avec une arrière-pensée, et la partie qui présente ce "choix" désire un certain résultat. Le principe de l'oppresseur contre l'opprimé est basé sur ce principe - il vous encourage à "choisir un camp", par le biais d'une manipulation émotionnelle (expliquée ailleurs). D'autres concepts familiers sont également présents dans l'œuvre de Hegel : "Les catholiques étaient dans la position des oppresseurs, et les protestants dans celle des opprimés".[17]

Bien que fortement influencés par le travail largement philosophique de Hegel, les travaux de Marx et d'Engel ont conservé moins de philosophie, mettant davantage l'accent sur une perspective matérialiste de la façon dont la société est structurée et sur la dynamique entre ces composantes (travail, classe, économie, etc.). Il est intéressant de noter que pour Marx, la civilisation était principalement basée sur des choses matérialistes, y compris l'argent (probablement parce qu'il n'a jamais vraiment travaillé ou produit de la richesse dans sa vie et qu'il avait un complexe à ce sujet).

---

[17] Hegel, G.W.F., *La Constitution allemande* (1802). https://libquotes.com/georg-wilhelm-friedrich-hegel/quote/lbr3v8e

Leurs travaux combinaient l'élément dialectique et l'idée de "lutte des classes" avec leurs opinions sur l'histoire, la société et l'économie. Leur analyse principalement matérialiste de ces sujets (et du sujet de la nature) a conduit à la création du "matérialisme dialectique" et du "matérialisme historique", sortes de sous-idéologies au sein du marxisme.

Nous pouvons également dire que Marx et Engels ont réinterprété les idées de Hegel d'une manière moins idéaliste ; leur travail est devenu plus "scientifique". Il s'agit là d'un point très important, qui explique en partie la nature de l'idéologie : absence de véritables qualités humaines (y compris une véritable empathie) ; manque d'appréciation de l'unicité, de l'inégalité et de la diversité naturelles ; excès de "logique" sur certaines questions, telles que la religiosité, etc.

Un autre concept influent de Hegel est celui de la relation maître-esclave. Il a jeté les bases du principe de l'oppresseur et de l'opprimé dans le marxisme.

On retrouve l'ADN marxien lorsque Hegel écrit : "Le maître possède un surplus de ce qui est physiquement nécessaire ; le serviteur en manque, et de telle sorte que le surplus et le manque ne sont pas des aspects accidentels mais l'indifférence des besoins nécessaires".[18]

Nous pouvons remplacer "maître" par "oppresseur" ou "bourgeoisie", et "serviteur" par "opprimé" ou "prolétariat". En outre, cette citation se rapporte à la "théorie de la valeur du travail" que Marx a utilisée dans son ouvrage *Das Kapital*, à savoir l'idée que le "maître" conserve injustement la valeur "excédentaire" du travail d'un ouvrier.

"Oppresseur" contre "Opprimé"

Il s'agit d'un aspect original du marxisme qui existe encore aujourd'hui et qui constitue le fondement de la plupart des sous-mouvements et des programmes marxistes. À l'origine, les termes "oppresseur" et "opprimé" étaient utilisés pour décrire la classe des riches capitalistes/propriétaires d'entreprises (la bourgeoisie) et la classe ouvrière pauvre (le prolétariat). On peut également dire : l'utilisateur contre l'utilisé ; le contrôleur contre le contrôlé ; le dominant contre le dominé ; ou encore le maître et l'esclave.

Surtout, cette formule joue sur les émotions des gens, en utilisant les sentiments de ressentiment ou de privation de droits qu'ils peuvent éprouver à l'égard des autres, de la vie, etc. Elle exploite et encourage la mentalité de victime, en l'utilisant pour manipuler la personne afin qu'elle participe activement (ou au moins qu'elle soutienne) l'action "révolutionnaire" (marxiste). Le résultat final est la destruction, via le chaos. Une grande partie de la population mondiale fait l'expérience de ce processus depuis plusieurs

---

[18] Hegel, G.W.F., *Système de vie éthique et première philosophie de l'esprit* (1802).

décennies, sans même savoir qu'il existe.

Nous nous sommes tous, au cours de notre vie, sentis privés de nos droits ou victimes à un moment ou à un autre ; il s'agit d'une tendance psychologique propre aux êtres humains, mais qui doit être maîtrisée ! Cependant, nous pouvons parfois avoir raison de nous sentir ainsi (si nous avons vraiment été maltraités d'une manière ou d'une autre), mais nous tirons parfois des conclusions trop hâtives, et nous devons nous ressaisir ; certaines personnes n'ont manifestement pas la constitution nécessaire pour le faire. Tant que nous n'aurons pas maîtrisé cette tendance dans notre vie, avec le temps et la maturité, il peut s'avérer très difficile de décider si nous sommes justifiés de nous sentir victimes. Il suffit d'un coup de pouce dans la mauvaise direction (au bon moment) pour qu'une personne décide de choisir la victimisation comme état d'esprit "par défaut", en quelque sorte.

C'est pour cette raison que beaucoup tombent dans le piège psychologique/émotionnel de l'endoctrinement marxiste de l'oppresseur contre l'opprimé. (Il devrait être de notoriété publique que les gens se maltraitent les uns les autres, ce qui est une caractéristique naturelle de l'existence de l'humanité - essayer d'empêcher cela au niveau sociétal peut être interprété comme un comportement "utopique", révolutionnaire).

L'idéologie se nourrit de ce mécanisme en fournissant un exutoire pratique pour nos émotions. Si nous ne comprenons pas ce mécanisme en nous-mêmes et que nous sommes incapables de le contrôler, l'absorption de l'idéologie peut alors nous rendre émotionnellement chargés, en plus d'être potentiellement stupides et irrationnels. Dans cet état mental de "basse fréquence", nous sommes alors plus prévisibles, plus facilement manipulables et donc plus faciles à contrôler.

Si l'on considère le mouvement mondial des activistes marxistes et des sectes "révolutionnaires", ces personnes n'en sont-elles pas le parfait exemple ? Si nous devions choisir un terme pour les décrire, des mots comme "contrôlé" et "prévisible" seraient tout aussi appropriés que "marxiste" ou "membre de secte" ou n'importe quoi d'autre.

Cet élément de manipulation émotionnelle a toujours été une caractéristique du marxisme. Qu'il s'agisse d'une foule d'ouvriers mécontents quelque part en Europe dans les années 1800, qui se déchaînent aux portes de l'usine, ou des foules agressives lors des émeutes "Black Lives Matter" en 2020, qui agressent les propriétaires de magasins ou arrêtent la circulation et endommagent les voitures, c'est le même mécanisme qui est à l'œuvre. Il suffit d'injecter un peu de marxisme dans l'esprit des gens (par le biais d'initiatives gouvernementales, d'universités, de médias, de groupes communautaires, etc.), de leur dire ce qu'ils veulent entendre ("vous êtes opprimés !") et de flatter leur ego, de leur dire qui est l'ennemi, de s'asseoir et d'observer le carnage !

Le début du Manifeste communiste met clairement l'accent sur la division entre les groupes de la société, résumée dans le concept central, destructeur et omniprésent d'oppresseur contre opprimé (souligné pour l'accentuation) : "L'histoire de toute société existante jusqu'à présent est l'histoire de luttes de classes. L'homme libre et l'esclave, le patricien et le plébéien, le seigneur et le serf, le maître de guilde et le compagnon, en un mot, l'oppresseur et l'opprimé, se sont constamment opposés l'un à l'autre, ont mené une lutte ininterrompue, tantôt cachée, tantôt ouverte, une lutte qui s'est chaque fois terminée, soit par une reconstitution révolutionnaire de la société dans son ensemble, soit par la ruine commune des classes en conflit".[19]

En plus de diviser la société en groupes/classes, il suggère également un conflit, et que soit il y aura une révolution, soit tous les groupes seront anéantis. L'un des mots d'ordre de la Révolution française était "La *Liberté* ou la mort". Imaginez maintenant combien d'esprits impressionnables ont lu ce passage au cours du siècle dernier ? Il figure au début du Manifeste. Vous imaginez ? Même le lecteur le plus paresseux l'aurait assimilé, alors que le Manifeste ne compte que 68 pages.

Les marxistes enseignent également que les forces historiques sont la cause de l'oppression, qu'elles leur ont été imposées sans leur consentement, ce qui les conduit à la nécessité d'une révolution sociétale complète pour se débarrasser de ces forces. Extrait de la préface de l'édition allemande de 1883, rédigée par Engels : "cette lutte, cependant, a maintenant atteint un stade où la classe exploitée et opprimée ne peut plus s'émanciper de la classe qui l'exploite et l'opprime, sans en même temps libérer à jamais la société entière de l'exploitation, de l'oppression, des luttes de classes".[20] Il s'agit là de boire son propre Kool-aid ! Cela suggère que l'ensemble de la société doit être "libérée" et que la révolution doit être totale.

Pensez aux membres de la secte marxiste ("activistes") d'aujourd'hui : répètent-ils toujours ces concepts comme des perroquets ? Oui, de manière nauséabonde. Encore une fois, c'est la raison pour laquelle tout cela doit être jeté à la poubelle. Ce sont les principes de base qui font partie de ce système depuis le début qui posent problème, et non pas simplement une interprétation ou une faction particulière.

Une fois de plus, nous devons éviter de nous laisser entraîner par le babillage pseudo-intellectuel autour du marxisme, en particulier les parties inutiles. Ce ne sont que des hommes qui ont des opinions, des théories. Il n'y a rien de mal à cela, mais les problèmes commencent lorsque les membres d'une secte ayant subi un lavage de cerveau veulent construire la société autour de ces opinions. Si les théories sont erronées (ou si elles sont utiles mais mal interprétées), elles

---

[19] Marx et Engels, *Le Manifeste communiste* (1848), p. 14.

[20] Engels, F., *Le Manifeste communiste* (1848), préface à l'édition allemande de 1883, p. 6.

peuvent devenir nuisibles. En particulier si leur application dans la société doit être forcée (c'est-à-dire en essayant d'imposer les concepts artificiels d'uniformité et d'égalité).

La centralisation du pouvoir

La collectivisation est l'un des principes fondamentaux de cette idéologie. Le marxisme (à travers son véhicule, le socialisme) insiste sur le fait que pour transformer une société en une société plus "juste" et égalitaire, il faut donner plus de pouvoir et de richesse au "peuple" (c'est-à-dire aux personnes qui ne sont pas riches et/ou qui n'ont pas de "liberté" ou de "pouvoir"). C'est la voie vers l'"égalité". Le concept de "communisme", dans un sens, est la communauté de ces types relativement "privés de pouvoir" qui pourrait être formée en un collectif (selon l'idéologie).

La théorie veut qu'un système de gouvernement soit créé pour concrétiser cet idéal, avec une propriété collective et une direction émanant du "peuple". Inévitablement, dans la pratique, quelqu'un ou un groupe doit diriger le système. Il est évident que "le peuple" - en tant que population entière de millions d'individus - ne peut pas diriger un pays ; tout autre raisonnement n'est qu'un ridicule non-sens collectiviste. Ce n'est tout simplement pas ainsi que fonctionne la réalité. Si la société est un navire, quelqu'un contrôle le gouvernail.

Chaque fois que le marxisme a pris suffisamment d'ampleur pour prendre le contrôle d'un pays, il en résulte un système de contrôle marxiste à parti unique (ou un système similaire). Même s'il ne correspond pas exactement à ce format, l'idéologie est toujours aux commandes. Le contrôle de l'économie, la nationalisation des industries et des infrastructures, la confiscation des terres et des ressources, etc. suivent généralement. Toute soif de pouvoir personnelle et individuelle mise à part (parmi les membres de la secte concernés), l'idéologie elle-même, dans un sens, exige le contrôle de ces choses.

Ainsi, historiquement, alors que le marxisme était censé donner le "pouvoir au peuple", il a inévitablement abouti à cette centralisation du pouvoir, généralement entre les mains de voyous/criminels/terroristes marxistes violents d'un type ou d'un autre, qui (étonnamment !) n'avaient pas les compétences requises pour gérer un pays une fois qu'ils en avaient pris le contrôle. Pourquoi ? Parce qu'ils ne sont pas qualifiés pour le faire ; la seule connaissance qu'ils ont de l'économie et des affaires est celle des perceptions et des théories marxistes erronées qui s'y rapportent. Participer à une révolution destructrice ne confère pas contradictoirement, comme par magie, des capacités constructives !

Les membres de la secte peuvent ne pas être d'accord sur le fait qu'il ne s'agit pas d'un véritable communisme, insistant sur le fait qu'un gouvernement totalitaire à parti unique n'est pas ce qui a été envisagé par Marx et Engels (et leurs fidèles disciples), et qu'il devrait s'agir d'un gouvernement composé du "peuple". Qu'importe ce qu'ils ont ou n'ont pas envisagé ! Dans la pratique, lorsque les révolutionnaires marxistes prennent le pouvoir, ils finissent par le contrôler, naturellement. Chaque fois qu'il y a un vide de pouvoir, quelqu'un s'y engouffre : c'est ainsi que cela a toujours fonctionné, bien avant que le marxisme n'arrive sur la scène.

Si vous détruisez l'ordre établi, vous créez un vide de pouvoir. Et lorsque la société est en proie au chaos, c'est là que les psychopathes brutaux entrent en scène...

L'histoire du pouvoir et du contrôle dans le monde remonte à des millénaires, à l'aube de l'humanité. Il y a toujours eu des psychopathes obsédés par le contrôle dans la société, bien avant l'apparition du marxisme. Cependant, depuis qu'il s'est manifesté, il a fourni à ces types de personnes un moyen commode de mettre la main sur les rênes du pouvoir. Les nombreux régimes marxistes de l'histoire - Lénine et Trotski (puis Staline) en Russie, Mao Zedong en Chine, Fidel Castro (1926-2016) à Cuba, Nicolae Ceausescu (1918-1989) en Roumanie, Pol Pot (1925-1998) au Cambodge, Robert Mugabe (1924-2019) au Zimbabwe et les nombreux autres régimes d'Afrique et d'Amérique du Sud - présentent tous (à un degré ou à un autre) le même schéma.

Le schéma est le suivant : le marxisme convainc suffisamment de personnes que le marxisme est la solution, ce qui entraîne la destruction de toute opposition (non marxiste) par le principal groupe marxiste concerné. Cette domination conduit ensuite à une situation dans laquelle le leader psychopathe de ce groupe est en mesure de diriger un pays entier. (Il est également vrai que toutes ces révolutions n'étaient pas des mouvements cent pour cent populaires, et qu'il n'y avait pas de parties extérieures impliquées. Par exemple, les bolcheviks ont été financés et encouragés par des parties extérieures à la Russie ; la montée de Mao et la naissance de la Chine rouge ont été soutenues par des parties similaires, etc.)

Toute forme de centralisation du pouvoir présente ce risque inhérent, bien sûr, mais cela dépend de qui tient les rênes, n'est-ce pas ? Il est certain qu'une bande de fanatiques ultra-partisans aux tendances destructrices aux commandes est une mauvaise nouvelle, en particulier pour tous ceux qui ne font pas partie du gang/de la secte. Étant donné que le marxisme opère dans notre monde de manière constante depuis un certain temps, nous devons toujours être vigilants, car le pouvoir et le contrôle sont le nom du jeu.

À l'échelle mondiale, lorsque nous recherchons des signes de ces choses, toutes les grandes organisations internationales qui tentent de consolider le pouvoir doivent être considérées avec méfiance (en utilisant nos lunettes anti-marxistes spéciales). De toute évidence, lorsqu'une entité comme les Nations unies - une grande organisation intergouvernementale mondiale composée de 193 pays membres - commence à parler d'"unité" ou de "solidarité", nous devrions y voir un énorme drapeau rouge communiste. L'idéologie est présente ici et vous - et votre pays - feriez mieux de faire attention.

Bien entendu, la création d'une société "égalitaire" passe par la coercition, puisque l'égalité est un concept marxiste artificiel. Nous voyons actuellement cette coercition se manifester dans le monde entier, par l'application d'un contrôle sur nos vies. L'égalité est un code marxiste pour l'uniformité et la conformité (qui conduit à la passivité et au contrôle des masses). Elle n'a rien à voir avec la bienveillance ou la charité de quelque nature que ce soit, ni avec l'"humanitarisme". Des dizaines de millions de personnes dans le monde - qui sont membres d'une secte, qu'elles le réalisent ou non - sont contrôlées par cette simple tromperie de signe de vertu. ("L'égalité" est développée plus loin).

Conspiration et subversion : une tradition marxiste

"Le communisme est souvent décrit comme une philosophie, mais ce n'est pas une philosophie à laquelle des hommes intellectuellement honnêtes peuvent croire longtemps. C'est une conspiration à laquelle participent des hommes animés par la haine. Lénine l'a confirmé. Dans son ouvrage important et faisant autorité, "Que faire ?", écrit en 1902, il expose ses vues sur la structure du parti communiste et déclare : "La conspiration est un élément essentiel de l'organisation du parti communiste : "La conspiration est une condition si essentielle d'une organisation de ce type que toutes les autres conditions... doivent être mises en conformité avec elle" ; en d'autres termes, la philosophie du communisme doit être pliée et tordue selon les besoins de la situation en matière de conspiration.[21]

John A. Stormer, *Personne n'ose parler de trahison* (1964)

"Il faut consentir à tous les sacrifices et même - si nécessaire - recourir à toutes sortes de stratagèmes, de manœuvres et de méthodes illégales, à l'évasion et aux subterfuges pour pénétrer dans les syndicats, y rester et y poursuivre à tout prix le travail communiste".[22]

Vladimir Lénine, *Œuvres choisies de V.I. Lénine* (1938)

Examinons la question d'un point de vue rationnel : la notion même de "conspiration" est-elle ridicule ? Ou s'agit-il simplement d'une invention qui devrait nous faire rire ? S'agit-il d'un sujet réservé aux paranoïaques hystériques ou d'un sujet à prendre au sérieux ? Récemment, le terme "théoricien de la conspiration" a joué un rôle dans la manière dont le concept de "conspiration" est désormais perçu.

Le concept de conspiration est contenu dans le droit pénal. D'après Wikipedia : "En droit pénal, une association de malfaiteurs est un accord entre deux ou plusieurs personnes pour commettre un crime à un moment donné dans le

---

[21] Stormer, John A., *None Dare Call It Treason* (1964), p. 16.

[22] Lénine, V.I., Œuvres choisies, vol. 10, (p. 95), 1938.

futur.[23] Extrait du site web du *Legal Information Institute* : "Un accord entre deux ou plusieurs personnes pour commettre un acte illégal, avec l'intention d'atteindre l'objectif de l'accord. La plupart des juridictions américaines exigent également un acte manifeste en vue de la réalisation de l'accord".[24] Il convient de noter que la trahison est un crime, et c'est ce que la subversion et l'activisme marxistes sont : de la trahison. C'est un point qui passe souvent inaperçu dans le brouillard de la guerre, grâce à l'effet de l'idéologie sur les perceptions des gens (sur des sujets tels que la nation, le droit, l'éthique, etc.)

La conspiration et la subversion sont au cœur du marxisme. À l'origine, il s'agissait d'un mouvement visant à s'opposer au système, et les premiers partisans étaient des conspirateurs et des subversifs dans leur état d'esprit. C'était une nécessité pour organiser des réunions et développer un mouvement. C'était donc une caractéristique des activités de la secte pendant toute sa durée. Les débuts du mouvement socialiste en Allemagne en sont un exemple : Marx et Engels ont suggéré que ce groupe forme une alliance avec les libéraux-démocrates. Cela leur permettrait de prendre le pouvoir aux conservateurs qui étaient au pouvoir à l'époque. Une fois cette étape franchie, le plan consistait à se retourner contre leurs "alliés".[25]

La Fabian Society a été fondée sur le principe d'un socialisme "réformiste" subversif (développé plus tard). La *Troisième Internationale* ou *Comintern* était une organisation subversive internationale professionnelle, financée par l'État soviétique. Les tentatives ultérieures de certains Américains pour débarrasser leur pays de la pourriture marxiste ont mis en évidence les questions de conspiration et de subversion ("maccarthysme"). Toutes les révolutions et tous les régimes inspirés par le marxisme dans l'histoire de l'idéologie ont été marqués par la conspiration et la subversion. Nous développons ces éléments/groupes ailleurs. Tout cela devrait faire comprendre pourquoi le terme "théoricien de la conspiration" est un outil défensif précieux pour la secte/idéologie.

Un cheval de Troie (rouge)

"Camarades, vous vous souvenez de l'ancienne histoire de la prise de Troie... L'armée attaquante n'a pu remporter la victoire que lorsque, à l'aide du célèbre cheval de Troie, elle a réussi à pénétrer au cœur même du camp ennemi. Nous, travailleurs révolutionnaires, ne devrions pas hésiter à utiliser la même tactique

---

[23] https://en.wikipedia.org/wiki/Criminal_conspiracy

[24] "Conspiration". https://www.law.cornell.edu/wex/conspiracy

[25] Marx et Engels, "Discours du Comité central à la Ligue communiste", mars 1850 (*MESW*, vol. 1, pp. 175-85).

à l'égard de notre ennemi fasciste"[26]

George Dimitrov, secrétaire général du Comintern, août 1935

Une métaphore appropriée de l'idéologie - et de son impact sur la société - est le cheval de Troie de la mythologie grecque et un incident qui s'est apparemment produit pendant la *guerre de Troie* (vers 13ème et 12ème siècles avant J.-C.).

L'histoire raconte que l'ancienne ville de Troie a été attaquée par les Grecs qui, après un siège de dix ans, ont conçu un plan astucieux pour contourner les défenses de la ville : ils ont construit un énorme cheval de bois suffisamment grand pour contenir quelques soldats et l'ont laissé à l'extérieur des portes de la ville. Une offre de paix réfléchie, semble-t-il.

Alors que les Grecs semblaient avoir abandonné et s'éloignaient, les Troyens firent entrer le cheval dans la ville, ignorant totalement qu'il abritait une cargaison cachée de guerriers ennemis à l'intérieur de son ventre sans prétention. Au moment opportun, les hommes sortent du cheval et ouvrent les portes de la ville. L'armée grecque a alors pu entrer dans la ville et la prendre, puisqu'elle était revenue dans la région à la faveur de l'obscurité. Cet incident fut décisif et mit fin à la guerre.[27]

Le modus operandi commun de l'idéologie est un type similaire d'attaque sournoise et pénétrante de toute société donnée. Elle est introduite comme quelque chose de bénin : un cadeau, un sauveur, une solution à tous les problèmes (réels ou perçus). Il fait partie de l'environnement, du mobilier. Il n'est pas perçu pour ce qu'il est et est ensuite oublié. À l'insu de la société cible, il s'agit d'un parasite qui s'insinue au cœur d'une nation, pourrissant l'organisme hôte de l'intérieur. Après la gestation, il ronge la société comme un cancer, dévorant les organes de l'organisme qui sont essentiels à sa santé : relations saines, famille, tradition, identité culturelle, patriotisme, souveraineté, santé physique et psychologique, formes constructives de religiosité et de spiritualité, etc. Il peut infecter et détruire de nombreuses sociétés dans le monde, d'où le terme de "pandémie". Dans un système informatique, un cheval de Troie est un type de virus malveillant ; la société est le "système" dans ce cas.

Le principe du cheval de Troie rouge est essentiel pour comprendre l'efficacité de la subversion de l'idéologie dans une société donnée. Ce concept est présent tout au long de l'ouvrage.

---

[26] Dimitrov, G., "L'offensive fasciste et les tâches de l'Internationale communiste dans la lutte de la classe ouvrière contre le fascisme", 2 août 1935.

[27] https://www.britannica.com/topic/Trojan-horse

Section III - Notre histoire de l'infection mondiale

> "Nous sommes invincibles, car la révolution prolétarienne mondiale est invincible.
>
> Vladimir Lénine, "Lettre aux travailleurs américains", août 1918[1]

Introduction

L'infection marxiste est mondiale, et ce depuis un certain temps. Historiquement, sa présence est facilement identifiable, sous une forme ou une autre, en Europe et en Russie, en Asie, en Afrique, au Moyen-Orient, aux États-Unis, en Amérique centrale et en Amérique du Sud : l'Europe et la Russie, l'Asie, l'Afrique, le Moyen-Orient, les États-Unis, l'Amérique centrale et l'Amérique du Sud. Il va sans dire qu'elle est toujours présente dans ces régions, quel que soit le statut ou la position politique officielle des pays de ces régions aujourd'hui (puisqu'une idéologie réside dans l'esprit de la population, et pas seulement dans la sphère politique d'un pays). Elle a également été présente dans d'autres pays/régions en dehors de ces zones, comme le Canada et l'Australasie, même si elle n'est pas aussi identifiable à première vue. L'Australie et la Nouvelle-Zélande, par exemple, bien qu'elles ne figurent pas sur la liste des pays normalement considérés comme marxistes d'un point de vue historique, sont des points d'infection importants pour le "socialisme fabien" et le "marxisme culturel". Il en va de même pour le Canada - il est évident, même pour le profane, que ce pays est aujourd'hui gangrené par le "marxisme culturel" ou le "progressisme".

Les idéologies n'ont pas de frontières

Alors que nous intégrons certaines questions géographiques dans cette section, gardons à l'esprit qu'il ne s'agit pas seulement de pays. Il s'agit d'idéologie, de mentalité, d'endoctrinement, de croyances, etc. L'idéologie est présente presque partout dans le monde, à un degré ou à un autre, sous une forme ou une autre, depuis plus de deux siècles, et elle ne tient pas compte des frontières créées par l'homme (comme le font les pandémies). Je soulève ce point en raison de la manière dont cette question peut être perçue par certains, en particulier lorsqu'ils entendent les mots "socialisme" ou "communisme". Certains (les générations plus âgées en particulier) peuvent identifier cette question à certains pays, par exemple les régimes "communistes" les plus courants : URSS, Chine, Corée du Nord, Cuba, Vietnam, Cambodge, etc. ; ou

---

[1] Lénine, V.I., "Lettre aux travailleurs américains", 20 août 1918.

les régimes moins connus d'Afrique, d'Amérique du Sud, d'Inde, de Roumanie, d'Albanie, etc. ou tout autre exemple auquel une personne pourrait penser en entendant les mots "marxisme", "socialisme" ou "communisme".

Une idéologie peut exister dans des types disparates d'individus, de lieux, de cultures, etc. Elle peut être omniprésente et prospérer indépendamment des changements défavorables dans son environnement. Elle peut être omniprésente et prospérer indépendamment des changements défavorables de son environnement. Elle peut exister dans l'esprit de quelqu'un, où qu'il se trouve, ou quelles que soient ses caractéristiques démographiques.

Événements dans le calendrier historique des communistes

Voici une sélection d'événements notables dans l'histoire du marxisme. Cela permettra au lecteur de se faire une idée de ce dont il s'agit ici et d'avoir un point de vue plus panoramique.

Même si le Manifeste communiste peut être considéré comme un jalon dans le développement du marxisme et de la révolution, la pensée révolutionnaire similaire remonte à plus loin. En fait, puisqu'il s'agit de l'idéologie du marxisme (et de ses concepts fondamentaux et connexes, y compris le "socialisme"), le "marxisme" ne se limite pas aux travaux de Marx et de Friedrich Engels, et il leur est largement antérieur.

Nous ne reviendrons pas sur l'histoire, car cela prendrait trop de temps et serait contre-productif pour nos objectifs. Cela dit, le philosophe athénien Platon inclut des idées telles qu'une société "juste" quasi-utopique dans *La République* (vers 375 av. J.-C.). [2]

Alexandre "Le Grand" de Macédoine, lui-même élève d'Aristote, voulait créer une sorte d'utopie.[3] Sir Thomas More est l'auteur de l'*Utopie* en 1516.[4] Le philosophe français Jean Jacques-Rousseau (1712-1778) a écrit le *Discours sur l'égalité* (1755) et le *Contrat social* (1762).[5]

Pour en revenir à l'époque de Karl Marx, il a été influencé par les proto-marxistes de son temps, notamment les socialistes français Charles Fourier (1772-1837), Rousseau et Pierre-Joseph Proudhon (1809-1865). Il a fréquenté le *lycée Trier*, l'*université de Bonn* et plus tard l'*université de Berlin*, éduqué par ceux qui étaient eux-mêmes influencés par la Révolution française.[6]

---

[2] Platon, *République* (vers 375 av. J.-C.).

[3] https://www.britannica.com/biography/Alexander-the-Great

[4] More, T. *Utopia* (1516).

[5] https://www.britannica.com/biography/Jean-Jacques-Rousseau

[6] https://en.wikipedia.org/wiki/Karl_Marx#Influences

Par ailleurs, Marx est né en 1818, à une époque de grands changements révolutionnaires en Europe, peu de temps après les *guerres napoléoniennes* (1801-1815) et le *Conseil de Vienne* (1814-1815) qui s'en est suivi. Les idées de Hegel ont fortement influencé la pensée académique de l'époque (en particulier après sa mort en 1831). Naturellement, Marx lui-même était un SJW (social justice warrior) qui a été "radicalisé" pendant son "éducation", tout comme Vladimir Lénine et les millions de membres de la secte marxiste depuis lors.

Sur cette "révolution" des temps modernes et sa longévité, l'écrivain britannique Nesta Webster (1876-1960) s'exprimait ainsi dans son livre de 1921, *World Revolution : The Plot Against Civilisation* (souligné pour l'accentuation) : "La vérité est que depuis cent quarante-cinq ans, le feu de la révolution couve régulièrement sous l'ancienne structure de la civilisation, et qu'il a déjà éclaté en flammes, menaçant de détruire jusqu'à ses fondements l'édifice social que dix-huit siècles ont été consacrés à construire. La crise d'aujourd'hui n'est donc pas un développement des temps modernes, mais une simple continuation de l'immense mouvement qui a commencé au milieu du XVIIIe siècle. En un mot, il s'agit d'une seule et même révolution, celle qui a trouvé sa première expression en France en 1789. Dans sa nature comme dans ses buts, elle diffère entièrement des révolutions antérieures qui avaient pour origine une cause localisée ou temporaire. La révolution que nous vivons actuellement n'est pas locale mais universelle, elle n'est pas politique mais sociale, et ses causes doivent être recherchées non pas dans le mécontentement populaire, mais dans une conspiration profonde qui utilise le peuple à sa propre perte". [7]

Webster a écrit ce texte alors que la secte/idéologie commençait vraiment à proliférer après la Première Guerre mondiale. Il ne fait aucun doute que les activités de la secte en Russie et dans toute l'Europe à cette époque l'ont inspirée.

La Révolution française

> "Punir les oppresseurs de l'humanité, c'est de la clémence ; leur pardonner, c'est de la cruauté.[8]

> Maximilien Robespierre, *Principes de morale politique*, 1794

Quel est le rapport entre cet événement historique et le marxisme ? Outre sa notoriété internationale en tant que jalon révolutionnaire, il mérite d'être mentionné car certains de ses aspects ont trouvé un écho dans l'histoire ultérieure de l'idéologie. Il est également très important parce qu'il a été une source d'inspiration majeure pour les premières figures de proue du

---

[7] Wester, N., *World Revolution : Le complot contre la civilisation* (1921)

[8] Robespierre, M. "Sur les principes de la morale politique" (1794).

mouvement communiste dans les décennies qui ont suivi.

Parmi les aspects importants de cette révolution, on peut citer : la violence collective, le vol de biens privés, le massacre de prêtres et de religieuses catholiques et, bien sûr, des slogans accrocheurs. Le slogan "Unité et Indivisibilité de la République. Liberté, Égalité, Fraternité ou la Mort". Comme le langage marxiste d'aujourd'hui : Solidarité (unité et indivisibilité), égalité, collectivisme/"amour"/fraternité et obligation de se conformer sous peine de mort. La "Conjuration des Égaux", qui a eu lieu pendant la révolution de 1796, était l'une des nombreuses tentatives de coup d'État visant à remplacer le Directoire au pouvoir. Ce groupe voulait une sorte de république socialiste et égalitaire.[9]

La Révolution française a conduit aux guerres napoléoniennes, qui ont fait de Napoléon lui-même une sorte de dictateur proto-marxien anti-monarchie et pro-République. Il est arrivé au pouvoir après une période de "révolution" et l'instabilité qu'elle entraîne - un thème commun aux dictateurs marxistes tout au long de l'histoire de l'idéologie.

1800s

Le 19ème siècle a été le théâtre de nombreux bouleversements révolutionnaires, l'ère des systèmes religieux traditionnels, impériaux, oligarchiques et liés à l'État commençant à être remplacée par la démocratie et le libéralisme. Les guerres napoléoniennes, *nées* des conséquences de la Révolution française (et du grand ego du petit Napoléon) ont donné le ton à ce changement. Le Congrès de Vienne a restructuré l'Europe après la défaite de Napoléon.[10]

La *Ligue communiste* est créée le 1er juin 1847. Elle est née de la fusion de deux autres organisations : la *Ligue des justes* et le *Comité de correspondance communiste*.[11] Le Manifeste communiste a été rédigé par Marx et Engels pour ce groupe. L'année 1848 a été une année clé de bouleversements révolutionnaires dans toute l'Europe, mais ces révolutions ont connu des succès divers.[12] En 1850, un journal socialiste appelé *The Red Republican* a été publié en Grande-Bretagne. Il se poursuivra plus tard sous le nom de *The Friend of the People*.[13]

La Première Internationale (1864-1876) est une organisation créée pour unir

---

[9] https://www.britannica.com/event/French-Revolution

[10] https://www.britannica.com/event/Napoleonic-Wars

[11] https://www.history.com/this-day-in-history/marx-publishes-manifesto

[12] https://en.wikipedia.org/wiki/Revolutions_of_1848

[13] https://en.wikipedia.org/wiki/The_Red_Republican

divers groupes marxistes à travers le monde.[14] Marx publie le premier volume de son autre ouvrage célèbre, *Das Kapital*, en 1867 (deux autres volumes paraîtront en 1885 et 1894).[15] En avril 1870, Vladimir Illich Oulianov (alias V.I. Lénine) sort des entrailles de l'enfer.[16]

En 1871, après la défaite de la France face aux forces germaniques lors de la *guerre franco-prussienne* (1870-1871), un groupe appelé les *Communards* crée la *Commune de Paris*. [17]

Ce groupe y voit l'occasion de tenter une révolution prolétarienne, sur fond de guerre (autre thème récurrent de ces "révolutions") ; la commune dure de mars à mai de cette année-là. C'est l'un des seuls exemples de "révolution" inspirée par le socialisme dont Marx lui-même a été témoin. Il a fait le commentaire suivant : "Si la Commune devait être détruite, elle ne le serait pas : "Si la Commune devait être détruite, la lutte ne serait que retardée. Les principes de la Commune sont éternels et indestructibles ; ils se présenteront encore et encore jusqu'à ce que la classe ouvrière soit libérée".[18] Ce misérable bâtard avait raison lorsqu'il a dit "éternel" - nous sommes toujours confrontés à cette merde éternelle aujourd'hui (il avait tort, cependant, lorsqu'il a dit "indestructible").

Le mardi 5 septembre 1882, la première *fête du travail américaine - organisée* par la *Central Labor Union* - a lieu à New York.[19] En 1889, la Deuxième Internationale a choisi le premier jour du mois de mai comme "Journée internationale des travailleurs", et la plupart des pays du monde l'organisent à cette date, d'où le nom de "May Day" (jour du mois de mai).[20] (Par ailleurs, cette date correspond à la *Walpurgisnacht* dans le folklore allemand et à la date de fondation des Illuminati bavarois, aujourd'hui tristement célèbres, en 1776).[21] En mars 1883, Karl Marx retourne en enfer.[22] En janvier 1884, moins d'un an plus tard, alors qu'une monstruosité démoniaque a quitté la Terre, une

---

[14] https://www.britannica.com/topic/First-International

[15] https://www.britannica.com/money/Das-Kapital

[16] https://www.britannica.com/biography/Vladimir-Lenin

[17] https://www.britannica.com/event/Commune-of-Paris-1871

[18] Marx, K. "Compte rendu d'un discours sur la Commune de Paris", 1871.

[19] "Histoire de la fête du travail". https://www.dol.gov/general/laborday/history

[20] Chase, E. "The Brief Origins of May Day", 1993.
https://archive.iww.org/history/library/misc/origins_of_mayday/

[21] https://www.britannica.com/topic/Walpurgis-Night

[22] https://www.britannica.com/biography/Karl-Marx

autre prend sa place sous la forme de la Fabian Society. [23]

En 1886, le frère et le père de Lénine meurent alors qu'il n'a que quinze ans. Le frère de Vladimir, Alexandre, lui-même fauteur de troubles, a participé à un complot visant à tuer le tsar Alexandre Romanov III (1845-1894). Il a été pendu pour son rôle dans cette conspiration, et l'exécution a eu lieu en mai de la même année.[24] Lénine ne s'intéressait apparemment pas à la politique à ce moment-là et n'a pas été "radicalisé" par celle-ci (il se vengera bien des années plus tard du fils d'Alexandre, le tsar Nicolas Romanov II, et de sa famille à la suite de la révolution bolchevique de 1917). La *Deuxième Internationale* est créée en 1889 (dissoute en 1916).[25]

1900s

En juin 1908, une manifestation a eu lieu à Tokyo, au Japon, sous le nom d'*Incident du drapeau rouge*. Il s'agissait d'une manifestation de solidarité des membres de la secte japonaise pour la libération de leur camarade "anarchiste" Koken Yamaguchi (1883-1920). L'État a réussi à réprimer ce rassemblement, arrêtant plusieurs participants.[26]

Peu après, il y a eu l'*incident de la Haute Trahison* en 1910. Il s'agissait d'un complot de la secte visant à tuer l'empereur japonais Meiji (1852-1912), et plusieurs d'entre eux ont été exécutés. [27] (Les personnes impliquées dans l'incident de haute trahison ont été poursuivies en vertu du code pénal japonais de 1908, que la secte avait elle-même provoqué.)

Il n'est pas vrai, comme certains le pensent, que le Japon a réussi à rester relativement épargné par l'infection. En fait, le *Parti communiste japonais* (PCJ) *compte* aujourd'hui environ 250 000 membres et est le plus ancien parti du pays.[28] Parmi les principales figures de ce groupe, citons Hitoshi Yamakawa (1880-1958), qui a été arrêté lors de l'incident du drapeau rouge, et Fukumoto Kazuo (1894-1983), qui a été contaminé/endoctriné lors de ses études en

---

[23] https://www.britannica.com/topic/Fabian-Society

[24] https://www.britannica.com/biography/Vladimir-Lenin

[25] https://www.britannica.com/topic/Second-International

[26] https://en.wikipedia.org/wiki/Red_Flag_Incident

[27] Mackie et Yamaizumi, "Introduction : Le Japon et l'incident de haute trahison", 2013.https://ro.uow.edu.au/lhapapers/832/

[28] "Qu'est-ce que le PCJ ? Un profil du Parti communiste japonais", 1er novembre 2022.

https://www.jcp.or.jp/english/what-jcp.html

Europe en 1922.[29]

Si l'on remonte dans le temps, on trouve dans l'histoire du Japon un acte symbolique et brutal d'anticommunisme. Le 12 octobre 1960, Otaya Yamaguchi (1943-1960), un étudiant de 17 ans, tue en direct à la télévision le président du *Parti socialiste japonais*, Inejirō Asanuma (1898-1960), à l'aide d'un sabre de samouraï.[30] Cela équivaut à ce qu'un Irlandais "élimine" le chef du parti le plus ouvertement marxiste d'Irlande - la présidente du *Sinn Fein* Mary Lou McDonald - avec une pinte de Guinness.

Russie

En 1905, une tentative de révolution en Russie échoue (une répétition générale pour les manigances de 1917).[31] La *révolution de février* 1917 et la *révolution d'octobre* 1917, menées par les bolcheviks de Vladimir Lénine, marquent le début d'une période révolutionnaire majeure en Russie, qui durera jusqu'en 1923, date de la création de l'*Union soviétique. La* révolution marque la fin du régime monarchique de la maison Romanov et du tsar Nicolas II (1868-1918).[32] Sur les ordres clandestins de Lénine, le tsar et sa famille ont été attirés dans une cave par les bolcheviks, qui les ont ensuite fusillés. Il faut toujours éliminer les parents ou descendants de votre cible, sinon ils se vengeront un jour (comme l'a fait Lénine).[33]

Une force de police brutale, la *Tchéka,* est créée en décembre 1917. Le nom complet en russe se traduit par "Commission extraordinaire panrusse de lutte contre la contre-révolution et le sabotage" (en d'autres termes, "réduire au silence/tuer quiconque s'oppose à la secte"). Active jusqu'en 1922, elle a été la première d'une série de forces de police secrètes soviétiques. Sous le commandement de Felix Dzerzhinsky (1877-1926), ce groupe était chargé d'écraser toute opposition politique aux bolcheviks et d'assassiner toute personne coupable de "pensée antisociale" (c'est-à-dire toute personne qui n'était pas d'accord avec eux).[34]

La révolution de 1917 a impliqué diverses factions dans une lutte pour le contrôle. Elle a finalement débouché sur un conflit à grande échelle et plusieurs

---

[29] https://en.wikipedia.org/wiki/Fukumoto_Kazuo ;
https://en.wikipedia.org/wiki/Hitoshi_Yamakawa

[30] https://en.wikipedia.org/wiki/Otoya_Yamaguchi

[31] https://www.britannica.com/event/Russian-Revolution-of-1905

[32] https://www.britannica.com/event/Russian-Revolution

[33] Remnick, D., "Historian says Lenin Ordered Tsar's death", 20 novembre 1990. https://www.washingtonpost.com/archive/politics/1990/11/21/historian-says-lenin-ordered-/

[34] "La Tchéka". https://alphahistory.com/russianrevolution/cheka/

groupes ont été impliqués, notamment l'*Armée rouge* bolchevique marxiste et pro-Lénine, et l'*Armée blanche,* elle-même composée de diverses positions politiques, notamment pro-démocratique, pro-capitaliste et pro-monarchique. Un troisième groupe - composé d'un mélange de socialistes non bolcheviques et de milices non partisanes, etc. - a combattu les deux camps. Malheureusement pour la Russie (et pour l'humanité), les bolcheviks ont été victorieux. L'Armée rouge, dirigée par le psychopathe "intellectuel" Léon Trotski, a alors infligé une "Terreur rouge" au peuple russe. Celle-ci a entraîné la mort de millions de personnes et a ensuite été occultée par les auteurs de l'histoire infectés par le marxisme.[35]

L'invasion bolchevique de la Pologne - la *guerre soviéto-polonaise - a lieu* en 1920. Lénine et Staline estiment que la Pologne sépare la révolution russe de la révolution européenne et que la Pologne chrétienne fait obstacle ; elle doit donc être liquidée.[36]

La période qui a suivi la révolution russe a été marquée par un événement peu discuté et pourtant important : l'invasion de l'Union soviétique par les forces militaires américaines (1918-1920). Le président Woodrow Wilson (1856-1924) a envoyé des troupes pour atteindre divers objectifs, notamment contenir le régime bolchevique. L'échec de cette mission et l'ingérence générale des États-Unis et de leurs alliés (qui se sont rangés du côté de l'armée blanche contre les bolcheviks dans la guerre civile russe) ont catalysé l'attitude hostile de Lénine à l'égard du mastodonte capitaliste.[37]

Le Comintern

La *Troisième Internationale* ou *Internationale communiste* (ou "Comintern") a existé entre 1919 et 1943. Il s'agit d'un groupe d'une importance capitale dans l'histoire de la subversion marxiste dans le monde. Lénine, dans son arrogance, ne s'est pas contenté d'essayer ses théories marxistes en Russie (et de la mener ainsi à sa perte) ; il a voulu exporter cette folie à l'échelle internationale. Le Comintern a été créé à cet effet. Entre autres tâches, elle était chargée de créer (et de contrôler) divers partis communistes dans le monde entier. Ces partis agissaient alors comme des branches/divisions locales du Comintern dans leurs pays respectifs. (Cette organisation ayant été créée en 1919, cela ne s'applique évidemment pas aux partis/groupes marxistes créés avant cette date ; toutefois,

---

[35] https://www.britannica.com/event/Russian-Revolution

[36] Centek, J., "Polish-Soviet War 1920-1921", 8 octobre 2014.

https://encyclopedia.1914-1918-online.net/article/polish-soviet_war_1920-1921

[37] Hoslter, Roderick A., "The American Intervention in North Russia, 1918-1919".

https://armyhistory.org/the-american-intervention-in-north-russia-1918-1919/

ces groupes étaient toujours créés par des membres de la secte, bien entendu).[38]

Le Comintern était une entité pionnière, professionnelle, financée par l'État et dotée d'un mandat sans ambiguïté : exporter essentiellement la "révolution" - l'idéologie - et infecter d'autres pays de l'intérieur, en utilisant tous les moyens nécessaires, y compris la subversion. Elle a également donné naissance à une myriade d'autres organisations internationales. Plus loin, nous verrons les groupes marxistes répertoriés pays par pays, continent par continent, ainsi que les partis qu'ils ont créés et/ou contrôlés (d'abord les groupes nationaux, puis les groupes internationaux).

Le massacre des bananes

Un exemple intéressant d'une autre "protestation" marxiste a eu lieu à Columbia en 1928. Il s'agissait de travailleurs de la *United Fruit Company* et d'une grève ostensiblement liée aux conditions de travail. Le *Parti libéral colombien* et le *Parti socialiste colombien - ainsi que* des membres du futur *Parti communiste colombien* - étaient impliqués (Mariá Cano, membre de la secte, a été emprisonnée dans la foulée). Les États-Unis étaient au courant de l'évolution de la situation et ont exercé des pressions diplomatiques pour que la situation soit résolue, menaçant apparemment d'envahir le pays si ce n'était pas le cas.

Après avoir constaté que la manifestation avait une composante idéologique, le gouvernement colombien a fait appel à l'armée pour s'occuper des manifestants. [39]

Comme dans tous les cas où la secte s'estime lésée/refusée, on a prétendu que jusqu'à 2000 personnes avaient été tuées, que les corps avaient été enterrés dans des fosses communes, que des enfants avaient été abattus, etc. Cela illustre la tactique marxiste qui consiste à faire des travailleurs des idiots utiles afin de faire progresser l'idéologie.

La Russie de Staline

> "Le camarade Staline, devenu secrétaire général, dispose d'une autorité illimitée concentrée entre ses mains, et je ne suis pas sûr qu'il sera toujours capable d'utiliser cette autorité avec suffisamment de prudence"[40]
>
> Vladimir "M. Sous-entendu" Lénine, "Lettre au Congrès", 1922

---

[38] "L'Internationale communiste (1919-1943), histoire de l'organisation".

https://www.marxists.org/history/usa/eam/ci/comintern.html

[39] https://www.britannica.com/event/Banana-Massacre

[40] Lénine, V.I., "Lettre au Congrès", 1922.
https://www.marxists.org/archive/lenin/works/1922/dec/testamnt/congress.htm

Un homme d'acier est né

En 1878, sur une terre coincée entre l'Europe, le Moyen-Orient et l'Asie, entre la mer Noire et la mer Caspienne, naît un autre marxiste au service de l'humanité. Ioseb Dzhugashvili sort des entrailles de l'enfer dans la ville de Gori, en Géorgie, dans l'Empire russe. Jeune homme, alors qu'il fréquente un séminaire orthodoxe russe, Ioseb commence à lire les œuvres d'écrivains révolutionnaires influents tels que Marx et Nikolay Chernyshevsky (1828-1889). Il quitte l'école vers l'âge de vingt ans pour devenir un militant marxiste. Plus tard, il s'implique dans des mouvements d'ouvriers industriels pour fomenter des troubles et se rallie aux bolcheviks. Il finit par rencontrer Vladimir Lénine en 1905, qui le charge de collecter des fonds pour la révolution. Il s'engage alors dans une série d'activités criminelles telles que le vol de banque, l'extorsion, l'agression, le vol et même la gestion de maisons closes ("la fin justifie les moyens").

Après avoir changé plusieurs fois de nom au cours de sa vie (afin d'éviter les autorités de la Russie tsariste), il finit par prendre le nom de Joseph Staline dans la trentaine ("Staline" signifie "homme d'acier" en russe). Il restera un partisan de Lénine, restera proche de lui et attendra son heure dans sa soif de pouvoir. Du haut de ses 162 centimètres, il est atteint du "syndrome du petit homme".[41]

Leader de la Russie rouge

En 1924, à la mort de Lénine, Staline - devenu secrétaire général du parti communiste - se hisse à la tête de facto de l'Union soviétique, marquant ainsi le début de ce qui deviendra sans doute la tyrannie la plus despotique de tous les temps. L'un de ses premiers objectifs est de neutraliser ses rivaux politiques, notamment Léon Trotski (qu'il exile, puis fait assassiner au Mexique en 1940).[42]

En 1929, Staline a sa première grande idée lumineuse, qui se manifeste par les obsessions marxistes insensées habituelles concernant la lutte des classes, la propriété privée, les travailleurs, l'agriculture et tout ce qui peut être perçu comme un minimum de richesse. Il identifie les Koulaks - les agriculteurs propriétaires de terres - comme une classe à exterminer. Ils sont alors exterminés en masse.

Les Koulaks ayant été impitoyablement écartés de l'équation, Staline impose la collectivisation à la classe paysanne, en utilisant ses hommes de main pour les forcer à travailler sur de vastes zones agricoles appartenant désormais à l'État. La production est ensuite confisquée et utilisée ailleurs. Inévitablement,

---

[41] https://www.britannica.com/biography/Joseph-Stalin

[42] https://www.britannica.com/biography/Leon-Trotsky/Exile-and-assassination

le système échoue et des millions de personnes meurent.[43] Cette situation a été cachée au monde occidental, grâce à des menteurs de la secte des ordures comme le journaliste Walter Duranty (1884-1957). Au lieu de cela, il a rendu compte des grandes réussites des expériences communistes et a reçu le prix Pulitzer à plusieurs reprises pour son "travail". Duranty était un correspondant du New York Times, en tant que chef du bureau de Moscou du journal.[44]

L'Holodomor

Sous la direction de Staline, l'Union soviétique a commis un crime horrible contre le peuple ukrainien en 1932 et 1933. Il s'agit d'un génocide par famine forcée, connu sous le nom d'*Holodomor*.[45] Les estimations du nombre de morts varient et, étant donné que la secte marxiste dissimule ou ment continuellement sur ses crimes, il n'y a pas de large consensus sur les chiffres. Il semble raisonnable de situer l'estimation entre cinq et dix millions de personnes.

Le crime des Ukrainiens est d'avoir résisté à la collectivisation. La secte a également veillé à ce que les masses affamées ne puissent pas mettre la main sur les céréales des fermes collectives. La "loi des trois épis" est introduite : les personnes surprises en train de voler des céréales sont fusillées ou incarcérées pendant dix ans.[46] Le 16 novembre 1933, l'*Union des républiques socialistes soviétiques* (U.R.S.S.) est reconnue internationalement.[47]

Le Goulag

Le régime a également eu recours à un système brutal de camps de travail forcé répartis sur l'ensemble du territoire russe, appelé le *Goulag* ("Le mot est russe et vient de G(lavnoe) u(pravlenie ispravitel'no-trudovykh) lag(ereï) 'Administration en chef des camps de travail correctif').[48] Des millions de personnes ont été forcées de travailler à mort dans les camps, sont mortes de maladie ou de faim, ou ont été exécutées (certaines en cours de route). De nombreux camps se trouvaient dans des régions isolées et inhospitalières du

---

[43] https://www.britannica.com/topic/kulak

[44] "New York Times Statement About 1932 Pulitzer Prize Awarded to Walter Duranty".

https://www.nytco.com/company/prizes-awards/new-york-times-statement-about-1932-pulitzer-prize-awarded-to-walter-duranty/

[45] https://www.britannica.com/event/Holodomor

[46] https://en.wikipedia.org/wiki/Law_of_Spikelets

[47] "Reconnaissance de l'Union soviétique, 1933".
https://history.state.gov/milestones/1921-1936/ussr

[48] "Gulag", Oxford Reference.
https://www.oxfordreference.com/display/10.1093/oi/authority.20110803095912832

pays, ce qui dissuadait (la plupart) ceux qui envisageaient de s'échapper. Ce système de goulag a été conçu par V.I. Lénine dans le but d'intimider ou d'emprisonner les ennemis de la secte, mais c'est Staline qui en a réellement testé les capacités. D'autres membres de sectes psycho actives à l'époque de Staline ont essayé d'imiter ce système, comme Enver Hoxha (1908-1985) en Albanie, et Mao Zedong en Chine.

Ce type de camp de travail forcé est encore utilisé aujourd'hui - le réseau chinois *Laogai*. Il accueille des détenus heureux de toutes sortes, y compris des dissidents politiques (par exemple, des critiques du Parti communiste chinois, le parti au pouvoir en Chine). Il existe plus d'un millier de ces prisons qui, selon la *Laogai Research Foundation*, comptaient entre 500 000 et 2 000 000 de prisonniers en 2008.[49]

Chine rouge

En 1917, Mao Zedong (alias Mao Tse Tung), âgé de 24 ans, commence à lire de la littérature marxiste, notamment le Manifeste communiste. Il subit d'autres lavages de cerveau à l'*université de Pékin* et devient membre fondateur du *Parti communiste chinois* (PCC) en 1921. En 1927, il reçoit le titre symbolique de "commandant en chef de l'Armée rouge" de la part de la direction du PCC.

Ce petit groupe (plus proche d'une milice) parcourt ensuite les campagnes pour propager l'infection idéologique, en attisant la ferveur révolutionnaire chez les paysans sans méfiance : les endoctriner, encourager la haine des propriétaires terriens, gagner des soutiens, recruter de nouveaux membres, etc. Ce sont ces petits balbutiements qui décideront du destin de la Chine. (Le ciblage intentionnel des personnes non éduquées, des "opprimés" est une tactique courante).[50]

Au début du XXe siècle, la Chine a connu des bouleversements majeurs : transition entre son passé impérial et la *dynastie Qing* (1644-1912) ; formation de la *République de Chine* (1912-1949) ; guerre de factions de l'*ère des seigneurs de la guerre* (1916-1928 environ) ; invasion du Japon et conflit qui s'en est suivi (1937-1945) ; et enfin *guerre civile chinoise* (1945-1949), qui allait finalement décider du sort permanent du pays, créant la Chine d'aujourd'hui.[51]

Les membres de la secte en Union soviétique étaient très intéressés par l'exploitation des troubles de cette période. Ils ont participé à la création du

---

[49] https://en.wikipedia.org/wiki/Laogai

[50] https://www.britannica.com/biography/Mao-Zedong

[51] "Timeline of China's Modern History", 30 avril 2012.
https://www.chipublib.org/timeline-of-chinas-modern-history/

PCC - via le Comintern et le *Bureau* du Parti communiste de l'Union soviétique pour l'*Extrême-Orient* - en s'appuyant sur des personnalités comme Li Dazhao (1888-1927) et Chen Duxiu (1879-1942). Mao finira par se frayer un chemin jusqu'au sommet du PCC.[52]

La proximité de la Chine avec les sectaires bien implantés de l'Union soviétique signifiait qu'elle allait toujours être fortement infectée. Malgré toutes les factions en guerre en Chine au cours des premières décennies instables du 20e siècle, c'est l'influence et le soutien des membres de la secte soviétique qui ont permis aux membres de la secte chinoise d'émerger. C'est un bon exemple de la manière dont l'idéologie prolifère elle-même.

En 1949, après des décennies de conflit et suite à la défaite des forces nationalistes du *Kuomintang* dirigées par Chiang Kai Shek, la *République populaire de Chine* est annoncée par Mao. Les membres de la secte contrôlent enfin militairement la Chine et les forces nationalistes se retirent sur l'île de Taïwan (alias *République de Chine*).[53]

Cette prise de contrôle marxiste du pays a créé un deuxième grand point d'origine/infection mondial pour l'idéologie (en plus de l'U.R.S.S.). Cela signifiait que la Chine serait un fervent partisan de la prise de contrôle marxiste dans d'autres pays voisins, notamment la Corée, le Cambodge, le Viêt Nam, etc. La Chine rouge aura également de violents conflits frontaliers avec l'Inde. L'infection de ce pays a marqué non seulement un point important dans l'histoire de la Chine, mais aussi dans l'histoire du monde, puisqu'il s'agit désormais du principal point d'infection de la planète. Une situation aux conséquences potentiellement catastrophiques...

Le grand leadership de Mao

Le règne de Mao a débouché sur la période la plus horrible de l'histoire de la Chine, avec des décennies de régime despotique. Le *Grand Bond en avant* (de la fin des années 1950 au début des années 1960) en est un exemple. Ce "grand" bond en avant a impliqué l'application du collectivisme marxiste à l'infrastructure de la Chine, afin de la modeler selon les désirs de Mao et du parti communiste chinois.

Il s'agissait de mettre l'accent sur la production industrielle, de forcer les Chinois à travailler dans des systèmes agricoles collectivistes et de s'approprier les ressources et les produits agricoles (c'est-à-dire de voler la

---

[52] Jianyi, L., "The Origins of the Chinese Communist Party and the role played by Soviet Russia and the Comintern", mars 2000. https://etheses.whiterose.ac.uk/9813/1/341813.pdf

[53] "La révolution chinoise de 1949". https://history.state.gov/milestones/1945-1952/chinese-rev

propriété privée).[54]

Les membres de la secte, désireux de plaire à Mao, ont mis leurs plans à exécution en volant des produits agricoles aux masses qui en dépendaient pour se nourrir. Mao gouvernant par la peur, ses fidèles commissaires, plutôt que de l'informer sur les quantités réelles de produits agricoles, ont eu recours au vol, donnant à Mao l'impression qu'ils étaient en abondance. En outre, la population a été forcée de participer aux plans d'industrialisation de Mao (notamment en se concentrant sur la production d'acier), au lieu d'être laissée à elle-même pour cultiver la terre. Bien entendu, l'acier n'est pas comestible (il est dur pour les dents et fait un peu "aïe").

Une autre idée de Mao a été la campagne des "quatre parasites". Il s'agissait de cibler certains rongeurs, mouches, moustiques et moineaux (accusés respectivement d'être responsables de la peste, de la malaria et de manger les graines de céréales). Les Chinois se sont mobilisés par solidarité pour tuer les moineaux en masse, pensant que cela améliorerait les rendements des cultures de riz. Les imbéciles.

En réalité, c'est exactement le contraire qui s'est produit, car les moineaux se nourrissent aussi d'insectes. Par conséquent, les insectes - notamment les chenilles et les sauterelles qui détruisent les plantes - se sont régalés (jeu de mots), nettoyant les cultures dans tout le pays. Au moins, les Chinois ont fait preuve de solidarité, n'est-ce pas ?[55] Ces événements ont déclenché une période de famine massive appelée *"Grande famine chinoise"*, qui a entraîné *la* mort d'environ 30 millions de personnes.[56]

Ces initiatives insensées étaient des exemples de ce qui se passe lorsque les théories/idées rencontrent la réalité ; si elles sont forcées, elles perturbent l'équilibre naturel qui existe dans la société et la nature. La destruction de la vie en est le résultat (un autre schéma commun à l'idéologie). Le fait de tuer les moineaux, en plus d'être incroyablement stupide et imprévoyant, est presque amusant car il correspond au modus operandi de l'idéologie : détruire/tuer des choses pour améliorer la vie ! En fait, il est surprenant que Mao n'ait pas ordonné aux masses de commencer à tuer les graines de riz avec des sabres de samouraï pour les faire pousser plus vite. Ou de commencer à hacher méchamment au karaté le minerai de fer pour fabriquer de l'acier. Mis à part les stéréotypes asiatiques racistes, ce qu'ils ont fait était mal.

Fleurs et révolution culturelle

---

[54] https://www.britannica.com/event/Great-Leap-Forward

[55] https://en.wikipedia.org/wiki/Four_Pests_campaign

[56] Brown, Clayton D. "Le grand bond en avant de la Chine", 2012.

https://www.asianstudies.org/publications/eaa/archives/chinas-great-leap-forward/

La *campagne des Cent Fleurs*, à la fin des années 1950, visait à consolider le contrôle de la secte sur le pays. Mao y est parvenu en suggérant sournoisement que la critique du régime était non seulement acceptable, mais souhaitable.

Cette chasse aux dissidents a fonctionné lorsqu'un membre de la secte, Wang Shiwei (1906-1947), s'est exprimé. Il fut brutalement torturé et exécuté, servant d'exemple à tous ceux qui défieraient les dirigeants.[57] Mao n'était rien d'autre qu'un salaud sournois.

La Grande révolution culturelle prolétarienne (ou *révolution culturelle*), qui s'est déroulée du milieu des années 1960 au milieu des années 1970, en est une autre. Le régime a fait subir un lavage de cerveau aux jeunes générations pour purger le pays des générations plus âgées (et non endoctrinées) (attention !). Une organisation appelée les *Gardes rouges* a reçu carte blanche pour terroriser, agresser et tuer. Toute personne ne faisant pas partie de la secte était une proie facile. Le vandalisme et la destruction de tout ce qui était culturel ou historique étaient encouragés. Ce processus de "nettoyage" comprenait également la purge des rivaux politiques de Mao au sein du parti communiste.[58] N'oubliez pas qu'il s'agit de Chinois ayant subi un lavage de cerveau qui s'entretuent en masse et tuent même d'autres membres de la secte, et ce pour rien !

Mao l'homme

Mao était l'un des dirigeants les plus brutaux de l'histoire de la secte. Un psychopathe et un fanatique sans cœur, manipulateur et sadique. C'est sans aucun doute l'un de mes candidats au titre de "pire ordure humaine de tous les temps", au même titre que son inspirateur, Staline. Il savait comment créer la mort et la terreur à grande échelle ; un véritable disciple de la maxime marxiste "la fin justifie les moyens".

Le régime de Mao était connu pour sa tactique consistant à neutraliser les opposants politiques avant qu'ils ne se manifestent, en recourant aux camps de travail, à la torture et à l'assassinat de l'"intelligentsia" (personnes "éduquées") du pays. En ce qui concerne le nombre de victimes du régime, l'estimation la plus élevée de plus de soixante-dix millions de morts est tirée d'un livre des auteurs Jung Chang et Jon Halliday intitulé *Mao : The Unknown Story* (2006). Cette estimation a été plus ou moins soutenue par le professeur R.J. Rummel (1932-2014), un spécialiste de l'estimation des morts causées par le communisme (voir plus loin). (Apparemment, selon Chang et Halliday, la secte a été financée en partie par l'opium. Approchez et prenez votre dose de cocaïne,

---

[57] King, G. "The Silence that Preceded China's Great Leap into Famine", 26 septembre 2012. https://www.smithsonianmag.com/history/the-silence-that-preceded-chinas-great-leap-into-famine-51898077/

[58] Lamb, S. "Introduction à la révolution culturelle", décembre 2005.

https://spice.fsi.stanford.edu/docs/introduction_to_the_cultural_revolution

mesdames et messieurs).[59]

Il est évident que la secte minimisera le nombre de morts lorsqu'il s'agit de régimes "communistes". Il s'agit de limiter les dégâts en matière de relations publiques. Il est pratiquement impossible d'obtenir une estimation honnête et précise du nombre de personnes décédées, car la secte adore mentir et balayer les choses sous le tapis. Le parti communiste chinois n'autorisera évidemment pas une véritable enquête.

Le règne de Mao conduira également à la création d'une autre interprétation/formation de l'idéologie, le maoïsme. En 1964, il a publié un recueil de ses jacasseries et de ses discours dans le *Petit Livre rouge*. Des milliards d'exemplaires ont été publiés, et les jeunes en particulier ont été ciblés, naturellement.[60] Ces générations, qui ont subi un lavage de cerveau alors qu'elles étaient des enfants vulnérables, transmettront l'idéologie au cours des décennies suivantes, contribuant ainsi à créer la Chine de demain. Mao a survécu jusqu'à sa quatre-vingt-deuxième année. Remarquable, n'est-ce pas ? Il aurait dû être brûlé vif en utilisant quelques centaines d'exemplaires de son livre comme bois de chauffage.

Les guerres d'Indochine

Il s'agit d'une série de conflits à travers l'Asie - fomentés par la secte - qui ont débuté après la Seconde Guerre mondiale, en 1946, et se sont poursuivis jusqu'en 1991 environ (le plus célèbre étant la *guerre du Viêt Nam*, 1955-1975).[61] Ces conflits se sont étendus sur les territoires de plusieurs pays de la région, dont le Cambodge, le Laos, la Thaïlande et le Viêt Nam. Les parties au conflit étaient généralement divisées selon des lignes marxistes et anti-marxistes. L'idéologie était essentielle pour convaincre les futurs membres de la secte qu'il était souhaitable de parvenir à l'indépendance vis-à-vis des puissances coloniales en déclin (c'est-à-dire la France). Certains de ces conflits (par exemple la guerre Cambodge-Vietnam) illustrent également la façon dont les différentes factions de la secte s'éliminent parfois les unes les autres.

Pour l'essentiel, tous les conflits dans cette région sont le résultat de la pourriture marxiste qui s'est développée dans ces pays, avec le soutien des grandes entités précédemment infectées au nord (Russie et Chine). Par exemple, dans le cas du Viêt Nam, Mao était allié à Ho Chi Minh (1890-1969), membre de la secte vietnamienne, dans le Nord du Viêt Nam.[62] À un moment donné, le conflit a opposé l'Armée nationale vietnamienne, soutenue par la

---

[59] Chang et Halliday, *Mao : The Unknown Story* (2006).

[60] https://en.wikipedia.org/wiki/Quotations_from_Chairman_Mao_Tse-tung

[61] https://www.britannica.com/event/Indochina-wars

[62] https://www.britannica.com/biography/Ho-Chi-Minh

France, aux forces communistes de Ho Chi Minh. Minh a combattu l'ANV pendant de nombreuses années, jusqu'en 1954 environ. C'est la première guerre d'Indochine, qui s'est terminée par un accord de Genève. Les Français et les Chinois ont conclu un accord et le Viêt Nam a été divisé en deux. Bien qu'ayant pris le contrôle du nord, la secte/idéologie n'était évidemment pas satisfaite de cette situation et a cherché à prendre le contrôle du sud, ce qui a donné lieu à la guerre du Viêt Nam. Le reste appartient à l'histoire.

La guerre de Corée

Conflit résultant de l'infection de l'actuelle Corée du Nord. Il a duré de 1950 à 1953 et a abouti à la division de la Corée entre le nord et le sud (division qui perdure encore aujourd'hui) : au nord, la *République populaire démocratique de Corée et au* sud, la *République de Corée.*[63] Ce conflit n'est pas sans lien avec les guerres d'Indochine, puisque la pourriture marxiste s'est plus ou moins étendue à l'ensemble de l'Asie. Tout comme les guerres d'Indochine et du Viêt Nam, les parties au conflit étaient divisées selon des lignes marxistes et anti-marxistes, la Chine rouge et l'U.R.S.S. aidant l'infection au nord.

La Corée du Nord a ensuite été gouvernée par la dynastie des Kim (une lignée de membres de la secte). Cela a même conduit à leur propre interprétation de l'idéologie appelée *Juche Communism*[64] (la Chine et la Corée du Nord ont le même système : officiellement, il s'agit d'un système multipartite, mais en réalité, un seul parti gouverne en permanence. Cela ne rend-il pas amusante l'utilisation du terme "démocratique" dans le titre ?)

En Corée du Sud, c'est un éminent anti-marxiste, Syngman Rhee (1875-1965), qui était à la tête du pays. Il a dû faire face à un grave problème d'activisme et de subversion marxistes pendant son mandat de président de la *Première République* (1948-1960). Cela a conduit à la *révolution d'avril* 1960, qui l'a finalement chassé du pouvoir. Des membres de sectes traîtres en Corée du Sud (dans les universités en particulier) ont été la force motrice de l'agitation constante.[65]

La *deuxième guerre de Corée s'est déroulée* de 1966 à 1969. Il s'agissait d'une tentative de la secte en Corée du Nord de s'emparer de la Corée du Sud alors que le gros des forces américaines était immobilisé au Vietnam et qu'une partie de leurs ressources y était redéployée. Il s'agit d'un conflit de relativement faible ampleur par rapport à d'autres incursions de la secte en Asie. Il s'est

---

[63] https://www.britannica.com/event/Korean-War

[64] "Brève introduction et évaluation de l'idéologie Juche", novembre 1980.

https://digitalarchive.wilsoncenter.org/document/brief-introduction-and-assessment-juche-ideology

[65] "Première République de Corée du Sud".
https://countries.fandom.com/wiki/First_Republic_of_South_Korea

avéré infructueux et l'infection ne s'est pas étendue au sud du pays.[66] C'est un exemple de la façon dont l'idéologie, quels que soient les désaccords entre les différentes factions de la secte, essaie toujours de trouver des moyens de se répandre.

Aujourd'hui, l'idéologie officielle de la Corée du Nord est *le* "Juche", qui n'est autre que l'interprétation du marxisme par la dynastie des Kim, fusionnée avec leur interprétation du nationalisme. Juche signifie "autosuffisance".[67] La constitution a été modifiée en 2009 pour supprimer les termes et passages traditionnels normalement associés à l'idéologie marxiste, tels que le mot "communisme". Mais pourquoi s'en préoccuper ? Peut-être pour éviter que les Nord-Coréens endormis ne réalisent qu'ils vivent dans un État-prison communiste ? Ou peut-être aussi parce que les apparences extérieures sont importantes pour le dirigeant du régime, Kim Jong Un (alias Fatboy Kim). (Pas son apparence personnelle, évidemment).

La Roumanie de Ceausescu

Un autre fiasco marxiste, cette fois dans le coin de pays du comte Dracul (jeu de mots ?) en Europe de l'Est, dans un endroit qui s'appelait autrefois le royaume de Roumanie. Ce spectacle de merde était dirigé par un autre cinglé du nom de Nicolae Ceausescu, qui allait sombrer dans l'infamie (et sous une pluie de balles).[68] Les choses, comme d'habitude, ont commencé à changer lorsque la pourriture marxiste est apparue sur la scène au début du 20e siècle. Plusieurs groupes sectaires sont impliqués, le plus important étant le *Parti communiste roumain (Partidul Comunist Roman)* ou PCR. Créé en 1921, il était sous le contrôle de la Comintern, mais n'a pas joué un rôle prépondérant pendant de nombreuses années.[69]

Bien entendu, la Roumanie faisait partie des puissances de l'Axe lors de la Seconde Guerre mondiale, avec Ion Antonesu à sa tête. Il a été écarté du pouvoir et exécuté en 1944. À ce moment-là, la Roumanie tombe progressivement sous le contrôle de la secte. Le PCR peut désormais se développer ouvertement et sans être inquiété (car personne ne veut être molesté par des nazis). Le roi Michel est contraint d'abdiquer en décembre 1947, sous la pression de la secte (il affirmera plus tard que celle-ci l'a menacé de tuer un millier d'étudiants qu'elle détenait, s'il n'obtempérait pas). Le Royaume de Roumanie devient alors la *République socialiste de Roumanie* et un État satellite de l'Union soviétique. Au cours des années suivantes, le

---

[66] Lerner, M. "The Second Korean War".
https://digitalarchive.wilsoncenter.org/essays/second-korean-war

[67] https://en.wikipedia.org/wiki/Juche

[68] https://www.britannica.com/biography/Nicolae-Ceausescu

[69] https://dbpedia.org/page/Romanian_Communist_Party`

gouvernement a été largement restructuré.

Les membres de la secte se sont engagés dans la répression forcée des opposants politiques (non-membres de la secte) avec l'aide de la *Securitate*, *une* force de police secrète d'État créée en 1948, sur le modèle du NKVD russe. La Securitate disposait d'un vaste réseau d'espions et de rats au sein de la population roumaine, afin de surveiller toute dissidence contre le régime. Il s'agissait de l'un des plus grands groupes de ce type (par rapport à la taille de la population qu'il terrorisait) : Au milieu des années 80, la Roumanie comptait 22 millions d'habitants et la Securitate disposait apparemment d'environ 500 000 informateurs qui dénonçaient leurs compatriotes. La Securitate était connue pour sa brutalité, et de nombreux Roumains en ont témoigné.[70]

Du début des années 1940 au début des années 1950, à la prison de Pitesti, les membres de la secte ont tenté de "libérer" les anti-marxistes de leur apparent "lavage de cerveau". Parmi ces prisonniers, on comptait de nombreux chrétiens, qui étaient ciblés de manière prévisible, car la nouvelle Roumanie communiste devait imposer l'athéisme d'État. Ils ont été torturés et "baptisés" par les membres de la secte à l'aide d'urine et d'excréments.[71] Comme on pouvait s'y attendre, la secte a également imposé la collectivisation de l'agriculture, avec des conséquences pour ceux qui défiaient la révolution ; tous les groupes de résistance anti-marxistes, les éléments religieux ou les paysans étaient traités par la torture, l'emprisonnement, le meurtre, les réinstallations forcées ou l'exil.

Suivre les Ceausescus

L'année 1965 a marqué un tournant pour le PCR, avec la mort du secrétaire général Gheorghiu-Dej. Bien qu'il y ait d'abord eu une "direction collective", Nicolae Ceausescu - comme c'est souvent le cas avec les membres fanatiques d'une secte - a commencé à manœuvrer pour obtenir le poste le plus élevé. Après une lutte de pouvoir, il s'est imposé comme leader et a annoncé que la Roumanie était désormais une République socialiste (et non plus une "démocratie populaire"). Il commence alors à donner au peuple roumain l'image d'un dirigeant communiste "nationaliste", indépendant de Moscou. Cela lui vaut un certain soutien populaire et l'adhésion au PCR augmente considérablement.[72]

Finalement, Ceausescu s'est transformé en un maniaque du contrôle extrême, avec une mainmise sur le peuple roumain. Il sera aidé dans sa quête par sa femme Elena (1919-1989), elle aussi membre dévouée de la secte. Pendant leur

---

[70] https://balkaninsight.com/2019/12/25/keys-mikes-spies-how-the-securitate-stole-romanias-privacy/

[71] Mihai, S.A.R. le Roi, "Ce qui a été fait à la Roumanie entre 1945 et 1947 a été fait depuis 1989" (article en roumain), 23 août 2000.

[72] https://www.britannica.com/biography/Nicolae-Ceausescu

règne, les Ceausescu ont vécu dans une extrême opulence. Leur palais de Primaverii, à Bucarest, comportait des murs en bois sculpté et orné, des tapis de soie, un cinéma et une salle de bain incrustée d'or.[73] Très élitiste, très "bourgeois", me semble-t-il. Ainsi, alors que la plupart des Roumains étaient contraints de se rationner et de vivre une vie d'oppression et de dénuement extrêmes, les membres les plus haut placés de la secte faisaient tout le contraire. Ce n'est pas inhabituel lorsque la secte prend le contrôle d'un pays, mais dans le cas de la Roumanie, Ceausescu et sa femme ont franchi un nouveau palier.

Le niveau d'égo émanant de cet homme était irréel. En 1974, il s'est autoproclamé président de la République socialiste, en plus de ses fonctions de secrétaire général du PCR. Il a insisté pour recevoir une multitude d'honneurs et de titres, tant à l'intérieur qu'à l'extérieur du pays, et s'est finalement imposé comme président à vie.

Les décisions prises par le nouveau président à partir des années 1970 ont provoqué l'apparition de fissures, et les politiques d'austérité et de rationnement sont devenues le thème principal des années 1980.[74] Cela est dû, en partie, à l'insistance de Ceausescu à réduire la dette internationale, en plus de simplement gaspiller de l'argent. Parmi les décisions inutiles qu'il a prises pour gaspiller l'argent, citons la *Sistematizarea* (systématisation) - une reconstruction massive du paysage urbain et rural dans le style socialiste ; cela impliquait la démolition de villes et de villages et la construction de tours uniformes et laides à haute densité (blocs d'"appartements"). Dans l'esprit du socialisme, ces immeubles devaient être plus "efficaces" et plus "égaux" pour les heureux camarades qui y vivaient. Un tremblement de terre en 1977 et les dégâts qui en ont résulté ont fourni à Ceausescu une excuse pour raser les structures culturelles et historiques.

Malgré l'accès de la Roumanie à de grandes quantités de pétrole - et sa capacité à raffiner le pétrole à grande échelle - elle a dû rationner le pétrole (!). Même les services de base tels que l'électricité se raréfiaient et la pollution atteignait des niveaux très élevés (là encore, trop d'importance accordée à l'industrialisation). Le régime a expliqué aux masses que le rationnement de la nourriture était une bonne chose pour lutter contre l'obésité (paume de la main). La Roumanie avait le niveau de vie le plus bas d'Europe. Quel gâchis ! [74]

La fin

Les Roumains en ont eu assez en 1989. Le sentiment anti-communiste grandissait, dirigé contre les Ceausescu et le PCR. Ce sentiment était sans doute accéléré par l'oppression croissante qu'ils devaient subir de la part de la

---

[73] Euronews, "See Nicolae Ceausescu's gold bathroom", 20 juin 2016. https://www.YouTube.com/watch?v=M4XLXzUmZHw

[74] https://www.britannica.com/place/Romania/Communist-Romania

Securitate. Ceausescu, sentant le mécontentement grandir (et plutôt que de faire la noble chose de déposer un grille-pain branché dans son bain moussant du soir), a poussé ses hommes de main à étendre leur réseau d'informateurs et à améliorer leurs techniques de surveillance. Quel con !

Malgré les efforts de l'État pour isoler le public roumain des informations non approuvées par la secte, la conscience du mécontentement commençait à se répandre dans les masses. Des manifestations et des grèves sont organisées. Ironiquement, l'un des catalyseurs de cette nouvelle révolution visant à renverser le régime a été une grève des travailleurs de Trucks Brasov. Comme ces prolétaires étaient hostiles à la secte, ils ont été rapidement réprimés. Plusieurs autres manifestations et émeutes ont suivi, entraînant une intervention encore plus musclée de la police et de la Securitate. De nombreux manifestants ont été abattus lors des manifestations de Timisoara le 17 décembre.[74]

Sans surprise, en raison du lavage de cerveau, Ceausescu a été incrédule face aux troubles et a prononcé un discours incroyable et délirant dans le bâtiment du Comité central le 21 décembre (disponible sur YouTube !).[75] Il a été conspué par l'immense foule. L'armée finit par se ranger du côté des manifestants et Ceausescu est renversé. Lui et sa femme Elena ont été rapidement jugés et exécutés le 25 décembre. Quel cadeau de fête pour le peuple roumain ! Le charme des communistes a enfin été rompu, grâce à Jésus !

Ceausescu est l'un des rares chefs de secte de l'histoire à avoir reçu son châtiment ; la plupart d'entre eux ont tendance à échapper au châtiment par une mort relativement agréable. La chose la plus fascinante à propos de sa fin, c'est qu'il a continué à défier et à protester presque jusqu'au moment où il a été exécuté, en chantant l'hymne communiste "Internationale". Un exemple de la façon dont les endoctrinés ne peuvent pas comprendre ce qu'ils sont, même lorsqu'ils sont sur le point de mourir.[76]

Albanie communiste

> "Aucune force, aucune torture, aucune intrigue ne peut éradiquer le marxisme-léninisme de l'esprit et du cœur des hommes.[77]

> Enver Hoxha, L'eurocommunisme est un anticommunisme (1980)

> "Le système socialiste mondial est devenu aujourd'hui le facteur décisif dans le

---

[75] "Nicolae Ceausescu Last Speech".
https://www.YouTube.com/watch?v=TcRWiz1PhKU

[76] TVR (radiodiffuseur public roumain), "Trial and Execution".
https://artsandculture.google.com/story/HQVhRMp6MAUA8A?hl=en

[77] Hoxha, E., "L'eurocommunisme est un anticommunisme", 1980.
https://www.marxists.org/reference/archive/hoxha/works/euroco/env2-1.htm

développement de l'histoire mondiale. Il exerce une influence considérable sur le monde ; il est devenu une grande force d'attraction et de révolution... (il) démontre chaque jour sa supériorité incontestable sur le système capitaliste. Elle est devenue le bouclier de toutes les forces progressistes du monde, le rempart inexpugnable de la liberté et de la paix, de la démocratie et du socialisme"[78]

Enver Hoxha, 20ème Discours à l'occasion de l'anniversaire du parti (1961)

Une autre infection monstrueuse a pris place juste à côté, dans les Balkans, sur la côte de la mer Adriatique, sous la forme de la *République socialiste populaire d'Albanie. Elle a* existé de 1946 à 1992.[79] Le psychopathe marxiste en chef était Enver Hoxha (prononcé "hoe-ja", J pour "Jennifer"). Ce type reçoit cinq étoiles de fanatisme communiste.

La seule chose qui l'a empêché de provoquer un grand nombre de morts était les limites de son pouvoir et de son influence, en raison de la situation relativement isolée de l'Albanie et de sa taille/population (par rapport à d'autres pays communistes de l'époque). En effet, s'il existait un gros bouton rouge pour déclencher la troisième guerre mondiale, ce type l'aurait actionné plusieurs fois s'il en avait eu l'occasion. Il personnifiait la tendance de l'idéologie à manifester des versions toujours plus extrêmes d'elle-même, puisqu'il finissait par considérer les autres formes de communisme comme trop "molles", voire traîtresses à la cause ! Il est amusant de constater qu'à un moment donné, Hoxha a même qualifié Mao Zedong (sans doute la pire ordure communiste de tous les temps) de "porc capitaliste", pour vous donner une idée du degré d'extrémisme de ce type.[80]

Les débuts de l'infection

Avec l'aide d'autres membres de la secte dans le "pays" voisin déjà infecté, la Yougoslavie, il a contribué à fonder le *Parti communiste albanais* en 1941 (rebaptisé plus tard *Parti du travail d'Albanie* (ou PLA) en 1948) ; l'invasion allemande de la Yougoslavie la même année a été le catalyseur de cette évolution. Le chef de la secte en Yougoslavie était Josip Broz (alias "Tito"), et son aide à la propagation de l'infection en Albanie a été encouragée par le Comintern soviétique.

Hoxha était également le leader du *Mouvement de libération nationale* (voilà encore ce mot), un groupe marxiste qui s'est opposé à l'occupation nazie de l'Albanie pendant la Seconde Guerre mondiale.[81] Bien que l'Albanie ait rejoint

---

[78] Hoxha, E., Discours à l'occasion du 20e anniversaire du Parti, 1961. https://en.wikiquote.org/wiki/Enver_Hoxha

[79] https://www.britannica.com/topic/history-of-Albania/Socialist-Albania

[80] https://www.britannica.com/biography/Enver-Hoxha

[81] https://en.wikipedia.org/wiki/National_Liberation_Movement_(Albanie)

le parti communiste mondial relativement plus tard que les autres pays européens (en termes de date à laquelle ils se sont dotés d'un véritable parti marxiste), Hoxha a veillé à ce qu'ils rattrapent leur retard très rapidement. Les premières actions de la secte ont consisté, comme on pouvait s'y attendre, à éliminer tous les opposants, nombre d'entre eux étant commodément qualifiés de "collaborateurs nazis" ou d'"ennemis du peuple". Une autre action prévisible a été l'attaque contre la religion. Une des premières déclarations typiques des membres de la secte - au sein du Comité central de l'APL - incluait l'idée qu'ils devaient "lutter contre la tentative du fascisme de diviser le peuple albanais au moyen de la religion".[82] C'est vrai (les yeux roulent), cette vieille rengaine communiste.

Tout comme lors de la création de la République socialiste fédérative de Yougoslavie, des simulacres d'élections ont été organisés en Albanie pour donner l'illusion que sa création était le choix du "peuple".

L'hoxhaïsme est l'interprétation/la tendance de l'idéologie qui porte le nom d'Enver Hoxha.[83]

Il s'agit d'une variante "antirévisionniste" par nature, fidèle aux interprétations de Joseph "le petit salaud" Staline. En d'autres termes, Hoxha a adhéré à la version la plus dure.

Le régime

Ce régime était particulièrement brutal et répressif, même selon les critères de la secte. Les personnes directement exécutées et les "prisonniers politiques" (qui ont connu des destins divers) se comptent par dizaines de milliers. Beaucoup sont également morts en tentant de s'échapper, soit en nageant jusqu'en Grèce (via l'île de Corfou), soit en traversant les montagnes à pied pour rejoindre la Yougoslavie. Pauvres bougres, désespérés. La révolution ou la mort. La population de l'Albanie est relativement faible - elle était d'environ 1,2 million d'habitants en 1946, et de près de 3,3 millions en 1991.[84]

Dans ce cas, l'escouade d'agents de l'État ou la force de police non secrète était la tristement célèbre *Sigurimi*. Elle a surveillé, terrorisé, torturé et fait "disparaître" des Albanais tout au long du règne de Hoxha. Le régime comprenait les éléments habituels, tels que la domination assurée de l'idéologie, imposée par l'État par l'intimidation, la coercition, la violence et le meurtre.

Il s'est également engagé dans la surveillance de la population, la

---

[82] Tonnes, B., "Albania : An Atheist State". https://biblicalstudies.org.uk/pdf/rcl/03-1_3_04.pdf

[83] "Hoxhaïsme". https://en.prolewiki.org/wiki/Hoxhaism

[84] https://www.statista.com/statistics/1076307/population-albania-since-1800/

"rééducation" forcée des dissidents, le détournement des ressources pour construire des infrastructures militaires, contribuant à affamer la population, la construction de logements exigus de type "socialiste", le rationnement des ressources et de la nourriture, et l'utilisation de camps de travail de type goulag, où les prisonniers étaient envoyés pour travailler dans les mines (le camp de travail de Spac étant l'un des plus célèbres). Nombre d'entre eux ont disparu ou ont été torturés à mort, puis enterrés en masse dans des tombes secrètes, à l'aide de sacs en plastique noirs.[85]

Les Albanais n'étaient pas autorisés à voyager - sauf pour des raisons officielles - et étaient arrêtés s'ils tentaient de partir ; les mouvements des visiteurs étrangers dans le pays étaient contrôlés et surveillés. Pendant ce quasi-emprisonnement, les membres de la secte - y compris Hoxha lui-même - menaient une existence relativement bourgeoise dans le quartier aisé d'Ish-Blloku à Tirana. Ce quartier était entouré d'un mur pour le séparer des zones environnantes (et donc de la population générale dont il était la proie). En outre, le régime a interdit la propriété privée des voitures (à moins d'être membre du parti). Une secte bourgeoise "anti-bourgeoise" ?

Anti-religion et liberté d'expression

Dans la plus pure tradition du culte, Hoxha était extrêmement antireligieux et l'athéisme a été imposé par l'appareil d'État, la pratique religieuse étant effectivement interdite en 1967. Dans un discours prononcé la même année, il a déclaré avec assurance que l'Albanie était le "premier État athée du monde". À l'instar de ce que Mao a encouragé en Chine rouge pendant la révolution culturelle, Hoxha a encouragé la destruction de mosquées et d'églises dans tout le pays par des organisations de jeunesse (sectaires).[86]

Bien sûr, comme l'Albanie a dû endurer sa version d'une "révolution culturelle", les arts devaient naturellement vanter l'éclat du marxisme. Dans une interview accordée à *NBC Left Field* en 2018, un éminent artiste albanais du nom de Maks Velo a parlé du harcèlement dont il a été victime de la part du régime de Hoxha.[87] En 1978, il était surveillé par des membres de la secte, qui l'ont ensuite approché. Velo ne produisait pas le type d'œuvres pro-marxistes

---

[85] Abrahams, F., "Communist-Erara Disappearances Still Haunt Albania", 17 mars 2021. https://www.hrw.org/news/2021/03/17/communist-era-disappearances-still-haunt-albania

[86] Bezati, V., "How Albania Became the World's First Atheist Country", 28 août 2019. https://balkaninsight.com/2019/08/28/how-albania-became-the-worlds-first-atheist-country/

[87] "Et si la trahison de vos proches vous conduisait en prison ? | NBC Left Field", juillet 2018.

https://www.YouTube.com/watch?v=OHfg2mog2sk

que l'on attendait des artistes - ses œuvres étaient considérées comme "hostiles" au régime. En guise de punition, il est envoyé dans un camp de prisonniers, où il est condamné à dix ans de prison. Les salauds pendables de la Sigurimi ont ensuite tenté en vain de le recruter comme informateur sur ses compatriotes. La secte élimine toute dissidence apparente en essayant de contrôler toutes les formes d'expression.

Les Sigurimi

Groupe aussi fanatique et cruel que ses homologues de la police d'État en Roumanie (Securitate), en Allemagne de l'Est (Stasi), en Hongrie (AVH) ou en URSS (KGB), le Sigurimi a ruiné la vie de générations d'Albanais. Ils étaient quelque peu différents de ces autres groupes car leurs pouvoirs étaient relativement illimités - toutes les actions commises étaient acceptables si elles soutenaient le régime. Une autre différence - due à la petite population/zone de l'Albanie - était qu'ils pouvaient réellement concrétiser leurs intentions de surveiller (et de contrôler) l'ensemble de la population (alors que leurs homologues cités ci-dessus devaient plutôt projeter l'illusion qu'ils avaient cette capacité, par l'endoctrinement, la propagande, la peur, etc.)[88] [89]

L'organisation était divisée en différents départements qui s'occupaient de tout, de la censure au contre-espionnage en passant par les dossiers publics, les interrogatoires, etc. Ils enquêtaient même sur les membres de la secte dans les rangs de l'APL afin de purger les membres du parti idéologiquement déloyaux. Ils enquêtaient même sur les membres de la secte dans les rangs de l'APL afin de purger les membres du parti idéologiquement déloyaux. Les membres du Comité central et du Politburo étaient également visés.

En plus des écoutes téléphoniques classiques, ils ont utilisé des mouchards pour surveiller les conversations du grand public, même à leur domicile. Des milliers de ces appareils ont été placés dans tout le pays, parfois dans des chaussures, des sacs, des cravates, des meubles, des vases, des bijoux et même des pipes à fumer (partout sauf dans le trou du cul de Hoxha, en fait). Les conversations étaient ensuite enregistrées au QG de Sigurimi, le bâtiment de la Maison des feuilles. Ces salauds ont encouragé les Albanais à dénoncer leurs propres amis et parents, en recourant dans certains cas à la coercition. En bref, ils essayaient de créer une société culte de rats. Cette forme de contrôle s'appuie sur la tendance qu'ont de nombreuses personnes à critiquer ou à se plaindre des autres lorsque cela n'est pas justifié. L'idéologie fait ressortir le

---

[88] https://www.wikiwand.com/en/Sigurimi

[89] Gjoka, B. "Declassified Documents Show Power of Albania's Communist Secret Police", 16 novembre 2021.

https://balkaninsight.com/2021/11/26/declassified-documents-show-power-of-albanias-communist-secret-police/

mal des gens, les encourageant à se détruire les uns les autres.

Tout cela est assez étonnant si l'on considère cette phrase de Hoxha : "Un pays où un homme a peur de critiquer un autre n'est pas un pays socialiste".[90] De toute évidence, Hoxha ne tolérait aucune véritable critique à son égard. Lors du premier congrès du parti communiste en novembre 1948, Hoxha a qualifié le Sigurimi d'"arme d'amour" du parti. P.s.y.c.h.o ! À la fin de l'Albanie communiste, trop d'Albanais avaient été terrorisés par eux. Tant de vies ruinées.

L'héritage

Le 11 avril 1985, Hoxha a quitté ce royaume pour les flammes de l'enfer, où il sera amoureusement violé par Marx et consorts (son fantasme de toujours, probablement). Avec l'effondrement mondial du communisme à partir de 1988, peut-être un peu dans l'esprit du défi (insensé) de Hoxha, le régime albanais a "tenu" un peu plus longtemps que dans d'autres pays non soviétiques. Un autre facteur était que le régime contrôlait toujours étroitement le flux d'informations - y compris les nouvelles du monde extérieur - les Albanais n'étaient même pas au courant de l'effondrement du mur de Berlin ! L'APL a fini par autoriser la tenue d'élections libres et la création de partis d'opposition en décembre 1990. La statue de Hoxha à Tirana a été renversée en 1991.[91]

Malheureusement, comme de nombreux membres de la secte ont réussi à rester présents dans la politique albanaise après la chute du régime (et leurs tentatives de garder la vérité enfouie), le processus de recherche et d'identification de toutes les victimes a été sérieusement ralenti. Les tentatives d'accès aux informations recueillies par les Sigurimi ont fait l'objet d'un débat politique.

En 2008, le Parti socialiste d'Albanie a fait obstacle à ces tentatives au sein du parlement albanais (ce qui n'est pas surprenant puisque le Parti socialiste d'Albanie est une continuation de l'APL, qui était au pouvoir pendant l'État à parti unique de Hoxha). Les choses sont peut-être en train de changer : le site *Balkaninsight* a rapporté en juin 2023 qu'une enquête était en cours de préparation concernant les victimes du camp de travail de Spac.[92]

Presque incroyablement, comme une autre insulte éhontée au peuple albanais, un groupe appelé le *Parti communiste d'Albanie* existe toujours et a été autorisé à participer aux élections. Ils portent également le nom de "Volontaires

---

[90] https://www.azquotes.com/quote/770880

[91] Cavendish, R., "Death of Enver Hoxha", 4 avril 2010. https://www.historytoday.com/archive/months-past/death-enver-hoxha

[92] Erebara, G., "Albania to Start Searching for Remains of Communist Camp Victims", 2 juin 2023. https://balkaninsight.com/2023/06/02/albania-to-start-searching-for-remains-of-communist-camp-victims/

d'Enver".[93] Ces connards devraient être enterrés vivants dans d'énormes sacs en plastique noirs et résistants, en l'honneur des victimes de Hoxha ! Comme d'autres pays post-communistes, l'Albanie se remet encore des ravages causés par la secte/idéologie. Elle était - et est toujours - l'un des pays les plus pauvres d'Europe.[94]

Révolution hongroise

Le 4 novembre 1956, les forces soviétiques envahissent la République populaire de Hongrie, mettant fin à la *révolution hongroise*.[95] Les Hongrois mécontents vivaient depuis longtemps sous la coupe du seul parti du pays, le *Parti du peuple travailleur hongrois*, qui était sous le contrôle direct du Kremlin.

Inspirées par le discours prononcé par Nikita Khrouchtchev au début de l'année, qui dénonçait le régime de Staline, les manifestations ont commencé pour de bon, réclamant la démocratie et la libération de l'oppression soviétique. Le chef de la rébellion était Imre Nagy (1896-1958), membre de la secte depuis toujours. Nagy avait l'intention d'autoriser des élections multipartites et même de retirer la Hongrie du Pacte de Varsovie.[96] Le conflit n'a duré que douze jours, avant que les rebelles ne soient vaincus par l'armée soviétique, largement supérieure en nombre.

Dans la foulée, Nagy a été exécuté et des milliers de personnes ont été jugées et emprisonnées ; il y a également eu une exécution de masse. Cela a conduit à la création du *Parti socialiste ouvrier hongrois, qui a* régné en tant que parti unique jusqu'à la chute du communisme en 1989.

Par la suite, les Soviétiques ont prétendu que ce qui avait commencé comme une protestation honnête et raisonnable avait été détourné par des forces fascistes soutenues par l'Occident. Les Soviétiques n'ont envahi le pays qu'à la demande des "vrais patriotes" (c'est-à-dire des membres de la secte marxiste pro-soviétique), qu'ils ont rejoints pour écraser cette contre-révolution. Oh... c'est donc le fascisme et l'impérialisme occidental qui sont à blâmer, n'est-ce pas ? (Roulements de paupières). (Soit dit en passant, ces derniers temps, le président russe Vladimir Poutine a déclaré que l'Ukraine était remplie de "nazis" ...).

---

[93] https://en.wikipedia.org/wiki/Communist_Party_of_Albania_(1991)

[94] https://worldpopulationreview.com/country-rankings/poorest-countries-in-europe

[95] "Soviets put a brutal end to Hungarian revolution", 24 novembre 2009. https://www.history.com/this-day-in-history/soviets-put-brutal-end-to-hungarian-revolution

[96] https://www.britannica.com/event/Hungarian-Revolution-1956

Le grand mur du communisme

> "Il faut reconnaître que la disparition de l'Union soviétique a été la plus grande catastrophe géopolitique du siècle".[97]

> Président russe Vladimir Poutine,
> discours devant le parlement russe, 25 avril 2005

En 1961, la construction du tristement célèbre *mur de Berlin*, qui divise l'Allemagne en deux parties, l'Allemagne de l'Ouest (*République fédérale d'Allemagne*), ostensiblement démocratique, et l'Allemagne de l'Est (*République démocratique allemande*), communiste, commence.[98]

Apparu à la suite de la division de Berlin à la fin de la Seconde Guerre mondiale, le mur était une manifestation symbolique et physique de la nature clivante et contrôlante de l'idéologie. Il avait la double fonction d'empêcher l'entrée des non-marxistes et d'empêcher les habitants de l'Allemagne de l'Est de partir à leur guise. Il faisait partie de ce que l'on appelait le *rideau de fer, une* barrière physique et idéologique qui emprisonnait effectivement tous les habitants du "bloc de l'Est", les séparant de l'Ouest "libre".

En tant que barrière physique, ce "rideau" s'étendait presque entièrement à travers l'Europe - de la côte allemande au nord à la Yougoslavie au sud - sur une longueur d'environ 7 000 kilomètres. Des vidéos en ligne montrant des personnes tentant de s'échapper à travers les barbelés illustrent le désespoir mieux que des mots ne pourraient le faire. Le mur est tombé en novembre 1989, symbolisant la fin de la guerre froide et libérant les peuples situés à l'est du mur de la stagnation économique et de l'oppression idéologique.

La division sino-soviétique

Une divergence idéologique au sein de la secte, entre les membres de l'Union soviétique et de la Chine. Dans l'URSS post-stalinienne, le premier ministre Nikitia Khrouchtchev a publiquement dénoncé de nombreux aspects du régime de l'oncle Joe dans un discours qu'il a prononcé en 1956 (il ne s'est pas référé à lui en tant qu'oncle Joe ; ils n'avaient aucun lien de parenté). Ce discours a marqué ce qui allait être appelé le processus de "déstalinisation" de l'Union soviétique. Cette rupture avec l'approche/système précédent (appelé stalinisme) a eu un effet d'entraînement sur la secte mondiale, ce qui a amené le dirigeant de la Chine rouge, Mao Zedong, à qualifier ce processus de "révisionnisme".[99]

Dans ce contexte, le révisionnisme signifiait un écart par rapport aux principes

---

[97] Associated Press, "Putin : Soviet Collapse a genuine 'tragedy'", 25 avril 2005. https://www.nbcnews.com/id/wbna7632057

[98] https://www.britannica.com/topic/Berlin-Wall

[99] https://www.britannica.com/topic/20th-century-international-relations-2085155/The-Sino-Soviet-split

marxistes traditionnels, une sorte d'"assouplissement" sur certaines questions (en particulier sur l'idée que les nations communistes devaient entretenir des relations pacifiques avec les nations non communistes, où elles pouvaient toutes deux coexister). Cette évolution a eu un effet d'entraînement sur d'autres pays communistes et a conduit au développement de nouvelles souches/interprétations de l'idéologie (énumérées ailleurs).

Le discours prononcé par Khrouchtchev en 1956 était intitulé "Le culte de la personnalité et ses conséquences".[100] L'idéologie/le culte lui-même est le culte de Marx. Il est intéressant de noter que le titre alternatif du livre que vous êtes en train de lire était "Le culte des cons et ses conséquences".

Le Printemps de Prague

En 1968, des tentatives internes ont été faites pour réformer la *République socialiste tchécoslovaque,* un État satellite de l'Union soviétique à l'époque. Cette période de réformes politiques, ainsi que les manifestations de masse qui ont eu lieu dans le pays, sont connues sous le nom de *Printemps de Prague*.[101] Le catalyseur de ce soulèvement était le chef du *parti communiste tchécoslovaque de l'*époque, Alexander Dubcek. Comme lors de la révolution hongroise de 1956, les Tchécoslovaques souhaitaient une libéralisation de leur société : liberté d'expression, de mouvement, décentralisation de l'économie, etc. Comme précédemment, les fanatiques du Kremlin n'en veulent pas et l'invasion de la Tchécoslovaquie a lieu dans la nuit du 20 août.

Contrairement à la révolution hongroise, il n'y a pas eu de combat entre les habitants et les envahisseurs. Il y a cependant eu un exode massif, avec la fuite de plus d'un quart de million de personnes (je me demande pourquoi les gens fuient l'héroïque et glorieuse Armée rouge). Le 25 août 1968, huit personnes ont organisé une manifestation contre l'invasion sur la place Rouge, à Moscou.[102] Le gouvernement soviétique a évidemment considéré cette manifestation comme une trahison et l'a réprimée avec une extrême sévérité. Certains manifestants ont été envoyés dans les camps de prisonniers du Goulag en Sibérie, d'autres dans des hôpitaux psychiatriques. Lorsque la secte ou l'idéologie est entièrement contrôlée, les protestations ne sont pas autorisées.

Le Kampuchea démocratique et les Khmers rouges

"Suis-je violent ? Non. En ce qui concerne ma conscience et ma mission, il n'y

---

[100] Khrouchtchev, N. "Discours au 20e Congrès du C.P.S.U.", 1956.https://www.marxists.org/archive/khrushchev/1956/02/24.htm

[101] https://www.britannica.com/event/Prague-Spring

[102] Kramer, M. "The August 1968 Red Square Protest and Its Legacy", 24 août 2018. https://www.wilsoncenter.org/blog-post/the-august-1968-red-square-protest-and-its-legacy

avait pas de problème"

La dernière interview de Saloth Sar (alias Pol Pot), 1979[103]

Une autre monstruosité absolue, même selon les critères marxistes, a eu lieu dans ce qu'on appelle aujourd'hui le Cambodge, en Asie du Sud-Est. Pendant un certain temps, ce pays a été un État "marxiste-léniniste" à parti unique, appelé *Kampuchea démocratique*, qui a existé entre 1975 et 1979. Il était dirigé par le *Parti communiste du Kampuchéa* (alias les *Khmers rouges*).[104] Ce groupe est apparu sur la scène lorsque la pourriture marxiste s'est répandue en Asie après la Seconde Guerre mondiale et l'ère du post-colonialisme. Ses alliés ont été, à divers moments, la Chine de Mao Zedong, le Viêt-cong, la Corée du Nord et le *Pathet Lao* (*Armée populaire de libération du Laos*) dans le Laos voisin.

Le nom "Khmer Rouge" signifie "Khmers rouges" : "Les "Khmers" étaient le groupe ethnique dominant dans cette région. Il s'agit donc d'un autre groupe sectaire.

La direction des Khmers rouges était composée de membres de la secte cambodgienne, dont beaucoup avaient été exposés au marxisme lors de leur "éducation" en France. Le psychopathe à la tête de cette organisation était un Cambodgien du nom de Saloth Sar (qui s'est ensuite rebaptisé Pol Pot).[105] Issu d'un milieu agricole relativement aisé, M. Pot a finalement reçu une éducation socialiste de type "champagne". Il a appris à connaître des personnages historiques comme Maximillian Robespierre (1758-1794) de la Révolution française et est devenu un fan de l'oncle Joe Staline. Après avoir subi un lavage de cerveau à Paris lorsqu'il était étudiant, il est retourné au Cambodge en 1953 pour faire ce que les membres d'une secte ont l'habitude de faire : infecter leur pays d'origine.

Lorsque les Khmers rouges ont pris le contrôle, Pol Pot a vidé la capitale Phnom Penh, forçant les gens à se rendre dans les zones rurales, qui ont été divisées en zones. Il voulait que tout le monde devienne paysan, afin que tous soient traités sur un pied d'égalité (nous y revoilà...).[106] Les riches qui tentaient d'apporter leurs biens avec eux se voyaient refuser l'accès au pays. Le régime se caractérisait par l'autoritarisme marxiste habituel : "égalité" forcée, travail

---

[103] "The last interview with Pol Pot (English Subtitles)". https://www.YouTube.com/watch?v=CQ9_BMshyiw

[104] "Khmers rouges". https://www.britannica.com/topic/Khmer-Rouge

[105] "Pol Pot", 21 août 2018. https://www.history.com/topics/cold-war/pol-pot

[106] Deth, S.U., "The Rise and Fall of Democratic Kampuchea", 2009.

https://www.asianstudies.org/publications/eaa/archives/the-rise-and-fall-of-democratic-kampuchea/

forcé, collectivisation, liquidation d'une grande partie des riches (classe moyenne ou supérieure), des intellectuels et des dissidents politiques, etc. Comme on pouvait s'y attendre, lorsque le système de merde mis en place par le régime n'a pas fonctionné, Pol Pot n'a pas accepté d'être blâmé. Au lieu de cela, il a accusé les ennemis politiques et les infiltrés d'avoir tout gâché. Les anciens membres des Khmers rouges ont eux-mêmes été tués dans les centres d'interrogatoire. Le nombre de morts, rapporté à la population, est l'un des plus élevés de tous les régimes marxistes sectaires. Les estimations du nombre de morts varient entre 1,5 et 3 millions.[107] Il s'agit d'une autre manifestation de l'idéologie, résultant de l'instabilité et des conflits qu'elle a générés dans l'ensemble de l'Asie.

Prélude à ce fiasco, la *guerre civile cambodgienne s*'est déroulée parallèlement à la guerre du Viêt Nam, de 1968 à 1975. Elle opposait les Khmers rouges et leurs alliés marxistes (Viêt-cong, Nord-Vietnam, etc.) au Royaume du Cambodge et à ses alliés (Sud-Vietnam, États-Unis, etc.).[108] Malheureusement, la secte l'a emporté et les Khmers rouges ont pris le contrôle. Les forces marxistes s'étant souvent repliées au Cambodge et au Laos pendant la guerre du Viêt Nam, l'action des États-Unis de l'autre côté de la frontière était inévitable, officiellement ou officieusement. Bien que leurs forces aient pénétré au Cambodge (sans enthousiasme) avec l'*opération Menu* (1969-1970) et l'*opération Freedom Deal* (1970-1973), les Khmers rouges n'ont malheureusement pas été traités de manière adéquate. Naturellement, la secte a utilisé ces actions militaires pour susciter la sympathie pour sa "cause", tant au niveau régional qu'international. Les cocos jouent les victimes en se plaignant que quelqu'un essaie de les arrêter. Ils essaient d'accuser les États-Unis d'être le méchant dans l'équation. Typique.

La pression politique générée par les membres de la secte au niveau international - y compris le mouvement "pour la paix" sur le sol américain - a contribué au retrait des États-Unis de la région, et la diminution du soutien de l'opinion publique qui en a résulté a fait qu'une invasion plus efficace du Cambodge n'a jamais eu lieu, bien sûr.

L'infection a persisté et les Cambodgiens ont été laissés à la merci de la secte, qui a non seulement massacré des millions de ses propres civils, mais aussi les Vietnamiens le long de la frontière. Ainsi, tous ces crétins de hippies au cerveau lavé et ces étudiants qui participaient aux manifestations américaines pour la paix avaient du sang sur les mains... tout comme tous les traîtres marxistes aux États-Unis à l'époque.

Le régime des Khmers rouges a finalement été renversé par les Vietnamiens en

---

[107] "Cambodge". https://cla.umn.edu/chgs/holocaust-genocide-education/resource-guides/cambodia

[108] https://www.britannica.com/place/Cambodia/Civil-war

1978 lors de la *guerre cambodgienne-vietnamienne*, dans les années qui ont suivi le retrait des forces américaines de la région.[109] Le conflit entre ces deux groupes s'est poursuivi longtemps après que les premiers aient été chassés du pouvoir, les hostilités se poursuivant jusqu'en 1989, date à laquelle les Vietnamiens se sont retirés du pays. Il est intéressant (et révélateur) de noter que l'ONU a reconnu le Kampuchea démocratique comme le gouvernement légitime pendant l'occupation vietnamienne (!).

Cette situation montre la capacité de l'idéologie à engendrer différents régimes qui se disputent le contrôle de la région et s'éliminent les uns les autres. C'est aussi une leçon sur les horreurs qui peuvent survenir lorsque l'on n'intervient pas complètement et que l'on n'élimine pas les régimes sectaires.

Rhodésie/Zimbabwe

Un autre spectacle d'horreur marxiste, cette fois au Zimbabwe, en Afrique du Sud-Est. Ce pays présentait les caractéristiques complexes typiques de nombreuses nations africaines post-coloniales, notamment la division au sein de la population non blanche (les peuples Shona et Ndebele). Officiellement contrôlé par la *British South Africa Company*, il a finalement déclaré son indépendance en tant que Rhodésie en 1965, et est devenu la Rhodésie du Zimbabwe en 1979. [110] Pendant la majeure partie de cette période, le gouvernement de la minorité blanche était au pouvoir, bien qu'il s'agisse d'un pays non reconnu sur le plan international. Cette situation était le résultat de la politique britannique consistant à n'accorder l'indépendance à ses colonies africaines qu'à condition qu'elles soient dirigées par une majorité. En d'autres termes, la minorité blanche n'avait pas de chance.

La minorité blanche a alors été largement laissée à elle-même pour faire face à la marée meurtrière montante du marxisme noir, avec le soutien de l'Afrique du Sud voisine. Ce conflit a constitué la *guerre du Bush rhodésien* ou *guerre de libération du Zimbabwe* ("libération" pour les marxistes ; on peut aussi l'appeler "prise de contrôle de la Rhodésie par les marxistes").[111] La guerre a opposé les deux principales factions marxistes - Z.A.N.L.A. (*Zimbabwe African National Liberation Army*) et Z.I.P.R.A. (*Zimbabwe People's Revolutionary Army)* - *à la* minorité blanche. La ZANLA était la branche militaire de la ZANU (*Zimbabwe African National Union*) ; la ZIPRA était la branche militaire de la ZAPU (*Zimbabwe African Peoples Union*).

La ZANU et la ZAPU ont formé une coalition appelée *Front patriotique*. Les factions marxistes étaient soutenues par le *FRELIMO* (du Mozambique voisin)

---

[109] "Guerre du Vietnam et du Cambodge : vue d'ensemble, contexte et histoire". https://study.com/learn/lesson/vietnam-cambodia-war-causes-effects.html

[110] https://www.britannica.com/place/Zimbabwe

[111] "Guerre de Bush". https://www.rhodesianstudycircle.org.uk/bush-war/

et le *Conseil national africain* (de l'Afrique du Sud voisine), ainsi *que* par le *FROLIZI* (*Front pour la libération du Zimbabwe*). Des mercenaires, tels que les *Crippled Eagles* américains, ont combattu pour les forces de sécurité rhodésiennes.

La ZANLA a lancé sa campagne à partir du Mozambique, situé à l'est du Zimbabwe. Elle était composée principalement de l'ethnie Shona et était approvisionnée par la Chine rouge. La ZIPRA, composée essentiellement de Ndébélés, était basée en Zambie (nord/nord-ouest du Zimbabwe). Ce groupe était parrainé par les Soviétiques. Le Cubain Fidel Castro a également offert son soutien.

Il s'agissait donc essentiellement de plusieurs groupes sectaires d'un côté, et des forces de sécurité rhodésiennes (et de leurs alliés) de l'autre. Les factions marxistes se sont parfois affrontées. Le conflit a duré environ quinze ans, de 1964 à 1979, et s'est terminé par une impasse. Les Britanniques sont intervenus à la fin de la guerre en tant que médiateurs entre toutes les parties concernées, ce qui a abouti à l'*accord de Lancaster House*. [112]

Cela a finalement abouti à la domination de la majorité noire, le parti marxiste *ZANU-PF* remportant les premières élections organisées dans le Zimbabwe aujourd'hui reconnu par la communauté internationale. Il ne s'agissait donc pas vraiment d'une "impasse" : la secte était victorieuse. En conséquence, un homme nommé Robert Mugabe est devenu le premier dirigeant du pays, en tant que Premier ministre.

Entrée en scène de Mugabe

Robert Gabriel Mugabe était un autre Africain "éduqué" à l'université qui allait prendre le destin de son pays par la peau du cou et l'entraîner vers une délicieuse utopie marxiste. Cet idiot a fréquenté l'*université de Fort Hare*, en Afrique du Sud, grâce à une bourse d'études, en 1949. C'est là que Mugabe a été contaminé pour la première fois, par des membres d'une secte. Il a rejoint le *Congrès national africain* et a été exposé aux idées du "nationalisme africain". Il s'intéresse ensuite aux écrits des camarades Marx et Engels. Après avoir obtenu une licence en histoire et en littérature anglaise, il est retourné en Rhodésie du Sud en 1952.[113]

Il commence alors sa carrière d'enseignant dans différents endroits (pauvres enfants !), et finit par s'installer au Ghana en 1958. C'est là qu'il a reçu sa deuxième dose de marxisme, en fréquentant l'*Institut idéologique Kwame Nkrumah* au Ghana. Kwame Nkrumah (1909-1972) est un autre membre de la secte qui a reçu une formation universitaire et qui est devenu le premier président du Ghana en 1960. Nkrumah a créé un État à parti unique et a

---

[112] https://en.wikipedia.org/wiki/Lancaster_House_Agreement

[113] https://www.britannica.com/biography/Robert-Mugabe

entrepris de réduire son pays à néant en imposant le "socialisme africain".[114]

Mugabe a commencé à s'impliquer dans la politique au cours des années 1960 et a été incarcéré en 1964 en raison de ses activités. Il a passé les dix années suivantes en prison, avant d'être libéré en 1974. Il s'est réfugié au Mozambique, où il a passé quelques années en exil alors que la guerre du Bush rhodésien faisait rage. Après le conflit, une fois arrivé au pouvoir, Mugabe a instauré une dictature à parti unique et la persécution inévitable de la minorité ndébélé a commencé.

Sa politique a conduit à de nouveaux contrôles gouvernementaux sur l'économie et les entreprises d'État, ainsi qu'à la confiscation (sans compensation bien sûr) des propriétés des fermiers blancs. Cet accaparement des terres a suivi la formule marxiste "anticolonialisme"/"anticapitalisme", au nom de l'"égalité". Personne n'a considéré que les fermiers blancs étaient les mieux placés pour gérer les exploitations (en raison de leur expérience et de leur savoir-faire), et la production alimentaire s'est arrêtée, entraînant une famine généralisée. Des millions de personnes ont fui. Le fanatisme à courte vue et maladroit du marxisme a encore frappé.

(Un autre exemple de cette vision idiote et typiquement marxiste s'est produit pendant la guerre de Bush en Rhodésie, lorsque les forces marxistes basées de l'autre côté de la frontière, en Zambie, étaient perplexes car elles s'étaient coupées de l'approvisionnement en eau provenant du Zimbabwe - un approvisionnement en eau construit et entretenu par ces méchants Blancs coloniaux, oppressifs et non marxistes).

Plus tard, l'*armée nationale du Zimbabwe* a perpétré les massacres de *Gukurahundi,* principalement contre la minorité Ndebele (de 1982 à 1987 environ). [115] Outre l'élément ethnique génocidaire, les Ndebele étaient typiquement des partisans de la ZAPU ; les étiquettes des partis et la politique intérieure mises à part, il s'agissait d'une répression politique de ceux qui s'opposaient au gouvernement marxiste (typique de la secte lorsqu'elle était au pouvoir). Les estimations raisonnables des massacres varient, allant de huit à vingt mille. Autre exemple de masque qui tombe : la secte/idéologie ne se souciait pas des droits des Noirs/Africains dans ce cas.

Autrefois connu comme le "joyau de l'Afrique", le règne de Mugabe a transformé le Zimbabwe en un véritable enfer. Il n'est jamais venu à l'esprit de ceux qui se sont battus pour la secte ou qui l'ont soutenue qu'il n'était pas judicieux de détruire les infrastructures que la minorité blanche avait construites. C'est vraiment d'une stupidité ahurissante puisqu'ils se sont

---

[114] https://en.wikipedia.org/wiki/Kwame_Nkrumah_Ideological_Institute

[115] Boddy-Evans, A. "What Was Gukurahundi in Zimbabwe ?", 12 février 2019. https://www.thoughtco.com/what-is-gukurahundi-43923

littéralement battus jusqu'à la mort pendant une quinzaine d'années avec cet objectif en tête. C'est un autre bon exemple de ce qui se passe lorsque l'ordre organique de l'infrastructure est remplacé par des théories marxistes.

Perestroïka

Au cours de la seconde moitié des années 1980, vers la fin de l'ère de l'URSS, l'administration soviétique s'est efforcée de modifier la façon dont elle conduisait ses affaires. Des changements ont été opérés dans divers domaines. L'objectif ostensible n'était pas d'abandonner le socialisme, mais d'inclure certains aspects de l'"économie libérale". Le terme "Perestroïka" a été rendu célèbre par le premier ministre soviétique Mikhaïl Gorbatchev (1931-2022) et signifie "reconstruction" ou "restructuration".[116]

Un autre terme utilisé était "Glasnost", qui signifie "ouverture" ou "transparence" (ça sonne bien, non ?). Je pense qu'il s'agissait d'une tentative de la secte de dissimuler ses intentions en prétendant que le "communisme" s'adoucissait, devenant essentiellement plus bienveillant et reflétant la culture occidentale. Ce sujet est traité dans *The Perestroika Deception : Memoranda to the Central Intelligence Agency* (1998), par un transfuge du KGB de premier plan, Anatoliy Golitsyn.

Pour replacer tout cela dans son contexte, le régime russe actuel a l'image, dans certains milieux, d'être beaucoup plus "gentil" que les régimes précédents, mais nous ne devrions pas faire de suppositions. Il est clair que la Russie de Poutine a des alliances avec la Chine, la Corée du Nord et d'autres pays, ce qui est inquiétant. À l'heure où j'écris ces lignes, les forces russes sont actuellement en Ukraine. Je prie pour qu'au moment où vous lirez ces lignes, elles n'aient pas essentiellement annexé le pays. Cela signifierait que l'alliance "communiste" a fait un pas de plus vers l'ouest et qu'une nouvelle pièce a été ajoutée à l'échiquier...

Résumé de la section historique

Certains pourraient penser que ces régimes "communistes" du passé n'ont aucun parallèle avec les sociétés d'aujourd'hui, qu'il s'agit d'une époque révolue. C'est faux : il existe de nombreuses similitudes. Il peut y avoir des différences dans les méthodes de la secte ou de l'idéologie, mais ce qui est important, c'est son niveau d'influence idéologique ou de domination globale.

Certains événements récents rappellent ces régimes : le contrôle des déplacements à l'intérieur d'un pays et la possibilité de quitter ou d'entrer dans un pays uniquement sous certaines conditions (par ex. vous acceptez de vous faire injecter quelque chose (Covid) ; l'État décide quels types d'aliments, de services et d'emplois sont "essentiels" (lockdowns Covid) ; le harcèlement/la punition par les services de police de l'État si vous critiquez ouvertement les

---

[116] https://www.britannica.com/topic/perestroika-Soviet-government-policy

membres de la secte ("discours de haine"), et/ou la protection des membres de la secte par l'État ; la création de sociétés de rats au cerveau "politiquement correct", et l'utilisation de la technologie pour surveiller le grand public.

Et aussi : les médias grand public qui diffusent constamment de la propagande et la censure de tout ce qui la contredit ; le contrôle des systèmes éducatifs par la secte et l'endoctrinement des jeunes à l'aide de diverses méthodes ; les tentatives visant à exercer une plus grande influence sur les jeunes en les séparant "légalement" de leurs parents ; le contrôle de la parole/langage dans la société ; le contrôle des arts, de la culture et des divertissements et leur marxisation ; l'attaque contre la religion et la spiritualité, en particulier le christianisme ; les tentatives d'imposer l'égalité ; la promotion/l'utilisation du socialisme en tant que système économique ; la remise en avant constante de l'impérialisme apparent des États-Unis et des pays de l'OTAN (comme forme de distraction et de propagande, etc. etc.)

L'idéologie elle-même, dans son ensemble, est à blâmer

Toutes les manifestations de l'infection n'ont pas été incluses ; il ne s'agissait que d'un bref aperçu. Ils ont été examinés ailleurs et nécessiteraient des livres et des livres. Gardons à l'esprit un point essentiel : si le marxisme "révolutionnaire" n'existait pas - ou du moins, s'il était traité comme l'idéologie toxique qu'il est - tous ces régimes/incidents n'auraient pas eu lieu.

Toutes ces intimidations, tortures, vols, terreurs, violences, famines et morts n'auraient pas affecté ces dizaines de millions de personnes ni détruit toutes ces terres. J'inclus les impacts négatifs de toute souche de l'idéologie, qu'il s'agisse des conséquences de la catastrophe économique créée par le socialisme, ou de l'invasion/la guerre par les forces marxistes, etc.

Les membres des sectes modernes, partout dans le monde, tentent constamment de se distancier de cette histoire. Ils peuvent s'identifier à n'importe quel type de "gauche", socialiste, marxiste, trotskiste, etc. et prétendre qu'ils sont séparés de tout cela. Ne les laissez pas s'en tirer à si bon compte ! Criez-leur dessus, enfoncez-leur dans les oreilles et enfoncez-leur dans la gorge. Ce n'est pas une perte de temps parce qu'ils n'écoutent pas ou ne comprennent pas, parce que d'autres membres non sectaires vous entendront et se joindront à vous.

Dans de nombreux cas, nous n'essayons pas de convaincre, nous essayons de critiquer et de réprimer. C'est tout à fait votre/notre droit de vous défouler sur eux de cette manière, pour avoir stupidement soutenu cette idéologie. C'est leur idéologie/secte.

C'est ce qu'ils tentent de nous imposer aujourd'hui. C'est leur cause, volontairement ou involontairement, et ce dont ils sont fiers. C'est leur héritage marxiste, et nous leur tendrons le miroir.

Différentes souches (pour différentes personnes)

"A partir du révolutionnaire Marx, un groupe politique aux idées concrètes se constitue. S'appuyant sur les géants Marx et Engels, et se développant par étapes successives avec des personnalités comme Lénine, Staline, Mao Tsé-toung et les nouveaux dirigeants soviétiques et chinois, il établit un corps de doctrine et, disons, d'exemples à suivre"[117]

Ernesto "Che" Guevara, membre fanatique d'une secte argentine,
Notes sur la révolution cubaine (1960)

Examinons les "souches" marxistes - diverses interprétations, "marques" ou sectes de la secte - qui ont vu le jour dans le monde entier à différents moments de l'histoire de l'idéologie. Concentrez-vous sur l'idée que l'infection idéologique a été présente dans toutes ces situations (sous une forme ou une autre, à un degré ou un autre), quelle que soit l'étiquette que ces groupes se sont donnée, ou quel que soit le nom qu'on leur donne aujourd'hui. L'idéologie elle-même a joué un rôle central, et il ne faut donc pas se laisser déconcerter ou tromper par quiconque vous dira le contraire. Ce qui importe ici, c'est l'endroit où l'infection idéologique a été présente, et non les différences entre chaque système, régime, groupe, etc.

Le tableau suivant présente quelques-unes des différentes souches, en indiquant le nom de la variante, son homonyme, son lieu d'origine et la période approximative d'origine et/ou d'existence.[118]

Variante/Contrainte	L'homonyme	Origine	Période de temps
Socialisme fabien	Société fabienne	ROYAUME-UNI	A partir de 1884
Léninisme	Vladimir Lénine	Russie	avant/après 1917
Le luxemburgisme	Rosa Luxemburg	Allemagne	avant 1919
Marxisme-Léninisme	Karl Marx, V.I. Lénine (Staline)	Russie	avant/après 1924
Trotskisme	Leon Trotksy	Russie	À partir de 1927
Stalinisme	Joseph Staline	Russie	À partir de 1927
Maoïsme	Mao Ze Dong	Chine	À partir des

---

[117] Guevara, E., *Notes sur la révolution cubaine* (1960). https://libquotes.com/che-guevara/quote/lbd0b8u

[118] https://en.wikipedia.org/wiki/List_of_communist_ideologies

			années 1920
Le titoïsme	Josip Broz (alias "Tito")	Yougoslavie	1945- 1980
Castroïsme	Fidel Castro	Cuba	1959-2008
Le guévarisme	Ernest "Che" Guevara	N/A	1960s
Hoxhaisme	Enver Hoxha	Albanie	à partir de 1978
Ho Chi Minh a pensé	Ho Chi Minh	Vietnam	à partir de 1991

Tables continentales

Comment peut-on essayer de quantifier une infection idéologique qui existe dans l'esprit des gens ? Est-ce même possible ? À moins de s'asseoir avec chaque habitant de la Terre, un par un, et de l'interroger, comment savoir qui est infecté et à quel degré ? Peut-être qu'à l'avenir, nous pourrions adopter une approche à *la Star Trek*, avec une sorte de système automatisé, impliquant certaines questions d'approfondissement, etc. Une personne s'assoit sur une chaise et bam!- elle obtient immédiatement les résultats de son infection. Ou un gadget comme un speed gun, qu'il suffit de pointer sur quelqu'un pour qu'il vous donne l'information, en vous disant à quel point cette personne est un cinglé qui a subi un lavage de cerveau.

Malheureusement, nous n'avons pas ce luxe. Pourtant, nous savons que cette secte est mondiale. Eh bien... à quel point ? Cette section vise uniquement à donner au lecteur une idée générale de la diffusion géographique et historique de l'idéologie. Comme il ne s'agit pas d'un livre historique, essayer de documenter l'histoire complète du marxisme ne fait pas partie de l'objectif, ni n'est nécessaire (cependant, cela peut aiguiser l'appétit pour des études plus approfondies).

Les tableaux suivants présentent donc une sélection de groupes politiques marxistes dans chaque pays, afin de montrer leur présence chronologique, depuis leur apparition jusqu'à aujourd'hui. Cela montre que le "communisme" n'a pas seulement existé et atteint son apogée au 20e siècle (une perception très erronée) ; il est bien vivant aujourd'hui et plus fort que jamais ! En fait, aucun autre mouvement de l'histoire ne lui est comparable, en termes d'ampleur et de structure.

En outre, l'utilisation de groupes politiques est un moyen facile de montrer une présence organisationnelle marxiste claire dans chaque pays et (dans de nombreux cas) l'implication de groupes internationaux subversifs (par exemple, le Comintern soviétique). Bien entendu, les groupes politiques (quelle que soit leur importance) ne sont que la partie la plus visible de l'ensemble du mouvement sectaire international.

Si l'on considère un pays particulier dans ce contexte, il est évident que les individus qui créent des groupes/organisations marxistes ne sont pas des marxistes de salon (c'est-à-dire qu'ils ne restent pas chez eux à lire la littérature de la secte et à garder leurs idées pour eux, ou qu'ils ne font qu'influencer/infecter ceux qui les entourent, ce qui est déjà assez grave !) Ils se joignent à d'autres personnes infectées et ont l'intention de contaminer le reste de la population de leur pays. Par conséquent, se concentrer d'abord sur ces groupes est un bon point de départ pour comprendre la portée mondiale de l'idéologie.

De même, la présence (ou l'absence) d'organisations marxistes peut indiquer le niveau de tolérance de la population à l'égard du marxisme/des marxistes : une société farouchement antimarxiste ne permettra pas à ces individus de s'organiser et de procéder à la contamination/destruction du pays (ce qui est rare dans le monde d'aujourd'hui) ; à l'inverse, une société naïve leur permettra de s'organiser, de prendre de l'ampleur, de se renforcer, d'entrer dans le gouvernement, etc. Le lecteur ne sera probablement pas surpris d'apprendre (comme le montrent les tableaux) que presque toutes les régions de la Terre ont été infectées à un moment ou à un autre de cette ère marxienne. Le "point d'infection" d'un pays est le moment où les idées marxistes y apparaissent pour la première fois (par exemple, les individus d'une société qui écrivent ou crachent du marxisme).

Comme nous l'avons mentionné, il semble que la secte/idéologie aime frapper lorsque les pays sont dans un état de transition, d'instabilité et de faiblesse ; en d'autres termes, des conditions très favorables pour une prise de contrôle (par exemple, l'Europe après la Première Guerre mondiale). Souvent, elle crée elle-même ces conditions favorables (développé ailleurs). Le marxisme s'est substitué à l'impérialisme traditionnel, comme on l'a vu ailleurs, et ce processus est clairement visible en Afrique. Les mouvements "d'indépendance" de nombreux pays ont souvent été créés par le marxisme. Les noms des groupes cités - et la période - en témoignent.

Fusible retardé et influence extérieure

L'impact d'une infection marxiste est généralement retardé. Si, par exemple, une organisation marxiste (un parti politique socialiste/communiste, un syndicat, etc.) est fondée dans un pays d'Amérique du Sud en 1920, il faudra des années, voire des décennies, pour que l'infection se propage suffisamment à l'échelle nationale pour commencer à exercer une réelle influence sur les affaires du pays. De nombreuses variables influencent ce processus dans un pays donné, notamment le niveau de stabilité politique et la sensibilité ou la vulnérabilité de la population à une prise de contrôle marxiste. En outre, la progression d'un pays vers une infection majeure peut être accélérée par l'influence d'autres pays qui se trouvent à un stade ultérieur et plus avancé de l'infection. Cela se manifeste par le fait que le pays le plus important aide la "révolution" en offrant une assistance/aide, qu'il s'agisse de conseils et de diplomatie, de personnel, de finances, d'entraînement militaire et de matériel, etc. L'U.R.S.S. ou la Chine rouge qui a créé, soutenu et influencé la multitude de soulèvements marxistes en Afrique et en Amérique du Sud au cours du 20e siècle sont des exemples de ce processus.

Une infection tenace

Une fois que l'infection d'un pays s'installe, si elle n'est pas stoppée, elle commence à proliférer, à prendre le contrôle et à entamer le processus de ruine inévitable du pays avec le socialisme (entre autres). Souvent, il y a un retour de bâton de la "droite", lorsque le grand public a repris ses esprits ; une fois que le charme s'est dissipé et que la promesse que les marxistes leur ont faite d'une utopie socialiste ne s'est pas concrétisée, ils commencent à se rendre compte de ce qu'est le problème (et de qui il s'agit !). Le régime mis en place, quel qu'il soit, s'il est suffisamment anti-marxiste, peut alors tenir l'infection à distance.

Malheureusement, cette période ne peut durer indéfiniment et, tôt ou tard, l'infection réapparaît. C'est précisément ce qui s'est passé en Espagne entre la formation de la *République espagnole* pro-marxiste en 1931, le règne du généralissime antimarxiste Francisco Franco depuis la fin de la guerre civile espagnole en 1939 jusqu'à sa mort en 1975, et l'inévitable réémergence du marxisme à ce moment-là. Un autre exemple est ce qui s'est passé avant, pendant et après le régime d'Augusto Pinochet au Chili pendant la majeure partie des années 1970 et 1980.

Un autre exemple est l'histoire du socialisme et de *Bela Kun* en Hongrie de 1919 jusqu'à la période finale de l'Union soviétique en 1989 : c'était la *République socialiste hongroise* brièvement en 1919, puis après quelques bouleversements dans l'entre-deux-guerres, et après avoir été alliée aux *puissances de l'Axe* pendant la deuxième guerre mondiale, elle a été sous le contrôle total des Soviétiques pendant des dizaines d'années. Un autre exemple évident est celui de l'Italie avant, pendant et après le règne de Mussolini. Il existe de nombreux autres exemples et variations de ce schéma d'infection, de désinfection et de réinfection. Les partis/groupes peuvent être interdits dans un pays par un régime particulier et peut-être même contraints à la clandestinité (ils peuvent être dormants ou actifs illégalement, pendant cette période), pour ensuite réapparaître à un moment ultérieur. C'est ce que l'on observe fréquemment avec les groupes marxistes au cours de l'histoire.

Et voici un point d'une importance capitale pour ce sujet (et j'ose le dire, pour l'humanité) : une fois que les membres non sectaires sont en position dominante, si la volonté de maintenir l'infection supprimée n'est pas assez forte dans une société donnée, elle réapparaît inévitablement. Il faut briser ce cycle, une fois pour toutes...

Souvent, comme le montre l'histoire, lorsque des pays sortent d'une période catastrophique d'infection marxiste pure et simple (c'est-à-dire qu'ils ont un gouvernement socialiste, qui ruine inévitablement l'endroit), ils tombent ensuite dans une dictature militaire. Cela s'est produit à plusieurs reprises en Amérique du Sud. Un exemple célèbre est la présidence du marxiste chilien Salvador Allende (1908-1973), membre du culte démocratiquement élu.

Après quelques années de destruction, il a été remplacé par une junte militaire, dont Augusto Pinochet est devenu le chef. La question de savoir s'il s'agit d'une mauvaise chose dépend de la position du nouveau régime à l'égard du marxisme et de la secte (Pinochet était farouchement anticommuniste).

Ce qui est inclus dans les tableaux

L'objectif principal de cette section est de montrer la présence/l'influence/la domination de l'idéologie dans ces pays/États, que ce soit au cours de l'histoire ou à l'heure actuelle. Bien que l'élaboration de ces tableaux ait pris beaucoup de temps, il ne s'agit pas d'une liste exhaustive ; il existe d'innombrables groupes éphémères ou en faillite qui ne sont pas inclus.

Ne sont pas non plus incluses les innombrables ailes de jeunesse de chacun de ces groupes (dont beaucoup influencent activement la jeunesse d'aujourd'hui). Sont également inclus certains des groupes de guérilla marxistes "révolutionnaires" ou "de libération" actifs dans le monde entier au cours du 20e siècle. Sont également inclus certains partis "verts" et certains partis féministes, car ces mouvements n'existeraient pas sans le marxisme.

Ne sont pas inclus les groupes anarchistes, bien que beaucoup d'entre eux (sinon tous, à un certain niveau) puissent être contaminés par le marxisme dans une certaine mesure (au niveau idéologique/en termes de personnel/les deux). De plus, s'ils sont activement impliqués dans l'attaque du "système", ils peuvent (volontairement ou involontairement) servir le marxisme. Nous pourrions donc considérer que les groupes de ce type font partie de la structure marxiste mondiale globale des organisations infectées par l'idéologie.

Il s'agit notamment de certains partis qui se qualifient eux-mêmes de "libéraux" ou de "progressistes", car ils peuvent également être contaminés. En effet, il y a une présence significative de marxistes dans ces types de groupes, et ils peuvent (volontairement ou involontairement) servir le marxisme avec des idées de "justice sociale", d'égalité, etc. Que le parti/les membres s'identifient officiellement à l'idéologie ou non, ils peuvent toujours y contribuer par leur mentalité/approche marxiste. La pourriture marxiste est heureuse de proliférer en se cachant derrière ces étiquettes. Il s'agit là d'un problème très sérieux, courant et complexe qu'il convient de démêler quelque peu. Pour ce faire, nous devons comprendre l'idéologie et identifier ceux qui l'épousent comme étant marxistes, quel que soit le nom qu'ils se donnent ou les groupes auxquels ils appartiennent. Ne sont pas incluses les nombreuses organisations/fédérations de travailleurs ou syndicats, **ou d'**autres types d'organisations qui ont été utilisées comme "organisation de façade communiste" et qui peuvent être/ont été présentes dans un pays.

Qu'importe qu'un parti marxiste soit au pouvoir ou non ?

Il s'agit d'un réseau quasi clandestin d'influence idéologique mondiale, à la fois visible et secret. Il est suffisamment caché pour que les masses ne s'en aperçoivent pas.

Qu'un parti marxiste soit au pouvoir ou qu'il fasse partie du gouvernement/parlement, il peut toujours exercer une influence sur les affaires d'un pays. Cela est possible grâce à des liens avec d'autres entités idéologiquement contaminées (universités, syndicats, ONG, etc.). En Irlande, par exemple, des groupes politiques marxistes comme *Solidarity-People Before Profit* opèrent en marge et ne seront jamais "au gouvernement", mais ils contribuent par d'autres moyens à la marxisation de l'Irlande dans son ensemble. Des groupes comme celui-ci agissent également en tant qu'"opposition" aux principaux partis (officiellement non marxistes) dans le discours politique général.

Encore une fois, nous parlons de l'idéologie du marxisme et de toutes ses variantes. Elle peut donc être présente dans des groupes qui se disent "conservateurs" ou "de droite", en raison des tactiques marxistes de "subversion idéologique" ou de ce que l'on appelle l'entrisme, c'est-à-dire l'infiltration de groupes opposés (la première est décrite dans la section "Différents groupes et incarnations").

Un groupe non marxiste peut-il néanmoins être quelque peu contaminé ou pro-marxiste ?

Oui, c'est possible. Pour ajouter une autre couche de complexité à nos perceptions, il est possible que des groupes (qui ne sont officiellement pas marxistes) semblent relativement épargnés par la subversion directe/l'entrisme, mais que ces individus/groupes soient déjà contaminés par une mentalité marxiste/socialiste. Cela est dû au fait que les membres sont eux-mêmes contaminés (peut-être même totalement inconscients du fait qu'ils sabotent les efforts de leur groupe en général).

Cela peut s'appliquer quelle que soit la position officielle d'un individu ou d'un groupe (par exemple, s'il est officiellement "nationaliste" ou "patriote"), s'il est un riche capitaliste ou même s'il est officiellement "anticommuniste" dans certains cas. Le fait qu'un groupe se présente comme "patriotique" ou "nationaliste" ne signifie pas qu'il ne colporte pas du marxisme sous une forme ou une autre, consciemment ou inconsciemment. Cela dépend vraiment de la mentalité et de la vigilance des personnalités qui dirigent le groupe. C'est ce qui rend le traitement de l'infection marxiste si complexe : les choses ne sont pas ce qu'elles semblent être à la surface, et malheureusement beaucoup dans la société prennent les choses au premier degré (à notre détriment collectif).

Ainsi, même si les tableaux suivants ne répertorient généralement que les groupes franchement socialistes et communistes, cela ne signifie pas qu'il n'y a pas de contamination marxiste dans les partis de "centre" ou de "droite" d'un pays donné. L'énumération de tous les cas de figure prendrait beaucoup de temps, je pense...

En République d'Irlande, deux des plus grands partis - *Fianna Fáil* et *Fine Gael* - ne sont pas considérés comme des organisations marxistes (officiellement, ils sont respectivement de "centre à centre-droit" et de "centre-droit", des étiquettes vides de sens), mais ils sont également truffés de pensée marxiste et de marxistes se faisant passer pour des non-marxistes, ou des "internationalistes"/"mondialistes". Un autre grand parti, le *Sinn Fein*, un parti marxiste pseudo-patriotique, a souvent été considéré comme une "opposition". Il n'y a pas d'opposition au marxisme internationaliste au sein du gouvernement irlandais ! Comme mentionné précédemment, il suffit malheureusement que des groupes apparaissent différents pour que les masses croient qu'il existe une certaine variété dans le système, ou qu'elles ont un choix lorsqu'il est temps de se présenter devant l'urne commie en forme d'étoile rouge.

Les noms de ces groupes

Nous devons vraiment donner à la secte toutes les notes (Karl) en matière de marketing. La nature vertueuse de l'idéologie est évidente même dans les noms qu'elle se crée. De nombreux noms de partis/groupes tentent de les présenter comme des humanitaires bienveillants, des sauveurs, des "radicaux", des guerriers, etc.

Outre les termes plus prévisibles de "socialiste", "ouvrier", "communiste", "révolutionnaire", "peuple" ou "travailleur", nous verrons d'autres termes : des termes tels que "travailleurs", "peuple travailleur", "ouvrier". (Bien sûr, "Peuples" est une façon suggestive de dire "Nous vous soutenons ! La petite personne opprimée, sans pouvoir, sans statut, pauvre ! Évidemment, il y a toujours beaucoup de gens comme ça, dans n'importe quelle société donnée, donc l'utilisation de ces termes tend à aspirer une partie importante de la population). Le terme "démocratique" est important - et ironique - puisque le marxisme manipule le système démocratique afin d'y introduire le sien (où aucune voix dissidente (non marxiste) n'est autorisée).

Pour l'homme de la rue, des termes comme "progressiste" suggèrent un changement constructif ou un mouvement bienveillant vers l'avant ; ce groupe a l'intention d'améliorer les choses d'une manière ou d'une autre. De nombreux partis "progressistes" sont membres de l'*Internationale progressiste* (dont même un novice peut voir qu'il s'agit d'une organisation clairement marxiste). [119] Donc oui, "progressiste". Progressiste dans une direction marxiste. Progrès pour le marxisme.

Cela rejoint le point soulevé précédemment concernant les groupes marxistes qui se qualifient eux-mêmes d'absolument tout sauf de "marxistes". On peut voir des noms de groupes comprenant les mots "social-démocrate" et "républicain". D'autres termes clés sont : libération, liberté, lutte, unité, solidarité, radical, indépendance, justice, révolution. Oh, et ai-je mentionné le mot "peuple" ? (Je sais, je l'ai déjà fait). Nous ne pouvons pas l'oublier ! "Peuple" ceci et "Peuple" cela fois mille (ironique pour une idéologie anti-humanité). Ne s'agit-il pas là de termes manipulateurs et trompeurs, si l'on admet que l'idéologie est en réalité malveillante (au lieu d'être bienveillante, comme elle se présente elle-même) ? Le facteur Cheval de Troie est évident ici - il s'agit d'une manipulation émotionnelle utilisant le langage.

Dans certaines parties des tableaux, lorsque des États/pays marxistes à parti unique totalement infectés sont mentionnés, ils sont appelés : (insérer les noms des pays) _____ République socialiste, République démocratique de _____, République fédérale de _____, République unie de _____, République populaire de _____, République démocratique populaire de _____, République socialiste démocratique de _____, République révolutionnaire populaire de _____ etc. etc.

Imaginez un monde rempli de pays entièrement marxistes, comme c'est ennuyeux ! Bien sûr, même si un État/pays a changé de nom (à partir de l'une des listes ci-dessus), cela ne signifie pas que cet endroit est désormais exempt de marxisme. Malgré les dommages que l'infection marxiste cause aux pays, certains continueront, étonnamment, à l'aimer (c'est d'ailleurs le cas dans le monde entier).

Les partis patriotiques, nationalistes et marxistes ?

Certains groupes utilisent des mots comme "patriotique" et "nationaliste" dans leurs titres. C'est la peinture de "droite" qui cache le moteur marxiste sous le capot. Ils ont utilisé des termes comme ceux-là à bon escient dans des pays qui étaient (jusqu'à un moment donné) contrôlés par une puissance/un empire étranger.

Le terme "nationaliste" est un bon choix, car il peut unir les masses de ce pays en tant que groupe, en leur faisant croire qu'elles participent à quelque chose de bénéfique pour elles-mêmes. Malheureusement, dans le cas présent, ils viennent de se faire piéger en participant ou en soutenant une prise de contrôle marxiste de leur propre pays (ce qui conduit inévitablement à sa destruction ou à leur destruction). Leur pays - comme c'est arrivé à tant d'autres au 20e siècle dans le monde entier - passera alors d'un contrôle impérial oligarchique à un

---

[119] "Qui sommes-nous ?". https://progressive.international/about/en

contrôle de l'idéologie/du culte marxiste (exemple : la République d'Irlande).

Presque tout le continent africain, en général, est passé d'un certain niveau de contrôle impérial à l'influence du marxisme. Ce schéma s'est répété à maintes reprises lorsque les pays sont devenus indépendants des différents empires oligarchiques européens, notamment la Grande-Bretagne, la France, les Pays-Bas, le Portugal, l'Espagne et l'Italie. En effet, de nombreux pays semblaient de plus en plus sous l'emprise du marxisme une fois que la puissance coloniale en question leur avait accordé l'indépendance. Il est évident qu'un vide de pouvoir s'est créé lorsque les puissances coloniales ont décidé de se retirer de ces lieux ; un vide que le marxisme a toujours eu l'intention de combler.

Comme nous l'avons mentionné, c'est le marxisme lui-même qui a déclenché les appels à l'"indépendance" en premier lieu. Pour résumer ce point (avec notre nouvelle perspective antimarxiste), lorsque les mouvements marxistes de ces pays ont utilisé le terme "nationalisme" à leurs propres fins, cela ne signifiait pas "liberté et indépendance pour être libre", mais "liberté et indépendance pour devenir marxiste" (et perdre sa liberté et son indépendance). La différence est de taille.

Notes techniques pour les tableaux

"Inconnu" : Il arrive parfois que la période d'activité d'un groupe soit indiquée comme, par exemple, "1928-inconnu". Lorsque je dis "inconnu", cela ne signifie pas que l'information est introuvable, mais plutôt que je n'ai pas été en mesure de la trouver assez rapidement. Il est également fort possible que je ne me sois pas donné la peine de le faire. En gros, cela signifie "pas connu de moi". Par ailleurs, il est troublant de constater que de nombreux groupes existent encore aujourd'hui (par exemple, "1928-aujourd'hui").

Les partis de la Comintern : La plupart des groupes/partis créés par/liés à la Comintern seront soulignés par "(Com)".

Géolocalisation : n'hésitez pas à consulter une carte du monde pendant que vous lisez ces tableaux, afin de vous faire une idée de la couverture de l'idéologie.

Amérique du Nord et Groenland

L'histoire du marxisme aux États-Unis est longue et a été suffisamment traitée ailleurs. Bien que l'idéologie ait fait son chemin dans ce pays au cours du 19e siècle (comme dans la plupart des autres pays), ce n'est qu'après la Première Guerre mondiale que le pays a été directement visé par la subversion idéologique du régime de Vladimir Lénine. Il s'agit d'un vaste sujet en soi, qui a fait l'objet de nombreux ouvrages.

Les États-Unis sont gravement infectés ; un coup d'œil de cinq minutes sur l'état de l'actualité dans ce pays le confirme. L'ampleur du mouvement socialiste se reflète quelque peu dans le nombre de partis figurant dans le tableau ci-dessous, qui remonte au milieu du 19e siècle. L'histoire des mouvements ouvriers et syndicaux aux États-Unis, ainsi que d'autres domaines pertinents de la société (universités, médias, etc.), indiquent tous un niveau élevé d'infection. Le Canada - qui fait partie du Commonwealth britannique - devait toujours être fortement contaminé, en raison de sa proximité et de sa similitude avec les États-Unis, ainsi que de ses liens avec la société et la politique britanniques.

Le Mexique, principal pont terrestre entre l'Amérique centrale et l'Amérique du Sud et les États-Unis, était destiné à succomber à une infection. Notez les groupes à Hawaï, tout au bout du Pacifique. Même le Groenland, tout là-haut dans l'Atlantique Nord, n'est pas resté intact. Il est intéressant de noter qu'il a obtenu l'autonomie du Danemark en 1979, à peu près au moment où les partis marxistes ont été créés. De nombreux pays ont suivi ce modèle.

Localisation	Groupes notables
Canada	*Parti socialiste du travail* (1898-2005) ;
	Parti socialiste de la Colombie-Britannique (1901-1905) ;
	Parti socialiste du Canada (1904-1925) ;
	Parti travailliste canadien (1917-1942) ;
	Parti communiste du Canada (1921-aujourd'hui) ; (Com)
	Parti socialiste du Canada (1931-aujourd'hui) ;
	Fédération du Commonwealth coopératif (1932-1962) ;
	Nouveau parti démocratique (1961-aujourd'hui) ;
	Parti de la démocratie socialiste (1963-2002) ;
	Parti communiste du Québec (1965-aujourd'hui) ;
	Parti communiste du Canada-marxiste-léniniste (1970-aujourd'hui) ;
	Parti communiste révolutionnaire du Canada (depuis 2000) ;
	Solidarité québécoise (2006-aujourd'hui)
Groenland	*Communauté pour les citoyens* (1976-présent) ;
	Avant (1977-aujourd'hui) ;
	Parti travailliste (1979-1983)
	Le Groenland a obtenu l'autonomie du Danemark en 1979.
Mexique	*Parti communiste mexicain* (1917-1981) ;

Parti communiste bolchevique (1963-inconnu) ;

Parti révolutionnaire du prolétariat (1964-inconnu) ;

Parti socialiste unifié du Mexique (1981-1987) ;

Parti socialiste mexicain (1987-1989) ;

Parti communiste du Mexique (depuis 1994)

U.S.A.   *Parti socialiste du travail* (1876-aujourd'hui) ; (Com)

Parti social-démocrate d'Amérique (1898-1901) ;

Parti socialiste d'Amérique (*SPA.* 1901-1972) ;

Socialist Propaganda League of America (1915-inconnu) ;

Parti socialiste mondial des États-Unis (1916-aujourd'hui) ;

Parti communiste américain (1919-aujourd'hui) ;

Parti du monde ouvrier (1959-aujourd'hui) ;

Parti progressiste du travail (1962-aujourd'hui) ;

Parti socialiste de la liberté (1966-aujourd'hui) ;

Parti marxiste-léniniste des États-Unis (1967-1993) ;

Les sociaux-démocrates (depuis 1972) ;

Parti communiste des travailleurs (1973-1985) ;

Parti socialiste des États-Unis d'Amérique (depuis 1973) ;

Parti communiste révolutionnaire (depuis 1975) ;

Democratic Socialists of America (organisation à but non lucratif issue de la *SPA.* 1982-aujourd'hui) ;

Parti américain du travail (depuis 2008)

État américain d'Hawaï :

Parti démocrate d'Hawaï (1900-aujourd'hui) ;

Parti communiste d'Hawaï (1937-1958) ;

Parti vert d'Hawaï (depuis 1992 environ)

Amérique latine et Caraïbes

L'Amérique latine et les Caraïbes ont été infestées depuis le 19e siècle, suivant ainsi un schéma d'infection typique. Comme cette région a un vaste passé colonial impérial et l'héritage qui en résulte, il était facile pour l'idéologie de s'y implanter (c'est-à-dire les exploits des Espagnols et des Portugais dans cette région au cours des siècles passés, ainsi que des Français, des Néerlandais et des Britanniques, dans une moindre mesure). Il en va différemment de l'Afrique, puisque les pays de cette région ont obtenu leur indépendance des empires étrangers bien plus tôt que leurs homologues africains.

La proximité de l'Amérique latine avec les États-Unis a incité Lénine et le Comintern à allumer des feux idéologiques à sa porte géographique. D'une manière générale, à partir des années 1920, l'infection s'accélère, plongeant ces régions dans un chaos "révolutionnaire". Les fausses promesses du socialisme pour les moins fortunés, comme d'habitude, étaient la carotte agitée devant les moins riches, et ainsi les flammes grandissaient. Malheureusement, la guerre civile, les assassinats, les coups d'État militaires et la misère économique allaient être l'histoire de l'Amérique latine pendant la majeure partie du 20e siècle et au-delà.

L'idéologie a joué un rôle dans : le leadership de Juan Peron en Argentine ; l'impact "progressiste" de Jorge Gaitan en Colombie et son assassinat, suivi d'une décennie de troubles - La Violencia ; l'histoire de Jacobo Arbenz au Guatemala ; la collaboration de Fidel Castro et Che Guevara, et la crise des missiles de Cuba (qui a failli mener le monde à la guerre atomique) ; le régime antimarxiste d'Alfredo Stroessner au Paraguay ; le régime antimarxiste d'Alfredo Stroessner au Paraguay ; les Contras, soutenus par les États-Unis, qui se sont opposés à la junte sandiniste au Nicaragua ; la présidence de Salvador Allende, membre d'une secte, au Chili, suivie du régime d'Augusto Pinochet ; un effort massif, multinational et transfrontalier de lutte contre l'infection en Amérique latine, l'opération Condor ; les zones autonomes rebelles zapatistes au Mexique ; la révolution bolivarienne et Hugo Chavez au Venezuela ; et bien d'autres exemples encore.

L'Amérique du Sud se distingue également par le nombre de groupes terroristes marxistes - également appelés "combattants de la liberté" ou "groupes révolutionnaires" - et par les drames qui en ont résulté au cours du XXe siècle. L'inclusion de tous ces groupes nécessiterait un tableau supplémentaire.

Amérique du Sud et Amérique centrale

Localisation	Groupes notables
Argentine	*Union civique radicale* (1891-aujourd'hui) ;
	Parti socialiste (1896-aujourd'hui) ;
	Parti communiste argentin (1918-aujourd'hui) ;
	Parti des travailleurs (1964-aujourd'hui) ;
	Parti communiste révolutionnaire (depuis 1968) ;
	Parti intransigeant (1972-aujourd'hui) ;
	Mouvement pour le socialisme (1982-2003) ;

Parti socialiste des travailleurs (1988-aujourd'hui) ;

Parti communiste - Congrès extraordinaire (depuis 1996) ;

Mouvement des *Libres du Sud* (2006-aujourd'hui) ;

Projet Sud (2007-aujourd'hui)

Belize *Association noire unie pour le développement* (1969-1974) ;

Front populaire du Belize (depuis 2012)

Bolivie *Parti révolutionnaire des travailleurs* (1935-aujourd'hui) ;

Parti révolutionnaire de gauche (1940-1979) ;

Parti communiste de Bolivie (depuis 1950) ;

Parti révolutionnaire de la gauche nationaliste (1963-1985/inconnu) ;

Front de gauche révolutionnaire (depuis 1978) ;

Parti socialiste-1 (1978-2003) ;

Mouvement vers le socialisme (1995-aujourd'hui) ;

Mouvement sans peur (1999-aujourd'hui)

Brésil *Parti communiste brésilien* (1922-aujourd'hui) ;

Parti communiste du Brésil - marxiste-léniniste (1922-aujourd'hui) ; (Com)

Parti socialiste brésilien (1947-aujourd'hui) ;

Parti des travailleurs (1980-aujourd'hui) ;

Parti vert (depuis 1986) ;

Citoyenneté (depuis 1992) ;

Parti socialiste unifié des travailleurs (depuis 1994) ;

Parti de la cause des travailleurs (1995-aujourd'hui) ;

Unité populaire (depuis 2016)

Chili *Parti démocrate* (1887-1941) ;

Parti socialiste des travailleurs (1912-1922) ;

Parti communiste du Chili (1922-aujourd'hui) ; (Com)

Parti socialiste du Chili (1933-aujourd'hui) ;

Parti socialiste ouvrier (1940-1944) ;

Parti humaniste (depuis 1984) ;

Parti de la démocratie (depuis 1987) ;

Parti révolutionnaire des travailleurs (1999-2018) ;

Parti écologiste vert (2008-présent) ;

Parti de l'égalité (2009-présent) ;

Parti progressiste (2010-présent) ;

Révolution démocratique (2012-présent) ;

Union patriotique (2015-présent) ;

Broad Front (2017-aujourd'hui) ;

Fédération régionaliste sociale-verte (2017-aujourd'hui)

Colombie   *Parti libéral colombien* (1848-aujourd'hui) ;

Parti socialiste colombien (1860-1936) ;

Parti communiste colombien (1930-aujourd'hui) ; (Com)

Forces armées révolutionnaires de Colombie-Armée du peuple (1964-2017 environ);*

Armée de libération nationale (depuis 1964);*

Parti communiste colombien-marxiste-léniniste (1965/2009-aujourd'hui) ;

Mouvement révolutionnaire indépendant du travail (1970-aujourd'hui) ;

Ligue marxiste-léniniste de Colombie (1971-1982) ;

Tendance marxiste-léniniste-maoïste (1974-1982) ;

Parti révolutionnaire des travailleurs de Colombie (1982-1991) ;

Groupe communiste révolutionnaire de Colombie (depuis 1982) ;

Union patriotique (depuis 1985) ;

Parti communiste colombien clandestin (2000-2017) ;

Alliance verte (2005-aujourd'hui) ;

Pôle démocratique alternatif (2005-aujourd'hui) ;

Force révolutionnaire alternative commune (depuis 2017)

* *Les* célèbres groupes terroristes marxistes, connus sous le nom d'*ELN* et de *FARC/FARC-EP.*

Costa Rica   *Parti de l'avant-garde populaire* (1943-aujourd'hui) ;

Parti de la libération nationale (1951-aujourd'hui) ;

Parti populaire costaricien (1984-2006) ;

Force démocratique (1996-2010) ;

Parti d'action des citoyens (2000-aujourd'hui) ;

Broad Front (2004-aujourd'hui) ;

Parti des travailleurs (depuis 2012)

Équateur   *Parti communiste de l'Équateur* (1925-aujourd'hui) ;

Parti socialiste équatorien (1926-aujourd'hui) ;

Parti communiste marxiste-léniniste (depuis 1964) ;

Mouvement populaire démocratique (1978-2014) ;

Mouvement d'unité plurinationale Pachakutik - Nouveau pays (1995-aujourd'hui) ;

Parti des travailleurs de l'Équateur (depuis 1996) ;

Parti de la société patriotique (2002-aujourd'hui) ;

Alliance PAIS (2006-aujourd'hui) ;

Mouvement d'unité populaire (depuis 2014)

El Salvador   *Parti communiste du Salvador* (1930-1995) ;

Forces populaires de libération Farabundo Marti (1970-1995);*

Résistance nationale (1975-1992) ;

Parti révolutionnaire des travailleurs d'Amérique centrale (1975-1995) ;

Front Farabundo Martí de libération nationale (1980-aujourd'hui)

* Groupe terroriste marxiste, connu sous le nom de FPL

Guatemala   *Parti d'action révolutionnaire* (1945-1954) ;

Parti guatémaltèque du travail (1949-1998) ;

Parti socialiste (1951-1952) ;

Unité révolutionnaire nationale guatémaltèque (1982-1998) ;

Unité nationale de l'espoir (2002-aujourd'hui) ;

Rencontre pour le Guatemala (2007-2020) ;

Winaq (2007-aujourd'hui) ;

Mouvement de la Nouvelle République (2009-2015)

Guyane   *Commission des affaires politiques* (1946-1950) ;

Parti travailliste de la Guyane britannique (1946-1950) ;

Parti progressiste populaire-Civic (1950-aujourd'hui)

Honduras *Parti démocratique révolutionnaire du Honduras* (1948-1955) ;

Parti communiste du Honduras (1954-1990) ;

Parti révolutionnaire hondurien (1961-1993) ;

Parti pour la transformation du Honduras (1967-1992) ;

Mouvement pour le socialisme (1976-1978) ;

Parti socialiste du Honduras (1978-1983) ;

Forces populaires révolutionnaires Lorenzo Zelaya (1980-1990) ;

Parti du renouveau patriotique (1990-1992) ;

Parti de l'unification démocratique (1992-aujourd'hui) ;

Frente Amplio (2012-aujourd'hui)

Nicaragua *Parti socialiste nicaraguayen* (1944-aujourd'hui) ;

Front sandiniste de libération nationale (1961-aujourd'hui) ;

Parti marxiste-léniniste du Nicaragua (depuis 1967) ;

Parti communiste du Nicaragua (depuis 1967) ;

Ligue marxiste révolutionnaire (1971-aujourd'hui) ;

Mouvement d'unité révolutionnaire (depuis 1988) ;

Mouvement de rénovation sandiniste (1995-aujourd'hui) ;

Parti vert écologiste du Nicaragua (2003-aujourd'hui)

Panama *Parti travailliste* (1927-1930) ;

Parti populaire du Panama (1930-1991) ;

Parti des travailleurs (1934-aujourd'hui) ;

29 novembre Mouvement de libération nationale (1970-aujourd'hui) ;

Front socialiste des travailleurs - marxiste-léniniste (1973-1980) ;

Parti révolutionnaire démocratique (1979-aujourd'hui) ;

Parti communiste du Panama marxiste-léniniste (1980-aujourd'hui) ;

Front large pour la démocratie (depuis 2013)

Paraguay *Parti socialiste* (1860-1936) ;

Parti communiste paraguayen (1928-aujourd'hui) ;

Parti révolutionnaire Febrerista (1951-aujourd'hui) ;

Parti des travailleurs (1989-aujourd'hui) ;

Parti pour un pays solidaire (2000-aujourd'hui) ;

Parti démocrate progressiste (2007-aujourd'hui)

Pérou   *Parti communiste péruvien* (1928-aujourd'hui) ;

L'avant-garde révolutionnaire (1965-1984) ;

Parti communiste du Pérou - Sentier lumineux (depuis 1969) ;

Parti communiste du Pérou-Patrie rouge (1970-aujourd'hui) ;

Parti communiste révolutionnaire (1974-1977) ;

Parti socialiste révolutionnaire (depuis 1976) ;

Parti révolutionnaire des travailleurs (depuis 1978) ;

Parti communiste du Pérou-marxiste-léniniste (2001-aujourd'hui) ;

Parti socialiste (2005-aujourd'hui) ;

Parti politique national du Pérou libre (2007-aujourd'hui) ;

Front large pour la justice, la vie et la liberté (depuis 2013)

Suriname   *Parti communiste du Suriname* (1973-inconnu) ;

Progressive Workers' and Farmers' Union (1977-aujourd'hui) ;

Parti national démocratique (depuis 1987)

Le Suriname a obtenu son indépendance des Pays-Bas relativement récemment, en 1975, ce qui explique que les années d'infection soient plus tardives que dans la plupart des autres pays de la liste.

Uruguay   *Parti socialiste d'Uruguay* (1910-aujourd'hui) ;

Parti communiste d'Uruguay (1920-aujourd'hui) ;

Mouvement révolutionnaire oriental (1961-aujourd'hui) ;

Mouvement de libération nationale des Tupamaros (1967-1972) ; *

Broad Front (depuis 1971) ;

Mouvement du 26 mars (1971-2013) ;

Parti des travailleurs (1984-aujourd'hui) ;

Mouvement de participation populaire (1989-aujourd'hui) ;

Assemblée de l'Uruguay (depuis 1994) ;

New Space (1994-aujourd'hui) ;

Commission unitaire anti-impérialiste (depuis 2008) ;

Unité populaire (2013-présent) ;

Parti écologiste radical intransigeant (depuis 2013)

* Une organisation terroriste marxiste, connue sous le nom de *Tupamaros*

Venezuela   *Parti révolutionnaire vénézuélien* (1926-1931) ;

Parti communiste du Venezuela (1931-aujourd'hui) ;

Action démocratique (1941-aujourd'hui) ;

Mouvement électoral populaire (sur l'île d'*Aruba*. 1967-2007) ;

Parti du drapeau rouge (1970-aujourd'hui) ;

Radical Cause (1971-présent) ;

Mouvement pour le socialisme (1971-aujourd'hui) ;

Mouvement révolutionnaire Tupamaro (depuis 1992) ;

Une nouvelle ère (1999-aujourd'hui) ;

Pour la démocratie sociale (2002-2012) ;

Unité populaire vénézuélienne (2004-aujourd'hui) ;

Mouvement écologique du Venezuela (2005-aujourd'hui) ;

Parti socialiste uni du Venezuela (2007-aujourd'hui) ;

L'avant-garde républicaine du bicentenaire (2007-aujourd'hui) ;

Volonté populaire (2009-présent)

Caraïbes et Bermudes

Localisation	Groupes notables
Bahamas	*Parti travailliste* (1962-1987) ;
	Parti nationaliste et socialiste d'avant-garde (1971-1987)
Barbade	*Parti travailliste de la Barbade* (1938-aujourd'hui) ;
	Parti démocratique du travail (1955-aujourd'hui) ;
	Mouvement progressiste populaire (1956-1966) ;
	Parti des travailleurs de la Barbade (1985-1986) ;
	Mouvement Clement Payne (1988-aujourd'hui) ;
	Parti de l'émancipation du peuple (2006-aujourd'hui)

Bermudes	*Parti progressiste du travail* (1963-aujourd'hui)

Cuba	*Parti populaire* (1900-1902) ;
	Parti socialiste ouvrier (1904-1906) ;
	Parti socialiste populaire (1925-1961) ;
	Parti uni de la révolution socialiste cubaine (1962-1965) ;
	Parti communiste de Cuba (1965-aujourd'hui) ;
	Parti démocratique social-révolutionnaire de Cuba (basé à Miami. 1992-aujourd'hui)
Dominique	*Parti travailliste de la Dominique* (1955-aujourd'hui) ;
	Parti populaire de la Dominique (2015-présent)
République dominicaine	*Parti révolutionnaire dominicain* (1939-présent) ;
	Parti communiste dominicain (1944-1996) ;
	Parti des travailleurs dominicains (1979-2019) ;
	Broad Front (depuis 1992) ;
	Parti socialiste vert (2009-aujourd'hui) ;
	Alliance de pays (2011-aujourd'hui) ;
	Parti révolutionnaire moderne (depuis 2014)
Grenade	*Parti travailliste uni de la Grenade* (1950-aujourd'hui) ;
	Congrès national démocratique (depuis 1987)
Haïti	*Parti communiste haïtien* (1934-1936) ;
	Parti socialiste haïtien (1946-inconnu) ;
	Parti socialiste populaire (1946-1948) ;
	Parti unifié des communistes haïtiens (1968-1971) ;
	Organisation du peuple en lutte (1991-aujourd'hui) ;
	Fwon Lespwa (1995-2009) ;
	Nouveau parti communiste haïtien-marxiste-léniniste (2000-aujourd'hui) ;
	Fusion des sociaux-démocrates haïtiens (2005-aujourd'hui) ;
	Inite (2009-aujourd'hui)

Jamaïque	*Parti national populaire* (1938-aujourd'hui) ;
	Parti communiste de la Jamaïque (depuis 1975) ;
	Parti des travailleurs de la Jamaïque (1978-1992)
Porto Rico	*Parti socialiste* (1899-1956) ;
	Parti communiste portoricain (1934-1991) ;
	Parti de l'indépendance portoricaine (1946-aujourd'hui) ;
	Parti socialiste portoricain (1959-1993) ;
	Parti des Portoricains pour Porto Rico (2003-aujourd'hui) ;
	Working People's Party (2010-aujourd'hui)
	Porto Rico est un territoire non incorporé des États-Unis.
Saint-Kitts-et-Nevis	*Parti travailliste de Saint-Kitts-et-Nevis* (1932-aujourd'hui)
Sainte-Lucie	*Parti travailliste de Sainte-Lucie* (1949-aujourd'hui)
Trinité et Tobago	*Parti travailliste de Trinidad* (1934-1957) ;
	Parti des travailleurs et des agriculteurs (1966-inconnu) ;
	Union nationale des combattants de la liberté (1972-1974);*
	Front uni du travail (1976-1986) ;
	Parti communiste de Trinité-et-Tobago (1979-inconnu) ;
	Mouvement pour la justice sociale (depuis 2009) ;
	Front patriotique (2019-présent)
	* Groupe terroriste marxiste, connu sous le nom de *NUFF*

L'Europe

C'est ici que tout a commencé. L'Europe a subi une infection sur toute sa longueur, de la Norvège à Malte, et de l'Islande à la Moldavie. Le point d'infection est beaucoup plus précoce que sur l'ensemble des autres continents.

L'idéologie a joué un rôle dans : la période qui a suivi la révolution russe et la Première Guerre mondiale, lorsque la secte a tenté de prendre le contrôle de pays sur tout le continent ; l'établissement de l'Union soviétique et la création du rideau de fer, qui a divisé l'Europe en deux jusqu'à l'effondrement du mur de Berlin ; la montée du fascisme en Italie sous Benito Mussolini et la guerre civile italienne ; la guerre civile espagnole et le régime de Francisco Franco ; la montée d'Adolf Hitler, de l'Allemagne nationale-socialiste et le déclenchement de la deuxième guerre mondiale ; les activités du groupe terroriste marxiste ETA au Pays basque et de l'Armée révolutionnaire bretonne en Bretagne (France) ; le conflit brutal qui a duré des décennies en Irlande du Nord et auquel ont participé plusieurs organisations marxistes ; la stagnation économique ou la ruine de pays en raison de leur appartenance à l'U. S. S. (Union européenne).S.S.S.R, comme la République populaire de Pologne ; la diffusion de l'idéologie dans les Balkans, avec la République fédérale socialiste de Yougoslavie comme pièce maîtresse ; les régimes brutaux de Nicolae Ceausescu en Roumanie et d'Enver Hoxha en Albanie ; les nombreux soulèvements anticommunistes et les guerres civiles, notamment en Tchécoslovaquie, en Géorgie, en Grèce et en Finlande ; le mouvement pan-européen, le traité de Rome, *la* Communauté économique européenne et la formation de l'Union européenne ; les activités des nombreuses forces marxistes secrètes et cruelles de "police" et de "sécurité" utilisées par la secte dans toute l'Europe, notamment *le* KGB en Russie et la Stasi en Allemagne de l'Est (et d'autres mentionnées) ; la chancellerie allemande de l'ancienne membre des Jeunesses communistes Angela Merkel, qui a créé un précédent pour l'immigration de masse en Europe approuvée par l'État ; et bien d'autres exemples encore.

Localisation	Groupes notables
Albanie	*Parti du travail d'Albanie* (1941-1991);* (Com)
	Mouvement de libération nationale (1942-1945) ;
	Parti socialiste d'Albanie (1991-aujourd'hui) ;
	Parti communiste d'Albanie (depuis 1991)
	* L'Albanie a été la *République socialiste populaire d'Albanie* - entre 1946 et 1992 - un État marxiste à parti unique. Le *Parti du travail d'Albanie* était le parti au pouvoir pendant cette période.
Andorre	*Parti social-démocrate* (2000-aujourd'hui) ;
	Les Verts d'Andorre (2003-aujourd'hui)
Autriche	*Parti socialiste d'Autriche* (1889-aujourd'hui) ;
	Parti communiste autrichien (1918-aujourd'hui) (Com)
Bélarus	*Parti communiste de Biélorussie* (1918-1991);* (Com)
	Parti de la gauche biélorusse - "Un monde juste" (1991-aujourd'hui) ;
	Parti vert biélorusse (1994-aujourd'hui) ;
	Parti communiste du Belarus (depuis 1996)

* Le Belarus faisait partie de l'*URSS* et ce parti était la branche locale du *Parti communiste de l'Union soviétique* (*PCUS/KPSS*).

Belgique	*Parti communiste de Belgique* (1921-1989) ;
	Parti du travail de Belgique (1979-aujourd'hui) ;
	Parti communiste de Belgique (depuis 1989)
Bulgarie	*Parti social-démocrate bulgare* (1891-1894) ;
	Parti ouvrier social-démocrate bulgare (1903-1919) ;
	Parti communiste bulgare (1919-1990) ; (Com) *
	Parti des sociaux-démocrates bulgares (depuis 1989) ;
	Parti socialiste bulgare (depuis 1990) ;
	Parti communiste de Bulgarie (depuis 1996)

* La Bulgarie a été la *République populaire de Bulgarie* entre 1946 et 1990, un État marxiste à parti unique. Le parti *communiste bulgare* était le parti au pouvoir pendant cette période.

Tchécoslovaquie	*Parti communiste de Tchécoslovaquie* (KSC. 1921-1992) (Com)*
(1918-1993)	République tchèque
	Parti social-démocrate tchèque (1878-aujourd'hui) ;
	Parti communiste de Bohême et de Moravie (depuis 1990) ;
	Parti vert (1990-présent) ;
	Avenir de l'Alternative socialiste (1990-aujourd'hui) ;
	Parti du socialisme démocratique (1997-2020)
	Slovaquie
	Parti communiste de Slovaquie (1939-1990) ;
	Parti vert (1989-présent) ;
	Parti de la gauche démocratique (1990-2004) ;
	Parti communiste de Slovaquie (depuis 1992) ;
	Union des travailleurs de Slovaquie (depuis 1994) ;
	Aube (2005-présent) ;
	Parti vert slovaque (2006-aujourd'hui) ;
	Slovaquie progressiste (2017-présent)

* De 1948 à 1990, la Tchécoslovaquie s'appelait la *République* *socialiste tchécoslovaque,* un État marxiste à parti unique. Le *KSC était le* parti au pouvoir pendant cette période.

Danemark	*Parti communiste du Danemark* (1919-aujourd'hui) ;
	Parti socialiste populaire (1959-aujourd'hui) ;
	Socialistes de gauche (1967-2013) ;
	Parti communiste du Danemark-marxiste-léniniste (1978-2006) ;
	Politique des travailleurs socialistes (1979-aujourd'hui) ;
	Alliance rouge-verte (1989-aujourd'hui) ;
	Parti communiste danois (depuis 1990) ;
	Parti communiste des travailleurs (2000-aujourd'hui)
Estonie	*Parti socialiste radical estonien* (1917-1919) ;
	Parti social travailliste (1917-1919) ;
	Parti communiste d'Estonie (1920-1990) ; *(Com)
	Parti de la gauche estonienne (1990-2008) ;
	Parti de la gauche unie estonienne (depuis 2008)
	* L'Estonie faisait partie de l'*URSS* et ce parti était la branche locale du *Parti communiste de l'Union soviétique (PCUS/KPSS).*
Îles Féroé	*Promotion pour les îles - marxiste-léniniste* (1968-inconnu) ;
(Royaume du Danemark)	*Parti communiste féroïen* (1975-1993)
Finlande	*Parti social-démocrate de Finlande* (1899-aujourd'hui) ;
	Parti communiste de Finlande (1918-1992) ; (Com)
	Parti socialiste ouvrier de Finlande (1920-1923) ;
	Parti de l'unité socialiste (1946-1955) ;
	Parti socialiste des travailleurs (1973-1990) ;
	Parti communiste de Finlande (depuis 1984) ;
	Ligue verte (1987-aujourd'hui) ;
	Parti communiste des travailleurs - Pour la paix et le socialisme (1988-aujourd'hui) ;
	Alliance de gauche (1990-aujourd'hui) ;
	Parti féministe (depuis 2016)

France	*Fédération des travailleurs socialistes de France* (1879-1902) ;
	Parti ouvrier français (1880-1902) ;
	Parti socialiste révolutionnaire des travailleurs (1890-1901) ;
	Parti socialiste de France (1902-1905) ;
	Section française de l'Internationale ouvrière (1905-1969) ; (Com)
	Parti républicain-socialiste (1911-1934) ;
	Parti socialiste français (1919-1935) ;
	Parti communiste français (1920-aujourd'hui) ; (Com)
	Union communiste (1939-aujourd'hui) ;
	Parti socialiste (depuis 1969)

Les régions suivantes étant des départements/régions d'outre-mer de la France, les partis énumérés ci-dessus y sont parfois présents (ou y ont des antennes locales), en plus des groupes suivants :

Guyane française (côte nord de l'Amérique du Sud)

Parti socialiste guyanais (1956-aujourd'hui) ;

Mouvement de décolonisation et d'émancipation sociale (1991-aujourd'hui) ;

Alternative Libertaire Guyane (2004-aujourd'hui)

Guadeloupe (groupes d'îles dans les Caraïbes orientales)

Parti communiste guadeloupéen (1958-aujourd'hui) ;

Nouveau mouvement juif (1973-1983) ;

Parti démocrate progressiste de Guadeloupe (1991-aujourd'hui)

Martinique (île des Caraïbes orientales)

Parti communiste martiniquais (1957-aujourd'hui) ;

Mouvement pour l'indépendance de la Martinique (1978-aujourd'hui) ;

Construire le Pays martiniquais (1998-aujourd'hui)

Réunion (île de la côte est de l'Afrique, près de Madagascar) :

Parti communiste de la Réunion (1959-aujourd'hui) ;

Organisation communiste marxiste-léniniste de la Réunion (1975-inconnu)

Géorgie	*Parti social-démocrate de Géorgie* (1890-1950) ;

Mesami Dasi (1892-1920) ;

Parti communiste de Géorgie (1920-1991);**

Parti communiste de Géorgie (depuis 1992) ;

Parti communiste unifié de Géorgie (depuis 1994) ;

Nouveau parti communiste de Géorgie (depuis 2001) ;

Sociaux-démocrates pour le développement de la Géorgie (depuis 2013)

* La Géorgie faisait partie de l'*URSS* et ce parti était la branche locale du *Parti communiste de l'Union soviétique* (*PCUS/KPSS*).

Allemagne	*Ligue communiste* (1848-1852) ;

Association générale des travailleurs allemands (1863-1875) ;

Parti ouvrier social-démocrate d'Allemagne (1869-1875) ;

Parti social-démocrate d'Allemagne (1875-aujourd'hui) ;

Ligue Spartacus (1914-1919) ; (Com)

Parti communiste allemand (1918-1946/1956) ; (Com)

Parti communiste est-allemand (1946-1989);*

Parti de l'unité socialiste de Berlin-Ouest (1962-1991) ;

Parti communiste allemand (depuis 1968) ;

Parti du socialisme démocratique (1989-2007) ;

Alliance 90/Les Verts (1993-aujourd'hui)

* Connu également sous le nom de *Parti socialiste unifié d'Allemagne*, il a dirigé la *République démocratique allemande* marxiste (ou *Allemagne de l'Est*) jusqu'à la chute du mur de Berlin.

Gibraltar   *Parti socialiste de Gibraltar* (depuis 1978)

(Territoire britannique d'outre-mer)

Grèce   *Parti communiste de Grèce* (1918-aujourd'hui) ;

Parti socialiste de Grèce (1920-1953) ;

Parti socialiste ouvrier de Grèce (depuis 1971) ;

Mouvement socialiste panhellénique (1974-aujourd'hui) ;

Coalition de la gauche radicale-Alliance progressiste (depuis

2004) ;

Mouvement des socialistes démocratiques (depuis 2015)

Hongrie   *Parti social-démocrate de Hongrie* (1890-1948) ;

Parti communiste hongrois (1918-1948) ; (Com)

Parti du peuple travailleur hongrois (MDP. 1948-1956) ; *

Parti socialiste ouvrier hongrois (MSzMP. 1956-1989) ; *

Parti socialiste hongrois (depuis 1989) ;

Parti des travailleurs hongrois (1989-aujourd'hui)

* De 1949 à 1989, la Hongrie s'appelait la *République populaire hongroise et* était un État marxiste à parti unique. Le *MDP* et (son successeur) le *MSzMP* étaient les partis au pouvoir pendant cette période.

Islande   *Parti social-démocrate* (1916-2000) ;

Parti communiste d'Islande (1930-1938) ;

Parti de l'unité populaire-Parti socialiste (1938-1968) ;

Alliance populaire (1968-1998) ;

Parti socialiste islandais (depuis 2017)

Irlande   République d'Irlande :

Parti républicain socialiste irlandais (1896-1904) ;

Parti socialiste d'Irlande (1904-1923) ; (Com)

Sinn Féin (1905-aujourd'hui) ;

Parti travailliste (1912-aujourd'hui) ;

Irish Worker League (1923-1933 environ) ; (Com)

Parti communiste d'Irlande (1933-aujourd'hui) ;

Congrès républicain (1934-1936) ;

Parti communiste d'Irlande - marxiste-léniniste (1965-2003) ;

Parti des travailleurs (1970-aujourd'hui) ;

Réseau des travailleurs socialistes (1971-aujourd'hui) ;

Parti socialiste républicain irlandais (1974-aujourd'hui) ;

Parti vert (1981-présent) ;

Parti socialiste (depuis 1996) ;

L'homme avant le profit (2005-aujourd'hui) ;

Alliance de la gauche unie (2010-2013) ;

Gauche unie (2013-2015) ;

Solidarité (depuis 2014) ;

Les sociaux-démocrates (2015-aujourd'hui) ;

RISE ("Revolutionary Internationalist Socialist Environmentalist"). (2019-présent)

Irlande du Nord :

Parti travailliste de Belfast (1892-1924) ;

Sinn Féin (1905/1970-aujourd'hui) ;

Parti socialiste d'Irlande du Nord (1935-1940) ;

Parti communiste d'Irlande du Nord (1941-1970) ;

Armée républicaine irlandaise officielle/IRA officielle (1969-1972/1998 environ);*

Armée nationale de libération de l'Irlande/INLA (1974-1998/2009 env.)*

* L'*Armée républicaine irlandaise officielle* (*IRA)* et l'*Armée de libération nationale irlandaise* (INLA) étaient des groupes terroristes marxistes.

Italie	*Parti socialiste italien* (1892-1944) ;
	Parti communiste italien * (1921-1926) ; (Com)
	Parti communiste italien (1943-1991) ;
	Parti démocratique de la gauche (1991-1998) ;
	Parti de la refondation communiste (depuis 1991) ;
	Socialistes italiens (1994-1998) ;
	Socialistes démocrates italiens (1998-2007) ;
	Parti des communistes italiens (1998-2014) ;
	Parti socialiste italien (2007-aujourd'hui) ;
	Parti communiste italien (2014-2016) ;
	Parti communiste italien (depuis 2016)
Lettonie	*Parti communiste de Lettonie* (1904-1991);* (Com)
	Parti social-démocrate letton des travailleurs (1918-aujourd'hui) ;
	Parti socialiste de Lettonie (depuis 1994) ;

Parti social-démocrate (depuis 2009)

* La Lettonie faisait partie de l'*URSS* et ce parti était la branche locale du *Parti communiste de l'Union soviétique* (*PCUS/KPSS*).

Liechtenstein   *Liste libre* (1985-présent)

Le Liechtenstein est une principauté de 25 km de long et de 15,5 m de large, avec une population de 40 000 habitants.

Lituanie   *Parti social-démocrate de Lituanie* (1896-aujourd'hui) ;

Parti communiste de Lituanie (1918-1991);* (Com)

Parti démocratique du travail de Lituanie (1989-2001) ;

Parti socialiste de Lituanie (1994-2009) ;

Front populaire socialiste (depuis 2009) ;

Parti vert lituanien (2011-aujourd'hui) :

Parti social-démocrate du travail de Lituanie (2018-aujourd'hui)

* La Lituanie faisait partie de l'*URSS* et ce parti était la branche locale du *Parti communiste de l'Union soviétique* (*PCUS/KPSS*).

Luxembourg   *Parti socialiste ouvrier luxembourgeois* (1902-aujourd'hui) ;

Parti communiste luxembourgeois (1921-aujourd'hui) ;

Parti radical socialiste (1925-1932) ;

Parti social-démocrate (1971-1984) ;

Les Verts (1983-aujourd'hui) ;

La gauche (1999-aujourd'hui)

La population du Luxembourg est d'environ 660 000 habitants.

Malte   *Parti travailliste* (de 1920 à nos jours) ;

Parti communiste de Malte (depuis 1969)

Malte compte environ 540 000 habitants.

Moldavie   *Parti communiste de Moldavie* (1940-1991);*

Parti socialiste de Moldavie (depuis 1992) ;

Parti socialiste de la République de Moldavie (depuis 1997)

* La Moldavie faisait partie de l'*URSS* et ce parti était la branche locale du *Parti communiste de l'Union soviétique* (*PCUS/KPSS*).

Pays-Bas   *Ligue sociale-démocrate* (1881-1900) ;

Parti ouvrier social-démocrate (1894-1946) ;

Parti communiste des Pays-Bas (1909-1991) ; (Com)

Parti travailliste (1946 à nos jours) ;

Parti socialiste pacifiste (1957-1991) ;

Gauche verte (1989-aujourd'hui)

Norvège   *Parti travailliste* (1887-aujourd'hui)* ; (Com)

Parti communiste de Norvège (1923-aujourd'hui) ;

Parti socialiste de gauche (depuis 1975) ;

Society Party (1985-aujourd'hui) ;

Parti vert (1988-présent) ;

Red Party (2007-aujourd'hui)

Pologne   *Parti révolutionnaire social international* (1882-1886) ;

Parti socialiste polonais (1892-1948) ;

Démocratie sociale du Royaume de Pologne (1893-1918) ;

Parti communiste de Pologne (1918-1938) ; (Com)

Parti ouvrier polonais (1942-1948) ;

Parti ouvrier unifié polonais (1948-1990);*

Social-démocratie de la République de Pologne (1990-1999) ;

Labour Union (depuis 1992) ;

Alliance démocratique de gauche (1999-aujourd'hui) ;

Gauche polonaise (2008-présent)

* Ce parti a dirigé la *République populaire de Pologne* - un État marxiste à parti unique - de 1948 à 1989.

Portugal   *Parti socialiste portugais* (1875-1933) ;

Parti communiste portugais * (1921-aujourd'hui) ; (Com)

Parti communiste des travailleurs portugais (1970-aujourd'hui) ;

Parti socialiste (depuis 1973) ;

Parti des travailleurs de l'unité socialiste (depuis 1976) ;

Bloc de gauche (1999-aujourd'hui) ;

Mouvement socialiste alternatif (2000) ;

Parti écologiste (2004-aujourd'hui) ;

Parti travailliste portugais (2009-présent)

Roumanie   *Parti social-démocrate de Roumanie* (1910-1916) ;

Parti socialiste de Roumanie (1918-1920) ;

Parti communiste roumain (PCR. 1921-1989) ; * (Com)

Parti social-démocrate roumain (1927-1948) ;

Parti social-démocrate (depuis 2001) ;

Parti socialiste roumain (depuis 2003) ;

Parti communiste de Roumanie (depuis 2010)

* Le *PCR* a également été connu sous le nom de *Parti des travailleurs roumains* pendant un certain temps. Son secrétaire général le plus célèbre est *Nicolae Ceausescu*, qui a dirigé la Roumanie en tant que dictateur jusqu'en 1989. La Roumanie a été la *République socialiste de Roumanie* entre 1947 et 1989, un État marxiste à parti unique.

Russie   *La volonté du peuple* (1879-1884) ;

L'émancipation du travail (1883-1903) ;

S.B.O.R.K. (1895-1900) ; #

Bund général juif du travail (1897-1921) ;

Parti travailliste social-démocrate russe (*RSDLP*, 1898-1912) ;

Parti socialiste révolutionnaire (1902-1921) ;

Fraction *menchevique* du *RSDLP* (1912-21 en Russie, et jusqu'en 1965 en dehors de la Russie) ;

Parti communiste de l'Union soviétique (issu de la faction *bolchevique* du *RSDLP*. '17-'91) ; *

Parti communiste de la République socialiste fédérative soviétique de Russie (1990-1991) ;

Parti communiste de la Fédération de Russie (depuis 1993) ;

Mouvement socio-politique russe (alias *héritage spirituel*) (1995-2003) ;

Parti socialiste unifié de Russie (2003-2008)

* Parti au pouvoir de l'*Union des républiques socialistes soviétiques* ou *U.R.S.S.* ; ce parti contrôlait les branches locales dans d'autres pays soviétiques (mis en évidence ailleurs).

SBORK : Ligue de lutte pour l'émancipation de la classe ouvrière de Saint-Pétersbourg

Saint-Marin	*Parti communiste sammarinais* (1921-1990)

Espagne   *Parti socialiste ouvrier espagnol* (*PSOE*. 1879-aujourd'hui) ;

Parti communiste espagnol (1920-1921) ; (Com)

Parti communiste d'Espagne (1921-aujourd'hui) ;

Parti des travailleurs de l'unification marxiste (1935-1980) ;

Parti communiste des îles Baléares (Majorque, depuis 1977) ;

Fédération progressiste (1984-1988) ;

Parti communiste des peuples d'Espagne (depuis 1984) ;

Parti animaliste contre les mauvais traitements infligés aux animaux (:)))(2003-aujourd'hui) ;

United We Can (2016-aujourd'hui) ;

Parti communiste des travailleurs d'Espagne (2019-présent)

Îles Canaries :

Mouvement d'indépendance des îles Canaries (1964-1979 environ) ;

Cellules communistes (1969-1984) ;

Parti socialiste des Canaries (branche canarienne du *PSOE*, depuis les années 1970) ;

Parti communiste des îles Canaries (1973-1991) ;

Parti de l'unification communiste aux Canaries (1975-2012) ;

Union populaire canarienne (1979-1986) ;

Assemblée des Canaries (1982-1987) ;

Gauche unie canarienne (1986/1993-aujourd'hui) ;

Azarug (depuis 1992) ;

Parti socialiste canarien (1995-inconnu) ;

Alternative nationaliste canarienne (2006-aujourd'hui) ;

Inekaren (2008-aujourd'hui)

Suède   *Parti social-démocrate suédois* (1889-aujourd'hui) ;

Parti de gauche (1917-aujourd'hui) ; (Com)

Parti communiste suédois (1924-1926) ;

Parti socialiste (1929-1948) ;

Parti communiste (depuis 1970) ;

Parti communiste de Suède (1977-1995) ;

Parti vert (1981-présent) ;

Initiative féministe (depuis 2005)

Suisse — *Parti social-démocrate de Suisse* (1888-aujourd'hui) ;

Parti communiste suisse (1918 env.-1940) ; (Com)

Parti suisse du travail (1944-aujourd'hui) ;

Parti communiste suisse-marxiste-léniniste (1969-1987) ;

Parti vert de Suisse (1983-aujourd'hui) ;

Solidarité (depuis 1992) ;

Gauche alternative (2010-2018)

Turquie — *Parti communiste de Turquie* (1920-1988) ; (Com)

Parti des travailleurs de Turquie (1961-1987) ;

Parti communiste unifié de Turquie (1987-1991) ;

Parti de l'unité socialiste (1991-1995) ;

Parti des travailleurs (1992-2015), puis *Parti patriotique* (2015-présent) ;

Parti communiste de Turquie (depuis 1993) ;

Parti populaire de libération (2005-aujourd'hui) ;

Parti démocratique populaire (depuis 2012) ;

Parti communiste populaire de Turquie (2014-2017) ;

Parti des travailleurs de Turquie (depuis 2017)

Ukraine — *Parti communiste d'Ukraine* (1918-1991);* (Com)

Parti social-démocrate d'Ukraine (1990-1994) ;

Parti socialiste d'Ukraine (depuis 1991) ;

Parti paysan d'Ukraine (depuis 1992) ;

Parti communiste d'Ukraine (depuis 1993) ;

Parti socialiste progressiste d'Ukraine (depuis 1996) ;

Parti communiste des travailleurs et des paysans (2001-2015)

* L'Ukraine faisait partie de l'*URSS* et ce parti était la branche locale du *Parti communiste de l'Union soviétique* (*PCUS/KPSS*).

ROYAUME-UNI *Ligue communiste* (1847-1852) ;

Association internationale des travailleurs (*IWA* ou *Première Internationale* (1864-'76);*

Fédération sociale-démocrate (*SDF.* 1881-1911) ;

Société fabienne (1884-aujourd'hui) ;

Ligue socialiste (issue du *SDF.* 1885-1901) ;

Parti travailliste (1900-aujourd'hui) ;

Parti socialiste du travail (1903-1980) ;

Parti socialiste de Grande-Bretagne (1904-aujourd'hui) ;

Parti socialiste britannique (1911-1920) ;

Ligue de propagande socialiste (1911-1951) ; (Com)

Parti communiste de Grande-Bretagne (1920-1991) ; (Com)

Parti communiste gallois (1920-aujourd'hui) ;

Parti communiste de Grande-Bretagne (depuis 1988) ;

Gauche démocratique (1991-1998) ;

Parti communiste d'Écosse (depuis 1992) ;

Parti socialiste (depuis 1997) ;

Parti socialiste écossais (depuis 1998)

*Basé à Londres jusqu'en 1873, puis à New York de 1873 à 1876

Yougoslavie
(1918-1992)

Ligue des communistes de Yougoslavie (*SKJ/CKJ.* 1919-1990). (Com)

Bosnie-Herzégovine :

Ligue des communistes de Bosnie-et-Herzégovine (1943-1990) ; *

Parti social-démocrate de Bosnie-Herzégovine (depuis 1992) ;

Parti socialiste (depuis 1993) ;

Parti communiste des travailleurs de Bosnie-Herzégovine (depuis 2000) ;

Les Verts de Bosnie-Herzégovine (2004-aujourd'hui) ;

Parti communiste (depuis 2012)

Croatie :

Ligue des communistes de Croatie (1937-1990) ; *

Parti social-démocrate de Croatie (depuis 1990) ;

Parti serbe démocratique indépendant (1997-aujourd'hui) ;

Parti socialiste travailliste de Croatie (depuis 1997) ;

Parti travailliste croate (2010-aujourd'hui) ;

Front des travailleurs (depuis 2014) ;

Nouvelle gauche (2016-présent) ;

Zagreb est à NOUS ! (2017-aujourd'hui) ;

Nous pouvons ! Plateforme politique (2019-présent)

Macédoine (alias Macédoine du Nord) :

Ligue des communistes de Macédoine (1943-1991) ; *

Parti communiste de Macédoine (depuis 1992) ;

Union des forces de gauche de Tito (2005-aujourd'hui) ;

La gauche (2015-présent)

Monténégro :

Ligue des communistes du Monténégro (1943-1991) ; *

Parti démocratique des socialistes du Monténégro (1991-aujourd'hui) ;

Parti socialiste populaire du Monténégro (1998-aujourd'hui)

Serbie :

Ligue des communistes de Serbie (1945-1990) ; *

Alliance socialiste des travailleurs de Yougoslavie (1945-1990) ;

Parti socialiste de Serbie (depuis 1990) ;

Parti communiste (depuis 2010)

Slovénie :

Ligue des communistes de Slovénie (1937-1990);*

Les sociaux-démocrates (depuis 1993) ;

Initiative pour un socialisme démocratique (2014-2017) ;

La Gauche (2017-présent)

* La *Ligue des communistes de Yougoslavie* (*SKJ/CKJ*) contrôlait l'ensemble des six républiques constitutives de la Yougoslavie. Le symbole * indique la branche locale du *SKJ/CKJ*.

Afrique

"...le système néfaste du colonialisme et de l'impérialisme est né et a prospéré grâce à l'esclavage des Noirs et à la traite des Noirs, et il prendra certainement fin avec l'émancipation complète du peuple noir"[120]

> Dirigeant de la Chine communiste Mao Zedong, "Déclaration de soutien aux Noirs américains dans leur juste lutte contre la discrimination raciale de l'impérialisme américain", 8 août 1963.

> Nous, en Afrique, n'avons pas plus besoin d'être "convertis" au socialisme que d'être "enseignés" à la démocratie. Les deux sont enracinés dans notre passé, dans la société traditionnelle qui nous a produits"[121]

> Julius Nyerere, *Uhuru na Umoja (Liberté et unité) :*
> *Essais sur le socialisme* (1969)

> "La société africaine traditionnelle a été fondée sur les principes de l'égalitarisme. Tout humanisme digne de ce nom doit partir de l'égalitarisme. D'où le socialisme. D'où le socialisme scientifique"[122]

> Kwame Nkrumah, *Le socialisme africain revisité* (1967)

L'Afrique est l'exemple même d'une région qui est passée d'un régime impérial étranger à un régime marxiste et à l'autodestruction. Plusieurs puissances européennes y étaient présentes, notamment la Grande-Bretagne, la France, la Belgique, le Portugal, l'Italie et les Pays-Bas. La perception par certains que le marxisme (via son produit, le socialisme) était nécessaire à l'Afrique après le colonialisme a été une erreur très grave et fatale. Elle a détruit ce continent, et la propagande marxiste en a, comme on pouvait s'y attendre, imputé les conséquences au passé colonial de l'Afrique ou à l'"impérialisme" occidental moderne.

Il est vrai, cependant, compte tenu de la manière dont l'idéologie choisit des cibles instables, que l'Afrique était, en général, très vulnérable à ce moment de son histoire. En fait, elle était une cible facile. Il n'est pas surprenant que les universitaires africains qui prônaient les avantages du socialisme aient joué un rôle, comme Julius Nyerere (1922-1999), qui fut le premier président de la Zambie.

Il ne fait aucun doute qu'il y a eu des individus impériaux égocentriques de souche européenne, tels que l'infâme élitiste britannique Cecil Rhodes (1853-1902), et cela est souvent mentionné dans la culture PC infectée par le marxisme (car l'impérialisme "colonial" est un mal qu'ils nous rappellent

---

[120] Zedong, M. "Statement Supporting the American Negroes In Their Just Struggle Against Racial Discrimination by U.S. Imperialism", 8 août 1963.
https://www.marxists.org/subject/china/peking-review/1966/PR1966-33h.htm

[121] Nyerere, J., *Uhuru na Umoja (Liberté et unité) : Essais sur le socialisme* (1969).
https://www.juliusnyerere.org/resources/quotes

[122] Nkrumah, *K., African Socialism Revisited* (1967).

https://www.marxists.org/subject/africa/nkrumah/1967/african-socialism-revisited.htm

souvent). Ce qui n'est pas souligné, c'est que dans l'Afrique postcoloniale, il y a eu de nombreux régimes africains horribles dirigés par des Africains, catalysés par une infection marxiste presque continentale. Les personnages impliqués dans ces régimes étaient pires que Rhodes.

En fait, bon nombre des dirigeants des pays africains après leur "indépendance" étaient des activistes marxistes, des terroristes et des dictateurs de souche africaine : Nelson Mandela (1918-2013), Robert Mugabe, Julius Nyerere et le premier Premier ministre et président du Ghana, Kwame Nkrumah, pour n'en citer que quelques-uns. Cecil Rhodes est mort en 1902 ! Le fait que les sectaires d'aujourd'hui nous rappellent constamment les personnages de cette époque - tout en ignorant commodément les nombreux sectaires africains qui, depuis lors, ont opprimé leur propre peuple et contribué à ruiner le continent - est à la fois typique et amusant.

Bien entendu, la division ethnique entre Blancs et non-Blancs présente dans certaines régions d'Afrique - les Blancs minoritaires ayant le contrôle du gouvernement, des infrastructures, etc. - était un point d'entrée évident pour la secte/idéologie. Elle pouvait facilement exploiter cette division, les Blancs étant les "oppresseurs".

Cette forme particulière et localisée de l'idéologie - le socialisme africain - est apparue dans les années 1950 et 1960. Elle a conduit à une instabilité et à des difficultés presque incalculables sur tout le continent.[123] Le "panafricanisme" est un autre terme significatif issu du culte/de l'idéologie.[124] Un autre est "Ujamaa", un terme utilisé par Julius Nyerere, membre de la secte, pour décrire sa version du socialisme en Tanzanie. Il a écrit Ujamaa : Essais sur le socialisme en 1969.

Dans une lettre adressée au *Tanjanyika Standard* en juillet 1943, Nyerere a déclaré que "l'Africain est par nature un être socialiste".[125] Tous les Africains n'ont pas adhéré à cette idée, mais les voix de l'autre côté de l'argument comprennent George Ayittey (1945-2022), qui a notamment écrit *Africa Unchained : the blueprint for development* (2004), et *Defeating Dictators : Combattre les tyrans en Afrique et dans le monde* (2011).[126]

Les innombrables révolutions marxistes qui se sont produites sur ce continent ont bien sûr suivi le schéma habituel : tuer la "classe oppressive" (les Blancs) ; tuer les chrétiens ; détruire les symboles de la culture et de la civilisation occidentales (y compris les infrastructures que les Blancs avaient construites

---

[123] https://www.britannica.com/money/topic/African-socialism

[124] https://www.britannica.com/topic/Pan-Africanism

[125] https://en.wikipedia.org/wiki/Julius_Nyerere

[126] https://en.wikipedia.org/wiki/George_Ayittey

en Afrique) ; retirer les terres aux Blancs pour les redistribuer à la majorité noire au nom de l'"égalité", ce qui a conduit à la famine (puisque les Blancs possédaient l'expertise/l'expérience agricole). Tout cela s'est fait au nom de la "justice" et de l'"égalité" et a été justifié par l'histoire apparemment opprimée de l'Afrique.

La propagande marxiste cache ce qui s'est passé en Afrique

L'une des principales causes de la stagnation économique de l'Afrique est l'infection marxiste, en particulier la mise en œuvre du socialisme sur l'ensemble du continent. Dans une manœuvre typique de l'idéologie, elle nous détourne de sa propre culpabilité en accusant ses ennemis (dans ce cas, le capitalisme, l'impérialisme et les Blancs).

En imputant l'état actuel de l'Afrique à de telles choses, la secte/idéologie peut protéger sa "réputation" tout en promouvant son "message" anti-blanc, anti-européen, anti-bourgeois et "antiraciste". Le chaos causé par cette idéologie est encore évident aujourd'hui - nous pouvons voir comment son héritage a essentiellement causé l'effondrement de la civilisation en Afrique du Sud au cours des dernières décennies.

Sur l'ensemble du continent, l'infection s'est traduite par : la "loi sur la suppression du communisme" de 1950, qui a interdit le *parti communiste d'Afrique du Sud ;* la dictature de Julius Nyerere en Tanzanie, qui a duré vingt-quatre ans ; la montée au pouvoir du *Conseil national africain* (rendu célèbre par Nelson Mandela, membre notable d'une secte et condamné pour terrorisme) ; la fin de l'apartheid en Afrique du Sud (qui a largement contribué à l'état actuel du pays) ; le règne de Kwame Nkrumah en tant que président du Ghana ; Patrice Lumumba dans ce qui était alors la République du Congo ; l'arrivée au pouvoir du dictateur Robert Mugabe au Zimbabwe ; la *guerre civile en Éthiopie* (1974-1991), le *Derg* en tant qu'avant-garde éthiopienne et la *Terreur rouge en Éthiopie* (1976-1978) ; la *guerre coloniale portugaise* (1961-1974) en Guinée-Bissau, en Angola et au Mozambique, et la domination subséquente du *FRELIMO* marxiste ; la *révolution de mars* au Mali en 1991 ; la *guerre civile angolaise* (1975-2002) - un conflit qui a fait de nombreuses victimes et entraîné des déplacements de population ; la discrimination raciste (et le meurtre) des fermiers blancs sud-africains, approuvée par l'État (en tant que tradition marxiste en Afrique) ; et bien d'autres événements encore.

Tant de mouvements "nationalistes" et de "libération" à travers le continent, qui ont incité tant de gens à lutter contre les "forces impériales maléfiques et oppressives", n'étaient que des mouvements marxistes, c'est tout ; il s'agissait simplement d'une nouvelle forme d'impérialisme qui venait prendre le dessus. De plus, la perception déformée de ce qui s'est passé là-bas (grâce à l'impact de l'idéologie) a sans doute contribué à une perception déformée du "racisme" dans les pays occidentaux, qui est colportée et éternellement perpétuée par la secte/idéologie aujourd'hui. Ce qui s'est passé en Afrique à cause du marxisme a eu un effet d'entraînement dans tout l'Occident, y compris sur les tensions raciales aux États-Unis.

Nelson Mandela a été vénéré comme un quasi-messie dans la dernière partie de sa vie, après son incarcération, en raison de l'extrême degré de vertu marxienne dont il a fait preuve dans le monde entier. Il a reçu d'innombrables prix et distinctions, dont le prix Nobel de la paix et le prix Lénine de la paix (hilarant. C'est comme si le diable lui décernait un prix pour sa gentillesse). [127] Son mandat de président de l'Afrique du Sud, de 1994 à 1999, a symbolisé le succès de la secte sur le continent. De nombreux groupes terroristes de la secte opéraient en Afrique, recevant le soutien étranger des grandes entités marxistes, notamment la Chine rouge, l'URSS et le Cuba de Fidel Castro. L'arrivée au pouvoir du *FRELIMO (Front de libération du Mozambique)* est un bon exemple de la manière dont les groupes marxistes peuvent se faire passer pour des "nationalistes", puis révéler leurs vraies couleurs (rouges) une fois au pouvoir. Peu après avoir obtenu son indépendance du Portugal en 1975, le Mozambique a décidé d'emprunter la voie communiste et de transformer le pays en un État marxiste à parti unique. [128]

Localisation	Groupes notables
Angola	*Parti de la lutte unie des Africains en Angola* (1953-1956) ;
	Parti communiste angolais (1955-1956) ;
	Mouvement populaire pour la libération de l'Angola (*MPLA*. 1956-aujourd'hui);*
	Union nationale pour l'indépendance totale de l'Angola (1966-aujourd'hui) ;
	Parti social-démocrate (depuis 1988) ;
	Parti socialiste libéral (depuis 1993)
	* L'Angola était un État marxiste à parti unique appelé *République populaire d'Angola de* 1975 à 1992 ; le *MPLA* était le parti au pouvoir pendant cette période.
Algérie	*Parti communiste algérien* (1920/1936-1962) ;
	Front des forces socialistes (1963-aujourd'hui) ;
	Parti socialiste des travailleurs (1989-aujourd'hui) ;

---

[127] https://en.wikipedia.org/wiki/Nelson_Mandela#Orders,_decorations,_monuments,_and_honours

[128] https://www.britannica.com/topic/Frelimo

	Parti des travailleurs (1990-aujourd'hui) ;
	Parti algérien pour la démocratie et le socialisme (depuis 1993)
Bénin	*Parti de la révolution socialiste du Bénin* (1959-inconnu) ;
	Parti révolutionnaire populaire du Bénin (*PRPB*. 1975-1990);*
	Parti communiste du Bénin (depuis 1977) ;
	Parti social-démocrate (depuis 1990) ;
	Union pour la Patrie et le Travail (depuis 1997)

* Le Bénin était un État marxiste *à* parti unique appelé *République populaire du Bénin de* 1975 à 1990 ; le *PRPB* était le parti au pouvoir pendant cette période.

Botswana	*Parti populaire du Botswana* (1960-aujourd'hui) ;
	Front national du Botswana (1965-aujourd'hui) ;
	Mouvement MELS du Botswana (depuis 1984) ;
	International Socialists Botswana (inconnu) ;
	Parti du Congrès du Botswana (depuis 1998)
Burkina Faso	*Parti de l'indépendance africaine* (1963-1999) ;
	Parti communiste révolutionnaire voltaïque (depuis 1978) ;
	Groupe marxiste-léniniste (1983-1984) ;
	Groupe communiste burkinabé (1983-1991) ;
	Union des communistes burkinabés (1984-1989) ;
	Organisation pour la démocratie populaire-Mouvement du travail (1989-1996) ;
	Parti socialiste burkinabé (1992-2001) ;
	Parti de l'indépendance africaine (1999-2011) ;
	Union pour la renaissance-Parti sankariste (2000-aujourd'hui) ;
	Parti pour la démocratie et le progrès (depuis 2001) ;
	Parti socialiste unifié (2001-aujourd'hui) ;
	Parti de la démocratie et du socialisme (2002-2012) ;
	Convergence pour la démocratie sociale (depuis 2002) ;
	Front démocratique sankariste (depuis 2004) ;
	Parti de l'indépendance, du travail et de la justice (depuis 2011)

Burundi	*Parti socialiste libre du Burundi* (1961-inconnu) ;
	Parti du travail du Burundi (1979-1986) ;
	Front pour la démocratie (depuis 1986) ;
	Mouvement socialiste panafricain-Inkinzo (inconnu)
Cap Vert	*Parti africain pour l'indépendance de la Guinée et du Cap-Vert* (1956-aujourd'hui) ;
	Parti africain de l'indépendance du Cap-Vert (1981-aujourd'hui) ;
	Parti du travail et de la solidarité (depuis 1998)
	Le Cap-Vert a obtenu son indépendance du Portugal en 1975
Afrique centrale République	*Mouvement pour l'évolution sociale de l'Afrique noire* (1949-1979) ;
	Mouvement de libération du peuple centrafricain (1978-aujourd'hui) ;
	Rassemblement démocratique centrafricain (1987-aujourd'hui) ;
	Parti social-démocrate (depuis 1991) ;
	Front patriotique pour le progrès (depuis 1991) ;
	Convergence nationale - Kwa na Kwa (2009-aujourd'hui)
Congo	*Parti progressiste congolais* (1945-inconnu) ;
	Parti de la solidarité africaine (1959-1965) ;
	Parti Lumumbiste Unifié (1964-présent) ;
	Parti congolais du travail (*PCT.* 1969-présent);*
	Union pour la démocratie et le progrès social (depuis 1982)
	* Le Congo a été un État marxiste à parti unique appelé *République populaire du Congo de* 1969 à 1992 ; le *PCT* était le parti au pouvoir pendant cette période.
Tchad	*Parti progressiste tchadien* (1947-1975) ;
	Parti socialiste indépendant du Tchad (1950-1956) ;
	Parti socialiste indépendant du Tchad-1955, scission (1955-inconnu) ;
	Action tchadienne pour l'unité et le socialisme (depuis 1981) ;
	Union nationale pour la démocratie et le renouveau (depuis 1992) ;
	Mouvement socialiste africain renouvelé (2006-approx.-aujourd'hui)

Comores *Convention pour le renouveau des Comores* (2002-aujourd'hui)

Djibouti *Parti du mouvement populaire* (1958-1974 environ) ;

     Rassemblement populaire pour le progrès (1979-aujourd'hui) ;

     Front pour la restauration de l'unité et de la démocratie (depuis 1991) ;

     Parti populaire social-démocrate (depuis 2002)

Guinée
équatoriale *IPGE* (1958 environ-1970) ;

     Parti des travailleurs nationaux unis (1970-1979) ;

     Convergence pour la démocratie sociale (1990-aujourd'hui)

Erythrée *Front de libération de l'Érythrée* (1961-aujourd'hui) ;

     Parti populaire démocratique érythréen (1968-1982) ;

     Front populaire pour la démocratie et la justice (depuis 1994)

Eswatini *Parti progressiste du Swaziland* (1959-1973 environ) ;

     Congrès national libérateur de Ngwane (1963-1973) ;

     Mouvement démocratique uni du peuple (1983-aujourd'hui) ;

     Parti communiste du Swaziland (depuis 1994) ;

     Parti communiste du Swaziland (2011-aujourd'hui) ;

     Parti démocratique swazi (depuis 2011)

Éthiopie *Mouvement socialiste de toute l'Éthiopie* (1968-aujourd'hui) ;

     Parti révolutionnaire du peuple éthiopien (1972-aujourd'hui) ;

     Organisation révolutionnaire marxiste-léniniste éthiopienne (1974-1979) ;

     Front de libération du peuple du Tigré (depuis 1975) ;

     Lutte révolutionnaire des peuples opprimés d'Éthiopie (1975-1978) ;

     Flamme révolutionnaire (1976-1979) ;

     Union des organisations marxistes-léninistes éthiopiennes (1977-1979) ;

     Commission pour l'organisation du Parti des travailleurs d'Éthiopie (1979-1984) ;

     Ligue marxiste-léniniste du Tigré (1983-1991) ;

Parti des travailleurs d'Éthiopie (WPE. 1984-1991);*

Front démocratique révolutionnaire du peuple éthiopien (1988-2019) ;

Parti démocratique somalien (1998-2019) ;

Forces démocratiques unies d'Éthiopie (2005-2008)

* De 1987 à 1991, l'Éthiopie était un État marxiste *à* parti unique appelé *République démocratique populaire d'Éthiopie ;* la WPE était le parti au pouvoir pendant cette période.

Gabon   *Parti de l'unité nationale gabonaise* (1958-inconnu) ;

Parti gabonais du progrès (1990-aujourd'hui) ;

Parti socialiste gabonais (depuis 1991) ;

Forum africain pour la reconstruction (depuis 1992)

Gambie   *Parti socialiste révolutionnaire de Gambie* (1980-1981) ;

Organisation démocratique populaire pour l'indépendance et le socialisme (depuis 1986)

Ghana   *Parti populaire de la Convention* (1949-aujourd'hui) ;

Parti national populaire (1979-1981) ;

Parti de la convention du peuple (1992-1996) ;

Parti populaire démocratique (depuis 1992) ;

Congrès national démocratique (1992-aujourd'hui) ;

Convention nationale du peuple (depuis 1992)

Guinée   *Parti socialiste de Guinée* (1946-inconnu) ;

Parti démocratique de Guinée-Rassemblement démocratique africain (1947-aujourd'hui) ;

Démocratie socialiste de Guinée (1954-1958) ;

Rassemblement du peuple guinéen (1965 environ-aujourd'hui) ;

Parti révolutionnaire populaire panafricain (1968-aujourd'hui)

Guinée-Bissau   *Parti africain pour l'indépendance de la Guinée et du Cap-Vert* (1956-aujourd'hui) ;

Forces armées révolutionnaires du peuple (1964-1973) ;

Parti socialiste de Guinée-Bissau (depuis 1994) ;

Parti des travailleurs (2002-aujourd'hui) ;

Alliance populaire unie (2004) ;

Parti socialiste démocratique (2004-aujourd'hui) ;

Mouvement pour l'alternance démocratique (depuis 2018)

Côte d'Ivoire   *Parti communiste révolutionnaire de Côte d'Ivoire* (1965 environ-inconnu) ;

Front populaire ivoirien (1982-aujourd'hui) ;

Parti ivoirien des travailleurs (1990-aujourd'hui) ;

People's Socialist Union (depuis 1996, basé à Londres)

La Côte d'Ivoire a obtenu son indépendance de la France en 1960

Kenya   *Union populaire du Kenya* (1966-1969) ;

Parti communiste du Kenya (depuis 1992) ;

Mazingira Green Party of Kenya (depuis 1997 environ)

Libéria   *Parti révolutionnaire africain* (1861-1936) ;

Parti communiste du Liberia (1878-1936) ;

Parti populaire uni (depuis 1985 environ)

Libye   *Parti communiste libyen* (1945-1952) ;

Parti Baas arabe socialiste libyen (années 1950-1980 environ) ;

Conseil de commandement de la révolution libyenne (1969-1977) ;

Union socialiste arabe (1971-1977) ;

Mouvement national populaire libyen (depuis 2012)

Lesotho   *Parti du Congrès du Basutoland* (depuis 1952) ;

Parti communiste du Lesotho (1962-aujourd'hui) ;

Congrès du Lesotho pour la démocratie (depuis 1997) ;

Congrès démocratique (depuis 2011)

Madagascar   *Parti communiste de la région de Madagascar* (1936-1938) ;

Parti communiste malgache (1958-inconnu) ;

Parti du Congrès de l'Indépendance de Madagascar (1958-aujourd'hui) ;

Mouvement pour le Progrès de Madagascar (1972-présent) ;

Association pour la renaissance de Madagascar (depuis 1976)

Mali	*Union soudanaise - Rassemblement démocratique africain* (1945-2010) ;
	Parti malien du travail (1965-aujourd'hui) ;
	Union démocratique du peuple malien (1975-1991) ;
	Alliance pour la démocratie au Mali (depuis 1990) ;
	Solidarité africaine pour la démocratie et l'indépendance (depuis 1996) ;
	Rassemblement pour le Mali (2001-aujourd'hui)
Malawi	*Ligue socialiste du Malawi* (1964-1991) ;
	Alliance pour la démocratie (depuis 1993)
Mauritanie	*Union des forces de progrès* (1991-aujourd'hui) ;
	Parti socialiste démocratique unioniste (1994-aujourd'hui) ;
	Alliance progressiste populaire (2002-aujourd'hui) ;
	Rassemblement des forces démocratiques (2002-aujourd'hui) ;
	Alliance pour la justice et la démocratie (depuis 2007)
Maurice	*Parti travailliste* (de 1936 à aujourd'hui) ;
	Bloc progressiste indépendant (1958-1976 environ) ;
	Congrès hindou de toute l'île Maurice (1964-1967) ;
	Mouvement militant mauricien (1969-aujourd'hui) ;
	Mouvement militant mauricien-MMMSP (1973-1980 environ) ;
	Parti socialiste mauricien (1979-1983) ;
	Lalit (depuis 1981) ;
	Mouvement socialiste militant (1983-aujourd'hui) ;
	Mouvement socialiste militant mauricien (1995-2008) ;
	Fraternal Greens (2002-aujourd'hui) ;
	Mouvement libérateur (2014-présent) ;
	Plate-forme militante (2018-présent)
Maroc	*Parti communiste marocain* (1943-1964) ;
	Parti de la libération et du socialisme (1968-1974) ;
	Avant (1970-1974 environ) ;

Mouvement du 23 mars (1970-1983 environ) ;

Parti du progrès et du socialisme (1974-aujourd'hui) ;

Parti de l'action (1974-aujourd'hui) ;

Union socialiste des forces populaires (depuis 1975) ;

Parti socialiste démocratique d'avant-garde (1991-aujourd'hui) ;

Voie démocratique (1995-aujourd'hui) ;

Front des forces démocratiques (depuis 1997) ;

National Ittihadi Congress Party (2001-aujourd'hui) ;

Parti travailliste (2005-2013) ;

Parti socialiste unifié (2005-aujourd'hui) ;

Parti socialiste (2006-2013)

Sahara occidental

Front Polisario (depuis 1973)

Mozambique   *Front de libération du Mozambique-FRELIMO* (1962-aujourd'hui);*

Parti communiste du Mozambique (1995-inconnu) ;

Parti des Verts du Mozambique (1997-aujourd'hui)

* Le Mozambique était un État marxiste *à* parti unique appelé *République populaire du Mozambique de* 1975 à 1990 ; le *FRELIMO* était le parti au pouvoir pendant cette période.

Namibie   *Union nationale du Sud-Ouest africain* (1959-aujourd'hui) ;

Organisation populaire du Sud-Ouest africain (1960-aujourd'hui) ;

Parti communiste de Namibie (1981-1989) ;

Parti révolutionnaire des travailleurs (1989-aujourd'hui) ;

Congrès des démocrates (1999-aujourd'hui) ;

Parti de tous les peuples (2008-aujourd'hui) ;

Combattants pour la liberté économique en Namibie (2014-aujourd'hui) ;

Repositionnement positif (depuis 2014)

Niger   *Union des forces populaires pour la démocratie et le progrès* (1956-aujourd'hui) ;

Parti nigérien pour la démocratie et le socialisme (1990-aujourd'hui) ;

Parti du socialisme et de la démocratie au Niger (depuis 1992)

Nigéria *Union progressiste des éléments du Nord* (1950-1964) ;

Parti communiste du Nigeria et du Cameroun (1951-inconnu) ;

Groupe d'action (1951-1966) ;

Parti communiste du Nigeria (1960-1966 environ) ;

Parti socialiste des travailleurs et des agriculteurs du Nigeria (1963-aujourd'hui) ;

Parti communiste nigérian (inconnu-1966 environ) ;

Parti de la rédemption du peuple (depuis 1978) ;

Parti de l'unité du Nigeria (1978-inconnu) ;

Mouvement socialiste démocratique (depuis 1986) ;

Parti social-démocrate du Nigeria (depuis 1989 environ) ;

Parti socialiste du Nigeria (2013-présent) ;

Parti des jeunes progressistes (depuis 2017)

Rwanda *Parti socialiste rwandais* (1991-aujourd'hui) ;

Parti social-démocrate (depuis 1991) ;

Parti démocratique vert du Rwanda (2009-présent)

Sao Tomé *Mouvement pour la libération de Sao Tomé et Principe* (1960-aujourd'hui) ;

et Principe *Parti des travailleurs de Sao Taoméan* (2002-inconnu)

La population de ces archipels s'élève à un peu moins de 234 000 habitants.

Sénégal *Parti républicain socialiste indépendant* (1919-inconnu) ;

Parti socialiste sénégalais (1934-1938) ;

Union démocratique sénégalaise (1946-1956) ;

Parti sénégalais d'action socialiste (1957-1958) ;

Parti de l'indépendance africaine (1957-aujourd'hui) ;

Parti socialiste du Sénégal (1958-aujourd'hui) ;

Parti communiste sénégalais (1965-inconnu) ;

Comité pour l'initiative d'action révolutionnaire permanente (1970 environ) ;

Mouvement des jeunes marxistes-léninistes (1970-inconnu) ;

Ligue démocratique-Mouvement pour le parti travailliste (milieu des années 1970-aujourd'hui) ;

Organisation des travailleurs socialistes (1973-1991) ;

And-Jef Mouvement révolutionnaire pour la nouvelle démocratie (1974-1991) ;

Ligue des travailleurs communistes (1977-inconnu) ;

Parti de l'indépendance et du travail (depuis 1981) ;

And-Jef/Parti africain pour la démocratie et le socialisme (1991-2014) ;

Mouvement des radicaux de gauche (2004-aujourd'hui) ;

Socialistes unis pour la renaissance du Sénégal (depuis 2004)

Seychelles	*Front progressiste populaire des Seychelles* (1978-2009) ;
	Parti Lepep - Seychelles unies (2009-aujourd'hui)
Sierra Leone	*Congrès de tout le peuple* (1962-aujourd'hui*)* ;
	Front uni révolutionnaire (1991-2002)
Somalie	*Parti du travail et du socialisme* (1960-1969) ;
	Conseil suprême de la révolution (1969-1976) ;
	Parti socialiste révolutionnaire somalien (*PSRS.* 1976-1991);*
	Parti vert de Somalie (1990-aujourd'hui) ;
	Parti de l'unité sociale somalienne (depuis 2004) ;
	Parti travailliste somalien (depuis 2011) ;
	Parti démocratique cosmopolite (2015-présent) ;
	Parti Wadajir (depuis 2016)

* La Somalie était un État marxiste à parti unique appelé *République démocratique somalienne* de 1969 à 1991 ; le *SRSP* était le parti au pouvoir de 1976 à 1991.

Somaliland

Pour la justice et le développement (depuis 2001)

Afrique du Sud	*Parti travailliste sud-africain* (1910-1958) ;
	Congrès national africain (1912-aujourd'hui) ;
	Parti communiste sud-africain (1921-aujourd'hui) ;

Parti des travailleurs d'Afrique du Sud (1935-inconnu) ;

Congrès panafricaniste d'Azanie (1959-aujourd'hui) ;

Black People's Convention (1972-inconnu) ;

Organisation du peuple azanien (depuis 1978) ;

Parti ouvrier et socialiste (1979-aujourd'hui) ;

Parti de l'avant-garde internationale des travailleurs (1985-aujourd'hui) ;

Keep Left (1987-aujourd'hui) ;

Organisation des travailleurs pour l'action socialiste (1990-inconnu) ;

Parti Ecopeace (1995-aujourd'hui) ;

Parti socialiste d'Azanie (depuis 1998) ;

Parti vert d'Afrique du Sud (1999-aujourd'hui) ;

Convention des peuples africains (2007-aujourd'hui) ;

Women Forward (2008-aujourd'hui) ;

Combattants pour la liberté économique (2013-aujourd'hui) ;

Congrès américain (2013-présent) ;

Black First Land First (2015-aujourd'hui) ;

Ambassadeurs nationaux du peuple (depuis 2015) ;

Parti bolchevique d'Afrique du Sud (depuis 2016 environ) ;

Mouvement pour le contenu africain (2018-présent) ;

Bon (2018-présent) ;

Parti socialiste révolutionnaire des travailleurs (2019-présent) ;

Parti de la terre (2019-présent)

Sud Soudan	*Parti communiste du Sud-Soudan* (depuis 2011)

Le Sud-Soudan n'est devenu indépendant du Soudan que récemment, en 2011, ce qui explique qu'il n'y ait qu'un seul groupe.

Soudan	*Parti communiste soudanais* (1946-présent) ;

Front anti-impérialiste (1952-1958 environ) ;

Parti communiste soudanais - Direction de la révolution (1965-inconnu) ;

Forces ouvrières (1967-inconnu) ;

	Union socialiste soudanaise (1971-1985) ;
	Front socialiste du peuple soudanais (1984-inconnu) ;
	Mouvement soudanais des comités révolutionnaires (1985-1987 environ)
Tanzanie	*Association africaine du Tanganyika* (1929-1954) ;
	Union nationale africaine du Tanganyika (1954-1977) ;
	Chama Cha Mapinduzi (1977-aujourd'hui) ;
	Alliance pour le changement et la transparence (depuis 2014)
	Zanzibar
	Parti Afro-Shirazi (1957-1977) ;
	Parti Umma (1963-inconnu)
Togo	*Parti de la révolution socialiste du Bénin* (1959-inconnu) ;
	Parti communiste du Togo (1980-inconnu) ;
	Convention démocratique des peuples africains (1980-inconnu) ;
	Parti socialiste panafricain (1991 environ - inconnu) ;
	Parti des travailleurs (depuis 1998) ;
	Collectif Lets Save Togo (2012-aujourd'hui)
Tunisie	*Parti communiste tunisien* (1934-1993) ;
	Parti socialiste destourien (1964-1988) ;
	Mouvement d'unité populaire (depuis 1973) ;
	Mouvement des démocrates socialistes (depuis 1978) ;
	Parti de l'unité populaire (depuis 1981) ;
	Parti unifié des patriotes démocrates (1981-aujourd'hui) ;
	Parti des travailleurs (depuis 1986) ;
	Union démocratique (depuis 1988) ;
	Mouvement Ettajdid (1993-2012) ;
	Parti vert tunisien (2004-aujourd'hui) ;
	Parti socialiste (2006-présent) ;
	Courant démocratique (2011-aujourd'hui) ;
	Voie sociale-démocrate (2012-aujourd'hui)

Ouganda	*Congrès national ougandais* (à partir de 1952-1960) ;
	Congrès du peuple ougandais (1960-aujourd'hui) ;
	Mouvement de résistance nationale (1986-aujourd'hui) ;
	Parti progressiste populaire (2004-aujourd'hui)

Zambie	*Parti unifié de l'indépendance nationale* (1959-aujourd'hui) ;
	Mouvement pour la démocratie multipartite (1990-aujourd'hui) ;
	Parti socialiste révolutionnaire (1991-1998) ;
	Front patriotique (depuis 2001)

Zimbabwe	*Parti travailliste de Rhodésie* (1923-1950 environ) ;
	Parti communiste de Rhodésie du Sud (1941-inconnu) ;
	Union nationale africaine du Zimbabwe-Front patriotique (1953-aujourd'hui) ;
	Zimbabwe African People's Union (1961-présent) ;
	Parti démocratique populaire (2015-présent) ;
	Mouvement pour le changement démocratique (2018-présent)

Moyen-Orient (et Asie occidentale)

Localisation	**Groupes notables**
Arménie	*Parti communiste d'Arménie* (*APC*. 1920-1991);* (Com)
	Parti communiste arménien (depuis 1991) ;
	Parti démocratique d'Arménie (1991-aujourd'hui) ;
	Parti populaire d'Arménie (depuis 1998) ;
	Parti communiste arménien rénové (2002-2003) ;
	Parti communiste unifié d'Arménie (depuis 2003) ;
	Décision citoyenne (2018-présent)
	* L'Arménie faisait partie de l'*URSS* et ce parti était la branche locale du *Parti communiste de l'Union soviétique* (*PCUS/KPSS*).
Azerbaïdjan	*Parti communiste d'Azerbaïdjan* (*APC*. 1920-1991);*
	Parti communiste unifié d'Azerbaïdjan (depuis 1993) ;

Parti communiste d'Azerbaïdjan-CPA-2 (depuis 1996)

* L'Azerbaïdjan faisait partie de l'*URSS* et ce parti était la branche locale du *Parti communiste de l'Union soviétique* (*PCUS/KPSS*).

Bahreïn *Parti Baas socialiste arabe* (1947-1966) ;

Front national de libération du Bahreïn (1955-aujourd'hui) ;

Front populaire de libération de Bahreïn (1974-2001) ;

Assemblée nationale démocratique (depuis 1991) ;

Tribune démocratique progressiste (2001-aujourd'hui)

Chypre *Parti progressiste des travailleurs* (1926-aujourd'hui) ;

(Rép. et Nord) *Mouvement pour la démocratie sociale* (depuis 1969) ;

Nouveau parti chypriote (1989-aujourd'hui) ;

Parti unifié de Chypre (2003-présent) ;

Mouvement chypriote pour l'écologie sociale (depuis 2009) ;

ERAS - Comité pour un rassemblement de la gauche radicale (2011-2014) ;

Coalition de la gauche radicale-Alliance progressiste (depuis 2012)

Égypte *Parti socialiste égyptien* (1921-1923) ;

Union socialiste arabe (1962-1978) ;

Parti communiste égyptien (depuis 1975) ;

Parti arabe démocratique nassériste (depuis 1984) ;

Socialistes révolutionnaires (depuis 1995) ;

Parti de l'Alliance populaire socialiste (2011-aujourd'hui) ;

Parti des travailleurs et des paysans (depuis 2012) ;

Coalition démocratique révolutionnaire (2012-2015) ;

Parti du pain et de la liberté (depuis 2013)

L'Iran *Parti social-démocrate* (1904-1910) ;

Parti communiste de Perse (1917-1921) ;

Parti socialiste (1921-1926) ;

Parti républicain révolutionnaire d'Iran (1925-inconnu) ;

Parti Tudeh d'Iran (1941-aujourd'hui) ;

Parti de l'Iran (1941-aujourd'hui) ;

Parti des camarades (1942-1944) ;

Ligue des socialistes iraniens (1960-1980 environ) ;

Parti travailliste d'Iran (basé en Allemagne. 1965-aujourd'hui) ;

Parti des travailleurs d'Iran (basé en Suède. 1979-aujourd'hui) ;

Parti communiste d'Iran (depuis 1983) ;

Parti communiste-ouvrier d'Iran (basé en Allemagne. 1991-aujourd'hui) ;

Parti vert d'Iran (1999-aujourd'hui) ;

Parti communiste d'Iran - marxiste-léniniste-maoïste (depuis 2001)

L'Irak   *Parti communiste irakien* (depuis 1934) ;

Avant (1942-1944) ;

Mouvement des travailleurs arabes (1962-1964) ;

Union socialiste arabe irakienne (1964-1968) ;

Parti de l'unité arabe (1967-1971) ;

Parti démocratique socialiste du Kurdistan (1976-aujourd'hui) ;

Parti des travailleurs du Kurdistan (depuis 1985) ;

Parti communiste-ouvrier d'Irak (depuis 1993) ;

Parti communiste du Kurdistan/Irak (depuis 1993) ;

Parti vert d'Irak (2003-aujourd'hui) ;

Parti communiste-ouvrier de gauche d'Irak (depuis 2004) ;

Union populaire (2005-2010)

Israël   *Maki* (1948-1973) ;

Parti communiste israélien (1965-aujourd'hui) ;

Parti travailliste israélien (1968-présent) ;

Moked (1973-1977) ;

Front démocratique pour la paix et l'égalité (depuis 1977) ;

Parti des travailleurs de Da'am (depuis 1995)

Israël ayant été créé en 1948, voir "Palestine" ci-dessous pour les groupes antérieurs à 1948.

Jordanie   *Parti communiste jordanien* (1948-présent) ;

Parti populaire démocratique jordanien (1989-présent) ;

Parti communiste jordanien des travailleurs (depuis 1997)

Koweït *Mouvement progressiste koweïtien* (depuis 1975)

Liban *Parti communiste libanais* (1924-aujourd'hui) ;

Parti communiste syro-libanais (1924-1964) ;

Parti socialiste progressiste (1949-aujourd'hui) ;

Liban socialiste (1965-1970) ;

Ligue des travailleurs (1968-présent) ;

Organisation d'action communiste au Liban (depuis 1970) ;

Parti communiste ouvrier palestinien (1978-1991)

Oman *Front populaire de libération d'Oman* (1974-1992)

Oman est une monarchie absolue ; aucun parti politique n'est autorisé.

Palestine *Parti socialiste ouvrier* (1919-1921 environ) ;

Parti communiste palestinien (1922-1923) ;

Parti communiste palestinien (1923-1982) ;

Front populaire de libération de la Palestine (1967-aujourd'hui) ;

Front démocratique pour la libération de la Palestine (depuis 1968) ;

Parti du peuple palestinien (1982-aujourd'hui)

Qatar N/A

Le Qatar est une monarchie absolue de facto (officiellement en transition vers une monarchie constitutionnelle). Auparavant, aucun parti politique n'était autorisé.

Arabie Saoudite *Union populaire de la péninsule arabique* (1959-1990 environ) ;

Parti d'action socialiste arabe - Péninsule arabique (1972-1990) ;

Parti communiste en Arabie Saoudite (1975-inconnu)

L'Arabie saoudite est une monarchie absolue ; aucun parti politique n'est autorisé.

Syrie *Parti communiste syrien* (1924-1986) ;

Mouvement socialiste arabe (années 1950-1960) ;

Parti socialiste unioniste (1962-aujourd'hui) ;

Parti des travailleurs révolutionnaires arabes (1966-aujourd'hui) ;

Parti communiste arabe (1968-inconnu) ;

Parti d'action communiste (depuis 1976) ;

Parti communiste syrien unifié (depuis 1986) ;

Parti communiste syrien-Bakdash (depuis 1986) ;

Parti de la volonté populaire (depuis 2012)

Émirats arabes unis	N/A
	Les Émirats arabes unis sont une monarchie fédérale ; il n'y a pas de partis politiques.
Yémen	*Parti socialiste yéménite* (depuis 1978)
	Yémen du Sud (province méridionale et orientale du Yémen, plus l'île de Socotra)
	De 1967 à 1990, le Yémen du Sud était un État marxiste à parti unique appelé *République démocratique populaire du Yémen*.

Asie

Ce continent a été absolument ravagé par l'infection, provoquant de nombreuses divisions et conflits tout au long du XXe siècle, qui perdurent encore aujourd'hui. Il abrite également l'un des plus grands bastions de l'infection à l'heure actuelle, la *République populaire de Chine*. En outre, l'Asie compte certains des pays les plus peuplés du monde, la Chine et l'Inde avoisinant toutes deux les 1,4 milliard d'habitants. L'Indonésie compte 273 millions d'habitants et le Pakistan 220 millions.[129]

En fait, la population de la Chine est estimée à plus de 1,4 milliard d'habitants (1 445 327 346). C'est particulièrement inquiétant, car si nous disons que seule la moitié de cette population est composée de membres de sectes endoctrinés, cela représente 722 663 673 personnes (presque la population actuelle de l'Europe). S'il ne s'agit que d'un quart, cela fait 361 331 836,5 personnes (plus que la population actuelle des États-Unis, qui compte près de 340 millions d'habitants).

Il n'est pas surprenant qu'en raison de son passé colonial britannique, l'Inde ait également une longue histoire de fascination pour cette idéologie et qu'elle compte (comme le montre le tableau) un nombre considérable de groupes sectaires. Les pays du Moyen-Orient qui bordent l'Asie, tels que l'Afghanistan, le Kazakhstan, le Kirghizstan, le Tadjikistan, le Turkménistan et l'Ouzbékistan, dont la plupart ont fait partie de l'Union soviétique pendant la majeure partie

---

[129] https://www.worldometers.info/world-population/population-by-country/

du 20e siècle (cela vaut également pour la Mongolie), font également partie de ce groupe.

En Asie, l'idéologie a joué un rôle dans : la *guerre civile chinoise* et la formation de la Chine rouge ; *la deuxième guerre sino-japonaise ; le* Siam et sa transition vers la Thaïlande, ainsi que le conflit et les luttes de pouvoir qui se sont poursuivis ces dernières années ; le *Parti communiste de Malaisie, l'Union générale du travail de Malaisie* et l'infiltration des syndicats à Singapour ; la *guerre soviéto-afghane* (1979-1989) pendant la guerre froide ; la guerre de *Corée ; les* guerres d'Indochine, y compris la *guerre du Viêt Nam ;* le *Pathet Lao* et la création d'un autre État marxiste à parti unique, *la République démocratique populaire* lao (alias Laos) ; l'invasion et l'annexion du Tibet par la Chine rouge, appelées *"Libération pacifique du Tibet"* (giggles. 1950-1951) ; *la* présidence de Sukarno en Indonésie, le *mouvement Gerakan du 30 septembre* et une purge anti-marxiste appelée *Pembunuhan ;* les *Khmers rouges* et le régime de Pol Pot au Cambodge ; la formation de l'*État Wa* en Birmanie ; le *Parti communiste du Népal* et la *guerre civile népalaise* (1996-2006) ; Velupillai Prabhakaran (1954-2009) et les *Tigres tamouls* au Sri Lanka ; la répression par la Chine de tout non-conformiste à l'intérieur de ses frontières, son expansionnisme et son projet de devenir la première puissance mondiale au cours de ce siècle.

Localisation	Groupes notables
Afghanistan	*Organisation de la jeunesse progressiste* (1965-1972) ;
	Parti démocratique populaire d'Afghanistan (PDPA. 1965-1992);*
	Parti démocratique progressiste d'Afghanistan (1966-aujourd'hui) ;
	Organisation de libération de l'Afghanistan (depuis 1973) ;
	Organisation de libération du peuple afghan (1977-1989) ;
	Parti Watan d'Afghanistan (depuis 1997) ;
	Parti républicain d'Afghanistan (depuis 1999) ;
	Parti national unifié d'Afghanistan (2003-aujourd'hui) ;
	Parti de la solidarité de l'Afghanistan (2004-aujourd'hui) ;
	Parti communiste afghan-maoïste (depuis 2004)
	* De 1978 à 1992, l'Afghanistan était un État marxiste à parti unique appelé *République démocratique d'Afghanistan ;* le *PDPA* était le parti au pouvoir pendant cette période.
Bangladesh	*Parti communiste du Bangladesh* (depuis 1968) ;

Parti communiste-léniniste du Bangladesh (1971-1980) ;

Parti national socialiste du Bangladesh (1972-aujourd'hui) ;

Ligue Awami Krishak Sramik du Bangladesh (1975) ;

Parti socialiste du Bangladesh (depuis 1980) ;

Parti des travailleurs du Bangladesh (1980-aujourd'hui) ;

Parti national socialiste (2002-aujourd'hui) ;

Parti révolutionnaire des travailleurs du Bangladesh (depuis 2004)

Le Bangladesh est devenu une nation "souveraine" en 1971

Bhoutan
Parti du peuple du Bhoutan (1990-aujourd'hui. En exil au Népal) ;

Parti communiste bhoutanais-marxiste-léniniste (2003-aujourd'hui) ;

Parti Bhoutan Kuen-Nyan (depuis 2013) ;

Parti du peuple du Bhoutan (2013-2018)

Brunei
Parti populaire du Brunei (1956-1962)

Birmanie/Myanmar
Parti communiste de Birmanie (1939-aujourd'hui) ;

Parti socialiste birman (1945-1964) ;

Parti communiste du drapeau rouge (1946-1978) ;

Parti des travailleurs de Birmanie (1950-1962) ;

Conseil révolutionnaire de l'Union (1962-1974) ;

Parti du programme socialiste de Birmanie (1962-1988) ;

Parti de l'unité nationale (1988-aujourd'hui) ;

Parti de l'État de Wa (1989-aujourd'hui) ;

Parti populaire des agriculteurs et des travailleurs du Myanmar (depuis 2014) ;

Parti des agriculteurs confédérés (2015-aujourd'hui)

Cambodge
Front uni des Issarak (1950-1954) ;

Parti du peuple cambodgien (1951-aujourd'hui) ;

Parti communiste du Kampuchea (1951-1981);*

Groupe populaire (1954-1972) ;

Parti du Kampuchea démocratique (1981-1993) ;

Parti de l'unité nationale cambodgienne (1992-1997)

* Parti au pouvoir du *Kampuchea démocratique* (État marxiste à parti unique. Existé de 1975 à 1979)

Chine (alias République populaire de Chine)

Parti communiste chinois (*PCC*. 1921-aujourd'hui);*

Les partis mineurs :

Parti chinois Zhi Gong (1925-aujourd'hui) ;

Union démocratique des paysans et des travailleurs chinois (1927-aujourd'hui) ;

Ligue démocratique chinoise (1941-aujourd'hui) ;

Société Jiusan (depuis 1945) ;

Association nationale pour la construction démocratique (1945-aujourd'hui) ;

Association chinoise pour la promotion de la démocratie (depuis 1945) ;

Parti socialiste démocratique de Chine (1946-2020) ;

Ligue démocratique d'autonomie de Taïwan (1947-aujourd'hui) ;

Comité révolutionnaire du Kuomintang chinois (1948-aujourd'hui)

Autres parties :

Parti communiste chinois (1976-1978) ;

Parti communiste maoïste de Chine (depuis 2008) ;

Zhi Xian Party (2013)

* Le PCC est le parti au pouvoir en *République populaire de Chine*. Il contrôle tous les partis mineurs par l'intermédiaire du Front *uni, une* organisation qui comprend également d'autres groupes sous le contrôle du *PCC*.

Hong Kong :

Parti communiste révolutionnaire de Chine (1948-aujourd'hui) ;

Fédération des syndicats de Hong Kong (1948-aujourd'hui) ;

Cinquième action d'avril (1988-aujourd'hui) ;

Parti communiste de Hong Kong (1997-aujourd'hui);**

Action socialiste (depuis 2010) ;

Le pouvoir du peuple (2011-aujourd'hui) ;

Land Justice League (2011-présent)

** Le statut territorial de Hong Kong a changé en 1997, le Royaume-Uni l'ayant transféré à la Chine.

Timor oriental	*Front révolutionnaire pour un Timor oriental indépendant* (1974-aujourd'hui) ;
	Parti socialiste du Timor (depuis 1990)
Inde	*Congrès national indien* (1885-aujourd'hui) ;
	Parti communiste indien (1925-aujourd'hui) ;
	Parti socialiste du Congrès (1934-1948) ;
	Parti communiste révolutionnaire (1934-aujourd'hui) ;
	All India Forward Bloc (1939-aujourd'hui) ;
	Parti socialiste révolutionnaire (1940-aujourd'hui) ;
	Parti bolchevik-léniniste de l'Inde, de Ceylan et de la Birmanie (1942-1947) ;
	Parti Kisan Mazdoor Praja (1951-1952) ;
	Parti socialiste Praja (1952-1972) ;
	Front national Mizo (1961-aujourd'hui) ;
	Parti communiste indien-marxiste (depuis 1964) ;
	Parti communiste indien-marxiste-léniniste (1969-1972) ;
	Parti communiste indien de libération marxiste-léniniste (1974-aujourd'hui) ;
	Parti communiste marxiste de l'Inde (1983-2005) ;
	Parti communiste indien-marxiste-léniniste Drapeau rouge (1988-2005) ;
	Front démocratique du Sikkim (depuis 1993) ;
	Parti national du peuple (1997-aujourd'hui) ;
	Front démocratique du peuple (depuis 2001) ;
	Janata Dal-United (2003-aujourd'hui) ;
	Parti communiste indien-maoïste (2004-aujourd'hui) ;
	Manithaneya Makkal Katchi (2009-aujourd'hui) ;
	Front révolutionnaire du Sikkim (depuis 2013) ;
	Janta Congress Chhattisgarh (depuis 2016) ;
	Apna Dal Sonelal (depuis 2016) ;
	All India Women's Empowerment Party (*Parti pour*

l'émancipation des femmes de toute l'Inde) (2017-aujourd'hui) ;

Parti Jannayak Janta (2018-aujourd'hui) ;

Parti socialiste progressiste-Lohia (depuis 2018)

Indonésie   *Parti communiste d'Indonésie* (1914-1966) ;

Front des paysans d'Indonésie (1945-65) ;

Union du peuple indonésien Marhaen (1945-1955) ;

Parti socialiste d'Indonésie (1945) ;

Parti socialiste populaire (1945) ;

Parti socialiste d'Indonésie (1948-1960) ;

Parti Murba (1948-1973) ;

Parti travailliste (1949-1956) ;

Parti d'Acoma (1952-1965) ;

Parti démocratique populaire (depuis 1996) ;

Nouveau parti indonésien de lutte (2002-aujourd'hui) ;

Parti vert indonésien (2012-présent) ;

Parti de la solidarité indonésienne (depuis 2014)

Japon   *Parti social-démocrate* (1901) ;

Parti socialiste japonais (1906-1907) ;

Parti communiste japonais (1922-aujourd'hui) ; (Com)

Parti travailliste-agricole japonais (1926-1928) ;

Parti socialiste des masses (1932-1940) ;

Parti prolétarien japonais (1937) ;

Parti socialiste japonais (1945-1996) ;

Parti social-démocrate (depuis 1996) ;

Nouveau parti socialiste du Japon (depuis 1996) ;

Les Verts au Japon (depuis 2008)

Kazakhstan   *Parti communiste du Kazakhstan* (QKP. 1936-1991);*

Parti socialiste du Kazakhstan (depuis 1991) ;

Parti communiste du Kazakhstan (1991-2015) ;

Parti Rukhaniyat (1995-2013) ;

Résistance socialiste du Kazakhstan (2002-aujourd'hui) ;

Parti communiste du peuple du Kazakhstan (depuis 2004) ;

Parti social-démocrate national (2006-aujourd'hui)

* Le Kazakhstan faisait partie de l'*URSS* et ce parti était la branche locale du *Parti communiste de l'Union soviétique (PCUS/KPSS).*

Kirghizistan

Parti communiste de Kirghizie (CPK. 1924-1991);*

Parti socialiste de la patrie (depuis 1992) ;

Parti communiste du Kirghizistan (1992-aujourd'hui) ;

Parti social-démocrate du Kirghizstan (depuis 1993) ;

Parti communiste du Kirghizstan (depuis 1999)

* Le Kirghizstan faisait partie de l'*URSS* et ce parti était la branche locale du *Parti communiste de l'Union soviétique (PCUS/KPSS).*

Laos

La nation lao (1950-1975) ;

Parti révolutionnaire du peuple lao (PRPL. 1955-aujourd'hui) ;

Front lao pour la construction nationale (LFNC. 1979-aujourd'hui)

Le Laos est un État à parti unique et le *PPRL* est le parti au pouvoir. Le *LFNC* est subordonné au *LPRP*, en tant qu'organe d'organisation nationale.

Malaisie

Parti communiste malaisien (1930-1989) ;

Kesatuan Melayu Muda (1938-1945) ;

Parti du peuple malaisien (1955-aujourd'hui) ;

Parti d'action démocratique (1965-aujourd'hui) ;

Parti communiste de Malaisie - Faction révolutionnaire (1970-1983) ;

Parti communiste de Kalimantan Nord (1971-1990) ;

Parti communiste de Malaisie-marxiste-léniniste (1974-1983) ;

National Trust Party (1978-aujourd'hui) ;

Parti communiste malaisien (1983-1987) ;

Parti socialiste de Malaisie (depuis 1998)

Maldives

Parti de l'unité nationale (2013-présent) ;

Mouvement communiste socialiste des Maldives (depuis 2016) ;

Parti travailliste et social-démocrate des Maldives (2019-présent)

Mongolie

Parti du peuple mongol (MPP. 1920-aujourd'hui) ; (Com) *

Parti social-démocrate mongol (1990-aujourd'hui) ;

Parti vert mongol (1990-aujourd'hui) ;

Nouveau parti démocratique socialiste mongol (1992-aujourd'hui)

* La Mongolie a été un État marxiste à parti unique appelé *République populaire de Mongolie de* 1924 à 1992 ; le *MPP* était le parti au pouvoir pendant cette période.

Népal

Parti communiste du Népal (1949-1962) ;

Congrès népalais (1950-aujourd'hui) ;

Parti des travailleurs et des paysans du Népal (depuis 1975) ;

Parti communiste népalais-marxiste-léniniste unifié (1991-2018) ;

Front national du peuple (depuis 1999) ;

Sanghiya Loktantrik Rastriya Manch (2007-aujourd'hui) ;

Parti communiste du Népal (depuis 2013) ;

Forum socialiste fédéral (2015-2019) ;

Parti de la nouvelle force (2016-2019) ;

Parti socialiste fédéral du Népal (depuis 2016) ;

Parti communiste népalais (2018-présent) ;

Parti socialiste népalais (2019-2020) ;

Parti socialiste populaire (2020-présent)

Pakistan

Parti socialiste pakistanais (1948-1958) ;

Parti communiste du Pakistan (1948-aujourd'hui) ;

Parti communiste du Pakistan oriental-marxiste-léniniste (1966-1978) ;

Parti du peuple pakistanais (1967-aujourd'hui) ;

Parti national Awami (depuis 1986) ;

Parti travailliste du Pakistan (1986-2012) ;

Mouvement du peuple pakistanais (1989-aujourd'hui) ;

Parti communiste Mazdoor Kissan (1995-2015) ;

Parti des travailleurs Awami (depuis 2012) ;

Parti Barabri (2018-présent)

Philippines

Parti communiste des Philippines (1930-aujourd'hui) ;

Parti travailliste des Philippines (1963-aujourd'hui) ;

Parti communiste des Philippines (depuis 1968) ;

Parti socialiste démocratique philippin (1973-présent) ;

Parti démocratique - Pouvoir populaire (1983-aujourd'hui) ;

Parti d'action citoyenne Akbayan (depuis 1998) ;

Bayan Muna (1999-aujourd'hui) ;

Parti LGBT Ang Ladlad Inc (2003-aujourd'hui) ;

Coalition patriotique du peuple (depuis 2009) ;

Parti des masses laborieuses (2009-aujourd'hui)

Singapour

Parti communiste des mers du Sud (1925-1930) ;

Parti communiste de Malaisie (1930-1989) ;

Parti travailliste (1948-1960) ;

Front du travail (1954-1960) ;

Parti socialiste libéral (1956-1963) ;

Parti des travailleurs de Singapour (1957-aujourd'hui) ;

Alliance populaire de Singapour (1958-1965) ;

Front socialiste (1961-1988) ;

Parti démocrate progressiste (1973-aujourd'hui) ;

Front socialiste (2010-2011) ;

Parti du pouvoir populaire (depuis 2015)

Sri Lanka

Lanka Equal Society Party (1935-aujourd'hui) ;

Parti communiste du Sri Lanka (depuis 1943) ;

Parti communiste maoïste de Ceylan (1964-aujourd'hui) ;

Front populaire de libération (1965-aujourd'hui) ;

Parti communiste du Sri Lanka-marxiste-léniniste (1972-aujourd'hui) ;

New Equal Society Party (1977-aujourd'hui) ;

Parti socialiste unifié (depuis 1989) ;

Front démocratique de gauche (1999-aujourd'hui) ;

Alliance populaire unie pour la liberté (2004-2019) ;

Parti socialiste du Sri Lanka (2006-présent) ;

Parti socialiste de première ligne (2012-aujourd'hui) ;

Alliance populaire pour la liberté du Sri Lanka (2019-aujourd'hui)

Taïwan	*Parti communiste taïwanais* (1928-1931) ;
(République de Chine)	*Parti travailliste* (1989-présent) ;
	Green Party Taiwan (1996-présent) ;
	Union de solidarité de Taïwan (depuis 2001) ;
	Parti communiste taïwanais (2008-2020) ;
	Parti communiste démocratique de Taïwan (2009-2020) ;
	Parti communiste de la République de Chine (2009-2018) ;
	Parti social-démocrate (2015-présent) ;
	Parti de la construction de l'État de Taïwan (depuis 2016)
Tadjikistan	*Parti communiste du Tadjikistan* (depuis 1918);*
	Parti socialiste du Tadjikistan (depuis 1996)

* Le Tadjikistan faisait partie de l'*URSS* et ce parti était la branche locale du *Parti communiste de l'Union soviétique* (*PCUS/KPSS).*

Thaïlande	*Parti communiste des mers du Sud* (1925-1930) ;
	Parti communiste de Thaïlande (1942-1990 environ) ;
	Parti socialiste de Thaïlande (1974-1976) ;
	Parti de la nouvelle force (1974-1988)
Turkménistan	*Parti communiste de la République socialiste soviétique de Turkménistan* (1924-1991);*
	Parti communiste du Turkménistan (1998-2002)

* Le Turkménistan faisait partie de l'*URSS* et ce parti était la branche locale du *Parti communiste de l'Union soviétique* (*PCUS/KPSS).*

Le pays a déclaré son indépendance de l'*URSS* en 1990. Depuis l'indépendance, il s'agit d'un État à parti unique, jusqu'à récemment

Ouzbékistan	*Parti communiste d'Ouzbékistan* (1925-1991);*
	Parti social-démocrate de la justice (1995-aujourd'hui) ;
	Parti écologique d'Ouzbékistan (depuis 2008)

* L'Ouzbékistan faisait partie de l'*URSS* et ce parti était la branche locale du *Parti communiste de l'Union soviétique* (PCUS/KPSS).

Le pays a déclaré son indépendance de l'URSS en 1991. Depuis l'indépendance, il s'agit d'un État à parti unique, jusqu'à récemment

Vietnam	*Parti communiste des mers du Sud* (1925-1930) ;
	Nouveau parti révolutionnaire vietnamien (1925-1930) ;
	Ligue de la jeunesse révolutionnaire vietnamienne (1925-1929) ;
	Ligue communiste indochinoise (1929-1930) ;
	Parti communiste de l'Annam (1929-1930) ;
	Parti communiste d'Indochine (1929-1930) ;
	Parti communiste vietnamien (*PCV.* 1930-aujourd'hui);*
	Parti communiste indochinois (1930-1945) ;
	Union de la jeunesse communiste de Ho Chi Minh (1931-aujourd'hui) ;
	Ligue communiste internationale (1932-1946) ;
	Parti démocratique du Vietnam (1944-1988) ;
	Parti socialiste du Vietnam (1946-1988) ;
	Front de la Patrie vietnamien (1977-aujourd'hui)

* Le *Parti communiste du Vietnam (PCV) est le* parti au pouvoir ; le Vietnam est un État à parti unique.

Australasie

Localisation   **Groupes notables**

Australie	*Parti travailliste australien* (1901-aujourd'hui) ;
	Parti socialiste du travail (1901-1940/1970s) ;
	Parti communiste d'Australie (1920-1991) ; (Com)
	Société fabienne australienne (1947-aujourd'hui)

Fidji	*Parti travailliste fidjien* (depuis 1985)
Nouvelle-Calédonie	*Front de libération nationale kanak et socialiste* (1984-aujourd'hui)
Nouvelle-Zélande	*Parti socialiste néo-zélandais* (1901-1913) ; *Ligue politique indépendante du travail* (1904-1919) ; *Parti travailliste unifié* (1912-1916) ; *Parti communiste de Nouvelle-Zélande* (1921-1994) ; *Parti de l'unité socialiste* (1966-1990)

Organisations internationales

Voici quelques organisations internationales notables. PE = Groupe du Parlement européen. (Com) = Créé/contrôlé par le Comintern :

Période	Organisation
1847-1852	*Ligue communiste*
1864-1876	*Première Internationale ou Association internationale des travailleurs* (IWA)
1889-1916	*Deuxième conférence internationale*
1904-aujourd'hui	*Mouvement socialiste mondial* (MSM)
1919-1943	*Troisième Internationale* (alias Comintern)
1920-1937	*Internationale rouge des syndicats, ou "Profintern"* (Com) *
1920-1930s	*Internationale des femmes communistes* (Com)
1921-1923	*Union internationale de travail des partis socialistes* (IWUSP)
1922-1938	*Aide rouge internationale* (MOPR) (Com)
1922-1933	*Workers International Relief* (WIR)
1923-1939	*Internationale paysanne ou Krestintern* (Com)
1923-1940	*Internationale travailliste et socialiste* (LSI)
1927-1936	*Ligue contre l'impérialisme et l'oppression coloniale* (Com)

1932-inconnu	*Centre Marxiste Révolutionnaire International ou Bureau de Londres*
1938-plusieurs	*Quatrième Internationale* (FI) (a connu plusieurs scissions)
1947-1956	*Bureau d'information des partis communistes et ouvriers (alias Cominform)*
1951-aujourd'hui	*Internationale socialiste* (IS)
1973-aujourd'hui	*Parti socialiste européen* (PSE)
1974-aujourd'hui	*Comité pour une Internationale Ouvrière* (CWI)
1979-aujourd'hui	*Conférence permanente des partis politiques Amérique latine Caraïbes* (COPPPAL)
1984-inconnu	*Mouvement internationaliste révolutionnaire (MIR)* (marxisme-léninisme-maoïsme)
1886-aujourd'hui	*SAMAK - Comité mixte du mouvement syndical social-démocrate nordique*
Depuis 1989	*Ligue pour la Cinquième Internationale* (L5I)
1990-aujourd'hui	*Forum de Sao Paulo* (FSP)
1990-aujourd'hui	*Internationale des travailleurs pour la reconstruction de la Quatrième Internationale* (WIRFI)
1992-2014	*Séminaire communiste international* (ICS)
Depuis 1992	*Tendance marxiste internationale* (TMI)
1993-aujourd'hui	*Union des partis communistes - Parti communiste de l'Union soviétique* (UPC-CPSU)
Depuis 1994	*Conférence internationale des partis et organisations marxistes-léninistes* (ICMLPO)
1995-aujourd'hui	*Gauche unitaire européenne/Gauche verte nordique* (GUE) EP
1995-inconnu	*Unité internationale des travailleurs - Quatrième Internationale*
Depuis 1998	*Conférence internationale des partis et organisations marxistes-léninistes* (ICMLPO)

Depuis 1998	*Rencontre internationale des partis communistes et ouvriers* (IMCWP)
2000-aujourd'hui	*Gauche anticapitaliste européenne (GACE)*
2001-aujourd'hui	*Les Verts mondiaux* (GG)
Depuis 2004	*Alliance bolivarienne pour les peuples de notre Amérique* (ALBA)
Depuis 2004	*Alliance nordique verte et de gauche* (ANGL)
Depuis 2004	*Parti de la gauche européenne* (PEL) EP
Depuis 2004	*Parti vert européen* (PVE)
Depuis 2010	*Coordination internationale des partis et organisations révolutionnaires* (ICOR)
Depuis 2012	*Alliance progressiste* (AP)
Depuis 2013	*Initiative des partis communistes et ouvriers*
2018-aujourd'hui	*Progressive International* (PI)
2019-présent	*Comité pour une Internationale Ouvrière* (CWI)
2020-aujourd'hui	*Alternative socialiste internationale* (ISA)

Le slogan de cette organisation est "L'internationalisme ou l'extinction". Une menace subtile, peut-être involontaire, cachée à la vue de tous ("le communisme ou la mort !").

* Le Profintern a été créé pour recruter et contrôler les membres des sectes par l'intermédiaire des mouvements syndicaux.[130]

Le bilan du marxisme

L'une des conséquences les plus horribles de l'infection marxiste mondiale est le nombre de morts. Il s'agit d'un sujet suffisamment examiné ailleurs, mais qui doit être brièvement abordé ici. Habituellement, ce point est soulevé lorsqu'on parle des effets catastrophiques qui s'ensuivent lorsque la secte contrôle un pays, y compris la collectivisation forcée et l'égalitarisme dans l'industrie, l'agriculture, etc.

---

[130] https://en.wikipedia.org/wiki/Profintern

L'idéologie est-elle la plus meurtrière de tous les temps ? Y a-t-il quelque chose dans l'histoire du monde qui ait tué plus de gens en un siècle que le marxisme ? En termes d'impact, y a-t-il eu pire que le marxisme ? Bien que l'idéologie soit relativement nouvelle dans le monde, elle n'a pas d'égal en termes de nombre de morts. Plus que les religions et les guerres de religion, ou que d'autres idéologies politiques, etc. Peut-être plus que beaucoup d'entre elles réunies. Combien l'Empire romain a-t-il tué ? L'Empire ottoman ou britannique ? Au XIIIe siècle, l'empire mongol de Gengis Khan et les invasions mongoles qui se sont étendues sur de vastes étendues de terre en Eurasie ont apparemment tué 30 millions de personnes. Les estimations du nombre total de victimes des guerres napoléoniennes varient entre 3,5 et 6 millions. Au XXe siècle : la *pandémie de grippe* ou *grippe espagnole* de 1918 est estimée en moyenne à 50 millions de morts, et en haut à 100 millions. La Seconde Guerre mondiale est estimée entre 60 et 85 millions ; la première a fait entre 15 et 20 millions de victimes. (tous les chiffres relatifs à la guerre comprennent les décès de civils).[131] [132] [133]

Lorsque le sujet du nombre de victimes du socialisme/communisme est abordé, les membres de la secte tentent souvent de se défiler en invoquant la propagande de la "peur rouge", ou essaient de détourner l'attention vers leur vieil ennemi, l'Église catholique, en mentionnant les Croisades (1095-1291 environ) ou l'Inquisition espagnole (1478-1834 environ). Bien qu'il soit impossible d'obtenir des chiffres fiables, on estime généralement que les Croisades ont tué quelques millions de personnes[132] ; trois étant le chiffre le plus élevé (il est intéressant de noter que le chiffre farfelu de neuf millions a été avancé par un membre de secte écossaise et fanatique anti-Jésus, John M. Robertson (1856-1933)[134] L'Inquisition espagnole était davantage un festival de tortures, mais les estimations réalistes se comptent en milliers.

Évidemment, à l'ère moderne, la technologie permet d'augmenter quelque peu le nombre de cadavres. La secte mettra également en avant l'"impérialisme" américain. Comme cela a été mentionné ailleurs, de nombreux conflits très médiatisés dans lesquels les États-Unis ont été impliqués au cours du XXe siècle (Corée, Viêt Nam, etc.) n'auraient pas eu lieu si le marxisme n'avait pas existé. En ce qui concerne les nombreuses incursions de l'armée américaine au Moyen-Orient depuis l'*opération Tempête du désert* (1990-1991), les

---

[131] "Sélection de bilans des guerres, massacres et atrocités avant le 20e siècle".

http://necrometrics.com/pre1700a.htm#Mongol

[132] "Liste des guerres par nombre de morts

https://military-history.fandom.com/wiki/List_of_wars_by_death_toll

[133] https://www.britannica.com/event/influenza-pandemic-of-1918-1919

[134] https://en.wikipedia.org/wiki/J._M._Robertson

estimations approximatives font état de moins de deux millions de morts (dans les conflits proprement dits). [132]

Il est évident que la secte met souvent l'accent sur ces chiffres - c'est un moyen de détourner l'attention du nombre de morts de la secte (dont beaucoup se sont malheureusement laissés séduire). La pandémie de peste buponique - ou *peste noire* - de la fin du XIVe siècle semble être le seul concurrent au bilan global de la secte ; il n'y a pas de chiffres fiables, mais elle a apparemment décimé jusqu'à 200 millions de personnes (bien qu'un article du New York Times de février 2022 ait souligné que les estimations antérieures du nombre de morts sont remises en question) [135]. Voilà ce qu'est une pandémie ! Imaginez le nombre de masques et de vaccins nécessaires.

Le Petit Livre Noir

Un livre français intitulé *Le Livre noir du communisme : Crimes, terreur, répression* ou *Le Livre noir du communisme : Crimes, terreur, répression*, a été publié en 1997. Élaboré par un groupe d'universitaires européens - dirigé par le professeur français Stéphane Courtois - il documente l'histoire des crimes contre l'humanité commis par les différents régimes communistes. Souvent, dans ces régimes, la collectivisation forcée et la centralisation du pouvoir, y compris le contrôle des moyens de production alimentaire, ont engendré un niveau presque incroyable de souffrance, d'horreur et de mort.

Le terme "démocide" est très utile à cet égard. Il a été inventé par feu l'auteur, professeur et politologue R.J. Rummel (1932-2014) dans son livre *Death by Government : Genocide and Mass Murder since 1900* (1997). Il décrit "l'assassinat intentionnel d'une personne non armée ou désarmée par des agents gouvernementaux agissant en leur qualité d'autorité et conformément à la politique gouvernementale ou au haut commandement".[136] Selon le Livre noir du communisme, *l'*estimation officieuse des morts causées par le démocide par les régimes communistes s'élevait à près de 100 millions. L'estimation de Rummel était plus élevée.

Sur le site web de *WND*, le 15 décembre 2004, les mots pertinents de Rummel ont été présentés : "De toutes les religions, laïques ou non, celle du marxisme a été de loin la plus sanglante - plus sanglante que l'Inquisition catholique, les diverses croisades catholiques et la guerre de Trente Ans entre catholiques et protestants. Dans la pratique, le marxisme a été synonyme de terrorisme sanglant, de purges meurtrières, de camps de prisonniers mortels et de travail forcé meurtrier, de déportations fatales, de famines provoquées par l'homme, d'exécutions extrajudiciaires et de procès fictifs frauduleux, de meurtres de

---

[135] https://www.britannica.com/event/Black-Death

[136] Rummel, R.J., *Death by Government : Genocide and Mass Murder since 1900* (1997).

masse et de génocides purs et simples. Au total, les régimes marxistes ont assassiné près de 110 millions de personnes entre 1917 et 1987. Pour relativiser cet incroyable bilan, notons que toutes les guerres nationales et étrangères du XXe siècle ont fait environ 35 millions de morts. En d'autres termes, lorsque les marxistes contrôlent des États, le marxisme est plus meurtrier que (*sic)* toutes les guerres du XXe siècle, y compris les Première et Seconde Guerres mondiales, ainsi que les guerres de Corée et du Viêt Nam. Et qu'est-ce que le marxisme, la plus grande des expériences sociales humaines, a apporté à ses pauvres citoyens, à ce prix le plus sanglant en termes de vies humaines ? Rien de positif. Il a laissé dans son sillage un désastre économique, environnemental, social et culturel".[137]

La page quatre du Livre noir du communisme énumère les méthodes par lesquelles ces régimes ont tué leurs victimes dans leurs pays respectifs, en plus des estimations (formatées pour économiser de l'espace) : "Ces crimes ont tendance à s'inscrire dans un schéma reconnaissable, même si les pratiques varient dans une certaine mesure d'un régime à l'autre. Ce schéma comprend l'exécution par divers moyens, tels que les pelotons d'exécution, la pendaison, la noyade, les coups et, dans certains cas, le gazage, l'empoisonnement ou les "accidents de voiture" ; la destruction de la population par la famine, par une famine provoquée par l'homme, par la privation de nourriture, ou les deux ;

la déportation, qui peut entraîner la mort en cours de route (soit par épuisement physique, soit par enfermement dans un espace clos), sur le lieu de résidence ou par le travail forcé (épuisement, maladie, faim, froid). Les périodes qualifiées de "guerre civile" sont plus complexes : il n'est pas toujours facile de faire la distinction entre les événements causés par des combats entre dirigeants et rebelles et les événements qui ne peuvent être décrits que comme un massacre de la population civile. Néanmoins, il faut bien commencer quelque part.

L'approximation suivante, basée sur des estimations non officielles, donne une idée de l'ampleur et de la gravité de ces crimes : URSS : 20 millions de morts ; Chine : 65 millions de morts ; Vietnam : 1 million de morts ; Corée du Nord : 2 millions de morts ; Cambodge : 2 millions de morts ; Europe de l'Est : 1 million de morts ; Amérique latine : 150 000 morts ; Afrique : 1,7 million de morts ; Afghanistan : 1,5 million de morts ; Mouvement communiste international et partis communistes non au pouvoir : environ 10 000 morts. Le total approche les 100 millions de personnes tuées".[138] Même si l'on divise ce chiffre par deux, cela reste absolument horrible pour une idéologie censée être la libératrice de l'humanité !

---

[137] Rummel, R.J. "The Killing Machine that is Marxism", 15 décembre 2004. https://www.wnd.com/2004/12/28036/

[138] Courtois (et al), *Le livre noir du communisme* (1999), p. 4.

La réponse de la secte au livre a été qu'il s'agissait manifestement de propagande anticommuniste, ce qui est aussi typique qu'illusoire. Il y aura toujours une file d'attente interminable de membres de la secte - universitaires ou non - qui tenteront de minimiser ces atrocités (c'était évident si l'on considère la façon dont le livre a été reçu à l'époque). Le fait que quelqu'un essaie de critiquer un livre qui documente les atrocités commises par les communistes montre qu'il est membre d'une secte. L'introduction de Courtois a également touché un point sensible en suggérant que leur communisme bien-aimé était aussi mauvais que leur ennemi redouté - le nazisme - et qu'ils ne pouvaient pas le tolérer. Il est intéressant de noter que Courtois a lui-même été membre d'une secte - un maoïste - mais qu'il s'est "réveillé" et s'est admirablement engagé dans cette voie.[139]

À ce sujet, il convient d'ajouter (bien qu'il soit impossible de le quantifier) que les chiffres réels de l'idéologie sont plus élevés que ceux mentionnés ci-dessus. Prenons l'exemple de l'avortement : à l'époque moderne, le féminisme, sous-ordre du jour de l'idéologie, a contribué à le normaliser et à le populariser, ce qui a conduit au meurtre en masse des enfants à naître. L'avortement est donc un meurtre résultant de l'idéologie, mais il n'est pas inclus dans le discours conventionnel susmentionné sur le nombre de morts du "communisme" (les chiffres relatifs à l'avortement sont examinés plus loin). Gardez à l'esprit que le livre que vous lisez traite de l'idéologie marxiste dans son ensemble, et pas seulement des régimes "communistes" et du nombre de morts qui en résulte (comme c'était le cas pour Le Livre noir du communisme). Les régimes "socialistes" ou "communistes" ne sont qu'un type de manifestation de l'idéologie.

Il y a aussi la question problématique de la stérilité dans les populations occidentales - que la secte/idéologie exacerbe - par le biais du sous-agenda transgenre/genre-non-binaire, et du sous-agenda droits des animaux/véganisme. Ensemble, ils contribuent à créer des sociétés remplies d'individus incapables de créer la vie. Outre le fait que le culte ou l'idéologie tue ce qui vit déjà, nous devons également lui demander des comptes sur la manière dont il empêche la vie de commencer. C'est pourquoi le marxisme est bien pire que toute autre forme d'idéologie, de guerre, d'impérialisme ou de peste énumérée plus haut ! Le marxisme est un fléau unique en son genre.

Dire que l'idéologie est anti-vie est un euphémisme gargantuesque. L'idéologie est à la fois anti-vie et créatrice de conflits et de mort. En un sens, elle ne se contente pas de manifester la mort, elle est la mort.

Combien de vies détruites

Le marxisme a détruit/terminé un nombre inquantifiable de vies. Personne ne peut répondre à cette question, à moins d'avoir la possibilité de voyager dans

---

[139] https://fr.wikipedia.org/wiki/Stephane_Courtois

le temps et d'interroger l'ensemble de la population mondiale au cours des deux derniers siècles.

Nous devons également inclure non seulement ceux qui ont lutté contre le communisme, mais aussi ceux qui ont lutté pour lui - n'oubliez pas que nous avons affaire à un culte agressif, dangereux et violent qui a détruit (et continue de détruire) la vie de quiconque se laisse entraîner à le rejoindre... Un exemple de cela serait tous les marxistes qui se sont fait battre, mutiler, incarcérer, torturer, tuer accidentellement ou exécuter tout au long du 20e siècle dans la multitude de "protestations", de "rébellions" et de guerres marxistes (par exemple, en étant abattus par les forces de l'État pendant ces événements, ou exécutés après ceux-ci).par exemple, en étant abattus par les forces de l'État pendant ces événements, ou exécutés après eux). Dans la plupart des cas, ces personnes se sont volontairement attiré des ennuis en raison de leur crédulité, de leur égoïsme et de leur ignorance. Ce processus est clairement visible dans de nombreuses situations à travers le monde, où la secte essayait de prendre le contrôle mais a échoué, ou était au contrôle mais a été écartée du pouvoir ; je me réfère aux différents régimes de "droite" - Pinochet au Chili, Franco en Espagne, Mussolini en Italie, Hitler en Allemagne, Salazar au Portugal, etc.

"Le capitalisme est bien pire !"

Une autre réponse typique des membres de la secte est que le capitalisme a tué plus que le marxisme. Cette mentalité s'inspire en partie de l'ouvrage de V.I. Lénine *"L'impérialisme : Le stade suprême du capitalisme"* (1917) de V.I. Lénine. Les gouvernements des pays capitalistes ne se livrent pas à un démocide de masse, c'est-à-dire à la destruction de la population d'un pays ! Où, au 20e siècle, peut-on affirmer que le capitalisme a tué plus de gens que le marxisme ?

En ce qui concerne la guerre, dans un contexte moderne, les membres de la secte font référence à ce qui s'est passé ou se passe au Moyen-Orient comme étant dû à la nature impériale supposée du capitalisme (Lénine serait fier). Ils parleront de la guerre du Golfe, *de la* guerre d'Irak, du soutien des États-Unis à Israël, etc. Ils peuvent relier tous ces événements au capitalisme et projeter le blâme sur ce dernier, et ne pas blâmer les actions de certains groupes puissants. Pour prendre l'exemple des invasions du Moyen-Orient menées par les États-Unis, selon cette logique, les actions de la famille Bush aux États-Unis, du lobby pro-israélien et du complexe militaro-industriel ne sont pas blâmées ; c'est l'ensemble du système économique du capitalisme qui est blâmé ! C'est ridicule !

Les marxistes ne reconnaissent pas que le capitalisme fonctionne dans de nombreux pays du monde et qu'aucune action militaire internationale n'est nécessaire pour maintenir son fonctionnement (malgré les opinions contraires de M. Lénine) ; il suffit de demander à la Suisse ! En tant que système économique, il existerait et fonctionnerait très bien sans les guerres du Golfe, la guerre du Vietnam, la création d'Israël, les sociétés multinationales ou tout autre exemple de l'apparente nature impériale du capitalisme que les membres de la secte pourraient soulever ! De même, dans un contexte historique, les actions des empires européens à travers le monde sont utilisées par les marxistes pour attaquer le capitalisme et prôner le socialisme (comme solution).

Soyons rationnels : les crimes contre l'humanité ou les comportements injustifiables de ces groupes dans l'histoire, où que ce soit, n'ont rien à voir avec le capitalisme actuel. En d'autres termes, nous ne devrions pas remplacer le capitalisme par le système marxiste du socialisme à cause de ce qui s'est passé dans le passé ! Tout comportement véritablement cupide et inhumain de ces forces impériales était le résultat de décisions prises par des types élitistes dans leurs pays respectifs, et non par l'ensemble du système capitaliste mondial.

Les armées impériales à travers l'histoire (européenne ou autre) étaient contrôlées par un groupe d'individus relativement petit (et identifiable), pas par une chose relativement nébuleuse comme le capitalisme ! Bien sûr, la perception de la secte selon laquelle toute forme de profit est intrinsèquement mauvaise est au cœur de cette idée, et ipso facto, tous ceux qui en bénéficient sont également mauvais (roulements d'yeux). Cela signifie-t-il qu'un chef d'entreprise moderne riche à craquer est aussi mauvais qu'un monstre oligarchique consanguin qui s'est assis sur le trône d'un pays impérial au cours des siècles passés ? Ou encore un fou élitiste britannique comme Cecil Rhodes ?

Tout bien considéré, il est complètement ridicule de dire que le capitalisme a tué plus de gens que l'idéologie. Il n'y a aucune contestation possible si nous les comparons en termes de prospérité économique ou de nombre de morts. Ce n'est qu'une nouvelle déviation. En outre, les pays économiquement prospères ne connaissent pas, dans des circonstances normales, de pénurie de nourriture ou de services de santé (contrairement aux régimes marxistes), ce qui tend à entraîner la mort ou une mort prématurée.

Enfin, les membres de la secte ont parfois accusé le capitalisme d'avoir un taux de mortalité élevé et non quantifiable, dû au surmenage, au stress, aux conditions d'esclavage et/ou à l'oppression, ou tout simplement au fait de mourir trop jeune (en raison de l'exploitation par la classe bourgeoise oppressive, etc.) J'ai une réfutation complète en trois mots : camp de travail communiste.

Le remplacement de population en tant que génocide

Certains ne verront peut-être pas en quoi le bilan génocidaire de cette idéologie s'applique aux temps modernes, en particulier aux pays occidentaux, mais c'est le cas puisque les programmes modernes qualifiés de "dépopulation" ou de "remplacement de population" sont des formes de génocide, n'est-ce pas ? (en fin de compte, elles reviennent à la même chose - un manque de certaines personnes ou de certains groupes). Les formes modernes de génocide sont rendues possibles par la présence de la secte ou de l'idéologie dans les régions concernées.

Plus l'idéologie est répandue et enracinée dans le monde, plus il y a de pays/peuples qui participent à des initiatives internationalistes, raciales, génocidaires et de transformation de la société, telles que l'immigration de masse "multiculturelle" (c'est-à-dire anti-blanche). Ce programme génocidaire anti-blanc est un excellent exemple de la manière dont l'idéologie crée la destruction et la mort - la mort d'une race dans ce cas. (Nous examinons l'"immigration de masse" dans une section distincte).

Section IV - Les marches rouges vers l'utopie

> "Une carte du monde qui n'inclut pas l'Utopie ne vaut même pas la peine d'être regardée, car elle laisse de côté le seul pays où l'humanité atterrit toujours. Et lorsque l'humanité y atterrit, elle regarde vers l'extérieur et, voyant un pays meilleur, met les voiles. Le progrès est la réalisation des utopies.[1]

> Auteur et dramaturge Oscar Wilde,
> "L'âme de l'homme sous le socialisme", 1891

Introduction

Dans cette section, nous passerons en revue les principaux objectifs de l'idéologie et les méthodes par lesquelles elle prévoit de réaliser son "utopie". Nous commencerons par passer en revue quelques artefacts historiques tels que les dix principes du Manifeste communiste et les observations intéressantes de Willard Cleon Skousen sur les "objectifs communistes actuels". Nous nous concentrerons ensuite sur les "trois C", les trois principaux domaines de la société occidentale visés par l'idéologie : le capitalisme, le christianisme et la culture. En plus de la destruction de la cellule familiale.

Les dix terribles points du programme rouge de Marx

Extrait du Manifeste communiste, "Chapitre II - Prolétaires et communistes", page 26 : "Ces mesures seront, bien entendu, différentes selon les pays. Néanmoins, dans la plupart des pays avancés, les mesures suivantes seront assez généralement applicables.

1. Abolition de la propriété privée et application de tous les loyers fonciers à des fins publiques ; 2. lourd impôt progressif ou graduel sur le revenu ; 3. abolition de tous les droits de succession ; 4. confiscation des biens de tous les émigrants et rebelles ; 5. centralisation du crédit entre les mains de l'État, au moyen d'une banque nationale à capital d'État et à monopole exclusif ; 6. centralisation des moyens de communication et de transport entre les mains de l'État ; 7. extension des usines et des instruments de production appartenant à

---

[1] Wilde, O. "L'âme de l'homme sous le socialisme", 1891, p. 3.

https://web.seducoahuila.gob.mx/biblioweb/upload/the_soul_of_man_under_socialism.pdf

l'État, mise en culture des terres incultes et amélioration du sol en général, conformément à la loi sur l'État. Centralisation des moyens de communication et de transport entre les mains de l'État ; 7. extension des usines et des instruments de production appartenant à l'État, mise en culture des terres incultes et amélioration générale du sol selon un plan commun ; 8. égalité de tous devant le travail. Création d'armées industrielles, notamment pour l'agriculture ; 9. combinaison de l'agriculture avec les industries manufacturières, abolition graduelle de la distinction entre ville et campagne, par une répartition plus équitable de la population sur le territoire ; 10. éducation gratuite pour tous les enfants dans les écoles publiques. Abolition du travail des enfants dans les usines sous sa forme actuelle. Combinaison de l'éducation avec la production industrielle".[2]

Les objectifs communistes pour prendre le contrôle de l'Amérique

"L'Occident, avec ses ogres impérialistes, est devenu un centre de ténèbres et d'esclavage. La tâche consiste à détruire ce centre, pour la joie et le soulagement des travailleurs"[3]

Joseph Staline, *Zhizn Narsional' nosti*, n° 6, 1918

Au cours des années 1940 et 1950, les patriotes américains, confrontés à une grave infection vieille de plusieurs décennies, ont pris des mesures pour protéger leur pays de l'infiltration et de la subversion communistes. Ces mesures ont donné lieu à des enquêtes gouvernementales visant à résoudre le problème, illustrées par les efforts du sénateur Joseph McCarthy (1908-1957). Bien que ces efforts - appelés plus tard "maccarthysme"[4] - n'aient pas réussi à empêcher l'infiltration marxiste et la pourriture de se propager, certains Américains ont continué à exprimer publiquement (et courageusement) un sentiment anticommuniste. Cette période a été largement analysée par d'autres auteurs, nous ne nous y attarderons donc pas ici. Cela étant dit, il existe un joyau absolu d'analyse de cette période qui est utile pour notre propos.

Le jeudi 10 janvier 1963, Albert S. Herlong Jr, membre du Congrès de Floride, s'est exprimé devant la Chambre des représentants. À la demande de Patricia Nordman - une électrice et éminente voix anticommuniste - il inclut dans le compte rendu du Congrès une liste des "objectifs communistes actuels".[5] Cette liste a été compilée par l'auteur américain Willard Cleon Skousen dans son

---

[2] Marx et Engels. *Le Manifeste communiste* (1848). P. 26.

[3] Suvorov, V., *Icebreaker* (1988). https://ia801301.us.archive.org/10/items/IcebreakerWhoStartedTheSecondWorldWar/ SuvorovVikto r-Icebreaker.WhoStartedTheSecondWorldWar.pdf

[4] https://www.britannica.com/event/McCarthyism

[5] Congressional Record-Appendix, pp. A34-A35, "Current Communist Goals", 10 janvier 1963. https://cultureshield.com/PDF/45_Goals.pdf

livre *The Naked Communist (Le communiste nu), publié en* 1954.

Bien que le *Parti communiste américain* (CPUSA) ne soit pas directement mentionné dans la déclaration, il est sous-entendu car il s'agit d'une organisation clé. Il s'agit d'une excellente analyse du modus operandi de la secte/idéologie. Au fur et à mesure que nous parcourons la liste, demandez-vous si cet objectif a été atteint dans votre pays (si c'est pertinent). Nombre d'entre eux ont déjà été atteints dans les pays occidentaux, et d'autres sont (sans doute) obsolètes en raison de la fin de la guerre froide (par exemple, ceux qui font référence à la guerre atomique).

Dans le livre de Skousen, "Chapter 12 - The Future Task" page 259, la liste est la suivante :[6]

"1. l'acceptation par les États-Unis de la coexistence comme seule alternative à la guerre atomique.

2. La volonté des États-Unis de capituler plutôt que de s'engager dans une guerre atomique.

3. Développer l'illusion que le désarmement total [des] États-Unis serait une démonstration de force morale.

4. Permettre le libre-échange entre toutes les nations, indépendamment de leur affiliation communiste et du fait que les produits puissent ou non être utilisés pour la guerre.

5. Extension des prêts à long terme à la Russie et aux satellites soviétiques.

6. Fournir une aide américaine à toutes les nations, indépendamment de la domination communiste.

7. Reconnaissance de la Chine rouge. Admission de la Chine rouge à l'ONU.

8. Création de l'Allemagne de l'Est et de l'Allemagne de l'Ouest en tant qu'États distincts, en dépit de la promesse faite par Khrouchtchev en 1955 de régler la question allemande par des élections libres sous le contrôle de l'ONU.

9. Prolonger les conférences pour l'interdiction des essais atomiques car les États-Unis ont accepté de suspendre les essais tant que les négociations sont en cours.

10. Permettre à tous les satellites soviétiques d'être représentés individuellement à l'ONU.

11. Promouvoir l'ONU comme le seul espoir de l'humanité. Si sa charte est réécrite, exiger qu'elle devienne un gouvernement mondial unique doté de ses propres forces armées indépendantes.

---

[6] Skousen, W.C., *Le communiste nu* (1954). P. 259.

12. Résister à toute tentative d'interdire le parti communiste.

13. Supprimer tous les serments de loyauté.

14. Continuer à donner à la Russie l'accès à l'Office américain des brevets.

15. Capturez l'un des partis politiques des États-Unis ou les deux.

16. Utiliser les décisions techniques des tribunaux pour affaiblir les institutions américaines de base en affirmant que leurs activités violent les droits civils.

17. Prendre le contrôle des écoles. Les utiliser comme courroies de transmission du socialisme et de la propagande communiste actuelle. Assouplir les programmes scolaires. Prendre le contrôle des associations d'enseignants. Inscrire la ligne du parti dans les manuels scolaires.

18. Prendre le contrôle de tous les journaux étudiants.

19. Utiliser les émeutes étudiantes pour fomenter des protestations publiques contre des programmes ou des organisations qui sont attaqués par les communistes.

20. Infiltrer la presse. Prendre le contrôle des revues de livres, des éditoriaux, des postes de décideurs politiques.

21. Prendre le contrôle de postes clés à la radio, à la télévision et au cinéma.

22. Continuer à discréditer la culture américaine en dégradant toutes les formes d'expression artistique.

23. Contrôler les critiques d'art et les directeurs de musées d'art. "Notre plan est de promouvoir la laideur, l'art repoussant et dénué de sens.

24. Éliminer toutes les lois régissant l'obscénité en les qualifiant de "censure" et de violation de la liberté d'expression et de la liberté de la presse.

25. Briser les normes culturelles de moralité en promouvant la pornographie et l'obscénité dans les livres, les magazines, les films, la radio et la télévision.

26. Présenter l'homosexualité, la dégénérescence et la promiscuité comme "normales, naturelles, saines".

27. Infiltrer les églises et remplacer la religion révélée par une religion "sociale". Discréditer la Bible et insister sur la nécessité d'une maturité intellectuelle, qui n'a pas besoin d'une "béquille religieuse".

28. Éliminer la prière ou toute forme d'expression religieuse dans les écoles au motif qu'elle viole le principe de "séparation de l'Église et de l'État".

29. Discréditer la Constitution américaine en la qualifiant d'inadéquate, de démodée, d'inadaptée aux besoins modernes, d'obstacle à la coopération entre les nations à l'échelle mondiale.

30. Discréditer les Pères fondateurs américains. Les présenter comme des

aristocrates égoïstes qui ne se souciaient pas du "commun des mortels".

31. Déprécier toutes les formes de culture américaine (insérez votre pays ici) et décourager l'enseignement de l'histoire américaine (la même ici) au motif qu'elle n'est qu'une partie mineure du "tableau d'ensemble". Accorder plus d'importance à l'histoire de la Russie depuis que les communistes ont pris le pouvoir.

32. Soutenir tout mouvement socialiste visant à centraliser le contrôle de n'importe quelle partie de la culture - éducation, agences sociales, programmes d'aide sociale, cliniques de santé mentale, etc.

33. Éliminer toutes les lois ou procédures qui entravent le fonctionnement de l'appareil communiste.

34. Éliminer la commission de la Chambre des représentants sur les activités anti-américaines.

35. Discréditer et finalement démanteler le FBI.

36. Infiltrer et prendre le contrôle d'un plus grand nombre de syndicats.

37. Infiltrer et prendre le contrôle des grandes entreprises.

38. Transférer certains pouvoirs d'arrestation de la police aux agences sociales. Traiter tous les problèmes de comportement comme des troubles psychiatriques que seuls les psychiatres peuvent comprendre [ou traiter].

39. Dominer la profession psychiatrique et utiliser les lois sur la santé mentale comme moyen de contrôle coercitif sur ceux qui s'opposent aux objectifs communistes.

40. Discréditer la famille en tant qu'institution. Encourager la promiscuité et le divorce facile.

41. Insister sur la nécessité d'élever les enfants à l'abri de l'influence négative des parents. Attribuer les préjugés, les blocages mentaux et les retards des enfants à l'influence répressive des parents.

42. Donner l'impression que la violence et l'insurrection sont des aspects légitimes de la tradition américaine ; que les étudiants et les groupes d'intérêt devraient se soulever et utiliser la force unie pour résoudre les problèmes économiques, politiques ou sociaux.

43. Renverser tous les gouvernements coloniaux avant que les populations autochtones ne soient prêtes à s'administrer elles-mêmes.

44. Internationaliser le canal de Panama.

45. Abroger la réserve Connolly afin que les États-Unis ne puissent pas empêcher la Cour mondiale de s'emparer de la compétence [sur les problèmes nationaux. Donner à la Cour mondiale la compétence] sur les nations comme

sur les individus".

La destruction du système capitaliste

> "Dans une phase supérieure de la société communiste, après la subordination asservissante de l'individu à la division du travail, après que le travail soit devenu non seulement un moyen de vie mais le premier besoin de la vie, après que les forces productives se soient également accrues avec le développement global de l'individu, et que toutes les sources de la richesse coopérative coulent plus abondamment - alors seulement l'horizon étroit du droit bourgeois pourra être traversé dans son intégralité et la société inscrire sur ses bannières : De chacun selon ses capacités, à chacun selon ses besoins".[7]

Karl Marx, "Critique du programme de Gotha", 1875, partie 1

Des trois principaux piliers de la civilisation occidentale mentionnés ci-dessus - le capitalisme, le christianisme et la culture - le capitalisme est peut-être celui qui est le plus fréquemment et le plus ouvertement attaqué par la secte. En effet, je suis sûr que vous avez remarqué à quel point les membres de la secte sont critiques à son égard (et ce de manière dramatique et nauséabonde), et à quel point il est accusé de tous les maux (à l'exclusion, bien sûr, des problèmes qui sont uniquement imputés à la religion, au racisme, à l'"extrême droite", au nationalisme, au fascisme, etc.)

Et comme nous l'avons déjà mentionné, le marxisme - en tant qu'idéologie - se présente comme une sorte d'alternative politique, sociologique et économique à la manière dont les choses sont déjà structurées. Une antithèse bienveillante et rebelle à l'ordre établi, n'est-ce pas ? C'est pourquoi ses nombreux adeptes croient que le système "scientifique" marxien du socialisme est la réponse aux maux apparents de la société - et même du monde. En fait, le socialisme n'est pas seulement présenté comme une alternative au capitalisme, il lui est supérieur. Est-ce vraiment vrai ? A-t-il le moindre mérite ou s'agit-il simplement d'une nouvelle propagande marxiste ? Dans cette section, nous examinerons quelques-uns des impacts du socialisme. Bien entendu, l'analyse complète des tenants et aboutissants de la pensée socialiste marxienne n'est pas seulement en dehors du champ d'application du livre, mais c'est aussi une perte de temps. Nous sommes en train de passer au crible suffisamment de déchets.

Elle peut nous sauver des maux du capitalisme.

Certains pensent que le marxisme a une valeur considérable parce qu'il nous a donné le socialisme, qui est (entre autres) un système économique alternatif, nous dit-on. Il a été prouvé à de très nombreuses reprises que la mise en œuvre des théories marxistes (par le biais du socialisme) ne peut que détruire votre

---

[7] Karl Marx, "Critique du programme de Gotha", 1875, partie 1.

https://www.marxists.org/archive/marx/works/1875/gotha/

pays, en particulier sur le plan économique. En effet, ces théories, bien que séduisantes et utiles pour certains, sont erronées lorsqu'il s'agit de la nature humaine et de ce qui motive les gens à travailler, à survivre et, en fait, à exceller.

Les auteurs estiment que la perception du marxisme (via le socialisme) comme un système économique alternatif n'est qu'un écran de fumée, une distraction de plus. Comme nous l'avons dit, le véritable objectif de cette idéologie est de détruire la civilisation occidentale pour la reconstruire à son image. L'argument économique n'est utilisé que comme une carotte que l'on fait miroiter aux masses sans méfiance, comme un appât, pour leur faire accepter l'idéologie dans son ensemble : "Si nous faisons cette révolution, nos vies seront meilleures ! Nous obtiendrons plus de choses gratuites et nous aurons plus d'argent sans raison", etc. Il s'agit d'un cheval de Troie recouvert d'une myriade de "faits" qui convainquent le lecteur peu méfiant des méfaits du capitalisme et des raisons pour lesquelles le socialisme est la solution. Au fur et à mesure que le lecteur lit, les démons qui l'habitent aiguisent leurs lames.

Ce qu'est réellement le socialisme

Avant de poursuivre, qu'est-ce que le "socialisme" ? Comme nous l'avons mentionné, il s'agit d'un système théorique qui implique l'application des principes marxistes. Un système qui peut ensuite être appliqué aux différents secteurs d'une société, y compris l'économie (ressources, commerce, industrie, commerce, etc.), et évidemment le gouvernement. Ces principes comprennent des éléments tels que l'égalitarisme/l'égalité/la "justice sociale", le collectivisme/la solidarité, la "propriété collective des moyens de production et de distribution", un gouvernement au service du "peuple" (une "dictature du prolétariat"), la répartition égale des richesses, la lutte des classes/oppresseur contre opprimé, l'opposition aux hiérarchies, etc. Il est présenté comme un système apparemment plus bénin que l'ordre établi. Dans un sens, le socialisme est censé représenter l'idée d'une distribution plus éthique des ressources et des richesses.

L'une des phrases les plus célèbres associées au communisme et à Karl Marx est "De chacun selon ses capacités, à chacun selon ses besoins".[8] Marx avait l'idée que dans cette société "utopique", les masses auraient accès à des biens et des services gratuits, en fonction de leurs besoins. Cela serait possible grâce à l'abondance des ressources auxquelles une société fondée sur le socialisme serait censée avoir accès. L'ironie de ce genre de concept est que le socialisme produit exactement le contraire - la rareté. Le communisme (selon la plupart des définitions) est l'état final d'une société qui passe avec succès du capitalisme au socialisme, puis à l'étape finale (le communisme). Une société

---

[8] Marx n'est pas à l'origine de cette expression, mais elle figure dans sa "Critique du programme de Gotha" de 1875.

https://www.marxists.org/archive/marx/works/1875/gotha/index.htm

sans les "maux" que sont les classes, l'argent, la religion, la propriété privée, les profits, etc. Une "utopie".

La propriété commune des biens, des ressources, etc.

Les obsessions de la secte pour le collectivisme et l'égalitarisme rendent l'idéologie/la secte aveugle à certaines réalités de la société, telles que l'importance et la nécessité des hiérarchies. Si le socialisme est "une société dans laquelle les moyens de production, de distribution et d'échange appartiennent à la communauté dans son ensemble, plutôt qu'à des individus privés" (qui veulent ces méchants profits !), comment cela fonctionnerait-il ? Qui prendrait les décisions ? Comment les décisions peuvent-elles être prises s'il n'y a pas de *hiérarchie/chaîne* de commandement ? Encore une fois, dans la pratique, il faut que quelqu'un prenne les rênes.

La communauté qui essaie de posséder/gérer ces choses en tant que communauté (qu'elle soit représentée par une "avant-garde prolétarienne" ou non) n'est qu'un fantasme marxiste. Nous ne sommes pas tous égaux et nous ne sommes pas tous également capables de prendre des décisions. Il existe des dynamiques et des équilibres naturels qui peuvent se développer dans une société lorsqu'il s'agit de choses telles que le leadership, l'infrastructure, les ressources, la propriété, l'accomplissement et l'ambition personnels/professionnels, les affaires, la production, etc. L'histoire du marxisme illustre les conséquences catastrophiques de l'interférence avec ces dynamiques.

Le marxisme et le récit de l'anticapitalisme

Faut-il se fier à l'opinion de la secte sur le capitalisme ? Si vous demandiez à une personne un avis impartial sur une autre personne - dont vous savez qu'elle la déteste - pourriez-vous vous fier à cet avis ? Non, il faudrait tenir compte de l'attitude de cette personne à son égard (c'est-à-dire de son parti pris), n'est-ce pas ? Feriez-vous confiance à une idéologie qui a été ouvertement hostile au capitalisme depuis sa naissance lorsqu'il s'agit d'analyser le système capitaliste ?

En d'autres termes, si nous avons ce culte marxiste mondial - avec des millions de porte-parole anticapitalistes ayant subi un lavage de cerveau partout dans le monde et dans nos pays respectifs - notre environnement n'est-il pas maintenant saturé d'opinions anticapitalistes marxiennes ?

Voici un aspect ironique de la présence de l'idéologie dans les sociétés actuelles, en particulier dans les pays occidentaux relativement prospères : ces sociétés contiennent toutes un nombre important de membres de cultes ayant subi un lavage de cerveau qui (en général) disent détester l'idée des profits, de la propriété privée, des grandes entreprises, de l'inégalité financière, etc. Pourtant, la capacité à faire des profits ou à posséder des entreprises/propriétés privées, ou la capacité à avoir une industrie et des entreprises de grande taille, sont les garants d'une économie et d'un pays prospères. Ce sont des aspects clés de l'économie qui permettent à la civilisation de fonctionner. (Même l'existence d'inégalités économiques (maléfiques !) fait partie intégrante d'une économie saine puisqu'elle reflète le fait que les gens ne sont pas égaux par nature).

C'est ironique parce que les vies/plaisirs/libertés dont jouissent les membres de ces sectes pendant leur séjour dans des pays prospères (occidentaux ou autres), y compris la liberté d'expression (et donc de critiquer), n'existent que parce que l'idéologie n'a pas complètement contaminé le pays en question.

Ainsi, ils promeuvent constamment une idéologie qui ruinerait leur vie/plaisir/liberté, ainsi que celle de leurs proches, de leurs amis, etc. Bien sûr, ils sont totalement inconscients de ce qu'ils font. C'est contradictoire, car le lavage de cerveau anti-capitalisme fait que les habitants des pays capitalistes ont des attitudes anti-capitalistes tout en étant inconsciemment heureux de vivre dans un système capitaliste (et tous les avantages qu'il leur procure !). C'est une attitude ingrate, irrespectueuse et à courte vue.

C'est un élément très amusant du lavage de cerveau marxiste lorsque l'on voit des membres de secte défiants essayer de "faire cavalier seul" et d'être "séparés du système" dans diverses manifestations, souvent en promouvant le socialisme. C'est extrêmement naïf et détaché de la réalité. (Pendant les troubles inspirés par BLM à Portland en 2021, après que les membres de la secte aient tenté de manière amusante d'établir leur petite communauté marxiste "indépendante", je crois avoir vu dans les médias qu'ils essayaient de cultiver des légumes pour subvenir à leurs besoins, dans une zone urbaine avec très peu de terre. Il n'y a rien de tel que de devoir faire le travail soi-même pour apprécier/respecter le travail nécessaire à la production de quelque chose).

Plus sérieusement, ces attitudes anticapitalistes doivent certainement avoir un impact sur les affaires d'un pays. On ne peut que spéculer sur la mesure dans laquelle ces attitudes bizarres et contradictoires affectent le niveau de prospérité et les performances économiques globales d'un pays. Bien que cela soit impossible à quantifier, c'est pour moi une autre raison pour laquelle l'idéologie doit être éliminée de la société - elle aidera un pays à atteindre des niveaux de prospérité plus élevés.

Faut-il "remplacer" le capitalisme ?

Si le capitalisme est considéré comme l'une des pierres angulaires de la civilisation occidentale et que le socialisme n'a jamais connu de succès en tant que système économique (nous y reviendrons), est-il judicieux de remplacer le premier par le second ? Y aurait-il des appels à remplacer le système capitaliste par autre chose si ce n'était pas pour l'idéologie ? Nous devons garder à l'esprit que le marxisme tente de nous convaincre depuis le début que le capitalisme est le problème ; et nous avons été exposés à une propagande de plus en plus intense à cette fin.

Cela s'ajoute au fait que la secte/idéologie a essayé de saboter le système de l'extérieur et de l'intérieur pendant toute cette période, par le biais de : la manipulation du mouvement syndical par la secte ; l'infiltration des grandes entreprises ; l'impôt progressif sur le revenu/la punition de la richesse ; les tentatives de voler les profits des industries via la taxe carbone ; l'encouragement et l'expansion de l'État-providence (qui saigne un pays économiquement) ; l'acheminement des fonds vers le complexe marxiste à but non lucratif/ONG gaspilleur d'argent ; l'envoi d'aide étrangère pour des raisons humanitaires ; et la facilitation par la secte de l'immigration de masse, etc.

Mark et Engels pensaient que le capitalisme contenait les germes de sa propre destruction, et lorsque des situations négatives sont apparues dans ce système depuis l'arrivée de la secte (crises, dépressions, krachs, sauvetages financiers, etc.), elles sont considérées comme des "preuves" que les prédictions étaient correctes, ce qui fait passer Marx et ses disciples pour des prophètes (en outre, comme d'autres l'ont fait remarquer, ces types d'événements peuvent avoir été en fait fabriqués, et ne sont pas nécessairement le lot d'un système capitaliste).

Remarquez qu'en général, en tant que mouvement, ils ne cherchent pas à résoudre les problèmes perçus dans le capitalisme ; ils insistent simplement sur le fait qu'il faut le détruire, le remplacer ou le transformer radicalement. N'est-ce pas étrange ? Est-il plus intelligent/efficace de détruire et de remplacer complètement un système entier (autour duquel la société est actuellement construite) que de simplement le réparer/modifier ? Je ne le pense pas. La secte/idéologie ne veut pas construire, améliorer ou réparer, mais seulement détruire.

"Ça va marcher cette fois..."

Voici un thème récurrent important : il y aura toujours une nouvelle vague de membres de cultes endoctrinés qui pensent qu'ils seront les seuls à faire fonctionner le système. Ils sont les seuls à pouvoir utiliser les théories erronées du socialisme et à créer la prospérité d'une manière ou d'une autre. Le socialisme ne peut pas être "réparé" ou modifié pour fonctionner. Encore une fois, les principes du marxisme sont eux-mêmes défectueux, et quelle que soit la variante essayée, elle se soldera par un échec. En ce qui concerne la nouvelle génération de marxistes, le niveau d'intelligence (selon les normes de la secte), d'expérience ou de talent qu'ils possèdent n'a aucune importance. Pour utiliser une analogie dégoûtante, peu importe que vous soyez un bon cuisinier et que vous ayez fait de nombreux desserts délicieux, si les ingrédients que vous utilisez sont littéralement des sacs de merde sales et pourris, alors tout le gâteau va puer.

Le socialisme à la poubelle

Nous devons mettre le socialisme à la poubelle, à plusieurs reprises, car c'est essentiel pour empêcher l'infection marxiste de continuer à proliférer. C'est crucial et c'est l'une de mes plus hautes recommandations.

Le socialisme - et la société quasi-utopique à laquelle il conduira finalement (selon les membres de la secte) - est la carotte toujours attrayante que l'on fait miroiter aux masses (en particulier aux membres potentiels de la secte). Elle promet une meilleure société, un meilleur mode de vie, une plus grande prospérité pour "le peuple", etc. Le socialisme est la carotte qui sert à ouvrir la société (dans n'importe quel pays) à cette idéologie de la "révolution". Le socialisme est la carotte qui sert à ouvrir une société (dans un pays donné) à cette idéologie de "révolution". Une fois que ce coin est en place et que les gens pensent généralement que le marxisme/socialisme est inoffensif, cela ouvre la voie à l'entrée du marxisme total (et tout ce qu'il implique). C'est le principe du cheval de Troie en action. Cela s'applique particulièrement aux jeunes et aux personnes impressionnables. Ils sont constamment la cible de la secte, à qui l'on dit que le socialisme est cool, en particulier par le biais des universités.

Pour ces raisons, nous devons cibler/détruire le socialisme en tant que concept et le mettre à la poubelle, là où il doit être. Cela réduit considérablement les possibilités de commercialisation - et donc la puissance - du marxisme en tant qu'idéologie globale, en diminuant ses avantages perçus.

Le marxisme n'est que fausseté et tromperie, et le socialisme - présenté comme une sorte d'alternative supérieure au capitalisme - est une mauvaise blague que vous avez entendue un million de fois. La secte/idéologie attaque le capitalisme parce qu'elle sait qu'il donne aux pays occidentaux un certain degré de force, de stabilité, de qualité de vie, etc. Puisque l'idéologie veut détruire puis reconstruire la civilisation à son image, le capitalisme devient l'un des principaux piliers qu'il faut détruire en premier. Seul un idiot détaché de la réalité suggérerait qu'une série de théories qui ont échoué à maintes reprises - et qui n'ont fait que causer des difficultés, l'instabilité, le chaos et la mort - devrait remplacer un système entier qui constitue l'épine dorsale de la civilisation !

Un système plus éthique que le capitalisme ?

Ce que les marxistes reprochent au capitalisme - oppression, esclavage, violence, inefficacité, autoritarisme, inhumanité, etc. - sont encore plus prononcées dans un système socialiste. Tout ce que le capitalisme fait de mal, le socialisme le fait encore plus mal. À titre d'exemple, le culte/l'idéologie en général (à l'exception des diverses interprétations/contraintes) tente de nous convaincre que le capitalisme est un système intrinsèquement oppressif, en insinuant que le socialisme ne l'est pas. Trois mots pour vous : La marmite. La bouilloire. Noir. Encore plus de signes de vertu, de doubles standards et de propagande.

Qui, dans un pays occidental civilisé et stable, peut aujourd'hui affirmer qu'il est (ou a été) véritablement et horriblement opprimé parce qu'il vit dans un système capitaliste ? Inversement, combien nous ont raconté leurs histoires d'oppression réelle alors qu'ils vivaient dans un pays où la secte était aux commandes ? Le capitalisme permet une certaine liberté de gagner de l'argent, de posséder des biens, etc. Ces libertés n'existent pas dans un système socialiste ; en théorie, il y aurait une propriété collective de la terre, des ressources, des moyens de production par le peuple, etc.

Bien entendu, la secte tentera toujours d'éluder cette critique en affirmant que le véritable socialisme ou communisme n'a jamais été essayé ou n'a jamais existé, et nous nous retrouverons alors à nouveau dans le même cycle où elle pourra toujours promouvoir son système alternatif (le problème de la "théorie contre la réalité" une fois de plus). Quels que soient les problèmes qui se posent dans un système capitaliste, la secte/idéologie attirera continuellement l'attention sur eux afin de promouvoir l'alternative marxiste. Peut-être ces problèmes se poseraient-ils quel que soit le système que nous utilisons. La différence est que dans un système capitaliste, nous avons beaucoup plus de liberté pour éviter les pièges.

"Nous avons besoin du socialisme !

Les membres de la secte insinuent que nous devons nous accrocher à la pensée marxiste en raison des défauts et des maux perçus du capitalisme. Bien entendu, si suffisamment de personnes sont d'accord avec cette idée et que la pensée marxiste n'est pas considérée comme toxique, il est évident qu'elle ne sera pas retirée de la société. Cela conduit à son tour à tous les autres problèmes décrits dans ce livre.

En outre, certains des problèmes perçus comme étant le résultat du capitalisme sont en fait dus au fait que nous vivons dans un monde hautement contrôlé, internationaliste et globalisé (ce qui est par nature antagoniste à la prospérité au niveau national). Une étape importante pour changer cette situation consisterait à éliminer autant que possible le marxisme de nos sociétés.

Nous n'avons besoin d'aucune forme de marxisme pour résoudre les problèmes d'une nation ! Tous les problèmes liés au système capitaliste pourraient être résolus par la mise en place de gouvernements patriotiques, souverains et nationalistes. Il n'y aurait pas besoin de laisser le marxisme revenir par la porte.

C'est pourquoi nous devons nous concentrer sur la composition idéologique d'une nation - c'est plus important que l'économie. Si vous avez un gouvernement internationaliste et pro-mondialiste dans votre pays, vous aurez toujours des problèmes persistants (économiques ou autres). En gardant à l'esprit que l'économie n'a pas d'importance si le pays se déchire en raison des autres effets du culte/de l'idéologie mentionnés ailleurs (l'Irlande, par exemple, est en train de sombrer en tant que nation en raison de l'immigration de masse ; elle-même en raison de l'adhésion à l'UE. Nombreux sont ceux qui invoquent des raisons économiques pour rester dans l'UE, ce qui est une mauvaise priorité dans ce cas). Essentiellement, les avantages de l'idéologie sont nuls, mais les dommages qu'elle cause sont catastrophiques. C'est pourquoi il ne faut pas lui faire de cadeau.

Le socialisme détruira votre pays sur le plan économique

N'est-il pas évident qu'une idéologie qui prône la haine du profit, la propriété privée des entreprises et des biens privés (et des moyens de production, etc.), va ruiner une économie ? Bien entendu, nous devrions juger les mérites du socialisme sur la base de ses effets dans le monde réel, et non sur la base d'applications théoriques ou hypothétiques. Par conséquent, l'impact du socialisme (passé ou présent) est très largement négatif.

Les membres de la secte essaieront évidemment de nous cacher cela, en supprimant toute insistance sur ce fait, ou ils mettront, comme on peut s'y attendre, l'accent sur les avantages apparents. C'est le cas, par exemple, lorsque des voix marxistes soulignent l'existence de pays socialistes "prospères".

L'homme politique "progressiste" américain Bernie Sanders s'est illustré par des affirmations vides de sens sur le succès du socialisme, en particulier dans les pays scandinaves : "Lorsque je parle de socialisme démocratique, je ne pense pas au Venezuela. Je ne regarde pas Cuba. Je regarde des pays comme le Danemark et la Suède",[9] en citant leurs politiques d'État-providence, etc. Nous pouvons voir comment cela a fonctionné pour eux. Sanders est un membre avide d'une secte qui a fréquenté Moscou et est connu pour ses opinions anti-américaines sur diverses questions, notamment la politique étrangère des États-Unis, le contrôle des armes à feu, etc.

La mise en œuvre du socialisme dans l'économie d'un pays n'aboutit qu'à sa destruction. Le seul moyen de rester à flot est de vivre des bénéfices de la richesse accumulée lorsqu'il n'était pas socialiste, ou de recevoir une aide financière de l'extérieur. C'est le cas de la Suède, qui a généré sa richesse lorsqu'elle était capitaliste, avant que les membres de la secte ne commencent à diriger ses affaires. En fait, le succès de ce pays n'a été que temporaire, en raison des progrès qu'il avait accomplis auparavant. Elle a commencé à pencher vers le socialisme après la Seconde Guerre mondiale. Elle n'a pu fonctionner que grâce aux gains de PIB qu'elle a réalisés lorsqu'elle avait une approche plus capitaliste du marché libre.

Ce dernier point s'applique à de nombreux pays dans l'histoire du marxisme, qui recevaient alors l'aide d'autres pays (y compris des pays capitalistes (!). La Russie de Lénine a reçu de l'aide étrangère et a finalement été obligée de commencer à autoriser une entreprise privée limitée. Cela a permis à l'appareil

---

[9] MSNBC, "Hillary Clinton-Bernie Sanders Town Hall Part 1 | MSNBC", 19 février 2016. https://www.YouTube.com/watch?v=w1cuTmJh8xM

industriel de fonctionner à nouveau normalement.[10][11]

Le Cuba de Castro avait besoin du soutien financier de l'Union soviétique pour rester à flot (ce qui n'est pas surprenant, car je crois qu'à un moment donné, le psychotique Che Guevera (1928-1967) était chargé de l'économie. Un excellent choix puisqu'il avait étudié la médecine à l'université).[12]

La Chine est un exemple de pays fortement contaminé qui a assoupli son attitude à l'égard de l'économie. À partir de 1979, peut-être motivé par la puissance économique de Hong Kong (alors colonie britannique), relativement non marxiste, le parti communiste chinois a décidé d'autoriser l'adoption de principes capitalistes, ce qui a permis à la Chine de se moderniser et de devenir ce qu'elle est aujourd'hui.[13]

En 1989, la (bientôt ex) République soviétique d'Estonie a contribué à déclencher l'effet boule de neige qui a provoqué l'effondrement de l'URSS. Les Estoniens se sont rendu compte que le développement de leur économie était limité par leur appartenance à l'"union". Les raisons pour lesquelles les pays membres souhaitaient se libérer de l'emprise de Moscou pendant l'ère soviétique étaient nombreuses ; la liberté économique et la prospérité étaient l'une d'entre elles. [14]

D'autres pays de l'ère soviétique, bien que ne faisant pas partie de l'URSS en tant que républiques soviétiques membres, étaient considérés comme des États satellites. Il s'agit de la Pologne, de l'Allemagne de l'Est, de la Roumanie, de la Hongrie, de la Bulgarie, de l'Albanie et de la Tchécoslovaquie. Ils ont tous connu de graves périodes d'adaptation après le communisme, certains mettant des décennies à se remettre des effets de la centralisation.

Le socialisme a dévasté l'Amérique latine. Qu'il s'agisse de l'Argentine de Juan Péron dans les années 1940 et 1950, de Cuba, du Chili, de la Colombie ou de nombreux autres pays.

Le Venezuela d'Hugo Sanchez et consorts en est un exemple plus récent et plus

---

[10] "Révélations des archives russes". https://www.loc.gov/exhibits/archives/sovi.html

[11] https://www.britannica.com/money/New-Economic-Policy-Soviet-history

[12] Anderson, J. "Soviet aid to Cuba : $11 million a day", 18 juin 1983. https://www.upi.com/Archives/1983/06/18/Soviet-aid-to-Cuba-11-million-a-day/2328424756800/

[13] Coase et Wang, "How China Became Capitalist", janvier/février 2013. https://www.cato.org/policy-report/january/february-2013/how-china-became-capitalist

[14] L'effondrement de l'Union soviétique - un film documentaire (2006). https://www.YouTube.com/watch?v=OYD6ouVHXbo

médiatisé, même avec tout le pétrole dont il dispose. L'Inde, après son indépendance de la Grande-Bretagne, a décidé d'emprunter la voie socialiste, avec des résultats désastreux. La Grande-Bretagne elle-même, sous la direction de Clement Atlee, membre de la secte, a décidé d'expérimenter après la Seconde Guerre mondiale, ce qui a conduit à la ruine économique.

Le socialisme est un vol

L'acquisition de richesses "injustifiables" - par le biais des profits - par des particuliers et des propriétaires d'entreprises étant immorale selon le dogme marxiste, les gains de ces entreprises doivent être confisqués, soi-disant pour le "plus grand bien". C'est pourquoi la secte/idéologie colporte l'idée que les profits sont mauvais. C'est l'une des nombreuses erreurs qu'ils commettent : les profits ne sont pas mauvais ; ils permettent à l'économie d'un pays de fonctionner.

Cette mentalité encourage la destruction, la violence et le vol de biens privés au nom de la "justice" et de l'"égalité". Elle permet également à ceux qui n'ont pas de richesses de se défouler sur ceux qui en ont ; leurs insécurités personnelles se manifestent par des sentiments et des actes meurtriers. L'histoire de la secte illustre ce à quoi cela ressemble lorsqu'il est mis en pratique - l'emprisonnement et/ou le meurtre de tous ceux qui ne font pas partie de la classe des pauvres/prolétaires. Cela va souvent de pair avec l'élimination de l'"intelligentsia", qui peut devenir un dissident ou un opposant politique si elle n'est pas supprimée/éliminée.

Voici les points un à cinq du Manifeste communiste : Abolition de la propriété privée et application de tous les loyers fonciers à des fins publiques ; lourd impôt progressif sur le revenu ; abolition de tous les droits de succession ; confiscation des biens de tous les émigrants et rebelles ; centralisation du crédit entre les mains de l'État, au moyen d'une banque nationale dotée d'un capital d'État et d'un monopole exclusif.[15]

Les axes un à quatre - confiscation des biens, taxation et "abolition de tous les droits de succession" - sont tous des formes de vol. Le cinquième pilier est le contrôle financier centralisé/la domination au nom du "peuple". Bien qu'il ne s'agisse pas directement de vol, il contribue à empêcher l'acquisition de richesses par ceux qui ne sont pas alliés au gouvernement (qui peut être marxiste ; en gros, toute richesse ou tout pouvoir qui n'appartient pas à la secte ne doit pas être autorisé à s'accumuler). Un exemple contemporain de vol marxien, caché à la vue de tous, est la taxe carbone, par le biais du mouvement de lutte contre le changement climatique.

Les problèmes de DiLorenzo avec le socialisme

"Être un défenseur moderne du socialisme, c'est ignorer complètement toute

---

[15] Marx, Engels. *Le Manifeste communiste* (1848). P. 26.

logique économique saine, plus d'un siècle d'histoire et les paroles d'intellectuels socialistes honnêtes comme Heilbroner qui ont finalement été forcés de se confronter à la réalité après l'avoir ignorée pendant la majeure partie de leur vie d'adulte.[16]

Thomas DiLorenzo auteur et professeur d'économie,
Le problème du socialisme (2016)

Examinons plus en détail les raisons pour lesquelles le socialisme est destructeur. Mon analyste préféré dans ce domaine est Thomas DiLorenzo. DiLorenzo est un auteur et un professeur d'économie à l'*université Loyola du Maryland,* à Baltimore, dans le Maryland, aux États-Unis. Il est également considéré comme appartenant à la discipline économique de l'école autrichienne (c'est-à-dire le "laissez-faire" ou l'intervention minimale de l'État).[17] Ses présentations à l'*Institut Mises* en Alabama sont facilement accessibles en ligne. Ses écrits couvrent une grande variété de sujets, mais les plus pertinents pour ce livre comprennent *The Problem With Socialism* et *How Capitalism saved American* (2004). Un article qu'il a écrit et qui s'intitule "Why Socialism Causes Pollution" (Pourquoi le socialisme cause de la pollution) est également pertinent.

Je recommande vivement *The Problem with Socialism* à ceux qui souhaitent un résumé complet de l'impact économique de l'idéologie dans le monde réel. Le livre met également en évidence les effets négatifs du socialisme dans divers autres domaines, notamment sur le plan politique, social, environnemental, etc.

Il est très utile pour nous d'énumérer les principaux points que Lorenzo souligne dans son travail. Je les relierai, le cas échéant, au "tableau d'ensemble" bien sûr (puisqu'il ne s'agit pas seulement d'économie ou de socialisme). Ce que nous faisons dans cette sous-section, c'est mettre en évidence le socialisme en tant que produit de l'idéologie - une manifestation physique de celle-ci appliquée au gouvernement, à l'économie, à l'infrastructure, aux services publics, à l'éducation, à la santé, etc.

DiLorenzo a mentionné un jour que, dans la première partie du 20e siècle, le socialisme était généralement défini comme la propriété gouvernementale des moyens de production (au nom du "peuple"), mais que la définition inclurait plus tard l'État-providence (et ses institutions) et l'impôt progressif sur le revenu. Cette définition a été mise en évidence par les travaux de l'économiste Friedrich von Hayek (1899-1992) dans *Le chemin du servage* (1944).[18]

Le marxisme étant axé sur le contrôle par l'application d'un égalitarisme

---

[16] Di. Lorenzo, T., *The Problem with Socialism* (2016), P. 28.

[17] https://en.wikipedia.org/wiki/Thomas_DiLorenzo

[18] Hayek, F., *Le chemin du servage* (1944).

(artificiel), il ne s'agit que de diverses méthodes pour atteindre cet objectif. Les trois problèmes centraux du socialisme. Bien qu'il ne soit pas à l'origine de ces concepts, le travail de DiLorenzo fait référence aux trois principaux problèmes d'un système socialiste, et aux raisons pour lesquelles il aboutit inévitablement à un échec à un degré ou à un autre, quelle que soit la manière dont il est mis en œuvre :

Le problème des incitations

Dans un système socialiste égalitaire, il n'y a pas d'incitation à l'ambition, à la réussite ou à la prospérité fiscale ou autre. Si l'État refuse au grand public la liberté de créer/produire selon ses propres méthodes, cela pose un grave problème. Sans la motivation de pouvoir gagner de la richesse grâce à l'exploitation de son propre travail (ou même de gagner sa vie tout court !), pourquoi se donnerait-on la peine d'exceller dans les efforts entrepreneuriaux, les affaires, etc. Dans un système socialiste, le succès est en fait puni, il n'y a donc pas d'incitation à la réussite.

La secte rétorquera que, dans une société plus socialiste, les gens ne seraient pas aussi "égoïstes" et feraient ces choses par pure bonté d'âme, pour le bénéfice de leurs camarades, gratuitement (roulements d'yeux. Signes de vertu et condescendance typiques). Quoi qu'il en soit, même si c'était pratique/possible, ce n'est tout simplement pas la réalité de ce qui motive les gens. Leur insistance sur le fait que la réalisation de profits pour le bénéfice personnel (privé) est en quelque sorte immorale (selon le dogme marxiste) les rend aveugles à ce fait.

Le problème de l'incitation explique en partie pourquoi tous les régimes marxistes de l'histoire ont dû recourir à la coercition (y compris l'intimidation, la violence, le meurtre, etc.) pour forcer les gens à travailler et à faire d'autres choses, des choses qu'une personne ne voudrait pas faire dans ces situations si elle n'y était pas forcée. On peut citer à titre d'exemple le travail des esclaves dans les fermes collectivistes de l'Union soviétique, de la Chine, du Cambodge, de la Corée du Nord, de l'Albanie, etc.

Le problème de la connaissance

Lorsqu'un État centralisé (avec une bande de membres de la secte marxiste à sa tête) commence à centraliser le pouvoir au nom du "peuple", il en résulte un autre problème. Les individus impliqués dans cet État centralisé (et tous leurs talents individuels) ne peuvent pas remplacer la multitude de compétences, de talents, de connaissances, de professions, etc. que les masses fournissent (dans un système capitaliste), sous la forme de propriétaires d'entreprises, d'entrepreneurs, de prestataires de services et d'une multitude de spécialistes dans tous les secteurs. C'est un concept que Friedrich Von Hayek a mis en évidence dans son article de 1945 intitulé "L'utilisation de la connaissance dans la société".[19]

DiLorenzo développe ce point en soulignant que même quelque chose d'aussi simple que la production d'une part de pizza (elle-même composée de nombreux ingrédients) implique plusieurs industries et processus, chacun faisant appel à des compétences, des technologies et des équipements spécialisés. De toute évidence, de nombreuses personnes et entreprises sont impliquées dans ce processus (agriculture, logistique, marketing, etc.) et interagissent les unes avec les autres pour vous permettre d'avoir votre part de pizza. "La leçon à retenir est que ce qui rend possible le monde économique - en fait, la civilisation humaine elle-même telle que nous la connaissons - est la division internationale du travail et de la connaissance dans laquelle nous nous spécialisons tous dans quelque chose sur le marché, gagnons de l'argent en le faisant, et utilisons cet argent pour acheter des choses à d'autres "spécialistes".[20]

Il poursuit en disant que l'ensemble du processus se produit spontanément, sans qu'aucune planification gouvernementale ne soit nécessaire. Le mot clé est "spontanément", ce qui signifie que tout cela se produit naturellement au sein de la société et qu'elle fonctionne indépendamment.

Ceci est lié à la tendance de l'idéologie à interférer avec (et potentiellement ruiner) des choses qui fonctionnent parfaitement (qu'il s'agisse d'infrastructures, d'économie, de nature, d'interactions sociales, etc.) Chaque fois que les membres d'une secte acquièrent du pouvoir, il en résulte inévitablement des niveaux croissants d'interférence destructrice. Bien sûr, leur arrogance habituelle (combinée à l'endoctrinement à vision étroite) renforce leur conviction qu'ils ont déjà tout ce qu'il faut pour diriger les choses, y compris la connaissance, ce qui est un non-sens absolu !

Le problème du calcul

Le "problème du calcul" implique le fait que la propriété privée et les prix du marché doivent exister pour que le calcul économique soit rationnel et efficace. Dans un système socialiste, puisque le gouvernement possède toutes les ressources (et la terre), il n'y a pas d'échanges commerciaux, ni de prix pour les ressources, les biens d'équipement, etc. Cela signifie qu'il n'y a aucun moyen de calculer les prix des biens et des services. Les analystes financiers (dans une économie de marché) peuvent utiliser les prix du marché pour déterminer si un projet ou une initiative est financièrement raisonnable ou rentable, par exemple. En bref, un système socialiste (qui n'inclut pas la propriété privée, les prix du marché, etc.) supprime les éléments fondamentaux

---

[19] Hayek, F., "L'utilisation de la connaissance dans la société", septembre 1945. https://www.cato.org/sites/cato.org/files/articles/hayek-use-knowledge-society.pdf

[20] Di. Lorenzo, T., *The Problem with Socialism* (2016), P. 24.

d'une économie, ce qui conduit au chaos.

Les travaux de l'économiste Ludwig von Mises (1881-1973) ont mis en lumière cette question dans *Socialism : An Economic and Sociological Analysis* (1922). Il a noté les relations entre les acteurs d'une économie de marché libre - entrepreneurs, promoteurs, spéculateurs (et consommateurs), et le fait qu'ils ont des intérêts personnels dans leurs investissements, qui allouent le capital dans une économie de marché.

Comme le souligne M. DiLorenzo : "Leur outil indispensable est le prix du marché, qui les guide pour investir de manière rationnelle et rentable, en répondant à la demande des consommateurs". Il ajoute que sous le socialisme "où le gouvernement possède tous les moyens de production "capital", les marchés sont inexistants, et les ressources sont allouées par des bureaucrates pour répondre à des "plans" qui peuvent n'avoir aucun fondement dans la réalité économique".

La demande des consommateurs a également joué un rôle : "Dans une économie capitaliste, les entrepreneurs doivent répondre à la demande des consommateurs ou faire faillite... Cette incitation est totalement absente d'une économie socialiste.[21]

Encore une fois, comme pour le "problème de la connaissance" (si nous faisons un zoom arrière un instant), il s'agit d'un cas où l'idéologie interfère avec les processus organiques et fonctionnels qui se déroulent au sein de la société. Comme l'a dit DiLorenzo : "Si les prix sont arbitrairement dictés par le gouvernement et qu'ils ne reflètent pas la rareté ou l'offre et la demande en général, alors vous faites tout au hasard. C'est comme essayer de conduire dans une ville inconnue sans panneaux de signalisation et de trouver où l'on va. C'est impossible".[22] (sans parler des cartes Google ou de la technologie GPS).

Le problème du "choix public

Un autre problème lié au contrôle de la société par l'État (avec la secte aux commandes) est le manque de pouvoir des citoyens. Friedrich Von Hayek a mis en évidence ce problème. Puisque toute liberté de réussir ou d'acquérir du pouvoir et de la richesse en tant qu'individu est interdite, alors la seule voie ouverte à quelqu'un qui cherche ces choses est de faire partie de l'appareil d'État de la secte. Vous ne pouvez pas décider d'amasser des richesses ou d'exceller en tant qu'entrepreneur, propriétaire d'entreprise ou homme/femme d'affaires, etc. puisque ce ne sont pas des options.

Cela est évident si l'on considère tous les commissaires, activistes, agents,

---

[21] Ibid. P. 27.

[22] Misesmedia, "Ten Things You Should Know About Socialism", Thomas J. DiLorenzo, 20 juillet 2018. https://www.YouTube.com/watch?v=hTvQBhYoJms

organisateurs, soldats et politiciens volontaires qui ont travaillé pour le système tout au long de l'histoire de la secte. Pour un exemple moderne, nous pouvons regarder les Nord-Coréens. Voyez le nombre de serviteurs pathétiques du régime, dont beaucoup auraient pu, à un moment de leur vie, rêver d'être autre chose.

Destructionnisme

Il s'agit d'un aspect fondamental du socialisme souligné par Ludwig Von Mises dans *Socialism : an Economic and Sociological Analysis* (1922) : "En fait, le socialisme n'est pas du tout ce qu'il prétend être. Il n'est pas le pionnier d'un monde meilleur et plus raffiné, mais le destructeur de ce que des milliers d'années de civilisation ont créé. Il ne construit pas, il détruit. Car la destruction est son essence même. Il ne produit rien, il ne fait que consommer ce que l'ordre social fondé sur la propriété privée des moyens de production a créé".[23] En d'autres termes, le socialisme n'est pas un générateur de richesse et de prospérité, mais un destructeur, voire un parasite. Le résultat inévitable pour tout pays qui structure son économie autour de politiques socialistes est de vider les caisses et de réduire les chiffres du PIB.

Viennent ensuite les tentatives de mise en place de divers pansements financiers temporaires pour résoudre les problèmes - plus d'impôts, imprimer plus d'argent, etc. C'est un thème récurrent dans l'histoire du socialisme : une fois qu'ils commencent à s'effondrer, ils essaient de s'en sortir par l'impression, ce qui conduit à des niveaux catastrophiques d'inflation, à l'augmentation du coût de la vie, etc. Cette situation chaotique est aggravée par la tendance des gouvernements/politiques socialistes à donner des choses "gratuitement" (par exemple, l'aide sociale, les services, l'aide étrangère, le logement, etc.

La mentalité anticapitaliste

S'éloignant brièvement de l'économie et revenant à la question de l'endoctrinement, DiLorenzo a utilisé un bon argument sur le sentiment anticapitaliste et l'envie. Il met en exergue le livre de Ludwig von Mises de 1956, *The Anti-Capitalist Mentality (La mentalité anticapitaliste)*. Mises attribue cette mentalité à plusieurs facteurs, notamment au fait que certaines personnes sont plus riches et réussissent mieux dans la société, et que cela suscite l'envie et la haine chez ceux qui ne le sont pas.

Dans son livre, Mises a également souligné que, dans une économie de marché libre où le niveau de réussite d'une personne n'est (en théorie) pas limité, celle-ci est responsable de son succès ou de son échec. Les moins performants peuvent alors exprimer leur haine du système capitaliste, qui devient pour eux un bouc émissaire facile. Cette mentalité est également liée à l'aspect "opprimé/victime" de l'idéologie : il est beaucoup plus facile de blâmer

---

[23] Von Mises, L. *Socialism* (1922), P. 458.

quelqu'un/quelque chose d'autre pour ses échecs que d'en accepter la responsabilité soi-même.

Il est clair qu'il s'agit d'un facteur dans le monde d'aujourd'hui. Il suffit de passer cinq secondes à écouter le vitriol venimeux qui sort de la bouche des membres des sectes à l'égard de tous ceux qu'ils considèrent comme des "bourgeois" (à moins, bien sûr, que ce type de bourgeois ne se livre à un exercice de vertu marxiste, à la manière des socialistes du champagne. Dans ce cas, ils sont pardonnés ! En effet, certains de ces types peuvent se sentir coupables d'être riches, un sentiment que l'idéologie/la secte contribue à manifester). Bien sûr, tout cela est lié à la mentalité de "gratuité" des adeptes du socialisme - c'est un sentiment de droit qui complète très bien l'envie susmentionnée. Selon cette logique, les gens devraient obtenir des choses gratuites comme une forme de "revanche" contre la bourgeoisie.

À propos de cette désignation de boucs émissaires, Mises a écrit : "...c'est tout à fait autre chose sous le capitalisme. Ici, la position de chacun dans la vie dépend de ses propres actes... L'emprise du principe "à chacun selon ses accomplissements" ne permet pas d'excuser les défauts personnels". [24] L'existence de cette mentalité de "gratuité" donne aux hommes politiques l'occasion de procéder à des manipulations psychologiques en offrant aux gens des choses telles que des soins de santé gratuits, une éducation gratuite, etc.

DiLorenzo fait un excellent commentaire sur cette désignation de boucs émissaires (souligné pour l'accentuation) : "Les boucs émissaires les plus populaires sont peut-être les "capitalistes avides", souvent accusés de réussir financièrement par des moyens infâmes, sans scrupules ou illégaux. Il y a bien sûr des gens comme ça, mais ce n'est pas une caractéristique générale des marchés. Il y a des pécheurs dans tous les domaines de la vie, pas seulement dans le monde des affaires ; et dans une économie de marché (par opposition à une économie socialiste, gouvernementale et monopolistique, où les pots-de-vin sont souvent une réalité), personne ne veut faire des affaires avec des gens malhonnêtes, de sorte que le marché pénalise les tricheurs et que les produits ayant une mauvaise réputation ne sont pas achetés".[25]

Cette mentalité anticapitaliste méchante et rancunière est l'opinion d'un perdant et remonte à Karl Marx lui-même. Un homme amer, misérable, relativement gâté et inutile qui n'a pas réussi, et qui a donc insisté sur le fait que c'était le monde qui devait changer et non lui.

Les choses ne peuvent pas être "gratuites"

Les marxistes prônent souvent l'idée de la gratuité, mais les choses peuvent-elles vraiment être "gratuites" ? Depuis quand tout ce qui vaut quelque chose

---

[24] Von Mises, L. *The Anti-Capitalist Mentality* (1956), P.11-12.

[25] Ibid. P. 39.

ne coûte rien ? (Ne faites pas le malin en disant "amour" ou "paix", etc.) La vérité est que rien (qui coûte quelque chose) ne peut être donné gratuitement sans conséquences pour l'économie. Les coûts se font sentir quelque part.

Au sujet des entreprises publiques par rapport aux entreprises privées, M. DiLorenzo écrit : "On nous dit que lorsque le gouvernement fournit un service, celui-ci est gratuit, mais bien sûr rien n'est gratuit, car quelqu'un doit payer tous les employés du gouvernement, leurs frais généraux et tout ce que le gouvernement fait, achète ou s'approprie. Ce "quelqu'un", ce sont bien sûr les contribuables. Chaque fois que les politiciens socialistes parlent de services "gratuits", ce qu'ils veulent dire en réalité, c'est que le service sera caché dans les impôts".[26]

Cela s'applique également aux systèmes de santé et d'éducation gérés par l'État, etc. : tout ce qui est impliqué dans ces systèmes coûte de l'argent ou reçoit un salaire. Les services publics (électricité, eau, etc.), l'entretien des bâtiments, les équipements, les matières premières, les ressources, etc.

Le résultat de tout cela est une pression accrue sur ces services "gratuits", puisqu'ils sont gratuits, et ce uniquement pour la population nationale - n'oublions pas que la secte est un partisan fanatique de l'immigration de masse, ce qui tend à en rajouter encore plus. Il en résulte des retards importants et une réduction de la disponibilité des services pour la population normalement résidente.[27]

La "gratuité" et le "gâtisme" vont de pair

Bien qu'il existe des sectes de toutes formes et de toutes tailles, le socialisme est certainement très populaire auprès des jeunes générations d'aujourd'hui. Cette mentalité du "tout gratuit" est peut-être liée au fait que marxisme et gâtisme vont souvent de pair. En effet, l'idéologie encourage la superficialité, l'égoïsme, l'ego et le matérialisme chez les jeunes d'aujourd'hui, ce qui favorise la mentalité d'enfant gâté.

Il existe une corrélation entre ce problème et le sentiment d'avoir droit à quelque chose qui amène les gens à croire qu'ils peuvent avoir les choses "gratuitement" (c'est-à-dire lorsque quelqu'un d'autre les paie). Tous les individus des jeunes générations ne sont pas gâtés ou endoctrinés, bien sûr, mais il n'en reste pas moins que ces raisons combinées doivent être un facteur expliquant pourquoi les plus gâtés d'entre eux sont des suceurs de socialisme. Est-ce parce qu'ils pensent que les biens matériels tombent du ciel ?

En effet, bien que l'idéologie ait toujours touché tous les types de personnes, il est reconnu depuis longtemps que les personnes issues des milieux les plus

---

[26] Ibid. P. 46.

[27] Ibid. P. 47.

"privilégiés" sont souvent les plus fervents partisans du socialisme. Il existe une corrélation entre ce phénomène et l'endoctrinement des jeunes privilégiés d'aujourd'hui - leur propre perception ignorante de l'origine des biens physiques et matériels leur donne l'impression que les choses (services, etc.) peuvent être données gratuitement.

En outre, une personnalité gâtée conduit souvent une personne à ne pas apprécier et respecter la manière dont les choses sont produites et organisées dans la société. Par conséquent, ils sont heureux d'insister pour que les ressources/richesses ou les produits/services produits par d'autres (grâce à leur propre travail) soient donnés pour rien, sans aucune récompense. En bref, apprendre à faire ou à gagner des choses par soi-même peut inculquer une certaine humilité - une vertu qui fait cruellement défaut aux membres des sectes en général, par défaut.

Un autre facteur est l'endoctrinement anticapitaliste mentionné plus haut, qui provient de l'idéologie. Nous pouvons ajouter ceci à tous les facteurs précédents en ce qui concerne les jeunes endoctrinés : ils auront une telle animosité stupide envers le capitalisme, l'argent, la richesse, la propriété privée, etc., qu'ils seront heureux de voir toutes ces choses données gratuitement, peu importe qui les possède ; surtout si cela conduit (apparemment) à l'"égalité" et à un monde "meilleur" (marxiste). C'est un cadeau utopique ! Ils considèrent ce processus comme juste et équitable, voire humanitaire, surtout s'il profite d'une manière ou d'une autre aux "opprimés".

L'aide sociale au détriment des prolétaires

En parlant de "gratuité", DiLorenzo affirme dans *The Problem with Socialism* que les aides sociales nuisent en fait aux pauvres, au lieu de leur apporter des avantages. Avant de poursuivre, je comprends tout à fait qu'il existe dans le monde un certain nombre de personnes qui ne peuvent ou ne veulent pas travailler pour diverses raisons, et qui peuvent recevoir une aide financière de l'État. Il n'est pas nécessaire que quiconque prenne cela personnellement et utilise (volontairement ou non) cette énergie pour justifier le socialisme (!).

Ce qu'il faut retenir ici, c'est que dans une société plus saine, plus prospère et plus équilibrée, les individus seraient financièrement autonomes et prospères s'ils en avaient le choix. Le socialisme (de manière peut-être un peu contre-intuitive pour certains) ne profite pas au "peuple" ; il le prive de prospérité.

L'un des principaux arguments avancés dans ce livre est que la société serait grandement améliorée si le marxisme était fortement supprimé (tout en visant toujours à l'éradiquer complètement). Cela aurait un impact positif dans de nombreux domaines, y compris les niveaux d'enthousiasme, de productivité, d'ambition, d'opportunités, de confiance personnelle, etc. Cela aurait à son tour une multitude d'effets d'entraînement positifs. En d'autres termes, l'État-providence tel qu'il existe aujourd'hui n'aurait plus de raison d'être dans une société plus saine et sans marxisme !

Soit dit en passant, les paiements Covid ont eu lieu pendant la période de l'escroquerie Covaids. La secte marxiste mondiale est donc au cœur de la tromperie Covid (la Chine communiste, nos gouvernements contaminés, l'ouverture des frontières, les membres de la secte dans les grands médias du monde entier, etc.), puis commence à faire des choses comme : refuser aux gens le droit de travailler et de gagner de l'argent en leur interdisant de se rendre au travail et d'en revenir, sauf s'il s'agit de travailleurs "essentiels" ; leur refuser le droit d'ouvrir leur entreprise, ce qui les conduit à la faillite ; les forcer à accepter des paiements de l'État pour survivre via le paiement Covid ; traiter de "théoriciens du complot" ceux qui résistent à la pression du gouvernement pour obtenir des vaccins ; dire que toutes les protestations/émeutes concernant tout cela sont alimentées par des individus "d'extrême droite malavisés", etc. De toute évidence, refuser aux gens le droit d'aller travailler ou de gérer leur propre entreprise, et les encourager/forcer à accepter les paiements Covid, sont autant d'attaques contre le capitalisme et l'indépendance financière d'un individu par rapport à l'État.

En réalité, il ne s'agit que d'un autre exemple des effets néfastes de l'idéologie sur la psyché humaine, y compris la réduction de la souveraineté personnelle. En fait, si nous admettons que le socialisme n'est que la mise en œuvre des principes révolutionnaires marxiens destructeurs dans le tissu social, il n'est pas seulement destructeur pour les individus qui le composent, mais aussi pour le "méchant" système capitaliste lui-même.

Bien que ce point suivant de DiLorenzo se concentre sur l'impact de l'État-providence sur une société capitaliste, il renforce également les points que j'ai soulevés plus haut, à savoir que l'idéologie accroît son pouvoir et son contrôle tout en attaquant simultanément son vieil ennemi, le capitalisme : "L'État-providence a fait un excellent travail en paralysant une pierre angulaire importante d'une société capitaliste, libre de marché et entreprenante : l'incitation au travail. Au lieu de cela, il a créé une classe dépendante qu'il sert (avec des programmes) et dont il profite (en justifiant les programmes gouvernementaux et les emplois)".[28]

L'État-providence et la destruction de la famille

DiLorenzo soulève un point très important qui lie l'État-providence à d'autres sous-agendas issus de l'idéologie. Essentiellement, l'introduction de prestations sociales pour les familles monoparentales a contribué à l'attaque de la secte contre la cellule familiale nucléaire traditionnelle (bien que DiLorenzo ne dise pas que c'était nécessairement le but recherché, mais plutôt une conséquence) : "Entre 1960 et 2000, les naissances hors mariage ont augmenté de plus de 400 %, et l'un des principaux facteurs de cette augmentation, en particulier dans les communautés noires, est le fait que la monoparentalité

---

[28] Ibid. P. 47.

donne droit à des prestations gouvernementales. En 1950, avant la "guerre contre la pauvreté", environ 88 % des familles blanches et 77 % des familles noires aux États-Unis étaient composées d'un mari et d'une femme.

En 1980, la proportion de familles noires composées d'un mari et d'une femme était tombée à 59 %, contre 85 % pour les familles blanches. Et les chiffres continuent d'empirer. En 1960, 73 % des enfants vivaient dans une famille biparentale traditionnelle. En 2013, ce chiffre était de 46 %.[29]

Il écrit également que les prestations sociales peuvent essentiellement remplacer le revenu provenant d'un mari/partenaire ayant un emploi. Il soulève également la question de la stigmatisation et de son effet sur l'ensemble de la situation : outre l'absence de stigmatisation liée au fait de recevoir des allocations de l'État (par opposition au travail), la stigmatisation liée au fait d'avoir des enfants hors mariage ("illégitimité") a également disparu. Il s'agit là d'attaques marxiennes contre ce qui est traditionnel par le biais du socialisme - le système d'allocations encourage l'effondrement de la société par le biais de l'effondrement de la cellule familiale traditionnelle.

M. DiLorenzo a ajouté que les enfants issus de familles monoparentales sont plus susceptibles d'avoir divers problèmes, notamment des "problèmes comportementaux ou émotionnels", d'avoir eux-mêmes des enfants hors mariage, d'être impliqués dans la criminalité, etc. La dépendance à l'égard de l'aide sociale "a un "effet domino" qui non seulement nuit à la société mais détruit aussi la vie des gens".[30] L'idéologie détruit.

La relation entre les familles composées uniquement de mères et l'idéologie

En termes d'endoctrinement et de diffusion de l'idéologie, les aides sociales aux familles monoparentales sont également destructrices de manière plus insidieuse. Elles encouragent la naissance d'enfants hors mariage, ce qui a pour conséquence principale d'élever les enfants avec la femme comme parent principal (la plupart des familles monoparentales sont de ce type). Cette situation contribue également à féminiser la société dans son ensemble, car les femmes sont manifestement incapables de fournir la dynamique masculine qu'un homme peut apporter.

Cela est particulièrement important dans les sociétés qui sont imprégnées de cette idéologie, car les hommes sont généralement mieux à même de protéger leurs enfants des effets de l'endoctrinement marxiste. Cela est lié à l'"attaque contre la masculinité" souvent mise en évidence. Plus une société manque de masculinité, plus ses membres sont sensibles à l'endoctrinement marxiste (puisqu'il repose fortement sur la manipulation émotionnelle, via le principe

---

[29] Ibid. P. 91.

[30] Ibid. P.92.

de l'oppresseur contre l'opprimé). Je soulève ce point parce que si c'est vrai, alors ce phénomène de monoparentalité est créé par l'idéologie, soutenu par elle, et il contribue en fin de compte à créer une société qui est pro-marxiste à long terme. Ses initiatives à court terme nourrissent ses objectifs à long terme.

Pour illustrer ce point, nous pouvons voir comment la question de la famille monoparentale s'accorde parfaitement avec d'autres sous-agendas marxistes tels que le mouvement de "libération des femmes" et les choses qu'il promeut, notamment : la promiscuité féminine, les relations non-monogames, les relations sexuelles hors mariage, l'attaque contre l'institution du mariage, l'attaque contre la masculinité, etc.

Encore une fois, il ne s'agit pas d'une attaque contre des individus ! Il est évident qu'il existe de nombreuses mères célibataires fantastiques qui font un excellent travail avec leur(s) enfant(s). Il est vrai que toutes les familles monoparentales (hommes ou femmes) ne sont pas identiques, ou que les personnes impliquées ont les mêmes personnalités/intentions, ou que chaque situation a le même impact sur le développement des enfants (ou, par conséquent, que chaque situation a le même impact sur la société, etc.) Il n'est pas nécessaire de le préciser. Cependant, les familles monoparentales ne sont pas idéales pour les personnes concernées ni pour la société, et l'idéologie en bénéficie grandement à plusieurs égards.

À l'inverse, ce qui est plus idéal pour créer des sociétés fortes, saines, heureuses et prospères, c'est l'accent mis sur des valeurs plus traditionnelles, y compris la cellule familiale nucléaire. Le fait que ces valeurs donnent à une société force et stabilité est précisément la raison pour laquelle l'idéologie cherche à les détruire. (Nous examinerons plus tard la cellule familiale traditionnelle).

Entreprises publiques contre entreprises privées

Sur la question des entreprises publiques par rapport aux entreprises privées, M. DiLorenzo explique qu'il n'y a pas de conséquences négatives ou de "punitions" pour les entreprises publiques si elles prennent de mauvaises décisions financières (contrairement aux entreprises privées). Elles peuvent simplement demander des fonds supplémentaires pour mieux rémunérer leur personnel, puiser dans les caisses des recettes fiscales, etc. Il en résulte que les entreprises publiques sont généralement bien moins performantes que les entreprises privées. En fait, les entreprises publiques ne sont pas incitées (ou "pressées") à être performantes. Les entreprises privées qui ne font pas du bon travail (en fournissant des produits ou des services aux consommateurs) ne feront pas de bénéfices et disparaîtront. Cela ne s'applique pas aux entreprises publiques, qui recevront des budgets indépendamment de leurs performances (!). En fait, si elles gaspillent de l'argent, elles recevront souvent davantage : "Un tel mécanisme n'existe pas dans les entreprises publiques, car il n'y a pas de compte de résultat, au sens comptable, il n'y a que des budgets". En effet.[31]

Avoir un système de santé socialiste

DiLorenzo souligne que les systèmes de santé socialistes du Royaume-Uni (*National Health Service*) et du Canada (*Medicare)* sont inférieurs aux autres types de systèmes, parce qu'ils sont nationalisés et contrôlés par le gouvernement (note : nous pouvons également inclure le *Health Service Executive* (HSE) irlandais). Ils se caractérisent par une qualité de service inférieure, des temps d'attente plus longs en général (pour voir des spécialistes, pour obtenir des opérations de sauvetage), une espérance de vie inférieure, moins d'équipements médicaux spécialisés disponibles, des taux de mortalité plus élevés, une "fuite des cerveaux" (employés qualifiés partant à l'étranger pour de meilleures opportunités d'emploi). Certains pourraient rétorquer "bien sûr, ce n'est pas parfait, mais c'est gratuit, n'est-ce pas ? Dans ce contexte, il vaut mieux avoir quelque chose de bien que quelque chose de "gratuit".

"Gratuit" = rationnement

Le fait d'avoir un service "gratuit", bien que cela semble agréable, humain et attrayant à première vue (en particulier pour les patients/clients), conduit inévitablement à des déséquilibres dans le système, ce qui crée à son tour un cycle d'effets en chaîne, dont le produit final est typiquement le rationnement (ce qui est typique de l'idéologie). DiLorenzo explique qu'étant donné que la perception existe que le service est "gratuit", il a une myriade d'effets négatifs, et que "déclarer que n'importe quel bien ou service est "gratuit" provoquera une explosion de la demande, qui à son tour augmentera les coûts de fourniture du bien ou du service". Parmi les autres effets, citons le gaspillage inconsidéré de temps et de ressources, etc.[32]

L'étape suivante du cycle est la réponse du gouvernement (des membres de la secte) à l'augmentation évidente des coûts de ce service "gratuit" : "Pour couvrir ces coûts, les gouvernements socialistes imposent généralement des plafonds de prix sur tout, des visites et des salaires des médecins aux tarifs des chambres d'hôpital et à la technologie. Un prix plafond est un prix imposé par le gouvernement qui est inférieur au prix existant".[33]

Ceci est lié à l'imposition par le gouvernement de prix artificiels pour les choses, qui ne reflètent pas la réalité de la situation, y compris leur valeur réelle (mentionnée plus haut dans le "problème de calcul").

Selon M. DiLorenzo, ces plafonds de prix imposés ont pour effet de "stimuler encore plus la demande de services de santé", et comme l'offre ne peut rattraper

---

[31] Ibid. P. 94.

[32] Ibid. P. 95.

[33] Ibid. P. 96.

la demande, il en résulte des pénuries "dans tous les domaines, des médecins aux appareils d'IRM" ; *à cela s'ajoute le* facteur de la "fuite des cerveaux", c'est-à-dire l'exode du personnel qualifié à l'étranger, où il peut recevoir de meilleurs salaires pour son travail. Et puis vient l'inévitable : "Les gouvernements réagissent toujours aux pénuries créées par leurs politiques en imposant une forme de rationnement".

Lorenzo a noté que les patients âgés ont tendance à ressentir le plus l'impact de ce rationnement. Il explique comment le NHS refuse aux patients âgés des services vitaux tels que le dépistage du cancer s'ils dépassent un certain seuil d'âge (65 ans). Il ajoute : "Certains commentateurs ont accusé le NHS britannique de ne pas offrir de services aux patients âgés : "Certains commentateurs ont accusé le service national de santé britannique de pratiquer l'"euthanasie". Même si l'euthanasie n'était pas l'intention du gouvernement britannique, elle a été l'effet du socialisme sanitaire dans ce pays".[34] Un point très intéressant. Si l'on considère le bilan de l'idéologie en matière de mort, il n'y a rien d'étonnant à cela. Elle s'efforce également de remplacer les générations plus âgées par des générations plus jeunes qui peuvent être modelées plus facilement (pour soutenir/adhérer à la secte/idéologie). En outre, l'idéologie/la secte soutient l'immigration de masse/le sous-programme de "remplacement de la population" dans les pays occidentaux, que cette pratique (de négliger les personnes âgées) soutient. Cela accélère essentiellement le processus, puisque les jeunes générations de migrants sont amenées dans le pays en question tandis que les générations plus âgées de la population locale sont essentiellement laissées à l'abandon.

Service de santé nationalisé et Covid

Un autre problème lié à l'existence d'un système de santé contrôlé par le gouvernement s'est manifesté lors du fiasco du Covid. Le NHS britannique, le HSE irlandais (et leurs homologues dans d'autres pays) suivront évidemment les instructions du gouvernement et des "experts" ou "spécialistes" sur la manière de gérer la pandémie de Covid - aucune question n'est posée, aucune voix discordante n'est exprimée (pas près du sommet des structures de direction en tout cas). Et une grande partie (sinon la totalité) du personnel dirigeant et contrôlant ces organisations sont eux-mêmes des membres de la secte, issus du système éducatif marxien. Les organisations de ce type font partie intégrante du système de contrôle, plus que prêtes à injecter des millions de personnes dans leurs pays respectifs, sans se poser la question de savoir si elles doivent le faire.

Systèmes éducatifs socialistes

Il est évident que le contrôle des systèmes éducatifs est un objectif stratégique important pour la secte, et il l'a toujours été (la première partie du dixième plan

---

[34] Ibid. 101.

du Manifeste communiste est "l'éducation gratuite pour tous les enfants dans les écoles publiques"). Il permet de créer des générations de drones soumis, obéissant à l'État, qui seront infectés par l'idéologie. On le voit clairement de nos jours avec l'"enseignement" de l'"éducation" dégénérée au sexe et à la sexualité, en plus de la promotion du féminisme, du changement climatique, de la programmation de la "diversité", etc. Ils essaieront d'introduire autant de conneries que l'esprit vulnérable d'un enfant peut en supporter, en gros. Dans un système éducatif socialiste contrôlé par le gouvernement, explique M. DiLorenzo, les écoles publiques dépendent financièrement de l'État et sont donc contrôlées par lui. L'État peut alors dicter ce qu'elles enseignent et comment elles l'enseignent. En d'autres termes, elles n'ont pas la possibilité de s'écarter des plans du gouvernement et de ne pas enseigner les conneries marxistes.

En outre, M. DiLorenzo explique que ces établissements sont confrontés à des problèmes similaires à ceux d'autres entreprises ou services gérés par l'État : "Une école privée doit faire face à la concurrence pour attirer les élèves... (sinon)... elle perd de l'argent et pourrait même faire faillite. Une école publique jouit d'un quasi-monopole, en particulier parmi les pauvres, qui ne peuvent pas se payer une école privée ; et comme dans tous les monopoles, la commodité des administrateurs et des employés passe avant les besoins des clients, parce que les clients seront toujours là. Ils n'ont pas le choix".[35]

Les écoles publiques peuvent en fait obtenir plus d'argent pour un travail médiocre, voire inférieur aux normes, car il est toujours possible d'invoquer la nécessité d'augmenter les fonds et le personnel (contrairement aux écoles privées). M. DiLorenzo a fait remarquer que l'augmentation des dépenses n'améliore pas nécessairement les niveaux d'éducation. Ainsi, a-t-il déclaré, ils augmentent essentiellement leurs coûts parce qu'ils ne sont pas eux-mêmes "à la hauteur" !

À ce sujet, il écrit : "Il serait difficile de trouver une entreprise privée dont la production, les performances ou les ventes ont baissé après des injections massives de capitaux. Ce n'est que dans les entreprises monopolistiques et socialistes comme les écoles publiques que l'on trouve l'absurdité de payer plus pour le service et de ne rien obtenir en retour".[36] Il a ajouté que les écoles privées doivent "dépenser leur argent de manière efficace" parce qu'elles essaient de faire des bénéfices, alors que les écoles publiques ont tendance à dépenser plus pour justifier les augmentations de budget.

L'impôt progressif sur le revenu

"La théorie des communistes peut se résumer en une seule phrase : Abolition

---

[35] Ibid. 173, 174.

[36] Ibid. P. 175-176.

de la propriété privée"[37]

Marx et Engels, Le Manifeste communiste (1848)

L'impôt progressif sur le revenu figure dans le Manifeste communiste (deuxième volet) et constitue, entre autres, une forme de vol, en plus d'être une tentative d'imposer l'égalité. La plupart des personnes soumises à ce système sont littéralement contraintes de payer des impôts sous peine de subir des conséquences, y compris l'emprisonnement (ou la menace d'un tel emprisonnement). DiLorenzo écrit qu'il s'agit d'un "impôt sur le revenu discriminatoire" qui "pénalise la productivité en imposant les revenus les plus élevés à des taux d'imposition de plus en plus élevés" parce que c'est "leur déni de la réalité de l'inégalité humaine". Un point fantastique ! Il est assez incroyable de constater que cet impôt existe dans (la plupart) de nos sociétés depuis plus d'un siècle (sous une forme ou une autre), sans que la majorité ne soit consciente de ses origines idéologiques. Il est simplement accepté comme un élément normal de la vie.[38]

Bien que l'on nous dise que cet impôt progressif sur le revenu est juste et raisonnable, il ne l'est pas. Une fois de plus, l'endoctrinement convainc les masses du contraire, et que les plus hauts revenus (alias les "oppresseurs bourgeois") méritent d'être pénalisés. Comme l'explique DiLorenzo : "L'idéal d'un impôt sur le revenu "progressif" est de créer une plus grande "égalité" en traitant les gens de manière inégale".[39] Il ajoute que c'est tout le contraire du "principe fondamental d'équité dans une société, qui est l'égalité devant la loi". Un impôt progressif sur le revenu est une politique d'inégalité devant la loi". Cela fait partie de la déstabilisation des sociétés capitalistes, explique-t-il, et l'exploitation de l'envie est un excellent moyen d'y parvenir.

L'impôt progressif sur le revenu est appliqué sur la base de l'idée omniprésente que le prolétariat/les classes laborieuses sont exploités par la bourgeoisie/la classe riche.[40] Cet impôt va également à l'encontre du principe de "développement du capital humain" (mentionné par DiLorenzo) - l'idée qu'une productivité accrue dans une économie capitaliste est récompensée par des salaires plus élevés parce que "les employeurs se feront concurrence pour leurs services".[41] Cela incite les gens à développer leurs compétences en tant qu'employés, etc. ; en bref, "le capitalisme encourage la mobilité

---

[37] Marx et Engels, *Le Manifeste communiste* (1848). P. 22.

[38] DiLorenzo, T., *Le problème du socialisme*, P. 123.

[39] Ibid. P. 124.

[40] Ibid. P. 124.

[41] Ibid. P. 124.

ascendante". [42] L'impôt progressif sur le revenu va à l'encontre de cette caractéristique positive du capitalisme, en pénalisant les hauts revenus (il s'agit donc d'une attaque contre le capitalisme).

Un système bancaire centralisé

"La banque centrale est l'un des piliers du Manifeste communiste. Nous disons que l'Amérique est un pays capitaliste, mais en même temps nous avons une banque centrale"[43]

Feu le producteur de cinéma américain Aaron Russo
sur le système de la Réserve fédérale, 2009

Existe-t-il une "banque communiste" ou s'agit-il d'un oxymore ? Bien que le système de banque centrale puisse être considéré comme capitaliste, il est en fait issu de l'idéologie, ce qui est une chose que l'on oublie. Le cinquième pilier du Manifeste communiste est "la centralisation du crédit entre les mains de l'État, au moyen d'une banque nationale dotée d'un capital d'État et d'un monopole exclusif". Cela signifie que lorsque la *Réserve fédérale* a été créée en 1913 (après la désormais tristement célèbre réunion des magnats de la banque sur l'île de Jekyl en 1910), le cinquième pilier du Manifeste communiste a été atteint.

M. DiLorenzo a écrit que l'économie américaine fonctionnait jusqu'à présent, avec des compétitions entre les différentes banques : "La Fed, comme toutes les banques centrales, est essentiellement une agence de planification centrale socialiste qui prétend "stabiliser" et "ajuster" l'économie. Aucune agence de planification centrale de ce type n'a existé pendant la majeure partie de l'histoire américaine... Il y a eu une certaine réglementation des banques à succursales... mais pour l'essentiel, les États-Unis ont bénéficié d'un système de marché libre des capitaux, sans armée de planificateurs centraux".[44]

Il a également souligné la perception erronée selon laquelle la Fed stabilise l'économie et qu'elle est en fait à l'origine des différents cycles d'expansion et de récession, notamment "la bulle (et l'effondrement) boursière de 2000 et la bulle immobilière qui a explosé pour aboutir à la grande récession de 2008". Ses politiques au cours des années 1920 "ont généré une bulle boursière suivie du célèbre krach d'octobre 1929".[45] L'existence (et le pouvoir) d'une banque centrale dans un pays entraîne ce type de problèmes.

Tout comme les autres éléments socialistes mentionnés dans cette section

---

[42] Ibid. P. 125.

[43] TruthTube1111, "Alex Jones Interviews Aaron Russo (Full Length)", 8 juin 2011. https://www.YouTube.com/watch?v=N3NA17CCboA

[44] Ibid. P. 162.

[45] Ibid. P. 163.

(soins de santé, éducation, gestion des terres et des ressources, etc.), les problèmes qu'ils posent sont dus à la centralisation - un contrôle central qui crée des restrictions et de l'instabilité au sein du système. Il y a un manque de liberté au sein de ce système pour qu'une véritable prospérité se développe, résultant de la concurrence du marché libre. Bien entendu, cette socialisation des banques est internationale, et pas seulement aux États-Unis.

Pour conclure sur ce sujet : remarquez comment les problèmes énumérés ci-dessus, causés par ces systèmes communistes centralisés, sont imputés au capitalisme par les membres de la secte ? Combien de fois les avez-vous entendus attribuer les krachs financiers, etc. à leur vieil ennemi, alors qu'ils réclament "un système alternatif" ?

Ils s'exclament ainsi parce qu'ils croient que le capitalisme porte en lui les germes de sa propre destruction, ignorant superbement que depuis que le marxisme est apparu sur la scène au 19ème siècle, le capitalisme a rarement été autorisé à fonctionner sans être perturbé par le marxisme. Essentiellement, ils voient ce qu'ils s'attendent à voir - et veulent voir - mais sont aveugles à tout le reste (y compris à la vérité). En raison de cet endoctrinement, nombreux sont ceux qui ne voient pas que le capitalisme a permis à tant de personnes de sortir de la pauvreté à l'ère moderne.

La destruction de l'église et de la religion

"Le socialisme est précisément la religion qui doit supplanter le christianisme.[46]

Antonio Gramsci, Cahiers de prison, 1929-1935

"Nous, les communistes, sommes comme Judas. C'est notre travail sanglant de crucifier le Christ. Mais cette œuvre de péché est en même temps notre vocation : ce n'est que par la mort sur la croix que le Christ devient Dieu, et cela est nécessaire pour pouvoir sauver le monde. Nous, communistes, prenons donc sur nous les péchés du monde, afin de pouvoir ainsi sauver le monde"[47]

Gyorgy Lukacs dans la Hongrie communiste de 1919

"Le communisme est ce stade du développement historique qui rend toutes les religions existantes superflues et les remplace.[48]

Friedrich Engels, La question communiste de la foi, 1847

---

[46] *Selections from the Prison Notebooks* (1999), (écrit en 1929-1935).
https://abahlali.org/files/gramsci.pdf

[47] Lopez, D., "The Conversion of Georg Lukács".
https://www.jacobinmag.com/2019/01/lukacs-hungary-marx-philosophy-consciousness

[48] (48) Engels, F., "Projet de confession de foi communiste", 9 juin 1847.

https://www.marxists.org/archive/marx/works/1847/06/09.htm

"La religion est le soupir de la créature opprimée, le cœur du monde sans cœur et l'âme des conditions sans âme. Elle est l'opium du peuple"[49]

Karl Marx, "Critique de la philosophie du droit de Hegel", 1844

Le marxisme est aussi anti-chrétien qu'anti-capitaliste. Pourquoi ? Oui, parce que le marxisme veut détruire la civilisation occidentale et que le christianisme (comme le capitalisme) est traditionnellement considéré comme l'un de ses piliers. Mais y a-t-il d'autres raisons ? En effet, l'aspect antireligieux de l'idéologie a été une caractéristique dès le début.

Moses Kiessel Marx Mordechai Levi (alias Karl Marx) était lui-même un homme dérangeant et un sataniste. Il était indéniablement, amèrement et fanatiquement anti-Dieu, et a écrit plusieurs articles exprimant ses opinions, ce qui semble presque étrange puisqu'il descendait d'une longue lignée de rabbins juifs.

Dans son poème "Human Pride" (avant 1837), il écrit : "Les mots que j'enseigne sont tous mélangés dans une confusion diabolique. Ainsi, chacun peut penser ce qu'il veut. Avec dédain, je jetterai mon gant à la face du monde et j'assisterai à l'effondrement de ce géant pygmée dont la chute n'étouffera pas mon ardeur. Alors j'errerai, divin et victorieux, à travers les ruines du monde. Et, donnant à mes paroles une force active, je me sentirai l'égal du Créateur". [50] Il est intéressant de noter que les deux premières phrases suggèrent que ses œuvres ne sont que du charabia manipulateur, et que le lecteur peut choisir sa propre interprétation (pensée post-moderniste ; explorée plus loin) et se faire des illusions. En effet. Cela résume parfaitement le culte/l'idéologie d'aujourd'hui. Il s'agissait donc bien d'un prophète. En outre, le titre "Human Pride" (orgueil humain) se rapporte à l'ego, principal moteur psychologique de la secte.

Extrait d'un autre de ses poèmes intitulé "The Fiddler" (avant 1837) : "Jusqu'à ce que le cœur soit ensorcelé, jusqu'à ce que les sens s'affolent : Avec Satan, j'ai conclu mon marché. Il trace les signes, bat la mesure pour moi, je joue la marche de la mort rapidement et librement".[51] Un pacte avec Satan, hein ? Je dirais qu'il était bon de boire une bière avec lui. Les exemples d'écrits de ce type sont nombreux. N'oublions pas que ce type est mondialement connu dans de nombreux milieux, qu'il est considéré comme une sorte de génie, qu'il est le père (ahem) de la sociologie, etc. Nous sommes donc en train d'adorer des

---

[49] Marx, K. "Critique de la philosophie du droit de Hegel", 1844. https://www.marxists.org/archive/marx/works/download/Marx_Critique_of_Hegels_Philosophy_of_Right.pdf

[50] Marx, K. "L'orgueil humain" (premières œuvres de KarlMarx, recueil de vers, avant 1837).

[51] Marx. K. "*Wild Songs*", "*The Fiddler*", (premières œuvres de Karl Marx : recueil de vers, avant 1837).

satanistes ? Moses Hess était apparemment responsable de l'introduction de Marx et Engels au satanisme.

Il est intéressant de noter qu'à en juger par les écrits de Marx, il n'était pas athée (comme la secte/l'idéologie le prétend) - il croyait clairement en Dieu, mais le détestait, choisissant de se ranger du côté de Satan. Que l'on croie ou non en Dieu ou au Diable n'a pas d'importance ici - si l'idéologie/la secte a des origines sataniques et destructrices (et c'est le cas), cela nous concerne tous. Connais ton ennemi, humain.

Marx finira par se concentrer sur l'aspect économique et sociologique des choses, et ses travaux porteront ostensiblement sur le travail, la lutte des classes, etc. En outre, Marx était un admirateur de Charles Darwin (1809-1882), qui a publié *L'origine des espèces par voie de sélection naturelle* en 1859 (11 ans après le Manifeste des cocos). Marx apprécie la théorie de Darwin parce qu'elle nie qu'il y ait eu création (une autre défiance à l'égard de Dieu). Elle légitimait une approche "scientifique" et l'athéisme dans un livre populaire. Le marxisme et le darwinisme sont peut-être les facteurs qui ont le plus contribué à l'athéisme à notre époque. Dans une correspondance avec le socialiste allemand Ferdinand Lasalle, Marx écrit que le travail de Darwin "est très important et convient à mon objectif, car il fournit une base en sciences naturelles pour la lutte historique des classes".[52] Bien entendu, la théorie de l'évolution de Darwin est "scientifique" dans le sens où l'idéologie l'est - théorique, basée sur des hypothèses et ne reflétant pas la réalité, mais aussi largement acceptée par l'establishment intellectuel comme légitime et brillante.

Il s'agit d'un vaste sujet, mais le point principal est que le marxisme est ouvertement antireligieux (dans un sens), et plus particulièrement antichrétien. Dans l'ensemble, l'idéologie est également hostile à d'autres types de croyances spirituelles (à moins qu'il ne soit avantageux pour elle d'agir autrement). Parmi les exemples modernes, on peut citer le traitement réservé par la Chine aux bouddhistes du Tibet, au Falun Gong et aux musulmans ouïghours du Xinjiang.[53]

L'idéologie a une longue histoire de critiques ou de condamnations des pratiques religieuses ou spirituelles, mais aussi d'un niveau de méchanceté presque incroyable, qui va de l'agression à la torture, de la mutilation au viol vicieux et à la liquidation massive des pratiquants. Cette violence antichrétienne extrême a été une caractéristique de toutes les grandes révolutions marxiennes depuis la Révolution française. Les notions de "diversité" et d'"égalité" de la secte ne s'appliquent généralement pas au

---

[52] Marx et Engels, *Correspondance choisie 1846-1895* (1975), Vol. 41 : 246-47.

[53] Cook, S. "Falun Gong : La liberté religieuse en Chine", 2017.

https://freedomhouse.org/report/2017/battle-china-spirit-falun-gong-religious-freedom

christianisme.

En dépit de ce qui précède, certaines interprétations de la spiritualité semblent s'accorder parfaitement avec l'idéologie. Par exemple, tous les types de pratiques spirituelles qui reposent sur de fausses interprétations de l'"amour" et de la "compassion", sur le concept "nous ne faisons qu'un" (unité, solidarité, égalité), ou qui font de l'hédonisme ou du bonheur le centre de leur existence ; tout ce qui relève principalement de l'émotionnel plutôt que du rationnel. Cette idéologie s'associe parfaitement aux fausses alternatives à la spiritualité ou à la religiosité authentique et bienveillante. Le mouvement New Age contient de nombreux exemples de ces fausses alternatives, ou pseudo-spiritualité essentiellement.

Il convient de préciser ici que l'auteur n'est ni chrétien ni affilié à une quelconque religion, mais qu'il est le parfait allié non chrétien des chrétiens. Cette précision a pour but d'éviter que le lecteur ne suppose que la position protectrice de l'auteur à l'égard du christianisme est le fruit d'un préjugé personnel. Non, mon raisonnement est bien plus lucide et stratégique que cela. J'adopte une position protectrice parce qu'il est dans notre intérêt à tous de le faire, que vous soyez chrétien, religieux ou non, ou que vous vous considériez ou non comme une personne spirituelle de quelque sorte que ce soit. Si vous n'êtes pas chrétien, vous devez comprendre et suivre mon exemple, et les chrétiens doivent également le comprendre. Cela permet une alliance puissante.

Ceux d'entre nous qui sont opposés à cette idéologie (et à l'internationalisme/au "mondialisme", au gouvernement mondial unique, etc.) devraient résister à l'attaque contre le christianisme dans le monde entier, qu'ils soient chrétiens ou non.) doivent résister aux attaques contre le christianisme dans le monde entier, qu'ils soient chrétiens ou non. Nous devons le faire parce que cela fait partie de l'agenda marxien visant à atteindre la domination mondiale. Si nous nous moquons ouvertement du christianisme ou des chrétiens, nous nous comportons effectivement comme la secte/l'idéologie veut que nous nous comportions. De même, si nous restons en retrait et permettons à la secte d'éliminer systématiquement le christianisme de nos pays/cultures, nous sommes complices de ce sous-ordre du jour particulier. Les raisons deviendront évidentes au fur et à mesure que nous avancerons. Vous devez mettre de côté vos préjugés personnels pour faire ce qui est juste.

Spécifiquement anti-chrétienne

L'idéologie/la secte est spécifiquement anti-chrétienne. Elle attaquera le christianisme et les chrétiens à chaque occasion, comme elle l'a toujours fait, en utilisant diverses méthodes. Bien qu'historiquement il y ait eu des massacres marxistes flagrants de ce groupe religieux, il n'y a pas de meurtres purs et simples dans les pays occidentaux aujourd'hui, mais la mentalité anti-chrétienne est évidente. L'influence du christianisme est de plus en plus marginalisée et supprimée.

La secte (en général) affirme être athée et que la religion est mauvaise pour l'humanité, ce qui semble expliquer sa position à l'égard du christianisme ; cependant, elle ne traite pas les autres religions de la même manière. En fait, non seulement la secte n'attaque pas le judaïsme/les juifs ou l'islam/les musulmans, mais elle vous critiquera pour l'avoir fait et lancera ses insultes redoutables, telles que "antisémite" et "islamophobe". En substance, cela signifie qu'il est possible d'attaquer le christianisme/les chrétiens, mais qu'il est interdit d'attaquer d'autres groupes religieux.

N'est-ce pas étrange ? Ne s'agit-il pas d'un double standard flagrant ? Même un débutant devrait le comprendre très rapidement. Il suffit de prêter attention à la culture pop marxiste pendant cinq minutes pour la voir à l'œuvre, y compris dans les médias antichrétiens produits par la secte, par l'intermédiaire de l'industrie du "divertissement". La chasse au christianisme est désormais ouverte, mais, une fois encore, le même traitement n'est pas autorisé pour les autres confessions.

Comparaison entre le christianisme et l'islam

En outre, pour justifier leur position anti-chrétienne, ils ne cessent de citer des exemples de comportements néfastes inspirés par le christianisme (l'Inquisition, les Croisades), alors qu'ils n'ont rien à dire sur l'histoire sanglante (parfois impériale) du Djihad islamique. On pourrait dire qu'ils ne sont tout simplement pas au courant de l'histoire violente de l'islam, mais s'ils connaissent les croisades - un conflit connexe opposant principalement les chrétiens et les musulmans - il n'y a pas vraiment d'excuse.

En outre, ils mettraient probablement tout sentiment de Jihad islamique sur le compte de l'"impérialisme" des États-Unis et de l'OTAN (j'ai vu certains membres de sectes faire des remarques stupides de ce genre !), alors que le Jihad existait bien avant que Christophe Colomb ne "découvre" les Amériques en 1492 ! Mahomet est mort vers 632 après J.-C., et le djihad battait son plein de son vivant. La déclaration d'indépendance des États-Unis date de 1776 ! Nous ne critiquons pas ici l'islam ou les musulmans, mais nous soulignons simplement le fait qu'il y a deux poids et deux mesures.

Lorsqu'il s'agit du christianisme, la secte met l'accent sur tous les points faibles/négatifs perçus, tels que la pédophilie/le viol de mineurs, la criminalité et la corruption, le fait qu'il soit oppressif et responsable de tant de guerres, d'exécutions, de massacres, etc. Même si l'on peut dire la même chose de l'islam, cela n'est pas mis en évidence. L'histoire de l'islam - à l'époque de son prophète Mohamed - est celle de la conquête, de la conversion forcée et du massacre des Kafir (les "infidèles" ou "non-croyants" non musulmans).

En outre, la torture, les mutilations, les meurtres, l'extrémisme et le terrorisme chrétiens n'existent pas dans le monde d'aujourd'hui, mais on ne peut pas en dire autant de l'islam. Cela aussi est commodément ignoré, alors que la secte tente de minimiser ou d'occulter les cas d'extrémisme islamique dans les pays occidentaux. Il ne s'agit là que de l'habituelle sélection et de la politique de deux poids, deux mesures typique de la secte. C'est également un acte de trahison puisqu'ils se rangent du côté de ceux qui ne sont pas de leur nationalité ou de leur race et les utilisent pour progresser.

Les croyances chrétiennes sont stupides, mais les croyances musulmanes ou juives ne le sont pas ?

La foule marxiste adore se moquer du christianisme et des chrétiens, de leurs prières et rituels, de leur croyance en Dieu ou de leur adulation de Jésus-Christ, en affirmant qu'il s'agit de charabia superstitieux ; mais si des musulmans font la Salah (prière) ou parlent du Coran ou d'Allah, tout d'un coup, "oh c'est si merveilleux, c'est si diversifié ! Je veux dire, je ne partage pas vos croyances, mais je les respecte", etc. etc. bla bla ; plus de "lèche-cul" (comme on dit en Irlande).

Il en va de même pour l'autre religion abrahamique, le judaïsme. Si l'on suggère publiquement que le peuple "élu" n'est pas, en fait, spécial ou ne mérite pas un traitement spécial, ou si l'on déclare que l'on pense que la Brit Milah (circoncision des bébés garçons) est barbare, on est frappé par l'étiquette "antisémite". La secte ne traite pas toutes les religions de la même manière et considère le christianisme - et l'Église catholique romaine en particulier - comme l'ennemi.

La secte se montrera "athée" et dira que l'Irlande est beaucoup plus progressiste depuis la séparation de l'Église et de l'État, mais n'aura aucun problème lorsque les musulmans commenceront inévitablement à dominer les affaires politiques et à donner la priorité à l'islam et aux musulmans ou aux non-musulmans dans les pays occidentaux.

Il est évident que la secte soutient l'islamisation de l'Occident, en particulier en Europe. Cela pourrait être interprété comme une attaque contre le christianisme, puisque l'islam commencera inévitablement à dominer le paysage religieux (grâce à l'augmentation rapide de la population). Il est vrai que cela ne semble pas contredire l'idée que leur idéologie est athée - ils sont programmés pour soutenir les musulmans (pensent-ils) pour des raisons humanitaires (égalité, diversité, compassion, etc.).

La programmation de l'idéologie est la force motrice dans ce cas. Il serait intéressant d'interroger certains membres de sectes pour savoir s'ils respectent davantage les croyances religieuses d'un musulman que celles d'un chrétien (en particulier d'un catholique). Si ce n'est pas le cas, pourquoi ? Bien sûr, grâce à l'endoctrinement et à la culture "PC" créés par la pourriture marxiste, si vous soulevez ces points, vous êtes un "islamophobe". Il est vrai que les membres de ces sectes d'ignorants n'ont pas vraiment de connaissances et ne connaissent l'histoire que d'un point de vue pro-marxien ; mais des choses comme celles-ci sont des doubles standards plus évidents ; un autre drapeau rouge (communiste). Le parti pris anti-chrétien est évident.

La pédophilie comme arme de propagande

La question de la pédophilie est un autre exemple de cette politique de deux poids, deux mesures. Dans l'attaque de la secte contre l'Eglise catholique et le Vatican, la question de la pédophilie est mise en exergue à maintes reprises. Cela permet à la propagande d'assimiler le christianisme et les chrétiens à la pédophilie. Si l'on assimile la pédophilie au christianisme en se basant sur les cas où l'Église catholique est concernée, alors on devrait aussi l'assimiler au judaïsme et à l'islam, puisqu'il y a eu de nombreux cas impliquant ces groupes religieux, dans le passé et aujourd'hui.

Encore une fois, l'idéologie ne se préoccupe pas des gens, y compris des enfants - elle ne se préoccupe que de sa propre perpétuation. Ainsi, dans le cas présent, une préoccupation feinte pour le bien-être des enfants est utilisée pour atteindre l'un des objectifs de l'idéologie/la secte (la destruction du christianisme).

Pourquoi il faut détruire le christianisme

La principale raison pour laquelle l'idéologie s'attaque au christianisme (sans entrer dans les détails ou dans l'ésotérisme pour l'instant) est qu'il s'agit d'un adversaire idéologique, avec un système de croyances bien ancré. La propagation mondiale de l'infection a toujours été quelque peu entravée par la présence de ce système de croyance.

En général, le christianisme authentique - le catholicisme en particulier - s'est opposé à de nombreuses choses dégénérées et destructrices de la civilisation que l'idéologie/la secte promeut, tout en étant en faveur de choses saines et constructrices de la civilisation auxquelles l'idéologie/la secte est opposée (voir la liste plus loin). Pour l'essentiel, le christianisme et le marxisme entretiennent une relation antagoniste et ne peuvent coexister.

Pourquoi il s'attaque au catholicisme

Le catholicisme romain et le Vatican ont toujours été une cible prioritaire pour la secte/idéologie. Le christianisme est la religion la plus populaire au monde, représentant environ 30 % de la population mondiale, soit 2,36 milliards de personnes (le chiffre total de la population mondiale au moment de la rédaction du présent document est de 7,88 milliards).[54]

Bien qu'il existe de nombreuses dénominations chrétiennes, l'écrasante majorité d'entre elles sont catholiques, avec environ 1,3 milliard d'adeptes.[55]

---

[54] Hackett et McClenon. "Christians remain the world's largest religious group, but they are declining in Europe", 5 avril 2017. https://www.pewresearch.org/fact-tank/2017/04/05/christians-remain-worlds-largest-religious-group-but-they-are-declining-in-europe/

[55] https://en.wikipedia.org/wiki/List_of_religious_populations

Cela fait de l'Église catholique, dont le siège est au Vatican, l'organisation chrétienne la plus importante, la plus influente et la plus puissante de la planète. Bien que l'Église et le Vatican eux-mêmes aient été déformés à bien des égards et pour plusieurs raisons (un vaste sujet de recherche et de discussion couvert par d'autres auteurs), le christianisme reste très influent, conservant des adeptes en Amérique, en Europe, en Afrique subsaharienne, en Russie et en Australasie.

Cette présence mondiale et bien ancrée du christianisme pose un problème stratégique majeur au marxisme, simplement en raison du nombre de ses adeptes (et donc de son influence mondiale). À titre d'illustration, la population des chrétiens dans le monde, soit 2,3 milliards de personnes, est supérieure à la population de la Chine. Même si nous supposons que chaque personne dans ce pays d'environ 1,4 milliard d'habitants a subi un lavage de cerveau complet par l'idéologie (ce qui n'est pas vrai), nous pouvons voir que le christianisme représente un problème.

Si les chrétiens sont disséminés dans le monde entier, il en va de même pour les membres des cultes marxistes (qu'ils soient d'obédience chinoise ou non). En un sens, il s'agit d'une guerre de territoire religieuse mondiale, avec l'équipe Dieu/Yahweh/Allah d'un côté, et l'équipe Lucifer/Satan de l'autre. En parlant de chiffres, on ne peut que spéculer sur le nombre de personnes dans le monde qui peuvent être classées dans la catégorie des membres de cultes marxistes...

Le christianisme/religiosité s'oppose à l'idéologie

Nous pouvons maintenant aborder plus en détail la manière dont le christianisme (et d'autres religions en général) s'oppose à l'idéologie. Traditionnellement, le christianisme est favorable au mariage (et donc à la cellule familiale traditionnelle), tout en étant opposé à la contraception, à l'avortement, au mariage homosexuel, etc. Ces positions sont toutes positives dans une société donnée, car elles contribuent à encourager une culture où les hommes et les femmes s'unissent et ont des relations monogames significatives pour la procréation. C'est bon pour l'intégrité des nations, des peuples et des cultures, sans parler de la satisfaction à long terme des individus !

L'idéologie, bien sûr, a promu le contraire de ces choses par le biais de ses divers sous-ensembles, y compris le féminisme et la "libération" des femmes (qui, à son tour, a assuré une large diffusion de la contraception et de l'avortement), et le mouvement LGBTQ qui tente de promouvoir l'idée que les relations non hétérosexuelles sont égales aux relations hétérosexuelles (ce qu'elles ne sont évidemment pas dans un contexte parental) ; en plus d'autres sous-ensembles, tels que l'effacement total des lignes entre "mâle" et "femelle" (!).

En résumé, l'influence religieuse favorise des taux de natalité plus élevés et encourage la maturité personnelle et le sens du devoir (en encourageant les relations monogames et le mariage), tandis que le marxisme promeut tout le reste. Même dans ce domaine - qui concerne les taux de natalité et les environnements familiaux stables - il est clair que le christianisme et le marxisme ne s'opposent pas lorsqu'il s'agit de savoir lequel est mauvais pour la civilisation.

À un autre niveau, nous pouvons voir comment le culte/l'idéologie s'oppose à Dieu/au créateur/à la nature en général, avec ses différentes sous-agendas. Le véganisme contredit l'idée que Dieu/le créateur nous a donné la domination sur les autres formes de vie, et qu'il est plus qu'acceptable que nous utilisions les animaux à des fins agricoles, puisque c'est pour cela qu'ils sont là.

Il est évident que le soutien à l'avortement et à la contraception est tout ce qu'il y a de plus anti-vie/création - il empêche directement la vie humaine d'être créée dans le cadre du "plan de Dieu". (Par ailleurs, il s'agit également d'actes symboliques en ce sens qu'ils placent la gratification personnelle et l'ego de quelqu'un au-dessus de la "volonté" de Dieu (ce qui est le mieux pour l'humanité), ce qui est une forme de satanisme - la religion de l'ego, du culte de soi).

Et puis il y a le fait que la religion et la spiritualité peuvent encourager une pensée non matérialiste. Bien sûr, comme le marxisme est basé sur un matérialisme sans âme, les aspects spirituels du christianisme posent également des problèmes à l'idéologie, notamment la croyance que la moralité et l'éthique ne sont pas quelque chose que nous pouvons simplement inventer en tant qu'êtres humains, mais qu'elles sont une composante intrinsèque de la vie, de la création.

En outre, l'idée que l'humanité est le résultat d'une création, et pas seulement d'un accident athée matérialiste "scientifique" (évolution, entropie, etc.), est également en conflit avec le dogme marxien. L'idée que quelque chose de divin (si nous y sommes réceptifs) peut guider nos vies et nos actions est un autre problème pour l'idéologie.

Enfin, de nombreuses religions (y compris le christianisme) ont traditionnellement suggéré que ce que nous faisons dans notre vie ici sur Terre - en utilisant notre libre arbitre - a de l'importance et que nous serons jugés par la suite ; également, que nous sommes observés par le créateur. Naturellement, cela insinue qu'il existe une norme universelle et objective de moralité à laquelle une personne doit se conformer d'une certaine manière.

Notez que cette croyance était largement répandue dans le monde avant l'émergence du marxisme, en particulier en Occident, et que de tels sentiments disparaissent évidemment dans les sociétés qui deviennent "athées" grâce à l'infection idéologique. Évidemment, étant "libre" de l'inquiétude de ce jugement, un humain peut choisir la voie de la dégénérescence, ou devenir un traître à l'humanité d'une manière ou d'une autre. Les membres d'une secte, qu'ils le veuillent ou non, répondent souvent à ce critère par défaut. Le marxisme, si l'on peut dire, supprime l'incitation à être une bonne personne selon les normes morales traditionnelles, qui font partie du "plan de Dieu".

Le christianisme contient des normes morales

Ce point est crucial. Comme nous l'avons déjà dit, l'idéologie déforme la perception de nombreuses choses, y compris la perception du bien et du mal (alias "le bien et le mal") objectifs, universels et réels. En observant le comportement psychotique et immoral de la secte à travers le monde, nous pouvons voir les effets de cette distorsion. L'idéologie s'accompagne d'un ensemble de croyances déviantes et contraires à l'éthique, contenues dans l'endoctrinement. Il va sans dire qu'elles sont en contradiction avec les croyances du christianisme. (Et avant de continuer - bien sûr, une personne peut avoir une conscience sans être chrétienne/religieuse, spirituelle, etc.)

La religion s'accompagne souvent de certaines interprétations du bien et du mal, de certaines normes et règles de comportement. Le marxisme a besoin d'imposer ses propres règles de comportement (y compris la façon dont vous pensez, parlez, ressentez, ce que vous devez croire, etc.), et donc d'éliminer toutes les idéologies concurrentes qui tentent de faire le même travail. Une personne ne peut avoir qu'un seul système de croyances qui dirige ses pensées, ses paroles, ses actions et ses convictions à la fois. On peut comparer cela au remplacement d'un système d'exploitation (OS) par un autre sur un ordinateur (par exemple de Windows ou Mac à Linux, ou vice-versa).

Les membres des sectes croient-ils donc à la moralité/éthique, à l'idée du "bien" et du "mal" ? J'ai vu/entendu des membres de sectes se moquer du christianisme/des chrétiens sur le sujet de la moralité objective. L'interprétation chrétienne générale est qu'il existe un système objectif, universel, donné par Dieu, qui fait partie de la création elle-même ; une notion que les membres de la secte jugent ridicule et " irrationnelle ". D'autres membres de la secte semblent tout simplement ne pas croire à l'idée d'une moralité objective, le christianisme mis à part.

Pourtant, le fanatisme et l'activisme de la secte reposent sur la conviction qu'elle connaît la différence entre le bien et le mal ! Non seulement cela, mais ils croient même qu'ils ont le droit d'imposer cela à la société. Ceci est contradictoire dans le sens où qui doit savoir ce qu'est le bien et le mal ? Selon qui ? De quelle autorité ? Les autres membres de la secte ? Des "experts" marxistes ? Peut-être leur critère est-il que le mal est commis lorsque quelqu'un crie à l'oppression ?

L'athéisme et l'agenda anti-blanc

Il est intéressant de noter que l'un des nombreux sous-agendas que soutient le marxisme est le sous-agenda raciste anti-blanc. En fait, de nombreux autres sous-agendas de l'idéologie soutiennent celui-ci : le féminisme, l'avortement, le multiculturalisme/la programmation de la diversité, etc. contribuent tous à réduire les taux de natalité, principalement dans les pays occidentaux, eux-mêmes principalement caucasiens (nous examinons l'immigration de masse et le multiculturalisme plus en détail dans un autre article).

Avant l'arrivée du marxisme, la majorité des populations blanches dans le monde étaient chrétiennes d'une manière ou d'une autre. Depuis que le marxisme est entré en scène et a commencé à avoir un impact culturel significatif (au cours du 20e siècle), on a assisté à une augmentation massive de l'athéisme au sein de ces populations. Cet athéisme a été un facteur majeur dans la domination de l'idéologie, qui a elle-même conduit aux nombreuses conséquences destructrices, destructrices de la civilisation et de la race que nous connaissons aujourd'hui dans les pays occidentaux (à prédominance blanche et chrétienne). Il ne s'agit pas d'une coïncidence.

Connaissant le fonctionnement de l'idéologie, il serait insensé pour elle de permettre à cette idéologie opposée qu'est le christianisme d'exister et de devoir rivaliser avec elle pour l'influence sur les masses. Il est beaucoup plus efficace, d'un point de vue tactique, d'éliminer complètement son influence de l'équation. Et c'est précisément ce qu'il a fait. Malheureusement, par manque de compréhension/conscience, des millions et des millions de personnes dans le monde (membres de sectes ou non) ont aidé l'idéologie à se débarrasser de son influence au cours de leur vie, renforçant ainsi la secte/l'idéologie et précipitant leur propre destruction.

Le massacre des chrétiens

> "Les principaux bolcheviks qui ont pris le contrôle de la Russie n'étaient pas des Russes. Ils détestaient les Russes. Ils haïssaient les chrétiens. Poussés par la haine ethnique, ils ont torturé et massacré des millions de Russes sans le moindre remords humain. On ne saurait trop insister sur ce point. Le bolchevisme a commis le plus grand massacre humain de tous les temps. Le fait que la majeure partie du monde soit ignorante et indifférente à ce crime énorme est la preuve que les médias mondiaux sont entre les mains des auteurs de ce crime.

Alexandre Soljenitsyne, *L'Archipel du Goulag*, 1973[56]

N'est-il pas étrange qu'ils semblent toujours s'attaquer directement au christianisme ? Si ces révolutions sont censées améliorer la société, la rendre plus égalitaire, etc., pourquoi faire de la mort des chrétiens une priorité ? C'est un grand signal d'alarme commie lorsque nous observons cet aspect des révolutions marxistes. Nous pouvons voir qu'il ne s'agit pas seulement d'économie ou de politique - il y a un élément religieux/anti-religieux dans son programme.

Depuis la Révolution française, les révolutionnaires se sont toujours attaqués

---

[56] Soljenitsyne, A. *L'Archipel du Goulag* (1973).

violemment aux chrétiens pour les génocider par tous les moyens possibles (le clergé et la population chrétienne en général). En plus d'être un adversaire idéologique du marxisme, le christianisme a parfois été un adversaire physique et militaire. Comme les marxistes étaient toujours prêts à liquider les chrétiens à la moindre occasion, il était prudent pour eux de riposter physiquement lorsque c'était possible, ou au moins de se ranger du côté d'un allié protecteur : des photos de la guerre civile espagnole, par exemple, montrent des hommes d'église armés se battant avec les nationalistes espagnols contre la secte internationale. Dans d'autres cas, les membres de la secte ont déclenché la violence en attaquant l'Église par le biais de la politique, encourageant la séparation de l'Église et de l'État : au Mexique, dans les années 1920 et 1930, les actions du président Calles (membre de la secte) ont conduit à la *guerre des Cristeros* (1926-1929).[57]

Autres exemples d'agressions cultuelles contre le christianisme : une caractéristique bien connue de la Révolution française a été l'attaque vicieuse non seulement contre la propriété privée appartenant à l'église, mais aussi le massacre du clergé ;[58] peu après la prise du pouvoir par les bolcheviks en Russie, une guerre civile a éclaté, avec l'Armée rouge de Trotsky d'un côté, et l'Armée blanche chrétienne de l'autre. La persécution et l'assassinat de chrétiens par les bolcheviks étaient monnaie courante ;[59] pendant la guerre civile espagnole, l'Église catholique et les forces nationalistes de Francisco Franco se sont battues contre les forces marxistes nationales et internationales ;[60] en Ukraine soviétique, entre 1932 et 1933, des millions de chrétiens sont morts de faim sous le régime de Joseph Staline dans le cadre de l'*Holodomor* (mentionné plus haut). Il existe d'innombrables autres exemples.

Il s'agit autant d'un conflit entre l'"athéisme" et le christianisme que d'autre chose, et la secte a essayé d'éradiquer le christianisme et les chrétiens. Et il ne s'agit pas seulement d'oppression ou d'exécution, mais de tortures et de mutilations horriblement inhumaines, avec un élément presque satanique (c'est-à-dire des abominations sanglantes et contre nature).

L'œuvre de Richard Wurmbrand (1909-2001) en témoigne. Prêtre luthérien et critique de la secte, Wurmbrand a été emprisonné pendant 14 ans dans la Roumanie communiste de l'après-guerre.

Il est l'auteur de plusieurs ouvrages, dont *Marx & Satan* (1976), qui documente les crimes brutaux commis contre des chrétiens par des membres de sectes, y

---

[57] https://www.britannica.com/biography/Plutarco-Elias-Calles

[58] https://www.britannica.com/event/French-Revolution

[59] https://www.britannica.com/event/Russian-Civil-War

[60] https://www.britannica.com/event/Spanish-Civil-War

compris un cas de "crucifixion".[61] Une énorme quantité de haine est évidente ici. Pourquoi ? Les membres les plus fanatiques de la secte insisteront sur le fait que ce génocide améliore les choses, qu'il fait partie du merveilleux effet de "nettoyage" de la révolution marxiste. Ils répètent également que le christianisme est une idéologie intrinsèquement meurtrière, et que l'on récolte ce que l'on sème. Œil pour œil, n'est-ce pas ?

Le marxisme, une quasi-religion

L'ironie de l'attitude de la secte à l'égard des adeptes de la religion leur échappe. Ils se moquent des personnes religieuses, les considérant comme irrationnelles, leurs croyances n'étant pas étayées par la science, la vérité ou la réalité. Mais selon ces critères, leur idéologie est également un système de croyance quasi-religieux irrationnel.

Les idées de la secte - sur tout, de la dynamique sociale à l'économie en passant par la biologie, la science et la révolution elle-même - sont tout aussi peu scientifiques et détachées de la réalité qu'elles accusent les croyances religieuses traditionnelles de l'être. Ils accusent les adeptes d'une religion de penser qu'ils détiennent la vérité, mais les membres d'une secte sont pareils. Ils pensent avoir un système de croyance supérieur qui les rend éthiquement supérieurs aux autres (qu'ils l'admettent ouvertement ou non), ce qui est exactement ce dont ils accusent les adeptes de la religion (en particulier les chrétiens).

Ils se moquent également de la façon dont ces adeptes peuvent respecter ou même suivre aveuglément leurs prêtres, pasteurs, etc. respectifs, affirmant que cela est dû au fait qu'ils sont aveuglés par leur autorité. En même temps, leur idéologie a aussi sa classe de prêtres : les innombrables membres de la secte dans le monde entier qui se font passer pour des enseignants/professeurs dans les écoles, les collèges et les universités, par exemple. C'est leur position de figures d'autorité - s'adressant à des salles pleines de jeunes esprits vulnérables et naïfs - qui conduit au fanatisme de la foi aveugle de la secte !

D'autres - amis, partenaires, membres de la famille - peuvent être ceux qui les "initient" à la secte, si cette autorité existe, à condition qu'ils croient aveuglément ce qu'on leur dit. Ces personnes influentes peuvent même être considérées comme des êtres humains merveilleux par le nouveau membre, bien qu'elles l'aient essentiellement infecté avec l'idéologie (et donc qu'elles aient potentiellement ruiné sa vie pour lui) ! Imaginez que vous admiriez quelqu'un qui a ruiné votre vie alors que vous n'en êtes pas conscient...

Prophètes et martyrs

La secte se moque de l'adoration des idoles religieuses, perplexe quant à la raison pour laquelle quelqu'un vénérerait une personne morte qui a dit ou fait

---

[61] Wurmbrand, R. "Hour of the Time/Marx & Satan" (1976).

certaines choses. Il est évidemment stupide de vénérer quelqu'un comme Jésus-Christ, n'est-ce pas ? Pourtant, dans tous les régimes communistes de l'histoire, on peut constater la vénération des prophètes communistes Marx, Lénine, Mao, etc. Même Léon Trotski (Lev Bronstein) a été vénéré par le sous-culte trotskiste. Vénérer un Jésus (qui n'était pas un voyou meurtrier ayant semé la mort autour de lui) est triste et rétrograde, mais vénérer un psychopathe meurtrier comme Bronstein ne l'est pas ? Nous avons vu le culte de Che Guevera - le Jésus marxiste - dont le visage a orné un million de t-shirts bon marché et de murs couverts de graffitis (un autre fanatique meurtrier).

La secte adore également vénérer d'autres types de "révolutionnaires" morts depuis longtemps, comme Rosa Luxemburg et Antonio Gramsci, ou même des intellectuels influents et branchés comme Noam Chomsky, Herbert Marcuse ou Christopher Hitchens (1949-2011). Aujourd'hui encore, nous assistons à l'idolâtrie de membres fanatiques de la secte, le premier ministre chinois Xi Jinping et le "dirigeant" nord-coréen Kim Jong Un. La secte adore adorer ses propres idoles, et elle l'a toujours fait.

Elle veut être une religion

La secte se moque des chrétiens qui veulent croire en quelque chose de plus grand (une puissance supérieure, etc.) et s'unir à d'autres chrétiens, alors qu'elle a elle-même des croyances "religieuses" et veut faire partie de quelque chose de plus grand. Si le mot "religion" vient du latin "religare" ou "religio", qui signifie "lier" ou "union" (solidarité !), alors les membres de la secte sont eux-mêmes dans une union et veulent que le monde rejoigne cette union, liés ensemble ("Une race, la race humaine !"; l'un de leurs slogans de protestation).

Est-ce parce que (beaucoup) d'êtres humains veulent appartenir à quelque chose de plus grand ? Ils veulent se sentir liés à d'autres qui veulent ressentir la même chose. Je ne vois aucun problème à cela. Si le seul effet est bienveillant, pourquoi pas ? Il est intéressant de constater que l'idéologie permet également ce type de religiosité/connexion, sauf qu'il ne s'agit pas d'une puissance supérieure ou d'une divinité, mais de croire en une "utopie" égalitaire et mondiale, et d'être connecté à d'autres personnes qui croient la même chose. Il s'agit d'être associé à cette croyance en un monde meilleur et plus éthique (d'un point de vue marxien). Il est évident que les interprétations marxiennes de ces idées ne sont pas belles ; elles sont laides et malavisées (et dangereuses !).

Dix planches et dix commandements

Il est intéressant de noter que l'idéologie a sa propre version des dix commandements - les dix points du Manifeste communiste. En outre, l'idéologie/la secte agit ouvertement au mépris de ces commandements, qui sont les suivants : Tu n'auras pas d'autres dieux devant moi ; tu ne feras pas d'idoles ; tu ne prononceras pas le nom du Seigneur ton Dieu en vain ; sanctifie le jour du sabbat ; honore ton père et ta mère ; tu ne commettras pas de meurtre ;

tu ne commettras pas d'adultère ; tu ne voleras pas ; tu ne porteras pas de faux témoignage contre ton prochain ; tu ne convoiteras pas.[62]

Au mépris de ces principes, l'idéologie/la secte encourage ostensiblement l'athéisme, mais promeut ce que nous pouvons appeler le satanisme ou le luciférianisme (anti-Dieu/anti-créateur/anti-nature et le moi/ego) ; encourage le culte des idoles (y compris les idoles marxistes) ; a l'habitude de citer ouvertement la religion comme un mal majeur ; a toujours essayé de séparer les enfants de leurs parents et encourage les enfants à les défier ; en tant qu'idéologies, est le plus grand tueur de tous les temps, livre pour livre ; a tenté de détruire le mariage, la monogamie et les relations normales ; encourage le vol sous de nombreuses formes au nom de la "justice sociale" et de l'"égalité" ; encourage les gens à se dénoncer les uns les autres par la calomnie et la tromperie (en particulier s'ils remettent en question l'idéologie), et transforme les gens en traîtres à la race humaine ; encourage la convoitise, l'envie et la jalousie, en particulier à l'égard de tout ce qui réussit, de toute personne riche, etc.

Une fois de plus, cela montre la tactique diabolique et satanique de l'inversion - elle met les choses à l'envers, au mépris de ce qui est bon.

Hypocrisie et pédophilie

Comme le marxisme a besoin de détruire la religion, et le christianisme en particulier, il a cherché à exploiter toutes les faiblesses (perçues ou non) pour atteindre son objectif. C'est le modus operandi typique de l'idéologie en termes tactiques. En ce qui concerne l'Église catholique en particulier, la pédophilie est une question que l'idéologie utilise à son avantage. Elle l'utilise de la même manière que le sous-agenda féministe utilise la question du viol et l'amplifie, pour faire croire que tous les hommes sont des violeurs ou des violeurs potentiels, ou qu'il s'agit d'un acte plus fréquent qu'il ne l'est en réalité. En un mot : propagande. Si l'on considère le nombre d'hommes dans le monde, il est évident qu'un nombre négligeable d'entre eux ont commis des viols. C'est le cas des prêtres pédophiles tout au long de la chrétienté. Comme nous analysons les tactiques marxiennes, quel meilleur moyen d'attaquer votre ennemi que de le faire passer pour un être dégoûtant, mauvais, prêt à abuser des enfants, etc.

La question de la pédophilie dans les églises est liée au sujet de l'infiltration de la secte dans l'Église catholique, traité par d'autres auteurs. En outre, la franc-maçonnerie est liée au marxisme et, bien que ce sujet dépasse le cadre de ce livre, on peut affirmer ici que le "Dieu" des deux est Lucifer. L'infiltration maçonnique de l'Église est décrite dans plusieurs ouvrages, dont *The Permanent Instruction of the Alta Vendita* (John Vennari, 1999) et *Freemasonry and the Vatican : a Struggle for Recognition* (Leon De Poncins,

---

[62] "Liste des dix commandements". https://www.bibleinfo.com/en/topics/ten-commandments-list

2000). Il s'agissait d'un programme visant à injecter dans l'Église des idées et des pratiques "libérales", dégénératives et antichrétiennes. Les catholiques sont conscients des étranges changements de direction et des écarts par rapport aux pratiques traditionnelles de l'Église, tels que le Concile Vatican II (1962-1965). Il semble y avoir une corrélation évidente entre cette infiltration et la question de la pédophilie.

Même s'il est vrai que la pédophilie est une pierre angulaire de la religion organisée, il est hypocrite de la part de la secte de le souligner, comme si elle s'opposait à la dégénérescence sexuelle ! Il suffit de regarder l'influence qu'elles ont sur la société actuelle en ce qui concerne le sexe, la sexualité et les relations, y compris la promotion/normalisation de l'homosexualité (pour les hétérosexuels), de la polyamorie (avoir plus d'un partenaire), de la promiscuité (en particulier chez les femmes), du genre "non binaire" (qui équivaut lui-même à une maltraitance des enfants par le biais de l'automutilation), etc. Toutes ces choses, tout en atteignant certains objectifs en soi, n'ont été que des tremplins "progressifs" vers des choses plus sinistres. La secte/idéologie va maintenant promouvoir et soutenir activement la pédophilie, tout en défendant les pédophiles et en qualifiant ceux qui s'opposent à l'ordre du jour d'"homophobes" ou de "sans compassion" ou d'autres absurdités bizarres et irrationnelles. Fait révélateur, Pat Corcoran, ancien fonctionnaire et fondateur d'Antifa en Irlande, a été arrêté en 2009 en possession de milliers d'images pédopornographiques. Il a comparu devant un tribunal mais n'a pas été emprisonné.[63]

Comme nous l'avons dit, la secte/idéologie ne met pas en évidence un problème (perçu ou non) de pédophilie dans l'Église catholique par "compassion" pour les enfants ! Elle le fait parce que cela contribuera à détruire l'Église, en détruisant son image publique. C'est juste leur méthode éprouvée et fiable de signalisation de la vertu hypocrite pour atteindre certains objectifs tactiques. Ils ont décidé de s'accrocher à la chose la plus controversée et la plus révoltante que le grand public associe à l'Église catholique dans son esprit - la pédophilie - et de la mettre constamment en exergue. Les membres de la secte le répètent ensuite constamment, jusqu'à ce que, par conditionnement, ce soit la première chose à laquelle on pense lorsque quelqu'un dit "Église catholique" (comme ce qui vient de se passer à l'instant même, lorsque certains lecteurs ont lu ces deux mots).

La destruction de la culture et de l'identité nationale

"La culture révolutionnaire est une arme révolutionnaire puissante pour les larges masses populaires. Elle prépare le terrain idéologiquement avant la révolution et constitue un front de lutte important, voire essentiel, au sein du

---

[63] "Un ancien fonctionnaire en possession de 7 000 images pédopornographiques évite la prison", 14 novembre 2013. https://www.independent.ie/irish-news/courts/former-civil-servant-caught-with-7000-child-porn-images-avoids-jail/29755182.html

front révolutionnaire général pendant la révolution"[64]

Mao Zedong, "Sur la nouvelle démocratie", *Œuvres choisies*, Vol. II, (1940)

"Tous les documents ont été détruits ou falsifiés, tous les livres réécrits, tous les tableaux repeints, toutes les statues et tous les bâtiments ont été rebaptisés, toutes les dates ont été modifiées. Et le processus se poursuit jour après jour, minute après minute. L'histoire s'est arrêtée. Il n'existe rien d'autre qu'un présent sans fin dans lequel le parti a toujours raison"[65]

George Orwell, *1984* (1949)

La destruction de la culture et de l'identité nationale est un autre objectif stratégique majeur de la secte, ce qui en fait une secte anti-culturelle. Il s'agit là d'un vaste sujet qui mériterait une analyse distincte et approfondie, mais qu'il convient d'évoquer brièvement ici. Cela aussi, tout comme l'attaque contre le capitalisme et le christianisme, a été une caractéristique du comportement de l'idéologie tout au long de son histoire. Extrait du Livre noir du communisme : "Le communisme a commis une multitude de crimes non seulement contre des êtres humains individuels, mais aussi contre la civilisation mondiale et les cultures nationales. Staline a démoli des dizaines d'églises à Moscou ; Nicolae Ceausescu a détruit le cœur historique de Bucarest pour donner libre cours à sa mégalomanie ; Pol Pot a démantelé pierre par pierre la cathédrale de Phnom Penh et a laissé la jungle s'emparer des temples d'Angkor Wat ; et pendant la révolution culturelle de Mao, des trésors inestimables ont été détruits ou brûlés par les gardes rouges".[66]

Cette attaque marxienne contre la culture indigène est liée à plusieurs autres objectifs de l'idéologie, notamment : le sous-ordre du jour de l'immigration de masse/multiculturalisme par la destruction de l'identité nationale ; l'application de l'égalité au niveau culturel (le mythe "toutes les cultures sont égales") ; l'oblitération de la compréhension qu'a un peuple de sa propre histoire afin de la remplacer par des récits historiques approuvés par la secte/idéologie ; la suppression de l'art, qui peut être une forme d'expression politique (et donc une source potentielle de dissidence par rapport à la secte/idéologie) ; la création de sociétés ternes, uniformes et sans vie, afin de vider littéralement les gens de leur humanité en supprimant tout semblant de beauté de leur environnement (dans les bâtiments, les logements, l'infrastructure, etc.) ; et la destruction de la civilisation occidentale en général.

Un autre objectif connexe de la secte est l'érosion de tout sentiment souverain, patriotique et nationaliste authentique qui inspire/permet à la population d'un

---

[64] Zedong, M, "On New Democracy", Selected Works, Vol. II, (1940). https://www.marxists.org/reference/archive/mao/works/red-book/ch32.htm

[65] George Orwell, G. (Eric Blair), *1984* (1949).

[66] Courtois et al, *Le livre noir du communisme*, p. 3.

pays de résister à la secte/idéologie au niveau international. C'est peut-être l'effet le plus crucial de la destruction de la culture/identité nationale. La "culture/nationale", dans ce cas, inclut l'enterrement des souvenirs de toute activité rebelle nationaliste véritablement patriotique dans le passé. Avec l'immigration de masse, le multiculturalisme et la diversité, il est évident que la culture indigène et les croyances religieuses d'un pays donné doivent être reléguées au second plan par rapport à celles des nouveaux migrants.

C'est pourquoi, par exemple, vous verrez les institutions marxistes des pays d'Europe occidentale autoriser simultanément la destruction du christianisme (et tout ce que cela implique) tout en accommodant (ou en donnant la priorité) à l'islam. Cela se traduit par la construction de mosquées, combinée à des attaques physiques et idéologiques contre le christianisme, y compris la destruction physique et la profanation de biens, de monuments, d'artefacts, etc. chrétiens.

La destruction des édifices chrétiens

L'attaque marxienne contre la culture occidentale est également liée à la destruction de la religion mentionnée plus haut, puisque la religion (en particulier le christianisme) est devenue une partie importante de la culture occidentale. Le vandalisme et la destruction des biens ecclésiastiques dans les pays occidentaux en sont l'illustration.

Un article paru sur le site Internet de l'*Agence de presse catholique* le 4 mai 2021 a mis en lumière cette question, en citant les opinions du président de l'*Observatoire du patrimoine religieux*, Edouard de Lamaze. M. Lamaze aurait déclaré qu'un édifice religieux disparaissait en moyenne tous les quinze jours en France.[67] L'article précise, selon M. Lamaze, que si plusieurs raisons expliquent la disparition de ces édifices - démolition, incendie accidentel, transformation et effondrement - "environ deux tiers des incendies d'édifices religieux sont dus à des incendies criminels". Je suis sûr que beaucoup d'incendies "accidentels" ne le sont qu'en apparence. L'article inclut également les chiffres du renseignement criminel des autorités françaises, qui indiquent que "877 attaques contre des lieux de culte catholiques ont été enregistrées à travers le pays en 2018" seulement. L'incendie le plus médiatisé est sans doute celui de la cathédrale Notre-Dame en avril 2019.[68]

La haine engendre la négligence et les actes destructeurs. Il n'y a pas de prix pour deviner qui et quoi engendre la haine. Il semble que l'esprit de Maximilien

---

[67] Tadie, S, "Pourquoi la France perd un édifice religieux toutes les deux semaines", 4 mai 2021. https://www.catholicnewsagency.com/news/247514/why-france-is-losing-one-religious-building-every-two-weeks

[68] Gray, Shamsian. "Des photos obsédantes des restes carbonisés de la cathédrale Notre-Dame montrent ce qu'il reste à l'intérieur", 17 avril 2019.

Robespierre soit toujours présent.

Pourquoi ils détruisent la culture et l'identité nationale

Lorsque la secte prend le pouvoir, il est important de détruire tout lien avec le passé. Cela doit être fait afin de détruire toute idée selon laquelle le groupe/nation/peuple est unique et différent des autres. Le groupe est alors plus enclin à accepter de faire partie de la secte internationale, puisque le même processus se produit dans d'autres pays infectés. Il s'agit d'un égalitarisme et d'une uniformité forcés, au niveau culturel. De toute évidence, selon le dogme marxiste en général (hormis les différentes interprétations), la notion de séparation nationale des autres groupes/pays n'est pas seulement indésirable, mais carrément diabolique (et fasciste, raciste, ____phobique, suprémaciste blanc, etc.)

Étant donné que chaque pays possède sa propre histoire, ses statues/monuments, ses objets d'art, sa musique, ses langues, etc. qui lui sont propres, tous ces éléments doivent être soit détruits, soit cooptés, soit réinterprétés d'un point de vue marxien. Pour une efficacité maximale, du point de vue de la secte, cela doit se faire au niveau international et simultanément (comme c'est le cas depuis des décennies dans le monde entier). Un exemple d'événement historique célèbre En Irlande, l'*insurrection de Pâques* de 1916 entre dans cette catégorie - elle est maintenant interprétée par de nombreuses personnes dans le courant dominant infecté par le marxisme à travers une lentille marxienne (c'est-à-dire que la révolution contre l'empire est une bonne chose). Cela peut également s'appliquer à d'autres rébellions historiques.

La vérité sous-jacente selon laquelle les rébellions de cette nature visaient à ce que l'Irlande jouisse d'une véritable souveraineté - ce qui inclut la liberté d'être vraiment irlandais et différent des autres pays, et libre des idéologies étrangères (!) - n'est évidemment pas soulignée (puisque cela peut potentiellement cultiver l'idée du nationalisme : l'éternel ennemi du marxisme). Une fois de plus, l'idéologie sélectionne les éléments dont elle a besoin pour faire avancer son propre agenda.

Les éléments physiques - tels que les statues - peuvent être détruits, remplacés, dégradés, etc. Les choses immatérielles, comme la langue, sont traitées différemment : des changements dans la culture - par le biais de changements d'attitude (sous l'influence du marxisme) - permettent d'atteindre les résultats souhaités.

La langue irlandaise

La destruction complète de la langue irlandaise (gaélique) en Irlande sera une autre victime de l'infection marxiste, bien que l'occupation de l'Irlande par l'Empire britannique ait initié le processus. Bien que l'irlandais soit toujours officiellement une matière obligatoire en général, le ministère de l'éducation a apporté des changements progressifs ces dernières années. Il autorise des exemptions pour certains élèves.

Cela conduira inévitablement à un nombre croissant d'exemptions, d'autant plus que la démographie raciale des écoles irlandaises continuera à changer grâce à l'immigration de masse (dont l'idéologie/la secte est responsable). Comme on pouvait s'y attendre, les parents et les enfants non irlandais n'auront aucun intérêt à parler irlandais. Finalement, à mesure que le nombre d'élèves non irlandais augmentera dans les écoles, on considérera qu'il n'est plus du tout viable d'enseigner l'irlandais.

Le sentiment que "ce n'est pas pratique" a été (et sera) poussé avec enthousiasme par le courant marxiste dominant dans le pays. L'irlandais est-il pratique au quotidien ? À moins de vivre dans ou près d'une des régions irlandaises de langue gaélique (Gaeltacht), non, ce n'est pas le cas. Ce n'est ni pratique ni nécessaire, mais là n'est pas la question. La langue gaélique irlandaise est l'une des choses qui rendent les Irlandais (et l'Irlande) relativement uniques dans le schéma global des choses, en ce qui concerne les pays occidentaux. L'Écosse et le Pays de Galles, ainsi que l'île de Man (Manx) et certaines régions d'Angleterre (Cornish) ont également leurs dialectes et leurs influences celtiques. Les racines de ces langues remontent à plusieurs milliers d'années. Il va de soi que cette spécificité doit être supprimée si l'on veut parvenir à l'égalitarisme et à l'uniformité. Un article paru en janvier 2024 sur le site *rte.ie*, intitulé "L'irlandais doit-il encore être une matière obligatoire dans les écoles ?", indique que "l'avenir de l'enseignement de la langue irlandaise dans les écoles fait l'objet d'un examen minutieux". Il ajoute que près de "60 000 écoliers ont été dispensés de cette matière entre 2022 et 2023, selon le ministère de l'éducation".[69]

De G.A.A. à G.A.Y.

Un autre aspect unique de la culture irlandaise est le sport gaélique, notamment le football gaélique, le Hurling et le Camogie. Ces sports sont toujours aussi populaires en Irlande et il existe même des clubs dans d'autres pays (les États-Unis en particulier). La *Gaelic Athletic Association* est l'organisation principale de ces sports. Traditionnellement, elle est principalement nationaliste, conservatrice et catholique.

Les sports gaéliques faisant autant partie de la culture irlandaise que la langue irlandaise, cela a placé la G.A.A. dans une position d'influence centrale. Il n'est pas surprenant que cette organisation succombe progressivement à la pourriture marxiste, après avoir été fermement dans le collimateur pendant des décennies.

---

[69] Upfront, "Should Irish still be a compulsory subject in schools ?", 10 janvier 2024. https://www.rte.ie/news/upfront/2024/0108/1425307-should-irish-still-be-a-compulsory-subject-in-schools/

Ces dernières années, des appels ont été lancés en faveur d'une plus grande "diversité" et d'une plus grande "inclusion" des groupes LGBTQ au sein de la G.A.A. et des sports gaéliques. L'organisation a participé (pour la première fois) à la parade de la Dublin Pride le 29 juin 2019.[70] La même année, le *groupe de travail sur la diversité des genres* (giggles) a été créé au sein de la G.A.A., avec d'autres organisations similaires telles que la *Ladies Gaelic Football Association* (L.G.F.A.). Son président est Gearóid Ó Maoilmhichíl, qui est également le responsable national des enfants de la GAA (une autre personne en position d'influence sur les enfants qui assiste l'idéologie). Fin 2020, les médias irlandais ont annoncé qu'un club LGBTQ-friendly serait enregistré auprès de la GAA.[71] Le nom choisi était Na Gaeil Aeracha, qui se traduit par "Rainbow Gaels" (prononcé "Gayles") ; ils essaient clairement de mettre le "gay" dans "Gael".

Parc de la Mecque

Cet article pourrait se trouver dans la section "destruction de la religion/du christianisme", mais comme il concerne l'Association athlétique gaélique, il est placé ici. Le siège de l'Association athlétique gaélique - et principal lieu de pratique des sports gaéliques en Irlande - est Croke Park. C'est le plus grand stade du pays, avec une capacité de plus de 82 000 places. Ce terrain de sport emblématique est synonyme de sports gaéliques depuis 1891 et est donc un symbole de la culture irlandaise. Tout comme la G.A.A. elle-même, Croke Park devait tôt ou tard devenir une cible pour la secte. Une manœuvre marxienne très symbolique et flagrante a été réalisée ici le vendredi 31 juillet 2020, et pas dans une salle de réception quelque part sur le site, mais en plein milieu du terrain de jeu.

Selon les MarxiStMedia en Irlande, environ 200 musulmans ont assisté à ce service de prière "historique" pour marquer la fête de l'*Aïd al-Adha*.[72] Bien entendu, l'événement a été présenté comme une merveilleuse démonstration d'"unité" et de "diversité", etc. par les membres de la secte irlandaise. Symbole de l'islamisation des pays occidentaux, y compris l'Irlande, cet événement a montré la volonté de l'AGA de se conformer au "progressisme" qui détruit le pays. Apparemment, la personne qui a eu l'idée (d'approcher l'AGA) est le Dr. Shaykh Umar Al-Qadri, un membre éminent de la communauté musulmane

---

[70] "GAA to take part in Dublin LGBTQ+ Pride Festival", 24 mai 2019.

https://www.gaa.ie/hurling/news/gaa-to-take-part-in-dublin-lgbtq-pride-festival

[71] "Les Gaëls arc-en-ciel : Le premier du genre", novembre 2020.

https://www.rte.ie/gaeilge/2020/1123/1179874-the-rainbow-gaels-the-first-of-its-kind/

[72] Ní Aodha, G, "Muslims pray at Croke Park for the first time in celebration of Eid al-Adha", 31 juillet 2020. https://www.thejournal.ie/eid-celebrations-in-croke-park-5164698-Jul2020/

d'Irlande et président du *Conseil musulman irlandais pour la paix et l'intégration*. Il n'est pas important ; si ce n'était pas lui, ce serait quelqu'un d'autre. Le point important ici est que de telles choses ne se produiraient pas (et ne devraient pas se produire) si le pays n'était pas institutionnellement marxiste (et donc plus patriote/nationaliste).

Profanation et destruction de monuments

N'est-il pas étrange que lors des émeutes "Black Lives Matter" aux États-Unis et au Royaume-Uni, des monuments aient été attaqués ? Quel est le rapport entre la mort de George Floyd et les statues ? Naturellement, si nous écoutons ceux qui ont subi un lavage de cerveau, tout cela concerne la culture diabolique du racisme institutionnel à l'encontre des non-Blancs, n'est-ce pas ? Il s'agit donc bien de racisme, n'est-ce pas ? (roule des yeux). Non, ce n'est pas le cas, ce n'est qu'une excuse. Comme nous l'avons dit, les dégâts matériels et le vandalisme font partie de l'héritage de classe de la secte. L'objectif principal du marxisme est de détruire la civilisation occidentale avant de pouvoir construire son utopie ; la destruction ou le remplacement de la culture établie est donc crucial. C'est pourquoi ils s'attaquent à tous les symboles de cette culture, y compris les monuments.

Au cours des " manifestations " marxistes de BLM, des émeutes et du chaos, etc., une tendance à l'arrachage ou au vandalisme de statues a vu le jour au Royaume-Uni, aux États-Unis et ailleurs. Les statues ciblées par les membres de la secte étaient celles de toute personne liée de près ou de loin à l'"oppression institutionnelle blanche", etc. À Londres, une statue de Winston Churchill (1874-1965) a été prise pour cible. À Oxford, la statue de Cecil Rhodes. À Washington DC, la statue d'Albert Pike (1809-1891). D'autres statues ont également été visées, notamment celles de Christophe Colomb (1451-1506), du trafiquant d'esclaves Edward Colston (1636-1721) et du roi Léopold II de Belgique (1835-1909). Il est évident que ces personnes sont mauvaises et que le fait d'abattre les statues est pour le bien de la société, n'est-ce pas ? Ou y a-t-il une arrière-pensée ?

Il existe un site web britannique appelé *toppletheracists.org*.[73] L'en-tête de la page d'accueil : "Une carte participative des statues et monuments britanniques qui célèbrent l'esclavage et le racisme". Des statues qui célèbrent l'esclavage et le racisme ? Qu'est-ce que c'est ? Les initiatives de ce groupe comprennent le retrait de statues, le changement de nom de bâtiments et le retrait de plaques et de panneaux dans tout le Royaume-Uni. Parmi ces initiatives figurent (à l'heure où nous écrivons ces lignes) : la statue d'un Africain agenouillé tenant un cadran solaire dans le Cheshire ; le changement de nom du Gladstone Hall à l'université de Liverpool (nommé d'après William Gladstone) ; l'enseigne du pub The Black Boy à East Retford, dans le Nottinghamshire ; le changement

---

[73] https://www.toppletheracists.org/

de nom du Colston Hall à Bristol (nommé d'après Edward Colston) ; la statue de Robert Milligan dans l'est de Londres ; et une plaque bleue au nom d'Edward Codrington à Brighton.

Que devons-nous penser du fait que ces statues soient dégradées, endommagées, enlevées ou démolies ? Ces hommes n'étaient-ils pas des individus pourris ? Churchill était un criminel de guerre, apparemment de sang royal élitiste (sa mère était la fille de la reine Victoria et de Nathan Meyer Rotschild). Il a joué un rôle clé dans le déclenchement et l'extension de la deuxième guerre mondiale, et a approuvé le bombardement et l'incinération de plusieurs centaines de milliers de civils allemands pendant ce conflit ; Cecil Rhodes était un impérialiste arrogant, qui voulait que la Grande-Bretagne domine le monde. La Table ronde a été créée dans le cadre de son héritage (elle comprend des groupes tels que le Royal Institute of International Affairs, le Council on Foreign Relations, etc.) ; Albert Pike était un général confédéré pendant la guerre civile américaine et un franc-maçon de premier plan. Il est l'auteur de *Morals and Dogma* (1871), un ouvrage maçonnique très influent, et a occupé simultanément les trois postes de dirigeant mondial, national et d'État de la franc-maçonnerie.

Devrions-nous être contrariés par le fait que des statues d'hommes comme eux soient attaquées ? C'est à chacun de voir, mais moi, personnellement, non, cela ne me dérange pas, le contexte mis à part. Cependant, nous devons comprendre, comme nous l'avons déjà dit, que l'idéologie exige que ces choses soient faites afin de dominer/annihiler le paysage. Nous devrions donc tous être très inquiets lorsque nous voyons ces choses se produire sous nos yeux. Pour la raison susmentionnée, la secte ne devrait pas être autorisée à faire ces choses ! Il s'agit d'une autre forme de signe de vertu combinée à un comportement violent et destructeur, et surtout, cela alimente la secte et l'idéologie. Les statues (ou les personnes qu'elles honorent) ne sont pas un problème dans le présent, c'est la secte marxiste qui l'est !

Bien entendu, si quelqu'un s'oppose au comportement destructeur des membres de la secte, il est évident qu'il est considéré comme approuvant la vie, les actions ou les idéologies des hommes statufiés. Bien essayé, les cinglés ! Il s'agit là d'une tentative typique de manipulation de l'esprit. Encore une fois, les idiots qui abattent les statues ne sont pas en mesure de juger les autres ! Il est clair que je les empêcherais de renverser les statues, tout en ne respectant pas particulièrement ceux qu'elles représentent, et je suis sûr que beaucoup d'autres seraient dans le même état d'esprit. Je les ferais encercler et arrêter immédiatement.

Deux poids, deux mesures

Une fois de plus, nous voyons ces deux poids deux mesures marxiens : ils dégraderont ou arracheront les statues de vos Cecil Rhodes ou Winston Churchill, mais il est évident que toutes les statues de personnalités pro-marxistes seront indemnes. Les membres de la secte ne détruiraient évidemment pas la sculpture du marxiste Martin Luther King Jr. (1929-1968) à Washington DC, ni la statue en bronze du terroriste communiste et anti-blanc de l'A.N.C. Nelson Mandela sur la place du Parlement à Londres. Il s'agit là d'un autre exemple du racisme anti-blanc et des deux poids deux mesures de la foule marxiste, combinés à leur tendance évidente à attaquer quiconque fait ou ne fait pas partie de leur culte.

Lorsque nous regardons les foules qui démolissent ces monuments, n'oublions pas que ces personnes ont existé dans le passé ; mais ces marxistes causent des destructions dans le présent. Ils n'ont besoin que d'une excuse ; leur ego et l'endoctrinement des activistes SJW font le reste. On pourrait croire qu'ils ont une conscience et un sens de la justice, mais ce n'est qu'une apparence. Cela fait partie des signes de vertu manipulateurs de la secte - ils essaient de vous convaincre d'être d'accord avec eux ; ils vous persuadent qu'ils ont de nobles intentions. Ils veulent vous faire dire : "Oh oui, vous avez raison. Rhodes était une ordure impérialiste" ou "Albert Pike était un salaud de franc-maçon esclavagiste", etc. et vous semblez raisonnable d'être d'accord avec eux, en surface. En réalité, vous encouragez leur appétit pour un "activisme" destructeur, qui ne sera jamais satisfait.

Bien sûr, lorsqu'ils commencent à détruire des choses avec lesquelles vous n'êtes pas d'accord, le déclic se produit et il est trop tard : le monstre rouge a déjà pris de l'élan ! Lorsqu'ils commencent à insister sur le fait que le macadam noir sur les routes est raciste et doit être peint aux couleurs de l'arc-en-ciel LGBTQ ou en rouge coco (!), ou que la couleur du lait est raciste (je ne l'invente pas), vous regretterez de ne pas les avoir interpellés plus tôt dans le processus. Et c'est de votre faute ! Ne laissez jamais les enfants se débrouiller comme ils l'entendent !

Nous ne devons pas perdre de vue la forêt pour les arbres. Nous ne devons pas nous laisser distraire par des débats qui nous font perdre du temps, alors que la secte continue d'avancer. Si nous parlons de la destruction de statues, nous parlons de statues de personnes décédées, n'est-ce pas ? Je ne me préoccupe pas trop des morts ou de ce qu'ils ont fait ou cru - je me préoccupe du présent. La secte utilisera toutes les raisons de vertu possibles pour justifier la destruction de choses qu'elle n'approuve pas, et nous ne devons donc pas nous laisser distraire par ces raisons. N'oubliez pas qu'il s'agit avant tout de la domination de la secte ou de l'idéologie. Un excellent exemple flagrant de cette situation s'est produit en Allemagne...

Pendant ce temps, en Allemagne, ...

En juin 2020, une statue du grand manitou communiste Vladimir Lénine a été érigée dans la ville de Gelsenkirchen, dans l'ouest de l'Allemagne.[74] *Le parti marxiste-léniniste d'Allemagne* (MLPD) est à l'origine de ce lavage de cerveau.[75] D'autres groupes se sont opposés à son installation. Cela s'est produit pendant la vague de renversement de statues qui a déferlé sur l'Occident. Coïncidence, n'est-ce pas ? Une déclaration du commissaire Gabi Fechtner, représentant du MLPD, y fait référence : "Le temps des monuments aux racistes, antisémites, fascistes, anticommunistes et autres reliques du passé est clairement révolu". En comparaison, Lénine était "un penseur en avance sur son temps, d'une importance historique mondiale, un combattant de la première heure pour la liberté et la démocratie". Tout est dit. Bienvenue en enfer...

Comme nous l'avons dit, les activités de Lénine ont joué un rôle important dans la prolifération et l'évolution de l'idéologie. S'il n'avait pas été là, ce livre n'aurait peut-être pas eu besoin d'exister. L'impact destructeur des activités de Lénine sur l'humanité est tout simplement incalculable ; son héritage est l'incarnation de la souffrance, de la famine, de l'esclavage et de la mort. Si on le compare aux personnages mentionnés plus haut - en termes de crimes contre l'humanité - il se situe tout en haut du classement.

Les commentaires du membre de la secte ci-dessus sont plus que ridicules. Je ne suis pas un fan de ces trois personnes, mais on ne peut pas dire que Churchill, Rhodes ou Pike ont créé plus de souffrance sur cette planète que Lénine (en raison de l'ampleur, de la toxicité et du nombre de morts de la secte ou de l'idéologie) ! C'est impossible, même en combinant leurs chiffres ! (note : l'auteur est conscient des liens apparents entre les loges maçonniques, les sociétés secrètes et les quatre hommes, etc.)

Cet événement d'érection de cocos était une déclaration évidente de la secte qu'elle prenait le contrôle - en abattant les statues qu'elle n'aime pas, et en érigeant d'autres qu'elle aime. Ils marquent leur territoire, juste là, de manière évidente, au grand jour ! Caché à la vue de tous ! Le même article indique que le même mois, la statue hambourgeoise du premier chancelier allemand Otto von Bismarck (1815-1898) a été vandalisée à la peinture rouge (communiste). La crypto-communiste Angela Merkel était alors chancelière.

Déterrer les cadavres

Voici deux autres éléments qui prouvent que cette affaire de statue a pour but la domination de la secte. L'amertume à l'égard de leurs ennemis est palpable et transparaît dans leurs actions. L'une de leurs figures "fascistes" les plus

---

[74] "La statue controversée de Lénine est dévoilée en Allemagne", 20 juin 2020. https://www.dw.com/en/controversial-lenin-statue-unveiled-in-germanys-gelsenkirchen/a-53880002

[75] https://www.mlpd.de/english

détestées est le généralissime Francisco Franco. Franco n'a fait aucun cadeau à la secte en Espagne jusqu'à sa mort, la traitant comme elle le méritait pendant des décennies (après l'avoir vaincue dans une guerre totale). Cela a évidemment déclenché leur amertume éternelle. Ses statues ont été systématiquement enlevées au fil des décennies, la dernière au Maroc ayant été enlevée en février 2021, à la grande joie du parti socialiste local, le PSOE.[76]

En Espagne, en 2019, ses restes ont été exhumés du grand mausolée de la Vallée des morts et transférés au cimetière national de Mingorrubio.[77] Le Premier ministre espagnol - le socialiste Pedro Sanchez - était impliqué. Il n'est pas surprenant que les protestations contre cette manœuvre marxienne n'aient pas été autorisées par le gouvernement (elles ont été qualifiées d'extrémistes d'extrême droite, j'en suis sûr). M. Sanchez a décrit cet acte comme "un hommage à toutes les victimes de la haine". Déplacer des cadavres parce que leur lieu de repos original offense le culte ! Ces "gens" sont plus que pathétiques ! Fait révélateur, M. Sanchez aurait également déclaré : "L'Espagne d'aujourd'hui est totalement opposée à celle que représentait le régime franquiste". En effet.

Shek à Taïwan

Un autre exemple se trouve à Taïwan. Comme indiqué en septembre 2021, le gouvernement de gauche au pouvoir avait l'intention d'enlever une statue du leader nationaliste et dictateur Chiang Kai Shek.[78]

Comme Franco, Shek a préservé Taïwan du marxisme jusqu'à sa mort, en supprimant la secte de 1949 à 1975. Franco a fait de même de 1939 à sa mort en 1975 (de même, ils ont tous deux mené une guerre civile contre la secte, mais Shek a perdu la sienne et les forces nationalistes se sont réfugiées à Taïwan en 1949, alors que la Chine continentale succombait au brouillard rouge).

L'initiative est menée par le *Parti démocrate progressiste* et son chef, la présidente Tsai Ing-wen, qui sont aux commandes depuis 2016. Taïwan a

---

[76] "La dernière statue publique du dictateur espagnol Franco est enlevée", 23 février 2021.

https://www.theguardian.com/world/2021/feb/23/last-public-statue-of-spanish-dictator-franco-is-removed

[77] Booker, B, "Spain Moves Dictator Francisco Franco's Remains, After Months Of Legal Battles", 24 octobre 2019.

https://www.npr.org/2019/10/24/773022042/spain-moves-dictator-francos-remains-after-months-of-legal-battles?t=1632821666327

[78] Hale, E, "Taiwan axes symbols of authoritarian past in push to rebrand", 26 septembre 2021. https://asia.nikkei.com/Politics/Taiwan-axes-symbols-of-authoritarian-past-in-push-to-rebrand

besoin d'un personnage de Shek aujourd'hui, compte tenu de ce que la République populaire de Chine, contrôlée par le PCC, est en train de faire !

Il ne s'agit pas seulement de mesquinerie et de fanatisme, non. Il s'agit d'enterrer les traces historiques des mouvements antimarxistes pour nous empêcher de nous en inspirer et assurer ainsi la domination de la secte dans l'avenir. Les statues servent de rappel, et une fois enlevées, elles sont vite oubliées (ainsi que ce qu'elles représentent) par tous, sauf par les anciennes générations - et c'est là tout l'intérêt. L'objectif est que les jeunes générations ne connaissent que le marxisme et les idoles marxistes. Évidemment, quand on en arrive à ce point, tout espoir est perdu...

La destruction de la famille traditionnelle

> "L'État devrait rivaliser avec les particuliers - et surtout avec les parents - pour offrir des foyers heureux aux enfants, de sorte que chaque enfant puisse avoir un refuge contre la tyrannie ou la négligence de ses gardiens naturels.[79]

> George Bernard Shaw, *A Manifesto, Fabian Tracts No. 2*, 1884

Un article paru le 5 décembre 2023 dans le Irish Times indique que d'autres "référendums" marxiens sont imminents en Irlande, et qu'ils pourraient se tenir le 8 mars 2024, Journée internationale de la femme, date marxiste et féministe.

L'objectif officiel de ces référendums est de "supprimer la référence constitutionnelle au rôle des femmes au foyer et d'élargir le concept de la famille dans la constitution".[80] Ils veulent apparemment aussi introduire le terme de "relations durables" (pour éroder encore plus le concept de familles construites autour d'un mariage).

Je rappelle au lecteur que ces cinglés mènent ces conneries dans un pays en proie à une myriade d'autres problèmes réels et graves. (Pour l'anecdote, un référendum constitutionnel sur les "droits de l'enfant" a été organisé en 2012 en Irlande sous l'impulsion de membres de la secte, ce qui a eu pour effet d'accroître l'ingérence du gouvernement dans les affaires familiales. Leur manœuvre réussie a été commercialisée, par le biais de la signalisation de la vertu, en tant que "protection de l'enfance").[81]

La destruction de la cellule familiale nucléaire traditionnelle a plusieurs effets

---

[79] *Shaw, G.B., "A Manifesto. Fabian Tracts No. 2", 1884.*
https://oll.libertyfund.org/page/shaw-s-fabian-manifesto-1884

[80] Horgan-Jones, J, "Referendums on women in home and the concept of the family to be held next March", 5 Dec 2023.
https://www.irishtimes.com/politics/2023/12/05/referendums-on-women-in-the-home-and-the-concept-of-the-family-to-be-held-next-march/

[81] https://en.wikipedia.org/wiki/Thirty-first_Amendment_of_the_Constitution_of_Ireland

bénéfiques pour l'idéologie :

(a) Contrôler l'esprit des individus dès leur plus jeune âge. L'objectif de la secte/idéologie étant de contrôler totalement la société, le meilleur moyen d'y parvenir est d'endoctriner les individus dès leur plus jeune âge. Il est évident que ceux qui ne connaissent que l'idéologie - et qui sont endoctrinés dès le départ - ne peuvent pas y résister.

En supprimant les parents de l'équation et en les remplaçant par des "éducateurs" (enseignants), des conseillers sociaux, des travailleurs sociaux, etc. approuvés par l'État (qui sont eux-mêmes endoctrinés), les jeunes sont directement modelés à l'image de l'idéologie et peuvent commencer à servir la glorieuse révolution le plus tôt possible. Tragique.

Ce degré de contrôle crée des générations d'individus totalement soumis à l'État et dépendants de lui. C'est l'une des caractéristiques des régimes sectaires d'hier et d'aujourd'hui. Les systèmes éducatifs jouent un rôle central dans la création de nouvelles générations de membres de sectes ayant subi un lavage de cerveau, de la maternelle à l'université.

(b) En supprimant toute protection psychologique que les parents peuvent fournir contre les initiatives prédatrices poussées par le système (c'est-à-dire toute forme d'activisme marxiste). Cela s'ajoute à la protection contre toutes les sources d'influence toxiques qui diffusent l'idéologie (médias/divertissements, médias en ligne, médias sociaux, industrie musicale, etc.), et contre les individus contaminés (par exemple, les célébrités, les activistes), les groupes (ONG/associations à but non lucratif, groupes communautaires ou politiques, etc.) L'idéologie cherche également à remplacer les opinions potentiellement "gênantes" (non marxiennes) des parents par celles des membres de la secte. La secte/l'idéologie elle-même - par l'intermédiaire du système et de l'État - devient le "parent" aimant qui guide.

Le sous-ordre du jour de la destruction de l'unité familiale utilise la formule oppresseur/opprimé de la manière la plus bizarre et la plus méprisable qui soit, ce qui apparaît encore plus clairement ces derniers temps. La secte - par le biais du transgendérisme/du sous-programme "non-binaire" - a essayé de convaincre les masses que l'État "compatissant" est mieux à même d'élever les enfants que les parents eux-mêmes ! Il ne fait aucun doute que les enfants sont "opprimés" par leurs parents en ce qui concerne leur identité sexuelle, de sorte que l'État prédateur "héroïque" doit intervenir. Un article de l'Irish Independent du 2 juin 2020 faisait état de projets visant à autoriser les enfants de moins de seize ans à "changer de sexe" en toute légalité.[82] Naturellement,

---

[82] "Fine Gael seeking law change to let under-16s legally change gender", juin 2020.

le gender-bender en chef irlandais Leo Varadkar était impliqué, en tant que membre du comité LGBTQ de son parti Fine Gael.

(c) Réduire/supprimer la possibilité de toute punition et discipline dans la vie d'un jeune. Ces éléments sont indispensables pour élever des enfants. C'est essentiel, car être membre d'une secte et être gâté vont de pair. Plus il y a d'enfants gâtés dans la société, plus il y a d'égocentriques faibles d'esprit et de maniaques du contrôle, et plus la secte ou l'idéologie se renforce. L'absence générale de ce type d'éducation crée des générations d'individus qui sont câblés pour être principalement guidés par ce qu'ils veulent/ressentent, et qui piquent des crises de colère lorsqu'ils n'obtiennent pas ce qu'ils veulent. En observant le comportement des membres d'une secte, n'est-ce pas familier ? Ce point est lié au suivant.

(d) Supprimer l'influence bénéfique d'un équilibre sain et naturel entre le masculin et le féminin qu'un partenariat parental entre un homme et une femme peut apporter. L'unité familiale traditionnelle offre potentiellement le meilleur équilibre du point de vue de l'éducation des enfants, avec un homme et une femme hétérosexuels dans leurs rôles respectifs. La secte/idéologie encouragera et normalisera tout type de relation/parentalité/famille, à l'exception de celle-ci, en proposant des alternatives fausses/inférieures pour cacher cette vérité fondamentale (par exemple, les parents homosexuels adoptant des enfants ou utilisant des formes artificielles de conception ou de maternité de substitution ; les hommes "étant enceintes" ; les "couples" polyamoureux à partenaires additionnels, etc.)

(e) Créer une situation dans laquelle les jeunes commenceront à considérer la société/la population mondiale/la secte marxiste comme leur "famille". Les familles peuvent procurer un sentiment d'unité et un lien avec les autres qui deviennent souvent les fondements de la vie d'une personne ; c'est pourquoi elles doivent être retirées de l'équation. Les familles (y compris les familles nucléaires traditionnelles), par définition, peuvent être à la fois de petits collectifs en soi, tout en étant distinctement différentes et séparées des autres familles jusqu'à un certain point, relations mises à part (et ces autres familles sont elles-mêmes des collectifs similaires, etc.)

C'est l'aspect "séparation" qui ne convient pas à l'idéologie ; il ne convient tout simplement pas ! Le but de l'idéologie est de faire de l'humanité un grand collectif. Il ne peut y avoir de "différent" et de "séparé", il n'y a que le tout, le "peuple", l'unité, l'égalité, la solidarité, etc. C'est toute la connerie du "nous ne faisons qu'un" prônée par le mouvement New Age.

(f) Retirer aux hommes hétérosexuels, qui sont à la tête de la cellule familiale traditionnelle, leur position d'autorité et d'influence au sein de celle-ci. Cela

---

https://www.independent.ie/irish-news/fine-gael-seeking-law-change-to-let-under-16s-legally-change-gender/39252644.html

permet d'éliminer de l'équation toute forme d'énergie agressive, combative et résistante qui pourrait s'opposer à la secte/idéologie (y compris toute "masculinité toxique"). En outre, les hommes sont écartés de leur rôle traditionnel de protecteur et de soutien de la famille. C'est ce qu'incarne la maxime féministe (marxienne) selon laquelle les femmes n'ont pas besoin des hommes pour être de bons parents.

Comme nous l'avons dit, les parents isolés peuvent faire un travail relativement bon, bien sûr, et chaque situation est différente, mais ce n'est pas l'idéal pour toutes les personnes impliquées ou pour la société dans son ensemble (en plus de profiter à l'idéologie elle-même). Le regretté historien, journaliste et auteur britannique Paul Johnson (1928-2023) a déclaré un jour : "L'institution la plus socialement subversive de notre époque est la famille monoparentale".[83] Bien entendu, en retirant les hommes de ces rôles, on crée en quelque sorte l'"égalité", tout en combattant le redoutable ennemi du féminisme, le "patriarcat".

(g) La suppression d'un autre élément traditionnel, culturel (et donc lié au passé). La cellule familiale occupe une place dans le trio traditionnel des éléments d'une société saine et prospère : la famille, la nation et la religion. En transformant la société à son image, la secte/idéologie doit supprimer les liens avec les sociétés du passé. Tout ce qui est traditionnel doit disparaître !

(h) Contrôler le comportement sexuel des jeunes. La secte/idéologie vise à remplacer les parents lorsqu'il s'agit d'éduquer (programmer) les jeunes en matière de sexe, de sexualité et de relations (voir plus loin).

Autres sous-agendas auxquels il se rattache

La destruction de la cellule familiale est encouragée par le système imprégné de marxisme qui utilise l'endoctrinement anti-traditionnel (via les "courroies de transmission de la culture" - l'éducation, les médias, l'industrie du divertissement). Bien entendu, l'objectif global est de réduire au minimum le nombre de familles stables et traditionnelles. Cet objectif est associé à plusieurs autres sous-agendas et concepts issus de l'idéologie ou promus par elle :

le mouvement "égalitaire" de "libération" des femmes (féminisme) a fait subir aux femmes un lavage de cerveau qui les a détournées de leur rôle traditionnel de mère et de ménagère pour les intégrer dans le collectif prolétarien de la main-d'œuvre (et leur permettre ainsi de commencer à payer des impôts). Ce sous-programme, combiné aux systèmes éducatifs marxiens, crée une situation dans laquelle l'État contrôle davantage le développement psychologique des enfants. Il s'agit là d'une évolution capitale pour la société au cours du 20e

---

[83] Cité dans le Sunday Correspondent, 24 décembre 1989.

https://libquotes.com/paul-johnson/quote/lbd3o0d

siècle et, en fait, pour le destin de la race humaine - les femmes passant plus de temps à travailler et moins de temps en compagnie de leurs enfants qu'à n'importe quel moment de l'histoire.

Il est évident que l'avortement joue un rôle clé en décourageant/empêchant les femmes d'avoir des enfants et de fonder une famille ; et il n'aurait évidemment pas le statut qu'il a aujourd'hui sans le mouvement féministe (l'avortement lui-même fait partie d'un autre programme visant à créer une séparation entre le sexe/la sexualité et la procréation ; que le sexe n'est que pour le plaisir (alias l'hédonisme)).

-le sous-agenda LGBTQ/transgenderisme/non-binaire tente de détruire le développement sexuel normal (biologiquement et psychologiquement) chez les jeunes, les empêchant de fonder une famille plus tard dans leur vie (en raison de problèmes mentaux, relationnels ou identitaires, ou de dommages physiologiques - y compris la stérilité - causés par la chirurgie de "réaffectation" du genre, l'ablation des organes sexuels, les hormones, les bloqueurs de puberté, etc.)

-Le sous-ordre du jour anti-chrétien est lié ici au fait que le christianisme (le catholicisme romain en particulier) a traditionnellement joué un rôle dans l'encouragement du mariage, l'institution sur laquelle la cellule familiale traditionnelle est basée depuis des siècles. La popularisation et la normalisation du divorce (grâce, en partie, au féminisme) jouent évidemment un rôle également - elles contribuent à banaliser le concept de mariage.

la destruction de la famille traditionnelle est liée au sous-ordre du jour de l'immigration de masse (alias l'ordre du jour anti-blanc et du métissage), puisque ces sous-ordres (en plus de ceux énumérés ci-dessus) sont imposés à des pays principalement occidentaux et majoritairement caucasiens. Ils se combinent tous pour réduire le nombre de Blancs dans ces pays.

L'influence bénéfique d'un équilibre naturel entre le masculin et le féminin (suite)

La cellule familiale traditionnelle est fondée sur le partenariat parental naturel entre l'homme et la femme, vieux de plusieurs siècles. Pour s'attaquer à cela, la secte/idéologie a essayé de faire passer l'idée erronée que toutes les formes de sexualité sont égales et doivent être traitées comme telles, même lorsqu'il s'agit de questions parentales. Cela inclut également l'idée que toutes les orientations sexuelles ont la même valeur pour la société, ce qui signifie que la sexualité d'un homosexuel a la même valeur que celle d'un hétérosexuel ; non, ce n'est pas le cas ! Lorsqu'il s'agit d'avoir des enfants, les hommes hétérosexuels contribuent évidemment davantage ; on peut dire la même chose des femmes hétérosexuelles (par rapport aux femmes lesbiennes).

En ce qui concerne la question cruciale de la procréation, les relations hétérosexuelles sont de loin supérieures aux autres types de relations parce qu'elles peuvent produire des enfants naturellement (les formes artificielles de procréation, qui peuvent être coûteuses pour certains, mises à part). Il n'y a aucune concurrence entre les relations hétérosexuelles et homosexuelles dans ce domaine. Zéro ! Il n'y a que dans un monde aussi flingué que quelqu'un a besoin de souligner ces choses ! Ce n'est pas une attaque personnelle contre qui que ce soit, c'est simplement de la biologie. La secte a créé des termes comme "hétéronormativité" pour aider à obscurcir cette vérité, en essayant de faire passer toutes les sexualités/orientations sexuelles pour égales ; le terme suggère que l'hétérosexualité est juste ce que nous percevons comme étant normal. Bien essayé. C'est un autre tour de passe-passe marxien, conçu pour déformer notre perception de la réalité.

Les différences biologiques (et donc psychologiques) entre les parents hétérosexuels et homosexuels sont également importantes lorsqu'il s'agit de la parentalité proprement dite. Il est évident que les parents homosexuels devraient recourir à des formes artificielles de conception et à la maternité de substitution, mais je me concentre ici sur ce qui se passe après la naissance de l'enfant. La combinaison idéale est celle d'un homme et d'une femme, comme la nature/création l'a prévu, si l'intention est d'avoir des enfants réguliers et hétérosexuels.

Je soulève à nouveau ce point parce que, par exemple, dans le cas où un couple d'hommes homosexuels aurait une fille, que pourraient-ils savoir sur le fait d'être une femme ?!? Il en va de même s'ils ont un garçon qui ne s'avère pas être gay : que sauraient-ils du fait d'être un homme hétérosexuel ? Il en va de même pour les couples lesbiens : que sauraient-ils du fait d'être un homme ? Ou d'une femme hétérosexuelle ? Encore une fois, à moins d'avoir un enfant homosexuel de sexe féminin, seront-ils vraiment capables d'être des parents corrects et d'avoir des relations avec leur "progéniture" ?

Bien sûr, ils peuvent décider d''"encourager" (pénalement) leur enfant à être gay, afin d'avoir de meilleurs rapports avec lui. Ils ne vont certainement pas décourager leur enfant d'exprimer des tendances homosexuelles (dans le cas où l'enfant est hétérosexuel et peut ou non avoir des problèmes d'identité de genre au cours de son développement). Il existe de nombreux témoignages en ligne de personnes qui ont été "encouragées" de cette manière et qui ont fini par avoir des problèmes d'identité préjudiciables plus tard dans leur vie, voire catastrophiques dans certains cas.

Tous les parents homosexuels ne seraient pas de mauvais parents dans toutes les situations, bien sûr, et l'idée que tous les parents hétérosexuels sont automatiquement d'excellents parents dans toutes les situations est fausse - nous savons tous qu'il existe des parents pourris et stupides !

Être un bon parent est une question de personnalité/attitude, de dévouement, de responsabilité, de patience, d'intelligence, d'amour, de discipline, etc. et n'importe qui, quel que soit son sexe ou son orientation sexuelle, peut offrir ces qualités. Cependant, les parents hétérosexuels ont l'avantage, dans l'ensemble, car ils peuvent mieux s'identifier à leurs enfants. De plus, le fait d'avoir un père et une mère permet aux deux parents d'offrir différents types d'apports (dans des circonstances normales), de différents points de vue à chaque enfant - le masculin et le féminin ; et ces deux parents sont physiquement différents l'un de l'autre. Les couples de même sexe n'ont pas non plus cette possibilité.

D'ailleurs, n'est-ce pas aussi un facteur que les parents homosexuels sont susceptibles d'élever des enfants plus "libéraux" (c'est-à-dire plus enclins à devenir membres d'une secte) ? Cela signifie que même lorsqu'il s'agit de la manière dont nous élevons nos enfants, l'idéologie tente d'imposer sa volonté. En fin de compte, tous les types de couples parentaux ne sont pas égaux. La propagande de la secte tente de nous faire croire le contraire.

Retards dans les relations

En plus de s'attaquer à la famille traditionnelle par des moyens directs, l'idéologie le fait aussi indirectement. Elle soutient la dégénérescence qui contribue elle-même à la détruire, en particulier dans le domaine des relations humaines. Elle soutient : l'hédonisme excessif ; la promiscuité (l'état d'esprit "le sexe est pour le plaisir, pas pour la procréation") ; la superficialité ; les attitudes irresponsables égocentriques ("mon corps, mon choix") ; la polyamorie et d'autres types de "relations" bizarres ; l'androgynie, le genre non binaire et le transgendérisme ; la culture des médias sociaux axée sur l'ego (y compris la manipulation/dépendance à l'égard de la dopamine et de la sérotonine), etc. Et comme nous l'avons mentionné, puisque les très jeunes sont maintenant ciblés, ils seront saturés de cette merde de l'enfance à l'adolescence et au-delà.

Un environnement rempli de ces éléments toxiques contribue à créer des individus qui finissent par devenir des attardés relationnels, c'est-à-dire des personnes incapables d'avoir des relations adultes fonctionnelles, stables et significatives. Plus une personne passe de temps dans des mentalités dégénérées comme celles décrites ci-dessus, moins elle passe de temps à apprendre à avoir des relations stables autour desquelles une famille pourrait être construite. Tout cela diminue évidemment le nombre de familles stables dans la population générale, créant des sociétés/nations faibles, ce qui sert l'idéologie. Le terme approprié "retardé" signifie essentiellement "moins avancé dans le développement mental, physique ou social que ce qui est habituel pour son âge".

Il est intéressant de savoir où, dans notre vie, nous pouvons apprendre à avoir ce type de relations. À la maison. Nous apprenons d'abord de nos propres parents. Si l'exemple n'est pas là, nous ferions mieux de trouver une influence positive quelque part. Imaginez donc l'état dans lequel se trouveront les générations futures de jeunes si la cellule familiale traditionnelle est encore plus éloignée de la société, en plus de grandir dans ce type d'environnement toxique. Prédiction : des générations d'attardés relationnels. Parmi les générations récentes du XXIe siècle, qui sont contaminées et influencées à un âge de plus en plus précoce, beaucoup risquent de ne jamais apprendre à avoir des relations sérieuses.

Fonder une famille pour des raisons patriotiques, religieuses ou ethniques

L'idéologie neutralise tout sentiment de devoir au sein d'une population de fonder des familles pour le bien de leur nation, de leur groupe religieux ou de leur race, en raison de son opposition ou de son déni pur et simple de ces choses. Selon son dogme, les pays ne devraient pas exister, la religion est une illusion et la race est une construction sociale ; par conséquent, l'idée de fonder une famille et d'avoir des enfants pour ces raisons est tout simplement ridicule, n'est-ce pas ? L'idéologie/la secte (en général) promeut ces sophismes dans le cadre de son sous-programme anti-famille traditionnelle et de son sous-programme anti-nation (ainsi que d'autres). Ce sont ces types d'attaques subtiles et directes qui aident l'idéologie à atteindre ce sous-programme particulier (la destruction de la famille traditionnelle).

L'idée de fonder une famille pour les raisons susmentionnées peut sembler étrangère aux sociétés modernes, infectées par l'idéologie, mais elle a été présente dans d'innombrables cultures à travers l'histoire, depuis l'aube de l'humanité ! Bien sûr, ces raisons ne devraient pas être les seules raisons de fonder une famille, mais c'est une chose positive lorsqu'elles sont présentes ; l'endoctrinement veille à ce qu'elles ne le soient pas. Encore une fois, ce sous-ordre du jour s'applique principalement aux pays occidentaux qui sont traditionnellement à prédominance blanche et chrétienne. C'est dans ces pays que l'idéologie a eu le plus d'impact sur cette question.

Contrôler les individus par le biais de programmes sexuels

Une autre question importante, traitée par d'autres chercheurs et auteurs. L'objectif ultime de la secte/idéologie étant la domination totale et la destruction de tout ce qui est bon, elle cherche des moyens toujours plus efficaces d'y parvenir. Il est donc souhaitable de contrôler les gens par le biais de leur comportement sexuel. Bien entendu, il incombe traditionnellement aux parents d'éduquer leurs enfants en matière de sexualité. C'est donc une autre raison pour laquelle la secte/l'idéologie doit se débarrasser de son influence.

Cette initiative est prévalente dans les différents sous-ensembles poussés par la secte via le "système" (médias, divertissement, éducation, gouvernement, etc.). Le système éducatif est le plus efficace à cet égard, car les enfants sont confrontés à leurs endoctrineurs et ne peuvent pas les "éteindre" comme la télévision ou le téléphone, ou s'échapper.

En effet, une lutte d'influence se déroule actuellement dans le monde entre les membres de sectes déterminés à infecter les jeunes par le biais de l'"éducation", et les parents qui tentent de protéger leurs enfants du "matériel pédagogique" qu'ils savent être inapproprié ou carrément maléfique. Évidemment, rien de tout cela ne s'applique si les parents ne sont pas hostiles au marxisme ou, pire, s'ils ne sont pas eux-mêmes membres d'une secte, auquel cas il n'y a pas de lutte (et le destin de leurs enfants est souvent plus ou moins scellé).

Dans nos sociétés, grâce à l'infection, nous avons vu : l'importance excessive accordée à la sexualité (alias "hyper-sexualisation") ; le non-sens trans/non-binaire ; l'heure des histoires de drag queens dans les écoles ; l'obligation pour les enfants d'écrire des lettres d'amour gay ; l'éducation sexuelle "radicale" et la promotion du sexe anal ; la programmation des relations ; la normalisation de l'avortement ; la promotion du féminisme qui déforme l'esprit des femmes et des hommes ; et la normalisation/encouragement de l'homo/bi-sexualité. Tous ces programmes comportent un élément sexuel ou sont liés à la sexualité. Dans chaque pays infecté, des groupes de membres de la secte ("experts") nous expliqueront ce que les enfants devraient apprendre à l'école.

Le contrôle de la programmation et du comportement sexuels des jeunes contribue à créer des générations de jeunes qui deviennent des hédonistes, des instables mentaux, des superficiels, des attardés relationnels, qui ne peuvent ou ne veulent pas fonder de famille. En outre, ils n'auront pas la volonté de résister à la secte ou à l'idéologie, même s'ils en avaient l'envie. Prendre le contrôle de la programmation sexuelle des jeunes peut aider à atteindre tous ces objectifs.

Au niveau national, ces différentes initiatives passent par les systèmes éducatifs. En Irlande, le Irish Times a rapporté en juillet 2023 que des "cours d'éducation sexuelle" devenaient obligatoires pour les élèves du cycle secondaire supérieur (lycée). [84] L'initiative s'appelle "Social Personal and Health Education" (éducation sociale, personnelle et à la santé), et *les* élèves vont subir un lavage de cerveau pendant une heure par semaine. Le pendant à l'école primaire est l'"éducation aux relations et à la sexualité (RSE)".

Au niveau international, les sous-institutions des Nations unies (marxistes) (par exemple l'UNESCO) jouent un rôle central en dictant ces initiatives, et les gouvernements serviles des "États" membres (pays) sont "obligés" de s'y conformer. Des modèles mondiaux ont été créés sur la manière dont les enfants doivent être "éduqués", en particulier en ce qui concerne l'"éducation" sexuelle. C'est très bizarre, c'est très pédo...

Extrait de l'avant-propos du document de 138 pages de l'UNESCO intitulé " Principes directeurs internationaux sur l'éducation à la sexualité " (2018) :

---

[84] O'Brien, C, "Sex education classes to be mandatory for Leaving Cert students", 12 juillet 2023. https://www.irishtimes.com/ireland/education/2023/07/12/sex-education-classes-to-be-mandatory-for-leaving-cert-students/

"trop de jeunes font encore la transition entre l'enfance et l'âge adulte en recevant des informations inexactes, incomplètes ou empreintes de jugement qui affectent leur développement physique, social et émotionnel... Cela représente l'échec des responsables de la société à remplir leurs obligations envers une génération entière".[85] Je vois, l'ONU doit donc intervenir. Pour militer, il faut créer de toutes pièces un problème qui doit être "résolu", ce qu'ils ont fait ici. Notez que l'expression "porteurs de devoirs" est une allusion sournoise aux parents.

À la page 71, dans la section "Comportement sexuel et réponse sexuelle", les "objectifs d'apprentissage" pour les enfants de 5 à 8 ans incluent la compréhension du fait que "les gens montrent de l'amour et de l'attention à d'autres personnes de différentes manières, y compris par des baisers, des étreintes, des attouchements, et parfois par un comportement sexuel".[86] Il est étonnant que l'humanité ait pu procréer jusqu'à ce jour sans l'intervention avisée des Nations unies !

Je dois dire que c'est une lecture à la fois amusante et dérangeante, qui aborde les interactions humaines, les relations et la sexualité d'un point de vue ultra-analytique, structuré et presque robotique. (voix de robot) "À cet âge du développement, tu toucheras tes organes génitaux"... "À cet âge, tu choisiras ton statut sexuel par défaut pour aujourd'hui... beep bop boop".

Les enfants (selon l'ONU, etc.) "souffrent" de l'incapacité des parents à élever leurs enfants. Par conséquent, dans ce sous-ordre du jour, les enfants sont les "opprimés", les parents sont les "oppresseurs", et les membres de cultes bizarres qui permettent aux enfants d'être parents doivent venir à la rescousse. Les enfants du monde entier s'unissent !

---

[85] "Guide technique international sur l'éducation sexuelle : une approche fondée sur des données probantes", UNESCO 2018.
https://unesdoc.unesco.org/ark:/48223/pf0000260770

[86] Ibid. P. 71.

Section V - Divers groupes et incarnations

"Certains de nos concitoyens pensent encore que les communistes sont l'aile gauche du mouvement socialiste. Ce n'est pas le cas. Le mouvement socialiste était un mouvement pour la liberté dans son sens le plus large. Du point de vue de la liberté, les communistes sont à l'extrême droite"[1]

Membre de la Fabian Society et Premier ministre britannique
Clement Atlee, discours à Glasgow, 1949

Introduction

Les perceptions de beaucoup ont été déformées pour accepter l'internationalisme, dans le but ultime de les entraîner vers un asservissement totalitaire mondial. C'est ce que l'on appelle le programme du gouvernement mondial unique, auquel le marxisme est inextricablement lié. Il s'agit des ambitions de domination mondiale de l'idéologie.

Il est vrai que le marxisme est un léopard qui ne change jamais de tache ; mais c'est aussi un serpent... un serpent qui, une fois qu'il sera facilement reconnu pour ce qu'il est, perdra sa vieille peau usée pour la remplacer par une nouvelle couche, belle et brillante. Au fur et à mesure qu'il se faufile dans le monde sans être inquiété, le temps passe, son apparence antérieure est oubliée, de même que sa nature prédatrice. Ce cycle de rajeunissement et de réinvention constants est peut-être le principal moyen de défense le plus utilisé par cette idéologie obstinée, et, bien sûr, ses méthodes peuvent être manifestes ou secrètes. Nous ne pouvons pas faire toute l'histoire, mais nous devons aborder quelques points.

Socialisme fabien

"Il faut attendre le bon moment, comme l'a fait Fabius avec beaucoup de patience... mais le moment venu, il faut frapper fort, sinon l'attente sera vaine et infructueuse".[2]

Pamphlet fabien

"Nous avons les conseils d'un expert - George Bernard Shaw, de la Fabian Society, qui a appelé Lénine "le plus grand Fabian de tous". Il a formulé et décrit la méthodologie fabienne : elle utilise "des méthodes de furtivité, d'intrigue, de

---

[1] Clement Attlee, discours à Glasgow (10 avril 1949), cité dans *The Times* (11 avril 1949), P. 4. https://en.wikiquote.org/wiki/Communism

[2] https://fabians.org.uk/about-us/our-history/

subversion et la tromperie de ne jamais appeler le socialisme par son vrai nom"3

Stormer, John, *Personne n'ose parler de trahison*, 1964

"Le patriotisme est, fondamentalement, la conviction qu'un pays donné est le meilleur du monde parce qu'on y est né.4

G.B. Shaw, *The World*, 1893

La *Fabian Society* ou Fabian Socialists (FS) est un sous-sujet crucial pour un étudiant de la subversion marxiste et du "Nouvel Ordre Mondial". En effet, cette organisation montre clairement le lien entre les sociétés quasi secrètes, le socialisme subversif et le monde politique. Le FS a créé - et par la suite contrôlé - le *Parti travailliste britannique*. En outre, ce groupe montre un lien évident entre ces structures et le monde universitaire - il a créé une université pour poursuivre ses objectifs, la *London School of Economics*.[5]

Les Fabiens visaient à instaurer le socialisme par des moyens subversifs, via le système démocratique ("socialisme démocratique"), l'éducation, les groupes communautaires, etc.[6] Les concepts de *communautarisme* (développés plus tard) et certains aspects de la politique de la "troisième voie" (une "fusion" d'idées de gauche et de droite) peuvent être rattachés au fabianisme. La FS nous montre aussi clairement le principe du "socialiste champagne" en action au niveau organisationnel - une bande d'élitistes prétendant être les champions des pauvres, tout en servant l'agenda internationaliste tyrannique (volontairement ou involontairement). Étant donné que de nombreux Fabiens étaient eux-mêmes "bourgeois", ils ne se concentraient pas sur l'aspect traditionnel de la lutte des classes de la théorie marxiste traditionnelle (comme le faisaient les léninistes) ; sinon, ils auraient dû se désigner eux-mêmes comme l'ennemi.

Informations de base

À l'origine, il s'agissait d'une organisation basée à Londres, formée à partir d'une organisation antérieure appelée *The Fellowship of the New Life*. Il s'agit aujourd'hui d'une organisation internationale extrêmement puissante, présente au Royaume-Uni, au Canada (*Fondation Douglas-Coldwell*, puis *Ligue pour la reconstruction sociale)*, en Australie (*Australian Fabian Society*) et en Nouvelle-Zélande (*New Zealand Fabian Society), ainsi qu'en* Sicile, en Italie (*Societa Fabiana Siciliana*). La Fabian Society du Royaume-Uni compte

---

[3] Stormer, J, *None Dare Call It Treason* (1964), P. 26.

[4] Shaw, G.B., *The World* (1893). https://en.wikiquote.org/wiki/George_Bernard_Shaw

[5] https://www.britannica.com/topic/Fabian-Society

[6] Diniejko, Litt, "The Fabian Society in Late Victorian Britain", 16 septembre 2013. https://victorianweb.org/history/fabian.html

actuellement plus de 7 000 membres.[7]

La société a été fondée le 4 janvier 1884 (près de 10 mois après la mort de Karl Marx). Les membres fondateurs étaient des "radicaux" de la classe moyenne attirés par les idées socialistes : Frank Podmore, Edward R. Pease, William Clarke, Hubert Bland, Pervical Chubb, Frederick Keddell, H.H. Champion, Edith Nesbit et Rosamund Dale Owen. Hubert Bland recruta plus tard George Bernard Shaw (1856-1950), qui était également son ami et collègue journaliste. Tous les nouveaux membres devaient signer un document ressemblant à une constitution, intitulé "The Basis" (1887). Ce programme comprenait des propositions telles que "l'utilisation des institutions existantes, du parti et de l'appareil parlementaire pour la réalisation de réformes sociales", afin de parvenir à "l'élimination de la propriété privée des terres et à l'établissement de la propriété communautaire des moyens de production".[6]

Les Fabiens

Les membres éminents et les dirigeants de la FS étaient : G.B. Shaw, dramaturge irlandais, auteur et lauréat du prix Nobel ; le couple Sidney (1859-1947) et Beatrice Webb (1858-1943) ; Graham Wallas et Sidney Olivier. Sidney Webb était un économiste, un politologue et un auteur. Il a épousé Beatrice Potter en 1892 (Potter était la fille de Richard Potter, un riche financier des chemins de fer britanniques et canadiens). Wallas était un psychologue social et un pédagogue. Sidney Olivier était un fonctionnaire influent qui a été plus tard gouverneur de la Jamaïque et secrétaire d'État aux Indes.

Parmi les autres membres de la Fabian Society figurent : le célèbre auteur Herbert George Wells ; le philosophe et mathématicien Bertrand Russell ; l'économiste John Maynard Keynes ; Eleanor Marx (fille de Karlie Karl) ; l'historien et professeur Arnold Toynbee ; la théosophe et militante des droits de la femme Annie Besant ; militante des droits de la femme et organisatrice du mouvement des suffragettes au Royaume-Uni Emmeline Pankhurst ; le franc-maçon et homme politique Clement Atlee ; le rédacteur en chef du magazine *New Age* et franc-maçon Alfred Richard Orage ; et l'auteur du *Meilleur des mondes* Aldous Huxley (frère du célèbre eugéniste Julian Huxley).

Les perles de sagesse de G.B.

Le Fabian le plus célèbre est sans doute George Bernard ("G.B.") Shaw. Voici quelques citations absolument géniales de sa part. La première est tirée de *The Intelligent Woman's Guide to Socialism and Capitalism* (1928) : "Le socialisme, c'est l'égalité des revenus ou rien du tout. Sous le socialisme, vous n'auriez pas le droit d'être pauvre. Vous seriez nourrie, habillée, logée, instruite et employée de force, que vous le vouliez ou non. S'il s'avérait que vous n'aviez pas assez de caractère et d'industrie pour mériter toute cette peine, vous

---

[7] "Adhésion". https://fabians.org.uk/membership/

pourriez éventuellement être exécuté avec bienveillance ; mais tant que vous seriez autorisé à vivre, vous devriez vivre bien. Dans l'ultime "État-nounou", sans libre arbitre ni droit de choisir, vous êtes la propriété des élites et vous êtes mis au rebut lorsque vous ne servez plus à rien".[8]

Celle-ci est tirée d'un discours filmé du 5 mars 1931 (disponible sur YouTube) : "Je ne veux punir personne, mais il y a un nombre extraordinaire de personnes que je voudrais tuer. Non pas dans un esprit méchant ou personnel, vous devez tous connaître au moins une demi-douzaine de personnes qui ne servent à rien dans ce monde. Ce serait une bonne chose d'obliger tout le monde à se présenter devant un conseil dûment nommé... et, tous les cinq ou sept ans, de les faire comparaître et de leur dire : "Monsieur, ou Madame, voulez-vous avoir la gentillesse de justifier votre existence...". Si vous ne pouvez pas justifier votre existence, si vous ne contribuez pas au vote social, si vous ne produisez pas autant que vous consommez, ou peut-être un peu plus, alors, clairement, nous ne pouvons pas utiliser la grande organisation de notre société dans le but de vous maintenir en vie, parce que votre vie ne nous profite pas et qu'elle ne peut pas vous être très utile".[9]

Il a été cité dans un numéro du journal dublinois *Evening Herald du* 3 février 1948 : "Je suis communiste, mais pas membre du parti communiste. Staline est un fabien de premier ordre. Je suis l'un des fondateurs du fabianisme et, en tant que tel, très favorable à la Russie".[10]

Le bilan génocidaire/démocidaire des régimes de la secte au 20e siècle prend un sens différent si l'on considère l'eugénisme (l'élevage pour produire certains résultats). Le fait que Shaw était un admirateur du régime soviétique et de Staline n'est pas surprenant. Lors d'une conférence donnée en 1910 à l'*Eugenics Education Society,* Shaw a déclaré : "Nous devrions nous trouver dans l'obligation de tuer nos enfants : "Nous devrions nous trouver dans l'obligation de tuer un grand nombre de personnes que nous laissons aujourd'hui en vie... Une partie de la politique eugénique nous amènerait finalement à faire un usage extensif de la chambre létale. Un grand nombre de personnes devraient être éliminées simplement parce que cela fait perdre du

---

[8] Shaw, G.B., *The Intelligent Woman's Guide to Socialism and Capitalism* (1928). https://ia904704.us.archive.org/33/items/in.ernet.dli.2015.276240/2015.276240.The-Intelligent.pdf

[9] George Bernard Shaw : "Il y a un nombre extraordinaire de personnes que je veux tuer", 27 juin 2020. https://www.YouTube.com/watch?v=Ymi3umIo-sM

[10] Shaw, G.B., Evening Herald newspapers, 3 février 1948.

https://quotepark.com/quotes/2066840-george-bernard-shaw-i-am-a-communist-but-not-a-member-of-the-communis/

temps à d'autres personnes de s'occuper d'elles".[11]

Extrait de None Dare call it Treason de John A. Stormer (1928-2018) (souligné pour l'accentuation) : "Shaw se décrivait comme un "communiste", mais ne partageait pas l'avis de Marx sur la manière dont la révolution serait accompli et par qui. Il a exposé ces divergences en 1901 dans son ouvrage *Who I am, What I think (Qui je suis, ce que je pense)* lorsqu'il a écrit : "Le 'Capital' de Marx n'est pas un traité sur le socialisme ; c'est une jérémiade contre la bourgeoisie (classe moyenne). Il était censé être écrit pour la classe ouvrière ; mais l'ouvrier respecte la bourgeoisie et veut être un bourgeois ; Marx ne l'a jamais saisi un seul instant. Ce sont les fils révoltés de la bourgeoisie elle-même, comme moi, qui ont peint le drapeau en rouge. Les classes moyennes et supérieures sont l'élément révolutionnaire de la société : le prolétariat est l'élément conservateur". [12]

Intéressant et révélateur. Comme on l'a dit, Marx et Engels étaient eux-mêmes issus de milieux privilégiés.

La guerre des puits

> "Cette révolution nouvelle et complète que nous envisageons peut être définie en très peu de mots. Il s'agit d'un socialisme mondial pur et simple, planifié et dirigé scientifiquement... et d'une expansion sélective de l'organisation de l'éducation pour répondre aux exigences toujours croissantes du nouvel ordre"[13]

H.G. Wells, Nouvel ordre mondial, 1940

Le célèbre auteur anglais H.G. Wells (1866-1946) a été membre de la Fabian Society de 1903 à 1908. Wells était un darwiniste et un partisan de longue date du socialisme et de l'eugénisme. Il pensait que le collectivisme devait devenir le nouvel "opiacé des masses", la nouvelle religion. À un moment donné, il a même tenté de prendre le contrôle de la direction de la société (qui appartenait à Shaw et Webb) avec quelques nouveaux membres.

Parmi ses nombreux ouvrages, Wells est l'auteur de : *Le socialisme détruira-t-il le foyer ?* (1907), *The War and Socialism* (1915), *The Open Conspiracy* (1928) et *New World Order* (1940).[14] Dans Le nouvel ordre mondial, il écrit : "D'innombrables personnes, des maharajas aux millionnaires et des sahibs pukkha aux jolies dames, détesteront le nouvel ordre mondial [...] et mourront

---

[11] Rose, E. "Eugenics Rises Again", 14 novembre 2019.

https://medium.com/@finnishrose/eugenics-rises-again-1f5421aba5ba

[12] Shaw, G.B., "Who I Am, and What I Think", 11 mai 1901.

[13] Wells, H.G., *Nouvel ordre mondial* (1940).

[14] https://www.britannica.com/biography/H-G-Wells

en protestant contre lui. Lorsque nous essayons d'évaluer ses promesses, nous devons garder à l'esprit la détresse d'une génération ou deux de mécontents".

Et aussi : "La réorganisation du monde doit d'abord être principalement l'œuvre d'un "mouvement", d'un parti, d'une religion ou d'une secte, quel que soit le nom qu'on lui donne. Nous pouvons l'appeler le Nouveau Libéralisme ou le Nouveau Radicalisme ou quoi que ce soit d'autre. Il ne s'agira pas d'une organisation très soudée, suivant la ligne du parti, etc. Il se peut qu'elle soit très peu soudée et qu'elle présente de nombreuses facettes".[15] Compte tenu de la nature de la secte/idéologie aujourd'hui, cette vision n'est-elle pas presque prophétique ?

Membres et orateurs modernes

Dans les temps modernes, certains des membres célèbres et des orateurs d'événements comprennent : l'ancien chef du Parti travailliste britannique Jeremy Corbyn ; l'ancien Premier ministre britannique et chef du Parti travailliste britannique Tony Blair ; le député du Parti travailliste britannique et maire de Londres Sadiq Khan ; l'ancien Premier ministre britannique et chef du Parti travailliste Gordon Brown ; l'homme politique du Parti travailliste britannique et président de *Policy Network* Peter Mandelson. Parmi les autres membres notables du FS, qui ont également été membres du parlement britannique, figurent Robin Cook, Jack Straw, David Blunkett et Clare Short.[16]

Les Fabiens sont également présents aux plus hauts niveaux de la politique australienne depuis des décennies. Lorsque Julia Gillard a pris ses fonctions en 2010, sept Premiers ministres australiens consécutifs étaient membres de la FS : Gough Whitlam (1972 à 1975), Robert Hawke (1983 à 1991), Paul Keating (1991 à 1996), Kevin Rudd (2007 à 2010), puis Gillard elle-même (2010 à 2013). Parmi les autres Fabiens qui sont devenus des hommes politiques de premier plan, citons John Cain, Neville Wran et Jim Cairns, ainsi que Bob Carr et Kelving Thompson, membres du parti travailliste australien.[17] Il est intéressant de noter que Jim Cairns était très impliqué dans le *Conseil mondial de la paix* (une création de Joseph Staline), en plus d'être un activiste notable contre la guerre du Vietnam.[18]

Un nouvel ordre mondial fabien

Dans un discours prononcé à Washington DC le 21 avril 2008, Tony Blair, alors

---

[15] Wells, H.G. *New World Order* (1940), P.111.
http://www.telelib.com/authors/W/WellsHerbertGeorge/prose/newworldorder/newworldorder008.html

[16] https://en.wikipedia.org/wiki/Category:Members_of_the_Fabian_Society

[17] McGrath, A, *Wolves in Sheep's clothing* (2012), P. 20.

[18] https://en.wikipedia.org/wiki/Jim_Cairns

premier ministre britannique (fabiusien), a déclaré : "Le partenariat transatlantique n'a jamais été seulement le fondement de notre sécurité : "Le partenariat transatlantique n'a jamais été le simple fondement de notre sécurité. C'est le fondement de notre mode de vie. Il a été forgé dans l'expérience la plus amère et la plus angoissante. Il a donné naissance à une nouvelle Europe, à un nouvel ordre mondial, à un nouveau consensus sur la manière de vivre.[19]

Le 2 avril 2009, lors d'un sommet du G20 à Londres, le Premier ministre britannique (fabien) de l'époque, Gordon Brown, a déclaré : "Je pense qu'un nouvel ordre mondial est en train d'émerger : "Je pense qu'un nouvel ordre mondial est en train d'émerger, et avec lui les fondements d'une ère nouvelle et progressiste de coopération internationale... nous allons gérer ensemble le processus de mondialisation, pour garantir la responsabilité de tous et l'équité pour tous... nous allons construire une société mondiale plus durable, plus ouverte et plus juste".[20] "Plus juste" = égalitarisme, justice sociale, etc. De même, "la responsabilité de tous et l'équité pour tous" est la version fabienne de "de chacun selon ses capacités à chacun selon ses besoins" (merci Karl). Nouvel ordre mondial, quelqu'un ?

Chronologie des événements et des réalisations de la FS

En 2012, l'auteur australien Amy McGrath (1921-2019) a publié un livre intitulé *Wolves in Sheep's Clothing*. Il s'agit d'un recueil d'extraits d'ouvrages d'autres auteurs sur le communisme, etc. Il comprend des articles établissant un lien avec des organisations extra-gouvernementales telles que les Nations unies, le Club de Rome, le Conseil des relations extérieures, le groupe Bilderberg, etc. Comme le suggère McGrath, ces organisations ont travaillé ensemble pour promouvoir l'agenda du gouvernement mondial unique, par le biais d'agendas de niveau inférieur, dont l'Agenda 21 et ses objectifs de "développement durable". L'Agenda 21 traite ostensiblement de la manière de restructurer le monde et le comportement humain dans l'intérêt de la planète. En réalité, il s'agit de contrôler les masses (comment et où elles vivent, ce qu'elles mangent, comment elles voyagent, quelles possessions elles peuvent avoir et en quelle quantité, etc.)

Comme indiqué tout au long du livre de M. McGrath, voici un aperçu chronologique de certaines réalisations des Fabiens depuis la création de la société le 4 janvier 1884. Ils ont créé le *Parti travailliste indépendant* (ILP). Il a été fondé en janvier 1893 par la fusion de plus de 70 groupes fabiens locaux et était dirigé par le fabien Kier Hardie (qui avait auparavant cofondé la Deuxième Internationale avec Friedrich Engels, compagnon d'écriture et

---

[19] "Tony Blair - New World Order", 9 novembre 2010.
https://www.YouTube.com/watch?v=Jv17gVF9kMA

[20] CNN, "New world order is emerging", 2 avril 2009.
https://www.YouTube.com/watch?v=ZD5Yy9Iq7lg

parrain de Karl Marx) ; il a fondé la London School of Economics and Political Science en 1895 ; il a contribué à la création du *Labour Representative Committee* en 1900 ; a promu l'introduction d'un salaire minimum en 1906 ; a fondé l'*Organisation pan-fabienne* en 1907 ; a promu l'idée d'un service national de santé en 1911 ; a fondé *Fabian Research* en 1912 (plus tard connu sous le nom de *Labour Research Bureau*) ; a fondé la *University Socialist Federation* en 1912 (plus tard connue sous le nom de University Labour Clubs) ; fondent le magazine socialiste *New Statesman* en 1913 (toujours actif aujourd'hui) ; assistent la révolution bolchevique de Lénine en Russie ; participent à la création du *Royal Institute of International Affairs* en 1919 (l'une des "six grandes" organisations qui, apparemment, "dirigent" le monde) ; ont participé à la création de la *Société des Nations* en 1920 (un précurseur de l'ONU) ; ont créé le *New Fabian Research Bureau* en 1931 ; ont participé à la création des *Nations unies* et ont fondé la *Cour internationale de justice de* La Haye en 1945 ; et ont participé à la création de l'*Internationale socialiste* en 1951.[21] [22]

Un ouvrage intitulé "International Government" (1916) a été écrit par le Fabien, membre du parti travailliste et journaliste Leonard Woolf (1880-1969). Ce livre a inspiré la création de la *Société des Nations* quelques années plus tard, grâce à la collaboration de la société avec le *groupe Milner*. Le *Fabian International Bureau s'occupait* de recherche et de propagande sur les questions internationales et promouvait divers projets internationalistes tels que l'union de l'Empire britannique avec l'Amérique et la Russie.

L'Internationale socialiste (IS) a été créée pour contrôler un réseau d'organisations socialistes. Son objectif était de coordonner le socialisme international et d'imposer le programme d'un gouvernement mondial unique par l'intermédiaire de ces groupes. En outre, et à cette fin, ces groupes devaient contribuer à renforcer le contrôle des Nations unies. En juin 1962, lors de la *conférence du Conseil international socialiste* à Oslo, l'IS a déclaré que "l'adhésion aux Nations unies doit être universelle".[23]

Pourquoi la société "Fabian" ?

Le nom "Fabian" a été suggéré par un membre fondateur de la FS (probablement Frank Podmore). Quintus Fabius Maximus Verrucosus (280-203 av. J.-C.) était un général romain chargé de défendre Rome contre le général carthaginois Hannibal (247-181 av. J.-C.) pendant la *deuxième guerre punique* (218 av. J.-C. - 201 av. J.-C.). Hannibal est devenu légendaire pour ses

---

[21] McGrath, A, *Wolves in Sheep's clothing* (2012), P. 20.

[22] https://fabians.org.uk/about-us/our-history/

[23] *"Déclaration de l'Internationale socialiste, Conférence d'Oslo, 2-4 juin 1962"*.

https://www.socialistinternational.org/councils/oslo-1962/

tactiques innovantes, comme l'utilisation d'éléphants pour attaquer les Romains à travers les Alpes ! Les Carthaginois étaient bien plus nombreux que les Romains, mais Fabius a vaincu Hannibal en recourant à la guérilla : tactiques de fuite et d'attaque, absence de combats directs, destruction des lignes de ravitaillement, etc. Comme il a freiné l'avancée des Carthaginois, il a été surnommé Fabius "Cunctator" (terme latin signifiant "délateur"). Ses efforts ont permis à Rome de se réorganiser.[24] Pour notre propos, il est important de souligner que les Fabiens étaient/sont plus nombreux que les masses. Lorsque l'on est confronté à une supériorité numérique, il est préférable d'attaquer en utilisant des moyens subversifs et indirects pour remporter la victoire.

Symbologie fabienne

"Méfiez-vous des faux prophètes, qui viennent à vous en vêtements de brebis, mais qui au dedans sont des loups ravisseurs" Matthieu 7:15[25]

"Je me suis repu du sang des saints, mais les hommes ne me soupçonnent pas d'être leur ennemi, car ma toison est blanche et chaude, mes dents ne sont pas celles de celui qui déchire la chair, mes yeux sont doux, et ils ne me reconnaissent pas comme le chef des esprits menteurs".[26]

Aleister Crowley, occultiste britannique, *La vision et la voix*, 1911

Armoiries

La tactique marxienne traditionnelle et machiavélique de la malveillance, déguisée en bienveillance, est parfaitement symbolisée par les armoiries des Fabian - un loup déguisé en agneau. Le loup est noir, il porte son déguisement de mouton blanc et tient un drapeau rouge (communiste). Pouvez-vous imaginer une image plus appropriée pour symboliser ce concept ? Il se déguise en l'un d'entre vous, l'un des vôtres, un ami, mais il veut vous tuer, vous et tous les vôtres. Un prédateur vicieux déguisé en proie inoffensive. En bref, il s'agit d'une attaque hostile contre des victimes qui ne se doutent de rien, en utilisant la furtivité. Il semblerait que ce soit G.B. Shaw qui ait dessiné ces armoiries. Il a été rétracté par la suite car il a été jugé un peu trop flagrant (sans déconner ?).

Le logo Fabian

Les Fabiens utilisaient également la tortue sur un fond rouge (communiste), représentant un processus lent et rampant. La partie inférieure de ce logo comporte le texte de leur devise "J'attends longtemps, mais quand je frappe, je frappe fort". Cela symbolise le style patient et subversif des Fabiens, un

---

[24] https://fabians.org.uk/about-us/our-history/

[25] Matthieu 7:15 ; Bible du roi Jacques. https://biblehub.com/matthew/7-15.htm

[26] Crowley, A, *La vision et la voix* (1911).

processus lent d'installation du socialisme, plutôt qu'un renversement immédiat et violent.

Extrait de leur premier pamphlet : "Il faut attendre le bon moment, comme l'a fait très patiemment Fabius dans sa guerre contre Hannibal, bien que beaucoup aient critiqué ses retards ; mais quand le moment arrive, il faut frapper fort, comme l'a fait Fabius, sinon votre attente sera vaine et infructueuse". Une belle citation de l'auteur américain Jon Perdue : "Le logo de la Fabian Society, une tortue, représentait la prédilection du groupe pour une transition lente et imperceptible vers le socialisme, tandis que ses armoiries, un "loup déguisé en agneau", représentaient sa méthodologie préférée pour atteindre son objectif".[27]

Une fenêtre fabienne "religieuse

Le Fabian Window est un vitrail situé à la London School of Economics. Conçu par G. B. Shaw, il a été commandé en 1910. Le vitrail a changé de mains et d'emplacement à plusieurs reprises depuis lors, avant de trouver sa place définitive dans la bibliothèque Shaw de la LSE. Tony Blair l'a inaugurée lors d'une cérémonie qui s'est déroulée le 20 avril 2006.[28] Dans la vitrine, trois Fabiens - Shaw, Webb et ER Pease - sont représentés en train de "reforger" la Terre sur une enclume, à l'aide de marteaux (maçonniques). Ils la "brisent en morceaux" pour remodeler le monde comme ils l'entendent... pour construire "le nouveau monde". Au-dessus du monde, on peut voir les armoiries des Fabiens.

Cette "refonte" du monde représente le concept marxien traditionnel de destruction délibérée de l'ordre social avant qu'il ne puisse être reconstruit en tant qu'"utopie". En bas, d'autres membres de FS "prient" devant leurs "écritures". La scène représentée évoque le concept de religiosité et de culte. Les Fabiens voulaient que leur idéologie totalitaire internationaliste et collectiviste devienne la nouvelle "religion".

N'observons-nous pas aujourd'hui ce culte de la "connaissance" marxiste et des écritures, en particulier dans les cercles universitaires et intellectuels ? Cette imagerie, et en fait l'intention des Fabiens en général, reflète l'un des messages essentiels de ce livre - il s'agit d'un culte subversif. La fenêtre est probablement le meilleur artefact physique pour symboliser cela. Le texte en haut de la fenêtre dit "Re-mould it near to the heart's desire". Ce texte est tiré d'un quatrain du philosophe et poète médiéval persan Omar Khayyam (1048-1131) : "Ah, l'amour ! Si toi et moi, avec le destin, nous pouvions conspirer

---

[27] Perdue, J, *The War of All the People : The Nexus of Latin American Radicalism and Middle Eastern Terrorism* (2012).

[28] Donnelly, S., "Hammering out a new world-the Fabian Window at LSE", 13 septembre 2017.

pour saisir l'ensemble de cette triste histoire, nous ne la réduirions pas en miettes et nous la remodèlerions plus près du désir du cœur".[29]

La stratégie fabienne

Les Fabiens ne souscrivaient pas au modus operandi des bolcheviks pour une prise de pouvoir révolutionnaire. Ils n'étaient pas si anti-bourgeois, étant eux-mêmes bourgeois. Ils rejetaient l'idée d'une violente "lutte des classes" pour instaurer une société socialiste. Ils estimaient qu'une réforme valait mieux qu'une révolution. Par conséquent, les Fabiens visaient à instaurer le socialisme par l'évolution et non par la révolution. Cet objectif devait être atteint non pas par une action politique directe et instantanée, afin d'obtenir des résultats immédiats, mais par une influence cohérente et subtile, étalée sur une plus longue période. Il s'agissait d'une méthode différente et indirecte de mise en œuvre du collectivisme par rapport à d'autres méthodes utilisant la révolution violente (par exemple, le renversement militaire/coup d'État par les "marxistes-léninistes").

Contrairement à d'autres interprétations du marxisme, où les classes ouvrières devaient être manipulées et contrôlées, les Fabiens cherchaient également à contrôler les autres classes. En particulier, ils voulaient utiliser les classes moyennes pour faire avancer leurs programmes, et non le "prolétariat", et il était typique du modus operandi des Fabiens de cibler les types de "bourgeoisie". Dans ses écrits, Beatrice Webb parlait d'escroquerie, d'"attraper des millionnaires". Globalement, ils voulaient endoctriner la société dans son ensemble, créer "une opinion commune en faveur du contrôle social... etc. En d'autres termes, préparer psychologiquement nos pays à une prise de contrôle par la secte marxiste. Durant les premières années de la société, les Fabiens donnaient 700 conférences par an, prônant leur "philosophie" du "gradualisme" ou de la "perméabilité". [30]

Les Fabiens sont spécialisés dans l'utilisation du système démocratique pour instaurer un État totalitaire. Cette méthode graduelle est généralement bien adaptée aux pays occidentaux du "premier monde". Ils ont été les pionniers du concept de socialisme démocratique, utilisant le système démocratique pour garantir un état d'esprit favorable au socialisme dans les pays qu'ils ciblent. L'infiltration des "centres de pouvoir" est essentielle, notamment les syndicats, les partis politiques, les institutions et groupes religieux (y compris le mouvement *New Age*), le système juridique, les organisations médiatiques, les systèmes éducatifs, les institutions civiques et financières, les sociétés industrielles, etc. En ce qui concerne l'éducation en particulier, Shaw a déclaré qu'ils devaient prendre "le contrôle de l'ensemble du système éducatif, de l'école primaire à l'université... et des dotations globales en matière

---

[29] Khayyam, O., quatrain XCIX https://en.wikiquote.org/wiki/OmarKhayyam

[30] McGrath, A, *Wolves in Sheep's clothing* (2012).

d'éducation".[31]

Tout cela ne vous semble-t-il pas familier si l'on considère la façon dont les pays occidentaux se sont transformés au cours des dernières décennies ? Avez-vous remarqué le rythme auquel les choses ont changé dans votre pays ces derniers temps, non pas du jour au lendemain, mais par le biais d'un processus graduel de changement presque constant ? C'est la méthode Fabian. Des progrès graduels et constants, comme une tortue qui marche.

Perméation

Voici G.B. Shaw qui explique comment le Parti libéral britannique a été ciblé en utilisant la perméation :

"Nous avons pénétré les organisations du parti et tiré tous les fils sur lesquels nous pouvions mettre la main avec la plus grande habileté et la plus grande énergie ; et nous avons tellement réussi qu'en 1888, nous avons obtenu le solide avantage d'une majorité progressiste, pleine d'idées qui ne leur seraient jamais venues à l'esprit si les Fabian ne les y avaient pas mises".[32] Notez que ces propos ont été tenus quatre ans à peine après la création de la société.

Extrait de *The History of the Fabian Society* (1918) par Edward R. Pease (1857-1955), qui fut secrétaire pendant plusieurs décennies : ... un comité des universités, avec Frank Podmore comme secrétaire pour Oxford et G. W. Johnson pour Cambridge, avait commencé la "pénétration" des universités, qui a toujours été une partie importante de la propagande de la société".[33] (Les lecteurs comprendront peut-être la signification de la mention d'Oxford et de Cambridge. Elles sont considérées par certains chercheurs du "nouvel ordre mondial" comme un élément important de l'appareil de contrôle universitaire).

Les Fabiens ont donné naissance à de nombreuses organisations afin d'étendre leur champ d'action. Extrait de *Occult Theocracy* (1933) par Lady Queenborough (1887-1933) : "Les Fabiens forment de nombreuses sociétés détachées, des comités, des clubs d'étude, des associations, des ligues, des écoles, afin de gagner le soutien des non-socialistes pour les sections du programme socialiste qui pourraient ne pas recevoir l'approbation du public si le lien avec le projet socialiste-communiste mondial était révélé. C'est ainsi que les "listes d'aspirants" des partisans capitalistes du socialisme sont mises

---

[31] Shaw, G.B, "Réforme de l'éducation", 1889.

[32] Shaw, G.B., Fabian Tract 41 ("The Fabian Society : What it has done and how it has done it"), 1892.

[33] Pease, Edward R., *The History of the Fabian Society* (1918).
https://www.voltairenet.org/IMG/pdf/Pease_Edward_R_-
_History_Of_The_Fabian_Society.pdf

à la disposition de l'Angleterre. Le système est le même en Amérique".[34] (Les déclarations de Beatrice Webb sur l'escroquerie des hommes d'affaires bourgeois me viennent à l'esprit).

Le parti travailliste

> "Les travaillistes sont restés fidèles à leur croyance de longue date dans l'établissement d'une coopération est-ouest comme base d'une Organisation des Nations Unies renforcée évoluant vers un gouvernement mondial... Pour nous, le gouvernement mondial est l'objectif final et les Nations unies l'instrument choisi"[35] - Manifeste électoral du parti travailliste britannique ("The New Britain"), 1964

> "Le parti travailliste déteste le concept d'anglaisité... depuis très longtemps, il ne supporte même pas le concept de patriotisme. Ils pensent que le drapeau est en quelque sorte désagréable, rétrograde et méchant. Des gens comme Emily Thornberry préféreraient que nous ayons ce drapeau bleu à 12 étoiles qui nous vient de Bruxelles" - Nigel Farage, homme politique britannique, article de BBC News, novembre 2014.[36]

Le parti travailliste britannique est issu du *Labour Representation Committee* (que les Fabiens ont contribué à créer). Avant sa création en 1900, il existait deux partis principaux dans la politique britannique : les conservateurs et les libéraux. Le parti travailliste a été formé par ceux qui appartenaient à une troisième catégorie de "rebelles" et de marginaux qui n'appartenaient pas aux deux principaux (et à ce moment de l'histoire, vous pouvez être sûrs qu'il y avait beaucoup de membres de cultes déterminés qui se promenaient dans les environs !) Sidney Webb a rédigé une grande partie de la constitution du parti en 1918, ainsi que le programme *Labour and the New Social Order* de la même année.[37]

Extrait de la page "Notre histoire" du site web *fabians.org.uk* : "Alors que l'importance électorale du parti travailliste augmentait dans l'entre-deux-guerres, la contribution de l'association suivait le même rythme. En 1923, plus de vingt Fabiens ont été élus au parlement, et cinq Fabiens ont fait partie du premier cabinet travailliste de Ramsay McDonald. C'est à cette époque que le futur premier ministre et fabien Clement Attlee a obtenu son premier poste ministériel". La période de guerre elle-même a vu "l'épanouissement des sociétés fabiennes locales. En 1939, il n'y avait que six sociétés locales ; en 1945, il y en avait 120 dans tout le pays". En 1945, le premier Premier ministre

---

[34] Miller, E.S. (Lady Queensborough), *Occult Theocracy* (1933).

[35] Manifeste électoral du parti travailliste de 1964 "The New Britain".http://www.labour-party.org.uk/manifestos/1964/1964-labour-manifesto.shtml

[36] "Miliband : Thornberry's 'white van, flag' tweet lacked respect", 21 novembre 2014. https://www.bbc.com/news/uk-politics-30148768

[37] https://fabians.org.uk/about-us/our-history/

fabien du Royaume-Uni, Clement Attlee, membre éminent de la secte, a pris ses fonctions en remplacement de Winston Churchill. Des chercheurs de la FS estiment qu'il y avait 200 Fabiens au Parlement britannique pendant le mandat d'Attlee. Sous sa direction, le Royaume-Uni est entré dans une période de déclin économique en raison de l'expérimentation de politiques socialistes. Comme nous l'avons mentionné, la secte/idéologie pousse souvent à prendre le contrôle des pays lorsqu'ils sont affaiblis, comme dans une période d'après-guerre.

La London School of Economics

La London School of Economics (ou LSE) a été fondée en 1895 par Sidney et Beatrice Webb, G.B. Shaw et Graham Wallas, membres éminents de la FS. Siège de la Fabian Window, elle a été créée pour promouvoir l'idéologie par le biais du monde universitaire. Son nom officiel est "The London School of Economics and Political Science", et il n'est pas nécessaire d'être un génie pour imaginer l'orientation idéologique qu'elle donne à ces sujets. Le nom est d'ailleurs amusant, car une institution marxiste sur le plan économique est un oxymore. La LSE est connue pour son radicalisme d'extrême gauche et a été surnommée "l'école londonienne des extrémistes".[38] Parmi les anciens élèves les plus connus figurent George Soros et David Rockefeller (1915-2017). Le politicien et homme d'affaires irlandais Peter Sutherland (1946-2018) a également été rattaché à la LSE. Sutherland a joué un rôle central dans le programme des Nations unies sur les migrations de masse, en tant que représentant spécial du secrétaire général pour les migrations internationales (2006-2017).[39] À la fin des années 1920 et dans les années 1930, la LSE a reçu des millions de dollars des fondations Rockefeller et Laura Spellman, devenant ainsi le "bébé des Rockefeller".[40]

Graham Moore

Un chercheur basé à Londres et patriote anglais du nom de Graham Moore est un analyste de renom sur les Fabiens. En janvier 2018, Moore a participé à une tentative d'arrestation citoyenne du maire fabien de Londres, Sadiq Khan. L'action a été tentée par un groupe "d'extrême droite" appelé les *White Pendragons* (dont Moore est cité comme le leader), alors que Khan prononçait un discours lors d'une conférence de la Fabian Society sur l'égalité des sexes

---

[38] Syal et Hasting, "Al-Qa'eda terror trio linked to London School of 'Extremists'", 27 janvier 2022. https://www.telegraph.co.uk/news/uknews/1382818/Al-Qaeda-terror-trio-linked-to-London-School-of-Extremists.html

[39] https://en.wikipedia.org/wiki/Peter_Sutherland

[40] Cox, M. "LSE - Rockefeller's baby ?", 24 juin 2015.

https://blogs.lse.ac.uk/lsehistory/2015/06/24/lse-rockefellers-baby/

(roulements d'yeux).

Les travaux de Moore ont couvert plusieurs domaines, y compris un excellent travail sur les Fabiens. À l'heure où nous écrivons ces lignes (février 2021), sa chaîne YouTube est introuvable, mais son site web *daddydragon.co.uk* est toujours en ligne. [41] Dans ses vidéos longues et détaillées, il fait des observations très intéressantes sur les Fabiens. Voici quelques-uns des points clés recueillis (par le biais de notes) lorsque la chaîne était encore active.

Les Fabiens au gouvernement

En 1945, 393 candidats travaillistes ont été élus au parlement, dont 229 étaient membres du FS. En 1997, 418 candidats travaillistes ont été élus, dont 200 étaient membres de la FS. Les Fabiens ont maintenu une présence constante au parlement britannique et ne sont pas seulement présents au sein du parti travailliste. D'après les chiffres de 2012, il y avait environ 7 000 membres de la FS au Royaume-Uni.

Sur ces 7 000 personnes, 80 % (5 600) étaient membres du parti travailliste (ce qui ne représente qu'environ 3 % de l'ensemble des membres du parti travailliste). Les 20 % restants (1 400 membres) appartiennent à d'autres partis, tels que les libéraux-démocrates et le parti conservateur.

Aux échelons supérieurs de la direction du parti travailliste, le pourcentage de Fabiens augmente de façon spectaculaire, et environ cinquante pour cent des candidats travaillistes depuis les années 1940 ont été des membres du FS. Lorsque nous arrivons à la direction du parti travailliste lui-même, la proportion de Fabiens frôle les cent pour cent. En 1966, le cabinet travailliste comptait 21 membres, dont 17 membres de la FS.

Cette proportion est restée constante jusqu'à aujourd'hui. En 1997, la quasi-totalité du cabinet travailliste (y compris le premier ministre Tony Blair) était composée de Fabiens. Tous les gouvernements travaillistes, de 1924 à 1997-2010, ont été presque exclusivement composés de membres du FS. Presque tous les dirigeants du parti travailliste ont été des Fabiens. Tous les vice-présidents du parti travailliste ont été des Fabiens.[42]

Extrait de la page "À propos de nous" du site web de la UK Fabian Society : "Chaque premier ministre travailliste a été un Fabian et aujourd'hui, des centaines d'hommes politiques travaillistes sont membres de la société, y compris le leader travailliste Keir Starmer MP et plus de la moitié de son cabinet fantôme, ainsi que des personnalités de haut rang dans les

---

[41] "Qui sont les Pendragons blancs ?", 22 janvier 2018.
https://medium.com/@RidgewayInfo/who-are-the-white-pendragons-ba75af92d5eb

[42] Crace, J., "The Fabian Society : a Brief History", 13 août 2001.

https://www.theguardian.com/politics/2001/aug/13/thinktanks.uk

gouvernements locaux et décentralisés. Notre comité exécutif élu comprend actuellement cinq députés travaillistes.[43]

Les activités de Fabian dans le monde

Moore a également fait remarquer que : les Fabiens ont joué un rôle dans le démantèlement de l'Empire britannique, en utilisant une organisation de façade appelée *The Fabian Colonial Bureau*, car l'Empire constituait un obstacle au communisme mondial ; Shaw et Webb ont été les premiers à utiliser la dialectique hégélienne en termes pratiques, afin de manipuler l'opinion publique ; le célèbre livre *1984*, écrit par George Orwell (1903-1950) en 1949, a été intitulé ainsi en hommage au centenaire de la fondation de la Fabian Society en 1884 ; les Fabiens ont été impliqués dans la rédaction des constitutions de plusieurs pays, dont l'Irlande (République d') et l'Inde.

Moore a déclaré que la célèbre figure quasi-messianique du Mahatma Gandhi (1869-1948) était impliquée dans la Fabian Society et en était peut-être membre, et que les fondateurs du Pakistan - qui a été créé après la partition de l'Inde et son indépendance de l'Empire britannique - étaient des Fabiens.

Le célèbre George Orwell (de son vrai nom Eric Blair) a fréquenté l'Eton College, une école privée élitiste pour adolescents située dans le Berkshire, au Royaume-Uni. Il y a été l'élève du fabien Aldous Huxley (1894-1963), auteur du roman dystopique *Brave New World* (1932).[44] Le Mahatma Gandhi, qui a été présenté au monde comme une autre figure messianique de la justice sociale, peut rappeler au lecteur Nelson Mandela, qui a été vénéré de la même manière. Gandhi a bien sûr joué un rôle central dans le mouvement de "libération" de l'Inde. G.B. Shaw a rencontré Gandhi à Londres en 1931, et tous deux étaient des admirateurs de l'œuvre de l'autre.[45]

L'école de Francfort

> "L'obscénité est un concept moral dans l'arsenal verbal de l'establishment, qui abuse du terme en l'appliquant, non pas aux expressions de sa propre morale, mais à celles d'un autre"[46]

---

[43] https://fabians.org.uk/about-us/

[44] Heitman, D., "The Talented Mr. Huxley", novembre/décembre 2015.

https://www.neh.gov/humanities/2015/novemberdecember/feature/the-talented-mr-huxley

[45] "George Bernard Shaw". https://www5.open.ac.uk/research-projects/making-britain/content/george-bernard-shaw

[46] Marcuse, H. "Essai sur la libération", 1969. P. 12.

https://www.marxists.org/reference/archive/marcuse/works/1969/essay-liberation.pdf

Herbert Marcuse, "Essai sur la libération", 1969

"Ce qui peut s'opposer au déclin de l'Occident, ce n'est pas une culture ressuscitée, mais l'utopie silencieusement contenue dans l'image de son déclin.[47]

Theodor Adorno, *Prismes*, 1967

"Le socialisme n'a jamais été, et nulle part, un mouvement de la classe ouvrière... C'est une construction de théoriciens, dérivant de certaines tendances de la pensée abstraite avec lesquelles, pendant longtemps, seuls les intellectuels étaient familiers ; et il a fallu de longs efforts de la part des intellectuels avant que les classes ouvrières puissent être persuadées de l'adopter en tant que programme".[48]

Friedrich Von Hayek, *Les intellectuels et le socialisme* (1949)

Une autre manifestation très importante du marxisme subversif est le désormais tristement célèbre "groupe de réflexion" appelé l'École de Francfort. Si vous vous êtes déjà demandé pourquoi le monde occidental est criblé de politiquement correct, de "multiculturalisme", de politique identitaire et d'activisme "radical", ou pourquoi des concepts tels que la Théorie critique, la Théorie critique de la race sont aujourd'hui populaires, ou d'où vient le "Marxisme culturel", pourquoi les groupes de "protestation" marxistes ne sont pas immédiatement écrasés et emprisonnés par l'État, et pourquoi les systèmes "éducatifs" semblent être fortement impliqués dans tout cela, ce groupe est d'une importance cruciale. Il incarnait l'essence des déchets toxiques pseudo-scientifiques marxiens dont le monde (et pas seulement les États-Unis) est aujourd'hui en phase terminale. Il est surnommé à juste titre "l'école du PC".

L'école de Francfort a contribué à propager l'infection principalement par des moyens académiques et littéraires, en particulier en sociologie, en psychologie et en "philosophie". L'intellectualisation de l'idéologie a été un moyen très efficace de la légitimer. À cet égard, le FS s'est distingué des autres types de groupes marxistes. Si l'on considère la diffusion de l'idéologie aux États-Unis d'un point de vue historique et panoramique, elle a joué un certain rôle. Les types d'organisations traditionnellement utilisés par la secte (partis politiques, syndicats, etc.) fonctionnaient déjà et se renforçaient avant même la création de la FS.

En gardant ce contexte à l'esprit, jetons un coup d'œil sur ce groupe. Bien qu'il n'ait pas existé très longtemps, il a eu un impact énorme, par l'intermédiaire d'un de ses membres en particulier. Son héritage explique en grande partie pourquoi les États-Unis (et l'Occident en général) n'ont jamais été aussi divisés

---

[47] Adorno, T., *Prismes* (1967). P. 72.

[48] Hayek, F., "Les intellectuels et le socialisme", 1949.

https://cdn.mises.org/Intellectualsand20Socialism_4.pdf

et instables. (J'utilise le même acronyme "FS" pour l'École de Francfort que pour la Fabian Society).

Contexte

L'Europe de l'après-guerre s'est révélée être un tournant pour le marxisme. Selon la théorie/prédiction marxiste, les classes ouvrières prolétaires d'Europe devaient, en cas de guerre, se soulever et renverser le capitalisme ; les prolétaires d'un pays devaient s'unir avec leurs homologues d'autres pays, etc. Cependant, cela ne s'est pas concrétisé après le déclenchement de la guerre en 1914. Bien que l'idéologie se soit déjà répandue en Europe à ce moment-là, les classes ouvrières de chaque pays se sont généralement séparées des classes ouvrières des autres pays, ce qui les a amenées à revêtir leurs uniformes respectifs et à se battre les unes contre les autres.

Au cours de cette période, les "intellectuels" marxistes ont dû concilier cette réalité avec les présomptions. Leur solution consistait à adapter la théorie qui avait échoué (comme d'habitude), et c'est là que le fanatisme obstiné s'est manifesté, d'une manière particulière. Ils ont théorisé que la raison pour laquelle les travailleurs n'étaient pas de bons petits prolétaires révolutionnaires - et n'étaient pas passionnés par la "lutte des classes", etc. - était l'influence négative/le contrôle mental de la culture occidentale et du christianisme (un concept exprimé pour la première fois par V.I. Lénine dans son ouvrage de 1904 intitulé "Que faire ?").

La secte a conclu que la création d'un monde communiste ne pouvait pas être réalisée tant que les structures de la civilisation occidentale n'étaient pas détruites. Les principaux partisans de cette théorie étaient Antonio Francesco Gramsci et Gyorgy Lukacs.

En 1922, Lukács et Willi Muezenberg (le cerveau de la subversion soviétique) ont participé à une réunion des communistes européens à l'Institut Marx-Engels à Moscou pour discuter de cette question.[49] Cette réunion a façonné les initiatives mondiales que la Comintern allait mettre en œuvre pour diffuser l'idéologie. Ces interprétations du marxisme après la Première Guerre mondiale ont marqué le début de ce que l'on appelle le marxisme occidental (même idéologie, étiquette différente). Dans ses "Cahiers de prison", Gramsci a défendu l'idée de la Longue Marche à travers les institutions (bien qu'il n'ait pas lui-même inventé cette expression), ou "colonisation de la superstructure", pour infiltrer et saturer les structures de la société avec le culte/l'idéologie.[50]

---

[49] Parrhesia Diaries, "The Marxist "long march" into the age of identity politics", 1 février 2020. https://theparrhesiadiaries.medium.com/the-marxist-long-march-through-the-institutions-and-into-the-age-of-identity-politics-6a7042b235dc

[50] Gramsci, A. *Cahiers de prison,* 1950.

Origines

L'école de Francfort a vu le jour en 1923 en Allemagne, associée à l'université de Francfort. À l'origine, ce groupe devait s'appeler "Institut du marxisme", mais c'était un peu évident, n'est-ce pas ? Le nom choisi fut "Institut de *recherche sociale*" (Institut fur Sozialforschung), qui sonne un peu mieux. Felix Weil, membre de la secte argentine allemande, a financé sa création. En 1922, Gyorgy Lukács préside une réunion d'intellectuels et de sociologues acquis à la cause.[51]

Les membres de FS étant à la fois des intellectuels juifs et manifestement à gauche de l'échiquier politique, la montée en puissance des nationaux-socialistes en Allemagne les a obligés à s'installer ailleurs, sans tarder. L'école déménagea de Francfort à Genève, finit par fuir complètement l'Europe et s'installa finalement à New York en 1934, s'attachant principalement à l'Université de Colombia. Elle est accueillie par John Dewey (1859-1952), qui fait partie du personnel de l'université (lui-même membre d'une secte, lié à la Fabian Society). Ces "intellectuels" sont alors en position d'influence, établissant des liens avec les principaux collèges et universités du pays.[52]

Comme il s'agissait d'intellectuels marxistes, quelles étaient les chances qu'une fois aux États-Unis, ils puissent voir les aspects positifs de ce nouveau pays capitaliste, relativement stable et prospère, dans lequel ils se trouvaient ? Aucune chance ! Ils ne pouvaient pas se contenter de se réjouir d'être dans un endroit agréable qui les avait accueillis et de montrer de la gratitude ; ils devaient commencer à tout critiquer et à tout déconstruire pour le refaire à leur image. Ils n'étaient rien d'autre que des nihilistes et la personnification du cynisme. De toute évidence, les États-Unis n'avaient rien à voir avec le trou à rats relativement misérable et instable qu'ils avaient fui (l'Allemagne de Weimar).

Extrait de *L'homme unidimensionnel de* Herbert Marcuse (1964) : "Sous le règne d'un ensemble répressif, la liberté peut être transformée en un puissant instrument de domination. La libre élection des maîtres n'abolit ni les maîtres ni les esclaves. Le libre choix entre une grande variété de biens et de services n'est pas synonyme de liberté si ces biens et services maintiennent les contrôles sociaux sur une vie de labeur et de peur - c'est-à-dire s'ils maintiennent l'aliénation. Et la reproduction spontanée des besoins superposés par l'individu n'établit pas l'autonomie ; elle témoigne seulement de l'efficacité des

---

https://archive.org/details/AntonioGramsciSelectionsFromThePrisonNotebooks/page/n7/mode/2up

[51] Corradeti, C. "L'école de Francfort et la théorie critique". https://iep.utm.edu/critical-theory-frankfurt-school/

[52] Ibid.

contrôles". [53] Quel charabia absurde ! Notez les allusions évidentes au capitalisme et au consumérisme, et au fait qu'une telle société est "répressive". (Le mot "aliénation" fait référence à la théorie ridicule de Karlie Marx sur "l'aliénation du travail" ("estranged labour"). Il s'agit essentiellement de l'idée qu'une fois que vous produisez quelque chose (par exemple, un produit ou un article dans votre domaine de travail/emploi), cette chose devient distincte de vous ; vous devenez "aliéné" par rapport à elle. Un vrai truc de génie (roule des yeux). Avez-vous déjà entendu parler de quelque chose d'aussi stupide ?)

Les membres

La FS a compté parmi ses membres, à différentes époques, les personnes suivantes : Theodor Adorno (1903-1969), Max Horkheimer (1895-1973), Erich Fromm (1900-1980), Henryk Grossman (1881-1950), Otto Kirchheimer (1905-1965), Leo Lowenthal (1900-1993), Herbert Marcuse, Franz Neumann (1900-1954), Friedrich Pollock (1894-1970), ainsi que Hannah Arendt (1908-1975) et Paul Lazarsfeld (1901-1975).

En termes d'influences, les idées de l'École de Francfort ont été reliées aux travaux de Karl Marx, Sigmund Freud (1856-1939), G.W.F. Hegel, Antonio Gramsci et Friedrich Nietzsche (1844-1900). Ils ont notamment fusionné les idées de Marx, Freud et Gramsci.[54] Pour simplifier, cette fusion consistait à appliquer les principes de Marx à la société en utilisant les techniques psychologiques de Freud, en combinaison avec les idées tactiques de Gramsci. L'influence du groupe s'est rapidement étendue à tous les États-Unis, avec l'aide de la *New School for Social Research,* un autre distributeur d'ordures marxiste établi à New York en 1919 (dans le cadre de la *New School*).[55]

Leur mode opératoire

Avec la formation de la FS, l'idéologie allait maintenant faire la transition (transgenre) d'une théorie politico-sociologico-économique pour se répandre dans le domaine "philosophique", psychologique et culturel par l'intermédiaire du monde universitaire. Pour ce faire, les intellectuels de la SF ont dû appliquer l'idéologie d'une certaine manière. Ils se sont écartés des concepts traditionnels de "lutte des classes" et de révolution violente du prolétariat, à l'instar des Fabiens. Et comme les Fabiens, il était inutile de promouvoir une révolution violente de la classe ouvrière contre la bourgeoisie puisqu'ils étaient eux-mêmes (et associés à) des types bourgeois. Un ingrédient "révolutionnaire" serait cependant toujours nécessaire. Pour trouver un remplaçant à ces pauvres travailleurs du prolétariat abandonnés, ils

---

[53] Marcuse, H., *One Dimensional Man* (1964), P. 7. https://libquotes.com/herbert-marcuse

[54] https://www.britannica.com/topic/Frankfurt-School

[55] https://en.wikipedia.org/wiki/The_New_School

chercheraient à créer des classes "opprimées" dans toute la société, qui fourniraient l'élément activiste/révolutionnaire dont ils avaient besoin. Les travaux d'Herbert Marcuse suggèrent qu'il pourrait s'agir d'une coalition de divers groupes "opprimés" : "le substrat des exclus et des marginaux, des exploités et des persécutés d'autres races et d'autres couleurs, des chômeurs et des inemployables".[56]

L'impact de l'École de Francfort s'est fait par la critique des piliers de la civilisation occidentale - le capitalisme, le christianisme et la culture - qui ont ensuite eu un impact destructeur sur la société américaine. Le "travail" de ces sectaires insère de manière subversive des attitudes autodestructrices dans la psyché américaine. Ils suggéraient l'idée (raciste !) que la majorité n'a relativement aucun droit (par exemple, les Blancs aux États-Unis), mais que la minorité en a.

(Bien sûr, même si une personne appartient à la majorité blanche, elle peut toujours décider de rejoindre le groupe minoritaire "opprimé" de son choix et ainsi changer son statut (par exemple, un homme ou une femme de race blanche qui est gay, bi-sexuel, transgenre, etc.) Une autre idée destructrice qu'ils ont suggérée (complémentaire à l'idée ci-dessus) est que les Blancs ne devraient pas s'inquiéter de devenir une minorité dans leur propre pays.[57]

Concepts qu'elle a popularisés

Leurs travaux ont ouvert la voie à des concepts destructeurs tels que la théorie critique, la théorie de la race critique et ce que l'on appelle le "relativisme culturel". Ces termes ont été utilisés pour populariser la critique (et la destruction inévitable) de divers aspects de la société qui constituaient des obstacles pour la secte/l'idéologie : les piliers de la civilisation occidentale, en plus de la cellule familiale et des relations hétérosexuelles stables et monogames, etc. La "théorie critique" était une arme créée pour attaquer les aspects "problématiques" de la culture des pays cibles. Bien sûr, la critique peut détruire les mérites de beaucoup de choses. ("Le postmodernisme", dans la section suivante, est l'attaque contre tout ce qui est traditionnel, fondamentalement).

Ce n'est que du charabia marxiste pour cacher ce qu'il est réellement : la critique de tout ce que l'idéologie considère comme un ennemi. Cette nouvelle forme tordue de logique toxique deviendrait partie intégrante du discours dominant, ce qui est le cas. La chasse serait alors ouverte contre tout ce qui, dans la culture américaine, a donné au pays sa force ou sa stabilité - la cellule familiale, la religion, le patriotisme, la tradition du service militaire, etc.

---

[56] Marcuse, H, *L'homme unidimensionnel* (1964), P. 260.

[57] Corradeti, C. "L'école de Francfort et la théorie critique". https://iep.utm.edu/critical-theory-frankfurt-school/

Cette normalisation des attitudes autodestructrices est essentielle pour comprendre le chaos interne des États-Unis aujourd'hui. Le brillant auteur américain Michael Walsh a dit ceci à propos de ce concept : "La théorie critique était la notion, promulguée par les marxistes culturels de l'école de Francfort, selon laquelle il n'y a rien - aucune coutume, institution ou précepte moral - qui ne puisse être critiqué et détruit. C'est un permis de vandaliser, et le fait qu'il ait été si rapidement adopté par les universités américaines après la Seconde Guerre mondiale reste une honte nationale".[58] En effet. En d'autres termes, la théorie critique est anti-patriotique - elle détruit une nation, une culture ou un peuple. Si elle est utilisée par les citoyens d'un pays envers leur propre pays, c'est une forme de trahison ; si elle est utilisée par ceux qui viennent de l'extérieur, c'est une attaque contre la nation.

Le vieux truc du "si vous n'êtes pas marxiste, vous devez être fou !

En substance, tout ce qui va dans le sens de leur programme est "logique", et tout ce qui s'y oppose est "illogique". En termes politiques, cela signifie que si vous croyez ou soutenez des idées qui encouragent ou manifestent la destruction de la civilisation occidentale, vous êtes "logique", et si vous essayez de justifier, de défendre ou de soutenir les institutions ou les traditions de l'Occident, vous êtes "illogique". La théorie critique était essentiellement la politisation de la logique. En d'autres termes, rendre la logique elle-même pro-marxiste. En un sens, l'idéologie était la logique, selon la théorie critique. Partisan au maximum, mais intelligent, n'est-ce pas ? Leur objectif à cet égard était que toute personne défendant un aspect quelconque de la civilisation occidentale - le capitalisme, la religion, la famille, la culture, le nationalisme, le patriotisme, etc. ils doivent être considérés comme des personnes illogiques, non évoluées et non "progressistes". Ainsi, quiconque croit en ce que disent ces serpents finit par avoir une perception déformée de la réalité (c'est-à-dire par être fou), tout en considérant les personnes saines d'esprit et rationnelles (vous, moi, par exemple) comme folles ou "extrémistes", etc. La réalité est littéralement renversée (inversion) !

Malheureusement, leur influence s'est répandue dans le monde entier, notamment par le biais des systèmes éducatifs. Ce n'est pas une coïncidence si les universités produisent aujourd'hui un tapis roulant ininterrompu d'activistes marxistes psychotiques se faisant passer pour des étudiants, complètement détachés de la réalité. Ce niveau de psychose disproportionné chez les personnes ayant fait des études supérieures n'est pas naturel. C'est le résultat de l'endoctrinement, et les serpents marxistes sont à blâmer pour cela.

Herbert Marcuse

"On peut parler à juste titre d'une révolution culturelle, puisque la protestation

---

[58] Walsh, M. *The Devil's Pleasure Palace : the Cult of Critical Theory and the Subversion of the West* (2017).

est dirigée contre l'ensemble de l'establishment culturel... L'idée traditionnelle de la révolution et la stratégie traditionnelle de la révolution ont pris fin. Ces idées sont démodées... Ce que nous devons entreprendre, c'est un type de désintégration diffuse et dispersée du système"[59]

Herbert Marcuse, *Le caractère affirmatif de la culture,* 1937

Le membre le plus influent de la FS est peut-être Herbert Marcuse, en partie en raison de la longévité de sa présence aux États-Unis. Alors que la plupart des membres sont retournés en Allemagne à la fin de la Seconde Guerre mondiale (pour aider à "dé-nazifier"/marxifier les masses allemandes), Marcuse est resté. Il est finalement devenu l'icône académique de la "nouvelle gauche" aux États-Unis au cours des décennies suivantes, veillant à ce que le virus du "marxisme culturel" s'infiltre profondément dans le cœur de l'Amérique. À un moment donné, Marcuse a travaillé pour le prédécesseur de la CIA, l'Office of Strategic Services (OSS), sur des projets antinazis. Après Columbia, il a travaillé pour les universités de Yale, Harvard et Brandeis dans le Massachusetts, ainsi que pour l'université de Californie à San Diego. Il a donc passé la majeure partie des années 1950 et 1960 à répandre son intellectualisme marxiste, contaminant au passage un nombre incalculable de membres du personnel et d'étudiants de l'université.[60]

La célèbre phrase "Faites l'amour, pas la guerre", apparue au cours du mouvement (marxiste) "anti-guerre" aux États-Unis dans les années 1960, a été popularisée après la publication d'*Eros et civilisation* (1955) de Marcuse. Outre l'exploration de l'idée freudienne des tendances refoulées (et de leur impact sur la société), le livre était une critique du consumérisme et du capitalisme lui-même. Naturellement, il suggère que le capitalisme opprime la société.

Ce tour de passe-passe dégénéré, marxien et déformant la réalité a été brillamment résumé par l'auteur américain Daniel J. Flynn dans son livre *Intellectual Morons (*2004) : "Marx s'est opposé à l'exploitation du travail ; Marcuse, au travail lui-même. Ne travaillez pas, faites l'amour. Tel était le message simple d'Éros et civilisation, publié en 1955. Ses idées se sont avérées extraordinairement populaires au sein de la culture hippie naissante de la décennie suivante. Elles justifiaient la paresse et transformaient des vices personnels dégradants en vertus".[61]

---

[59] Marcuse, H, *The Affirmative Character of Culture (1937).*

https://monoskop.org/images/1/11/MARCUSE_Herbert_-_Coll._papers_4_-_Art_and_liberation.pdf

[60] https://www.britannica.com/biography/Herbert-Marcuse

[61] Flynn, Daniel J., *Intellectual Morons : How Ideology Makes Smart People Fall for Stupid Ideas* (2004).

N'est-ce pas là un message magnifique et puissant (ne travaillez pas, faites l'amour) ? Faire d'une pierre deux coups en encourageant les jeunes (la principale cible démographique) à être paresseux et à refuser de soutenir le méchant système capitaliste, tout en étant hédonistes, égocentriques, etc. Exactement ce que les disciples du mouvement hippie "radical", consommateur de drogues, voulaient entendre (il est intéressant de noter que le mot "radical" était un terme populaire utilisé à l'époque des hippies, signifiant "cool", "génial", etc. "Radical" ?). Cultiver cette mentalité de paresse, d'hédonisme et d'irresponsabilité chez les jeunes les encourage à la dégénérescence et à l'État-providence.

(Soit dit en passant, en référence à la section historique précédente : les guerres d'Indochine étaient sur le point de commencer lorsque *Eros* est sorti, ce qui allait bientôt devenir la guerre du Viêt Nam. Il n'aurait pas pu y avoir de meilleur moment pour le culte/idéologie mondial de voir les États-Unis (son principal adversaire militaire) s'engouffrer dans une vague interne d'anticapitalisme, d'hédonisme (dégénérescence interpersonnelle/sexuelle, usage de drogues, etc.), et de passivité anti-guerre anti-américaine).

Libérer la tolérance

> "Je continue à croire que notre cause (qui n'est pas seulement la nôtre) est mieux défendue par les étudiants rebelles que par la police, et, ici en Californie, cela m'est démontré presque quotidiennement"[62]

> De la lettre de Marcuse à Adorno en 1969 sur le chaos qu'ils ont contribué à créer pendant la période de protestation des années 60 chaos qu'ils ont contribué à créer pendant la période de protestation des années 60

Le serpent intellectuel Marcuse est célèbre pour avoir préconisé un environnement politique partial et pro-marxiste. Dans son essai de 1965 intitulé "La tolérance répressive", il affirme qu'il est nécessaire d'avoir un système de "tolérance libératrice" dans la société. En pratique, cela signifiait que les non-marxistes ne devaient pas avoir le droit de manifester (parties soulignées) : "J'ai suggéré dans "Tolérance répressive" la pratique de la tolérance discriminatoire en sens inverse, comme un moyen de déplacer l'équilibre entre la droite et la gauche en restreignant la liberté de la droite... La tolérance libératrice, alors, signifierait l'intolérance contre les mouvements de la droite et la tolérance des mouvements de la gauche. Il s'agirait notamment de retirer la tolérance de parole et de réunion aux groupes et mouvements qui promeuvent des politiques agressives, l'armement, le chauvinisme, la discrimination sur la base de la race et de la religion, ou qui s'opposent à l'extension des services publics, de la sécurité sociale, des soins médicaux,

---

[62] Marcuse, H., Lettre à Adorno, 1969.

https://cominsitu.wordpress.com/2021/08/17/correspondence-on-the-german-student-movement-adorno-marcuse-1969/

etc.[63]

En fait, seuls les "opprimés" ou ceux qui soutiennent les opprimés (les membres de la secte) seraient autorisés à ouvrir la bouche ! D'autre part, il y aurait simultanément une promotion extrêmement partiale des causes marxiennes, des discours, des groupes, etc. L'objectif global était d'empêcher ces méchants droitiers de se rassembler, et encore moins de se renforcer et de devenir des opposants politiques.

Marcuse a également recommandé d'endoctriner les étudiants pour qu'ils perçoivent la question de la "liberté d'expression" de cette manière. D'où la mentalité selon laquelle "la liberté d'expression n'est possible que si l'on ne dit pas de choses haineuses" ; en d'autres termes, si l'on dit tout ce qui contredit les perceptions déformées de l'éthique de la secte/idéologie. Cette stratégie est l'exact opposé de ce que ce livre préconise - supprimer complètement la secte/idéologie en lui refusant le droit de faire quoi que ce soit, y compris de protester.

Entretien avec Bryan Magee

En 1977, Marcuse a accordé une interview à Bryan Magee, membre de la secte britannique et député du parti travailliste, dans le cadre de la série "Modern Philosophy", deux ans avant la mort de Marcuse.[64] À un moment donné, Magee lui demande quels sont, selon lui, les "défauts" de la "nouvelle gauche". La réponse de Marcuse est double : tout d'abord, il souligne la "stratégie totalement irréaliste" de certains et "le refus de reconnaître que nous ne sommes pas dans une situation révolutionnaire dans les pays industriels avancés (c'est-à-dire les pays occidentaux)... ni même dans une situation pré-révolutionnaire... et que la stratégie doit être adaptée à cette situation".

Deuxièmement, il a déclaré qu'il y avait un "refus de réexaminer et de développer les catégories marxiennes", et "de faire de la théorie marxiste un fétiche". Et que les concepts marxiens "ne peuvent pas être simplement transmis... (ils) doivent être réexaminés en fonction des changements de la société elle-même". Sa réponse résume assez bien le serpent qui se débarrasse de sa peau qu'est le marxisme.

Magee s'est également interrogé sur les critiques de Marcuse à l'égard du marxisme et de ce qu'il était devenu ; Marcuse le considérait comme quelque peu "anti-libertaire" et "ne tenait pas suffisamment compte de l'individu". Dans

---

[63] Marcuse, M, *La tolérance libératrice* (1965). P. 14.

https://www.marcuse.org/herbert/publications/1960s/1965-repressive-tolerance-fulltext.html

[64] Manufacturing Intellect, "Herbert Marcuse interview with Bryan Magee" (1977).

https://www.YouTube.com/watch?v=0KqC1lTAJx4

sa réponse, Marcuse affirme que la nature du "prolétariat" et sa relation avec le capitalisme ont changé (depuis l'époque de Marx) ; que le "prolétariat" n'est plus ce qu'il était. Il a souligné qu'il y avait désormais une "intégration à grande échelle d'une majorité de la population... dans le système capitaliste existant". En fait, la "classe ouvrière n'a plus rien à perdre que ses chaînes... mais beaucoup plus".

Il a expliqué que cela s'appliquait "non seulement sur une base matérielle, mais aussi sur une base psychologique", de sorte que les masses étaient désormais quelque peu dépendantes sur le plan psychologique. Essentiellement, la "conscience de la population dépendante avait changé". (Cela nous ramène à un point soulevé précédemment - c'est ainsi que les marxistes "néo"/"occidentaux" pouvaient expliquer pourquoi le prolétariat ne voulait pas de révolution ; il était trop attaché au capitalisme !)

Il a imputé cette situation à la "structure du pouvoir en place" et à son influence négative sur les masses, qui était capable de "manipuler, gérer et contrôler non seulement la conscience, mais aussi le subconscient et l'inconscient des individus". C'est pourquoi lui et ses collègues de l'École de Francfort "considéraient la psychologie [...] comme l'une des principales branches du savoir qui devait être intégrée à la théorie marxienne". Nous en revenons donc aux membres de la secte qui pensent savoir ce qui est le mieux pour les masses : que la révolution est nécessaire et obligatoire, même si les prolétaires ne le savent pas ou ne le demandent pas ! Cela signifie que Marcuse et ses collègues de la FS pensaient être "l'avant-garde prolétarienne" de la "nouvelle gauche".

Marcuse lui-même, en raison de son esprit endoctriné, était un homme toxique et dangereux. Exactement le type de personnalité académique qui doit être éliminé du système éducatif aujourd'hui. Nous ne pouvons que spéculer sur le nombre d'esprits qu'il a contaminés.

Intellectuels toxiques

Des groupes comme l'École de Francfort capitalisent sur la naïveté de certains types d'individus, ceux qui respectent automatiquement les universitaires et les "intellectuels". Les gens qui aiment la connaissance au sens conventionnel du terme, qui aiment absorber des informations, puis s'engager dans des discussions pompeuses à coups de menton, en fait. C'est de la pseudo-intelligence. Même les gens stupides peuvent absorber des connaissances et les réciter à tout bout de champ.

Les dommages causés par ce groupe au monde universitaire américain - et, par filtrage, au monde universitaire mondial - sont presque incommensurables. Ils n'étaient certainement pas la seule force subversive active dans le pays pendant leur période d'activité, mais c'était une force cruciale. Si les Américains ordinaires avaient compris ce que ces fous marxistes étaient en train de faire et l'impact que leur "travail" finirait par avoir sur la psyché américaine, ils auraient certainement été lynchés ou, à tout le moins, on leur aurait retiré leurs droits (d'influencer qui que ce soit) (la tactique suggérée par Marcuse). En effet, si les autorités avaient su qui était cette bande, elles lui auraient refusé le privilège d'entrer aux États-Unis avant qu'elle ne puisse faire des dégâts. Immigrants marxistes toxiques.

Que pouvons-nous apprendre de cet épisode de l'histoire marxiste ? Il devrait nous rendre plus conscients du pouvoir hypnotique du "savoir", de l'intellectualisme, des diplômes universitaires, etc. L'idéologie aime toujours utiliser ce cocktail particulier ; il est très efficace pour laver le cerveau des gens, en particulier des jeunes et des personnes impressionnables.

Postmodernisme

"(Le postmodernisme) génère une philosophie de la résistance, de la négation... (ce) n'est pas un système logiquement cohérent, c'est une méfiance systématique, un scepticisme organisé, un soupçon systématique".[65]

Dr. Michael Sugrue, présentation sur
Le postmodernisme et Jean-François Lyotard

"Les postmodernes rejettent complètement la structure de la civilisation occidentale. Ils ne croient pas à l'individu, à la logique, au dialogue. Ils pensent que l'identité fondamentale est favorisée par le groupe. Pour les postmodernes, le monde est un champ de bataille hobbesien de groupes identitaires.[66]

Le psychologue canadien Jordan Peterson,
Conférence du Centre Manning, 2017

Le postmodernisme est un autre élément connexe et puissant de l'idéologie liée au monde universitaire. Il maintient une présence significative dans les domaines habituellement infectés, y compris les sciences humaines, les sciences sociales, etc. Pour être plus précis, à l'heure actuelle, c'est lui qui les dirige. Comme l'a déclaré Jordan Peterson lors de cette même conférence : "Les sciences humaines et une grande partie des sciences sociales se sont transformées en un terrain de jeu néo-marxiste postmoderne pour les radicaux.[67]

Bien sûr, le "postmodernisme" est un terme aux usages très variés, comme l'art, l'architecture, etc. À première vue, il semble s'agir de quelque chose d'un peu emmêlé dans le "politiquement correct" ; même s'il y a une symbiose entre les

---

[65] "Jean-Francois Lyotard : La condition post-moderne".

https://www.YouTube.com/watch?v=Xdf41gsESTc

[66] Peterson, J., " 2017/02/25 : Jordan Peterson : Le postmodernisme : comment et pourquoi il faut le combattre", 5 juin
2017.https://www.YouTube.com/watch?v=Cf2nqmQIfxc

[67] Ibid. "2017/02/25 : Jordan Peterson : Le postmodernisme : comment et pourquoi il faut le combattre ". https://www.YouTube.com/watch?v=Cf2nqmQIfxc

deux. On pourrait aussi dire que la pensée postmoderniste est ce qui devient la norme, c'est en quelque sorte le politiquement correct. Cela explique aussi pourquoi la secte est remplie d'individus à la tête pleine de fils croisés, incapables de raisonner correctement et de faire face à la réalité. C'est important parce que (hormis les définitions conventionnelles) le détachement de la réalité est l'une des deux principales caractéristiques interdépendantes de la folie (l'autre étant l'absence de conscience - que le postmodernisme encourage - et l'incapacité à distinguer le bien du mal).

Comme d'autres éléments de l'idéologie, le post-modernisme peut être difficile à cerner au départ et peut sembler assez nébuleux, voire vague dans son message/objectif. Comme d'habitude, il s'agit simplement d'une tentative d'obscurcir son objectif. Fondamentalement, il s'agit d'un autre enchevêtrement dans la grande pelote de ficelle rouge qu'est le marxisme. Comme on peut s'y attendre, les membres de la secte se livrent à une gymnastique intellectuelle et tentent de nous éblouir par leur "savoir", en débitant des tas d'inepties absolues (généralement dans le langage le plus flamboyant possible), pour justifier ou légitimer cette "philosophie". Bien essayé, les zombies. Voyons les choses en termes simples.

Qu'est-ce que c'est ?

Elle est apparue comme une forme de "philosophie" au cours de la seconde moitié du 19e siècle pour remettre en question les perspectives philosophiques communes formulées au cours des siècles précédents dans les domaines de la science, de l'identité et de la culture, de la linguistique, de l'histoire, etc. Elle englobe les développements du *Siècle des Lumières* des 17th et 18th siècles.

Essentiellement, cette "philosophie" a adopté une position essentiellement contradictoire (révolutionnaire) par rapport à ce qui existait auparavant, ses principales caractéristiques étant : le subjectivisme, le relativisme, le scepticisme, le rejet général de la logique et de la raison, et une vision cynique de ce qui était auparavant considéré comme précieux pour le progrès humain. [6869] En d'autres termes, elle s'oppose à ce qui a existé/existe actuellement, doute, critique et dé-construit ; elle démantèle ou détruit. La pensée postmoderniste est évidemment liée à la théorie critique défendue par l'école de Francfort et d'autres.

Points clés

Voici quelques-unes des perspectives philosophiques auxquelles le

---

[68] "Postmodernisme", 2001.
https://www.sciencedirect.com/topics/psychology/postmodernism

[69] https://www.britannica.com/topic/postmodernism-philosophy/Postmodernism-and-relativism

postmodernisme s'oppose en général :

L'idée qu'il existe une réalité et une vérité objectives, indépendantes des opinions personnelles de chacun ; l'idée que la logique et la raison existent (et qu'il existe des normes universellement acceptées en la matière) ; l'idée qu'il existe des comportements et des attributs psychologiques inhérents et naturels que les êtres humains possèdent à la naissance (la nature humaine) ; ou l'idée qu'il existe une différence entre les hommes et les femmes sur le plan psychologique, inhérente à la naissance).

Le postmodernisme affirme que le comportement humain est programmé principalement par le conditionnement social, par opposition à la "nature humaine" (par exemple, le genre est une construction sociale). Il affirme également que des choses comme la raison ou la logique ne peuvent pas avoir de normes universellement acceptables, parce que la perception de ces choses dépend du contexte - ou de l'environnement intellectuel - dans lequel elles sont utilisées. Certaines choses qui étaient considérées comme positives et édifiantes pour l'humanité, telles que les avancées technologiques et scientifiques, sont aujourd'hui perçues avec cynisme. Extrait de l'ouvrage de Jean-François Lyotard, *La condition postmoderne* (1979) : "Dans le discours des bailleurs de fonds de la recherche d'aujourd'hui, le seul objectif crédible est le pouvoir. Les scientifiques, les techniciens et les instruments sont achetés non pas pour trouver la vérité, mais pour accroître le pouvoir".[70] (Ce cynisme "intellectuel" de mauvais goût peut rappeler au lecteur Herbert Marcuse).

Il utilise des termes tels que "méta-récits" ou "grands récits" pour décrire des concepts précédemment adoptés, et des termes tels que "rationalité des Lumières" pour décrire l'utilisation scientifique moderne de la raison et de la logique (insinuant que ces choses ne sont pas "progressives" d'une certaine manière et qu'elles appartiennent au passé). Des concepts inventés tels que l'"hyperréalité", la "trace" et l'"univocité de l'être" ont été utilisés pour critiquer et rejeter ces concepts précédemment adoptés (donc encore du charabia intellectuel et de l'invention de termes pour déformer la réalité).

Il affirme également que les perspectives philosophiques traditionnelles proviennent de l'establishment et doivent être considérées avec méfiance, car elles servent à maintenir son niveau de contrôle (ces satanés bourgeois diaboliques, qui contrôlent nos vies par le biais de nos pensées ! Je le savais !). Cela explique en partie pourquoi ils ne croient pas en un dialogue constructif avec ceux qui ont des opinions opposées (c'est-à-dire les non-membres de la secte). Ils peuvent considérer le reste d'entre nous comme des membres de secte ayant subi un lavage de cerveau, en fait ! (rires)

Elle nie la véritable indépendance de l'individu mais promeut l'idée d'une identité de groupe. En d'autres termes, ce qui nous définit, c'est le groupe

---

[70] Lyotard, J.F., *La condition postmoderne* (1979), p. 46.

auquel nous appartenons. Par exemple : un homme blanc hétérosexuel peut être identifié comme faisant partie d'une classe "oppressive", tandis qu'une femme noire migrante fait partie d'une classe "opprimée". Autre exemple : une personne blanche jouit automatiquement d'un "privilège" (blanc) parce qu'elle est blanche, et une personne non blanche n'en jouit pas automatiquement, etc. C'est nauséabond.

Une explication simplifiée

Voyons comment elle peut pervertir les esprits et la société dans son ensemble (ce qui est tout ce qui compte vraiment) : c'est le concept selon lequel toutes les opinions/idées/perspectives ont du mérite ; il dit que la subjectivité est bonne, et que toutes les opinions ont une certaine valeur, ou sont de valeur égale (sauf si vous avez des opinions anti-marxistes, naturellement) ; puisqu'il n'existe pas de vérité universelle, tout - y compris la réalité elle-même - peut être interprété d'un nombre infini de façons ; tout est subjectif et non objectif.

"Subjectif" : qui vient de l'intérieur du moi, qui existe dans l'esprit ou qui vient du point de vue individuel d'une personne. Cela signifie être "interne" - par opposition à "externe" - en ce qui concerne les perceptions d'un individu. "Objectif" : existant en dehors de l'esprit ou provenant d'une source extérieure à l'esprit ou à la perspective personnelle de l'individu ; extérieur à l'individu. Dans la perspective postmoderniste, il n'existe pas de vérité objective/externe/universelle ; il n'existe pas de vérité qui soit extérieure au moi, qui ne soit pas affectée par vos interprétations personnelles.

Pourquoi devrions-nous nous en préoccuper ? Qu'est-ce que tout cela signifie en pratique ? Cela signifie que vous pouvez inventer votre propre version de la réalité, en gros ! Le produit final de tout cela est l'illusion dans l'esprit de ceux qui sont endoctrinés par la pensée post-moderniste.

L'idée que toutes les idées sont "égales" n'est que l'application de l'égalitarisme marxiste à la logique. Si nous comparons deux personnes - l'une très calme, bien informée, sans endoctrinement, intellectuellement compétente, et l'autre maniaque, ignorante, endoctrinée, intellectuellement quelconque, crédule -, leurs opinions ont-elles toutes deux la même valeur ? C'est, objectivement et intellectuellement, un tas de conneries. Une absurdité totale !

D'une certaine manière, nous avons une idée stupide et destructrice (l'égalité) qui influence la pensée intellectuelle et conduit à la création d'une autre (le post-modernisme). Comme le lecteur le sait maintenant, la notion de cette "égalité" des différentes opinions n'est pas quelque chose que la secte/idéologie veut réellement (ce qu'elle veut réellement, c'est seulement la pensée/opinion marxienne).

La notion d'égalité des différentes perceptions (colportée par le post-modernisme) n'est qu'une excuse pour permettre à des idées destructrices stupides, insensées et déformant la réalité d'avoir du mérite, ce qui leur permet ensuite de s'implanter dans la psyché humaine. Cela permet de renverser la réalité et de la mettre à l'envers, au profit de l'idéologie ou de la secte. "Post-moderniser, déstabiliser, détruire" - Vladimir Lénine, probablement.

Elle favorise la diffusion de l'idéologie

Les différents sous-ensembles du marxisme (explorés ailleurs) s'appuient sur une perception déformée de la réalité et/ou de l'histoire pour fonctionner. Bien entendu, l'"histoire" n'est que la réalité du passé, de sorte qu'"une perception déformée de l'histoire" est en réalité "une perception déformée de ce qui s'est passé dans le passé", de ce qui s'est réellement passé. Les sous-agendas que la secte promeut/soutient adhèrent tous à ce principe.

En outre, la mentalité générale de la secte nous montre qu'elle ne croit pas aux idées de moralité objective - qu'il existe un concept universel et préexistant du bien et du mal. En revanche, elle semble adhérer à l'idée de subjectivité, c'est-à-dire que tout dépend de l'interprétation personnelle que l'on fait de ce que l'on pense être le bien et le mal. À titre d'exemple, c'est ainsi que la secte/idéologie a convaincu des millions de personnes que l'avortement n'est pas mauvais. Tout ce qui compte, selon eux, en ce qui concerne la femme enceinte, c'est ce qui est "bien" pour elle (ce concept de relativisme moral est l'un des concepts fondamentaux du satanisme - ce que vous pensez être "bien" tourne autour de votre ego et de votre bonheur, fondamentalement).

Un autre exemple serait ce non-sens ridicule du genre non-binaire. Si un homme estime, pour quelque raison que ce soit, qu'il n'est pas un homme, cela a apparemment du mérite (postmodernisme), même s'il est en fait un homme et que ses "sentiments" à ce sujet n'ont pas lieu d'être ! En outre, même s'il a objectivement tort, nous devons respecter son "opinion" ("politiquement correct") ! Sinon, nous risquons d'être taxés de _____ phobe (contrôle du langage pour supprimer l'opposition).

Nous pouvons voir comment ces ingrédients combinés du postmodernisme, du politiquement correct et de la suppression partisane sont dangereux ; ils conduisent à une folie manifeste. L'idéologie injecte de la folie à chaque étape du processus. Il n'est pas surprenant que ces modèles de comportement/réaction dans la société conduisent à des perceptions déformées de la logique et de la moralité, qui elles-mêmes finissent par conduire à l'effondrement de la société.

Donc, si vous voulez vous identifier comme "non-binaire", ce qui signifie que vous n'êtes ni l'un ni l'autre des deux sexes que nous pensions tous auparavant qu'il y avait (sarcasme), alors c'est vrai parce que vous croyez que c'est vrai. Cela ressemble à des conneries mentales, n'est-ce pas ? C'est en effet le cas. Du point de vue postmoderne, le fait biologique que le sexe que vous êtes est inscrit dans l'ADN à l'intérieur du noyau de chaque cellule pertinente de votre corps n'est pas la question ici ; la question est de savoir ce que vous croyez être la vérité. N'oubliez pas que le postmodernisme rejette la logique (!), sans parler de la science.

Une personne qui pense qu'elle est, d'une manière ou d'une autre, dans le corps du mauvais sexe a d'abord besoin d'une aide mentale ; mais cela exige de la part de l'individu qu'il admette en quelque sorte qu'il peut avoir des problèmes ; ce qui exige un peu de raison, de courage et d'amour de soi. La pensée post-moderniste permet à une personne d'éviter ce défi/cette difficulté/cette peur, et offre à la place une option beaucoup plus facile - il suffit de changer la réalité pour qu'elle corresponde à ce que l'on veut qu'elle soit ! C'est simple et pratique, n'est-ce pas ? Le prix à payer pour enfouir sa tête aussi profondément dans le sable est très élevé - illusion/insanité. C'est un confort à court terme pour une dégénérescence à long terme.

Hétéronormativité

Le terme récemment inventé d'"hétéronormativité" est une autre excroissance post-moderniste dégénérée du marxisme "intellectuel" ; il s'agit d'une théorie critique appliquée au sexe et au genre (théorie Queer). [71][72] L'objectif est d'insinuer l'idée très dangereuse, pro-eugéniste et destructrice de la société que les relations hétérosexuelles ne sont pas "normales" - puisqu'il ne peut y avoir de "normalité" - et que d'autres types de relations (non hétérosexuelles) sont égales à elles. Bien entendu, il ne s'agit là que d'une nouvelle absurdité postmoderniste qui déforme la réalité.

Définition de l'*Agence des droits fondamentaux de l'Union européenne :* "L'hétéronormativité est ce qui fait que l'hétérosexualité semble cohérente, naturelle et privilégiée. Elle implique l'hypothèse que tout le monde est "naturellement" hétérosexuel et que l'hétérosexualité est un idéal, supérieur à l'homosexualité ou à la bisexualité". [73] Et un autre extrait de Wikipedia : "L'hétéronormativité est la croyance selon laquelle l'hétérosexualité, fondée sur le binaire du genre, est le mode d'orientation sexuelle par défaut, préféré ou normal. Elle suppose que les relations sexuelles et conjugales sont plus appropriées entre personnes de sexe opposé. Une vision hétéronormative implique donc un alignement du sexe biologique, de la sexualité, de l'identité de genre et des rôles de genre. L'hétéronormativité est souvent liée à l'hétérosexisme et à l'homophobie.

L'ancien "grand récit" de la société était que la non-hétérosexualité était, en effet, "anormale". Cela a progressivement changé depuis l'apparition du

---

[71] https://en.wikipedia.org/wiki/Heteronormativity

[72] https://en.wikipedia.org/wiki/Queer_theory

[73] "Homophobie et discrimination fondée sur l'orientation sexuelle et l'identité de genre dans les États membres de l'UE", FRA, (2009). P. 25.
http://fra.europa.eu/sites/default/files/fra_uploads/397-FRA_hdgso_report_part2_en.pdf

marxisme, ce qui signifie que l'idéologie, une fois de plus, met les choses sens dessus dessous. Le terme "hétéronormativité" remet donc en question ce "grand récit" et est donc postmoderne. Notez le terme amusant d'"hétérosexisme".

Chiffres clés

Bien qu'il s'agisse d'un vaste mouvement, voici quelques-unes des figures les plus marquantes de l'histoire. Il s'agit principalement d'universitaires, dont les domaines d'étude sont la philosophie, la philosophie politique, la sociologie, la psychologie, etc. Parmi les grands noms, citons Jean François Lyotard (1924-1998), Jacques Derrrida (1930-2004) et Michel Foucault (1926-1984).[74]

Jean François Lyotard est né en 1924. En 1950, il obtient un diplôme d'enseignant en philosophie *à* la Sorbonne à Paris. Il commence sa carrière d'enseignant en Algérie et participe ensuite à un groupe socialiste appelé *Socialisme* ou Barbarie. Pendant cette période, ses écrits sont très critiques à l'égard du colonialisme français (quelle surprise) et, en tant que fervent partisan de l'indépendance de l'Algérie, il s'implique dans plusieurs groupes marxistes, dont le *Front de libération nationale*. Il a ensuite participé au mouvement révolutionnaire marxiste de *mai 1968* (une tentative de prise de contrôle de la France).

Lyotard a poursuivi sa carrière en 1966 en France, à l'université de Paris (Nanterre et Vincennes-Saint-Denis), avant d'enseigner ailleurs dans les années 1980 et 1990, notamment à l'université de Californie et à l'université Emory d'Atlanta, en Géorgie. Il a renoncé par la suite à l'activisme révolutionnaire, mais il a manifestement passé la première moitié de sa vie à s'impliquer fortement, conservant des attitudes marxiennes jusqu'à la fin de sa vie.[75]

Son ouvrage le plus célèbre est *The Postmodern Condition : Un rapport sur la connaissance* (1979). Il a été rédigé à la demande du *Conseil des Universités* du gouvernement du Québec. Il y suggère que les "métarécits" traditionnels (vérité, raison, logique) sont trop dominants (presque totalitaires) et doivent être remis en question et remplacés par des "petits récits" qui se concurrenceraient les uns les autres. Dans l'introduction, il déclare : "En simplifiant à l'extrême, je définis le postmoderne comme l'incrédulité à l'égard des métarécits".[76]

Son ouvrage contient certaines des attitudes cyniques habituelles à l'égard de la modernité et du capitalisme. À la page 5, il déclare que "les pouvoirs

---

[74] https://www.britannica.com/topic/postmodernism-philosophy

[75] https://www.britannica.com/biography/Jean-Francois-Lyotard

[76] Lyotard, J.F., *La condition postmoderne* (1979), (introduction, xxiv).

économiques ont atteint le point de mettre en péril la stabilité de l'État par le biais de nouvelles formes de circulation du capital qui portent le nom générique de sociétés multinationales".[77] Cela rappelle la croyance de Marx selon laquelle le capitalisme contient en lui les germes de sa propre destruction.

Michel Foucault

> "Il existe une citoyenneté internationale qui a ses droits et ses devoirs et qui s'engage à s'élever contre tout abus de pouvoir, quels qu'en soient les auteurs et les victimes. Après tout, nous sommes tous gouvernés et, à ce titre, nous sommes solidaires"[78]

Michel Foucault, conférence de presse de juin 1981

Michel Foucault est né en 1926 dans une famille aisée de la ville française de Poitiers. Au cours de ses études secondaires au prestigieux *lycée Henri-IV*, il subit l'influence de Jean Hyppolite (lui-même élève enthousiaste de Marx et de Hegel). En 1946, il entre à l'*École Normale Supérieure* (ENS) et à l'Université de *la Sorbonne* à Paris, où il étudie la psychologie et la philosophie, obtenant l'équivalent d'une licence et d'une maîtrise. Foucault est encouragé à rejoindre le *Parti communiste français* par son tuteur (et membre de la secte) Louis Althusser alors qu'il est à l'ENS, et il en est membre pendant quelques années.[79] Il a travaillé à l'étranger en Suède, en Pologne et en Allemagne de l'Ouest à la fin des années 1950, puis a enseigné la psychologie à l'université de Tunis, en Tunisie. Il est rentré en France en 1968, où il a travaillé au *Centre expérimental de Vincennes*. Après avoir rejoint le *Collège de France* en 1970, il a voyagé à l'étranger jusqu'au milieu des années 1980, en raison de son emploi du temps chargé, et a donné des conférences dans plusieurs pays, dont le Brésil, le Canada, le Japon et les États-Unis.

Parmi ses ouvrages, citons *Folie et civilisation* (1960) et *L'histoire de la sexualité* (1976). Foucault a mis l'accent sur la sexualité dans ses travaux. Il a défendu l'idée qu'il s'agissait d'une question de pouvoir. Il est également considéré comme l'une des principales influences de ce qui est devenu la "théorie queer". Comme on pouvait s'y attendre, il n'était pas du tout hostile à la pédophilie et a participé à des pétitions visant à abaisser l'âge du consentement en France. [80]

L'Histoire de la sexualité est une magnifique œuvre de propagande marxienne,

---

[77] Ibid. P. 5.

[78] "Les droits et les devoirs de la citoyenneté internationale", novembre 2015.

https://www.opendemocracy.net/en/can-europe-make-it/rights-and-duties-of-international-citizenship/

[79] https://www.britannica.com/biography/Michel-Foucault

[80] https://en.wikipedia.org/wiki/French_petition_against_age_of_consent_laws

qui tente de déformer la perception qu'ont les gens d'un comportement sexuel sain et normal. Il a suggéré que les comportements sexuels normalement classés comme négatifs - le "monde de la perversion" - n'étaient pas seulement injustement classés comme tels, mais qu'ils étaient en fait positifs puisqu'ils étaient la poursuite de la vérité ! Dans cette logique, j'aimerais souligner que si vous avez des relations sexuelles avec un animal de basse-cour, un rocher déchiqueté ou peut-être un sac poubelle puant dans une benne à ordures au fond d'une ruelle, alors cela fait partie de votre "vérité", n'est-ce pas ? "Baiser cette vache fait partie de ma vérité", ou "recevoir une fellation de ce sac à ordures fait partie de ce que je suis". Vous pouvez le percevoir et le décrire comme vous le souhaitez, cela ne change rien au fait que vous êtes un maniaque dégénéré et dégoûtant. Il a également défendu l'idée que le système était oppressif et manipulateur (yawn), et que la "connaissance scientifique" utilisée par le système/les autorités était en réalité une forme de contrôle social (attitude postmoderniste typique).

Activisme marxiste

Foucault a participé activement aux initiatives de la secte tout au long de sa vie, notamment : les mouvements de "libération" et d'"antiracisme" ; les manifestations d'étudiants contre l'État ; les protestations contre l'assassinat de non-Blancs ou de membres de la secte (tant en France qu'à l'étranger) ; le soutien à l'islamisme ; les protestations contre l'emprisonnement et l'extradition de membres de la secte ; la campagne pour que les membres étrangers de la secte obtiennent l'asile en France. Plus la promotion de la pédophilie, etc. En fait, il était carrément fanatique. [81] Encore une fois, l'argument selon lequel il aurait officiellement renoncé au communisme plus tard dans sa vie ne signifie rien. En 1967, alors qu'il était à l'université de Tunis, lors des émeutes pro-palestiniennes dans lesquelles la secte a joué un rôle, Foucault a activement aidé et protégé les étudiants impliqués, et a plus tard exprimé son admiration pour leur comportement lors de la répression de l'État. Il participe à la réforme de l'université mise en place par le ministre de l'éducation Christian Fouchet en 1967, au sein d'une commission.[82]

Lors de la refonte du système éducatif français en 1968, de nouvelles universités "autonomes" ont été fondées ("autonomes" = ayant le biais idéologique rouge). Foucault a été nommé à un poste très influent au *Centre Expérimental de Vincennes*, près de Paris, en tant que directeur du département de philosophie ; Foucault a ensuite employé d'autres membres de la secte pour y enseigner, tels que les fanatiques ouvertement communistes Judith Miller

---

[81] https://en.wikipedia.org/wiki/Michel_Foucault

[82]

https://en.wikipedia.org/wiki/Michel_Foucault#University_of_Tunis_and_Vincennes:_1966-1970

(1941-2017) et Alain Badiou (1937-). Les cours de ce département de philosophie "radicale" étaient nettement marxistes-léninistes. Presque immédiatement après la fondation de cette "université" rouge, elle s'est opposée agressivement à l'establishment, car elle attirait les étudiants et le personnel les plus fanatiques.

Foucault a été directement impliqué dans plusieurs confrontations avec la police : il a été arrêté en 1972 en raison de son implication dans les manifestations contre l'assassinat par la police d'un ouvrier algérien (cela vous rappelle quelque chose ?); il a été arrêté et expulsé en 1975 alors qu'il tentait de protester contre l'exécution par le gouvernement espagnol de membres d'une secte ; il a protesté contre l'emprisonnement et l'extradition de l'espion et terroriste marxiste est-allemand Klaus Croissant (1931-2002), ainsi que de son collègue membre de la secte et universitaire Jean-Paul Sartre (1905-1980). Il s'est même blessé physiquement lors d'une altercation avec la police. [81]

La mort par l'homosexualité

Foucault était un personnage dérangé (ce qui n'est pas surprenant puisque "Fou" signifie "fou" en français). En tant qu'homosexuel, il a eu de nombreuses "interactions" au cours de sa vie, y compris une relation avec un travesti pendant son séjour à Hambourg. Il a entretenu une "relation ouverte" avec son amant Daniel Defert (1937-2023) pendant une grande partie de sa vie (qui était lui-même membre d'une secte et fan de Mao Zedong). [79]

Dans sa jeunesse, Foucault a été impliqué dans la scène gay de Paris et a poursuivi ce thème tout au long de sa vie, ayant des relations sexuelles non protégées avec des inconnus. Pendant son séjour aux États-Unis, alors qu'il donnait des conférences à l'UCLA et à Berkeley en Californie, il a été attiré par la scène gay animée de San Francisco. Il est mort des suites du SIDA en 1984. [79] L'homme qui avait promu toute sa vie une attitude cavalière et "tout est permis" à l'égard du sexe et de la sexualité (l'approche satanique du "fais ce que tu veux"), s'est littéralement baisé à mort. Quel modèle ! C'est un intellectuel célèbre dans les cercles académiques sectaires.

D'autres personnages impliqués dans la scène post-moderne sont Jacques Derrida et Jean-Paul Sartre. Derrida était un fervent adepte de la secte, impliqué dans de nombreuses questions "gauchistes", notamment contre l'énergie nucléaire et l'apartheid en Afrique du Sud. Derrida a signé la pétition (avec Foucault) pour la dépénalisation des relations sexuelles entre mineurs en France.[83]

La "contradiction" du post-modernisme

Comment se fait-il que le postmodernisme soit également marxiste ? Puisque le postmodernisme prétend ne croire en rien de concret, alors que le marxisme

---

[83] https://en.wikipedia.org/wiki/Jacques_Derrida

y croit traditionnellement (égalité, lutte des classes, etc.), comment le postmodernisme peut-il provenir du marxisme ? En effet, l'objectif du postmodernisme est de déconstruire et de détruire ce qui est déjà établi dans la civilisation, pour permettre ensuite au marxisme d'entrer dans le tableau en tant que "remplacement".

Le relativisme, la critique et le cynisme prônés par le postmodernisme ne s'appliquent évidemment pas à l'idéologie, à la secte ou aux membres de la secte eux-mêmes. Ils peuvent émettre des critiques, mais ne les acceptent pas (c'est très enfant gâté). Selon la secte, leur idéologie est la réponse, et ils sont les sauveurs, et toute perception du contraire ne sera pas tolérée. Aucune "subjectivité" ne s'applique dans ce cas.

Non pas la logique, mais la "logique" marxienne

Le postmodernisme, c'est la perversion et la mise au rebut de la logique. Une autre façon de déconstruire ce qui existe pour le remplacer par la pensée marxiste, c'est tout. Le reste n'est que la connerie intellectuelle habituelle. Elle sert à créer des psychotiques détachés de la réalité, sans conscience, incapables de raisonner ou d'être raisonnés. De telles créatures sont une ressource qui alimente la secte/idéologie, et il est donc dans son intérêt d'en créer le plus grand nombre possible.

Elle endoctrine également les individus à être égocentriques à l'extrême. Remarquez comment cela rejoint une caractéristique majeure de la secte/idéologie que j'ai soulignée tout au long de ce document - le facteur immature de l'enfant gâté. Le processus de pensée post-moderniste "inventez votre propre réalité" équivaut à être un enfant gâté au niveau de la perception. "Tout ce qui compte, c'est ce que je ressens, ce que je pense, ce que sont mes sentiments et ce que sont mes opinions/perceptions.

Les gosses adorent faire ce qu'ils veulent, se faire dire qu'ils sont géniaux, ne jamais avoir à se faire dire qu'ils ont tort, se croire extrêmement intelligents, etc. La pensée postmoderniste leur permet d'inventer toutes sortes d'inepties et d'y croire, sans jamais se faire dire qu'ils sont bêtes ou qu'ils doivent grandir (et, Dieu nous en préserve, faire quelque chose de constructif de leur vie). Cela leur permet également de croire, de soutenir et d'idolâtrer toutes sortes d'inepties créées par d'autres (y compris par d'autres membres de la secte). Cela leur permet de ressentir cette sensation de chaleur, de picotement et de culte qu'ils ressentent en vivant leur existence délirante de membres d'une secte.

La composante principale du postmodernisme, qui suggère que tout - y compris la réalité elle-même - peut être interprété d'un nombre infini de façons, est une autre absurdité bienfaisante. Elle retarde le développement psychologique d'un esprit, car elle empêche le développement de véritables compétences perceptives, c'est-à-dire d'apprendre à voir les choses telles qu'elles sont réellement. Il récompense les pensées stupides et insensées, en les traitant de la même manière que les pensées excellentes. C'est toute l'idée de "vouloir une médaille simplement parce qu'on a participé à la course", résumée dans une école de pensée. C'est une autre chose qui doit être bannie et retirée des universités, de la littérature, etc.

Yuri Bezmenov

"Comprenez ce qui se passe autour de vous - vous êtes en état de guerre... et vous avez très peu de temps pour vous sauver"[84]

Le transfuge soviétique Yuri Bezmenov,
entretien avec G. Edward Griffin, 1983

Votre pays est-il une cible réceptive à la subversion marxiste, ou "subversion idéologique" ? Qu'est-ce que la "subversion idéologique" ? Votre pays a-t-il essentiellement des frontières ouvertes que n'importe qui - y compris des ennemis potentiels - peut franchir ? A-t-il un fort sentiment d'indépendance/souveraineté, qu'il est différent des autres pays ? C'est un certain Youri Bezmenov (1939-1993) qui a encouragé à poser ce genre de questions.

Youri Alexandrovitch Bezmenov (alias Tomas Schuman) était un agent du KGB et un journaliste russe, principalement actif dans les années 1960. Il est né en 1939 dans la banlieue de Moscou, dans une famille de militaires. Son père était un officier de haut rang de l'état-major général de l'armée soviétique et un inspecteur des forces terrestres partout où les Soviétiques avaient des troupes stationnées (Mongolie, Cuba, Europe de l'Est, etc.).

Parlant de sa jeunesse bien des années plus tard, il a déclaré qu'elle était relativement aisée par rapport à d'autres personnes vivant sous le régime soviétique (en raison de son éducation dans une famille de militaires) et que "la plupart des portes étaient ouvertes" pour lui. Il a fait ses études à l'*université d'État de Moscou*, à l'*institut des langues orientales*, où il est devenu un expert des langues indiennes (hindi et ourdou) et de la culture, tout en étudiant le journalisme, l'histoire, la littérature et la musique. Il a également suivi une formation militaire et de défense civile approfondie, précisant que "chaque étudiant doit obtenir un diplôme de jeune gaucher et, dans mon cas, il s'agissait d'un service de renseignement administratif et militaire".[84][85]

Il rejoint l'*agence de presse Novesti*, qu'il décrit comme "un front de propagande et de subversion idéologique pour le KGB", avant d'obtenir son diplôme en 1963 (Yuri expliquera plus tard que 75 % des membres de Novesti étaient des officiers brevetés du KGB, les 25 % restants étant des agents

---

[84] Interview de G. Edward Griffin, "Yuri Bezmenov - Deception Was My Job (full interview)". https://www.YouTube.com/watch?v=UrS1qDcgdTk

[85] "Yuri Bezmenov 1983 Interview et conférence (1080p HD)". https://www.YouTube.com/watch?v=Z0j181tR5WM

comme lui, cooptés et affectés à des opérations spécifiques). Les étudiants diplômés "étaient ensuite employés comme diplomates, journalistes étrangers ou espions". Sa première mission s'est déroulée en Inde, où il était traducteur pour le groupe d'aide économique soviétique Soviet *Refineries Constructions*, qui construisait des complexes de raffinage dans les États du Bihar et du Gujarat. À la fin de sa première mission, il est promu au poste de responsable des relations publiques. Son dernier poste a été celui d'attaché de presse à l'ambassade soviétique de New Delhi.

Yuri a fui l'Inde pour se fondre dans le mouvement hippie et s'est rendu aux États-Unis en 1970. Il s'est finalement installé au Canada sous l'identité de Tomas Schuman et a occupé divers emplois pour s'en sortir. Un tournant se produit lorsqu'il est embauché par la *Canadian Broadcasting Corporation* (CBC) à Montréal en 1973, dans le cadre de son service d'outre-mer en russe. Les Soviétiques en ont eu vent et les pressions exercées par l'ambassadeur soviétique Alexander Yakovlev l'ont fait renvoyer. Il a prétendu que le Premier ministre canadien Pierre Trudeau avait téléphoné au président de la CBC, ce qui a conduit à son licenciement. Trudeau et Yakovlev étaient apparemment en bons termes.[86]

Il a également enseigné les sciences politiques à l'*université de Toronto*, les études slaves à l'*université McGill* de Montréal et le journalisme à l'*université Carleton d'*Ottawa. Dans l'une de ses présentations, Yuri s'est dit stupéfait par le nombre de livres marxistes et d'autres articles de "propagande de gauche" qu'il a pu trouver dans les universités américaines et canadiennes. Il s'agit notamment d'ouvrages de Marx et Engels, de Lénine, des "intellectuels" de l'école de Francfort Erich Fromm et Herbert Marcuse, et de *The Indochina Story* (1970).[85]

Après sa défection, il a ouvertement critiqué le marxisme de l'Union soviétique, écrivant des livres et donnant des interviews et des conférences. Il a également été analyste politique pour un hebdomadaire appelé *Panorama*. Parmi ses ouvrages figurent *Love Letter to America* (1984), *Black is Beautiful, Communism is not* (1985), *No "Novosti" is Good News* (1985) et *World Thought Police* (1986). Il est mort relativement inconnu et isolé à Windsor, dans l'Ontario, en 1993, à l'âge de 54 ans (à cause de l'alcool, apparemment, et de problèmes familiaux). [86][87] Sa défection, sa vie a été essentiellement un sacrifice dans notre lutte contre le marxisme.

Il s'agit d'un personnage très important parce qu'il a parlé ouvertement de certains concepts d'une importance cruciale pour l'idéologie. Grand analyste

---

[86] Barrera, J., "Chaos agent", 5 février 2022.
https://www.cbc.ca/newsinteractives/features/yuri-bezmenov-soviet-defector-canada

[87] "Soviet Defector had passion for homeland", The Windsor Star, 6 janvier 1993, p. 5.
https://www.newspapers.com/clip/53029092/yuri/

et communicateur en la matière, il était un expert de la propagande soviétique, popularisant des concepts tels que la "subversion idéologique". Avec un recul de 20/20, nous pouvons constater que ses prédictions étaient presque prophétiques. Yuri nous parle même depuis sa tombe : il a figuré dans la bande-annonce de la très populaire série de jeux *Call of Duty*, dans leur version 2020 intitulée *Call of Duty : Black Ops Cold War*. Le titre de la bande-annonce était "Connaissez votre histoire".[88]

En 1984, Yuri a accordé une longue interview à G. Edward Griffin intitulée "Soviet Subversion of the Free-World Press" (Subversion soviétique de la presse du monde libre).[84] Il a également réalisé une interview à Los Angeles en 1983 pour le Summit University Forum (SUF), qu'il a fait suivre d'une excellente présentation d'une heure sur le thème de la subversion idéologique. [85] (Ces deux vidéos sont les principales sources de toute cette section).

Pourquoi il a fait défection ?

"L'une des raisons pour lesquelles je n'ai pas fait défection est que je vivais dans une relative aisance. Qui, dans son esprit normal, ferait défection et ferait quoi ? Se faire maltraiter par les médias ? Se faire traiter de maccarthyste, de fasciste et de paranoïaque ? ou conduire un taxi à New York. Pourquoi ? Pourquoi diable devrais-je faire défection ? Pour être maltraité par les Américains, pour être insulté en échange de mes efforts pour apporter des informations véridiques sur le danger imminent de subversion.[84]

Dans l'interview de 1984, il énumère les éléments qui l'ont amené à remettre en question le communisme, notamment : la dichotomie entre la façon dont les États-Unis étaient un allié de l'URSS pendant la Seconde Guerre mondiale et la façon dont la propagande soviétique les a dépeints comme l'ennemi par la suite ; la révélation des crimes génocidaires de Staline, grâce à Khrouchtchev ; et l'invasion soviétique de la Tchécoslovaquie en 1968 (qui a réprimé une révolte anti-communiste).

Lorsqu'on lui a demandé ce qu'il reprochait spécifiquement au régime soviétique, il a parlé de son comportement, affirmant qu'il était : "...un million de fois plus oppressif que n'importe quelle puissance coloniale ou impérialiste dans l'histoire de l'humanité. Mon pays n'apporte pas à l'Inde la liberté, le progrès et l'amitié entre les nations, mais le racisme, l'exploitation, l'esclavage et, bien sûr, l'inefficacité économique".

Dans l'interview du SUF de 1983, il parle de sa défection : "La décision, bien sûr, a été très douloureuse et difficile... mais d'un autre côté, je n'avais aucune illusion sur le système communiste ou socialiste... comme le système le plus

---

[88] "Connaissez votre histoire - Bande-annonce officielle de la guerre froide de Call of Duty® : Black Ops", août 2020.

https://www.YouTube.com/watch?v=zsBRGCabaog

pourri et le plus inefficace au monde... Peu importe l'étiquette que l'on colle au système. Fondamentalement, si vous êtes une personne religieuse, c'est un système diabolique, satanique, qui ne fait appel qu'au côté le plus primitif et le plus négatif de la nature humaine. La base de ce système est la négation de la propriété privée, de la dignité humaine, de la responsabilité personnelle et, bien sûr, de toute affiliation religieuse... à Dieu en tant qu'être suprême".

Dans la même interview, lorsqu'il parle des méthodes de subversion, il décrit l'objectif du système soviétique marxiste (souligné pour l'accentuation) : "Les méthodes de base ne sont pas très différentes des activités de n'importe quel responsable des relations publiques (sic) de n'importe quelle grande entreprise... mais le but ultime est différent. Le but ultime du système soviétique n'est pas de vendre quoi que ce soit (encore moins une idéologie). Il s'agit de détruire la civilisation sur laquelle reposent la richesse et la liberté et de la remplacer par un système de contrôle total de la vie des êtres humains. Le système d'exploitation totale, voilà le but ultime".

Création par les Soviétiques de mouvements de "libération" à l'échelle mondiale

Les Soviétiques avaient une école à Moscou appelée *Université de l'Amitié Lumumba*. Elle était placée sous le contrôle direct du KGB et du Comité central. Dans son interview de 1984, Yuri explique que c'est là que "les futurs dirigeants des mouvements dits de "libération nationale" sont éduqués et sélectionnés avec soin". Ils étaient ensuite "renvoyés dans leur pays pour y devenir les dirigeants des mouvements dits de "libération nationale", ou pour être traduits dans un langage humain normal en dirigeants de groupes terroristes internationaux".

(Note : dans la section des tableaux, nous avons vu tous ces mouvements de "liberté" surgir à travers le monde au cours du 20e siècle, en particulier dans les pays (officiellement) contrôlés par les puissances coloniales européennes. Il s'agissait simplement de groupes marxistes qui s'opposaient ostensiblement au contrôle étranger/impérial, mais qui, en réalité, conduisaient leur pays vers une forme de contrôle encore plus extrême - l'impérialisme marxiste international). [84]

En ce qui concerne ses fonctions à Lumumba, Yuri a déclaré que "l'enseignement des langues était ce que l'on appelle mon activité extrascolaire", un rôle généralement confié aux "jeunes communistes en tant que travail non rémunéré pour prouver leur loyauté envers le parti". Il donnait des cours de russe à des étudiants d'Asie, d'Amérique latine et d'Afrique. Les étudiants entraient ensuite dans une classe d'endoctrinement, qui leur lavait le cerveau de l'idéologie marxiste-léniniste, pour une période de deux à trois ans.

Après une période de contrôle supplémentaire, si les étudiants étaient aptes, ils recevaient alors une formation supplémentaire de deux ans par le KGB. Ils sont ensuite renvoyés dans leur pays d'origine pour y devenir des "agents dormants".

Ils restent pour ainsi dire en sommeil, se consacrant généralement à leur travail ou à leur carrière habituelle pendant ce temps. Pendant la phase de "déstabilisation" de leur pays (expliquée plus loin), les agents deviennent actifs et aident le marxisme à prendre le pouvoir.

Yuri explique : "C'est pourquoi, tout d'un coup, vous découvrez des avocats bien établis dans un pays comme le Nicaragua qui, pour une raison étrange, sont farouchement opposés à "l'impérialisme américain" et idéalement favorables à l'impérialisme marxiste-léniniste soviétique".

La "spiritualité" marxiste

Voici un lien fascinant entre le monde de la "spiritualité" et la subversion menée par la secte/idéologie. Pendant son séjour en Inde, Yuri a déclaré que le KGB s'intéressait beaucoup à un "gourou" du nom de Maharishi Mahesh Yogi. Ce gourou est devenu célèbre dans les années 1960 et 1970 pour ses associations avec des célébrités, notamment les Beatles, les Beach Boys et les membres des Rolling Stones, pour n'en citer que quelques-unes, ainsi qu'avec des acteurs : "Mia Farrow et d'autres idiots utiles d'Hollywood ont visité son école et sont rentrés aux États-Unis complètement défoncés par la marijuana, le haschisch et des idées folles sur la méditation".

Yuri a expliqué que ce type d'entraînement "spirituel" et de méditation avait un impact sur les États-Unis d'une manière souhaitable pour les Soviétiques : "Méditer - en d'autres termes, s'isoler des problèmes sociaux et politiques actuels de son pays. Le KGB était évidemment très fasciné par une si belle école, un tel centre de lavage de cerveau... J'ai été envoyé par le KGB pour vérifier quel type d'Américains VIP fréquentaient cette école".[84]

La fonction de Yuri était de "découvrir quel type de personnes des États-Unis fréquentent cette école, et nous avons découvert qu'il y a effectivement des membres influents de la famille, des faiseurs d'opinion publique des États-Unis, qui reviennent avec des histoires folles sur la philosophie indienne. Il est évident qu'une personnalité - par exemple, l'épouse d'un membre du Congrès ou une personnalité éminente d'Hollywood - après avoir été formée dans cette école, est beaucoup plus utile aux manipulateurs de l'opinion publique et au KGB qu'une personne normale qui suit ce type de formation religieuse factice". En effet, "une personne trop impliquée dans la méditation introspective..." (c'est-à-dire une personne ayant fréquenté l'école des yogis), était plus apte mentalement à servir la cause soviétique" (en étant endoctrinée et en aidant les Soviétiques à subvertir les États-Unis). Il en va de même aujourd'hui ; vous pouvez remplacer le mot "soviétique" par le mot "marxiste".

Il souligne que le Maharishi enseignait aux gens - y compris à ses naïfs étudiants américains - que "les problèmes brûlants d'aujourd'hui peuvent être résolus simplement en méditant". Ne faites pas de vagues. Ne vous impliquez pas. Asseyez-vous simplement, regardez votre nombril et méditez. Et que les choses (les problèmes) - en raison d'une étrange logique, en raison d'une "vibration cosmique" - se régleront d'elles-mêmes". (Cela rappelle le concept de "détachement" dans le monde de la spiritualité, y compris le bouddhisme).

Yuri poursuit : "C'est exactement ce que le KGB et la propagande marxiste-léniniste attendent des Américains : qu'ils détournent leur opinion, leur attention et leur énergie mentale des vrais problèmes des États-Unis pour les orienter vers des questions qui n'en sont pas, vers un non-monde, une "harmonie" inexistante... De toute évidence, il est plus avantageux pour les agresseurs soviétiques de disposer d'un groupe d'Américains dupés que d'Américains conscients d'eux-mêmes, en bonne santé, en bonne forme physique et attentifs à la réalité.

Soulignant que Maharishi Mahesh Yogi n'était pas à la solde du KGB, Yuri a déclaré : "qu'il le sache ou non, il contribue grandement à la démoralisation de la société américaine, et il n'est pas le seul : il y a des centaines de ces gourous qui viennent dans votre pays pour tirer profit de la naïveté et de la stupidité. C'est une mode de méditer, c'est une mode de ne pas s'impliquer".

En effet, le mouvement "new age" a très bien complété la propagation de l'infection marxiste. Il est rempli à ras bord d'individus qui se disent "éveillés" (ou "réveillés") alors qu'ils n'ont pas la moindre idée de ce qui se passe réellement dans le monde (en plus de ne pas se comprendre eux-mêmes et de ne pas comprendre leurs propres croyances, comportements, etc.) Si c'est cela être "éveillé", je m'efforce d'être la personne la moins éveillée qui soit. Je vous souhaite le même niveau d'"ignorance spirituelle" !

L'ignorance et l'irresponsabilité morale ne sont pas synonymes d'un véritable éveil ou d'une conscience plus élevée - c'est exactement le contraire ! En outre, le type de mentalités psychologiques que la pseudo-spiritualité encourage accélère en fait l'endoctrinement marxiste : perception féminine/émotionnelle excessive ; penser que la colère est négative ; croire que toutes les formes de conflit/force physique/tuer sont mauvaises ; croire que nous sommes tous un (collectivisme, solidarité) et égaux (égalité), etc.

Ennemis, recrues et trahison

Yuri a parlé du *Département secret de recherche et de contre-propagande.* Ce groupe rassemblait des informations sur toutes les personnes susceptibles d'influencer l'opinion publique - journalistes, acteurs, éducateurs et professeurs, membres du parlement, représentants des milieux d'affaires. Ces personnes étaient divisées en deux groupes : celles qui "suivraient la politique étrangère soviétique - elles seraient promues à des postes de pouvoir grâce à la manipulation des médias et de l'opinion publique", et "celles qui refuseraient l'influence soviétique dans leur propre pays, qui seraient assassinées ou exécutées physiquement au moment de la révolution".[84]

A titre d'exemple, Yuri a parlé d'assassinats de ce type pendant la guerre du Vietnam, dans la ville de Hué. Les communistes vietnamiens avaient réussi à rassembler et à exécuter des milliers de non-marxistes en l'espace de quelques nuits. La CIA était perplexe quant à la rapidité d'exécution de ce massacre. Yuri explique : "La réponse est très simple : bien avant que les communistes n'occupent la ville, il existait un vaste réseau d'informateurs, de citoyens vietnamiens locaux qui savaient tout sur leurs compatriotes non marxistes. Il s'agit d'un facteur récurrent majeur de la secte : elle monte les gens de la même nationalité/groupe les uns contre les autres, de la manière la plus meurtrière qui soit. Les infectés tueront leurs propres compatriotes à chaque fois qu'ils en auront l'occasion.

Un autre groupe figurant sur la liste des cibles des Soviétiques était celui des "journalistes pro-soviétiques avec lesquels j'étais personnellement ami". Il s'agissait de "gauchistes à l'esprit idéaliste qui ont effectué plusieurs visites en URSS... mais le KGB a décidé qu'après la révolution... ils devraient partir...". Lorsqu'on lui a demandé pourquoi, il a répondu "parce qu'ils en savent trop". Vous voyez, les idiots utiles, les gauchistes qui croient idéalement en la beauté du système socialiste ou communiste soviétique... quand ils sont désillusionnés, ils deviennent les pires ennemis...", ce qui explique pourquoi ils doivent finalement être éliminés (sinon, ce qu'ils ont appris dans leurs relations avec les Soviétiques pourrait poser un problème plus tard).[84]

Il poursuit en parlant du type de personnes que le KGB voulait que ses agents ciblent : "C'est pourquoi mes instructeurs du KGB m'ont expressément dit de ne jamais m'occuper des gauchistes, d'oublier ces prostituées politiques, de viser plus haut", telles étaient mes instructions. "Essayez d'entrer dans les médias à grand tirage, établis et conservateurs. Atteignez les cinéastes riches, les intellectuels, les soi-disant cercles académiques ; des gens cyniques et égocentriques qui peuvent vous regarder dans les yeux avec une expression angélique et vous dire un mensonge". Ce sont les personnes les plus faciles à recruter". Les personnes sans conscience, essentiellement, celles qui sont "dépourvues de principes moraux". Les personnes qui sont "soit trop cupides, soit... souffrent de suffisance... Ce sont les personnes que le KGB voulait absolument recruter".

Se référant aux journalistes de gauche que le KGB avait sur sa liste, M. Griffin demande : "mais pour éliminer les autres, pour exécuter les autres... ne servent-ils pas à quelque chose... ne seraient-ils pas ceux sur lesquels vous compteriez ? "mais pour éliminer les autres, pour exécuter les autres... ne servent-ils pas à quelque chose... ne seraient-ils pas ceux sur lesquels vous compteriez ?". Yuri répond : "Non, ils ne servent qu'au stade de la déstabilisation d'une nation. Par exemple, vos gauchistes aux États-Unis...professeurs défenseurs des droits civiques... Ils jouent un rôle dans le processus de subversion uniquement pour déstabiliser une nation... Lorsque leur travail est terminé, on n'a plus besoin d'eux, ils en savent trop... Certains d'entre eux, lorsqu'ils sont désillusionnés, lorsqu'ils voient que les marxistes-léninistes arrivent au pouvoir, sont évidemment offensés - ils pensent qu'ils vont arriver au pouvoir...". En souriant,

Yuri poursuit : "Cela n'arrivera jamais, bien sûr, ils seront alignés contre le mur et fusillés... mais ils peuvent devenir les ennemis les plus acharnés des marxistes-léninistes lorsqu'ils arriveront au pouvoir".[84]

Comme indiqué précédemment, l'infection marxiste prolifère par vagues, en ce qui concerne le niveau de fanatisme incarné par les membres de la secte. En d'autres termes, les marxistes d'une vague sont toujours remplacés par des marxistes plus fanatiques dans les vagues suivantes.

Yuri a énuméré des exemples de ce schéma : "Au Nicaragua, la plupart des anciens marxistes-léninistes ont été emprisonnés ou l'un d'entre eux s'est séparé et travaille maintenant contre les sandinistes. Le cas de Maurice Bishop à la Grenade : "Il était déjà marxiste, il a été exécuté par un nouveau marxiste, qui était plus marxiste que ce marxiste (en référence à Bishop). Le même schéma s'est reproduit en Afghanistan "d'abord Taraki, il a été tué par Amin, puis Amin a été tué par Babrak Karmal avec l'aide du KGB" et au Bangladesh "lorsque Mujibur Rahman - un gauchiste très pro-soviétique - a été assassiné par ses propres camarades militaires marxistes-léninistes... C'est le même schéma partout". Selon Yuri, une fois qu'ils auront joué leur rôle, tous ces idiots utiles seront soit "exécutés entièrement (tous les marxistes à l'esprit idéaliste), soit exilés, soit mis dans des prisons comme à Cuba" (ajoutant qu'il y a beaucoup d'anciens marxistes en prison à Cuba).[84]

La réalité de l'égalité

Plus tard dans l'interview, Griffin pose à nouveau la question de l'extermination de ce type d'individus, ce à quoi Yuri répond, avec un excellent argument sur le fait que l'utopie de l'"égalité" n'est qu'un fantasme : "La plupart d'entre eux, oui. Simplement parce que le choc psychologique quand ils verront à l'avenir ce que la belle société d'égalité et de justice sociale signifie en pratique, évidemment ils se révolteront...". Et le régime marxiste-léniniste ne tolère pas ces gens... (ils) seront simplement écrasés comme des cafards. Personne ne les paiera pour leurs belles idées d'égalité et ce sera bien sûr le plus grand choc pour eux".

Lors de sa présentation au SUF en 1983, Yuri a déclaré : "On ne peut pas légiférer sur l'égalité". Et d'ajouter : "Si nous plaçons le principe d'égalité à la base de notre structure sociale et politique, c'est la même chose que de construire une maison sur du sable - tôt ou tard, elle s'effondrera. Et c'est exactement ce qui se passe".

Le régime soviétique et ses alliés (comme la Chine et ses alliés aujourd'hui) étaient heureux de voir les pays occidentaux devenir obsédés par l'"égalité", s'affaiblir et devenir instables, facilitant ainsi l'arrivée de la secte et sa prise de contrôle (selon les mots de Napoléon Bonaparte "N'interrompez jamais votre ennemi lorsqu'il commet une erreur"). Yuri a ajouté : "L'égalité absolue existe en Union soviétique... tout le monde est égal dans (la) saleté".[85]

Subversion idéologique

> "C'est aussi imperceptible que le mouvement de la petite aiguille d'une horloge - vous savez qu'elle tourne, mais même si vous l'observez intensément, vous ne voyez pas le mouvement.

> Conférence de Yuri Bezmenov au SUF à Los Angeles en 1983

L'information la plus importante que nous a donnée Yuri - et la plus pertinente par rapport au message de ce livre - est sans doute ce que l'on appelle la subversion idéologique. Nous avons déjà abordé la question de l'idéologie, mais qu'en est-il de la "subversion" ?

Dans sa présentation de 1983, Yuri nous a donné la définition soviétique du terme "subversion" : il s'agit d'une "activité destructrice et agressive visant à détruire le pays, la nation ou la zone géographique de votre ennemi", soulignant que la plupart des activités subversives sont "manifestes, légitimes et facilement observables", mais aussi légales - "d'après la loi, ce n'est pas un crime".[85]

Par ailleurs (attention !), la subversion est une voie à double sens : "Vous ne pouvez pas subvertir un ennemi qui ne veut pas être subverti". (c'est-à-dire une nation). Il faut qu'il y ait conformité, indifférence ou acquiescement dans une certaine mesure. Le processus ne peut réussir que s'il existe une "cible réceptive" (c'est le cœur du problème dans le monde d'aujourd'hui). Il est intéressant de noter que Yuri a déclaré que les bases de la subversion étaient enseignées à "tous les étudiants de l'école du KGB en URSS et aux officiers des académies militaires", et que l'*Art de la guerre* figurait sur la liste des lectures recommandées/obligatoires (l'Art de la guerre a été écrit par le philosophe chinois Sun Tzu au 5ème siècle avant J.-C.).[89]

La subversion est un moyen bien plus efficace de détruire un ennemi : "Le plus grand art de la guerre consiste à ne pas combattre du tout, mais à subvertir tout ce qui a de la valeur dans le pays de votre ennemi". En fin de compte, cela conduirait à ce que les perceptions de votre ennemi soient tellement déformées qu'"il ne vous perçoit pas comme un ennemi".[85] Cela ne résume-t-il pas la situation difficile dans laquelle se trouve l'ensemble de la population lorsqu'il s'agit de savoir comment les membres des sectes sont perçus par la population en général ? Ne sommes-nous pas entourés d'ennemis dans nos propres pays ? (c'est-à-dire des traîtres et des envahisseurs endoctrinés).

Dans l'entretien qu'il a accordé en 1984, Yuri a expliqué que la subversion idéologique était "le processus légitime, manifeste et ouvert - vous pouvez le voir de vos propres yeux... Il n'y a pas de mystère ; il n'y a rien à voir avec l'espionnage... le KGB ne met pas du tout l'accent sur le domaine du renseignement. Selon mon opinion et celle de nombreux transfuges de mon

---

[89] https://en.wikipedia.org/wiki/The_Art_of_War

calibre, seuls 15 % environ du temps, de l'argent et de la main-d'œuvre sont consacrés à l'espionnage proprement dit. Les 85 % restants sont consacrés à un lent processus que nous appelons "subversion idéologique" ou "mesures actives" (активные мероприятия) dans le langage du KGB, c'est-à-dire la guerre psychologique".[84]

Et voici peut-être la partie la plus profonde en ce qui concerne notre lutte contre la secte : "Il s'agit essentiellement de modifier la perception de la réalité de chaque Américain* à tel point que, malgré l'abondance d'informations, personne n'est en mesure de tirer des conclusions raisonnables dans l'intérêt de sa défense, de sa famille, de sa communauté et de son pays. C'est un grand processus de lavage de cerveau qui se déroule très lentement et qui se divise en quatre étapes fondamentales". (remplacez le mot "américain" par votre propre nationalité).

Étape 1 : Démoralisation

Yuri a expliqué qu'à ce premier stade du processus, l'idéologie était insérée dans les différents "domaines d'application de la subversion", notamment la religion, l'éducation, la vie sociale, la structure du pouvoir, les relations entre les travailleurs et les employeurs, ainsi que l'ordre public.

Il a décrit le processus de cette étape : "Il faut de 15 à 20 ans pour démoraliser une nation, c'est le nombre minimum d'années qu'il faut pour éduquer une génération d'étudiants dans le pays de votre ennemi, exposés à l'idéologie de l'ennemi. En d'autres termes, l'idéologie du marxisme-léninisme est injectée dans au moins trois générations d'étudiants américains, sans être remise en question ou contrebalancée par les valeurs fondamentales du patriotisme américain. La plupart des personnes qui ont obtenu leur diplôme dans les années soixante - des décrocheurs ou des intellectuels à moitié cuits - occupent aujourd'hui des postes de pouvoir au sein du gouvernement, de la fonction publique, du monde des affaires, des médias et du système éducatif.

Yuri souligne ici la gravité de l'endoctrinement de ce type de personnes : "Vous êtes coincé avec eux, vous ne pouvez pas vous en débarrasser, ils sont contaminés. Ils sont programmés pour penser et réagir à certains stimuli selon un certain schéma. Vous ne pouvez pas changer leur esprit, même si vous les exposez à des informations authentiques... vous ne pouvez toujours pas changer la perception de base et le comportement logique. En d'autres termes, (chez) ces personnes... le processus de démoralisation est complet et irréversible. Pour débarrasser la société de ces personnes, il faut encore 20 ou 15 ans pour éduquer une nouvelle génération de personnes à l'esprit patriotique... qui agiraient dans l'intérêt de la société américaine". [84]

Yuri poursuit : "Le processus de démoralisation aux États-Unis est déjà pratiquement achevé, depuis vingt-cinq ans en fait, il est surchargé", expliquant que la démoralisation a atteint des domaines que les services de renseignement soviétiques n'auraient même jamais imaginés : "Il explique que la démoralisation a atteint des domaines que les services de renseignement soviétiques n'auraient jamais imaginés : "La plupart des actes sont commis par des Américains sur des Américains, en raison de l'absence de normes morales. Voilà qui résume bien la situation actuelle aux États-Unis.

Étape 2 : Déstabilisation

L'étape suivante du processus, explique Yuri, est la "déstabilisation", précisant qu'"'il ne faut que deux à cinq ans pour déstabiliser une nation". Au cours de cette phase, des structures particulières du pays cible sont visées, notamment l'économie, les relations extérieures et les systèmes de défense. Il est intéressant de noter qu'en 1984 (l'année de George Orwell), Yuri déclarait déjà : "Vous pouvez le voir très clairement... dans des domaines aussi sensibles que la défense et l'économie, l'influence des idées marxistes-léninistes aux États-Unis est absolument fantastique... Je n'aurais jamais pu croire, il y a 14 ans, lorsque j'ai débarqué dans cette partie du monde, que le processus se déroulerait aussi vite...".

Dans sa présentation au SUF en 1983, il a déclaré que l'objectif était de "déstabiliser toutes les relations, toutes les institutions et organisations acceptées dans le pays de votre ennemi". Les domaines d'application de la déstabilisation sont beaucoup plus restreints (que pour la démoralisation) et se concentrent sur des domaines spécifiques tels que l'économie, les relations de travail, l'ordre public (y compris l'armée) et les médias (quoique différemment de la démoralisation).

Des conflits sont générés entre les groupes

Une "radicalisation des relations humaines" se produit à ce stade. Il s'agit de déclencher des conflits entre différents groupes et individus - même entre membres d'une même famille, voisins, etc. Il n'y a "plus de compromis", seulement "un combat, un combat, un combat". Tout cela vous semble-t-il familier ? Vous pouvez ou non en faire l'expérience avec des membres de votre famille proche, mais cela devrait certainement trouver un écho au niveau social. Essentiellement, l'idéologie crée des divisions, polarisant les interactions humaines.

Yuri poursuit : "Les relations normales, traditionnellement acceptées, sont déstabilisées : les relations entre les enseignants et les étudiants, dans les écoles et les collèges ; les relations entre les travailleurs et les employeurs sont encore plus radicalisées, la légitimité des revendications des travailleurs n'étant plus acceptée". Yuri a mentionné les grèves du réseau de bus *Greyhound Lines* en 1983.[90] Bien que ces grèves aient pu sembler normales et raisonnables à l'époque, Yuri explique : "Les affrontements violents entre les passagers, les piquets de grève et les grévistes sont présentés comme quelque chose de

---

[90] https://en.wikipedia.org/wiki/1983_Greyhound_Bus_Lines_strike_in_Seattle

normal. Il y a 10, 15, 20 ans, nous aurions été en colère et nous aurions dit : "Pourquoi ? pourquoi tant de haine ? Aujourd'hui, nous ne le sommes plus, nous disons "Eh bien, c'est banal". L'ordre public se radicalise : "Alors qu'auparavant, les gens réglaient leurs différends de manière pacifique et légitime, aujourd'hui, les tensions et l'absence de résolution se font plus vives. C'est alors que "la société dans son ensemble devient de plus en plus antagoniste - entre les individus, entre les groupes d'individus et la société dans son ensemble". Il a ajouté que les médias en général s'éloignent de la société et s'y opposent.

Les "dormeurs" se réveillent

Pendant la déstabilisation, les "agents dormants" deviennent actifs. Ces recrues formées par les Soviétiques deviennent actives dans leurs pays respectifs pour participer à leur déstabilisation. Ils s'impliquent dans l'ensemble du mouvement marxiste, souvent ouvertement, en tant qu'activistes ou dirigeants de groupes, et deviennent actifs dans le processus politique, etc. À l'époque de Yuri, ces "agents dormants" étaient souvent des agents du KGB (à notre époque, il peut s'agir d'agents/infiltrateurs provenant d'autres sources ou de traîtres dans leurs pays respectifs).

Yuri mentionne les personnes appartenant à des groupes "opprimés" (par exemple, les homosexuels, les féministes). Alors qu'auparavant, ils étaient plus silencieux et moins actifs, à ce stade du processus, ils deviennent plus actifs, plus bruyants et plus exigeants (la société doit changer pour s'adapter à eux, etc.). Désormais, leur vie personnelle/leurs choix de vie deviennent "une question politique". Elles demandent "le respect, la reconnaissance, les droits de l'homme" et génèrent des troubles, ce qui conduit inévitablement à des conflits, y compris des affrontements violents avec la police, des groupes opposés, etc. Les membres de ces groupes (féminisme, mouvement LGBTQ+/trans, Black Lives Matter, etc.) créent des tensions et des conflits, ajoutant au processus global de déstabilisation. Tout ce qui compte, selon Yuri, c'est qu'il y ait des conflits et des troubles entre différents groupes. Le processus de déstabilisation mène directement à la "crise".

Étape 3 : Crise

La troisième étape du processus est la "crise", et Yuri a expliqué qu'il ne fallait "que six semaines pour amener un pays au bord de la crise", en se référant à ce qui se passait en Amérique centrale à l'époque (c'est-à-dire les manœuvres des sectes dans cette région). Il peut s'agir d'un "changement violent de la structure du pouvoir et de l'économie" (par exemple, un coup d'État militaire ou une invasion).

Dans la phase de crise, les effets cumulés des phases de démoralisation et de déstabilisation atteignent leur paroxysme. La société s'effondre. Les groupes artificiels et bureaucratiques créés plus tôt dans le processus - remplis de membres de la secte - peuvent maintenant commencer à revendiquer le pouvoir, en utilisant la force si nécessaire : "Dans le cas des pays en développement, le processus commence lorsque les organes légitimes du pouvoir, la structure sociale, s'effondrent... elle ne peut plus fonctionner. Au lieu de cela, nous avons des organes artificiels injectés dans la société, tels que des comités non élus (par exemple, des comités "révolutionnaires", des groupes de travailleurs sociaux ou gouvernementaux, des ONG/associations à but non lucratif, des organisations de médias, etc.

En raison du chaos, la population en général peut être à la recherche d'un sauveur à ce stade. Des voix peuvent s'élever pour réclamer un gouvernement plus "fort" ou plus autoritaire, voire un "gouvernement socialiste" centralisé. Ce "sauveur" peut prendre la forme d'un groupe marxiste local interne prenant le contrôle du pays ou de l'invasion du pays par une force marxiste externe. Selon Yuri, il en résulte soit une guerre civile, soit une invasion.

Le scénario de la guerre civile implique essentiellement que la secte lutte pour le pouvoir contre des groupes opposés. Soit les non-marxistes empêchent la secte de prendre le pouvoir, soit ils ne le font pas. S'il n'existe pas de groupe marxiste interne capable de le faire, la force viendra de l'extérieur. Yuri a utilisé le Liban comme exemple du scénario de la guerre civile, qu'il "a été implanté artificiellement au Liban par (l') injection de force de l'OLP".

En ce qui concerne les invasions, il a mentionné les opérations soviétiques en Afghanistan ainsi que les diverses occasions où les Soviétiques ont envahi les pays d'Europe de l'Est. (L'OLP (*Organisation de libération de la Palestine*), soutenue par Moscou, a été active au Liban de la fin des années 1960 au début des années 1980).[91] Tenter d'inverser l'ensemble du processus de subversion idéologique à ce stade n'est possible qu'en apportant un soutien fort à l'ensemble du pays, en empêchant la guerre civile/l'invasion et en empêchant la montée en puissance du "gouvernement fort". Quelle que soit la voie empruntée par la crise - guerre civile ou invasion - elle conduit à l'étape suivante : la normalisation.

Étape 4 : Normalisation

La quatrième étape est la "normalisation" qui, selon Yuri, peut durer indéfiniment. Le terme "normalisation" est une autre façon de dire "sous contrôle marxiste". Yuri explique qu'il s'agit d'un terme ironique, utilisé par les Soviétiques après leur invasion de la Tchécoslovaquie en 1968, lorsque le Premier ministre soviétique Leonid Brejnev (1906-1982) a déclaré que la situation dans ce pays était "normalisée".

Cette étape de "normalisation" est essentiellement le contraire de la deuxième étape ("déstabilisation") car "les dirigeants autoproclamés de la société n'ont

---

[91] Brand, W.E., "Soviet Russia, The creator of the PLO and The Palestinian people".

https://www.readcube.com/articles/10.2139/ssrn.2387087

plus besoin de révolution (et) de radicalisme". Ils veulent maintenant de la stabilité, du calme. Tout ce qui n'est pas conforme à cette exigence est réprimé et éliminé avec une extrême précaution. Il s'agit essentiellement de "stabiliser le pays par la force".

En pratique, cela signifie que "tous les militants "dormants", les travailleurs sociaux, les libéraux, les homosexuels, les professeurs, les marxistes et les léninistes... sont éliminés, parfois physiquement. Ils ont déjà fait leur travail, on n'a plus besoin d'eux. Les nouveaux dirigeants ont besoin de stabilité pour exploiter la nation, pour exploiter le pays, pour profiter de la victoire".[85] Une fois de plus, l'idéologie prend le dessus en vagues de plus en plus extrêmes, balayant les précédentes. C'est à ce moment que tous les membres de la secte des traîtres marxistes, qui ont contribué à déstabiliser ou à subvertir leur propre patrie, reçoivent la surprise bien méritée de leur vie.

Des solutions pour les différentes étapes

À ce stade critique et très tardif de l'ensemble du processus, lorsqu'une nation a atteint ce stade (normalisation), seule une force militaire venant de l'extérieur (par une force non marxiste) peut la renverser. L'invasion de la Grenade par les États-Unis en 1983 en est un exemple (alors récent) : "Pour inverser ce processus, il faut déployer d'énormes efforts, alors qu'aujourd'hui, les États-Unis ont dû envahir la Grenade pour inverser le processus de subversion". Bien que de nombreux Américains s'y soient opposés, Yuri a soutenu que les États-Unis auraient dû intervenir plus tôt dans le processus, au cours de la première phase de "démoralisation" (au lieu d'attendre la "normalisation").

Les objections "PC" des "amoureux de la paix" et des membres des sectes aux États-Unis s'y seraient opposées : "Pourquoi ne pas empêcher Maurice Bishop d'accéder au pouvoir ? Pourquoi ne pas arrêter le processus avant qu'il n'aboutisse à une crise ? Oh non, les intellectuels ne vous laisseront pas faire - c'est de l'ingérence dans les affaires intérieures. Ils sont très attentifs à ce que l'administration américaine ne s'immisce pas dans les affaires intérieures des pays d'Amérique latine ; ils ne voient pas d'inconvénient à ce que l'Union soviétique s'immisce dans ses affaires". En effet. Deux poids, deux mesures ! Pendant des années, on nous a dit (dans les régions infectées du monde) que seule l'Amérique faisait ce genre de choses parce qu'elle était une horrible puissance impérialiste. Avec le recul, nous pouvons voir que l'Amérique aurait eu raison d'empêcher l'émergence d'un autre pays infecté par le communisme près de ses frontières. C'est tout à fait vrai ! Bien sûr, lorsque les États-Unis ont attendu les dernières étapes pour envahir le pays, ils ont découvert que la Grenade était une base militaire pour les Soviétiques.

Pour réitérer le point de vue de Yuri : au stade de la "normalisation", "il faut uniquement et toujours la force militaire. Aucune autre force sur Terre ne peut inverser ce processus à ce stade".[85] Cela reflète la gravité de la situation : lorsqu'un pays est sous le contrôle du culte marxiste, il représente une menace dangereuse pour tout pays qui n'est pas encore totalement infecté.

Yuri a expliqué qu'au stade de la "crise", "il ne faut pas une invasion militaire de l'armée américaine (note : ou de toute autre force libératrice non marxiste), il faut une action forte comme au Chili : une implication secrète de la CIA pour empêcher le "sauveur" de l'extérieur d'arriver au pouvoir et stabiliser le pays avant qu'il n'éclate en guerre civile... Soutenir les forces conservatrices de droite par de l'argent, des escroqueries ou de l'amour - cela n'a pas d'importance. Stabilisez le pays, ne laissez pas la crise dégénérer en guerre civile ou en invasion". Il a également souligné que, comme on pouvait s'y attendre, certains Américains s'insurgeraient contre le "politiquement correct" (marxiste) en affirmant que les interventions précoces sont illégales, etc. (Il s'agit d'une référence à l'*opération Condor* au Chili et à Augusto Pinochet. Condor était une opération anticommuniste juste et justifiable, soutenue par la CIA et impliquant la collaboration de plusieurs gouvernements de droite d'Amérique du Sud).

Voici un point très utile pour notre situation actuelle : comment pourrions-nous arrêter le processus à un stade encore plus précoce ? En supprimant les "révolutionnaires". Au stade de la déstabilisation, il n'est pas nécessaire de mener des opérations secrètes ou des invasions militaires : "Vous savez ce qu'il faut faire ? La restriction de certaines libertés pour de petits groupes autoproclamés ennemis de la société. C'est aussi simple que cela".[85] Quelle bonne idée ! Une fois de plus, le tumulte hystérique et irrationnel s'ensuivrait, la constitution du pays et les droits civils de ces traîtres/membres de secte/criminels étant cités. D'un point de vue rationnel, si une personne détruit activement sa civilisation d'origine (parce qu'elle est jeune/stupide/indoctrinée), elle renonce à ses droits à la liberté dans la société ! À tout le moins, ces personnes devraient être surveillées et considérées comme des criminels potentiels. Nous avons cette attitude à l'égard des criminels, elle devrait donc s'appliquer également aux membres des sectes activistes marxistes.

Notre maxime en la matière devrait être la suivante : si vous faites partie d'un mouvement cultuel destructeur et anti-humanitaire, vous renoncez à vos droits de l'homme. Une fois encore, le spectre marxien de l'"égalité" entre en jeu de manière problématique. Aux yeux de certains, ces faux révolutionnaires marxistes destructeurs de civilisation devraient avoir les mêmes droits que les citoyens normaux, ordinaires, non endoctrinés et respectueux de la loi. Quelle connerie ! Une erreur de jugement fatale.

Yuri poursuit : "Ok, si vous permettez aux criminels d'avoir des droits civiques, continuez... et mettez le pays en crise. C'est une façon de faire sans effusion de sang. Limitez les droits. Je ne veux pas dire les mettre en prison... Je ne parle pas de mettre tous les gays de San Francisco dans un camp de concentration... Ne leur permettez pas de prendre des forces politiques ! Ne les élisez pas aux sièges du pouvoir !... Il faut que les électeurs américains se mettent dans la tête que les personnes de ce genre, dans les sièges du pouvoir, sont des ennemis".

Pour prévenir la démoralisation, Yuri recommande de ne pas autoriser l'entrée de propagande étrangère ou toxique dans le pays dès le premier stade du processus : "Si, à ce stade, la société est suffisamment forte, courageuse et consciencieuse pour mettre un terme à l'importation d'idées étrangères, toute la chaîne des événements pourrait être évitée... Le processus de démoralisation pourrait être stoppé ici même... à la fois en tant qu'exportation et en tant qu'importation". En d'autres termes, comme indiqué au début, "Non au marxisme. Pas d'exception". Il est intéressant de constater que des pays comme la Chine et la Corée du Nord empêchent strictement toute idéologie ou média étranger d'atteindre - et potentiellement d'influencer - leurs populations, alors qu'ils exportent activement l'idéologie (la première en particulier).

Nous sommes tous en état de guerre

Dans l'interview de 1984 avec G. Edward Griffin, Yuri a fait une déclaration qui devrait être plus facile à comprendre aujourd'hui qu'à l'époque (souligné pour l'emphase) : "La plupart des politiciens, des médias et du système éducatif américains forment une nouvelle génération de personnes qui pensent vivre en temps de paix. Faux. Les États-Unis sont en état de guerre, une guerre totale non déclarée contre les principes de base et les fondements de ce système (l'idéologie/la secte marxiste)". (Bien sûr, cela s'applique à la civilisation en général, ou à tout autre pays infecté par l'idéologie, et pas seulement aux États-Unis). Ce système est "aussi ridicule que cela puisse paraître, le "système communiste mondial" ou la "conspiration communiste mondiale". Que je fasse peur à certaines personnes ou non, je m'en fiche, si vous n'avez pas peur maintenant, rien ne pourra vous faire peur".[84]

Parlant de la catastrophe imminente vers laquelle se dirigeaient les États-Unis (et, en fait, le reste du monde), il a déclaré : "Vous avez littéralement plusieurs années à vivre... à moins que les États-Unis ne se réveillent... la bombe à retardement fait tic-tac, à chaque seconde, le désastre se rapproche de plus en plus... contrairement à moi, vous n'aurez nulle part où vous réfugier... C'est ici, c'est le dernier pays de liberté et de possibilités".

Lorsque M. Griffin lui a demandé ce que le peuple américain devait faire face à tout cela, il a répondu qu'il y avait quelques solutions : premièrement, éduquer, à l'échelle nationale, dans "l'esprit du vrai patriotisme", et deuxièmement, informer des dangers du gouvernement marxiste ; ajoutant : "Si les gens ne parviennent pas à saisir le danger imminent... rien ne pourra jamais aider les États-Unis". Il a ajouté : "Alors... éduquez-vous... comprenez ce qui se passe autour de vous, vous ne vivez pas en temps de paix... vous êtes en état de guerre et vous avez très peu de temps pour vous sauver vous-mêmes...Comme je l'ai dit, je suis maintenant dans votre bateau si nous sombrons ensemble, nous sombrerons magnifiquement ensemble. Il n'y a pas d'autre endroit sur cette planète où se réfugier". Tic-tac, tic-tac, tic-tac...

Saul Alinsky

> "L'enfer serait le paradis pour moi. Toute ma vie, j'ai été avec les pauvres. Ici, si vous êtes un pauvre, vous manquez d'argent. En enfer, si vous êtes un pauvre, vous manquez de vertu. Une fois que je serai en enfer, je commencerai à organiser les pauvres là-bas"[92]

> Saul Alinsky, interview avec le magazine Playboy, 1972

Un autre personnage notable est Saul Alinsky, un marxiste de premier plan actif aux États-Unis. Bien que nous allions à rebours de la chronologie (puisque Alinsky est mort en 1972, juste après l'arrivée de Yuri aux États-Unis), il est approprié de le placer après la section Bezmenov. En effet, Alinsky était le membre subversif de la secte qui opérait sur le terrain, mettant en œuvre les changements dont parlait Yuri au cours du processus de subversion idéologique. En fait, je ne vois pas de meilleure personne (ou de personne plus tristement célèbre) à présenter lorsqu'on examine l'application des tactiques marxistes, en particulier parmi les minorités "opprimées" ou les groupes du "prolétariat".

Il était principalement connu pour être un "organisateur communautaire", ou un "agitateur" (marxiste) si vous préférez. Les tactiques qu'il a développées ont inspiré des générations d'adeptes, notamment le *mouvement Occupy de 2011/12* et la *rébellion Extinction* qui a vu le jour en 2018, *Black Lives Matter, Insulate Britain, Just Stop Oil* et bien d'autres.

Qui était Saul Alinsky ?

Saul David Alinsky est né le 30 janvier 1909 à Chicago, dans l'Illinois, et a été actif des années 1930 aux années 1960. Il fréquente l'université de Chicago où il étudie la sociologie et la criminologie, sous la direction de Robert Park et d'Ernest Burgess. Il a également passé un certain temps en compagnie de la mafia d'Al Capone, en particulier avec l'un des "hommes de main" de Capone, Frank Nitti. À un moment donné, Alinsky a collecté des fonds pour les Brigades *internationales* contrôlées par le Comintern, *la* force marxiste de volontaires internationaux qui a combattu les forces nationalistes de Francisco Franco pendant la guerre civile espagnole (1936-1939).[93]

Alinsky a été décrit comme un "activiste" et était principalement connu pour être un "organisateur communautaire", travaillant avec divers groupes ethniques minoritaires, notamment les communautés noire et mexicaine, respectivement à Rochester, New York et en Californie. Il estimait que son rôle était d'"organiser les pauvres" (quel homme sympathique). Il a participé à la

---

[92] Norden, E., "Saul Alinsky : Playboy Interview (1972)", 1er mai 2018.

https://scrapsfromtheloft.com/comedy/saul-alinsky-playboy-interview-1972/

[93] https://www.britannica.com/biography/Saul-Alinsky

création de groupes tels que le *Back of the Yards Council* en 1939, d'un réseau national de groupes communautaires appelé *Industrial Areas Foundation* (IAF) en 1940, et d'un ensemble de groupes appelé *The Woodlawn Organisation* (TWO) qui a pris de l'importance dans les années 1960.

Ces groupes avaient généralement pour objectif d'attirer, de "radicaliser"/manipuler et de mobiliser les personnes à faibles revenus et les habitants des quartiers défavorisés (la TWO, par exemple, ciblait les communautés noires des quartiers défavorisés). Il a également participé à une organisation appelée F.I.G.H.T. à Rochester, dans l'État de New York. Alinsky faisait payer ses "services", pour venir "aider" les communautés, et se comportait comme s'il était invité par "les gens".[93]

La méthode particulière d'Alinsky pour promouvoir l'idéologie - en exploitant ces groupes "opprimés" - a permis d'endoctriner des personnes qui ne l'auraient normalement pas été, garantissant ainsi que le plus grand nombre possible de personnes soient prises dans le grand filet rouge du lavage de cerveau. Cette méthode de ciblage des communautés a été d'un grand intérêt stratégique pour la secte/idéologie : elle a permis d'étendre son influence à certaines zones qui étaient auparavant inaccessibles au système éducatif, en particulier au niveau universitaire. Les propos d'Alinksy dans *Rules for Radicals* (1971) montrent clairement que les manifestants non blancs qu'il "encourageait" étaient endoctrinés par l'activisme qu'il prônait. En d'autres termes, "Plaignez-vous et vous recevrez". Son autre ouvrage notable (similaire) est *Reveille for Radicals* (1946).

Alinsky est mort en Californie en 1972, mais son héritage a perduré, inspirant des personnalités telles que Barrack Obama et Hillary Clinton. Obama, socialiste notoire, a été un protégé du mouvement Alinsky à Chicago, où il a effectué un travail communautaire similaire avant de gravir les échelons. Admiratrice d'Alinksy, Hillary Clinton a rédigé une thèse sur Rules for Radicals lorsqu'elle était à l'université (apparemment, elle ne voulait pas que cette thèse soit largement diffusée pendant la campagne présidentielle de Bill Clinton). Elle était une grande fan et a entretenu plusieurs correspondances avec lui.[94]

Ce qu'il était

Ce type était un serpent marxiste facilement identifiable et un maître de la manipulation. Il aurait dû être évident qu'il n'avait pas la moindre once d'empathie/sympathie, en particulier lorsqu'il s'agissait du bien-être de ceux qui n'avaient rien en commun avec lui (c'est-à-dire les Noirs, les Mexicains, les Irlandais catholiques, etc.)). Est-il plus probable qu'il se soucie réellement de ces "opprimés" (qui lui sont totalement étrangers) ? Ou bien avait-il un agenda et feignait-il de s'inquiéter, puis de faire preuve de vertu, etc. Ses

---

[94] https://www.lincolninstitute.org/hillary-clinton-saul-alinsky-and-lucifer/

interviews sont révélatrices, mais ses actions et ses écrits l'exposent vraiment tel qu'il était.

Il a écrit Rules for Radicals en 1971, peu de temps après la période du maccarthysme, à laquelle il fait référence au début du livre. C'est notamment pour cette raison qu'il ne se qualifie pas ouvertement de "marxiste" ou de "communiste" ; il faisait partie de la vague "ne vous appelez pas communiste". Dans le livre, il écrit : "Ils sont maintenant l'avant-garde, et ils ont dû partir presque de zéro. Peu d'entre nous ont survécu à l'holocauste de Joe McCarthy au début des années 1950, et parmi eux, il y en avait encore moins dont la compréhension et la perspicacité avaient dépassé le matérialisme dialectique du marxisme orthodoxe. Mes collègues radicaux (note : il ne se dit pas marxiste !) qui étaient censés transmettre le flambeau de l'expérience et des idées à une nouvelle génération n'étaient tout simplement pas là". [95] Manifestement, malgré la pression anti-sectes exercée par McCarthy et consorts, les membres de sectes comme Alinsky sont restés défiants.

Lors d'un discours prononcé au Kirby Centre du *Hillsdale College*, à Washington D.C., en juillet 2010, David Horowitz a évoqué l'attitude d'Alinksy à l'égard de la Nouvelle Gauche des années 1960 : "(Alinsky) critiquait la Nouvelle Gauche. Je faisais partie de la Nouvelle Gauche... Nous avions une grâce rédemptrice : nous disions ce que nous voulions. "Nous voulons la révolution et nous la voulons maintenant ! Nous voulons que l'Amérique perde au Viêt Nam", voilà ce que nous disions. Alinsky pensait que nous étions fous de dire cela... (il) disait "ce que vous faites quand vous dites ces choses, c'est que vous télégraphiez aux gens ce que vous allez faire... et ils vont comprendre que vous êtes une menace et c'est mauvais".[96]

Ipso facto, Alinsky se considérait comme une menace, subversive de surcroît. Il était simplement un agent caché à la vue de tous. Pour ceux qui portaient leurs lunettes anti-marxistes, il aurait été facile de le repérer ; pour d'autres, il était une aide bénigne aux pauvres, etc.

Règles pour les radicaux

En 1971, Alinsky a révélé au monde son livre maléfique Rules for Radicals : A Pragmatic Primer for Realistic Radicals (Règles pour les radicaux : une introduction pragmatique pour les radicaux réalistes). Ce livre nous donne un aperçu de ce qu'il était - psychotique, manipulateur et moralement dégénéré. Il est facile de voir comment ce livre a contribué à la psychose fanatique dont font preuve les membres de sectes aujourd'hui. Il s'agit en fait d'un manuel d'instruction pour eux, qui aurait pu s'intituler "Comment être un activiste

---

[95] Alinsky, S., *Rules for Radicals* (1971) (xiii, prologue).

[96] "David Horowitz : What Conservatives Should Know About Saul Alinsky", Kirby Centre, Hillsdale College, 2010. https://www.YouTube.com/watch?v=GxHrbGPIQ-o

marxiste et un subversif". "Radical" était évidemment un bon choix, plutôt que d'utiliser marxiste (en outre, il aurait été attrayant pour toute personne ayant des tendances hippies). Selon l'auteur texan Richard Pennington, ce livre était une lecture obligatoire à l'université du Texas en 1972, dans le cadre du cours "Introduction au comportement politique".[97] David Horowitz a mentionné dans la même conférence (ci-dessus) que le livre avait une présence notable dans les nombreuses universités qu'il a fréquentées.

Voici la liste du contenu par chapitre : "Le but ; Les moyens et les fins ; Un mot sur les mots ; L'éducation d'un organisateur ; La communication ; Au début ; Les tactiques ; La genèse de la procuration tactique ; et La voie à suivre". Je suis sûr que ces éléments trouveront un écho et susciteront la curiosité du lecteur (et notez les références évidentes à la Bible).

Dans le chapitre "Of Means and Ends", Alinksy consacre une section à convaincre le lecteur qu'il ne doit pas s'inquiéter des conséquences de ses actions, s'il croit que ses objectifs sont nobles (c'est-à-dire les objectifs marxistes). De toute évidence, si le lecteur lit son livre, c'est qu'il croit déjà que ses objectifs sont nobles. Par conséquent, en lisant entre les lignes, Alinsky leur dit : "Ne vous inquiétez pas, faites ce que vous voulez, parce que vous avez raison. Ignorez ces critiques stupides qui disent que vous êtes immoral ou contraire à l'éthique". Cette attitude n'est-elle pas évidente chez les membres des sectes aujourd'hui ? À la page 126, Alinsky énumère ses règles :

1 "La puissance n'est pas seulement ce que vous avez, mais ce que l'ennemi pense que vous avez".

2 "Ne jamais aller au-delà de l'expérience de votre peuple".

3 "Dans la mesure du possible, sortir de l'expérience de l'ennemi".

4 "Obliger l'ennemi à respecter ses propres règles".

5 "Le ridicule est l'arme la plus puissante de l'homme. Il est presque impossible de contre-attaquer le ridicule. De plus, il exaspère l'adversaire, qui réagit alors à votre avantage".

6 "Une bonne tactique est une tactique que vos collaborateurs apprécient".

7 "Une tactique qui traîne trop longtemps devient un frein".

8 "Maintenir la pression".

9 "La menace est généralement plus terrifiante que la chose elle-même".

---

[97] Pennington, R., "Saul Alinsky's "Rules for Radicals"-Required Reading at UT in 1972", 5 avril 2019.

https://richardpennington.com/2019/04/saul-alinskys-rules-for-radicals-required-reading-at-ut-in-1972/

10 "Le principe fondamental de la tactique est le développement d'opérations qui maintiendront une pression constante sur l'opposition".

11 "Si vous poussez un négatif suffisamment fort et profond, il se brisera sur son opposé ; ceci est basé sur le principe que chaque positif a son négatif".

12 "La douzième règle : Le prix d'une attaque réussie est une alternative constructive.

13 "Choisir la cible, la figer, la personnaliser et la polariser".[98]

La première règle résume assez bien la secte : "fake it till you make it" (faire semblant jusqu'à ce qu'on y arrive). En gros, ils font beaucoup de bruit et jouent les gros bras pour intimider l'opposition potentielle, tout en suscitant la confiance dans l'organisation, etc. Cela rappelle la façon dont les jeunes chats se battent : ils courent parfois vers vous de côté, pour paraître plus grands qu'ils ne le sont en réalité. Il est essentiel que la partie non endoctrinée de la civilisation comprenne cela - nous sommes facilement plus nombreux qu'eux, et la secte n'est pas aussi grande qu'elle le prétend, il n'y a donc aucune raison d'avoir peur !

La cinquième règle résume leur comportement dans le discours public lorsqu'ils traitent avec leurs ennemis, en particulier en ligne. Les membres de la secte dans les médias qui se livrent à la diffamation en sont une autre manifestation. La huitième règle concerne leur tentative de briser mentalement leurs cibles. La règle 9 relève davantage de la tactique de guerre psychologique, illustrée par le fait que les membres de la secte profèrent constamment des menaces à l'encontre de leurs adversaires, mais ne font rien physiquement dans la plupart des cas. La treizième règle va dans le même sens, en essayant d'isoler et de calomnier les opposants.

Formulation sournoise

L'un des moyens les plus faciles de voir qu'Alinsky n'était qu'un marxiste sous le masque est le vocabulaire qu'il utilisait. Il décrivait les pauvres, la classe moyenne et les riches comme étant respectivement "ceux qui n'ont rien", "ceux qui ont peu, ceux qui veulent plus" et "ceux qui ont". Par "nantis", il entendait les riches/bourgeois (oppresseurs) ; par "démunis", il entendait la classe "opprimée" ou prolétaire. Une tentative éhontée - et manifestement efficace - de réactualiser le principe de l'oppresseur contre l'opprimé. Pathétique.

Il y a une petite section intitulée "Distinctions de classe : La Trinité" : "Le cadre du drame du changement n'a jamais varié. L'humanité a été et est toujours divisée en trois parties : les nantis, les démunis, et les moins nantis, les plus démunis".[99] L'utilisation du mot "Trinité" n'est qu'une des nombreuses

---

[98] Alinsky, S. *Rules for Radicals* (1971), p. 126.

[99] Ibid. P. 32.

attaques partisanes contre le christianisme contenues dans le livre, typiques d'un juif marxiste comme Alinsky.

Naturellement, évoquant le pouvoir de la suggestion, les "démunis" sont dépeints comme les révolutionnaires potentiels opprimés, brûlant d'envie de faire la révolution (marxiste) : "En bas de l'échelle se trouvent les démunis du monde. Sur la scène mondiale, ils sont de loin les plus nombreux. Ils sont enchaînés par la misère commune de la pauvreté, du logement pourri, de la maladie, de l'ignorance, de l'impuissance politique et du désespoir ; lorsqu'ils ont un emploi, celui-ci est le moins bien rémunéré et ils sont démunis dans tous les domaines essentiels à l'épanouissement de l'homme. Enfermés dans des cages de couleur, physiques ou politiques, ils n'ont pas la possibilité de se représenter dans la politique de la vie. Les nantis veulent garder ; les démunis veulent obtenir. Une fois la fièvre commencée, la flamme suivra. Ils n'ont pas d'autre choix que d'aller vers le haut". Notez l'utilisation du mot "enchaîné". Et la dernière phrase est amusante : il s'agit d'un clin d'œil semi-cryptique à ce qui a été écrit dans le Manifeste communiste : "Prolétaires de tous les pays, unissez-vous ! Vous n'avez rien d'autre à perdre que vos chaînes".[100]

Cibler les jeunes

Il a écrit d'une manière qui s'adresse aux jeunes naïfs et alimente leur ego, en feignant le respect et en utilisant un langage et des sentiments vertueux : "Je salue la génération actuelle. Accrochez-vous à l'un des éléments les plus précieux de votre jeunesse, le rire - ne le perdez pas comme beaucoup d'entre vous semblent l'avoir fait, vous en avez besoin. Ensemble, nous pourrons peut-être trouver une partie de ce que nous cherchons : le rire, la beauté, l'amour et la possibilité de créer".[101] Il a écrit pour les "radicaux d'aujourd'hui" (en 1971) : "J'espère que ces pages contribueront à l'éducation des radicaux d'aujourd'hui et à la conversion des passions chaudes, émotionnelles et impulsives qui sont impuissantes et frustrantes en actions qui seront calculées, déterminées et efficaces".[102]

Il a encouragé le comportement irrespectueux que l'on observe chez de nombreux jeunes d'aujourd'hui à l'égard des générations plus âgées. Sur le fossé entre les générations et sur la manière dont les générations plus âgées pourraient faire face aux tendances révolutionnaires de la jeunesse : "Incapables de faire face au monde tel qu'il est, ils reculent devant toute confrontation avec la jeune génération avec ce cliché exaspérant : "quand tu seras plus vieux, tu comprendras". On peut se demander quelle serait leur réaction si un jeune leur répondait : "Quand tu seras plus jeune, ce qui ne sera

---

[100] Ibid. P. 33.

[101] Ibid. P. 18.

[102] Ibid. P. 21.

jamais le cas, tu comprendras, alors bien sûr, tu ne comprendras jamais".[103] Quelle manipulation : il est hautement destructeur pour un jeune de lire que la phrase "quand tu seras plus grand, tu comprendras" est en quelque sorte négative, car souvent, cette phrase est exactement ce qu'il a besoin d'entendre ; elle peut lui inculquer une certaine humilité, empêcher son ego de gonfler (et de penser qu'il sait ce qui est le mieux pour l'humanité, puis de devenir un activiste, etc.)

Une révolution permanente

Alinsky a habilement présenté au lecteur son interprétation de la "révolution permanente" : "Si nous considérons la lutte comme l'ascension d'une montagne, alors nous devons nous représenter une montagne sans sommet.... Et c'est ainsi qu'elle continue, interminablement... Simplement, c'est la nature même de la vie que d'être une ascension et que la résolution de chaque problème crée à son tour d'autres problèmes, nés de difficultés qui sont inimaginables aujourd'hui. La poursuite du bonheur est sans fin ; le bonheur réside dans la poursuite". Et : "L'histoire est un relais de révolutions ; le flambeau de l'idéalisme est porté par le groupe révolutionnaire jusqu'à ce que ce groupe devienne un establishment, puis le flambeau est tranquillement déposé pour attendre qu'un nouveau groupe révolutionnaire le reprenne pour la prochaine étape de la course. C'est ainsi que le cycle révolutionnaire se poursuit".[104] Il lavait le cerveau des jeunes et des naïfs qui lisaient ces lignes pour qu'ils créent une "révolution" permanente tout au long de leur vie, devenant ainsi des problèmes odieux que le reste d'entre nous doit résoudre.

Formation d'agitateurs marxistes

Il a fait référence à la formation des militants marxistes : "La construction de nombreuses organisations de masse qui fusionneront en une force nationale de pouvoir populaire (note : mouvement communiste) ne peut se faire sans de nombreux organisateurs. Puisque les organisations sont créées, en grande partie, par l'organisateur, nous devons découvrir ce qui crée l'organisateur. C'est le problème majeur de mes années d'expérience en matière d'organisation : la recherche d'organisateurs potentiels et leur formation. Au cours des deux dernières années, j'ai mis en place une école de formation spéciale pour les organisateurs, avec un programme de quinze mois à temps plein.[105]

Sur la façon dont l'agitateur marxiste doit communiquer et se mêler à ses communautés cibles : "Il apprend les légendes, les anecdotes, les valeurs et les idiomes locaux. Il écoute les petites conversations. Il s'abstient de toute

---

[103] Ibid. P. 9.

[104] Ibid. P. 35.

[105] Ibid. P. 73.

rhétorique étrangère à la culture locale : il sait que des mots usés comme "raciste blanc", "porc fasciste" et "enculé" ont été tellement répandus que leur utilisation fait désormais partie de l'expérience négative de la population locale, ne servant qu'à identifier l'orateur comme "un de ces cinglés" et à couper court à toute communication ultérieure".[106] Il s'agit là d'un truc marxiste subversif et sournois, qui cache sa nature de communiste aux membres de la communauté tout en les manipulant.

Pourquoi la secte doit-elle avoir beaucoup de questions/sous-agenda ?

Il a insisté sur le fait qu'il est crucial pour la secte de s'engager sur plusieurs sujets simultanément, afin qu'il y ait toujours quelque chose qui se passe : "Non seulement une organisation à thème unique ou même à double thème vous condamne à être une petite organisation, mais il est évident qu'une organisation à thème unique ne durera pas. Une organisation a besoin d'action comme un individu a besoin d'oxygène. Avec seulement une ou deux questions, il y aura certainement une interruption de l'action, et alors viendra la mort. La multiplicité des sujets est synonyme d'action constante et de vie".[107] La secte est donc comme un requin qui doit continuer à nager pour obtenir de l'oxygène. Imaginez un requin rouge communiste qui nage en permanence dans la révolution.

Cette logique peut être appliquée au mouvement marxiste dans son ensemble, au niveau mondial. Est-ce une autre raison pour laquelle ils ont tant de questions différentes ("sous-agenda") et les soutiennent, afin de rester actifs ? Il est certain que le fait d'avoir autant de sous-agendas signifie que le grand filet rouge peut être jeté bien large, attirant de nombreux adhérents.

Le fait qu'il y ait de nombreux types de numéros/sous-agenda différents pour répondre à tous les goûts (comme indiqué ailleurs) en est la garantie : "Il existe un moyen de maintenir l'action et d'éviter qu'elle ne s'éternise, mais cela signifie qu'il faut constamment couper de nouveaux numéros au fur et à mesure que l'action se poursuit, de sorte qu'au moment où l'enthousiasme et les émotions suscités par un numéro commencent à se calmer, un nouveau numéro entre en scène, ce qui a pour effet de relancer l'action. Avec l'introduction constante de nouveaux sujets, cela continuera encore et encore. L'énergie révolutionnaire ne s'arrêtera jamais".[108] Une révolution sans fin ? comme c'est délicieux !

L'esprit marxiste des monstres de contrôle

Un autre exemple de l'obsession marxienne pour la "révolution" : "L'un des

---

[106] Ibid. P. 80.

[107] Ibid. P. 86.

[108] Ibid. P. 163.

grands problèmes au début d'une organisation est souvent que les gens ne savent pas ce qu'ils veulent. La découverte de ce fait suscite chez l'organisateur ce doute intérieur partagé par tant de gens, à savoir si les masses populaires sont compétentes pour prendre des décisions pour une société démocratique. C'est la schizophrénie d'une société libre que d'afficher sa foi dans le peuple mais de douter intérieurement qu'il soit digne de confiance. Ces réserves peuvent détruire l'efficacité de l'organisateur le plus créatif et le plus talentueux".[109] S'ils avaient vraiment besoin de quelque chose, ils le sauraient déjà ! C'est la logique marxiste : "Ils ne savent pas ce qu'ils veulent, mais ils veulent une révolution marxiste quelconque... parce qu'ils sont le prolétariat, donc ils doivent tout simplement le faire". L'habituelle ligne de pensée "le prolétariat ne sait pas ce qui est bon pour lui, il faut donc le pousser vers la révolution".

Être agressif pour que les gens écoutent

Il a insisté sur l'idée d'être agressif et de menacer les gens pour qu'ils ne vous écoutent pas : "On ne communique pas avec quelqu'un en se basant uniquement sur des faits rationnels ou sur l'éthique d'une question. Ce n'est que lorsque l'autre partie est préoccupée ou se sent menacée qu'elle écoute - dans le domaine de l'action, une menace ou une crise devient presque une condition préalable à la communication". En bref, faites attention à moi ou je vais vous faire du mal. La combinaison de ces éléments avec le facteur "spoil-brat" explique la puissance du fanatisme de la secte. La neuvième règle est la suivante : "La menace est généralement plus terrifiante que la chose elle-même".[110]

Susciter le mécontentement du prolétariat

L'agitateur marxiste doit trouver des sujets de plainte pour la communauté : "L'organisateur qui se consacre à changer la vie d'une communauté particulière doit d'abord frotter les ressentiments des membres de cette communauté, attiser les hostilités latentes de beaucoup d'entre eux jusqu'à ce qu'ils s'expriment ouvertement. Il doit rechercher la controverse et les problèmes, plutôt que de les éviter, car s'il n'y a pas de controverse, les gens ne se sentent pas assez concernés pour agir". Il est révélateur que cela corresponde au mode opératoire de la secte, qui consiste à générer des problèmes, à créer des tensions et à fomenter l'hostilité. Ils vont littéralement chercher et exagérer les choses pour faire proliférer l'idéologie. Il est évident que l'encouragement de la mentalité "opprimée" est au cœur de tout cela.[111]

Il ajoute : "Un organisateur doit susciter l'insatisfaction et le mécontentement :

---

[109] Ibid. P. 111.

[110] Ibid. P. 97.

[111] Ibid. P. 121.

"Un organisateur doit susciter l'insatisfaction et le mécontentement, fournir un canal dans lequel les gens peuvent déverser avec colère leurs frustrations. Il doit créer un mécanisme capable d'évacuer la culpabilité sous-jacente d'avoir accepté la situation antérieure pendant si longtemps. De ce mécanisme naît une nouvelle organisation communautaire. Il s'agit alors d'amener les gens à bouger, à agir, à participer ; en bref, à développer et à exploiter le pouvoir nécessaire pour entrer effectivement en conflit avec les modèles dominants et les changer (note : alias "révolution"). Lorsque les tenants du statu quo vous qualifient d'"agitateur", ils ont tout à fait raison, car c'est là, en un mot, votre fonction - agiter jusqu'au point de conflit".[112]

La secte joue les gros bras

Sur la tactique des groupes marxistes qui se présentent comme grands et intimidants : "Pour une illustration élémentaire de la tactique, prenez des parties de votre visage comme point de référence : vos yeux, vos oreilles et votre nez. D'abord les yeux : si vous avez mis sur pied une vaste organisation populaire de masse, vous pouvez l'exhiber visiblement devant l'ennemi et montrer ouvertement votre puissance. Deuxièmement, les oreilles : si votre organisation est peu nombreuse, faites ce que Gédéon a fait : cachez les membres dans l'obscurité, mais faites un vacarme et une clameur qui feront croire à l'auditeur que votre organisation est beaucoup plus nombreuse qu'elle ne l'est en réalité. Troisièmement, le nez : si votre organisation est trop petite pour faire du bruit, empuantissez l'endroit".[113]

Comme nous l'avons vu ailleurs, la tradition de la secte consistant à organiser régulièrement des manifestations publiques donne l'impression visuelle qu'elle est plus puissante et plus nombreuse qu'elle ne l'est en réalité. Malheureusement, dans de nombreux cas, cela suffit à intimider les gens ordinaires non endoctrinés et à les dissuader de défier et d'écraser la secte en public.

Une grande manifestation anti-immigration organisée à Dublin le lundi 5 février 2024 en est un exemple. Comme d'habitude, les membres de la secte en Irlande ont organisé une "contre-manifestation" ("antiracisme", etc.) devant le General Post Office sur O'Connell street. Des milliers de manifestants se sont présentés du côté patriotique. Le groupe de manifestants patriotes a considérablement éclipsé le groupe sectaire. Le YouTubeur irlandais Keith Woods a diffusé l'événement en direct, ce qui l'a clairement montré.[114]

---

[112] Ibid. P. 122.

[113] Ibid. P. 131.

[114] Keith Woods, "National Day of Protest - Ireland Belongs to the Irish", 5 février 2024.

Références bibliques ou occultes

Il est intéressant de noter que le livre contient de nombreuses références bibliques ou occultes. En fait, dès les premières pages, on trouve une dédicace à Lucifer : "N'oublions pas d'adresser au moins une reconnaissance au tout premier radical : de toutes nos légendes, mythologies et histoires (et qui sait où s'arrête la mythologie et où commence l'histoire - ou ce qui est vrai), le premier radical connu de l'homme qui s'est rebellé contre l'ordre établi et l'a fait si efficacement qu'il a au moins gagné son propre royaume - Lucifer".[115]

Non seulement la secte/idéologie elle-même est inspirée par cette entité célèbre/infâme, mais elle la représente. Et que représente Lucifer/Satan ? Il représente la défiance/l'opposition au "plan de Dieu" (c'est-à-dire la nature/l'ordre naturel des choses), ce que la secte/l'idéologie est très certainement. Le "royaume" de Satan n'est pas un enfer immatériel dans l'au-delà, mais la Terre elle-même si le mal (par exemple le marxisme) devient victorieux. Un royaume qui défie Dieu/le Créateur. (Note : certains croient que "Lucifer" ne représente pas le "mal", qu'il s'agit d'une entité distincte de "Satan". Il s'agit là d'un sujet ancien, ésotérique et colossal qui dépasse le cadre de ce livre).

Les titres des sections contiennent des références bibliques, telles que "Au commencement" et "La genèse de la tactique par procuration", ainsi que plusieurs références à l'apocalypse. "N'oubliez pas que nous parlons de révolution et non de révélation ; vous pouvez manquer la cible en tirant trop haut ou trop bas" ("comme en haut, comme en bas").[116] Le mot "apocalypse" (du latin "apocalypsis") signifie essentiellement "révélation". Se référait-il constamment à la Bible pour faire allusion à une sorte d'apocalypse, une apocalypse que la "révolution" marxienne contribuerait à provoquer ? Que savait Alinsky que "nous" ne savons pas ? Cela ressemble vraiment à une apocalypse, n'est-ce pas ?

De toute évidence, ces liens passeraient au-dessus de la tête de la plupart des gens (certainement les jeunes et/ou ceux qui n'ont aucune connaissance religieuse, ésotérique ou occulte), ce qui m'amène à penser qu'Alinsky était un sataniste. Comme je l'ai mentionné au début, le marxisme n'est pas le tout, ni même le sommet du totem - l'idéologie est issue de quelque chose de plus grand et de plus sinistre...

Dernières réflexions

Alinsky était une véritable bête de somme, manifestement manipulatrice, et qui

---

https://www.YouTube.com/watch?v=G-LLcv8xW7s

[115] Ibid. pré-intro (dédicaces/citations).

[116] Ibid. P. 10.

plus est, ouverte et fière de l'être. Comme l'a recommandé Yuri Bezmenov, la solution pour arrêter la subversion idéologique dans son élan est de restreindre les libertés de certains types d'individus. Les militants issus de la mouvance Alinsky font souvent des choses qui ne sont pas illégales, mais qui sont néanmoins perturbatrices, dérangeantes, etc. La solution pour la société est donc de rendre illégales les actions de cette nature ; de rendre illégal le fait d'être un activiste marxiste, essentiellement. (comme l'a dit Yuri - "restreindre les droits").

Pourquoi le reste d'entre nous devrait-il souffrir simplement parce qu'il y a des fous organisés et malavisés dans le monde ? Il est évident qu'avant d'y parvenir, le grand public - en nombre suffisant - devra comprendre le bien-fondé de cette ligne de conduite. Ce serait mettre la charrue avant les bœufs que d'attendre ce niveau de compréhension collective dès maintenant, avant que le message de ce livre n'atteigne tous ceux qu'il doit atteindre. Passons à autre chose.

Communautarisme

Puisque nous venons de parler des "organisateurs communautaires" communistes, poursuivons sur le thème de la communauté et examinons un autre concept trompeur (avec nos toutes nouvelles lunettes magiques antimarxistes !). Le communautarisme est une autre forme de marxisme déguisé. Comme pour "organisateur communautaire" (applaudissements Saul), il s'agit presque de "communiste" ou de "communisme", avec quelques lettres supplémentaires.

Définitions

Wikipédia étant la source la plus répandue (et donc en position d'influence massive sur les gens), voici ce qu'elle dit. J'ai souligné certains mots pour les mettre en évidence : "Le communautarisme est une philosophie qui met l'accent sur le lien entre l'individu et la communauté. Cette philosophie repose sur la conviction que l'identité sociale et la personnalité d'une personne sont largement façonnées par les relations communautaires, l'individualisme jouant un rôle moins important", et "Le communautarisme s'oppose généralement à l'individualisme extrême et désapprouve les politiques extrêmes qui négligent la stabilité de l'ensemble de la communauté".[117]

Cela semble charmant, n'est-ce pas ? N'oubliez pas que nous avons affaire à un serpent qui se débarrasse de sa peau. Notez l'utilisation du mot "philosophie" : une tactique marxiste typique pour donner au concept une certaine valeur intellectuelle ; cela tend à attirer les gens qui sont impressionnés par les choses "intellectuelles". (Comme nous l'avons vu, chaque fois que le mot "philosophie" est utilisé en relation avec quelque chose de "révolutionnaire" (marxiste), cela signifie souvent que quelqu'un évoque

---

[117] https://en.wikipedia.org/wiki/Communitarianism

des idées avec une orientation nettement marxienne, souvent post-moderniste). Vers la fin, on peut également constater que le ton est à l'apologie de la vertu. Le mot "extrême" suggère que tout ce qui s'oppose à cette "philosophie" est négatif ou contraire à l'éthique (par exemple, tout ce qui est "de droite"). Cette dernière partie insinue soigneusement que le communautarisme est bienveillant, collectiviste, et qu'il veut ce qu'il y a de mieux pour le groupe. La "stabilité" signifie que "la communauté est idéologiquement marxiste et que cette domination ne doit pas être menacée" ("stabilité" signifie "normalisation").

Une autre description de *Brittanica.com* : "Communautarisme, philosophie sociale et politique qui souligne l'importance de la communauté dans le fonctionnement de la vie politique, dans l'analyse et l'évaluation des institutions politiques, et dans la compréhension de l'identité et du bien-être humains. Il est apparu dans les années 1980 comme une critique de deux grandes écoles philosophiques : le libéralisme contemporain, qui cherche à protéger et à renforcer l'autonomie personnelle et les droits individuels en partie grâce à l'activité du gouvernement, et le libertarianisme, une forme de libéralisme (parfois appelé "libéralisme classique") qui vise à protéger les droits individuels - en particulier les droits à la liberté et à la propriété - en limitant strictement le pouvoir du gouvernement".[118] Il s'agit donc d'un anti-individualisme et d'un pro-collectivisme, en gros.

Origine du mot

Apparemment, le terme "communautarisme" a été inventé pour la première fois en 1841 par John Goodwyn Barmby (1820-1881). Il faisait également partie du mouvement socialiste utopique de l'époque et, apparemment (selon Wiki !), il "prétendait avoir introduit le mot communiste dans la langue anglaise en tant que traduction du mot français "communiste"". *Il a* également introduit Friedrich Engels dans le mouvement "communiste" français, et ils ont fondé deux organisations en 1841 : l'*Universal Communitarian Association* et la *London Communist Propaganda Society* (sept ans plus tard, le Manifeste communiste paraît).[119]

Il existe des liens entre ce concept de communautarisme et d'autres domaines que nous savons saturés de marxisme, tels que la sociologie, la social-démocratie, la philosophie, etc. Il est amusant de constater que de nombreuses définitions en ligne expliquent que ce type d'idées communautaires existe depuis des siècles, qu'elles figurent dans l'Ancien et le Nouveau Testament, dans le confucianisme, dans l'islam ("Shura", qui signifie "consultation") et dans le socialisme fabien, naturellement (encore une fois, le vieux truc du

---

[118] https://www.britannica.com/topic/communitarianism

[119] https://en.wikipedia.org/wiki/John_Goodwyn_Barmby

"Vous voyez ? Nous étions déjà marxistes et nous ne le savions pas").

Éléments du communautarisme

L'un des partisans modernes du communautarisme est un sociologue israélien né en Allemagne, Amitai Etzioni (1929-2023 ; né Werner Falkin). Il était le directeur de l'*Institute for Communitarian Policy* à l'université George Washington, à Washington D.C. (un institut entier dans une université américaine ? impressionnant). Il est l'auteur de nombreux ouvrages universitaires et livres sur le sujet, notamment *L'esprit de communauté : The Reinvention of American Society* (1993), *The New Golden Rule : Communisty and Morality in a Democratic Society* (1998), et *From Empire to Community : Une nouvelle approche des relations internationales* (2004).[120] En regardant ces titres, quelle est la part de révolution et d'esprit de vertu que l'on peut y déceler (roulements de yeux) ? Le dernier titre est un clin d'œil au fait (noté plus haut) que le marxisme est une nouvelle forme d'impérialisme qui a simplement remplacé la variété coloniale traditionnelle - "De l'empire à la communauté" pourrait également s'intituler "De l'empire au communisme".

En 1993, il a fondé une organisation appelée *Communitarian Network*. Etzioni a une chaîne YouTube, et dans sa vidéo *The Five Minute Communitarian*, il s'exprime ainsi : Il s'agit d'un type de philosophie sociale plutôt inhabituel, car le terme "communautaire" n'est pas du tout connu... en fait, très peu de gens l'utilisent. Par contre, il y a un très grand nombre de personnes (qui) ont des idées communautaristes...". Après avoir rappelé que ces idées ont existé tout au long de l'histoire, il poursuit en expliquant trois éléments majeurs : "Le premier est la notion que nous sommes membres les uns des autres. (!!)... et le deuxième (est) que nous avons besoin d'une infrastructure morale... et troisièmement, que les droits et les responsabilités vont de pair".[121]

Il explique la première par la phrase d'accroche "Le "Moi" a besoin d'un "Nous" pour exister". Il ajoute qu'il existe de nombreuses données en sciences sociales, collectées par le biais d'expériences psychologiques dans diverses situations sociales (y compris les prisons, les tours d'habitation, etc.), qui montrent que lorsque les gens sont isolés, ils "souffrent d'une grande variété d'afflictions - beaucoup d'entre elles sont psychologiques, certaines sont même physiologiques". Rien de révolutionnaire pour l'instant.

Il poursuit : "Il semble donc que l'essence de la nature humaine ne soit pas cet individu autonome et isolé, souvent chéri dans l'histoire et l'idéologie américaines (note : euh oh... encore une critique de l'Amérique/de l'américanisme...), mais quelqu'un qui s'épanouit dans une relation durable et

---

[120] https://www.amitaietzioni.org/

[121] Etzioni, A., "The Five Minute Communitarian HD", 16 avril 2015.

https://www.YouTube.com/watch?v=gKA4JjkiU4A

significative avec les autres". La solution est que "nous devons soutenir les communautés". Pour ce faire, il faut encourager davantage d'interactions sociales et communautaires en modifiant la manière dont nous construisons les structures, ce qui obligerait les gens à interagir davantage (trottoirs plus larges, plus de porches avant et moins de porches arrière, plus de promenades, ouverture des écoles locales pour les réunions communautaires, etc.) Il a également déclaré : "Si les communautés ne sont pas nourries, elles ont tendance à mourir, ce qui nous laisse avec des individus isolés. C'est le premier élément de la pensée communautaire : nous avons besoin de relations durables, nous avons besoin les uns des autres".

Le deuxième élément, explique Amitai, est la dimension morale - l'"infrastructure morale". Cela signifie essentiellement que la communauté encourage certains comportements chez les individus qui la composent. Comme il le dit, "les communautés ont des normes, pas des lois, des accords informels qui sont appliqués, mais rien de plus sévère que des gens qui s'agitent le doigt un jour ou l'autre, ou qui apprécient quand les gens respectent ces normes. Et elles suffisent, dans une communauté bien ancrée, à prendre en charge une énorme quantité d'affaires sociales". C'est pourquoi, selon Amitai, nous nous portons beaucoup mieux lorsque la communauté décide "du niveau de protection de l'environnement qui convient ; que faire si les gens ne se font pas vacciner ; à quelle hauteur devons-nous fixer les limites de vitesse ; une fois ces éléments mis en place, plus nous pouvons compter sur notre compréhension mutuelle et notre application informelle, mieux nous nous portons (*sic*)". [121]

Le troisième et dernier élément est "Droits et responsabilités". Amitai explique qu'il s'agit de la notion de droits individuels, mais que "les droits vont de pair avec les responsabilités sociales et que l'un ne va pas sans l'autre", faisant une nouvelle fois allusion au fait que l'Amérique a toujours mis l'accent sur les droits individuels. Il utilise des débats polarisants comme exemple, tels que le droit à la vie privée des individus contre le droit des États à protéger la nation du terrorisme, la liberté de la presse ou les questions de santé publique, etc. Il affirme que du point de vue communautaire, il est important que la conversation commence par "ne pas supposer qu'un côté l'emporte automatiquement sur l'autre et prévaut, mais commencer la conversation en soutenant que nous devons nous préoccuper à la fois de chérir nos droits, mais aussi de servir le bien commun - la sécurité et le service du bien commun par exemple". Tout cela ne fait qu'encourager la solidarité, fondamentalement, et le consensus qui en résulte sur les questions sociales, etc. Cela suggère que l'idée américaine traditionnelle de la souveraineté individuelle ne fait pas autant partie de la "nature humaine" que l'appartenance à la communauté.

Faut-il s'y fier ?

Certes, il ne s'agit que d'une seule personne, mais son avis est digne d'intérêt - il a été considéré comme une sorte de "gourou" du communautarisme et était certainement une voix respectée. Cela dit, tout cela ne semble-t-il pas un peu louche ? Que disent ces défenseurs du communautarisme ? Que nous avons besoin d'un mouvement pour encourager les gens à être plus sociaux ? C'est du grand n'importe quoi.

Tout cela profite-t-il au marxisme ? Essaient-ils de créer des communautés soudées de rats marxistes ayant subi un lavage de cerveau et connaissant les affaires de chacun ? Est-ce pour que les moutons puissent se surveiller les uns les autres, s'assurer que personne ne s'écarte de la meute et que tous les membres de la société pensent, parlent et agissent de la même manière ? Il ne s'agit pas d'aider les personnes isolées, déprimées ou souffrant de troubles mentaux, mais de s'assurer que tout le monde reste sous contrôle, sans échapper à la culture psychosociale collectiviste créée par la secte marxiste.

Section VI - La matrice marxiste

"La politique est en aval de la culture[1]

Andrew Breitbart, fondateur de *Breitbart News*,
"Courrielche : La nouvelle frontière des conservateurs"

Introduction

Dans *Matrix* (1999), Morpheus (Laurence Fishburne) et Neo (Keanu Reeves) s'apprêtent à traverser une rue très fréquentée. On voit d'abord le feu rouge (communiste) du passage pour piétons. Lorsqu'il passe au vert et qu'ils commencent à marcher au milieu de la foule, Morpheus parle d'endoctrinement : "La Matrice est un système, Neo, ce système est notre ennemi, mais quand vous êtes à l'intérieur, vous regardez autour de vous, que voyez-vous ? Des hommes d'affaires, des enseignants, des avocats, des charpentiers ; les esprits mêmes des gens que nous essayons de sauver. Mais jusqu'à ce que nous le fassions, ces gens font toujours partie de ce système, ce qui fait d'eux nos ennemis. Vous devez comprendre que la plupart de ces personnes ne sont pas prêtes à être débranchées ; et beaucoup d'entre elles sont tellement habituées, tellement désespérément dépendantes du système, qu'elles se battront pour le protéger. Tu m'écoutais, Neo, ou tu regardais la femme en robe rouge ?[2]

La vraie Matrice n'est pas verte comme dans le film, elle est rouge. La subversion marxiste est historiquement un système hautement organisé et professionnel, qui utilise des méthodes éprouvées. Nous examinons ici les "courroies de transmission de la culture" que l'idéologie/la secte utilise pour infecter un pays/une société.

Clizbe et ses complices

Un excellent livre sur la subversion marxiste aux États-Unis est *Willing Accomplices : How KGB Covert Influence Agents Created Political Correctness and Destroyed America* (2011), de Kent Clizbe, ancien chargé de mission à la CIA.

Les travaux de Clizbe couvrent certains concepts pertinents, notamment les

---

[1] Breitbart, A., "Courrielche : Conservatives' Next Frontier", *Daily Wire*. https://en.wikiquote.org/wiki/Andrew_Breitbart

[2] "Walking through the Matrix". https://www.YouTube.com/watch?v=zDO1Q_ox4vk

"courroies de transmission de la culture", c'est-à-dire les diffuseurs de propagande et les influenceurs des masses : l'éducation, les médias et les divertissements. Bien que la secte/idéologie se soit infiltrée dans de nombreux domaines de la société, ces "courroies de transmission" sont peut-être les plus cruciales pour faciliter la propagation de l'idéologie. (L'expression "courroies de transmission" a déjà été utilisée par W. Cleon Skousen dans son livre *The Naked Communist* (1958) ; dans son "Current Communist Goals" (Objectifs communistes actuels), n° 17).[3]

Le livre de Clizbe met brillamment en lumière la phase initiale de la pourriture rouge aux États-Unis et la montée ultérieure du "politiquement correct". Il explique qu'il ne s'agit pas d'un processus organique, mais d'une tentative délibérée de subversion par les Soviétiques, qui a débuté non pas au cours des dernières décennies ou dans les années 1960 (comme certains le pensent), mais bien plus tôt, les années 1920 étant une période clé.

Cela correspond au schéma chronologique de la diffusion du marxisme, qui s'est accélérée massivement après les révolutions de 1917 en Russie (comme l'ont montré les tableaux historiques précédents). Il est évident que la période du maccarthysme devait suivre plus tard, en réponse à cet assaut idéologique contre l'Amérique.

La création de la Troisième Internationale communiste/"Comintern" en 1919 a joué un rôle central à cet égard, et les communistes se sont engagés professionnellement dans la subversion au cours des années 1920.[4] Ils étaient essentiellement des experts dans ce domaine bien avant la création de l'*Office of Strategic Services* (OSS) ou de la *Central Intelligence Agency* (CIA) (en 1942 et 1947 respectivement).[5] Clizbe a avancé l'argument selon lequel la culture "progressiste" de l'Amérique d'aujourd'hui existe grâce à cette subversion délibérée, et que la mentalité "hate America first" - propulsée par l'ex-président socialiste Barrack Obama - fait partie de son héritage. C'est cette subversion idéologique que Yuri Bezmenov a mise en évidence. Les travaux de Yuri et de Clizbe nous ont montré qu'en fin de compte, cette science est devenue une arme pour les marxistes.

Les "charges utiles" d'influence secrètes

Les travaux de Clizbe montrent que les opérations soviétiques visant à contaminer les esprits américains consistaient à insérer des "charges utiles" psychologiques secrètes dans la culture américaine. Il s'agissait essentiellement de concepts qui encourageaient certaines attitudes

---

[3] Clizbe, K., *Willing Accomplices : Comment les agents d'influence du KGB ont créé le politiquement correct et détruit l'Amérique* (2011).

[4] https://www.britannica.com/topic/Third-International

[5] https://www.cia.gov/legacy/cia-history/

destructrices pour l'intégrité de la société américaine (autodestructrices si elles étaient adoptées par les Américains). Des attitudes telles que : le capitalisme est oppressif ; l'armée américaine est une force impériale qui parcourt le monde et que les Américains ne devraient pas soutenir ; l'Amérique a été fondée sur la violence, le vol de terres et l'oppression et le meurtre des Amérindiens (ce qui suscite la culpabilité) ; il existe un racisme institutionnel injustifiable qui est au cœur de la société américaine, et les Américains non blancs ont historiquement souffert plus que les Blancs ; l'idée que les États-Unis sont le plus grand pays du monde est une source d'inquiétude pour les Américains.L'idée que les États-Unis sont le plus grand pays du monde est mauvaise et conduit à la domination et à la souffrance en dehors de ses frontières, etc. En bref, toute attitude qui, si elle était assimilée par les Américains et se répandait dans la société, détruirait tout patriotisme sain et toute unité dans la nation.

Clizbe écrit : "En utilisant des agents expérimentés et des opérations hautement compartimentées, le KGB a cherché à insérer des "charges utiles" d'influence secrètes destinées à remettre en question les bases fondamentales sur lesquelles la société et la culture américaines ont été construites. De nombreux progressistes se sont empressés de mener ces opérations secrètes pour le compte des communistes. D'autres, non impliqués dans ces opérations, ont reçu les messages clandestins et les ont acceptés comme parole d'évangile".[6] Ne voyons-nous pas ces "charges utiles" partout où nous regardons aujourd'hui, dans l'éducation, les médias dominants et les "divertissements" ?

Les agents d'influence et la "culture de l'adversaire"

Clizbe a écrit que certaines personnes étaient ciblées par les Soviétiques sur la base de leur "potentiel en tant qu'agent d'influence" et choisies "pour avoir accès à un canal de communication désiré (les opérateurs de renseignement du Comintern ciblaient les médias américains, les universités et Hollywood)". Ces "agents d'influence" étaient ensuite approchés et manipulés par des agents d'espionnage soviétiques, qui les préparaient à être utilisés (les personnes manipulées pouvaient ou non savoir à qui (et même à quoi) elles avaient affaire). C'est à ce moment-là que la "charge utile" subversive peut être livrée (souligné pour l'accentuation) : "Dans l'opération proprement dite, l'agent d'espionnage fournit la charge utile à l'agent d'influence recruté. L'agent d'influence insère la charge utile dans son canal de communication. Une fois la charge utile insérée, sous la forme d'un article, d'un éditorial, d'un discours, d'un livre, d'une conférence, d'un film, d'une émission de radio, d'une chanson, d'une pièce de théâtre ou de toute autre forme de communication, la charge utile prend une vie propre".[7]

---

[6] Ibid. vi (préface).

[7] Ibid. P. 113.

Ce point est crucial. Ces charges utiles - qui ne sont en fait que des bribes d'informations propagandées - peuvent prendre de l'ampleur et faire "boule de neige" au fur et à mesure qu'elles se propagent. Elles acquièrent une vie propre (comme l'idéologie elle-même). Ces "charges utiles" d'influence secrète ont été reliées à un autre terme utilisé par Clizbe, la "culture de l'adversaire" (qui provient d'un ouvrage de Stephen Koch intitulé *Double Lives : Stalin, Willi Muenzenberg*, 2004). [8] Ce terme est utilisé pour décrire la mentalité antipatriotique des intellectuels qui détestent leur propre pays/culture (cela vous rappelle quelque chose ?). Cela signifie que dans un pays cible (par exemple les États-Unis), les subversifs soviétiques pouvaient identifier ces types, qui étaient ensuite utilisés pour influencer les masses. En effet, il y aura toujours des individus de ce type dans chaque pays, dont la secte ou l'idéologie pourra tirer parti. Qui de mieux qu'eux pour diffuser ces charges utiles ?

Muenzenberg

Clizbe a désigné un personnage du nom de Wilhelm "Willi" Muenzenberg (1889-1940) comme étant au centre de ces opérations de subversion, l'appelant "le père du PC". Joueur clé du Comintern, il utilisait des organisations de couverture, des façades et des "clubs innocents" pour répandre la pourriture marxiste : "Le maître communiste de la haine de l'Amérique, Willi Muenzenberg a perfectionné le concept opérationnel du "Front populaire". Lui et ses agents ont créé de multiples organisations aux noms et aux raisons d'être nobles, comme le Congrès international contre le fascisme et la guerre ou la Ligue antinazie d'Hollywood. Ces fronts donnaient aux intellectuels, aux journalistes, aux artistes et aux éducateurs une vocation plus élevée, tout en servant de couverture pour insérer des charges utiles d'influence secrètes dans les cultures ciblées. La supériorité morale perçue des messages d'influence clandestins soviétiques offrait aux membres du Front populaire la possibilité de montrer qu'ils étaient un être humain décent, voire un être humain meilleur. Muenzenberg méprisait ces membres du Front populaire et les qualifiait d'"innocents".[9]

Clizbe a souligné de façon cruciale que, même à l'époque, toute personne critiquant les activités de la secte - ou toute personne qu'elle n'aimait pas - était publiquement qualifiée de fasciste, de raciste, de bigote, etc. Leur comportement de ces dernières années n'est donc pas nouveau (bien sûr, Mussolini est apparu plus tôt que Hitler et les nationaux-socialistes, de sorte que le terme "fasciste" était populaire avant le terme "nazi"). Si la secte a utilisé un tel modus operandi il y a un siècle, il faut accepter qu'il fasse partie de son arsenal aujourd'hui, d'une manière générale. L'idéologie ne se dégrade pas,

---

[8] Koch, S., *Double Lives : Staline, Willi Munzenberg et la séduction des intellectuels* (2004).

[9] Ibid. vii (préface).

elle évolue. C'est pourquoi les parties soulignées sont familières au lecteur ; il en va de même pour le ton vertueux. Le point sur le racisme est crucial et très pertinent. Aujourd'hui, tout le monde peut constater qu'il y a une obsession nauséabonde pour la race/le racisme dans le discours public aux États-Unis. Ce n'est ni un accident ni un phénomène naturel - c'est le résultat des opérations soviétiques et de la pourriture marxiste en général. La secte est passée maître dans l'art de trouver des "faiblesses" à exploiter, et comme les États-Unis sont multiethniques, le "racisme" était le choix évident.

Sur l'impact global des efforts de Willi, Clizbe a écrit (souligné pour l'emphase) : "Le résultat de la diffusion de la charge utile de Muenzenberg dans la société américaine est maintenant clair. Une nation de citoyens sains, heureux et productifs, mélangés dans le grand Melting Pot, a mis de côté ses différences lorsqu'elle est devenue américaine. Après que l'influence de Muenzenberg a opéré, les mêmes personnes ont été converties en une masse confuse de groupes d'intérêts personnels, déchirés par les divisions PC de race, de sexe, d'ethnicité, de revenu, de classe, de langue, de sexualité ".[10]

Tout cela ne résonne-t-il pas ? C'est ainsi que l'on détruit un pays comme l'Amérique, dont la culture est traditionnellement imprégnée d'un fort sentiment de patriotisme : on crée des divisions entre les sous-groupes, en les opposant les uns aux autres, selon le principe marxien de l'oppresseur contre l'opprimé. Bien entendu, cette stratégie est employée à l'échelle mondiale. C'est ce que fait l'idéologie : elle trouve des failles dans l'armure à exploiter.

MSM = MarxiStMedia

"Un journal n'est pas seulement un propagandiste collectif et un agitateur collectif, c'est aussi un organisateur collectif.[11]

V.I. Lénine, *Que faire ?*
"Le projet d'un journal politique pour toute la Russie, 1901

"L'art de tout propagandiste et agitateur consiste à trouver les meilleurs moyens d'influencer un public donné en présentant une vérité précise de manière à la rendre la plus convaincante, la plus facile à assimiler, la plus claire et la plus impressionnante.[12]

V.I. Lénine, *Les slogans et l'organisation du travail social-démocrate, 1919*
travail social-démocrate, 1919

"La presse doit se développer jour après jour, elle est l'arme la plus puissante et

---

[10] Ibid. P. 116.

[11] Lénine, V.I., *Qu'est-ce qu'il faut faire ?* "Le projet d'un journal politique pour toute la Russie", 1901. https://www.marxists.org/archive/lenin/quotes.htm

[12] Lénine, V.I., *Les slogans et l'organisation du travail social-démocrate*, 1919. https://www.marxists.org/archive/lenin/quotes.htm

la plus tranchante de notre parti.

Joseph Staline, discours prononcé lors du douzième congrès
du P.C.R.(B.), 1923 [13]

Nous avons tous remarqué le comportement des grands médias ces derniers temps - tantôt en faveur du "politiquement correct", tantôt en faveur de la vertu, ou les deux à la fois. Pourquoi d'innombrables porte-parole sans cervelle et sans talent dans le monde entier - de l'Irlande à l'Australie, du Canada à la Suède, du Royaume-Uni aux États-Unis - ne cessent-ils de déverser leur fiel ? Ont-ils toujours été ainsi, ou ce comportement insensé s'est-il intensifié ? Pourquoi essaient-ils d'introduire autant de sous-agendas (causes) marxistes que possible dans chaque conversation ? S'ils n'essaient pas de renforcer l'escroquerie du changement climatique, ils encouragent les gens à soutenir l'immigration de masse ou Black Lives Matter. S'ils ne parlent pas de l'écart de rémunération entre les hommes et les femmes, ils parlent des dangers de la politique de droite et de cette menace redoutable et omniprésente pour la société qu'est l'"extrême droite" (roulements de paupières).

Chaque fois que les médias font preuve de vertu sur leurs sujets de prédilection, on laisse entendre (souvent subtilement) qu'ils le font pour des raisons humanitaires, de "compassion", etc. En réalité, ils le font pour promouvoir les différents sous-ensembles de l'idéologie. Les médias sont la "courroie de transmission de la culture" chargée de prendre les événements du monde réel et de les placer dans notre conscience, par l'intermédiaire des médias que nous choisissons - télévision, radio, presse écrite ou Internet - avec, bien entendu, une orientation nettement partisane.

Compléments de propagande

Outre la promotion indépendante des différents sous-agendas, ou des principaux agendas à certains moments (par exemple, l'immigration de masse/le "multiculturalisme" dans les années précédant le Covid, puis le passage au Covid), les médias peuvent "compléter" la propagande sur d'autres questions pour renforcer les niveaux d'endoctrinement. C'est ce qui s'est passé dans les médias irlandais pendant les blocages de Covid, lorsqu'ils ont renforcé la propagande féministe. Il a été rapporté que les cas de "violence domestique" (c'est-à-dire les hommes qui battent les femmes) étaient en augmentation, du fait que les gens étaient enfermés chez eux. Ces informations ont été accompagnées de publicités télévisées sur la violence domestique, produites dans un style de "reconstitution" dans le cadre de la campagne sur la violence domestique "Always here", soutenue par les groupes féministes irlandais,

---

[13] Staline, J., discours au douzième congrès du R.C.P.(B.), 1923.
http://marx2mao.com/Stalin/TC23.html#s2

naturellement membres d'une secte.[14] L'une d'entre elles montrait une femme qui parlait à une amie en ligne (sur Skype ou Zoom ou quelque chose comme ça) et son "partenaire" masculin violent sortait de nulle part, lui demandant à qui elle parlait, etc. Le plus drôle, c'est que l'homme avait l'air incroyablement campé (il s'agissait probablement d'un acteur gay). [15]

Ces suppléments de propagande ont été utilisés pendant Covid pour le sous-ordre du jour sur le changement climatique : il a été insinué à la radio irlandaise que les fermetures étaient bénéfiques pour l'environnement, en raison de l'absence de déplacements et de la réduction des émissions des véhicules qui en résultait, etc. Je peaufine ma guillotine...

Experts et phrases d'accroche

"Nous devons donner une explication scientifique de la société et l'expliquer clairement aux masses. C'est la différence entre le marxisme et le réformisme"[16]

Léon Trotsky, "Discussions sur le programme de transition", 1938

Il y a des "experts" membres de sectes partout où vous regardez, écoutez ou lisez ! On les voit constamment dans les MSM (ou les médias de divertissement, etc.) dans le cadre de l'initiative de lavage de cerveau du public. Ils mentent carrément au public ou débitent un tas de conneries "politiquement correctes" ou pseudo-scientifiques qu'ils ont absorbées ailleurs ; encore plus de propagande pour faire avancer les différents sous-agendas marxistes. N'oubliez pas que, quel que soit le nom de ces "experts", d'où qu'ils viennent, quelles que soient leurs "qualifications" ou leurs titres, ils ne sont que les porte-parole de l'idéologie et doivent être considérés comme tels. Il y a toujours eu un flux constant de ce type d'experts. Il est évident que certains les écouteront en raison de leur statut. Bien sûr, cela est surtout efficace pour ceux qui ont besoin qu'on leur dise comment percevoir les choses.

Les membres de la secte ont créé des termes comme "hésitation vaccinale". J'ai entendu cela pour la première fois sur RTE Radio 1 le 15 janvier 2021 dans l'*émission Clare Byrne*. [17] Ils discutaient de la manière de traiter la

---

[14] https://www.alwayshere.ie/awareness-campaign/

[15] Dept. of Justice Ireland, "StillHere Domestic Abuse Awareness Campaign TV Advert".

https://www.YouTube.com/watch?v=VTcVbHpCTVQ

[16] Trotsky, L., "Discussions sur le programme de transition", 1938.

https://www.marxists.org/archive/trotsky/1938/tp/tpdiscuss.htm

[17] https://www.rte.ie/radio/radio1/today-with-claire-byrne/2021/0115/1189998-today-with-claire-byrne-friday-15-january-2021/

"désinformation" qui se répandait sur les plateformes de médias sociaux, etc. et qui décourageait l'adoption des vaccins. Il s'agit d'un terme amusant à double sens. Il est similaire à "négationniste de l'holocauste" ou "négationniste du changement climatique". La secte invente à nouveau des mots d'ordre ! Les médias ont également discuté et fait la promotion des différentes "variantes" de Covid : la variante anglaise, la variante sud-africaine, la variante brésilienne, la variante multiculturelle, la variante romaine, la variante de l'imitateur de Diana Ross non binaire, la variante de la glorieuse révolution populaire, la variante du clan Wuhan Wutang, la variante de Xi Jinping, etc.

Manifestation anti-RTE et vidéo "Truth Matters" (La vérité compte)

Le radiodiffuseur public irlandais est RTE (*Radio Telifís Eireann,* c'est-à-dire "Radio Television Ireland"). Elle a perdu depuis longtemps tout respect de la part des Irlandais non endoctrinés et n'est plus qu'une courroie de transmission d'ordures de trahison débitées par des putes de trahison (à l'instar du reste des médias du pays). Les bâtiments du siège de la RTE méritent une belle remise à neuf avec un camion kamikaze chargé de Semtex et de peinture rouge.

Après quelques mois du fiasco de Covid, en raison du rôle central joué par RTE, une manifestation a été organisée pour marcher sur cette organisation le samedi 29 août 2020. Lors du passage du cortège dans les rues, les manifestants ont crié "RTE fake news !" et porté une banderole "RTE Is The Virus". Ils ont ensuite atteint leur destination devant les studios de RTE à Donnybrook, Dublin. Il était évident qu'un grand nombre d'Irlandais ne croyaient pas à l'escroquerie de Covid.[18]

Peu après cet incident, la RTE a réalisé une escroquerie marxiste sournoise, cachée à la vue de tous. Il s'agissait d'une courte "publicité" de quarante secondes diffusée à la télévision, vantant la pureté morale de cette organisation, appelée "The Truth Matters" (La vérité compte).[19] Le message condescendant et vertueux était essentiellement le suivant : le public ne devrait pas s'informer ailleurs (en particulier en ligne), et la RTE est la seule source d'information digne de confiance ! Ainsi, le radiodiffuseur public marxiste, rempli à ras bord de membres de sectes, est le seul que le "peuple" devrait écouter, hmmm. Queue l'hymne national soviétique. Les camarades du prolétariat irlandais peuvent être fiers de leur grand département du commissariat en chef pour la glorieuse propagande révolutionnaire en Irlande (R.T.E.) !

Plus effrontément, il a insinué que le grand public s'informait peut-être auprès

---

[18] "Crowds attend anti-RTÉ protest in Donnybrook", 29 août 2020.

https://www.rte.ie/news/ireland/2020/0829/1162051-rte-protest/

[19] RTE, "RTÉ News | The Truth Matters", 16 septembre 2020.

https://www.YouTube.com/watch?v=gZhghn9HaCc

de sources haineuses, trompeuses et craintives (infophobes ?). Simultanément, il a dit aux gens comment se sentir, ne pas ressentir de rage ou avoir peur. Hmmm, une bande d'ordures marxistes essayant de contrôler la perception et les réactions émotionnelles des gens, quelle originalité ! Le véritable message sous-jacent était : "Obéissez à l'État ! Nous sommes de bonnes personnes ! Nous ne sommes pas des menteurs ! N'écoutez pas ces gens remplis de haine, ces menteurs et ces _____phobes !". (Oui, c'est réellement arrivé ; je n'invente rien !).

Ce qui était le plus psychiquement marxiste et hypocrite, c'était l'insinuation que ces autres sources d'information sont négatives et presque apocalyptiques, ce qui signifie qu'ils se considèrent comme les porteurs de nouvelles édifiantes, merveilleuses et heureuses ! Et ce, après des mois passés à rabâcher au public irlandais que cette maladie CovAIDS ressemble à une peste, que le nombre de morts ne cesse d'augmenter (sans la moindre preuve) et qu'ils essaient sans cesse d'instiller la peur. Il s'agit là d'un incroyable niveau de psychose.

La production de l'élément vidéo était très bonne (pour les normes de RTE). Elle montre une jeune fille dans un café qui regarde son téléphone et fait défiler Facebook. Elle voit un message disant "La 5G attaque nos systèmes immunitaires", tandis que la voix off nauséabonde commence et qu'elle est "transportée" dans un monde sombre et plein de tempêtes sous nos yeux. La pauvre Alice tombe dans le terrier du lapin fasciste hitlérien moustachu, chargé de théories du complot. Comme on pouvait s'y attendre, une musique sinistre a été utilisée, et l'imagerie contient une variété de personnages suspects, agressifs et déséquilibrés qui portent une variété d'armes et courent vers elle (quelques skinheads, bien sûr). Aucun signe de chemises noires de Mussolini, d'uniformes nazis ou d'exemplaires de Mein Kampf en vue, probablement parce que c'est un peu trop direct et drôle).

Voici le texte de la voix off : "Avant de vous faire une opinion... savez-vous d'où viennent vos informations ? On ne peut pas faire confiance à tout ce qui se trouve sur votre fil d'actualité... Vous devez dépasser la rage, la tromperie et la peur, et trouver la vérité sur cette histoire". Alors que la foule de personnages est sur le point de l'atteindre, elle clique sur l'application RTE de son téléphone et se retrouve instantanément dans le café paisible. RTE est donc son sauveur ici, clairement, la sauvant de tous ces trompeurs et voyous indisciplinés sur les médias sociaux (y compris ses compatriotes) ! Puis un texte apparaît à l'écran, montrant ces trois messages de deux mots dans l'ordre : "L'intégrité/la vérité/le journalisme compte". La ligne VO de l'outro était "RTE News - the truth matters" (RTE News - la vérité compte). Des traîtres dégénérés et méprisants.

Il s'agissait d'une œuvre brillante en ce sens qu'elle montrait la quantité de propagande et de manipulation mentale que l'on peut faire tenir dans un clip vidéo de quarante secondes ; une contre-mesure classique habituellement employée par la secte, avec l'inversion habituelle de la vérité, la signature de la vertu et une bonne dose de nausée PC. Il s'agissait d'une réponse directe et tactique à la manifestation susmentionnée, qui traitait RTE de menteur et mettait en évidence son comportement général de traître et de guillotine pendant les manigances de Covaids 1984.

Qu'est-ce qu'un "Irlandais" ?

La secte est également passée maître dans l'art de mener des opérations psychologiques en utilisant la propagande pour déformer la perception qu'ont les masses de concepts normalement bénéfiques, même ceux qui sont établis de longue date et (relativement) simples en termes logiques, tels que la nationalité et la race.

Si l'on prend comme exemple le sous-ordre du jour du multiculturalisme en Irlande, l'influence postmoderniste est clairement perceptible dans le flux incessant de conneries marxiennes, traîtresses et anti-irlandaises émanant de l'establishment. Vous entendrez les divers éléments de propagande contenir des "charges utiles" de subversion idéologique telles que : "mais qu'est-ce qui est irlandais ? "...mais qu'est-ce qu'un Irlandais de toute façon ?" ou "Le peuple irlandais existe-t-il ?" ou "Toutes les races sont venues d'Afrique de toute façon, donc les Irlandais et les Africains sont à peu près la même chose, n'est-ce pas ?". Ce sont là quelques-unes des absurdités psychotiques et relativistes qui sont avancées.

Ces phrases subversives sont conçues pour déformer la perception de la réalité de la population cible (dans le cas présent, l'Irlande). L'objectif est de convaincre les gens que toutes les races et cultures sont les mêmes (égalité) et qu'il importe peu que nous soyons tous mélangés d'un point de vue ethnique. Cette perception déformée favorise l'avancement de ce sous-programme particulier (le multiculturalisme). *Les* concepts marxiens de "théorie critique" et de "théorie critique de la race" sont liés ici - ils permettent à la secte de créer la distorsion nécessaire de la réalité. Bien entendu, si quelqu'un tente de souligner le fait qu'être irlandais n'est pas seulement une question de nationalité officielle, de citoyenneté et de passeport (mais une question d'histoire, d'ethnicité et de culture), l'étiquette répressive appropriée de "raciste" est utilisée.

Les médias marxistes traîtres d'Irlande ont constamment bombardé la conscience du grand public avec ces conneries. Des Africains et des Moyen-Orientaux ont été présentés en train de proclamer qu'ils étaient irlandais ou qu'ils participaient à des activités irlandaises (sports, arts, etc.). J'ai brièvement vu une interview sur la chaîne publique irlandaise *RTE* qui montrait une femme clairement d'origine africaine expliquant à quel point elle était fière d'être irlandaise. Une autre séquence a été diffusée sur la chaîne YouTube de la RTE en juin 2020, intitulée "Growing up black and Irish" (grandir en étant noir et irlandais).[20] Elle montrait plusieurs femmes noires et métisses parlant de leur expérience du racisme. En 2017, la chaîne YouTube du site d'information The Journal a diffusé une série intitulée "Yes, I'm Irish" (Oui, je suis irlandais), mettant en scène plusieurs personnes métisses ou noires faisant la même chose.[21]

En octobre 2021, un article de RTE a annoncé avec joie que Pamela Uba était la première femme noire à remporter le titre de Miss Irlande. L'article précise qu'il s'agit d'une ancienne demandeuse d'asile originaire d'Afrique du Sud et la cite en ces termes : "C'est une telle étape. Je suis si fière de dire qu'en tant que femme noire, j'ai ouvert la voie à d'autres qui viendront après moi".[22]

Pour toute personne dotée d'un cerveau, il est clair que les Irlandais ne sont pas les mêmes que les Africains subsahariens ou les habitants du Moyen-Orient. Nous ne sommes pas les mêmes d'un point de vue historique, racial ou culturel. Tout ce que nous avons en commun, selon une logique simple, c'est que nous sommes des êtres humains ; mais c'est là le problème : le marxisme ne fait pas de logique ! Il n'y a pas de cultures ou de races dans le marxisme. C'est "Une seule race, la race humaine", jusqu'au bout. C'est la réalité, et c'est pourquoi l'endoctrinement est nécessaire.

Le fait qu'être Irlandais comporte une composante ethnique et culturelle est un élément qui doit manifestement être supprimé par la secte. Ces phrases obligent alors les personnes non contaminées à dire des choses comme "Être Irlandais ne signifie pas simplement vivre ici" ou "Ce n'est pas parce que vous êtes né ici que vous êtes Irlandais". *Le* genre de choses qui sont manifestement évidentes, mais qui doivent être dites car la logique devient de plus en plus effrayante, grâce à l'impact de la secte ou de l'idéologie. Ces réactions sont alors considérées par la secte comme des preuves de "racisme".

Les exemples de ce type sont légion en Irlande. Nous avons vu ces morceaux de propagande bizarres, faux et dignes d'être mis à mal qui apparaissent à la télévision et qui sont conçus pour faire avaler au public le programme du "multiculturalisme". La RTE a un jour diffusé une séquence montrant un migrant pratiquant le sport gaélique du Hurling ; il a ensuite donné une interview montrant à quel point il aimait la culture irlandaise, etc.

Ces petites escroqueries sont conçues pour que le spectateur se dise "Bravo à lui pour son intégration dans la société irlandaise !" et "Il est pratiquement l'un

---

[20] RTE News, "Growing up black and Irish", 16 juin 2020.
https://www.YouTube.com/watch?v=R_uT58C-wHw

[21] The Journal, "Yes, I'm Irish : Meet Áine Mulloy", 6 août 2017.
https://www.YouTube.com/watch?v=PzKKCZUV6xM

[22] Okoh, J. "History-making Miss Ireland proud to 'pave the way'", 14 octobre 2021.

https://www.rte.ie/news/2021/1014/1253565-history-making-miss-ireland/

des nôtres maintenant !". Je suis sûr qu'ils ont présenté (ou présenteront) des Somaliens dansant l'irlandais, des Afghans jouant du violon et des femmes : des Somaliens dansant l'irlandais, des Afghans jouant du violon, des petits Indiens déguisés en farfadets, des moines tibétains d'ordinaire puritains buvant de la Guinness et se droguant, etc.

Un article de l'Irish Independent de décembre 2016 vantait les grandes contributions des migrants aux sports gaéliques. L'article indiquait que l'Association athlétique gaélique (GAA) était "désireuse de s'adapter" à l'évolution de la population irlandaise.[23]

Un autre article amusant et digne d'intérêt, diffusé sur les fausses nouvelles de RTE (impossible à localiser), mettait en scène un migrant polonais qui apprenait la langue irlandaise. Les membres de la secte des médias irlandais essaient-ils vraiment de nous convaincre que les migrants se rendent en Irlande pour apprendre l'art et l'artisanat locaux ? Ou pour étudier l'histoire, la poésie ou la langue irlandaise ? Ou pour pratiquer des sports irlandais ? Est-ce que quelqu'un dans le public croit cela ? Si c'est le cas, c'est hilarant. J'aimerais les interviewer moi-même !

Éducation/endoctrinement

"L'éducation est une arme dont les effets dépendent de celui qui la tient dans ses mains et de celui qui la vise.

Joseph Staline explique à son interlocuteur fabien H. G. Wells (1934)[24]

"Et votre éducation ! N'est-elle pas aussi sociale, et déterminée par les conditions sociales dans lesquelles vous vous instruisez, par l'intervention, directe ou indirecte, de la société, par le moyen des écoles, etc... ? Les communistes n'ont pas inventé l'intervention de la société dans l'éducation ; ils ne cherchent qu'à modifier le caractère de cette intervention et à soustraire l'éducation à l'influence de la classe dominante"[25]

Marx et Engels, *Le Manifeste communiste* (1848)

"Dans tout l'Occident, il y a un grand nombre de professeurs dans la plupart des disciplines qui enseignent le marxisme d'une manière ou d'une autre. Un grand

---

[23] Crowe, D. "From Laois hurler Paddy Ruschitzko to Mayo's Shairoze Akram : How immigrants are playing increasing role in GAA", 18 Dec 2016.

https://www.independent.ie/sport/gaelic-games/gaelic-football/from-laois-hurler-paddy-ruschitzko-to-mayos-shairoze-akram-how-immigrants-are-playing-increasing-role-in-gaa/35302328.html

[24] Staline, J. "Marxism Versus Liberalism An Interview With H.G. Wells", *23 juillet 1934*.

https://www.marxists.org/reference/archive/stalin/works/1934/07/23.htm

[25] Marx et Engels, *Le Manifeste communiste* (1848), p. 24.

nombre de manuels, dont beaucoup sont utilisés dans les écoles, reflètent des concepts marxistes. L'élimination de ce poison, humain et imprimé, prendra beaucoup de temps"[26].

Paul Johnson, historien et auteur britannique

De nombreux prophètes et dirigeants de la secte - Markey Marx, Vladimir Lénine, Mao Zedong, Fidel Castro, Ho "Hoe" Chi Minh, Pol Pot et d'autres membres des Khmers rouges - ont été infectés ("radicalisés") dans les systèmes éducatifs. Cet endoctrinement "révolutionnaire" par le biais de l'éducation est un problème qui existe depuis le début des années 1800. Il n'est donc pas surprenant que nous assistions à la même chose aujourd'hui - d'innombrables larbins à l'esprit rouge sortant de la chaîne de production. Les mêmes esprits, avec les mêmes personnalités, suivant tous la même formule. Tous des perdants "éduqués" et sans originalité, sans aucune pensée propre séparée du dogme marxiste. Quelle triste façon d'exister - avoir un esprit plein de fils croisés, dépourvu de l'émerveillement et de la magnificence de la création.

Traditionnellement, les universités étaient le principal lieu d'endoctrinement des étudiants. À mesure que l'infection se propage dans la société, elle renforce la secte, lui permettant de promouvoir l'idéologie (via ses sous-agendas) dans les écoles secondaires et primaires (je n'inclus pas ici les pays "socialistes"/"communistes", où l'endoctrinement des étudiants à tous les niveaux était une pratique courante). Le site d'information allemand *jungefreiheit.de* a rapporté en janvier 2023 ce qui était colporté dans une école allemande. Il indiquait que les élèves de sixième année de l'État de Rhénanie-du-Nord-Westphalie étaient "forcés de traiter de la transsexualité et de la "pansexualité" en classe" et que "la chirurgie de réaffectation de genre est promue de manière agressive".[27]

Le système éducatif irlandais pue aussi sérieusement la pourriture rouge, en imposant aux enfants les différents sous-agendas : les absurdités trans et "non-binaires", le féminisme, le changement climatique, etc. Bien entendu, endoctriner des enfants est un comportement impardonnable et criminel, car ils risquent de ne jamais s'en remettre, sans compter qu'il s'agit d'une atteinte au principe du libre arbitre.

Le marxisme pour les enfants

Le vendredi 20 septembre 2019, une foule d'environ 10 000 enfants (apparemment) a organisé une "manifestation" dans la ville de Dublin sur la question du changement climatique. Cette manifestation s'inscrivait dans le cadre de la *grève mondiale pour le climat* organisée par deux mini-groupes

---

[26] https://www.quotetab.com/quotes/by-paul-johnson

[27] Kinder in NRW werden zu Geschlechtsumwandlungen gedrängt", 23 janvier 2023. https://jungefreiheit.de/politik/deutschland/2023/cdu-geschlechtsumwandlung/

marxistes dirigés par des étudiants - Friday *for Future Ireland* et *Schools Climate Action Network (Réseau d'action pour le climat dans les écoles).*[28]

Des milliers d'étudiants ont été autorisés à participer à des "débrayages", manquant ainsi les cours (si ce n'est pas un symbole de la façon dont l'idéologie détruit l'éducation et transforme les enfants en larbins activistes marxistes sans cervelle, je ne sais pas ce que c'est !) Les manifestations étaient appelées "grèves", rappelant l'activisme marxiste traditionnel des mouvements syndicaux. Les médias ont rapporté qu'elles avaient été inspirées par Greta Thunberg (dont j'avais prédit il y a des années qu'elle serait utilisée pour promouvoir le sous-agenda du changement climatique, comme une sorte de modèle d'activiste pour les enfants).[29]

Pensez à tous les étudiants qui sont endoctrinés avec cela, sans savoir qu'il s'agit simplement d'un sous-ordre du jour marxiste ? Quel est l'impact de la croyance en ces foutaises pseudo-scientifiques sur l'esprit et la perception des jeunes dans le monde entier ? À quel point leur ego sera-t-il gonflé et quel problème cela posera-t-il à la société lorsqu'ils deviendront "adultes" ? Du point de vue de la secte ou de l'idéologie, l'environnement et le changement climatique sont des sujets agréables et "doux", idéaux pour mettre les jeunes esprits sur la voie de la révolution. Tous les "éducateurs" qui participent à ces absurdités devraient être interdits d'enseignement à vie.

Les six Portugais

Voici un autre cas de maltraitance/négligence à l'égard des enfants. En septembre 2023, les médias ont rapporté qu'un groupe de six jeunes Portugais voulait poursuivre tout un continent en raison du changement climatique par l'intermédiaire de la *Cour européenne des droits de l'homme* (CEDH). Oui, vraiment ! Comme l'a rapporté Euronews le 27 septembre, "ce procès historique est la première fois qu'un si grand nombre de pays devront se défendre devant un tribunal dans le monde. Les 27 États membres de l'Union européenne, le Royaume-Uni, la Turquie, la Russie et la Norvège figurent parmi les accusés. Les jeunes Portugais, âgés de 11 à 24 ans, affirment que l'inaction des gouvernements face au changement climatique constitue une violation de leurs droits humains et une discrimination à l'encontre des

---

[28] Halpin, H. "PHOTOS : Thousands of students turn out around the country for climate strikes", 20 septembre 2019. https://www.thejournal.ie/climate-strike-ireland-4817846-Sep2019/

[29] "Grève contre le changement climatique : Irish students join millions protesting globally", 20 septembre 2019. https://www.irishtimes.com/news/world/asia-pacific/climate-change-strike-irish-students-join-millions-protesting-globally-1.4024673

jeunes.[30] C'est une véritable honte. Dans une société saine, les parents ou les enseignants coupables seraient arrêtés et, avec un peu de chance, les enfants pourraient subir un lavage de cerveau à un si jeune âge. Cela servirait d'exemple pour toute autre folie.

Quand Henry aime Thomas

Retour à l'école. Un autre incident marquant d'endoctrinement axé sur les enfants a fait couler beaucoup d'encre fin 2018 au Royaume-Uni. On a découvert que de jeunes enfants de l'école primaire Bewsey Lodge, à Warrington, étaient endoctrinés avec l'agenda LGBT. Une vidéo publiée par BBC Radio Manchester en septembre montrait des enfants à qui leur "professeur" demandait d'écrire des lettres d'amour homosexuelles.

La commissaire à l'éducation ("enseignante") Sarah Hopson aurait déclaré : "Cette classe d'enfants de six ans apprend ce qu'est le mariage gay. Dans ce conte de fées, le prince veut épouser son serviteur. Et les enfants écrivent une lettre d'amour". Le prince "Henry" veut épouser son serviteur "Thomas".[31] La partie non endoctrinée de la population a quelque peu réagi, mais évidemment, comme l'école fonctionne toujours, la réaction a été limitée. L'école a une page LGBT+ et a reçu un prix pour ses efforts d'endoctrinement LGBT. Devant l'entrée principale, deux gnomes tiennent l'omniprésent drapeau aux couleurs de l'arc-en-ciel (ils portent probablement des pantalons sans entrejambe et des masques de gimp à l'heure actuelle).

Il est évident qu'il ne s'agit pas d'un incident isolé ; sans la vidéo de la BBC, le grand public n'aurait peut-être pas été informé. Si c'est le cas d'un ou de quelques enfants, c'est peut-être le cas de beaucoup ou de la plupart d'entre eux. Comment pouvons-nous découvrir tous les incidents de ce type si les enfants n'informent pas leurs parents ? Gardons à l'esprit que ces membres de sectes fanatiques (qui se font passer pour des enseignants) ont fait des études universitaires et sont approuvés par l'État, les conseils d'éducation, etc. En réalité, ils sont contaminés par l'endoctrinement et devraient être tenus à l'écart des enfants.

École de Birmingham

Au début de l'année 2019, un autre incident très médiatisé (bien que contrasté)

---

[30] Jones, et Da Silva, "Six jeunes gens poursuivent 32 nations pour inaction climatique devant la Cour européenne des droits de l'homme", 27 septembre 2023.https://www.euronews.com/my-europe/2023/09/27/court-case-over-climate-inaction-against-32-countries-opens-at-the-european-court-of-human

[31] Voltaire", "Teacher instructs 6-year-old British primary school students to write 'gay love letters' to get them to accept diversity", 1er octobre 2018. https://theindependent.sg/teacher-instructs-6-year-old-british-primary-school-students-to-write-gay-love-letters-to-get-them-to-accept-diversity/

s'est produit à Birmingham. Comme le rapporte le journal The Guardian, des mois de protestations ont eu lieu en raison du programme d'endoctrinement LGBT à l'école primaire d'Anderton Park. Selon les médias, la grande majorité des manifestants étaient musulmans (ce qui n'est pas surprenant puisque la dégénérescence marxienne n'est pas tolérée par l'Islam). Les manifestants brandissaient des pancartes portant des messages, dont le très astucieux "Mon enfant, mon choix".[32] Je parle de "contraste" parce qu'il y a eu de vraies protestations cette fois-ci, et des protestations puissantes en plus.

L'article du Guardian fait état d'un échange qui a eu lieu à l'extérieur de l'école entre l'auteur et l'un des parents protestataires. Une mère a révélé que sa fille était rentrée de l'école en montrant des signes évidents de lavage de cerveau : ""Savez-vous à quel point il est difficile d'expliquer à une enfant de quatre ans pourquoi elle n'a pas deux papas ? Elle n'arrêtait pas d'insister - "Je veux deux papas" - et me posait des questions : "Pourquoi je ne peux pas ? C'était bouleversant pour moi et pour mon enfant". Pour être juste, la réponse aurait dû être "parce que deux hommes ne peuvent pas faire un bébé, et celui qui t'a dit ça est stupide, ma chérie".

L'article mentionne que toute la controverse est centrée sur le caractère "approprié à l'âge" de l'enseignement sur les LGBT. Je suis sûr que beaucoup se laisseront convaincre. Certains pourraient dire "eh bien... des enfants de six ans, c'est un peu jeune... mais peut-être le début de l'adolescence ? C'est ainsi que la secte/idéologie manipule le consentement/la conformité ; la vérité est qu'on ne devrait pas "enseigner" ces bêtises aux enfants, quel que soit leur âge ! Comme on pouvait s'y attendre, à la fin de l'année 2019, les autorités sont intervenues pour interdire les manifestations devant l'école, et une zone d'exclusion a été mise en place (l'État est donc favorable au marxisme).[33] Comme d'habitude, la secte peut protester éternellement, mais elle ne tolère pas les protestations contre les sous-agendas marxistes. Le slogan de l'école est "Relationships, Determination, Sparkle" (j'espère qu'il ne s'agit pas d'une étincelle de Diana Ross à la Drag Queen).[34]

"Bonjour les filles"

En avril 2023, plusieurs journaux britanniques ont fait état d'un nouveau cas d'infection dans un établissement d'enseignement. Une enseignante d'une

---

[32] Ferguson, D. " 'We can't give in' : the Birmingham school on the frontline of anti-LGBT protests ", 26 mai 2019.

https://www.theguardian.com/uk-news/2019/may/26/birmingham-anderton-park-primary-muslim-protests-lgbt-teaching-rights

[33] "LGBT teaching row : Birmingham primary school protests permanently banned", 26 novembre 2019. https://www.bbc.com/news/uk-england-birmingham-50557227

[34] https://www.andertonparkschool.org/

coûteuse école privée pour filles a été reconnue coupable d'avoir commis un crime ignoble contre les opprimés : elle a dit "Good afternoon, girls" (Bonjour, les filles) ! L'enseignante a ensuite été apparemment corrigée par une bande d'enfants de 11 ans, dont certains ne s'identifiaient pas comme des filles. Des protestations ont été organisées par certains élèves, et certains membres du personnel se sont rangés du côté des "protestataires". L'enseignant "oppresseur" a été contraint de s'excuser auprès de ces gamins au cerveau lavé.[35]

Comme le rapporte un article du Daily Mail du 15 avril, elle a été traitée de manière humiliante par l'école et a fini par être "dirigée vers la sortie", affirme-t-elle. Il est intéressant de noter qu'il s'agissait d'un professeur de religion et de philosophie. Si l'école est aussi fanatique, on ne peut que spéculer sur le genre de dégénérés que ces jeunes filles deviendront. Beaucoup viendront grossir les rangs de la secte, à n'en pas douter. Elles auraient dû recevoir des fessées jusqu'à ce qu'elles soient violettes, être obligées d'écrire cent fois "il n'y a que mâle et femelle", et être punies jusqu'à ce qu'elles renoncent à l'activisme marxiste, et cela vaut aussi pour le personnel. Je leur dirais également "Bonjour, connards" tous les jours jusqu'à ce qu'ils s'excusent eux-mêmes.

Les incidents de ce type - diffusés par les médias dans la foulée - ne sont que de petites "victoires" coercitives pour la secte. Ils ont un effet dissuasif sur les autres enseignants, qui devront choisir entre se conformer à l'activisme de la secte ou risquer d'être pris en exemple comme l'a été cet enseignant.

Poursuivre la secte

En août 2023, GB News a interviewé le Dr. Anna Loutfi, une avocate spécialisée dans l'égalité et les droits de l'homme, impliquée dans un groupe appelé Bad Law Project. Mme Loutfi s'est exprimée au nom de parents inquiets qui souhaitent intenter un recours collectif contre le gouvernement britannique et le ministère de l'éducation.[36] La discussion a porté sur la légalité (ou l'absence de légalité) de l'enseignement aux élèves de matières douteuses (dégénérescence marxiste). Elle a parlé d'"acteurs malhonnêtes... se faisant passer pour des organisations caritatives" (note : groupes d'activistes marxistes, ONG/associations à but non lucratif, etc.), qui produiraient le matériel pédagogique des écoles, sans aucun contrôle. Il est également fait mention d'"experts" autoproclamés, qui décident de l'adéquation de certains sujets à

[35] Manning, S. "Female teacher at £20,000-a-year girls' school is forced to apologise to pupils for saying 'Good afternoon, girls'", 15 avril 2023.

https://www.dailymail.co.uk/news/article-11976891/Female-teacher-forced-apologise-saying-Good-afternoon-girls.html

[36] GB News, "UK Govt to be sued over trans ideology being taught in primary schools | Dr Anna Loutfi", 6 août 2023. https://www.YouTube.com/watch?v=TxDVAkfGAGo

l'âge des élèves, sans le consentement des parents, bien entendu. (Encore ces "experts"...)

Lorsqu'on lui a présenté l'argument militant courant selon lequel certains enfants "luttant" contre des problèmes d'identité sexuelle ou de genre ont besoin de se sentir protégés et inclus dans les écoles, Loutfi a répondu : "Nous luttons contre beaucoup de choses, mais nous ne pouvons pas, en tant que société, adopter une position qui consisterait à dire que la société acceptera votre désir d'être quelque chose d'autre que ce que vous êtes". Elle a brillamment souligné que la société ne devrait pas confirmer les comportements négatifs et autodestructeurs d'une personne en difficulté, ajoutant que ces personnes "expriment une lutte intérieure et une notion idéaliste d'évasion de leur réalité". Il n'appartient pas aux écoles de faciliter l'automutilation. Le fait qu'un enfant soit en difficulté ne justifie pas que la société tout entière lui ouvre la voie de l'autodestruction". L'entretien a mis en évidence l'enracinement de la secte dans l'establishment britannique et la collusion entre le gouvernement, les ONG/le secteur à but non lucratif et le ministère de l'éducation.

L'École de la Palestine proteste

Parfois, le comportement sectaire ne vient pas de l'intérieur de l'école, il va à (l') école. Au cours des derniers mois de l'année 2023, l'école primaire Barkley, à Leyton, Londres, Royaume-Uni, a été le théâtre d'une importante activité sectaire. GB News a rapporté que des enfants se rendaient à l'école avec des drapeaux palestiniens sur leurs vêtements. Cette école étant non partisane, multiculturelle, multiethnique et "apolitique", elle n'a pas apprécié tout cela et le message est parvenu aux parents par le biais d'une lettre qu'elle a publiée le vendredi 17 novembre. Certaines parties concernées ont apparemment invoqué une discrimination "islamophobe", et des menaces auraient été proférées à l'encontre du personnel. Des manifestations ont été organisées devant l'école, avec des pancartes, etc. Un agitateur idiot en particulier, portant un masque de couleur palestinienne, s'est servi d'un mégaphone pour inciter la foule à scander "l'éducation est un droit de l'homme".[37] Le 21 décembre, Sky News a rapporté, en citant une déclaration de l'école, que l'école avait fermé plus tôt que prévu pour Noël : "À la lumière de l'escalade des menaces contre le personnel et l'école, fondées sur des malentendus, des mensonges et des fabrications malveillantes inexacts dans les faits", et qu'il n'y avait aucune

---

[37] GB News, "Masked Palestine protesters force primary school to SHUT after kids wore Palestine flags to lessons", 21 décembre 2023.
https://www.YouTube.com/watch?v=CLj9anqykrE

preuve d'intimidation ou de mauvaise conduite.[38]

Les membres de la secte ont présenté l'ensemble de la situation comme étant l'intimidation d'un garçon de 8 ans par l'école. Selon Sky News, tout a commencé à la mi-novembre lorsque le garçon s'est présenté à l'école avec un drapeau palestinien très visible sur sa veste, par "solidarité avec la famille de sa mère à Gaza". Selon son père, il a été mis à l'écart des autres élèves et n'était pas le bienvenu à l'école. Les parents ont refusé d'enlever l'écusson (ou simplement de lui donner une autre veste !), et le drame a commencé.

Même si tout ce fiasco n'était pas une action délibérée planifiée par les membres de la secte depuis le début, l'école avait raison ! Aucun activisme marxiste de quelque nature que ce soit ne devrait être autorisé dans les écoles, y compris les droits des Palestiniens, qu'ils soient internes ou externes ! Zéro ! Ce fiasco n'est qu'un exemple de plus de la volonté de la secte/idéologie d'arriver à ses fins. Un parent qui permet à son enfant d'orner ses vêtements d'un drapeau palestinien par "solidarité", pour faire une déclaration politique, est une forme d'endoctrinement. La tragédie ici est que, parce que les manifestations marxistes sont autorisées par l'État, de nombreux enfants exposés à cette situation et aux manifestations, etc. peuvent maintenant être endoctrinés. C'est un autre exemple frappant de la façon dont l'idéologie peut provoquer de grandes divisions, cette fois par le biais d'un vêtement de quelques centimètres, et en tirer profit.

Le 22 décembre, GB News a interviewé un habitant du quartier et montré une vidéo de "manifestants" masqués installant des drapeaux palestiniens sur des lampadaires près de l'école, la nuit précédant les manifestations. Fait révélateur, la police s'est présentée et n'a rien fait.[39] Encore une fois, dans une société saine, les "manifestants" n'auraient pas le culot de faire ce genre de choses, mais s'ils le faisaient, ils se retrouveraient à l'intérieur d'un fourgon de police, la tête la première, en toute hâte.

Je suis sûr que l'hypocrisie et le deux poids deux mesures de tout ceci n'échappent pas au lecteur, étant donné les points précédents concernant les écoles. La secte ne proteste évidemment pas contre les diverses formes d'endoctrinement marxien et de maltraitance des enfants qui se font passer pour de l'"éducation" dans les écoles actuellement en Occident ; mais elle "protestera" pour un écusson de couleur sur la veste d'un enfant "opprimé".

---

[38] "Une école primaire londonienne doit fermer ses portes après avoir affirmé qu'un garçon avait été puni pour avoir porté le drapeau palestinien sur son manteau", SKY NEWS, 21 décembre 2023 https://www.YouTube.com/watch?v=VsaSEui-C9Y

[39] GB News YouTube channel, "School closed over Palestine protest - 'It frightens my daughter!' | East London mum reacts", 22 Dec 2023.https://www.YouTube.com/watch?v=z7OViaPGexc

ShoutOut

Shoutout est l'une des organisations LGBTQ de plus en plus nombreuses en Irlande. La page d'accueil de son site web fait allusion à la situation inquiétante des écoles irlandaises (souligné pour l'accentuation) : "ShoutOut est une organisation caritative enregistrée qui s'engage à améliorer la vie des personnes LGBTQ+ en partageant des histoires personnelles et en éduquant les élèves, les parents et les tuteurs, les enseignants, les animateurs de jeunesse et les lieux de travail sur les questions LGBTQ+. Depuis 2012, nous organisons des ateliers dans les écoles secondaires de l'île d'Irlande sur le thème des brimades à l'encontre des personnes LGBTQ+. Au cours des huit dernières années scolaires, nous avons organisé plus de 1 800 ateliers à l'intention des élèves. Cela signifie que nous avons parlé directement à plus de 54 000 élèves !"[40] Les écoles fournissent donc essentiellement le public à ces types de groupes activistes pour endoctriner/contaminer les enfants. Même si ces chiffres sont exagérés, la situation est critique. Elle montre aussi clairement la collusion entre les différentes tentacules du monstre rouge - les écoles et les organisations à but non lucratif/ONG/"caritatives".

Enoch Burke

Enoch Burke, enseignant irlandais, a fait les gros titres en 2022/2023 pour ne pas s'être plié aux exigences de la secte en matière de changement de sexe à l'école Wilson's Hospital, dans le comté de Westmeath. La famille de Burke est chrétienne évangélique et a déjà protesté contre la secte.

Le Irish Times a déclaré le 19 mai 2023 que l'école secondaire "avait entamé des procédures à l'automne dernier contre M. Burke, parce qu'il continuait à fréquenter l'école après avoir fait l'objet d'une procédure disciplinaire et avoir été placé en congé administratif rémunéré. Le processus disciplinaire, basé sur un rapport compilé par la principale Niamh McShane et fourni au conseil d'administration, a été initié suite à sa réponse à sa demande au personnel demandant qu'il s'adresse à un élève par son nouveau nom préféré et en utilisant les pronoms ils/elles".[41] (Cela me rappelle un certain M. Jordan Peterson et le projet de loi C16 de 2016 sur les pronoms sexistes au Canada).

En raison de sa défiance et de son refus de se conformer à une injonction du tribunal lui enjoignant de ne pas fréquenter l'école, il s'est retrouvé dans une situation encore plus délicate du point de vue de la neutralité des genres. Selon l'article du Irish Times, il a été condamné à verser à l'école 15 000 euros de

---

[40] https://www.shoutout.ie

[41] Carolan, M. "Enoch Burke was validly suspended by Wilson's Hospital school, judge rules", 19 mai 2023. https://www.irishtimes.com/crime-law/courts/2023/05/19/enoch-burke-was-validly-suspended-by-wilsons-hospital-school-judge-rules/

dommages et intérêts. Ironiquement, à l'heure où nous écrivons ces lignes, il est actuellement détenu dans l'unité progressive de la prison de Mountjoy, à Dublin.

Scott Smith

Avec tous les changements de sexe imposés dans les écoles, ce n'était qu'une question de temps avant que les parents ne se sentent frustrés. C'est ce qui s'est passé en Virginie, aux États-Unis, pour le père Scott Smith. Sa fille a été agressée sexuellement par un garçon dans les toilettes pour femmes du lycée de Stone Bridge en mai 2021. Selon le Daily Mail : "L'étudiant, qui portait une jupe le jour de l'agression, a été autorisé à entrer dans les toilettes parce qu'il avait dit au personnel qu'il s'identifiait comme une femme. La politique laxiste de l'école lui a permis de les utiliser".[42]

En juin 2021, M. Smith a assisté à une réunion du conseil scolaire du comté de Loudoun. Dans une interview accordée à Fox News le 11 septembre 2023, il explique que sa femme et lui ont été abordés et provoqués par une femme "protestataire radicale". Lorsque Smith a mentionné l'agression, elle l'a accusé de mentir, puis, à la manière typique d'un membre de secte, a menacé son gagne-pain et lui a dit : "Je vais te ruiner sur les médias sociaux". Dès qu'il a répliqué par des propos "injurieux", les flics l'ont attrapé. Dans un monde sain, ce membre provocateur et dérangé d'une secte aurait dû être emmené au goulag en Sibérie et forcé à casser des pierres en portant la même jupe pendant 20 ans ; il en va de même pour l'étudiant auteur de l'agression. Smith a été inculpé, condamné à dix jours de prison avec sursis et, après une bataille juridique, gracié par le gouverneur de Virginie Glenn Youngkin en septembre 2023. [43]

Il s'agit d'un autre type d'incident où quelqu'un est pris en exemple pour avoir défié la folie de la secte. Cela dissuade d'autres parents de défier les écoles sur leurs conneries insensées et leurs dénégations de tout problème concernant leurs politiques activistes marxiennes.

Universités - alias "académies d'endoctrinement socialiste".

"Sans théorie révolutionnaire, il ne peut y avoir de mouvement révolutionnaire.[44]

---

[42] Yeatman, D. "Virginia Governor Glenn Youngkin pardons Scott Smith, father of a girl raped in unisex bathroom by a 'boy in a skirt' at Stone Bright High School after he was convicted for erupting in fury over cover-up at board meeting", 11 septembre 2023.

[43] Fox News, "Father pardoned by Youngkin : This is about protecting the children", 11 septembre 2023. https://www.YouTube.com/watch?v=uiM8KEDPj1A

[44] Lénine, V.I., "Que faire ?", 1902, P. 12.https://www.marxists.org/archive/lenin/works/download/what-itd.pdf

V.I. Lénine, *Que faire ?* 1902

Les universités constituent un grave problème pour la société, car elles sont un élément clé de la machine d'endoctrinement. Il s'agit d'un problème mondial critique. En fait, par rapport à d'autres institutions de la société, elles sont les principales responsables de cet endoctrinement et n'ont pas d'égal à cet égard. Elles doivent être débarrassées des éléments marxistes dès que possible, une fois pour toutes. Le processus de désintoxication a peut-être déjà commencé. En août 2023, NBC News a rapporté que l'État américain de Floride interdisait les cours de psychologie dont le contenu portait sur l'orientation sexuelle et l'identité de genre.[45] C'est une bonne nouvelle, mais une tâche gargantuesque nous attend encore.

Les collèges et les universités permettent l'endoctrinement des jeunes adultes et au-delà. Ils facilitent également le recrutement d'étudiants dans des groupes activistes, y compris des groupes plus ouvertement "radicaux" tels qu'Antifa et les groupes associés (ou, en fait, la formation de nouveaux groupes). C'est ainsi que naissent de nombreux membres de sectes, qui découvrent pour la première fois l'environnement d'une secte.

Il y a aussi le problème des étudiants qui sont évalués sur le plan académique en fonction de leur volonté de se conformer au parti pris idéologique des institutions. En d'autres termes, si vous n'êtes pas d'accord avec le point de vue de la secte ou de l'idéologie, vous ne serez pas autorisé à exceller. Les conversations avec des étudiants universitaires non infectés le confirment. En d'autres termes, il existe une culture de la secte dans ces universités.

Éducation inutile = diplômés inutiles

"Les hommes naissent ignorants, ils ne sont pas stupides ; l'éducation les rend stupides.

Bertrand Russell, "Histoire de la philosophie occidentale :
Édition de collection"[46]

Les universités (et autres établissements d'enseignement supérieur) se remplissent de cours ouvertement marxistes ou d'autres matières ayant une orientation marxienne. Bien entendu, cela rend le système "éducatif" inutile, en plus de "radicaliser" progressivement la population générale (avec tout ce que cela implique, comme indiqué ailleurs). Nous le constatons avec les cours marxistes de plus en plus répandus tels que les études sur l'"égalité" ou la "diversité" et diverses combinaisons de ces termes. Que diriez-vous d'un "doctorat en études socialistes multiculturelles sur l'égalité, la diversité et le

---

[45] NBC News, "Florida bans AP Psychology course due to its LGBTQ content", 5 août 2023. https://www.YouTube.com/watch?v=Vzg31_jhzV4

[46] Bertrand Russell (2013). "Histoire de la philosophie occidentale : Collectors Edition", p.578, Routledge. https://www.azquotes.com/quote/254907

transgenre" ? Ou préférez-vous obtenir une maîtrise en "Comment empêcher les nazis d'intimider et de contrôler la vie des autres (en essayant d'intimider les gens et de contrôler leur vie)" ? Bien sûr, ces programmes ne sont peut-être pas nommés de manière aussi éhontée (pour l'instant !), mais ils sont tout de même imprégnés de l'idéologie.

Cette situation dure depuis des décennies, mais elle est devenue plus évidente et plus scandaleuse ces derniers temps. Au minimum, tout ce qui est de nature psychologique, sociologique ou historique est plus que probablement infecté. Peut-être que même les matières STIM ne sont plus à l'abri de nos jours. Que diriez-vous d'un "doctorat en ingénierie des godemichés unisexes aux couleurs de l'arc-en-ciel et sans distinction de sexe" ? Ou un "Master en études technologiques bioniques maoïstes trotskistes visant à prévenir les attitudes racistes et homophobes à l'égard des pédés gays" ? Ou encore un certificat d'enseignement supérieur pour "apprendre aux autres à prévenir le "réflexe du bâillon" afin qu'ils puissent mieux sucer les autres" ? Nous devons couvrir toutes les lacunes dégénérées (ou devrais-je dire, "boucher les orifices").

Outre les cours les plus ouvertement infectés, les étudiants reçoivent des "éducations" inutiles dans d'autres domaines, y compris ceux liés aux trois courroies de transmission de la culture (nombreuses formes d'enseignement, cours sur les médias techniques/de production, journalisme, etc.) Comment pourront-ils apporter une contribution positive à la société puisqu'ils ne pourront obtenir qu'un emploi au service de l'establishment marxiste ? Il en va de même pour les sciences sociales, les sciences politiques, etc. Bien entendu, toutes les universités et tous les établissements d'enseignement supérieur proposeront également des cours de sociologie. Les cours qui combinent différents éléments permettent un endoctrinement à plusieurs niveaux. Le Trinity College de Dublin, par exemple, propose une licence en quatre ans intitulée "Philosophie, sciences politiques, économie et sociologie".[47]

En outre, en termes de choix des cours d'éducation - et donc des rôles qu'une personne peut remplir dans la société - les pays occidentaux ressembleront de plus en plus aux régimes "communistes" du 20e siècle, c'est-à-dire que l'objectif final de l'éducation et de l'emploi est de servir le régime, de servir l'idéologie. C'est ce qui se passe si l'on ne s'attaque pas immédiatement à la domination de la secte dans le domaine de l'éducation.

Il faudrait une éternité pour dresser la liste de tous les cours/sociétés/groupes contaminés dans les universités, alors voici une sélection de cours en Irlande qui brandissent le drapeau rouge (je n'ai pas eu besoin de faire des recherches approfondies, j'ai simplement consulté les sites web des universités, j'ai cherché des cours en utilisant les mots clés marxistes (égalité, diversité, genre, féminisme, climat), et voilà).

---

[47] https://www.tcd.ie/courses/undergraduate/az/course.php?id=DUBSP-PPES-2F09

Cours contaminés

Trinity College Dublin (TCD), Dublin City University (DCU) et University College Dublin (UCD) sont les principales institutions de la capitale irlandaise. Au cœur de la ville, le célèbre Trinity College propose : un certificat de troisième cycle sur la diversité et l'inclusion dans l'enseignement supérieur et la formation ; un cours de troisième cycle de deux ans à temps plein sur le genre et les études féminines ; un cours de premier cycle sur le genre et la sexualité au début de l'Europe moderne ; et un cours de premier cycle sur le stalinisme et la société en Europe de l'Est.[48] Le TCD dispose également d'un bureau de l'égalité et d'une branche du Parti des travailleurs, ainsi que de groupes promouvant diverses causes marxistes.[49]

Au sud de la ville, l'UCD propose : un module de cours sur le féminisme et la justice de genre (hilarant) ; une maîtrise en études sur le genre ; une maîtrise en études sur l'égalité ; une maîtrise en changement climatique ; et un cours de quatre ans sur la justice sociale (BSc).[50] Imaginez que vous fassiez tout cela ! Imaginez la quantité de pouvoir révolutionnaire progressiste en matière de justice sociale au bout de vos doigts ! Il est intéressant de noter que la description du cours de maîtrise en études sur l'égalité entre les hommes et les femmes mentionne ce qui suit sous la rubrique "Carrières et employabilité" : "Les diplômés sont devenus des membres importants de la société civile : "Les diplômés sont devenus des membres centraux des communautés locales, des membres clés d'ONG, des employés d'agences du secteur public, d'organisations d'éducation et de médias dans des rôles tels que : chercheurs sociaux, responsables du développement de projets, conférenciers, journalistes et responsables de la politique et du plaidoyer. Les diplômés travaillent à Amnesty International, au Conseil des immigrés d'Irlande, au Crisis Pregnancy Programme, à Médecins sans frontières, à la National Broadcasting Authority, à la RTE et au National Women's Council of Ireland".[51] La plupart d'entre eux sont imprégnés de l'idéologie.

Du côté nord, la DCU propose les formations suivantes : une maîtrise en études sur la sexualité ; un certificat de troisième cycle en éducation sexuelle et bien-être sexuel ; une maîtrise en intégration des réfugiés ; une licence en durabilité climatique et environnementale ; un cours en ligne sur l'égalité, la diversité et l'inclusion. La DCU dispose également d'un centre d'excellence pour la

---

[48] https://www.tcd.ie/courses/

[49] Grace, A. "Trinity branch of Workers' Party officially recognized", 17 février 2018.
https://trinitynews.ie/2018/02/trinity-branch-of-workers-party-officially-recognised/

[50] https://www.myucd.ie/courses/

[51] "MA Gender Studies".
https://hub.ucd.ie/usis/!W_HU_MENU.P_PUBLISH?p_tag=PROG&MAJR=W383

diversité et l'inclusion.[52] Voilà donc Dublin bien couverte...

En dehors de Dublin

NUI Maynooth, County Kildare, propose une maîtrise en genre, diversité et inclusion, ainsi qu'un certificat en études sur l'égalité. [53] L'université de Limerick propose un certificat d'études supérieures sur l'égalité, la diversité et l'inclusion.[54] NUI Galway propose une licence en études féminines mondiales et une maîtrise en culture et colonialisme. Extrait de la description du cours de ce dernier : "Le MA en culture et colonialisme explore la littérature, la politique et la culture de l'Irlande à l'Inde, et de l'Afrique au Moyen-Orient. Il s'agit d'un programme multidisciplinaire de maîtrise en arts, destiné aux diplômés en arts, en sciences humaines et en sciences sociales. Les étudiants analysent les ascendances impériales, la race et les théories raciales, les mouvements nationalistes, les expériences postcoloniales, la montée de la pensée néocoloniale, le multiculturalisme et l'interculturalisme, ainsi que les implications de la mondialisation et du développement pour le monde moderne.[55]

Il est évident que ce cours colportera les perspectives marxiennes habituelles, en promouvant : la pensée anti "droite", l'anticolonialisme, le récit "antiraciste", etc., en plus de promouvoir des concepts marxiens tels que la "suprématie" et le "privilège" des blancs, etc.

Angela's College à Sligo est relié à NUI Galway. Il propose une maîtrise en éducation religieuse et justice sociale.[56] Début 2020, l'University College Cork a organisé un cours de courte durée sur l'histoire des LGBT+, intitulé "From Shame to Pride ? Une courte introduction à l'histoire irlandaise LGBT+ (1970-2020)".[57]

Les effets de toute cette "éducation" de merde

Quel est l'effet de tout cet endoctrinement sur une société ? Si des générations d'étudiants sont aujourd'hui programmées pour devenir de petits révolutionnaires marxistes, quelle valeur auront-ils pour la société lorsqu'ils

---

[52] https://www.dcu.ie/courses

[53] https://www.maynoothuniversity.ie/study-maynooth/find-course

[54] https://www.ul.ie/gps/equality-diversity-and-inclusion-graduate-certificate

[55] http://www.nuigalway.ie/courses/taught-postgraduate-courses/culture-colonialism.html

[56] http://www.stangelas.nuigalway.ie/Downloads/ProspectiveStudents/Brochures/IET47.pdf

[57] https://libguides.ucc.ie/lgbt/gettingstarted

seront diplômés ? Quelles compétences auront-ils ? Ils n'apporteront rien d'autre que de servir la secte/idéologie dans leurs pays respectifs. À part cela, que peuvent-ils faire d'autre ? Quels autres rôles pourraient-ils remplir ?

En plus de renforcer l'idéologie/la secte en favorisant la propagation de l'infection, elle affaiblit et détruit la civilisation. Il est évident que plus les jeunes générations sont dépourvues de compétences utiles, plus la civilisation s'effondrera facilement. La civilisation ne fonctionne que parce que certaines personnes savent comment faire avancer les choses dans le monde réel. Yuri Bezmenov (l'expert en propagande soviétique) a soulevé un point important dans sa conférence de 1983, lorsqu'il a expliqué la "subversion idéologique" : les cours d'éducation véritablement utiles seraient remplacés par de "fausses alternatives" inutiles, qui ne sont d'aucune utilité pour une nation, au cours de la (deuxième) phase de "déstabilisation".

Il y a aussi l'impact économique. Outre le fait que ces générations d'étudiants seront endoctrinées à détester la richesse, les profits et le capitalisme, elles n'auront aucune compétence utile et pratique. Cela a un impact négatif sur l'économie et contribue à son effondrement ; la prospérité est affectée et la production de richesses est limitée. Ce point est lié à la question de l'"État-providence" et au fait que les sous-agendas marxistes et le complexe ONG/associations à but non lucratif drainent l'argent de l'économie. Tout cela contribue à attaquer la prospérité économique et l'indépendance d'une nation (et le capitalisme en général). Plus les universités sont autorisées à consacrer du temps, de l'énergie et des ressources à la diffusion des idées marxistes, et plus les étudiants endoctrinés sortent de ces institutions, plus ces effets sociétaux sont amplifiés.

La "connaissance", l'inflation de l'ego et l'hypocrisie

Comme pour la secte/l'idéologie en général, l'ego est une question centrale. Les étudiants endoctrinés à l'université recevront leur "éducation" et répandront ensuite consciemment ou inconsciemment l'idéologie dans la société, pensant qu'ils sont instruits (ou peut-être même "experts") dans leur domaine d'étude choisi ; ignorant parfaitement qu'ils ne savent pratiquement rien d'utile. Non seulement leur savoir ne vaut rien, mais il est en fait toxique et contribue souvent à créer les effets inverses de ce que la personne croit faire ! Ces personnes croient que la promotion de l'égalité marxienne, de la diversité, de la solidarité, du multiculturalisme, de l'environnementalisme, du socialisme, etc. est un acte bienveillant, alors qu'elle est en fait extrêmement destructrice et source de division. Les résultats sont destructeurs et créent de la souffrance à long terme. Leurs "éducations" font d'eux des hypocrites à l'extrême.

Activités sectaires sur les campus

Les universités irlandaises sont fortement contaminées. Il y a trop d'activités sectaires pour les inclure, mais cet exemple a attiré mon attention. Le 13 septembre 2020, le journal Irish Times a fait état d'événements récents survenus à l'Université nationale d'Irlande de Galway (NUIG). L'université avait tenté de mettre en place une obligation pour les étudiants de signer une "promesse de communauté". Cette promesse impliquait que les étudiants adhèrent à certaines règles de comportement (pro-marxistes). La NUIG a finalement changé d'avis et cette obligation a été supprimée.[58]

Un étudiant en droit du nom de Simeon Burke (frère de l'enseignant provocateur Enoch, mentionné plus haut) a été l'une des principales voix à mettre en lumière la folie qui règne à l'université. Au sujet de l'engagement obligatoire, Burke est cité dans l'article : "J'ai eu l'impression que cela portait atteinte à mes droits en tant qu'étudiant de NUI Galway et menaçait ma liberté de penser par moi-même". Burke a décidé de se présenter à la présidence du syndicat étudiant lors des élections qui ont eu lieu en avril 2021 (sans succès), et s'est inévitablement attiré les foudres des membres de la secte.

Dans une vidéo publiée sur le profil Twitter de "Simeon Burke for President", il explique que son matériel de campagne a été jeté à la poubelle. En ce qui concerne l'atmosphère sur le campus, il a déclaré : "Les étudiants qui ne sont pas tout à fait d'accord avec la gauche, et qui s'expriment et font entendre leur voix, sont soumis à un torrent d'intimidations et de brimades sérieuses, presque comme une évidence ici à NUI Galway. Ces questions ont été soulevées auprès de la direction de l'université à maintes reprises au fil des ans… mais rien n'a changé. La situation persiste et les étudiants continuent d'être réduits au silence".[59] Comme on pouvait s'y attendre, Burke a fait l'objet des railleries habituelles de la part des membres de la secte associés à l'université (et au-delà) ; même deux membres de la secte se faisant passer pour des politiciens - Luke Flanagan et Paul Murphy - ont participé au rituel en ligne.[60]

Je suis sûr que les lecteurs auront d'innombrables exemples de ce type d'activité sectaire dans leurs pays respectifs. Ce qu'il faut noter ici, c'est que les établissements d'enseignement sont censés être des lieux qui permettent la diversité des opinions, le débat, l'exploration de différentes écoles de pensée, etc. La conduite et le parti pris idéologique des universités d'aujourd'hui rendent cela risible. La secte/idéologie ne tolère pas la dissidence lorsqu'elle est aux commandes. Des putains d'enfants gâtés.

---

[58] O' Brien, C., "NUI Galway drops 'behave responsibly' pledge requirement", septembre 2020. https://www.irishtimes.com/news/education/nui-galway-drops-behave-responsibly-pledge-requirement-1.4353962

[59] https://twitter.com/voteforsimeon?lang=en

[60] Carolan, M. "Student criticises 'shameful' decision not to investigate TD over tweet", 30 mai 2022.

https://www.irishtimes.com/crime-law/2022/05/29/student-criticises-shameful-decision-not-to-investigate-td-over-tweet/

Divertissement

"Théâtralité et tromperie - des agents puissants pour les non-initiés"[61]

Bane (Tom Hardy), *The Dark Knight Rises*, 2012.

Toute forme de divertissement est peuplée de membres de sectes et utilisée pour contaminer davantage la population. Les médias utilisés pour l'endoctrinement peuvent être la télévision, les films, les "documentaires", la musique, les pièces de théâtre, les spectacles vivants, les arts en général, etc. L'idéologie contamine tout. Cette industrie du divertissement contaminée produit de la propagande marxiste mélangée à de l'hédonisme.

On est très susceptible d'absorber des idées lorsqu'on éprouve du plaisir, lorsqu'on est "diverti". C'est le lavage de cerveau 101 - attraper les pigeons pendant qu'ils sont détendus et frivoles, pendant que leur garde (quelle qu'elle soit) est baissée. Un exemple contemporain et très populaire serait Netflix, qui produit une quantité ahurissante de propagande de haut niveau.

Il est également normal, dans le cadre d'une infection marxiste mondiale, que le divertissement et les arts se dégradent, comme nous le voyons. Leur dégénérescence s'accentuera à mesure que l'environnement culturel s'infectera. Les choses deviennent plus politiques, mais d'une manière marxienne partisane, bien sûr. Elles peuvent aussi devenir carrément plus trash, en fonction du média en question. Cela peut être évident lorsque nous voyons des célébrités s'engager dans les points de discussion du PC, devenant les porte-paroles de diverses causes marxistes.

Cuntry Blues

La contribution de l'Irlande au Concours Eurovision de la chanson 2024 est "Doomsday Blue", d'une "artiste" irlandaise "non binaire" de 29 ans appelée Bambie Thug (alias "Bambie Ray Robinson" ou "Cuntry Ray Robinson").[62] La chanson sonne comme si plusieurs morceaux étaient joués simultanément ; trois pour le prix d'un (donc un excellent rapport qualité-prix). Elle rappelle une mauvaise comédie musicale, voire une pantomime, influencée par Marilyn Manson et Lady Gaga. Il y avait des éléments heavy metal lents et des cris stridents. L'étrange mise en scène du spectacle du Late Late Show était gothique et satanique, avec deux "démons" et un flux visuel constant de symboles païens et occultes. Dans une interview vidéo du Late Late Show, Mme Robinson a déclaré : "L'Eurovision est une plateforme tellement gigantesque... en tant que personne non binaire, je représente une proportion

---

[61] "Batman VS Bane - The Dark Knight Rises Full Fight 1080p HD".https://www.YouTube.com/watch?v=rDuetklFtDQ

[62] https://en.wikipedia.org/wiki/Bambie_Thug

massive de notre pays qui est sous-représentée".[63] Dans une interview accordée au *Gay Times*, "ils" ont déclaré : "J'aime faire partie d'une scène montante queer cool, plus de voix queer, c'est ce dont le monde a besoin, putain".[64] Une autre personnalité dégénérée. Une autre vie ruinée.

Ainsi, un pays qui se distingue par son excellence artistique - avec une forte tradition de chanteurs et de musiciens talentueux remontant à plusieurs siècles - a pour représentant une personne "non binaire" relativement dénuée de talent ? De toute évidence, la partie non dégénérée et non endoctrinée de la population irlandaise peut voir ce qui se passe ici. Ce fiasco intègre manifestement les sous-agendas "trans" et destruction de la culture.

La perte de sens

Le véritable sens de l'art se perd dans une société rongée par le marxisme. L'impact de l'infection est double : ce qui était autrefois une source de stimulation existentielle et l'expression d'une créativité impressionnante ne devient ni l'une ni l'autre, en plus de devenir un grand vaisseau de propagande pour l'idéologie. La véritable brillance est supprimée, car elle défie l'axiome marxien de l'égalité. L'art n'est plus un objet de beauté créative et contemplative, mais un objet de laideur prévisible et "politiquement correcte" (marxiste). L'influence relativiste du postmodernisme (dont nous avons parlé plus haut) fait en sorte qu'il n'existe plus de beauté réelle objective - tout devient subjectif. C'est pourquoi, de nos jours, on peut voir ces expressions d'"art" dénuées de sens qui sont présentées comme étant "progressistes", etc. Dans le prolongement de cela, l'attitude relativiste permet d'utiliser les arts et les divertissements à des fins de propagande.

La musique, les poèmes, les documentaires et l'art (sculpture, peinture, etc.) deviennent trash et dénués de sens. L'insignifiance devient le nouveau "profond" et "branché". L'art n'exige soudain plus aucune compétence créative ou technique, ni aucune substance ; "avant-garde" signifie désormais "innovant d'une manière merdique". En parlant de merde, en 2018, des sculptures géantes de merde ont été exposées/jetées au musée Boijmans van Beuningen, à

---

[63] "Bambie Thug - Doomsday Blue | Eurosong | The Late Late Show", janvier 2024.

https://www.YouTube.com/watch?v=eA2fKlT8Khw

[64] Raza-Sheikh, Zoya, "Welcome to Bambie Thug's witchy soundscape", 21 juin 2023.

https://www.gaytimes.co.uk/music/queer-and-now/queer-now-welcome-to-bambie-thugs-witchy-soundscape/

Rotterdam, aux Pays-Bas.[65]

L'objectif est d'abaisser les normes d'excellence, d'encourager la dégénérescence et de forcer l'égalité. C'est la distorsion erronée, relativiste, marxiste post-moderniste de la réalité selon laquelle tout a de la valeur et rien n'est supérieur à quoi que ce soit d'autre. Laisser entendre qu'une chose est supérieure à une autre, c'est suggérer qu'il existe une sorte de hiérarchie, et c'est quelque chose que l'idéologie/la secte ne peut pas permettre. Évidemment, les hiérarchies risquent souvent de mécontenter quelqu'un (puisque tous les artistes ne peuvent pas être géniaux !), et nous ne pouvons pas tolérer cela, n'est-ce pas ?

L'art devrait consister à présenter quelque chose à la considération d'autrui, qui est libre de l'aimer ou de le détester. Dans une société contaminée, toutes les voies artistiques commencent à être saturées par la puanteur rouge. Désormais, au lieu de vous présenter simplement des choses à examiner, on vous dit aussi ce que vous devez en penser. Il n'y a plus de place pour le libre arbitre - vous ne pouvez même plus réagir comme vous l'entendez ! Une chose telle que les arts devient maintenant juste un autre tentacule de l'idéologie/du culte. C'est déprimant !

Bien entendu, les endoctrinés adorent tout cela. Ils seraient certainement émus aux larmes en lisant un poème truffé de dogmes marxistes sur l'"oppression" des "opprimés", ou impressionnés par un documentaire "intelligent" examinant le génie du socialisme.

Elles seraient inspirées par une chanson vantant les vertus de la "diversité" et dont la vidéo contiendrait le plus grand nombre possible de personnes non blanches et non hétérosexuelles ; ou dans des convulsions de rire en regardant une humoriste faire un spectacle "avant-gardiste" sur son vagin, ses coucheries et d'autres sujets trash ; ou encore en étant excitées par une grande sculpture de trois mètres célébrant l'érotisme du fisting anal... "Je trouve ça beau !"... "C'est tellement diversifié !"; souriant, pleurant leurs larmes de soja et essuyant leurs museaux oestrogéniques (rouges) devant le merveilleux progrès de tout cela.

Bien entendu, un tel "art" donnerait à une personne saine d'esprit l'envie de vomir, de se boucher les oreilles, de changer de chaîne ou de jeter ces ordures à la poubelle. Cela me rappelle l'excitation que doit ressentir une bande de pédophiles sataniques lorsque les enfants arrivent à leur réunion. Ils s'amusent entre eux, mais si une personne saine d'esprit en était témoin, elle vomirait avec un mélange de dégoût et d'horreur (moi ? je ferais voler mes machettes).

---

[65] Tidey, A., "These giant poo sculptures prove 'contemporary art is not s***'", juin 2018. https://www.euronews.com/2018/06/08/these-giant-poo-sculptures-prove-contemporary-art-is-not-s-

Ainsi, lorsque les gens suggèrent "Qu'est-ce que vous entendez par "déchets" ? Comment pouvez-vous le critiquer alors que tant d'autres personnes y prennent plaisir ?", nous pouvons répondre que l'hédonisme n'est pas le bon baromètre pour juger les choses. Nous pouvons évoquer les gangs de pédophiles, la culture de la drogue (y compris les fumeries de crack) ou l'industrie du sexe, autant de situations où quelqu'un s'amuse d'une manière ou d'une autre, et autant de manifestations de la dégénérescence sociétale qui causent tant de mal. On pourrait également répondre en disant : "Les gens vulgaires égalent l'art vulgaire. L'art vulgaire équivaut à des gens vulgaires", puisque les arts ont une grande influence sur le développement de la société tout en reflétant la société elle-même.

Célébrités socialistes du champagne

De nos jours, il semble que l'idéologie soit présente partout dans les arts et les divertissements. Bien qu'elle se soit accrue ces derniers temps, elle n'est pas nouvelle. La chanson *Imagine* de John Lennon (1971) est un exemple classique de l'idéologie promue par la chanson. Elle promeut l'athéisme, le gouvernement mondial/monde sans frontières, l'hédonisme, l'anti-guerre/la "paix", la solidarité, la révolution, l'anti-propriété/l'anti-capitalisme et la propriété collective, l'utopisme. Le tout dans une chanson de trois minutes ! Peut-être pouvons-nous la considérer comme la référence ?[66] *One Vision* (1985) du groupe de rock britannique Queen met également en avant certains de ces thèmes : "One race, one hope, one real direction... One world, one nation. Une vision".[67]

Dans les années 1980, les chanteurs irlandais Bono (alias Paul Hewson) et Bob Geldof ont commencé à soutenir diverses causes marxiennes, notamment l'initiative "Sauver l'Afrique" et le gouvernement mondial. Geldof a co-créé *Bandaid* en 1984 - une collaboration d'artistes chanteurs et musiciens célèbres pour mettre en lumière la famine en Éthiopie.[68] (Il n'est évidemment pas fait mention du rôle du socialisme dans cette affaire, ni de la guerre marxiste entre factions). Bono, figure transparente du divertissement à l'avant-garde de la révolution mondiale, considérait le terroriste marxiste Nelson Mandela, aujourd'hui décédé, comme une source d'inspiration pour son propre activisme, déclarant un jour : "J'ai travaillé pour Nelson Mandela à peu près toute ma vie".[69] Une célébrité militante irlandaise qui "travaille" pour un marxiste noir africain ?

---

[66] https://genius.com/John-lennon-imagine-lyrics

[67] https://genius.com/Queen-one-vision-lyrics

[68] https://en.wikipedia.org/wiki/Band_Aid_(groupe)

[69] CBS Mornings, "Bono discusses Nelson Mandela's wisdom and courage", 6 décembre 2013. https://www.YouTube.com/watch?v=c-lhKwIZYIg

En 1992, la défunte chanteuse irlandaise - et membre d'un culte depuis toujours - Sinead O'Connor (1966-2023), s'est illustrée en déchirant une photo du pape Jean-Paul II à la télévision américaine (antichristianisme) ; elle s'est ensuite convertie à l'islam ("diversité"/islamisation des pays occidentaux). Sa mort en juillet 2023 a été traitée comme celle d'une sainte progressiste, avec des milliers de personnes en deuil.[70]

On ne compte plus les exemples de célébrités qui soutiennent ou promeuvent l'idéologie, volontairement ou involontairement, se prostituant à chaque occasion, semble-t-il. Plus leur profil est élevé, plus leur influence est grande. Les sous-agendas marxiens extrêmement populaires auprès des célébrités sont : le féminisme, toutes les questions impliquant la sexualité/le genre, le changement climatique, le véganisme, en plus de la promotion du multiculturalisme/de la diversité/de l'antiracisme et des concepts marxiens tels que l'égalité et la solidarité, etc.

D'autres exemples ont été repérés : Leonardo DiCaprio a parlé du changement climatique lors de son discours d'acceptation des Oscars (d'autres célébrités "vertes" sont Cate Blanchett qui est apparue une fois à la télévision australienne pour soutenir la taxe carbone) ; William "Caitlyn" Bruce Jenner a fait son coming-out en tant que "femme trans" (amplifié par la grande notoriété de l'émission télévisée *Keeping Up with the Kardashians*) ; les actrices Emma Watson, Nicole Kidman et Anne Hathaway devenant ambassadrices de bonne volonté de l'ONU Femmes ;[71] les actrices Uma Thurman, Alyssa Milano, Ashley Judd, Linsey Godfrey et l'ex-chanteuse de Fleetwood Mac Stevie Knicks soutenant publiquement l'avortement.

Il y a également eu : L'animateur britannique Philip Schofield a fait son coming out homosexuel dans l'émission *This Morning* ; l'actrice Ellen "Elliot" Page a fait son coming out homosexuel avant de décider qu'elle était "trans" ; l'humoriste travesti Eddie Izzard s'est déclaré "transgenre" (qui est, de manière choquante, impliqué dans le parti travailliste britannique) ; l'actrice Natalie Portman a réécrit des contes de fées pour enfants afin qu'ils soient plus neutres

---

[70] Carroll, R, "She blazed a trail" : thousands gather for funeral of Sinéad O'Connor in Ireland", 8 août 2023.

https://www.theguardian.com/music/2023/aug/08/thousands-gather-funeral-sinead-oconnor-ireland

[71] https://en.wikipedia.org/wiki/UN_Women_Goodwill_Ambassador

du point de vue du genre, et la liste est encore très longue.[72][73]

Le discours du Joker

La partie saine de la Terre sait parfaitement qu'Hollywood est un tapis roulant sans fin pour la dégénérescence, et rien de ce qu'il produit ne devrait donc nous surprendre. Voici un autre exemple flagrant et très médiatisé de l'idéologie colportée sur la scène la plus grandiose que Tinseltown puisse offrir : les Oscars. Lors de la cérémonie de 2020, après avoir remporté l'Oscar du meilleur acteur pour le film *Joker, Joaquin* Phoenix a prononcé un discours répété dont Marx lui-même serait fier, cochant au passage toute une myriade de cases rouges. Il a expliqué que le fait d'être un acteur célèbre lui donnait (ainsi qu'à ses collègues) "l'opportunité d'utiliser notre voix pour les sans-voix" (les opprimés). Ce que cela signifie réellement, c'est qu'ils sont en mesure de colporter des inepties marxiennes, et c'est exactement ce qu'il a fait consciencieusement dans ce discours.[74]

Se mettant en mode SJW marxien, Phoenix a déclaré (notes entre parenthèses) : "J'ai beaucoup réfléchi à certaines des questions pénibles auxquelles nous sommes confrontés collectivement (solidarité/collectivisme)... et je pense que nous avons parfois l'impression... de défendre des causes différentes, mais pour moi, je vois des points communs (une révolution). Qu'il s'agisse de l'inégalité des sexes (féminisme), du racisme, des droits des homosexuels (LGBTQ), des droits des autochtones (programme des Amérindiens) ou des droits des animaux (véganisme), nous parlons de la lutte contre l'injustice ("oppression"/signature de vertu marxienne). Nous parlons de la lutte contre la croyance qu'une nation (anti-Amérique), un peuple (plusieurs sous-agendas), une race (anti-blancs), un genre (féminisme) ou une espèce (anti-humain/végétalisme) a le droit de dominer, de contrôler, d'utiliser et d'exploiter l'autre en toute impunité" (oppresseur contre opprimé).

Il a déclaré que nous nous sommes déconnectés de la nature et qu'en raison de notre vision égocentrique du monde, nous "allons dans le monde naturel et nous le pillons pour ses ressources" (agriculture et industrie, changement climatique, anticapitalisme, etc.) ; il a également souligné que nous opprimons

---

[72] Cho et Sengwe, "Celebrities Who Have Shared Their Abortion Stories to Help Women Feel Less Alone", 17 octobre 2023. https://people.com/health/celebrity-abortion-stories-busy-philipps-jameela-jamil/?slide=6764577#6764577

[73] Huston, W. "Natalie Portman Rewrites Classic Fairytales to Make Them 'Gender Neutral' So Children Can 'Defy Gender Stereotypes'", 15 mars 2021.

https://www.breitbart.com/entertainment/2021/03/15/natalie-portman-rewrites-classic-fairytales-to-make-them-gender-neutral-so-children-can-defy-gender-stereotypes/

[74] Oscars, "Joaquin Phoenix wins Best Actor | 92nd Oscars (2020)", 11 mars 2020.

https://www.YouTube.com/watch?v=qiiWdTz_MNc

les vaches en les inséminant artificiellement, en volant leurs bébés et en volant le lait qui leur est destiné en le mettant "dans notre café et nos céréales". Selon la logique de Joaquin, si les vaches pouvaient parler, puisqu'elles sont sans voix, elles parleraient de cette oppression. Il a déclaré que nous pouvons développer des systèmes de changement qui "sont bénéfiques à tous les êtres sensibles et à l'environnement" ("durabilité"), en utilisant "l'amour et la compassion comme principes directeurs" (supériorité morale marxienne) ; il a également glissé les mots "amour" (encore) et "paix" à la fin (tous les mots clés efficaces de la manipulation émotionnelle marxienne).

Dans un discours de près de quatre minutes, Phoenix n'a pas dit un mot sur le film lui-même, ni remercié les personnes impliquées dans le projet qui lui a permis de remporter son premier Oscar - il était trop occupé à parler de sauver le monde pour cela.

Des centaines de personnes sont impliquées dans la production d'un film hollywoodien ! Stupide gamine. Il est intéressant de noter que le discours était chargé de pensées féminines trop émotives, ce qui est bien sûr typique de l'idéologie/la secte en général, mais aussi des hommes végétaliens (ce qu'il est), en raison d'un faible taux de testostérone.

Il est intéressant de noter que le film du Joker lui-même comportait de nombreux thèmes marxiens, notamment la santé mentale/le fait d'être une victime, l'anticapitalisme/la vengeance contre la bourgeoisie et la révolution. Tous ceux qui connaissent le personnage savent que le Joker représente le chaos (c'est-à-dire l'anarchie et, par extension, la révolution). La scène finale le montre dansant sur une voiture devant une foule en liesse, avec un sourire démoniaque ensanglanté, alors que la ville brûle sous l'effet de la révolution qu'il a créée. Satan sourit quand le monde est en flammes...[75]

Bien que l'audience des Oscars ait considérablement diminué au fil des ans (peut-être en raison de la pourriture marxiste et de Covaids 1984), les chiffres avoisinent toujours les 23,6 millions de téléspectateurs.[76] Il s'agit d'une plateforme publicitaire massive pour l'idéologie, tous les regards étant tournés vers les prix du meilleur homme, de la meilleure femme et du meilleur film en particulier. Il en va de même pour le discours de DiCaprio sur le changement climatique lors de la cérémonie des Oscars en 2016.

---

[75] Flashback FM, "Anarchy in Gotham (Ending) | Joker [UltraHD, HDR]", 8 janvier 2020.

https://www.YouTube.com/watch?v=NHi_8FGMObQ

[76] Whitten, S. "L'audience des cérémonies de remise de prix est en forte baisse. This chart shows how far far viewership has fallen", 2 mai 2021.

https://www.cnbc.com/2021/05/02/oscars-2021-nielsen-data-shows-viewers-have-lost-interest-in-award-shows.html

Cinéma

Quelques exemples de films qui promeuvent la propagande marxienne, la dégénérescence comportementale ou la "wokeness" sous une forme ou une autre :

Dans le film *Pimp* (2018), le personnage central est une proxénète lesbienne noire du Bronx dont le niveau de dégénérescence n'a d'égal que celui du film. Elle proxénète principalement des femmes blanches, l'une d'entre elles étant son intérêt amoureux (en quelque sorte) ; cette relation avec sa (presque) petite amie est manifestement interraciale, mais elle est en position dominante (insinuant que les Blancs devraient être les esclaves des Noirs à présent). Au fur et à mesure que le film progresse, nous voyons les deux amantes potentielles du proxénète - deux femmes très séduisantes - se disputer cette personne dégénérée et manipulatrice. Il est évident que ces deux femmes feraient mieux de consacrer leur temps et leur sexualité à d'autres activités. Le film fait essentiellement la promotion de ce comportement dégoûtant et inutile auprès des femmes, en essayant de le normaliser.[77]

Icônes et comportements homosexuels

Nous avons récemment assisté à l'idolâtrie des "icônes" homosexuelles. *Bohemian Rhapsody* (2018) raconte l'histoire du leader de Queen, Freddie Mercury, mais de manière plus aseptisée. La vie personnelle de Mercury n'était qu'un grand acte de dégénérescence - infidélité, promiscuité et consommation de drogues - mais cela n'a pas été souligné dans le film. Malgré cela et d'autres inexactitudes, le film a connu un énorme succès au box-office (ce qui est révélateur du niveau d'infection de la société).[78] L'année suivante, le biopic d'Elton John intitulé *Rocketman* (2019) est sorti sur grand écran. Là encore, il était très aseptisé, refusant de s'étendre sur les détails. Il contenait toutefois quelques scènes de sexe gay légères.[79]

Le film irlandais/britannique *Rialto* (2019) raconte l'histoire de Colm - un Dublinois moyen de 46 ans avec une famille, qui connaît une crise de la quarantaine déclenchée par des événements traumatisants (décès du père ; perte d'emploi). Il devient alors émotionnellement et sexuellement impliqué avec un jeune homme de 19 ans appelé Jay après avoir été agressé par lui (!). Cela conduit Colm à développer par la suite une sorte d'engouement étrange pour ce jeune homme, victime du syndrome de Stockholm, mais ses sentiments ne sont pas réciproques.[80]

---

[77] https://en.wikipedia.org/wiki/Pimp_(2018_film)

[78] https://en.wikipedia.org/wiki/Bohemian_Rhapsody_(film)

[79] https://en.wikipedia.org/wiki/Rocketman_(film)

[80] https://en.wikipedia.org/wiki/Rialto_(film)

Le film développe essentiellement l'idée que des hommes hétérosexuels peuvent détruire leur propre vie ou celle de leur famille pour s'engager émotionnellement et sexuellement avec d'autres hommes. Il réussit également à susciter de la sympathie pour Colm (victime/opprimé) malgré son comportement méprisable et irresponsable. Il parvient même à faire une incursion dans le capitalisme, car l'un des éléments déclencheurs de la spirale descendante de Colm a été la perte injuste de son emploi (bien qu'il ait été un employé loyal pendant de nombreuses années). En outre, le film montre involontairement que la dépression mentale peut conduire une personne à s'engager dans la dégénérescence, ce qui résume très bien l'idéologie/la secte. Un film dégoûtant qui n'avait pas lieu d'être.

Féminisme robotique, Indiens bleus et changement climatique

Le film *Terminator : Dark Fate* (2019) est un autre épisode de la série de science-fiction emblématique qui n'avait pas besoin d'être réalisé. Il présentait un casting et une intrigue centrés sur les femmes. Le réalisateur et scénariste James Cameron a déjà fait de la propagande féministe, *Aliens* et *Terminator 2* mettant en scène des femmes "guerrières". [81] Un autre de ses projets relativement récents est *Avatar*, en 2009, qui aborde les thèmes de l'anti-américanisme/militarisme et de l'anti-capitalisme, ainsi que l'oppression/soumission d'une population indigène tribale par ces envahisseurs. Comme une sorte de *Danse avec les loups* et *Fern Gully* dans l'espace, avec des "Indiens" bleus au lieu d'Américains. [82]

(*Fern Gully* (1992) est un film d'animation sur la destruction de la forêt tropicale par les entreprises. Il s'agit d'un programme anti-capitalisme et contre le changement climatique destiné aux enfants.[83] *Dances With Wolves* (1990) figure également sur la liste des films hollywoodiens marxistes à vocation vertueuse. Promouvant l'"oppression" des Amérindiens, il présente un thème anti-blancs/anti-américains évident, un thème anti-militaire, et promeut la culpabilité blanche. Bien qu'il s'agisse d'un film agréable, il a contribué à l'attaque de l'idéologie contre l'Amérique, en mettant l'accent sur la question des natifs américains à travers une lentille marxienne).[84]

Ghostbusters (2016) est un remake du classique de 1984, réalisé simplement pour promouvoir l'égalité des sexes. Cette fois-ci, contrairement à l'original, tous les S.O.S. Fantômes sont des femmes, mais avec un réceptionniste masculin qui est un peu du côté stupide/incompétent des choses, tandis que les femmes sont des génies relatifs (féminisme/anti-mâle/programme de

---

[81] https://en.wikipedia.org/wiki/Terminator:_Dark_Fate

[82] https://en.wikipedia.org/wiki/Avatar_(2009_film)

[83] https://en.wikipedia.org/wiki/FernGully:_The_Last_Rainforest

[84] https://en.wikipedia.org/wiki/Dances_with_Wolves

soumission masculine). Destiné principalement à un public de jeunes femmes et à des membres de sectes, le film aborde également des thèmes tels que l'occultisme et l'apocalypse.

Le titre du film (comme sur l'affiche) est "Répondez à l'appel" (un terme d'endoctrinement subtil pour évoquer des sentiments de ferveur révolutionnaire dans l'esprit d'un public essentiellement composé de jeunes femmes).[85] Ce film est un autre exemple de l'idéologie qui détruit les arts, et il a été un échec au box-office, ce qui est mérité.

Comédie politique et idoles cultes

Une "comédie" politique marxiste intitulée *Irresistible* est sortie en 2020. Il s'agit essentiellement d'une moquerie à l'égard de toute personne de droite, y compris les Républicains et les partisans de Donald Trump.[86] C'est un exemple d'"art" créé par des membres d'une secte que seuls d'autres membres de la secte aimeraient et pour lequel ils seraient pris de convulsions de rire. Le film a été réalisé et écrit par l'ancien animateur du *Daily Show*, Jon Stewart (Leibowitz).

Un autre film "woke" intitulé *Seberg* est sorti en 2019. Il s'agit de l'actrice Jean Seberg qui s'est impliquée dans un sous-culte marxiste, les Black Panthers. Elle a également fait des dons à la *NAACP* (*National Association for the Advancement of Coloured People*), un groupe marxiste central qui a contribué à lancer le mouvement des droits des Noirs aux États-Unis. Elle a été mariée à l'ancien terroriste marxiste Romain Gary, qui a combattu les nazis dans la France de la Seconde Guerre mondiale, bien qu'elle ait eu de nombreuses liaisons. Le slogan marketing du film était "Actrice. Activiste. Adversaire", ce qui en fait un film chargé de propagande. En raison de ses activités anti-américaines, Seberg a été la cible d'opérations de surveillance et de démoralisation du FBI dans sa lutte contre la secte. Seberg n'est donc qu'une autre artiste gauchiste SJW malavisée que l'on présente au public (en particulier aux jeunes femmes) comme un modèle, une rebelle, une héroïne, etc.[87] (Soit dit en passant, le slogan de *Seberg* contient une autre référence au diable. Le mot "Satan" (prononcé "sha-tan") est le mot hébreu pour "adversaire").

En 2020 est sorti *The Glorias,* un film sur Gloria Steinem, membre d'une secte, figure centrale du "féminisme de la deuxième vague" à l'époque hippie de l'Amérique.[88] La même année sort le film *Miss Marx*, sur Eleanor Marx, la

---

[85] https://en.wikipedia.org/wiki/Ghostbusters_(2016_film)

[86] https://en.wikipedia.org/wiki/Irresistible_(2020_film)

[87] https://en.wikipedia.org/wiki/The_Glorias

[88] https://en.wikipedia.org/wiki/The_Glorias

plus jeune fille de Karlie Karl. À la lecture du synopsis, on a l'impression qu'elle est dépeinte comme une héroïne opprimée, freinée par tous les hommes de sa vie (roulements de yeux).[89] Il n'est pas fait mention du fait qu'elle était l'enfant de Satan personnifié, et que c'est ce qui a ruiné sa vie. Toujours en 2020, un thriller de vengeance féministe intitulé *Promising Young Woman* (*Jeune femme prometteuse*) est sorti.[90] Et ainsi de suite...

Des super-héros pour l'égalité

La présence de l'endoctrinement dans la société signifie que les artistes/interprètes ne sont plus respectés pour leur excellence ; ils sont applaudis (par les endoctrinés) en raison du groupe "opprimé" auquel ils appartiennent. Et le reste d'entre nous, ne voulant pas aller dans le sens de la foule "PC", a tendance à ne pas respecter ceux qui pourraient le mériter. L'idéologie ne fait que déséquilibrer la situation. Non seulement elle transforme les arts en merde, mais elle peut fausser la perception de tout ce qu'ils contiennent de bon.

Au cinéma, les types endoctrinés deviendront hystériques en regardant quelqu'un comme l'actrice israélienne Gal Gadot dans les films *Wonder Woman*. Toute la grandeur réelle de la performance de l'actrice est entachée par les connotations de vertu présentes en raison de l'endoctrinement. Le simple fait d'être dans cette position, selon le culte ou l'idéologie, lui vaut d'être encensée. C'est ridicule ! Cela ne donne pas de pouvoir aux femmes, mais leur enlève tout pouvoir. La grandeur doit être jugée en fonction de la grandeur. Lorsque nous entendons des propos tels que "elle est un excellent modèle pour les filles/femmes", ce qui se trame ici devient évident. Entendons-nous les mêmes choses lorsque Henry Cavill joue Superman ? Non.

En 2020, le film *Wonder Woman 1984* (saluez Orwell) comprenait une séquence vers la fin du film où elle prononçait un monologue évocateur directement dans l'objectif de la caméra, encourageant les spectateurs - y compris des millions de jeunes femmes impressionnables - à devenir des sauveurs révolutionnaires, des guerriers, etc. Ce monologue commence par un dialogue avec l'antagoniste du film, puis elle s'adresse directement au public, brisant le "quatrième mur". Elle commence par un dialogue avec l'antagoniste du film, puis elle s'adresse directement au public, brisant le "quatrième mur". Le film contient des répliques telles que "vous n'êtes pas la seule à avoir souffert" et "vous devez être le héros... vous seul pouvez sauver la situation" ; il parle de la peur, de l'isolement (tout ce que les "opprimés" doivent ressentir,

---

[89] https://en.wikipedia.org/wiki/Miss_Marx

[90] https://en.wikipedia.org/wiki/Promising_Young_Woman

n'est-ce pas ?) et de l'utopie, bien sûr.[91]

Peut-être que dans la prochaine suite, nous verrons Wonder Woman citer des auteurs féministes comme Emmeline Pankhurst et s'en prendre aux élites bancaires du NWO, avec un crâne rasé chauve et une barbe de bouc à la Lénine ? (Cela mettrait fin à mon intérêt, car la beauté physique de Gadot était le meilleur aspect de ces films). Il convient également de noter le personnage de Captain Marvel dans le Marvel Cinematic Universe, interprété par Brie Larson, féministe convaincue, membre d'une secte et YouTubeur.

Princesses et poupées

Gal Gadot est également à l'affiche d'un remake en prise de vue réelle du classique animé de Walt Disney Blanche-Neige *et les sept nains* (1937), intitulé *Blanche-Neige* (2024).[92] Ce film mettra en scène un personnage principal "responsabilisé". Selon l'actrice qui l'incarne, Rachel Zegler, dans une interview accordée à *Variety*, elle "ne sera pas sauvée par le prince et ne rêvera pas du grand amour. ...elle rêve de devenir le leader qu'elle sait pouvoir être".[93] Popcorn ou seau à vomi, quelqu'un ?

L'un des scénaristes de *Blanche-Neige* est Greta Gerwig, qui a réalisé *Barbie* (2023), un déchet féministe dégoûtant et méchant destiné principalement aux jeunes filles. L'aspect le plus dérangeant et le plus insidieux de ce film est qu'il a été habilement présenté comme une "comédie familiale". [94]

Le film est basé sur la célèbre poupée Barbie, lancée par la société de jouets Mattel en 1959.[95] Cette poupée "de mode" a contribué à remplacer la poupée traditionnelle comme jouet pour les filles, symbolisant le conditionnement psychologique de la femme moderne avec la superficialité/l'ego, l'hyper-sexualité, etc. En outre, une poupée "de mode", qui comporte un élément sexuel évident, réduit la femme à l'état d'objet, au sens propre du terme. Mattel a été fondée par le couple juif Ruth et Elliot Handler.

Une scène d'ouverture (également utilisée comme bande-annonce) dans *Barbie* présente un étrange hommage à une scène emblématique de *2001 : l'Odyssée de l'espace* (1968) de Stanley Kubrick. La scène originale mettait en scène une bande de singes proto-humains (hominins) qui se déchaînaient

---

[91] Movieclips, "Wonder Woman 1984 (2020) - Wonder Woman's Speech Scene (10/10) | Movieclips", 9 mars 2022. https://www.YouTube.com/watch?v=7ofZ_Ij4HaE

[92] https://en.wikipedia.org/wiki/Snow_White

[93] Variety, "Rachel Zegler and Gal Gadot on Bringing a New Modern Edge to 'Snow White'", 10 septembre 2022. https://www.YouTube.com/watch?v=2RVg3yetTE4

[94] https://en.wikipedia.org/wiki/Barbie_(film)

[95] https://en.wikipedia.org/wiki/Barbie

autour d'un mystérieux monolithe extraterrestre, ce qui les incitait à apprendre à utiliser un os comme outil ou comme arme, suggérant ainsi un grand bond en avant dans l'évolution.[96] Dans Barbie, un groupe de jeunes filles tenant des poupées découvre une poupée Barbie géante. Elles écrasent alors les poupées en criant "fuck the patriarchy !" (non, pas vraiment). (non, pas vraiment), mais elles écrasent les poupées. Le sang bout.[97] Il s'agit d'un satanisme anti-humanitaire grand public, destiné aux filles.

Dans le film, le monde de Barbie est dépeint comme une sorte d'utopie féministe, où les hommes (les "Ken") sont relégués au rang de citoyens de seconde zone. Les Ken renversent la situation et parviennent à créer temporairement un "patriarcat" pour eux-mêmes, jusqu'à une "contre-révolution" féministe de la part des femmes (rires). Gerwig a participé à l'écriture du film avec Noah Baumbach. Barbie, autrefois considérée par certaines féministes comme un modèle négatif pour les filles (parce qu'elle fixait des normes de beauté trop élevées), est aujourd'hui une chienne de l'idéologie. Un autre exemple de la façon dont l'idéologie/la secte peut coopter les choses et les modeler selon ses caprices.

Selon Wiki, le film a rapporté un peu moins de 1,5 milliard de dollars au box-office.[98] Imaginez les yeux de ces millions de petites filles... ces couleurs brillantes qui coulent le long de tous ces nerfs optiques... et toute cette propagande féministe dégénérée fidèlement reproduite par leurs tympans, pour être décodée dans leur esprit vulnérable, risquant ainsi de déformer leur esprit et de ruiner leur vie. C'était de la maltraitance d'enfants, et les parents en étaient complices.

Steve Coogan gourmand

Un autre exemple de la propagande de plus en plus effrontée de la secte se trouve dans le film britannique *Greed* (2019) avec l'acteur comique Steve Coogan.[99] Il n'y a pas de prix pour deviner quel sous-agenda marxien est poussé ici. Si vous pouviez utiliser un seul mot pour décrire cyniquement le matérialisme et la richesse tout en les critiquant à partir d'une position de supériorité morale apparente, ne serait-ce pas celui-là ?

L'intrigue est centrée sur un homme riche, blanc et d'âge moyen (bien sûr), joué par Coogan et nommé McCreadie (mcGreedy), qui a amassé sa richesse

---

[96] FilmScout, "2001 : Space Odyssey Best Scenes - The Bone As A Weapon", 30 novembre 2014. https://www.YouTube.com/watch?v=T0vkiBPWigg

[97] Warner Bros. Pictures, "Barbie | Teaser Trailer". 16 décembre 2022.

https://www.YouTube.com/watch?v=8zIf0XvoL9Y

[98] https://en.wikipedia.org/wiki/Barbie_(film)

[99] https://en.wikipedia.org/wiki/Greed_(2019_film)

en opprimant les autres (yawn). Comme on pouvait s'y attendre, il est dépeint comme une ordure dominatrice qui traite les autres comme des déchets (masculinité toxique) et qui veut avoir des relations sexuelles avec son ex-femme bien qu'il soit marié (mentalité féministe "les hommes sont des salauds"). Déguisé en "satire", il promeut : l'anti-bourgeoisie/l'anti-capitalisme ; l'anti-oppression des opprimés (migrants) ; l'exploitation des travailleurs (ça vous rappelle quelque chose, non ?). Il est intéressant de noter que l'un des personnages s'appelle Fabian.

McCreadie est déchiqueté à mort par un lion en état d'ébriété alors qu'il est ivre lors d'une fête (oui, vraiment). Le lion a été libéré de sa cage pendant ce moment de vengeance opportuniste commis par le personnage d'Amanda. La mère d'Amanda était une ouvrière qui a été essentiellement exploitée/travaillée à mort par l'entreprise de McCreadie (je sais que c'est un peu ridicule), et c'était donc son moment de vengeance. Le message traditionnel et peu original des communistes est le suivant : tuez les bourgeois parce qu'ils méritent de mourir pour avoir opprimé le pauvre prolétariat opprimé. Il dit aussi que les hommes doivent mourir pour avoir opprimé les femmes. Le Lion a donc fait coup double pour la grande révolution utopique prolétarienne en arrachant le visage de M. McGreedy ! Lénine le Lion ! Un gros chat qui fait miaou miaou miaou Miao Miao.

Il est assez choquant de constater qu'à la fin du film, au moment du générique, des "faits" marxiens apparaissent à l'écran - une propagande flagrante qui met en évidence l'"oppression" dans l'industrie de la mode. Évidemment, il n'est pas fait mention du fait que la majeure partie de l'industrie de la mode trash n'existe qu'à cause des femmes, de la superficialité et de l'ego féminins, du féminisme et de la liberté des femmes, et des hommes homosexuels. Il en va de même pour l'industrie cosmétique. Pas d'industrie = pas d'oppression contenue. En outre, aucune mention du fait que ces industries auraient du mal à fonctionner sans l'utilisation de fourrure animale pour les vêtements, les tests sur les animaux pour le maquillage, etc. (une cause défendue par le sous-agenda des droits des animaux/du végétalisme).

"Agenouillez-vous devant Marx !"

Le sport fait partie de la catégorie "divertissement". Avons-nous vu le monde du sport être utilisé comme plateforme par la secte/idéologie pour générer la mentalité de guerrier de la justice sociale ? Absolument. En particulier le programme "Non au racisme".

Le rituel cultuel marxiste consistant à "s'agenouiller" a été observé dans le monde entier, en "solidarité" avec l'antiracisme ou l'agenda Black Lives Matter. Le poing serré marxiste utilisé dans les "manifestations" marxistes de BLM dans les rues était (en grande partie) absent de cette "protestation" sportive. Néanmoins, lorsque vous voyez des personnalités sportives du monde entier prendre part à un rituel cultuel marxiste, c'est un autre signe que l'infection s'infiltre profondément dans la société.

Aux États-Unis, en 2016, des joueurs muets de la NFL se sont livrés au rituel de "protestation" contre le racisme/l'inégalité raciale et la "brutalité policière", en s'agenouillant pendant l'interprétation de l'hymne national avant les matchs de football (qui a une tonalité anti-nationaliste/anti-américaine de trahison évidente).[100]

L'équipe internationale irlandaise de football a affronté la Hongrie lors d'un match amical à Budapest en juin 2021. Au coup d'envoi, comme des idiots, l'équipe irlandaise a posé un genou à terre pour protester contre le racisme, avant de se faire huer de manière amusante par le public. Ce fut une brillante démonstration de l'hostilité du public envers l'activisme marxiste. Le manager de l'équipe irlandaise, Stephen Kenny, a été cité dans le Irish Times comme ayant déclaré : "Le fait qu'elle ait été huée est vraiment incompréhensible".[101] C'est exact - si vous avez subi un lavage de cerveau, c'est certainement le cas.

L'un des joueurs, Chiedozie Ogbene, premier joueur de la République d'Irlande né au Nigeria, a parlé des huées : "C'est un combat que les Noirs mènent depuis de nombreuses années. La discrimination et le racisme n'ont leur place dans aucun sport ni dans aucun lieu... Nous sommes restés forts. Je suis si heureux que nous ayons, en tant qu'équipe, posé un genou à terre pour montrer la solidarité entre nous tous". L'Irlande compte toujours des milliers de jeunes hommes talentueux qui se voient constamment refuser l'opportunité de revêtir le maillot vert. La "diversité" et l'immigration de masse seront une nouvelle insulte pour eux. Ce comportement a également été observé au niveau des clubs : les équipes de la Premier League anglaise ont été obligées de s'agenouiller devant Marx avant les matches au cours de la saison 20/21.[102]

Médias en ligne et sociaux

Outre les médias, l'éducation et l'industrie du divertissement, les "courroies de transmission" comprennent désormais les nouveaux éléments que sont les médias en ligne, les médias sociaux, etc. Il s'agit d'un champ de bataille virtuel important. Grâce aux smartphones, nous pouvons y accéder presque à tout

[100] Haislop, T. "Colin Kaepernick kneeling timeline : How protests during the national anthem started a movement in the NFL", 13 septembre 2020.
https://www.sportingnews.com/us/nfl/news/colin-kaepernick-kneeling-protest-timeline/xktu6ka4diva1s5jxaylrcsse

[101] Cummiskey, G., "Stephen Kenny : 'The fact that it was booed is incomprehensible really'", 9 juin 2021. https://www.irishtimes.com/sport/soccer/international/stephen-kenny-the-fact-that-it-was-booed-is-incomprehensible-really-1.4587995

[102] "Les joueurs de Premier League continueront à s'agenouiller lors de la saison 2021/22", 4 août 2021.
https://www.skysports.com/football/news/11661/12371928/premier-league-players-to-continue-taking-a-knee-in-2021-22-season

moment de notre journée. Les médias socialistes jouent de nombreux rôles qui profitent à la secte/idéologie, notamment l'endoctrinement, le contrôle du discours public, la surveillance et l'évaluation des menaces, ainsi que la diffusion de la dégénérescence, en créant de telles personnalités à grande échelle.

Contrôle de la population et censure

De toute évidence, les médias socialistes permettent d'exercer un contrôle considérable sur le discours public. Toute personne qui ne se conforme pas au statu quo marxiste peut être profilée, surveillée et censurée. Ces dissidents peuvent alors devenir des cibles pour les membres de la secte dans le monde réel (harcèlement, menaces, violence, perte d'emploi, etc.). Récemment, nous avons assisté à l'élimination des voix/profils/canaux de "droite", d'"extrême droite" ou de "théoriciens de la conspiration" (non marxiens) des plateformes de médias en ligne/sociaux. Il s'agit simplement d'un grand acte de neutralisation de l'opposition politique/idéologique, permettant à la secte/idéologie de dominer le paysage. Les médias sociaux permettent également aux membres des sectes et aux organisations d'étudier le comportement de leurs ennemis, ce qui les aide à conserver un avantage tactique.

C'est une tradition du totalitarisme communiste d'utiliser la surveillance pour maintenir le contrôle idéologique du discours public, dans le cadre d'une attaque préventive contre ses ennemis. Puisque la secte doit savoir qui sont les dissidents, elle doit savoir ce que vous dites aux autres, et les médias sociaux sont un acte constant d'expression de vos opinions par le texte, la vidéo, l'audio, etc. De plus, lorsque nous nous exprimons de cette manière, ils peuvent savoir ce que nous pensons. Il s'agit d'une forme d'évaluation des menaces, qui leur permet de repérer les dissidents avant même qu'ils n'ouvrent la bouche sur la scène publique. Si nous sommes autorisés à le faire, nous risquons d'influencer d'autres personnes, et la secte doit donc nous arrêter avant d'en arriver là. Les médias sociaux permettent de "débusquer" ou d'exposer ces dissidents. Ce processus de débusquage a déjà commencé dans les pays occidentaux. Nous en avons vu de nombreux exemples en Australie, au Royaume-Uni, aux États-Unis, etc. où la police se présente au domicile des gens pour des messages "non-pc" sur les médias sociaux. Les exemples sont trop nombreux pour être énumérés.

Un article paru en 2016 dans le journal britannique *Independent* parlait de "crimes d'expression en ligne". Il se lisait comme suit : "Selon le Register, un total de 2 500 Londoniens ont été arrêtés au cours des cinq dernières années pour avoir prétendument envoyé des messages "offensants" via les médias sociaux. En 2015, 857 personnes ont été détenues, soit une augmentation de 37 % depuis 2010". Ces messages ont été jugés illégaux en vertu de la loi (communiste) sur les communications de 2003. Le rapport ajoute : "La législation a été utilisée pour arrêter des utilisateurs de Twitter responsables de discours de haine raciste. Selon Vocativ, un citoyen écossais qui avait publié sur sa page Facebook des propos haineux à l'égard des réfugiés syriens figure parmi les nombreuses personnes récemment arrêtées. Une étude récente a révélé que les mots "slut" et "whore" ont été utilisés par des utilisateurs britanniques de Twitter 10 000 fois en trois semaines".[103] Les trois questions évoquées ici - antiracisme, migration de masse et féminisme - sont toutes issues de l'idéologie, bien entendu.

Si vous dites quoi que ce soit en ligne qui déplaise à la secte, elle peut vous dénoncer aux autorités infectées par le même virus. Il s'agit d'une collusion entre les membres occasionnels de la secte dans le public et ceux qui travaillent au sein du système (dans le gouvernement, la police, la fonction publique, les organisations à but non lucratif/ONG, etc.)). Il s'agit de contrôler l'ensemble de la narration. Un stade plus avancé du même système/processus existe dans la glorieuse République populaire de Chine (gouvernée par le Parti communiste chinois), où les médias sociaux (tels qu'ils existent en Occident) ne sont pas autorisés. En effet, il n'est pas nécessaire d'éliminer les dissidents ou de contrôler l'environnement idéologique dans ce pays, car l'idéologie est déjà suffisamment dominante. L'interdiction (virtuelle) des médias sociaux étrangers permet également d'empêcher toute influence non marxienne de pénétrer dans la société. Twitter, Facebook et YouTube sont bloqués par la "Grande Muraille de feu" de la Chine, mais il existe de nombreuses plateformes chinoises auxquelles le milliard d'utilisateurs peut s'accrocher.[104]

Le comportement des plateformes de médias sociaux pendant la crise de Covid Pan(lucifer) a été tout simplement criminel, interdisant ceux qui remettaient en question le récit parce qu'ils propageaient de la "désinformation sur les vaccins". Il s'agit d'une manœuvre classique de serpent marxien - mentir tout en censurant les autres et en les qualifiant de menteurs, afin de nous "protéger" tous, soi-disant dans notre propre intérêt.

En outre, la raison/justification officielle de leur action est que certains membres de la société sont impressionnables et peuvent facilement être entraînés sur la mauvaise voie (le mécanisme exact sur lequel l'idéologie s'appuie pour se propager d'un esprit à l'autre). L'hypocrisie psychotique à son maximum. La chienne virtuelle de l'idéologie, YouTube, nous a montré très clairement quel était son rôle pendant cette "pandémie", non seulement en interdisant tout contenu s'opposant au discours officiel, mais aussi en le promouvant activement.

---

[103] Gale, S. "Arrests for offensive Facebook and Twitter posts soar in London", 4 juin 2016. https://www.independent.co.uk/news/uk/arrests-for-offensive-facebook-and-twitter-posts-soar-in-london-a7064246.html

[104] Thomala, L. "Social media in China - statistics & facts", 20 décembre 2023. https://www.statista.com/topics/1170/social-networks-in-china/

Plaisir/hédonisme

Toutes les plateformes de médias sociaux sont principalement basées sur le plaisir - l'utilisateur reçoit une petite dose de dopamine via le système de récompense du cerveau. Cela profite grandement à l'idéologie/la secte ; l'hédonisme lui fournit un moyen clair d'exercer une influence sur un esprit.

Les créateurs de Facebook ont déclaré qu'ils étaient conscients de ce qu'ils faisaient en rendant les gens accros au plaisir et à l'approbation. Le capital-risqueur sri-lankais Chamath Palihapitiya s'est exprimé à ce sujet lors d'une interview à la Graduate School of Business de l'université de Stanford, en novembre 2017 ; il a essentiellement déclaré que les médias sociaux étaient destructeurs pour la société. Palihapitiya a été l'un des premiers dirigeants et vice-président de la croissance des utilisateurs chez Facebook. Il a déclaré ce qui suit : "Les boucles de rétroaction à court terme, alimentées par la dopamine, que nous avons créées détruisent le fonctionnement de la société. Pas de discours civil. Pas de coopération. Désinformation. Des vérités erronées. Et ce n'est pas un problème américain... C'est un problème mondial". Il a ajouté : "Je ressens une énorme culpabilité... Au fond, dans les recoins les plus profonds de notre esprit, nous savions en quelque sorte que quelque chose de grave pourrait arriver".[105]

Comme nous l'avons mentionné, lorsque les gens ressentent du plaisir, leurs défenses sont abaissées et ils sont donc plus faciles à endoctriner (les jeunes en particulier). Il peut également diffuser des idées dans la société très rapidement, offrant aux utilisateurs une interaction instantanée avec la société, les attachant constamment au collectif et les encourageant à se conformer car il est plus agréable de le faire. Ils leur offrent un niveau de contrôle, de personnalisation et d'interaction que les médias traditionnels n'ont pas. Pour ces raisons, les médias sociaux sont uniques et sans doute plus utiles à la secte/idéologie que les formes traditionnelles de médias.

Dégénérescence de l'ego

Les plateformes de médias sociaux sont construites autour de l'ego (qui peut lui-même être la principale source de plaisir pour l'individu). Facebook, Twitter, Instagram, Snapchat, YouTube - tout ce qui permet d'avoir un profil et d'obtenir des "j'aime" - contribuent à encourager certains comportements interdépendants dans les masses, notamment :

Être aimé/accepté par les autres (popularité)

Cela nous conditionne à ressentir du plaisir en faisant partie d'un collectif, en obtenant l'approbation des autres. Cela peut créer des personnes faibles,

---

[105] Kovach, S. "Former Facebook exec feels 'tremendous guilt' for what he helped make", 11 Dec 2017. https://www.businessinsider.com/former-facebook-exec-chamath-palihapitiya-social-media-damaging-society-2017-12?r=US&IR=T

dépendantes et superficielles. Il n'y a rien de mal à être admiré par les autres dans notre vie, mais il n'est pas judicieux d'en faire le point central de notre existence (ou de notre routine quotidienne) ! Évidemment, si le collectif est composé d'un nombre important de membres de sectes endoctrinés, il y a une forte incitation à "adhérer à la secte", ou au moins à s'y conformer, et, surtout, à ne pas s'y opposer. Cela est lié au fait que les personnes sujettes à l'endoctrinement ont peur car elles n'ont pas le courage de refuser de se conformer. Ils craignent d'être isolés ou n'ont pas l'estime de soi nécessaire pour être un véritable individu, raisonnablement indépendant du collectif.

Les médias sociaux peuvent encourager une personne à devenir dépendante du conformisme, ne lui laissant (presque) pas d'autre choix que de s'y conformer. À moins qu'elle ne veuille s'interdire l'accès à la drogue mentale de l'acceptation par la collectivité et endurer les horreurs d'un sevrage brutal (l'horreur !). Évidemment, cela n'a pas cet effet sur tout le monde (par exemple, vous, moi ou toute personne qui n'a pas commencé à utiliser les médias sociaux à l'adolescence), mais c'est certainement le cas pour de nombreux membres de la société. Nous ne pouvons que spéculer sur le nombre de personnes concernées et sur leur degré d'implication.

Être idolâtré

La même chose que la précédente, mais amplifiée considérablement (si suffisamment de personnes vous prêtent attention). Le fait d'être idolâtré vous place alors dans une position influente, où vous pouvez influencer d'autres personnes à devenir comme vous, car elles influenceront d'autres personnes à devenir comme vous, à l'infini. L'idolâtrie permet à une personne d'avoir son propre petit culte, en quelque sorte. Ce facteur de culte contribue à accélérer la diffusion de l'idéologie dans la société, car les idolâtres impressionnables seront désireux de suivre l'exemple de leurs idoles (même si leurs idoles sont des crétins absolus ou des prostituées pour les sous-agendas marxiens. Exemple : les célébrités endoctrinées). Les médias sociaux encouragent également l'hystérie maniaque qui alimente le culte et l'idéologie/le culte en général. C'est évident lorsque nous voyons ceux qui défendent les sous-agendas marxiens être présentés sur la scène publique comme des "héros", ou "courageux" ou "forts", etc. Ce processus d'idolâtrie inclut la relation idole/idolâtre, similaire à la relation maître/esclave (oppresseur/opprimé).

Être égocentrique et gâté

L'égocentrisme : il peut être l'opposé ou l'antagoniste du sens du devoir (par exemple, le devoir envers sa propre famille, son peuple, sa race, sa nation, etc.) Essentiellement, il s'agit de se placer au-dessus de tout, de ses désirs et de ses opinions. Gâté : c'est le résultat d'une attention excessive, d'un chouchoutage, d'une interaction sociale "gentille"/non critique qui fait plaisir à celui qui la reçoit. Comme mentionné ailleurs, l'idéologie/la secte s'appuie fortement sur le facteur de l'enfant gâté pour gonfler ses rangs.

Il est évident que ces éléments sont tous liés et s'alimentent mutuellement, autour de l'ego, du plaisir, de l'estime de soi, de la peur, du manque de conscience, de la stupidité, de l'immaturité, de la misère intérieure, etc.

Retarde le développement psychologique normal

Les médias sociaux peuvent également retarder le développement d'une personne dans d'autres domaines. Ils conditionnent les gens à être des êtres volatiles, avec une faible capacité de concentration. Cela peut conduire à l'incapacité d'apprendre quoi que ce soit de valable et à une tendance à être stressé ou submergé lorsqu'il s'agit de réfléchir sérieusement !

Cela inclut, de manière cruciale, l'incapacité à examiner sa propre personnalité/comportement, à s'évaluer et à s'engager dans une critique constructive (par exemple : "suis-je dans une secte ?" ou "ai-je subi un lavage de cerveau, suis-je fanatique", etc.) Cela profite énormément à la secte/idéologie, car l'ennemi de l'endoctrinement est une personne qui a l'intelligence, le courage, la persévérance et la patience de se remettre en question et de remettre ses croyances en question.

Bien entendu, si une personne est dépendante du plaisir et des sentiments "agréables" et confortables (y compris le fait de penser qu'elle est extraordinaire, sans défaut, etc. L'idée qu'ils puissent être imparfaits d'une manière ou d'une autre est trop difficile à gérer pour leur esprit déficient et intérieurement faible. Ce type de lâcheté psychologique et d'immaturité est au cœur du problème ! Les médias sociaux l'encouragent ; ils peuvent rendre une personne faible. Ils peuvent également nous distraire constamment grâce à leur collectivisme virtuel, ce qui rend toute forme de comportement réfléchi beaucoup moins probable (en particulier le comportement solitaire).

YouTube

On peut supposer que la consolidation du pouvoir à laquelle nous assistons aujourd'hui a toujours fait partie du plan. YouTube est devenu la plus grande plateforme vidéo du monde, attirant chaque jour des milliards de spectateurs. Il est clair qu'elle est idéologiquement biaisée contre les perspectives non marxiennes, et les suppressions de chaînes de ces derniers temps l'ont clairement montré. Auparavant, elle était une plateforme indispensable pour les médias alternatifs. Il semble que YouTube ait suivi cette chronologie : présenter la plateforme, la promouvoir et développer la base d'utilisateurs ; consolider sa position de numéro un ; encourager les utilisateurs à en tirer un revenu, voire à en devenir financièrement dépendants ; puis commencer à couper l'herbe sous le pied de certains utilisateurs, en supprimant ceux qui ne se conforment pas aux "discours de haine" et aux "directives communautaires" (alias le marxisme). Et voilà, c'est lui qui dirige, littéralement. Aujourd'hui, il y a toutes sortes d'ordures dégénérées sur la plateforme, y compris des pourvoyeurs de propagande marxiste, mais ils ne seront pas supprimés - leur nombre d'abonnés et de vues continuera à monter en flèche (nous y reviendrons plus tard).

La nouvelle initiative de YouTube visant à réprimer les contenus a officiellement débuté en 2016, et 2017 a vu l'utilisation d'algorithmes d'apprentissage automatique améliorés pour signaler les contenus "extrémistes" ou "inappropriés". Qui décide de ce qui est extrémiste et inapproprié, et quelle est son idéologie ? Extrait de la vidéo de YouTube de mai 2019 "Hate Speech Policy : YouTube Community Guidelines" (souligné pour l'emphase) : "Les discours haineux ne sont pas autorisés sur YouTube. Nous supprimons les contenus encourageant la violence ou la haine à l'encontre des membres de groupes protégés (note : "opprimés"), y compris, mais sans s'y limiter, la race, le sexe, l'orientation sexuelle ou l'appartenance religieuse".[106] Lignes directrices de la communauté des cocos. Le mot "protégé" est essentiel et fait toute la différence dans la manière dont la phrase est perçue. Protégé" = "opprimé", mais utiliser le mot opprimé est un peu trop évident. Et quels sont les groupes "protégés" ? Qui peut dire qui fait partie d'un groupe "protégé" et qui n'en fait pas partie ? Les membres d'une secte, bien sûr. YouTube fait preuve de vertu en essayant de se montrer universel et impartial, mais nous savons que l'idéologie ne fonctionne pas de cette manière - elle ne donne à certains groupes qu'un statut d'"opprimés" ou de "protégés". Le mot "haine" est également essentiel. Il est très flexible dans la mesure où même la critique de l'un de ces groupes "protégés" peut être interprétée comme de la "haine".

Un billet du 12 décembre 2023 sur le site *statista.com* indique : "Au cours du deuxième trimestre 2023, un total d'environ 7,4 millions de vidéos ont été retirées (de YouTube) Cela comprend les vidéos qui avaient été automatiquement signalées pour violation des directives communautaires de la plateforme. En comparaison, seules 507,7 milliers de vidéos ont été retirées via des signalements provenant de systèmes de signalement non automatisés". Les graphiques montrent les chiffres de 2017 à 2023, avec un pic en 2020 montrant que plus de onze millions de vidéos ont été supprimées de manière automatisée (probablement en raison de vidéos défiant le récit de Covid). [107]

En ce qui concerne les chaînes supprimées, il y en a trop pour les mentionner ici, mais une victime notable et relativement médiatisée a été la populaire et remarquable plate-forme de médias alternatifs basée aux États-Unis, *Red Ice TV*, animée par Henrik Palmgren et Lana Lokteff. En Irlande, les chaînes de Dave Cullen ("Computing Forever"), Grand Torino (alias Rowan Croft) et de l'ancienne journaliste Gemma O'Doherty ont été supprimées. Évidemment,

---

[106] YouTube Creators, "Hate Speech Policy : YouTube Community Guidelines", 24 mai 2019.

[107] Ceci, L. "Number of videos removed from YouTube worldwide from 4th quarter 2017 to 2nd quarter 2023", décembre 2023.
https://www.statista.com/statistics/1132890/number-removed-YouTube-videos-worldwide/

YT n'a pas supprimé les vidéos faisant la promotion d'une myriade de choses destructrices et maléfiques telles que le féminisme, le socialisme, l'alarmisme climatique, le véganisme, ou l'alarmisme lié à Covid, etc.

Malgré ces coupes sombres dans les principales chaînes de "droite", certains adorateurs irlandais de Marx n'en ont manifestement pas eu assez. Le 21 février 2023, Mark Malone, membre fanatique de l'Irish cunt, s'est présenté devant la commission mixte de l'Oireachtas sur les enfants, l'égalité, le handicap, l'intégration et la jeunesse. Très impliqué dans plusieurs groupes en Irlande, dont Antifa, Malone s'est exprimé à cette occasion en tant que "chercheur" pour le groupe au nom bénin "Hope and Courage Collective" (anciennement FRO/"Far Right Observatory"). Le sujet portait essentiellement sur la manière dont ils pourraient retirer encore plus de contenus "d'extrême droite" des plateformes en ligne, sous prétexte de lutter contre la "désinformation" (sur les migrants et les réfugiés, etc.). Il a suggéré de mettre fin à cette désinformation de manière préventive, avant qu'elle n'ait un effet.[108]

Il est amusant de constater que M. Malone a oublié le nouveau nom "plus agréable" du groupe lorsqu'il a déclaré que "nous faisons partie, en tant que FRO, des signaleurs de confiance sur chacune des principales plates-formes" et que ces plates-formes ont "régulièrement omis de retirer les contenus signalés". Selon le site web *inhope.org*, les "Trusted Flaggers" sont des "organisations formellement reconnues comme fiables pour l'identification et le signalement de contenus illégaux", en vertu de la loi sur les services numériques (Digital Services Act, DSA).[109] Une bande d'activistes marxistes considérés comme des "signaleurs de confiance" par des plateformes technologiques ostensiblement capitalistes ? C'est de la collusion. M. Malone a ajouté qu'il existait "une possibilité pour les organisations d'assumer une certaine responsabilité et de prendre des mesures pour atténuer ce qui se passe, ce que nous ne voyons pas". La secte ne sera jamais satisfaite tant que tous les contenus non marxistes n'auront pas été éliminés d'Internet.

L'ancienne PDG de YouTube, Susan Wojcicki, est considérée comme la force motrice du déclin (marxification) de la plateforme. Elle a participé au rachat de YouTube par Google en 2006 et en est devenue la PDG en 2014. Wojcicki est une fervente adepte du culte, soutenant les sous-agendas de l'immigration de masse et du féminisme.[110] Sa sœur Anne Wojcicki est cofondatrice et PDG du service de tests génétiques *23andMe* (l'un des nombreux groupes

---

[108] Hope and Courage Collective, "Mark Malone | Researcher | Hope and Courage Collective Ireland", 7 mars 2023. https://www.YouTube.com/watch?v=uQAXrck9ouk

[109] "Qu'est-ce qu'un signaleur de confiance ?", 11 novembre 2023.https://www.inhope.org/EN/articles/what-is-a-trusted-flagger

[110] https://en.wikipedia.org/wiki/Susan_Wojcicki

promouvant le sous-agenda de l'"égalité" raciale et du "multiculturalisme").[111] Je suis sûr que si j'utilisais ce "service", mes résultats indiqueraient 50 % d'Africains subsahariens, 20 % d'Arabes, 20 % d'Apaches, 5 % de Latino-Américains, 5 % d'Aborigènes, et pourtant 100 % d'Irlandais.

Capitole et censure de Trump

Les exemples de comportements partisans ne manquent pas non plus sur d'autres plateformes. Les suites de l'élection présidentielle américaine de 2020 ont été marquées par des événements violents au Capitole de Washington le 6 janvier 2021, lors du dépouillement officiel des votes confirmant la "victoire" de Joe Biden. Les patriotes savaient que quelque chose ne tournait pas rond et sont passés à l'offensive, ce qui a sans doute été alimenté par les accusations de fraude électorale formulées par le président Donald Trump.

Comme on pouvait s'y attendre, les directeurs des médias sociaux/plateformes en ligne ont saisi cette occasion pour le bannir de plusieurs d'entre eux, dont *Facebook*, sa propriété *Instagram*, et *Twitter*, entre autres. Le PDG de Facebook, Mark Zuckerberg, a annoncé qu'ils bloqueraient Trump, car ses messages pourraient inciter à d'autres violences, qualifiant les événements au Capitole de "choquants".[112]

Le 8 janvier, Twitter a annoncé, dans un morceau bien conçu de propagande marxienne, que le compte de Trump était désormais "suspendu immédiatement et de manière permanente" de la plateforme, officiellement "en raison du risque d'incitation supplémentaire à la violence". Ce seul post, court et mesquin, suffit à montrer qu'ils sont imprégnés de cette idéologie. Il a qualifié les événements survenus au Capitole d'"horribles" et d'"actes criminels", citant la violation habituelle des règles par le compte @realDonaldTrump. Leur jugement se fonde sur ce que Trump a tweeté le même jour : "Les 75 000 000 de grands patriotes américains qui ont voté pour moi, AMERICA FIRST, et MAKE AMERICA GREAT AGAIN, auront une VOIX GÉANTE longtemps dans l'avenir. On ne leur manquera pas de respect et on ne les traitera pas de manière injuste, de quelque manière que ce soit ! Il a également tweeté : "Pour tous ceux qui me l'ont demandé, je n'irai pas à la cérémonie d'investiture le 20 janvier".[113]

Ils ont cité leur fallacieuse "politique de glorification de la violence" (violence antimarxiste). Ils ont déclaré que le second tweet encourageait l'idée "que

---

[111] https://en.wikipedia.org/wiki/23andMe

[112] Palmer, A. "Facebook will block Trump from posting at least for the remainder of his term", 7 janvier 2021. https://www.cnbc.com/2021/01/07/facebook-will-block-trump-from-posting-for-the-remainder-of-his-term.html

[113] X, "Permanent suspension of @realDonaldTrump", 8 janvier 2021.

https://blog.twitter.com/en_us/topics/company/2020/suspension

l'élection n'était pas légitime" et qu'il "pourrait également servir à encourager ceux qui envisagent de commettre des actes violents à considérer la cérémonie d'investiture comme une cible "sûre", étant donné qu'il n'y assistera pas". Selon Twitter, le premier tweet, en utilisant le terme "patriotes américains", a été souligné comme soutenant "ceux qui commettent des actes violents au Capitole" (ce qui est le cas, et à juste titre). Enfin, il est indiqué que des projets de manifestations plus violentes apparaissent sur la plateforme. De toute évidence, le principal problème que les membres de la secte de Twitter, Facebook, etc. ont rencontré avec les tweets de Trump est qu'ils ne condamnaient pas ce qui s'est passé au Capitole, et c'est ce qui a été utilisé comme excuse. Je suis sûr que le fait que Trump ait quitté la photo les a encouragés à le censurer. Un autre facteur est la mentalité d'enfant gâté - et ce qui se passe s'ils n'obtiennent pas ce qu'ils veulent. Trump n'a pas condamné les manifestants et n'a pas répondu comme ils le voulaient, alors ils ont piqué une crise et l'ont interdit. C'est pathétique. Il faut garder à l'esprit que l'arrivée au pouvoir de l'administration Biden n'était rien d'autre qu'un coup d'État marxiste (qui est véritablement "horrible", "choquant" et "criminel"), et que ces plateformes en ligne ont clairement montré leurs vraies couleurs (rouges) en étant complices de la trahison.

Comment Zuckerberg et consorts osent-ils se comporter de la sorte ! Dans une nation saine et raisonnable (sans marxisme), des gens comme lui seraient immédiatement arrêtés pour trahison (s'ils ont réussi à accéder à des postes de pouvoir). Il est "horrible" qu'ils s'en sortent comme ça. Ces plateformes en ligne sont un élément crucial des opérations de la secte - jouant un rôle central dans la création du chaos, de la division et de la violence qui engloutissent le pays - et pourtant, lorsque les conséquences se manifestent par des actions à leur encontre, ils adoptent une position de supériorité morale en faisant preuve de vertu ! C'est totalement inacceptable. Et puis, il y a les doubles standards partisans de qui est autorisé à utiliser leurs plateformes, et à quel titre. De toute évidence, d'innombrables voix marxistes ont été autorisées à opérer sur ces plateformes depuis le début. Pouvez-vous imaginer que les membres du culte Bernie Sanders, Alexandria Ocasio-Cortez, etc. soient interdits, malgré la quantité de bêtises anti-américaines qu'ils profèrent ? C'est peu probable ! (Au moment où nous écrivons ces lignes, en juin 2022, Sanders tweete pour promouvoir la dégénérescence de la légalisation de la marijuana ; il parle de la bourgeoisie, des droits des travailleurs prolétaires, des grandes entreprises, etc.)

Ou qu'en est-il de la multitude de groupes marxistes fanatiques qui utilisent les plateformes de médias sociaux (Antifa, Black Lives Matter, Extinction Rebellion, etc.) ? Ne les utilisent-ils pas pour générer de la violence, des troubles sociaux et des perturbations, en plus de surveiller les voix non marxistes pour les harceler ou commettre des crimes à leur encontre dans le monde réel ? Le double langage idéologique est évident - la violence et les troubles sont acceptables lorsqu'ils sont d'origine marxiste, mais lorsqu'ils sont anti-marxistes, ils sont "horribles" et "choquants". Une autre chose "choquante" est que des gens comme Zuckerberg et consorts contrôlent trois énormes plateformes de médias sociaux - Facebook, Instagram et Whatsapp. Hmmm, comment cela s'appelle-t-il, lorsque les choses deviennent de plus en plus centralisées, accompagnées de la suppression de la liberté d'expression ? Est-ce du capitalisme ou du communisme ?

Télégramme et Parler

La plateforme *Telegram* a connu une augmentation massive du nombre d'utilisateurs après le bannissement de Trump au début de l'année 2021, attirant de nombreux utilisateurs qui tentaient d'échapper aux plateformes contaminées mentionnées plus haut. Elle avait la réputation d'être une véritable plateforme de liberté d'expression et de respect de la vie privée, et a donc inévitablement attiré de nombreux membres de la droite. En fait, elle est devenue la principale plateforme, même par rapport à d'autres alternatives favorables à la droite telles que *Parler*. Bien entendu, cette situation n'a pas été tolérée par la secte, et des mesures supplémentaires ont été prises pour supprimer l'ennemi. Un groupe de pression appelé *Coalition for a Safer Web* (CSW) s'est impliqué ("safer" = drôle). La stratégie émergente consistait à cibler des entreprises comme *Apple - celles* qui contrôlent les systèmes d'exploitation des smartphones - plutôt que d'essayer de s'attaquer aux plateformes de médias sociaux elles-mêmes. En effet, sur les systèmes iOS d'Apple et Android de Google, les utilisateurs ont besoin du programme d'installation des applications (*App Store* et *Play Store* respectivement) pour télécharger les applications proprement dites (par exemple Telegram). La CSW a alors intenté une action en justice contre Apple, afin d'exercer une influence sur Telegram et de l'obliger à se conformer à la loi.[114]

Le fondateur du CSW, Marc Ginsberg, est un avocat juif qui possède des dizaines d'années d'expérience dans les secteurs de la politique et de l'entreprise. Il a joué la carte de l'antisémitisme dans son attaque contre Apple, en citant les "menaces religieuses" (à l'égard du peuple juif) exprimées par certains utilisateurs de Telegram. Le site web *coalitionsw.org* est une lecture marxienne nauséabonde et vertueuse, qui comprend le baratin habituel de l'"extrême droite", de l'"extrémisme", des nationalistes blancs, des "racistes", de la promotion de la "haine", etc.[115]

Chantage économique

La campagne *Stop Hate for Profit* a été créée par la secte à la suite d'un moment

---

[114] Duden, T., "Lobby Group Sues Apple To Remove Telegram From App Store For Allowing "Hate Speech"", 19 Jan 2021.
https://www.zerohedge.com/technology/lobby-group-sues-apple-remove-telegram-app-store-allowing-hate-speech

[115] https://coalitionsw.org/

très favorable : la mort de George Floyd. Ce nom - Stop Hate for Profit - est manifestement marxiste ; anti-capitalisme et signal de vertu combinés. Ce nom a permis à la secte de combiner son contrôle des médias sociaux avec son sous-programme anticapitaliste. Elle a impliqué des entreprises telles qu'Unilever, Starbucks et Verizon et a utilisé des boycotts publicitaires pour forcer Facebook à devenir plus marxiste. Il est intéressant de noter qu'en dépit de la sympathie que le Facebook de Zuckerberg avait déjà manifestée à l'égard de l'idéologie, ce n'était toujours pas suffisant ! Le PDG a donc rapidement annoncé que l'entreprise allait modifier ses politiques pour interdire les "discours de haine".[116] Le fanatisme de la secte se manifeste par vagues...

L'affaire Rogan-gate

Un nouvel exemple du fanatisme de la secte, qui concerne cette fois le célèbre animateur de podcast, humoriste et commentateur de l'UFC Joe Rogan. Cela s'est produit après qu'il a signé un accord d'exclusivité massif avec le géant du streaming audio *Spotify* en mai 2020 pour présenter son émission, *Joe Rogan Experience*.

Le crime horrible qu'il a commis est d'avoir interviewé Abigail Shrier, l'auteur d'un livre important sur l'agenda transgenre intitulé *Irreversible Damage : The Transgender Craze Seducing Our Daughters* (2020). [117] Le noble travail d'Abigail Shrier met en lumière plusieurs aspects importants de ce sous-agenda, notamment le fait que la culture pop contribue grandement à ce que les jeunes femmes s'identifient comme "trans", et que les femmes vulnérables sont susceptibles d'être emportées par cet engouement (par exemple, celles qui ont des tendances anxieuses ou dépressives). En d'autres termes, elle explore des domaines qui contredisent le discours de la secte (selon lequel il s'agit avant tout de "compassion" pour les "opprimés").

Cette injustice impardonnable a déclenché une glorieuse révolution intérieure au sein de l'équipe de Spotify, car beaucoup d'entre eux étaient LGBTQ, etc. Un article paru le 8 octobre 2020 sur *le site musicnetwork.com* indique ce qui suit : "Dans un communiqué, le PDG de Spotify, Daniel Ek, a indiqué que la société avait examiné l'épisode et avait finalement décidé de ne pas le retirer de la plateforme. "Dans le cas de Joe Rogan, un total de 10 réunions ont été organisées avec divers groupes et individus pour entendre leurs préoccupations respectives", a déclaré Daniel Ek, PDG de Spotify. "Et certains d'entre eux

---

[116] Hern, A., "How hate speech campaigners found Facebook's weak spot", 29 juin 2020. https://www.theguardian.com/technology/2020/jun/29/how-hate-speech-campaigners-found-facebooks-weak-spot

[117] JRE Clips, "Why Abigail Shrier Took on the Transgender Craze Amongst Teenage Girls", 16 juillet 2020. https://www.YouTube.com/watch?v=6MYb0rBDYvs

veulent que Rogan soit retiré en raison des choses qu'il a dites dans le passé".[118] Je suis surpris qu'ils n'aient pas fait grève pour essayer d'obtenir ce qu'ils voulaient ! Je les aurais accueillis au travail le matin avec un jet d'eau glacé dans l'entrejambe des transgenres, leur faisant lâcher leur café latte végétalien maigre et sans oppression. Crétins.

Lors d'un épisode ultérieur mettant en scène Tim Dillon, Rogan a commenté : "Ils ne m'ont littéralement rien dit à ce sujet. Y a-t-il quelqu'un chez Spotify qui se plaint de cet épisode ? J'en suis sûr. S'agit-il d'un épisode transphobe ? Ce n'est pas le cas. Ils ont tort. Cela n'a rien à voir avec cela. Cela a à voir avec le fait que les êtres humains sont en réalité malléables. Nous le savons tous. C'est pour cela que les cultes existent".[119] En effet. Il est intéressant de noter que lorsque l'émission de Rogan est arrivée sur Spotify en septembre 2020, certains épisodes n'ont pas survécu à la migration depuis YouTube. Ils présentaient des personnes interviewées telles que le commentateur de "droite" Gavin McInnes et Alex Jones.

Plateformes ouvertement marxistes

Rational Wiki est un exemple de site web absolument dégoûtant. La plupart de ses "articles" sont des pages de propagande, spécifiquement écrites pour contrer, moquer ou rejeter toute voix non marxiste dans la société. Le style d'écriture est, comme on peut s'y attendre, très intellectualisé, avec un langage exagérément flamboyant pour maintenir le vernis d'intelligence (comportement classique d'un membre de secte). Il ne fait aucun doute qu'il est efficace pour divertir les membres de la secte en raison de leur tendance à se plaindre, et pour empêcher le citoyen moyen (déjà endoctriné ou non) de se rendre compte de ce qu'est la "gauche". Les membres de la secte impliqués devraient être incarcérés et les sites de ce type devraient être supprimés de l'internet avec un préjudice extrême.

Extrait de "About RationalWiki" sur la page d'accueil du site (formaté, notes entre parenthèses) : "Notre objectif ici à RationalWiki comprend : 1. Analyser et réfuter les pseudosciences et le mouvement anti-scientifique (ils soutiennent l'escroquerie climatique, l'évolution, etc.) ; 2. documenter toute la gamme des idées farfelues (contrer les "théories du complot" impliquant la migration de remplacement de la population, Covid, etc.) ; 3. explorer l'autoritarisme et le fondamentalisme (anti "droite") ; 4. analyser et critiquer la façon dont ces

---

[118] Gray, G. "Joe Rogan has weighed in on Spotify employees looking to censor JRE", 8 octobre 2020.https://themusicnetwork.com/joe-rogan-spotify-controversy/

[119] JRE puissant, "Joe Rogan Experience #1525 - Tim Dillon", 14 août 2020.
https://www.YouTube.com/watch?v=h9XzuUXj6Gc

sujets sont traités dans les médias".[120]

Le site irlandais *The Beacon en* est un autre exemple. Sur la page d'accueil, nous voyons un phare rouge et noir, sur fond noir ; le titre de l'article est "Reporting on the Far Right" (Reportage sur l'extrême droite). Extrait de la page "À propos" : "The Beacon a été fondé en août 2019 et se consacre aux principes antiracistes et antifascistes. Il fait des reportages et des enquêtes sur l'extrême droite en Irlande et ailleurs".[121] Il s'agit d'un site web simple mais bien construit, avec de nombreux articles qui déversent de la bouillie marxienne. L'écriture est techniquement compétente, mais on voit clairement qu'elle est ultra-partisane. Les termes "extrême droite", "théoriciens du complot", etc. sont souvent utilisés. Les ignorants/impressionnables seraient certainement influencés par cette propagande.

Il existe d'innombrables sites de ce type. La chose la plus fascinante à leur sujet (semblable à d'autres groupes sectaires) est la façon dont ils peuvent taper des pages interminables de ces bêtises et ne pas se rendre compte qu'ils sont des fanatiques de bas étage ayant subi un lavage de cerveau, faisant littéralement tout leur possible pour utiliser l'intelligence qu'ils ont pour trahir l'humanité. Il y a assez d'intelligence pour construire des arguments et les présenter, etc., mais pas assez pour réaliser ce qu'ils sont et ce qu'ils font (à eux-mêmes/nous). Triste zombie. C'est vraiment fascinant.

Organisations non gouvernementales / organisations à but non lucratif

Si les organisations non gouvernementales (ONG) ne font pas nécessairement partie des "courroies de transmission de la culture" traditionnelles, elles constituent un élément tout aussi important de la grande machinerie rouge (à l'exclusion, bien entendu, des groupes non contaminés).

Elles jouent un rôle essentiel dans la propagation de l'infection idéologique dans un pays, permettant aux citoyens "ordinaires" de devenir des "héros" dans la lutte pour la création d'une utopie marxiste. De par leur nature d'"organisations à but non lucratif", elles ne sont pas des entreprises, et il ne fait aucun doute que cela est quelque peu noble dans l'esprit des membres de la secte qui détestent le capitalisme, ce qui en fait des entreprises attrayantes et valables. En fait, elles aspirent les richesses - par le biais de dons et de financements - pour aider à détruire les pays dans lesquels elles opèrent (en promouvant/soutenant divers sous-agendas marxistes) !

Elles peuvent être impliquées dans une multitude de sous-agendas : lutte contre le "racisme" et les "discours de haine" ou les "crimes de haine" ; promotion de l'avortement en tant que soin de santé ; rôle dans l'importation d'immigrants,

---

[120] https://rationalwiki.org/wiki/Main_Page

[121] https://the-beacon.ie/about/

légaux ou illégaux, et accélération de leur intégration dans la population générale ; promotion des questions LGBTQ dans les écoles et les communautés ; soutien à la construction de mosquées dans divers pays occidentaux (en dépit des objections locales) ; promotion du sous-agenda du changement climatique ; promotion et renforcement de la propagande féministe, etc. Dans de nombreux cas, elles les combinent et en promeuvent plusieurs en même temps. Indépendamment des cloches et des sifflets et des différents noms, logos, couleurs, etc. de ces groupes, ils font tous partie d'un seul et même grand mouvement sectaire.

Certaines joueront un rôle à différents titres et à différents stades d'un même sous-ordre du jour. Par exemple, l'ONG israélienne *IsraAid* a été impliquée dans le sous-programme sur les migrations de masse, en aidant à amener les migrants d'Afrique en Europe, via la Méditerranée ; il en va de même pour l'ONG allemande *Sea-Watch*.[122]

Ensuite, nous avons le *Réseau européen contre le racisme* qui pousse le sous-agenda au niveau de l'Union européenne, via sa multitude de sous-organisations au niveau national. Extrait de la page "Nos membres" de leur site web : "ENAR a pour but de relier les ONG antiracistes locales et nationales à travers l'Europe et de faire entendre leur voix afin d'apporter des changements durables aux niveaux européen et national. Nous sommes un réseau fort et dynamique de plus de 150 ONG qui luttent contre le racisme partout en Europe. Nos organisations membres sont notre force : le fondement de notre expertise et la voix des victimes du racisme et de la discrimination dans toute l'Europe".[123] "Anti-raciste", hein ? Ces types d'ONG - qui font partie d'un réseau marxiste internationaliste - aident à faire passer les migrants en Europe, puis s'assurent qu'ils sont logés/accueillis et reçoivent des avantages financiers dans leur pays de destination, tout en supprimant toute opposition à ce processus (par le biais de l'"antiracisme").

Les termes utilisés par ces groupes les identifient comme marxistes. Le *Migrant Rights Centre Ireland*, qui regroupe plusieurs sous-groupes, déclare ceci sur sa page d'accueil : "Le MRCI est une organisation nationale qui œuvre à la promotion des droits des travailleurs migrants et de leurs familles menacées d'exploitation, d'exclusion sociale et de discrimination. Socialisme/anticapitalisme, immigration de masse et "antiracisme" réunis. S'agit-il de l'exploitation "nue, éhontée, directe, brutale" décrite dans le Manifeste communiste ? (roulements de paupières). L'association travaille également "avec les migrants et leurs familles en Irlande pour promouvoir la

---

[122] *https://www.israaid.org/ ;* https://sea-watch.org/en/

[123] https://www.enar-eu.org/Members

justice, l'autonomisation et l'égalité".[124] C'est un peu comme ça que ça marche.

Notez que les organisations mentionnées dans les pages suivantes ne se qualifient pas de "marxistes" ou de "communistes" (ni même de "socialistes", appellation plus "sympathique", dans la plupart des cas) ! Un serpent qui perd sa peau...

ONG irlandaises

Il existe un vaste réseau d'ONG dans la petite Irlande, un réseau interconnecté en fait. Nous n'allons pas nous étendre sur le sujet, mais voici quelques informations :

Le *Réseau irlandais contre le racisme* est une branche d'ENAR. Selon la page "Nos membres" de son site web, il compte environ 132 groupes membres en Irlande.[125] Il fait également campagne pour une législation contre les "crimes de haine", par le biais de sa campagne #Lovenothate. Il est intéressant de noter que ce groupe encourage les membres du public à signaler les incidents racistes en utilisant le système *iReport.ie*.

Extrait de la page iReport.ie (formaté différemment pour économiser de l'espace, et souligné pour mettre l'accent) :

"Système de signalement des incidents racistes iReport.ie : Permet aux personnes qui sont victimes ou témoins de racisme et/ou à celles qui les soutiennent de faire quelque chose et de rompre le silence ; moyen national, confidentiel et convivial de signaler le racisme à partir de n'importe quel appareil en ligne ; utilisé pour surveiller le racisme en Irlande ; fournit des preuves et des données sur le racisme en Irlande ; lutte contre une augmentation du racisme et un durcissement des attitudes racistes ; répond à la nécessité d'axer le débat sur la recherche de solutions au racisme".[126]

La partie concernant le *système de signalement des incidents racistes* semble encore plus drôle si vous la lisez avec une voix de robot (comme je l'ai fait). Comme il s'agit d'un système confidentiel, cela signifie potentiellement qu'un nombre illimité de "rapports" pourrait être reçu (il y a beaucoup de membres de cultes ayant subi un lavage de cerveau en Irlande, donc je ne pense pas que "illimité" soit une exagération). Voix robotisée bourdonnante : "rapportez vos fel-low ci-ti-zens comme un bon petit marxiste ro-bot com-rade". Être un rat est noble, bien sûr, si vous êtes un rat marxiste SJW.

Le Conseil des immigrés d'Irlande en est un autre. Extrait de "Nos valeurs" (formaté pour économiser de l'espace) : "Les valeurs qui guident et orientent

---

[124] https://www.mrci.ie/ ; https://www.mrci.ie/about-us/

[125] https://inar.ie/membership/inar-members/

[126] https://www.ireport.ie/

le travail du Conseil des immigrés sont les suivantes : Nous sommes fondés sur les droits et soutenons la justice et l'égalité pour tous : Nous sommes fondés sur les droits et soutenons la justice et l'égalité pour tous ; nous respectons et soutenons l'autonomisation des migrants et travaillons en solidarité ; nous embrassons et promouvons la diversité et l'inclusion ; l'égalité des sexes est au cœur de notre travail ; nous travaillons en partenariat et en collaboration pour atteindre nos objectifs".[127] Les concepts/interprétations marxistes de l'égalité, de la justice, de l'"autonomisation" des migrants (y compris le pouvoir politique), de la solidarité, de la diversité et de l'inclusion, ainsi que du féminisme, sont donc inclus.

Comhlamh

Cómhlámh est avant tout une organisation de bénévoles, mais elle est également impliquée dans d'autres activités. Le mot "Comhlamh" est un mot de langue irlandaise (gaélique) qui signifie "ensemble" (alias solidarité). Une tromperie typique du serpent rouge - du marxisme déguisé en patriotisme, le tout contenu dans un seul mot ! (Les lecteurs irlandais savent que l'utilisation de la langue irlandaise est un bon moyen de feindre l'irlandaisité en Irlande. Il s'agit d'un cas unique dans les pays occidentaux, car l'Irlande est un pays essentiellement anglophone qui possède sa propre langue (essentiellement) autochtone, parlée par des Blancs. La même tactique est peut-être utilisée en Écosse (qui possède sa propre langue gaélique) et au Pays de Galles. Les lecteurs non irlandais/écossais/gallois n'ont peut-être pas d'équivalent de ce type de tromperie dans leur propre pays).

Sur leur site web, tout de rouge vêtu, on peut lire les titres "Action for Global Justice" (Action pour la justice mondiale) et "In Global Solidarity" (Solidarité mondiale). Extrait de la page "À propos de nous" : "Comhlámh est une organisation membre qui se mobilise pour un monde équitable et durable. En tant qu'association irlandaise de travailleurs et de volontaires du développement, Comhlámh promeut un volontariat international responsable et réactif. Nous aidons les gens à travailler pour la justice sociale. Nous travaillons avec des volontaires de retour, des organisations partenaires et des groupes membres pour favoriser des sociétés justes et inclusives, par le biais d'un activisme progressiste à la base en Irlande et à l'échelle internationale".[128] Regardez tous ces mots-clés ouvertement marxiens, alors que les mots "marxisme", "socialisme" ou "communisme" n'apparaissent nulle part ! C'est exactement le genre de merde dont je parle ! Ces salauds de sectaires sont sournois. Les personnes non informées n'ont aucune idée que cette organisation fait partie de la secte rouge internationale.

La vidéo d'introduction (sur la même page) s'intitule "40 ans de solidarité".

---

[127] https://www.immigrantcouncil.ie/vision-mission

[128] https://comhlamh.org/about-us/

Après avoir souligné que la plupart de ses activités se déroulent dans l'hémisphère sud, la voix off déclare : "Mais bon nombre des causes profondes de l'inégalité, de la pauvreté et de l'oppression dans le monde trouvent leur origine ici même, dans le Nord industrialisé... Notre véritable travail commence donc lorsque nous rentrons chez nous". Euh oh... "vrai travail" est un code pour "révolution". Notez l'habituel discours vertueux à l'encontre du capitalisme et des pays occidentaux "oppresseurs". Manifestement, le fait que le socialisme ait joué un rôle majeur dans la création du gâchis dans lequel se trouve une grande partie du tiers-monde est incompréhensible pour ces gens. Ces idiots volontaires reviendront en Irlande (ou ailleurs) déterminés à se révolter contre le méchant système capitaliste bourgeois, inspirés par la souffrance/l'oppression qu'ils ont vue au cours de leurs voyages.

Autres organisations par groupe

D'autres groupes marxistes dans la toute petite Irlande :

Groupes féministes : *Irish Feminist Network ; National Women's Council of Ireland ; Women's Aid ; Actionaid*. Nombre de ces organisations sont issues de groupes antérieurs tels que *le Mouvement de libération des femmes irlandaises*, fondé en 1970.[129] (Un titre amusant - il ressemble aux nombreux groupes terroristes marxistes mentionnés ailleurs, n'est-ce pas ? Il insinue de façon dramatique que les femmes ont été emprisonnées (pour reprendre les termes de Marx, "les femmes n'ont rien d'autre à perdre que leurs chaînes"). L'IWLM a publié un manifeste intitulé "Chaînes ou changement" et ses membres ont ensuite formé d'autres groupes. Il s'agit d'une utilisation marxienne classique du principe de l'oppresseur contre l'opprimé.)

Groupes de lutte contre le changement climatique : *Stop Climate Chaos ; Climate Ambassador ; Friends of the Earth ; Irish Environmental Network ; Environmental Protection Agency ; Environmental Pillar ; Friends of the Irish Environment* (cringe !).

Groupes pro-avortement : *Together For Yes ; Rosa (droits de reproduction, contre l'oppression, le sexisme et l'austérité)*.

Extrait de la page "A propos de Rosa" du site web *rosa.ie* à bannière rouge : "ROSA est un groupe d'activistes féministes socialistes et pro-choix. ROSA porte le nom de Rosa Parks, la militante noire inspirée qui refusa fameusement de céder sa place à un passager blanc, déclenchant ainsi le boycott des bus de Montgomery dans le cadre du mouvement pour les droits civiques. Elle porte également le nom de Rosa Luxemburg, théoricienne et militante socialiste exceptionnelle et de premier plan du début du XXe siècle, tuée pour ses idées

---

[129] https://en.wikipedia.org/wiki/Irish_Women Mouvement de libération

révolutionnaires en 1919".[130]

Tout y est : socialisme, féminisme, avortement, et même quelques droits des minorités aux États-Unis, ainsi que le communiste juif et "martyr" Luxemburg (le saint patron du "luxemburgisme"). Le site web de ce groupe montre comment l'idéologie fait faire des choses bizarres aux gens. Il s'agit essentiellement d'un groupe d'"Irlandais" qui deviennent des membres bizarres d'une secte marxiste, en vénérant beaucoup de choses en dehors de leur propre pays/culture ! Voilà ce que l'idéologie fait au cerveau des gens. Qu'est-ce que les droits des Noirs dans l'Amérique des années 1950 ou la tentative de prise de contrôle communiste de l'Allemagne après la Première Guerre mondiale ont à voir avec l'Irlande d'aujourd'hui et les jeunes femmes irlandaises, endoctrinement marxiste mis à part ? Absolument rien ! Bizarreries !

Organisations LGBT : *LGBT Ireland ; Belongto ; NXF-National LGBT Federation ; Outhouse LGBT Community Resource Centre ; Transgender Equality Network Ireland.*

Beaucoup de ces groupes ont des photos d'équipe ou des photos de membres, pleines de visages heureux et souriants. Nous pouvons voir le principe du culte en action ici. Être membre d'une organisation marxiste donne à une personne un sentiment d'appartenance, un sentiment de chaleur et d'"amour". Tout comme le fait d'être dans une secte, entouré de ses semblables.

---

[130] http://rosa.ie/about/

Section VII-Excuses (marxistes) des gens...

"Antifa est une idée, pas une organisation".[1]

Joe "Patriot" Biden traite le peuple américain avec condescendance lors d'un débat présidentiel en suggérant que le célèbre groupe de trahison n'existe pas, 29 septembre 2020.

Introduction

Voici maintenant quelques excuses ou justifications courantes que nous entendrons de la part des membres des sectes. Etant donné que l'idéologie comporte de nombreux aspects, qu'il y a tant de membres de sectes et tant d'interprétations, il faudrait un livre entier pour dresser la liste de toutes les excuses possibles. C'est pourquoi nous nous concentrerons spécifiquement sur le "socialisme"/"communisme".

Comme il devrait être clair à présent, il est inutile d'engager un débat avec des fanatiques ayant subi un lavage de cerveau, mais je laisse au lecteur le soin de faire preuve de discernement. Tous les esprits ne sont pas contaminés/endoctrinés au même degré. Je vous laisse le soin de décider si une personne doit être considérée comme une cause perdue ou non. Le faire pour réprimer, pour se divertir, pour s'entraîner ou pour ridiculiser est une chose, mais s'attendre à ce qu'elle change en est une autre (le plus souvent, c'est futile). L'objectif de cette section (et en fait du livre lui-même) est de mettre en évidence le comportement, ce qui peut nous aider à identifier qui est endoctriné - et à quel degré - et qui ne l'est pas. Pour tracer cette ligne dans le sable et pointer du doigt l'ennemi.

Au fur et à mesure que nous avançons dans la liste, nous devrions considérer le problème "Théorie contre Réalité" - comment les théories marxistes/socialistes/communistes ne produisent pas les résultats que les membres de la secte attendent dans le monde réel, dans la réalité (qu'ils puissent l'accepter ou non, ou qu'ils en soient conscients ou non).

---

[1] National Review, "Biden Says Antifa Is 'An Idea, Not An Organization' during Presidential Debate", 30 septembre 2020.
https://www.YouTube.com/watch?v=UaWsYjBOXdg

"Le vrai communisme/socialisme n'a pas encore été essayé !"

Une variante est "Les pays communistes n'ont jamais existé ! Donc non, le communisme ou le socialisme ne sont pas des échecs !". Cet argument s'articule autour de ce que Karl Marx, Friedrich Engels et d'autres "communistes" de la première heure avaient envisagé comme étant le "communisme" en général. En général, ils envisageaient une société égalitaire, sans classe, sans argent, sans état, athée, matérialiste, où les ressources, l'industrie et les moyens de production sont possédés et contrôlés par le prolétariat (les travailleurs) ; la "communauté". Rappelons ici que le socialisme est (généralement considéré comme étant) la période de transition dans le processus menant à cette utopie communiste. À court terme, dans une société socialiste, les choses énumérées ne seraient pas nécessairement réalisées (!).

Marx et Engels pensaient également que l'État lui-même était une forme d'oppression, de sorte que si nous devions nous en tenir à leur position (et les prendre au mot !), ils désapprouveraient (apparemment) les divers régimes "socialistes" et "communistes" qui se sont manifestés depuis leur époque. Ce point particulier est souvent soulevé par les apologistes marxistes lorsqu'ils tentent de contrer les critiques du marxisme, mais il n'est pas pertinent dans le grand schéma des choses, comme je l'expliquerai dans les paragraphes suivants. Tous les régimes dits "communistes" qui ont existé (à commencer par l'Union soviétique bolchevique de V.I. Lénine) ne se conformaient évidemment pas à la définition/aux paramètres susmentionnés, puisqu'ils disposaient tous d'une direction/d'un État en activité.

Ils ont pu prétendre représenter le peuple, mais ils n'étaient qu'une bande d'"hommes" (voyous) à la tête du pays, dirigeant ses affaires, ce qui a fini par constituer un "État" (bien sûr, il est maintenant de notoriété publique que les bolcheviks ont pris le contrôle de la Russie grâce à l'aide extérieure, financière et autre). La révolution "russe" n'avait rien de russe. La plupart d'entre eux étaient des "révolutionnaires" juifs membres de sectes, venus de l'étranger).

En outre, le fait que l'"avant-garde" de Lénine était en position de contrôle signifie qu'il existait une sorte de système de classes, une différence de pouvoir entre lui et ses acolytes, et le grand public. Et il y avait bien d'autres divergences. Nous pouvons considérer tous les autres États "communistes" et "socialistes" qui ont existé depuis l'Union soviétique de Lénine sous le même angle.

Ces divergences apparentes entre les déclarations de Marx, Engels et consorts et ce qui s'est réellement passé dans ces cas-là signifient-elles que cette première excuse marxiste a une certaine validité ? Non ! Cette excuse ("le vrai communisme/socialisme n'a jamais été essayé") vient principalement du fait que l'on n'a pas réalisé que les idées de Marx et d'Engels n'étaient qu'une fantaisie théorique. Essayer d'avoir une société égalitaire, sans classe, sans argent, sans état, athée et matérialiste où les ressources, l'industrie et les moyens de production sont possédés et contrôlés par le prolétariat (les travailleurs), la "communauté", ne va pas marcher parce que c'est détaché de la réalité et de la nature humaine.

Les êtres humains ne sont pas égaux ; il y aura toujours un responsable, car la nature elle-même est construite autour de hiérarchies ; la monnaie et le commerce existent (sous une forme ou une autre) depuis des millénaires ; les humains ont besoin d'une certaine forme de spiritualité ou de religion ; la vie ne se résume pas au matérialisme, et les êtres humains ne sont pas des marchandises robotisées ou des abeilles ouvrières ; la communauté ne peut pas avoir la propriété collective des choses, car ce n'est pas ainsi que fonctionne la propriété (voir la section précédente sur le socialisme). *Il* est évident que les personnes qui invoquent cette première excuse ne peuvent pas voir tout cela.

Pente glissante et vide de pouvoir

L'idée d'une société sans classe et sans État n'est qu'un fantasme, car il y aura toujours quelqu'un ou un groupe à la tête de la société. Les hiérarchies sont une caractéristique de l'existence humaine depuis le début. Quelles que soient les intentions initiales de tous les marxistes qui ont participé à toutes les révolutions "communistes" réussies (et aux régimes qui ont suivi) au cours du 20e siècle, la réalité s'impose inévitablement plus tard. La révolution peut être un terrain glissant ; une chose en entraîne une autre. Le renversement de l'ordre établi crée une vacance du pouvoir, et peu importe vos intentions initiales : lorsque vous détruisez le système existant, quelque chose ou quelqu'un va prendre sa place. On se retrouve à nouveau avec une structure de pouvoir (les prémices d'un nouvel État), même s'il s'agit d'une "avant-garde révolutionnaire" marxiste.

Il y a beaucoup d'autres raisons pour lesquelles l'idée originale et authentique du communisme est erronée. Ce que Marx ou Engels ont envisagé, ou ce que Lénine a pensé de ce que Marx a dit, etc. n'a pas d'importance à ce stade (aujourd'hui). Il faut répéter que dans tous les cas où les théories de Marx, Engels et des premiers communistes ont été mises en pratique, elles ont abouti tôt ou tard à un désastre et à l'effondrement de la société. Les principes centraux de la "lutte des classes", de la collectivisation et de la "propriété collective", de l'égalitarisme (par la coercition !), de l'élimination des croyances religieuses etc. produisent tous la destruction à un degré ou à un autre. Là encore, les théories elles-mêmes sont des échecs.

En bref

Nous n'allons pas approfondir la réponse à cette excuse ici, car cela revient à répéter ce qui a été souligné ailleurs (par exemple, la mise en œuvre du socialisme, la façon dont l'égalité est destructrice, le pouvoir et les hiérarchies, etc.) Cependant, c'est essentiellement le point principal - les apologistes compareront la vision du communisme de Marx et Engel à tous ces régimes soi-disant socialistes ou communistes et diront "ce n'était pas le vrai communisme". Par rapport à ce que Marx et Engels envisageaient, dans un sens, ils ont raison ; mais vous savez quoi ? C'est. N'est. Pas. importe ! On se fiche de ce qu'ils ont envisagé !

Les fantasmes théoriques de Marx, Engels, Lénine, etc. n'ont pas leur place dans le monde réel. En résumé, même leurs concepts de communisme ou de socialisme sont toujours inutiles à la société d'un point de vue pratique. Les marxistes/apologistes insisteront pour que nous nous accrochions à ces concepts, car ils ont une certaine valeur. C'est faux ! En outre, la valeur hypothétique de ces concepts (selon les marxistes) est dépassée par leur impact destructeur réel dans le monde d'aujourd'hui (comme le montre ce livre).

Un point essentiel : bien sûr, aucun régime ou forme d'organisation étatique (appelé par l'étiquette "socialiste" ou "communiste" ou autre) ne pourra jamais correspondre à ce que Marx et Engels ont envisagé ! Par conséquent, ce qu'ils ont appelé le communisme ne pourra jamais se matérialiser dans le monde réel, et les membres de la secte continueront à insister sur la nécessité de l'essayer. Il s'agit d'un cycle destructeur et perpétuel de théorie hypothétique menant à la non-matérialisation. C'est pourquoi nous sommes constamment coincés dans un débat sans fin avec cette secte (alors qu'elle détruit activement la civilisation). Il faut briser ce cycle, sinon nous risquons tous d'oublier toute forme de répit dans la folie, sans parler d'une liberté durable !

Cette première excuse est importante et souvent utilisée. C'est la carte universelle "sortie de prison", l'excuse éternelle que nous entendons de leur part, encore et encore ; elle est constamment utilisée pour justifier le maintien de cette idéologie toxique dans nos sociétés. Ils seront heureux qu'elle soit essayée d'un million de façons différentes, quelle que soit la destruction qu'elle cause, car l'utopie est toujours au coin de la rue ! Et vous savez quoi ? Peu importe le nombre d'échecs, ces idiots intellectualisants utiliseront toujours la même excuse (voir le problème "Théorie contre Réalité"). Sans fin.

"Ce n'étaient que des dictateurs. Ce n'étaient pas de vrais marxistes/socialistes/communistes !".

Les membres des sectes y ont recours (volontairement ou involontairement) pour tenter de se démarquer des nombreux régimes dictatoriaux horribles inspirés par le marxisme tout au long du 20e siècle. Il s'agit de limiter les dégâts en matière de relations publiques. Même si cette excuse était vraie à 100 % et ne faisait l'objet d'aucun débat dans tous les régimes "socialistes" ou "communistes", une fois de plus, elle n'est pas pertinente !

L'essentiel ici est que l'idéologie elle-même a aidé ces personnes à accéder au pouvoir, parce que les autres pensaient à tort qu'elle était bienveillante et qu'ils aidaient un "camarade" à faire une myriade de choses merveilleuses pour le bien du "peuple". Ensuite, ces personnages dominants assument le pouvoir, avec un chef, au sommet d'une hiérarchie. Peu importe qu'ils appliquent précisément les théories marxiennes ou non (selon les souhaits de Marx, Engel,

Lénine, etc.) ; c'est l'idéologie elle-même qui a déclenché et/ou perpétué la "révolution", le régime et le processus de destruction qui s'ensuit.

Bien entendu, lorsque les membres d'une secte sont concernés, il y a un manque de compréhension de ce que sont réellement les révolutions inspirées par le marxisme et de ce à quoi elles conduisent. Lorsque le vide de pouvoir que j'ai décrit est créé par la "révolution", il attire inévitablement des monstres de contrôle/psychopathes assoiffés de pouvoir. Ces types de personnalité peuvent avoir fait partie des forces instigatrices de la révolution, ou émerger plus tard pour prendre les rênes.

Lorsqu'une société contaminée commence à s'effondrer, c'est le chaos et de violents bouleversements qui s'ensuivent. Les psychopathes se délectent de ce processus : leur manque d'empathie pour les souffrances ordinaires leur permet de rester à l'aise, calmes. Au moment opportun, ils prendront les rênes, et personne ne pourra les arrêter. La "révolution" étant inspirée par le marxisme et initiée par les membres de la secte, il est inévitable qu'une fois qu'ils auront pris le dessus, ils commenceront à appliquer les principes marxiens, notamment : l'égalitarisme forcé par la coercition (en particulier la violence), le collectivisme, la centralisation du pouvoir au nom du "peuple", l'élimination de l'opposition politique, l'incarcération ou la liquidation des dissidents, etc. Bien entendu, les membres de la secte qui les entourent ne s'y opposeront pas (!).

Une fois que cette centralisation du pouvoir se produit, les personnalités les plus brutales et les plus impitoyables prennent le dessus (par exemple Staline, Pol Pot, etc.), et les marxistes les plus extrémistes seront placés à des postes clés pour compléter la direction centrale. En bref, un tel système centralisé est extrêmement risqué alors que nous sommes confrontés à un problème peu discuté et d'une importance cruciale dans notre monde : la présence de psychopathes obsédés par le contrôle !

Les apologistes tentent de se distancer de tous ces régimes dictatoriaux en compartimentant l'ensemble du mouvement sectaire : "stalinisme", "maoïsme", "castrisme", etc. Ils ne peuvent pas voir (ou nient) le fait que le facteur causal initial était l'idéologie elle-même. Sans l'acceptation de l'idéologie, ces dictatures n'auraient pas vu le jour. Un homme n'est rien si ses idées ne sont pas acceptées comme bonnes, ou si elles sont considérées comme toxiques.

Certes, nombre de ces révolutions "populaires" ont souvent été encouragées par des parties extérieures, mais le point reste valable : sans un quelconque soutien à l'idéologie (et idéalement une hostilité à son égard !), ces "révolutions" n'auraient pas été en mesure de faire les dégâts qu'elles ont causés (par "parties extérieures", je ne fais pas seulement référence aux nombreuses révolutions en Afrique et en Amérique du Sud, par exemple, qui ont été soutenues par la Russie, la Chine, Cuba, etc. Je fais référence à la façon dont la révolution bolchevique de Lénine et Trotsky a pu être financée par des parties non russes, y compris les banquiers internationaux. Il en va de même pour Mao).

Je pense que si Marx lui-même avait eu le pouvoir de mettre en œuvre ses théories de son vivant, cela aurait réglé bon nombre de ces débats avant même qu'ils ne se posent. Et cela vaut aussi pour les autres théoriciens marxistes. À en juger par sa personnalité pourrie et vaniteuse, je pense que Marx aurait été aussi malfaisant que n'importe quel autre cinglé du panthéon des communistes, voire pire.

"De nombreuses personnes ont des valeurs socialistes"

Une autre façon de le dire est "Ne voulez-vous pas une société plus égalitaire, plus humanitaire et un meilleur niveau de vie ? Ce qui revient à dire : "Ne voulez-vous pas un monde/une vie meilleurs ?!" (Note : "vous voulez" - retour à l'ego ! Ce n'est pas parce que nous voulons quelque chose que nous pouvons l'avoir - le monde, la vie, la réalité ne tournent pas autour de notre ego ! Il s'agit également d'une coercition fondée sur le signe de la vertu : "N'es-tu pas quelqu'un de bien ? Tu ne te soucies pas des autres ?!?").

Ce type de déclarations, une fois de plus, provient d'une perception déformée de ce qu'est le marxisme. Il ne s'agit pas d'un mouvement humanitaire, mais d'un mouvement pseudo-humanitaire. Ce n'est pas parce qu'une personne (de n'importe quel bord, politique ou autre) croit en certains principes ou a certains souhaits pour la société que le marxisme/socialisme est bon ! La réalité ne fonctionne pas ainsi.

Il est évident que toute personne qui fait cette déclaration émet des hypothèses importantes. Sont-elles correctes pour autant ? Bien sûr, toute personne rationnelle souhaite une meilleure qualité de vie pour elle-même et sa famille et serait heureuse de voir les choses fonctionner plus efficacement dans son pays ! Bien sûr, les gens adorent qu'on leur dise qu'ils peuvent obtenir des choses gratuitement (richesses, services, biens, etc.) ; même de nombreuses personnes fortunées - qui ne manquent peut-être de rien sur le plan matériel - adorent entendre cela !

Certaines de ces suppositions peuvent cependant provenir de l'endoctrinement lui-même. Ils partent du principe que tout le monde pense (ou devrait penser) comme eux, puisqu'ils ont évidemment raison (à l'exception des méchants "droitiers", "racistes" et "fascistes", bien sûr). Par exemple, nous savons que la secte est, en général, en faveur d'un monde sans frontières. Essayer de dire que tout le monde est d'accord avec cela est une supposition énorme. Ils pourraient également supposer que nous pensons tous qu'il faut prendre l'argent des riches et répartir les richesses de manière plus équitable. Une autre hypothèse est que nous croyons tous aux idées de "justice sociale" - qu'il y a un sérieux problème d'"oppression" dans le monde.

Le marxisme semble charmant et humanitaire, pour le "plus grand bien" et pour le bénéfice des opprimés, mais ce n'est pas le cas, et les non-membres de la secte peuvent le voir. Les personnes endoctrinées, cependant, croient qu'il est bienveillant. Dans leur esprit - par arrogance et ignorance - ils pensent qu'ils ont la solution, et que tous les autres doivent s'y mettre, et être "avec ça" et "éveillés", comme eux. C'est ainsi qu'ils peuvent laisser entendre que "tout le monde est d'accord avec le socialisme, à un certain niveau", etc. Leur processus de pensée est le suivant : Marxisme et socialisme = bien. Les concepts et perspectives marxiens = humanitaires, agréables, progressistes, positifs, etc. Par conséquent, les autres devraient naturellement être d'accord.

Encore une fois, le vieux truc du "Tu vois, tu es déjà marxiste et tu ne t'en es même pas rendu compte". Je pense que si l'homme de la rue comprenait pleinement ce que les "valeurs" socialistes marxistes signifient en pratique, il reconnaîtrait qu'il est dans l'erreur (quelle que soit la profondeur de son être où il adhère à ces valeurs).

En fin de compte, que se passe-t-il si les gens ont des valeurs qui peuvent être interprétées comme étant socialistes ? Et alors ? Cela ne signifie pas qu'ils ont raison de le faire ; cela ne signifie pas non plus que nous devrions adopter le socialisme ! Un autre point est que l'idéologie est très douée pour détourner les griefs authentiques et honnêtes des masses et les coopter dans l'ordre du jour à ses propres fins. Ce que les membres de la secte suggèrent (en disant que "tout le monde a des valeurs socialistes au fond de soi"), c'est que le fait que ces griefs existent simplement justifie l'existence de l'idéologie, puisque l'idéologie fournit (naturellement) les solutions à ces griefs. C'est un non-sens ! Nous n'avons pas besoin du marxisme comme solution à quoi que ce soit !

En outre, il est évident qu'il y aura beaucoup de gens qui se promèneront dans la société avec des idées marxiennes dans la tête (comme le socialisme), puisque la pourriture marxiste s'est infiltrée dans nos sociétés. Dans le monde d'aujourd'hui, dire que beaucoup de gens ont des idées socialistes dans la tête, c'est comme dire que beaucoup de vaches pensent à manger de l'herbe.

"Il n'a pas réussi parce qu'il y a eu trop de pensée de droite !"

Variante 1 : "le communisme/socialisme/marxisme a échoué parce que nous avons eu trop de pensée de droite". Variante 2 : "Le socialisme a échoué parce que nous avons eu trop de pensée de droite, et nous n'avons donc jamais pu atteindre le communisme ! Et si nous continuons à en avoir trop, nous n'y arriverons probablement jamais ! Je le répète, le marxisme/socialisme n'a jamais réussi parce qu'il y a eu... attendez : trop de pensée de droite ! Un autre classique ! Eh bien, comme c'est pratique ! C'est comme blâmer les autres équipes parce que vous avez perdu les matchs (plusieurs fois de suite). Au fil des ans, j'ai personnellement interagi, en face à face, avec environ 15 à 20 étudiants universitaires ayant subi un lavage de cerveau qui m'ont transmis ce message.

Encore une fois, cette excuse provient d'une perception déformée de la vérité

- croire que le marxisme/socialisme est bon (alors qu'il ne l'est pas) ; le point de vue selon lequel le marxisme est une chose fantastique et bénigne, et que ses échecs doivent être dus à toutes sortes de raisons, autres que la seule qui compte (c'est-à-dire que l'idéologie elle-même est toxique et est un échec par sa nature même). Cette excuse est profondément ancrée dans l'endoctrinement.

Les personnes qui invoquent cette justification sont convaincues que les principes marxiens (y compris le socialisme, l'égalité, la "justice sociale", l'"antiracisme", etc. Il est donc totalement inconcevable que l'idéologie ne soit pas plus populaire parce que ces principes sont défectueux et/ou que les masses commencent à rejeter l'idéologie lorsqu'elles voient à quel point elle est toxique dans la pratique. Il doit donc y avoir une autre raison pour laquelle le marxisme n'est pas universellement accepté à 100 %, et le monde n'est pas rempli d'adeptes du marxisme (comme eux). Le résultat est que le bouc émissaire de "droite" est mis en avant.

Il est intéressant de noter que cet argument est à l'opposé de la vérité. Il repose sur la présomption que le marxisme/socialisme/communisme est capable d'améliorer/libérer/libérer la société, etc., tout en insinuant que la pensée de "droite" freine ce processus. C'est à l'envers. Il est clair que le marxisme est ce qui empêche ces choses de se matérialiser, et que la pensée de "droite" peut les matérialiser (au niveau individuel, social, national et mondial). Nous arrivons à cette conclusion lorsque nous observons les affaires mondiales et que nous constatons que le marxisme est l'idéologie dominante dans le monde d'aujourd'hui (un fait invisible pour la plupart des gens en raison des effets de distorsion de la réalité dus à l'endoctrinement).

Je suppose que si vous pensez que quelque chose est bon, et que vous en êtes absolument convaincu, alors vous ferez toutes sortes de gymnastique mentale plutôt que d'envisager la possibilité qu'il s'agisse simplement d'un échec en soi. Cette justification est également typique du mode de fonctionnement de l'idéologie : elle saisit toutes les occasions (via les "esprits" des membres de la secte) pour harceler son rival idéologique - la pensée de droite - tout en détournant l'attention du fait qu'il s'agit d'une idéologie qui a échoué sur le plan de la toxicité. Elle est également mesquine, ce qui est un autre attribut typique de la secte.

Enfin, dans un sens, l'excuse est juste - il est vrai que le marxisme n'a pas réussi - c'est-à-dire qu'il ne contrôle pas encore complètement le monde - puisqu'il y a trop de gens qui ont des positions de "droite" (non marxistes). Pour le bien de l'humanité, c'est une bonne chose. Faisons en sorte qu'il en soit ainsi, d'accord ?

"Les attitudes anti-marxistes/socialistes découlent d'une mentalité fasciste."

Il n'est pas nécessaire de faire une analyse approfondie du marxisme contre le fascisme pour cette phrase, qui est d'ailleurs liée au point précédent. Elle peut être traduite comme suit : "Si vous n'êtes pas d'accord avec moi/nous, vous avez manifestement tort : "Si vous n'êtes pas d'accord avec moi/nous, vous avez manifestement tort, il doit y avoir quelque chose qui ne va pas chez vous, et vous êtes probablement fou et méchant" !

Ce type de réponse est familier, n'est-ce pas ? Elle apparaît tout au long de l'histoire de la secte. C'est une réponse très paresseuse et immature à la critique. Encore une fois, elle provient de la croyance fanatique erronée que le marxisme est bienveillant et que, par conséquent, tout opposant doit être diabolique.

Lorsqu'ils disent "fasciste", ils veulent dire autoritaire, agressif et ne représentant pas "le peuple" (ce que le marxisme est ostensiblement, n'est-ce pas ?), en plus d'être contraire à l'éthique (xénophobe, pas "progressiste", pas "compatissant", etc.), avec des idées nationalistes "racistes" rétrogrades sur l'homogénéité ethnique, etc. En gros, "fasciste" = mauvais, et l'idéologie/la secte marxiste = bonne.

Il y a une raison beaucoup plus profonde et intéressante pour laquelle nous entendons cette phrase. Essentiellement, cette justification nous montre que le fascisme et le marxisme sont des adversaires idéologiques (nous reviendrons plus loin sur les notions de "droite" et de "gauche"). Ceux qui la prononcent disent en réalité : "Si vous n'êtes pas d'accord avec le marxisme, vous devez être un horrible impérialiste, belliciste, xénophobe et suprémaciste blanc, car c'est ce que sont les fascistes !

"Certains de nos plus grands patriotes étaient socialistes ou avaient des idées socialistes."

Même si c'est tout à fait vrai, et alors ? Et alors ? Les êtres humains sont faillibles. Et d'ailleurs, qu'est-ce que cela a à voir avec la situation actuelle ? Ce n'est pas parce que quelqu'un a été attiré par les idées socialistes marxiennes ou les a épousées que nous devons en faire autant. Les gens peuvent se tromper ! C'est encore plus vrai pour ceux du passé. Pourquoi ? Parce que l'idéologie n'est plus ce qu'elle était du vivant de Marx, ni à l'aube du 20e siècle. Elle n'est plus ce qu'elle était il y a 100 ans. Elle a évolué dans ses variantes. Elle a saturé les sociétés du monde entier jusqu'à la moelle, tout en pénétrant profondément dans l'esprit de ceux qui ne se doutent de rien.

En Irlande, cette expression est souvent utilisée dans les débats sur la cause de la liberté irlandaise et le rôle du socialisme. James Connolly (1868-1916) en a fait la promotion à la fin du 18e siècle et au début du 19e siècle. Il n'était pas la seule voix en faveur du socialisme à cette époque, mais il était certainement l'une des plus importantes. Il a été très actif dans le mouvement syndical et a créé plusieurs groupes/précurseurs socialistes (dont le Parti travailliste irlandais, qui existe encore aujourd'hui). Plus important encore, en termes de notoriété, il a également participé à l'insurrection de Pâques 1916 en tant que commandant de la brigade de Dublin et a été exécuté par la suite. Connolly est né et a été élevé en Écosse par des parents irlandais, mais il est venu en Irlande pour promouvoir le socialisme et contribuer à la révolution anti-impériale et anti-britannique.[2]

Compte tenu de la situation de l'Irlande du vivant de Connolly (sous domination britannique), il était compréhensible que l'idéologie entre en scène en tant qu'alternative. Nous pouvons donc comprendre et pardonner à quiconque, dans une certaine mesure, a poussé dans cette direction - s'il avait vraiment de bonnes intentions et n'était pas simplement un membre d'une secte subversive se faisant passer pour un "patriote" irlandais (note : l'Irlande était comme la multitude d'autres pays dans le monde à cette époque, sous le contrôle d'une puissance impériale étrangère). Si l'on se réfère aux tableaux de la section historique, l'insurrection de Pâques 1916 est cohérente avec la diffusion mondiale de l'idéologie).

L'idolâtrie peut être néfaste, en particulier à l'égard de quelqu'un qui a existé à une autre époque (ou à un autre âge !). Une personne peut avoir raison dans une certaine mesure et avoir de bonnes intentions, mais nous devons également considérer que ses opinions sont peut-être plus appropriées à son époque qu'à la nôtre. James Connolly a été fusillé le 12 mai 1916, l'année précédant la révolution russe, une étape importante dans la diffusion de l'idéologie. Il n'était pas en mesure de comprendre ce qu'était réellement le socialisme, ni ce à quoi il conduirait !

Avec le recul, nous avons l'avantage de tirer les leçons de plus d'un siècle d'échecs marxistes, en plus de l'accès à l'information que nous offre notre technologie, ce qui nous permet d'avoir une meilleure compréhension. Il convient d'ajouter que le fait de participer à une révolution ou à un soulèvement militaire et de se faire tirer dessus ne vous rend pas omniscient ! Nous ne devrions pas idolâtrer quelqu'un qui ne comprend pas parfaitement l'idéologie. Une fois encore, nous devons replacer les opinions des personnages historiques dans le contexte de l'époque et du lieu où elles ont été émises.

Dans notre situation actuelle (un niveau élevé d'infection mondiale), il est contre-productif d'idolâtrer quiconque a contribué à la propagation du marxisme, même s'il avait raison sur certains points et avait de bonnes intentions, une bonne intelligence, etc.

À l'échelle mondiale, la secte va, comme on peut s'y attendre, mettre l'accent sur des personnages comme celui-ci et les utiliser pour s'attacher à des causes patriotiques légitimes aujourd'hui (en ressortant "certains de nos plus grands patriotes étaient socialistes", etc.) Ou, dans le cas de l'Irlande, ils n'ont pas besoin de le faire - d'autres (non membres de la secte) le font déjà pour eux. Il est carrément stupide et suicidaire de les aider ! De nombreux pays ont des équivalents de Connolly, je vous recommande donc d'adopter une approche

---

[2] https://www.britannica.com/biography/James-Connolly

similaire à leur égard et à l'égard de leur héritage. Ils ne seront pas offensés, ne vous inquiétez pas, ils sont morts ! En fin de compte, on se fiche de savoir si les personnages du passé pensaient que l'idéologie était bienveillante. Dans le monde d'aujourd'hui, c'est tout sauf le cas. Par conséquent, toute approbation historique de cette idéologie n'est pas pertinente, quelle que soit son origine. Cette excuse est un autre échec.

"Si vous êtes contre le socialisme, vous soutenez la bourgeoisie capitaliste !"

Qu'est-ce que cela signifie ? Qui sont ces bourgeois ? Les riches en général ? Les élites politiques ? Les riches entreprises, les hommes d'affaires et les propriétaires terriens dont les membres de la secte adorent parler ? Cette question peut être assez nébuleuse, aussi je prendrai la définition de la bourgeoisie capitaliste comme désignant ceux qui sont extrêmement riches et qui (apparemment) exercent un pouvoir énorme dans la société, et qui abusent de leur position de pouvoir et d'influence.

C'est un retour marxiste classique. Ils sont programmés pour réagir de cette manière. Ils pensent ainsi parce que, rappelez-vous, ils croient qu'ils sont les bons, les rebelles, les "radicaux", etc. Si vous vous opposez à eux, vous êtes naturellement du mauvais côté, n'est-ce pas ? Si vous vous opposez à eux, vous êtes naturellement du mauvais côté, n'est-ce pas ? Évidemment, si vous critiquez le marxisme, vous devez être un petit laquais servile pour les oligarques de la bourgeoisie capitaliste, n'est-ce pas ? Non, pas nécessairement. Peut-être critiquons-nous le marxisme parce que nous savons qu'il s'agit d'un pas dans la mauvaise direction (ils croient à tort le contraire), tout en étant opposés aux "élites" mondialistes. Il y a là une nuance. Nous - ceux qui sont opposés à l'idéologie/au culte - savons que les problèmes (réels ou perçus) présents dans un système capitaliste peuvent être résolus par d'autres moyens, sans qu'il soit nécessaire de se tourner vers les idées marxistes. Peut-être voudrions-nous jeter le marxisme (et ses dérivés) à la poubelle parce qu'il cause plus d'ennuis qu'il n'en vaut la peine ? (question rhétorique sarcastique).

C'est la logique à l'envers (inversée) de votre marxiste de base : si vous vous opposez à eux, vous devez évidemment servir les élites bourgeoises mondialistes, alors que les membres de la secte sont en fait à leur service/au service du totalitarisme internationaliste. Pour reprendre l'exemple de l'auteur, il n'y a personne sur Terre qui soit plus opposé à ces "élites" et au totalitarisme internationaliste, mais je comprends que la secte/idéologie marxiste est également l'ennemi, puisqu'elle sert cet agenda, volontairement ou involontairement. Il y a beaucoup de gens qui pensent de la même façon, donc ce retour est un échec avec un F majuscule.

"Nous avons besoin du marxisme/socialisme pour mettre fin aux maux oppressifs du capitalisme !"

Non, ce n'est pas le cas ! J'ai développé les justifications économiques/anticapitalistes du marxisme/socialisme dans une autre section. Pour l'instant, la réponse courte à cette question est la suivante : Le marxisme n'a jamais eu de mérites ou d'avantages économiques ; c'est un échec à bien des égards, mais surtout sur le plan économique ; dès qu'un pays permet aux théories marxistes d'être mises en œuvre sur le plan économique, le désastre guette. Par conséquent, l'idée que nous avons en quelque sorte besoin de l'idéologie (via le socialisme) pour maintenir des points de vue alternatifs sur les questions économiques au niveau national ou international n'est qu'une propagande de plus.

Encore une fois, la solution à de nombreux problèmes (perçus ou non) dans nos pays liés au capitalisme - économie, emploi, commerce, etc. Le marxisme est anti-patriotique, car il est antagoniste de la prospérité (la secte annonce naturellement le contraire). Comment peut-on considérer comme patriotique ce qui détruit la prospérité d'un pays ? Non, l'idéologie (via le socialisme) n'est pas la solution puisqu'elle ne ferait qu'empirer les choses.

Derniers mots

Cette section couvrant quelques excuses n'est pas exhaustive et n'a pas pour but de l'être. Votre "intellectuel" marxiste de base pourrait vous faire débattre presque sans fin sur un seul de ces sous-thèmes. Cette secte se nourrit de débats sans fin ! Ne perdons pas de temps à nous engager avec eux ! L'objectif de cette section est d'aider à identifier l'endoctrinement chez les autres, par le biais de leur comportement ou de leur discours.

Rappelez-vous, nous pourrions littéralement avoir des livres remplis de toutes les excuses et justifications que les membres des sectes inventent, et ils en inventeraient encore. Tant qu'ils auront du souffle dans les poumons ou des doigts pour taper, ils continueront à les produire, comme si leur vie en dépendait. C'est cela l'existence d'un membre de secte : la justification constante de son existence et la promotion et la défense persistantes de son culte et de son idéologie.

Section VIII - La formule écarlate

"Si tu connais l'ennemi et que tu te connais toi-même, tu n'as pas à craindre le résultat de cent batailles. Si tu te connais toi-même et que tu ne connais pas l'ennemi, pour chaque victoire remportée tu subiras aussi une défaite. Si tu ne connais ni l'ennemi ni toi-même, tu succomberas dans chaque bataille.[1]

Sun Tzu, *L'art de la guerre*, 5ème siècle av.

Introduction

La secte utilise une variété de tactiques pour initier sa "révolution" destructrice de civilisation. Certaines font partie de l'idéologie depuis ses premières manifestations, tandis que d'autres sont l'œuvre de l'École de Francfort, de la brigade postmoderniste ou d'agitateurs/manipulateurs comme Saul Alinsky. Il s'agit notamment du contrôle du langage, du contrôle et de la distorsion de notre perception de l'histoire, de la réalité et de la moralité, de l'utilisation de tactiques de manipulation émotionnelle, de l'introduction de doubles standards insensés, de l'utilisation de la formule très efficace "oppresseur contre opprimé" comme tactique de division et de conquête, de la promotion du fanatisme marxiste et de l'encouragement de comportements déments pro-marxistes au sein des sociétés, y compris le "politiquement correct" (un vieux favori), l'esprit de vertu et l'altruisme pathologique, extrêmement dangereux.

Comment parler marxiste

Le contrôle de la parole par la secte/l'idéologie est une question extrêmement sérieuse qui est absolument cruciale pour sa domination ; par conséquent, cette section sera quelque peu exhaustive. Les termes clés suivants sont organisés en tableaux. Certains sont entendus quotidiennement et sont souvent répétés par les membres de la secte, ad nauseam, pour promouvoir l'idéologie (par exemple, solidarité, progressiste, etc.). D'autres sont des termes (tactiquement) offensifs utilisés pour interpeller les ennemis de la secte (par exemple l'extrême droite, les "fascistes", les "nazis", etc.), afin de démoraliser, d'ostraciser et de convaincre les "neutres" de la société de les fuir.

Le lecteur doit être attentif aux schémas, afin de ne pas passer à côté de la forêt pour les arbres. Il existe une multitude de termes, qui peuvent presque être distrayants, mais ce qui est important, c'est l'objectif stratégique qui sous-tend

---

[1] Sun Tzu, *L'art de la guerre*, vers le 5e siècle av. J.-C.
https://www.utoledo.edu/rotc/pdfs/the_art_of_war.pdf

leur utilisation. En d'autres termes, qu'insinue-t-on réellement lorsque ces termes sont utilisés, et qu'essaie-t-on vraiment d'obtenir ? Pour prendre un exemple simple, les termes "homophobe", "transphobe", etc., sont conçus pour attaquer/supprimer toute personne qui s'oppose au sous-agenda marxien dans ce domaine : la promotion/normalisation des questions et des comportements LGBTQ et "non-binaires", etc. Ces termes insinuent que la personne est remplie de haine ou qu'elle a peur de quelque chose. D'après le dictionnaire en ligne de Cambridge : "Phobe - Quelqu'un qui déteste ou qui a peur de quelque chose, surtout d'une manière extrême ou non raisonnable".[2]

L'utilisation du mot "phobe", du grec "Phobos", évoque la notion de peur (dans la mythologie grecque, Phobos était le dieu de cette émotion). Il implique que la cible/personne étiquetée est essentiellement un lâche. Il s'agit là d'un langage typique des marxistes pour ridiculiser et escroquer. Ils insinuent que c'est vous qui avez un problème si vous n'êtes pas d'accord avec eux. Dans ce cas, l'implication est que vous avez consciemment ou inconsciemment peur des membres d'un groupe particulier (les personnes LGBTQ, etc.) et que votre peur se manifeste par une haine injustifiable, des jugements, etc.

L'utilisation de "phobe" implique également une phobie - une peur irrationnelle de quelque chose. Ou que vous avez peur du changement dans la société (c'est-à-dire de tout ce qui est "progressiste"). La secte sous-entend tout cela simplement en utilisant ces cinq lettres et en les collant à la fin de divers mots ! Les nouveaux mots sont ensuite utilisés comme une arme pour ridiculiser les dissidents tout en promouvant le sous-agenda en question (dans cet exemple, le mouvement LGBTQ et les absurdités non-binaires).

En parcourant les tableaux, remarquez qu'il existe un terme pour pratiquement toutes les formes possibles de menace (c'est-à-dire toute personne qui s'oppose à un sous-ordre du jour marxien ou à la secte/idéologie elle-même). Dans l'esprit et la tradition de l'idéologie, les termes couvrent un large éventail de domaines, y compris la politique, la sexualité, la religion, la science, le racisme, le sexisme, l'antisémitisme, les vaccins, les conspirations, etc.

Nous devons nous rappeler la cinquième règle de Saul Alinsky : "Le ridicule est l'arme la plus puissante de l'homme. Il n'y a pas de défense possible. Il est presque impossible de contre-attaquer le ridicule. De plus, il exaspère l'opposition, qui réagit alors à votre avantage". Naturellement, tous les termes péjoratifs utilisés par la secte impliquent le ridicule. On pourrait également dire que certaines des autres règles d'Alinsky entrent également en jeu ici, comme la règle 6 - "Une bonne tactique est une tactique qui plaît aux gens". Le fait que les membres d'une secte apprécient d'être en meute et d'utiliser ce type de termes pour ridiculiser leurs adversaires est symbolique de la façon dont le marxisme fait ressortir le pire de l'humanité : une bande de fanatiques sous-

---

[2] https://dictionary.cambridge.org/dictionary/english/phobe

humains mentalement malades et anti-humanité qui se moquent de leurs semblables tout en les trahissant (!).

Tout cela explique l'étiquetage et la dénonciation constants des membres de la secte à l'égard de ceux qui s'opposent à eux/à l'idéologie. Ils essaient de faire taire leurs opposants en les ridiculisant pour parvenir à une domination idéologique. L'effet sur la société est que la perspective marxienne sur les choses devient la norme, en raison de la manipulation émotionnelle que le ridicule permet. Cela conduit à ce que l'on appelle le "politiquement correct", qui n'est en fait qu'un code pour "la perspective marxienne". Cela oblige les masses à se conformer aux caprices et aux sous-agendas de l'idéologie/la secte, par le biais de la pression socio-psychologique. Le résultat est que l'idéologie/la secte devient de plus en plus dominante. C'est de l'intimidation, c'est du terrorisme.

Prenons l'exemple d'une question non personnelle, le "changement climatique", dans une société donnée : si tous ceux qui expriment publiquement un manque de conviction à l'égard du "changement climatique" (que le comportement humain affecte le temps, que la planète est "en danger" en raison de la pollution, etc.) sont constamment ridiculisés par la majorité jusqu'à ce qu'il n'y ait plus d'opinions de ce type, une nouvelle norme marxiste est créée, dans laquelle les seules opinions exprimées sont favorables à l'idée du changement climatique.

Il s'agit d'imposer l'égalité et l'uniformité (des opinions), en utilisant la manipulation émotionnelle, par le biais du ridicule. Le terme utilisé pour ridiculiser les "négateurs" est l'amusant et peu imaginatif "négateur du changement climatique". Sur la question des Covid, ils ont inventé les termes "Covidiots" et "hésitation vaccinale" pour désigner ceux qui refusent de se plier à ce sous-ordre du jour.

Bien qu'il soit impossible et absolument stupide d'essayer d'atteindre ce niveau de contrôle sur une population, cela n'a jamais empêché la secte d'essayer ! En effet, elle a toujours trouvé un moyen de créer l'illusion de ces choses, en neutralisant/liquidant ceux qui ne se conformaient pas. Cela donne l'impression que tout le monde est d'accord avec la secte, puisque tous les autres ont été réduits au silence par l'emprisonnement, la mort, l'exil, etc. Les rares personnes épargnées sont intimidées et réduites au silence. Les rares épargnés sont intimidés et réduits au silence. Ainsi, la nouvelle "norme" est que tout le monde est d'accord avec la merveilleuse révolution "populaire" ! C'est ce qui se passe aujourd'hui en Corée du Nord et en Chine.

D'autres termes sont utilisés pour feindre la bienveillance, ce qui fait partie du principe du cheval de Troie rouge, essentiel pour la secte afin de maintenir ce vernis apparemment positif de "progressisme". C'est le cas par exemple lorsqu'ils affirment que l'avortement est de la "compassion" pour les femmes, ou lorsqu'ils appellent les services d'avortement des "soins" ou des "soins de santé".

Bâtons et pierres de coco : Les "insultes" marxistes et autres termes

L'insulte	Signification marxiste	Signification réelle	Effet escompté
Extrême droite/ Nazi/Fasciste	Personne xénophobe/raciste, remplie de haine, autoritaire, sans compassion, méchante, etc.	Celui qui n'est pas marxiste ou qui s'oppose aux sous-agendas marxiens, en particulier les nationalistes, les droitiers et les patriotes authentiques.	Ils sont considérés comme des fauteurs de troubles qui doivent être évités, maltraités et privés de leurs droits, y compris de leur liberté d'expression.
Réactionnaire	Personne qui n'est pas progressiste ou qui s'oppose au progressisme. Ses croyances sont dépassées et n'ont pas leur place dans le monde moderne.	Personne qui s'oppose à la secte ou à l'idéologie, avec des croyances généralement traditionalistes, conservatrices, de droite, etc.	Leurs points de vue sont ignorés, considérés comme rétrogrades, dépassés, associés à des concepts oppressifs et "primitifs" comme la religion, etc.
Raciste	Personne qui craint ou déteste les autres races ; qui ne croit pas que toutes les races sont égales ; qui peut croire que sa race est supérieure aux autres races.	Celui qui n'est pas d'accord avec les sous-agendas "diversité", "multiculturalisme" et "migration de masse".	Ils sont considérés comme des bigots bornés, arriérés, sans compassion et immoraux.
Suprémaciste blanc	Un raciste qui pense que les personnes/groupes blancs sont racialement supérieurs aux autres races (par exemple, les noirs, les natifs américains, les aborigènes, etc.) Ils ne croient pas en l'idée d'une "égalité raciale".	Une personne qui pense que les personnes/cultures blanches doivent être célébrées et préservées (au même titre que les autres races) ; qui peut penser que les Blancs ont davantage contribué au développement de la civilisation.	Ils sont perçus comme des personnes malveillantes, racistes, oppressives, voire impérialistes, qui pensent que la race blanche doit opprimer les autres races (comme les nazis, les empires européens, etc.).

Misogyne	Un homme qui déteste/opprime les femmes et ne croit pas en l'égalité des sexes ; quelqu'un qui fait partie, volontairement ou non, du "patriarcat".	Homme qui n'est pas d'accord avec le féminisme ou qui critique les femmes (en particulier les femmes endoctrinées).	Ces hommes seront ostracisés par la société en général, en particulier par les femmes. Les critiques du féminisme seront ignorées.
Islamophobe	Personne qui craint ou déteste l'islam ou les musulmans, en raison du racisme ou du sectarisme religieux (généralement des chrétiens ayant des opinions suprématistes religieuses). Leur attitude est liée au racisme.	Une personne qui critique l'islam/les musulmans, qui n'est pas d'accord avec l'"islamisation" des pays occidentaux non islamiques ou avec sa promotion au détriment de sa propre religion.	La critique de l'islam et des musulmans est ignorée. L'agenda anti-chrétien/pro-islam dans les pays occidentaux est ignoré. Le sous-ordre du jour de l'immigration de masse est favorisé.
Homophobe	Personne rétrograde qui craint ou déteste les gays et les lesbiennes, peut-être en raison de sentiments homosexuels opprimés, d'un endoctrinement religieux ou de l'ignorance, etc.	Une personne qui critique les homosexuels/l'homosexualité ou qui s'oppose à la promotion/normalisation de l'homosexualité (en particulier lorsqu'il s'agit de jeunes).	Toute critique des gays et de l'homosexualité, ou la promotion de sous-agendas impliquant ce phénomène dans la société, est ignorée. Les absurdités liées au genre non-binaire ne rencontrent pas non plus d'opposition.
Transphobe	Personne qui craint ou déteste les personnes transgenres et/ou qui pense qu'il n'y a que deux genres. Il s'agit généralement d'une personne ayant des opinions religieuses dogmatiques.	Une personne qui critique les personnes transgenres ou le mouvement transgenre, ou qui s'oppose à la promotion ou à la normalisation du transgendérisme (en particulier auprès des jeunes).	Toute critique du mouvement "trans" ou des personnes "trans" est ignorée. L'absurdité du genre non binaire en profite et se poursuit sans opposition.

Xénophobe	Personne qui craint ou déteste toute personne différente d'elle.	Celui qui a des objections à tout sous-ordre du jour impliquant l'ethnicité, la nationalité, la croyance, la culture, etc.	Ce terme couvre le reste des bases. Il est utilisé lorsque les autres termes ne suffisent pas.
Théoricien du complot	Un idiot crédule, paranoïaque, portant un chapeau en fer-blanc, qui croit en des choses stupides qu'il a lues ou vues sur Internet (par exemple, les "négateurs du changement climatique", les négateurs de l'holocauste, les "Covidiots", etc.)	Une personne qui doute de l'explication officielle des choses, qui est sceptique à l'égard des récits officiels colportés par les autorités/gouvernement, qui ne croit pas au récit marxiste "pc".	Ils sont ignorés et considérés comme des imbéciles crédules. Décourage les autres de douter des récits officiels approuvés par l'État. Encourage les gens à croire simplement ce qui leur est dit (par la secte).
Négationniste du changement climatique (négationniste du climat)	Un idiot théoricien du complot qui ne croit pas que le comportement humain soit à l'origine du changement climatique, qui pense qu'il en sait plus que les experts en climatologie, quelqu'un qui ne se soucie pas de la planète et qui est contre l'énergie "verte", etc.	Celui qui met en doute le discours officiel sur ce sujet (y compris les "opinions" des "experts") ; qui ne croit pas que le comportement humain soit à l'origine du changement climatique.	Les personnes qui doutent ou qui ne croient pas au discours sur le "changement climatique" sont ignorées et ridiculisées, considérées comme des idiots ignorants et dépourvus de connaissances scientifiques. Cela contribue à créer une société où la norme est de croire à l'escroquerie.
Anti-vaxxer	Un autre type de conspirationniste irresponsable et paranoïaque, qui pense que Bill Gates veut leur injecter un dispositif de traçage ;	Une personne qui ne soutient pas le sous-agenda des "vaccins" ; qui ne veut pas se soumettre aux autorités tout en s'empoisonnant avec	Ces opinions sont considérées comme "dangereuses" et doivent être supprimées, ignorées,

quelqu'un qui rejette des siècles de connaissances scientifiques, etc.	ces "vaccins" inutiles.	ridiculisées, etc.

Chantage affectif

Plus profondément, ces termes ridicules sont une forme de chantage émotionnel, de la manière la plus insidieuse qui soit. En fait, il s'agit d'une menace. En tant qu'êtres humains (à moins d'être psychologiquement endommagés), nous apprécions ou recherchons tous le respect, l'admiration, l'acceptation, l'affection, l'amour, etc. Le contraire est la haine, l'irrespect, l'aversion, l'ostracisme ou l'isolement, etc. ; des choses que personne de sain d'esprit ne désire de la part des autres ou pour lui-même.

C'est pour cette raison que les termes péjoratifs (raciste, fasciste, conspirationniste, etc.) sont des armes très efficaces utilisées par la secte au sein du système marxiste.) sont des armes très efficaces utilisées par la secte au sein du système marxiste. Le message pour les personnes étiquetées comme telles est le suivant : "si vous comprenez le système et essayez de partager votre compréhension, vous n'obtiendrez aucune admiration/respect/amour de la part des autres êtres humains, et vous souffrirez". Ou "si vous continuez à critiquer la secte/l'idéologie/le système, vous souffrirez". L'expression "théoricien du complot", par exemple, est une manipulation très malveillante de la tendance universelle susmentionnée que nous avons en tant qu'êtres humains et de la réalité de l'existence humaine. En bref, la menace est la suivante : vous ne serez pas accepté par la collectivité si vous exprimez certaines opinions non marxiennes ou si vous adoptez certains comportements.

Négationniste du changement climatique (ou négationniste du climat)

Celui-ci est probablement le plus enfantin de la liste. Il est basé sur le vieux classique "négationniste de l'Holocauste". Si vous doutez de l'explication officielle, approuvée par le gouvernement, de quelque chose - par exemple, si vous pensez que des mensonges sont proférés sur un sujet particulier - ce terme est utilisé pour contrer votre argument. Il est utilisé pour faire taire les doutes, pour empêcher toute enquête supplémentaire, pour dissimuler les choses.

Ainsi, si vous ne croyez pas au "changement climatique" (c'est-à-dire que le comportement humain, la pollution, les niveaux de CO_2, etc. affectent les schémas météorologiques ou augmentent les températures mondiales de manière significative), ce terme insinue que vous êtes dans le déni de cette vérité incontestable et (apparemment) universellement acceptée. Non seulement cela, mais vous êtes fou de le faire (le vieux truc du "si vous n'êtes pas d'accord avec nous, vous êtes fou !"), ce que l'on peut voir dans l'utilisation de "denier"/"déni". Cela insinue que vous êtes détaché de la réalité et que vous êtes donc fou.

C'est également un terme inversé, puisqu'il insinue que cette personne ne se soucie pas de la planète, ce qui est le contraire de la vérité - toute personne qui s'oppose au marxisme/aux sous-agendas marxistes s'en soucie clairement (alors que les membres de la secte détruisent activement, volontairement ou involontairement, la planète et l'humanité). En outre, le fait qu'ils insinuent que vous - la cible (du terme) - êtes fou alors que vous êtes sain d'esprit est également inversé.

Effet recherché : un nouveau système de classes "révolutionnaires".

La colonne "Effet recherché" du tableau montre comment la secte crée, ironiquement, un nouveau type de système de classes. Les personnes classées dans cette colonne doivent être rejetées, ostracisées, détruites, incarcérées, exterminées, etc. Bien sûr, cette catégorie de personnes mérite ce genre de traitement parce qu'elles sont mauvaises de toute façon, n'est-ce pas ? Ils doivent être traités comme des citoyens de seconde zone (s'ils ont de la chance). Ironiquement, ils deviendront la nouvelle classe (véritablement) opprimée, ce qui est, encore une fois, un type d'inversion (et d'hypocrisie !).

Il s'agit de placer les esprits et les personnalités supérieurs de la société dans une position d'infériorité, sans droits fondamentaux, sans pouvoir ni influence d'aucune sorte (ce qui conduit à la domination de l'idéologie et à l'effondrement de la civilisation). La secte a toujours éliminé l'"intelligentsia" au cours de son histoire.

L'idéologie convainc ses adhérents qu'il s'agit d'une noble entreprise que de créer une révolution, où, entre autres choses, les systèmes de classes traditionnels sont abolis. Ce n'est pas seulement irrationnel et destructeur, c'est aussi hypocrite (dans le sens marxiste du terme). La secte/idéologie a toujours cherché à créer un nouveau système de classes, avec une position dominante, en utilisant toutes les armes à sa disposition. Depuis des décennies, ils s'efforcent de faire de tous ceux qui ne se conforment pas aux plans des mondialistes des citoyens de seconde zone. Ce qui n'est pas l'égalité ! Rappelez-vous les interdictions de voyager imposées à ceux qui n'ont pas reçu les "vaccins", et à ceux dont les moyens de subsistance ont été détruits par la perte de leur emploi, etc.

Nazis, fascistes et extrême droite

L'utilisation de termes tels que nazi/fasciste/extrême droite est absolument cruciale pour éradiquer toute opposition au marxisme dès qu'elle apparaît dans la société. Ils distribuent ces étiquettes comme si leur vie en dépendait. La secte utilise cette tactique depuis la naissance du fascisme dans la période qui a suivi la Première Guerre mondiale (note : cela peut en dérouter certains, qui peuvent croire que le fascisme et le nazisme ("national-socialisme") sont des formes de marxisme, mais il s'agit là d'une perception erronée et déformée courante qui profite à la secte/idéologie. Il ne s'agit pas de la même chose (nous y reviendrons plus tard).

"Nazi"

Le mot "nazi" vient bien sûr du mouvement national-socialiste en Allemagne dans les années 1920 jusqu'à la fin de la Seconde Guerre mondiale. Le parti dirigé par Adolf Hitler était le *Nationalsozialistiche Deutsche Arbeiterpartei* (NSDAP) ou *Parti national-socialiste des travailleurs allemands.*[3] Le terme "nazi" est apparu comme un terme péjoratif pour décrire ce mouvement. Il y a quelque temps, nazi signifiait "monstre de contrôle", comparant une personne contrôlante aux nazis de l'Allemagne pendant l'ère hitlérienne. Aujourd'hui, le terme "nazi" désigne toute personne conservatrice, nationaliste, patriote, etc. ; en fait, toute personne qui ne se conforme pas ou s'oppose à la secte/idéologie/à ses sous-agendas. C'est comme si quelqu'un avait appuyé sur un interrupteur (rouge) et que le sens de ce mot avait changé. Aujourd'hui, les marxistes sont clairement les fous du contrôle, et pourtant ils traitent tous les autres de nazis ; c'est drôle. Ainsi, le mot nazi, qui signifiait "monstre de contrôle", vient maintenant des monstre de contrôle et est utilisé comme un moyen de contrôler toute résistance aux vrais monstre de contrôle, les marxistes. Qu'est-ce que c'est que ce délire ? C'est encore de l'hypocrisie et du double langage.

Ainsi, le terme "nazi" signifiait autrefois "maniaque du contrôle", mais il signifie maintenant (si l'on considère ceux à qui les marxistes donnent cette étiquette) "quelqu'un qui ne veut pas être contrôlé par les marxistes". Dans ce contexte, il s'agit en fait d'un grand compliment, mais les membres de la secte sont trop stupides et trop décérébrés pour le comprendre. Nous laisserons passer tous les autres, car cette vérité n'est pas encore largement comprise.

"Fasciste"

Un terme très important, révélateur, extrêmement précieux pour la secte, auquel nous allons donc consacrer un peu de temps. La grande majorité des personnes (peut-être quatre-vingts ou même quatre-vingt-dix pour cent) qui utilisent ce mot tous les jours dans le monde entier n'ont aucune idée de ce qu'il signifie réellement, ni de son origine. Ils n'en comprennent pas non plus la véritable signification en termes de lutte contre la secte/idéologie. La domination croissante de la secte/idéologie dans la civilisation occidentale depuis le 19e siècle a conditionné les masses à percevoir ce mot d'une certaine manière. Il évoque généralement des pensées d'ultra-nationalisme dangereux, de bellicisme, d'autoritarisme pro-bourgeois, de racisme/xénophobie, d'oppression brutale de certains groupes, etc.

Au cours des dernières décennies en particulier (la secte étant désormais suffisamment nombreuse et forte pour être plus ouverte et se faire entendre), on a assisté à une augmentation de l'utilisation de ce mot dans le cadre de la tactique du ridicule. Il est utilisé pour supprimer l'opposition idéologique avant

---

[3] https://www.britannica.com/topic/Nazi-Party

qu'elle n'ait une chance de se former. Il est également lié à l'aspect hypocrite et vertueux de la secte : ils qualifient leurs ennemis de "fascistes" parce que ce terme a des connotations maléfiques et qu'ils veulent apparaître comme des sauveurs bienveillants et vertueux. Lorsqu'ils qualifient les gens de "fascistes", ils disent en réalité "ne les écoutez pas, ils sont mauvais ; écoutez-nous, nous sommes bons". Le mineur.

La méchanceté des mots "nazi" et "fasciste"

Les connotations maléfiques de ces termes proviennent de leur association avec les croyances/idéologies et les actions entreprises par certains types d'individus/régimes/groupes dans le passé : plus particulièrement à partir de la montée du fascisme en Italie sous Benito Mussolini et de la montée du national-socialisme en Allemagne sous Adolf Hitler (tous deux pendant la période de l'entre-deux-guerres). D'autres figures historiques notables qualifiées de "fascistes" par la secte, pour n'en citer que quelques-unes, sont le généralissime Francisco Franco en Espagne après la guerre civile espagnole, Augusto Pinochet au Chili dans les années 1970 et 1980, et Antonio Salazar au Portugal des années 1930 à la fin des années 1960. On nous rappelle constamment que ces hommes étaient des dictateurs maléfiques, peut-être de la pire espèce. Par conséquent, l'association avec ces dirigeants et leurs mouvements est une association avec le mal lui-même, ce qui a rendu le terme "fasciste" si efficace. Il est intéressant de noter que, malgré le nombre et l'impact des dictateurs marxistes au XXe siècle, ils ne sont pas placés dans la même catégorie que l'ensemble des dirigeants dits fascistes.

Étymologie de "fasciste"

Le terme anglais "fascist" vient de l'italien "fascismo", lui-même issu de "fascio" ("ligue") ou "fasces" signifiant "faisceau de tiges ou de bâtons". L'origine de ce terme remonte au "Fascio Littorio" de l'époque de l'empire romain (latin : "Fascis" et "Fascia"), en tant qu'arme et symbole de l'autorité.[4] Le mouvement pionnier "fasciste" de Benito Mussolini a choisi ces Fasces comme symbole de force et d'autorité. En 1919, ce symbole l'a conduit à créer une organisation appelée *Fasci Italiani di Combattimento* ou *Fasces italiennes de combat. Cette organisation a* été remplacée par le *Partito Nationale Fascista* ou *Parti national fasciste* (qui a gouverné jusqu'à l'effondrement du gouvernement fasciste en 1943).[5] Il n'y a donc rien de mauvais dans le mot "fasciste" lui-même ou dans ses origines, mais dans les connotations évoquées et les associations avec ces figures du passé. Bien entendu, la perspective selon laquelle ce mot est maléfique provient en grande partie d'un point de vue partisan influencé par le marxisme.

---

[4] Cartwright, M., "Fasces", 8 mai 2016. https://www.worldhistory.org/Fasces/

[5] https://www.britannica.com/biography/Benito-Mussolini

Les non-membres de sectes l'utilisent

L'influence de l'idéologie peut même affecter le discours des non-membres de la secte. Même lorsqu'une personne est généralement un authentique patriote ou nationaliste (choisissez votre étiquette), elle peut encore parler comme les membres d'une secte et utiliser certains de leurs termes. Ce n'est qu'un des innombrables signes de l'enracinement de l'endoctrinement marxiste. Par exemple, le mot "fasciste" est souvent utilisé pour décrire un comportement totalitaire, y compris un comportement d'"État policier" (résumé dans "État policier fasciste"). C'est ainsi qu'a été décrit le comportement méprisable, traître, Covid, qui renforce le verrouillage des manifestations de diverses forces de police. Ces dernières années, cette expression est également utilisée pour décrire le comportement d'Antifa et d'autres organisations marxistes ("ce sont eux les vrais fascistes/nazis !", etc.).

Il est donc universellement utilisé plus ou moins de la même manière, et tous ceux qui l'utilisent ne comprennent pas ce qu'il signifie réellement (non seulement étymologiquement, mais aussi symboliquement, comme nous le verrons plus loin).

Pourquoi n'entendons-nous pas les termes "État policier marxiste", "État policier socialiste" ou "État policier communiste" ? [th]Si l'on compare l'ampleur (et le fanatisme !) du comportement autoritaire des régimes d'inspiration marxiste au cours du seul 20e siècle ("socialiste"/"communiste") à celui des régimes dits "fascistes", il n'y a tout simplement pas de concurrence entre eux en termes de comportement autoritaire d'"État policier" (propagande marxiste mise à part), ni en termes de nombre de personnes et de pays touchés par ce comportement. Pourtant, l'autoritarisme, les dictatures et le contrôle militariste de l'État sont associés au mot "fasciste" par tous les partis politiques.

Pourquoi cet étiquetage unilatéral/déséquilibré ? Cela est dû à l'influence du marxisme sur la façon dont nous parlons, et donc sur la façon dont nous percevons le monde qui nous entoure (la réalité). Cela montre également que même des personnes rationnelles, éthiques et bienveillantes peuvent être légèrement infectées par le marxisme, même si elles n'en sont pas conscientes. Encore une fois, il ne s'agit pas d'offenser qui que ce soit, mais simplement de montrer à quel point l'idéologie est ancrée dans notre culture. (voir plus loin la section "Droite contre gauche").

Anti-fasciste

Le terme "antifasciste" est un autre terme marxiste trompeur, traditionnellement utilisé. Lorsqu'ils se qualifient d'"antifascistes", il s'agit d'un autre tour de passe-passe visant à détourner l'attention de ce qu'ils sont. Cela amène immédiatement les ignorants à se concentrer sur leurs ennemis, car cela implique que "nous sommes contre ces gens mauvais, mais nous sommes bons". Comme la partie non endoctrinée du monde est en train de le découvrir, ces "antifascistes" sont les véritables fauteurs de troubles dans nos sociétés (un fait qui soutient la prémisse de ce livre). Ce terme signifie en réalité "groupe qui est contre ceux qui résistent au marxisme", ou "anti-anti-marxistes". C'est tout ce qu'il signifie. Grâce à ces zombies marxistes incinérables que sont les *Antifa*, le terme n'est jamais très loin du discours public.

Suprémaciste blanc

L'étiquette "suprémaciste blanc" est une autre insulte anti-blanc à l'égard des blancs qui savent que la "diversité" et le "multiculturalisme" sont anti-blancs. Le discours constant sur le "racisme" des membres de la secte (les vrais racistes) dissimule habilement le racisme anti-blanc du marxisme ! Il s'agit d'une distraction/déflexion typiquement marxiste - ils passent à l'attaque en premier, pour vous mettre sur la défensive. Alors que ce sont eux les vrais racistes.

Théoricien du complot

Il s'agit certainement de l'un des termes les plus puissants et les plus importants utilisés aujourd'hui (pour contrôler les masses). Un terme ridicule très puissant. Il rappelle "Abrahadabra !", une sorte de sortilège qui permet à l'esprit d'une personne de s'éteindre et de retourner à son sommeil de zombie. Il dit "Il n'y a rien à voir ici, les amis !" et "Taisez-vous ! Faites ce que l'État/le système vous dit de faire", ou "Croyez ce que le gouvernement et les médias vous disent".

Non seulement ce terme peut dissuader les gens de comprendre comment le système de contrôle fonctionne dans un sens plus large, mais il empêche également une personne de comprendre la nature conspiratrice du marxisme, ce qui est essentiel pour toute société qui veut mettre fin à l'idéologie. Les marxistes ont toujours conspiré pour détruire les nations et l'establishment et imposer leur volonté. En bref, il est dans l'intérêt de la secte de traiter les gens de "théoriciens de la conspiration" et de les ostraciser. Cela contribue à empêcher le reste d'entre nous de dénoncer leurs actions et de prendre des contre-mesures à leur encontre.

Il est amusant de constater que, dans une société rongée par le marxisme, on ricane ou on se moque de vous lorsque vous parlez de choses considérées comme des "théories du complot", puisque vous êtes manifestement un fou détaché de la réalité, n'est-ce pas ? En revanche, si vous proposez l'une des innombrables choses insensées approuvées par la secte, vous pouvez être félicité, respecté et même idolâtré.

Par exemple, si vous suggérez que l'épidémie de Covid était une attaque communiste contre le capitalisme occidental et un stratagème pour faire passer des "vaccins" aux gens, ou que l'immigration de masse est un remplacement de population anti-blanc, la secte essaiera de vous ridiculiser et de vous faire taire ; mais si vous êtes un homme qui "sort" du placard en tant que femme (après des années de déni, apparemment), ils ne pourront pas mettre les micros et les caméras devant votre visage fraîchement manucuré et vos nichons fraîchement créés assez rapidement ! De même, si vous discutez du changement climatique, du patriarcat, de la culture du viol ou de tout autre fantasme, théorie du complot ou déformation de la réalité par les marxistes.

La conspiration fait partie de l'héritage marxiste au même titre que la lutte des classes, la croyance en une utopie égalitaire ou la haine du christianisme et du capitalisme. Alors bien sûr, ils ne veulent pas que l'on pense qu'ils conspirent ou qu'ils s'engagent dans la subversion idéologique. Il n'est pas étonnant qu'ils aiment traiter les gens de "théoriciens de la conspiration" et nous ridiculiser lorsque nous essayons d'exposer ces traîtres fauteurs de troubles dans nos pays, en mettant en lumière leurs activités subversives !

Le fait que le marxisme ait infecté les structures de la société - la politique, les médias, l'éducation, les ONG, les services de police, la religion, les organisations internationales, etc. et qu'il existe une collusion trompeuse et secrète entre elles, est un exemple parfait de l'existence de conspirations. C'est la définition d'une conspiration. Par conséquent, le terme "théoricien du complot" est un outil essentiel pour la secte.

Termes marxistes classiques

Voici quelques-uns des termes classiques de la secte. Ce sont les cartes de visite omniprésentes des membres de la secte dans le monde entier (un réveil pour les "radicaux"), une sorte de marque idéologique. Ils contiennent également un élément de signalisation de la vertu, suggérant que ceux qui les utilisent sont convaincus de savoir ce qui est le mieux pour la société, en tant que merveilleux sauveurs révolutionnaires qu'ils sont.

Lorsqu'elles sont prononcées, on peut littéralement voir l'ego et les hypothèses sur leurs visages (aux yeux écarquillés, souvent souriants) et les entendre dans leurs voix, presque comme s'il s'agissait de proclamations de la vertu elle-même ! Il s'agit d'un comportement maniaque et cultuel qui s'affiche au grand jour - pensées, paroles, actions, le tout dans une belle synchronicité. De plus, l'élément du cheval de Troie est intégré à chaque mot, ce qui est tout à fait fascinant. Il va sans dire que si vous entendez ces termes constamment utilisés dans votre pays, c'est que vous avez une grave infection marxiste.

Durée	Signification	Signification/effets
Progressif	Bien, améliorer les choses (bien mieux que dans le passé traditionaliste et merdique). Tout ce qui est progressiste vise à améliorer la société, en particulier les "opprimés". Il s'agit d'œuvrer pour un monde meilleur, plus éthique (selon la secte/l'idéologie).	Il donne la fausse impression que la société se transforme de manière positive. Il conditionne également les gens à accepter le changement constant, la révolution constante (par le biais de la

		"progression") et à accepter la suppression/le remplacement des choses traditionnelles (non marxistes).
Diversité	Les sociétés occidentales devraient compter le plus grand nombre possible de personnes différentes en termes de sexe, d'orientation sexuelle, de religion, d'appartenance ethnique, etc. Tous les groupes sont égaux. Une société "diversifiée" est une société plus éthique et sans oppression.	Utilisé dans les populations occidentales pour suggérer qu'il y a trop de Blancs (en particulier des hommes hétérosexuels) dans un environnement social donné ; conditionne ces populations à accepter l'immigration de masse ; facilite l'"antiracisme"/le "multiculturalisme". Conduit à des sociétés marxiennes monoculturelles.
L'égalité	L'égalité est synonyme de moralité et de justice. Nous sommes tous égaux. Il ne devrait pas y avoir de hiérarchie, car cela conduit à l'oppression.	Tout le monde devient également banal, semblable à un drone, soumis à l'État/aux autorités, etc.
Solidarité	Unissons-nous dans un grand collectif, le plus grand possible, et soyons d'accord les uns avec les autres.	Nous devons tous penser, parler et agir de la même manière, comme une seule unité. Quiconque ne s'aligne pas sur nous est un adversaire/ennemi.
Justice sociale	Certaines personnes devraient être mieux traitées dans la société. Il devrait y avoir plus d'égalité, de compassion, de solidarité, de diversité et de progrès pour tous !	La société se conforme aux idées marxistes du bien et du mal. En d'autres termes, elle devient un trou à rats. Elle conduit à l'application de l'"égalité"/uniformité, par la coercition.

Termes racistes féministes et marxiens

Nous pourrions également appeler ces termes "théorie marxiste de la conspiration", puisqu'ils correspondent presque à cette définition. Une théorie du complot, dans ce contexte, est une idée inventée impliquant une sorte de mal ou d'injustice commis, souvent clandestinement, par un groupe contre un autre groupe, sans preuve concrète de son existence (à moins que la propagande marxiste sous forme de "recherches" ou d'"études", ou la "science" marxiste ne compte comme une preuve). Les deux premiers - "culture du viol" et "patriarcat" - proviennent du mouvement féministe, et le terme "privilège blanc" est du racisme marxiste à l'encontre des Blancs.

Durée	Signification marxiste	Effet escompté	Groupe cible
La culture du viol	Les hommes sont culturellement endoctrinés à violer les femmes. Tous les hommes sont des violeurs potentiels !	Les hommes doivent être "éduqués" à ne pas être des violeurs par le biais du système "éducatif". Ce système diabolise les hommes, détruit la masculinité et affaiblit la société.	Hommes de tous âges (autochtones/blancs en particulier. Pas les hommes migrants/non-blancs, car cela est "raciste").
Patriarcat	Dans le passé, les hommes ont dominé les femmes par le biais de cette structure oppressive à l'échelle de la société.	Les femmes doivent désormais avoir la priorité sur les hommes dans le plus grand nombre possible de domaines de la société, au nom de l'"égalité". #	Hommes de tous âges (autochtones/blancs en particulier. Pas les hommes migrants/non-blancs, car cela est "raciste"). **
Le privilège des Blancs	En général, les Blancs ont été/sont privilégiés, et les non-Blancs ne l'ont pas été/ne le sont pas.	Génère une animosité/amertume raciste chez les non-Blancs à l'égard des Blancs.	Les Blancs, quels que soient leur âge, leur sexe, leur orientation sexuelle, leur nationalité, leur fortune, etc.

Les hommes deviennent des citoyens de seconde zone, en plaçant d'abord les femmes dans la catégorie des "opprimés" et les hommes dans celle des "oppresseurs" ; pour efféminer la société, etc.

** Ces "patriarcats" maléfiques sont la création des hommes blancs hétérosexuels, selon la secte.

Encore une fois, le seul type de personne qui entre dans le groupe cible de ces trois termes est l'homme blanc hétérosexuel. Dans le cas du "privilège blanc", cela peut également s'appliquer aux femmes blanches (mais pas à celles qui font partie de la secte, bien sûr, puisqu'elles peuvent éviter cette attaque en déclarant qu'elles sont "solidaires", etc.) Il s'agit essentiellement de termes de propagande dirigés contre les personnes blanches, et les hommes blancs hétérosexuels en particulier, mais ils ne s'appliquent pas aux membres de la secte, quel que soit leur sexe (ou la multitude d'autres "genres" comme les fées unicornes commie tranny non binaires, etc.)

En utilisant la formule oppresseur/opprimé, nous pouvons conclure que la classe "oppresseur" dans les deux premières initiatives est constituée d'hommes blancs hétérosexuels, auxquels s'ajoutent des femmes blanches dans la troisième. Bien entendu, la classe "opprimée" dans les deux premières initiatives est celle des femmes, et celle des non-Blancs dans la troisième.

Privilège blanc

Un autre terme marxiste basé sur une perception déformée de l'histoire et de la réalité. Ce terme est complémentaire du slogan "Black Lives Matter", puisqu'ils existent tous deux pour générer des conflits entre ces races. Le concept de "privilège blanc" est une propagande raciste à l'égard des Blancs. Des millions d'idiots ont été trompés par ce concept et l'ont répété, en particulier aux États-Unis où il a été déclenché pour créer le chaos. L'utilisation de ce terme au sens péjoratif est tout simplement un acte criminel. C'est une incitation incendiaire à la haine raciale.

Le "privilège blanc" est un ajout à la formule oppresseur/opprimé exprimée dans Black Lives Matter, parce qu'il génère une haine supplémentaire envers les personnes blanches/"l'oppresseur" de la part des personnes non blanches/"l'opprimé". Je dis "supplémentaire" parce que la formule oppresseur/opprimé contient déjà de la haine envers l'oppresseur de toute façon !

Le "privilège blanc" est un terme raciste très dangereux, car il permet aux non-Blancs de se placer dans la catégorie des "opprimés", tout en suscitant une haine "justifiable" à l'égard des Blancs. Il encourage également la violence, le viol, le meurtre et le génocide des Blancs. Nous pouvons le constater dans le mouvement BLM, ainsi qu'en Afrique du Sud.

Elle est dangereuse parce qu'elle dit aux non-Blancs qu'ils sont des victimes par défaut et qu'ils ont un ennemi racial commun. Elle déclenche les tendances tribales "nous contre eux" du groupe "opprimé" ainsi que l'élément sociopathe de cette communauté (tous les groupes en ont à un degré ou à un autre).

Bien entendu, ce terme repose sur une perception déformée de l'histoire et de la réalité (abordée plus loin dans la section BLM). Il y a beaucoup d'individus amers, rancuniers et blessés d'origine africaine aux États-Unis (et ailleurs), et les expressions marxistes telles que "privilège blanc" sont l'outil parfait pour ces personnes, leur permettant de blâmer quelque chose d'extérieur à elles pour leurs propres défauts.

Une fois de plus, l'idéologie fait ressortir le pire de l'humanité. Il existe, bien sûr, d'innombrables individus blancs, amers, rancuniers et blessés dans le monde entier, mais ils ne bénéficient pas de ce type d'excuses raciales. Il n'y a pas d'exutoire pour leurs problèmes.

Autres termes

Durée	Signification marxiste	Signification/objectif
Genre non binaire (ou genre "non bis"). *	Personne qui pense n'être ni homme ni femme et qui peut désormais s'identifier à un autre "genre" de son choix.	Une personne qui est différente d'un homme ou d'une femme typique (en raison de facteurs génétiques, épigénétiques ou environnementaux), et/ou qui a des problèmes psychologiques qui ont faussé la perception qu'elle a de son identité sexuelle.
Fluidité du genre	Le concept de genre ne s'applique pas à cette personne. Elle peut changer de sexe à volonté. #	Comme ci-dessus, lorsqu'elle est prononcée par quelqu'un qui correspond à ce profil.
Rempli de haine	Cette opinion/personne est mauvaise, potentiellement malfaisante. Elle est également irrationnelle et incapable de contrôler ses émotions négatives. Elle n'a pas d'amour en elle ! Elle crée la division, et non l'unité (ou la solidarité) !	Cette opinion/personne ne se conforme pas aux idées marxistes en matière d'éthique. Elle ne ressent pas l'"amour" marxiste, semblable à celui d'une secte. Elle n'est pas favorable à l'égalité/l'unité, donc elle/son opinion doit être supprimée, car elle critique certains sous-agendas marxistes.
Blâme des victimes	Tout examen, analyse ou critique du comportement des femmes ayant subi une agression sexuelle ou un viol est toujours erroné.	Vous ne devez pas insinuer que les membres d'un groupe "opprimé" doivent changer de comportement ou cesser de se mettre en danger (dans les situations où cela s'applique).
Honte aux femmes	Toute critique du comportement des femmes sur le plan sexuel, et en particulier de la promiscuité, de l'exhibitionnisme ou du	Le marxisme (via le féminisme) encourage les comportements dégénérés chez les

	comportement "vulgaire", est condamnable.	femmes, et ce terme est donc conçu pour empêcher toute critique des femmes qui adoptent de tels comportements.
Plaidoyer en faveur de l'homme	Un homme qui explique quelque chose à une femme de manière condescendante. Ce comportement est lié au patriarcat. Il opprime les femmes (au lieu de leur donner du pouvoir) et n'est pas conforme à l'égalité.	Un homme ne doit pas être autorisé à se montrer supérieur à une femme. Les femmes faisant partie d'une classe "opprimée", elles ne doivent pas être traitées comme des êtres inférieurs, critiquées ou même se voir expliquer des choses par des hommes. Cela est lié au fait que les membres des groupes "opprimés" sont choyés, que leur ego est gonflé, etc.
Discrimination (liée à l'exclusion)	Une personne est traitée injustement en raison du groupe auquel elle appartient (sexe/genre, orientation sexuelle, race, religion, etc.)	Une personne est maltraitée parce qu'elle appartient à un groupe "opprimé" approuvé par le marxisme.

* Il existe de nombreux termes pour désigner ce sous-agenda marxien de modification du genre. Notez l'utilisation croissante, ces dernières années, de termes tels que "genre non bis", "gender-queer", etc., en plus de l'insistance sur la nécessité d'appeler les gens par les pronoms qu'ils ont choisis.

Est-ce une sorte de superpouvoir ?

"Haine et hypocrisie schizo

C'est l'une des choses les plus ridicules qu'ils proposent, et elle est souvent reprise. Toute personne ou groupe non marxiste critiquant quoi que ce soit est qualifié de "rempli de haine" (surtout si cette critique est dirigée contre les activités de la secte). Ainsi, si vous vous opposez à l'immigration de masse, au féminisme, à la grande révolution en général ou à la secte/idéologie elle-même, vous devez être "rempli de haine". L'implication est que la secte n'est pas "remplie de haine", mais un mouvement humanitaire bénin, positif et progressiste d'"amour" (ostensiblement l'émotion opposée à la haine). Par conséquent, si vous vous opposez à eux et qu'ils représentent ce qui est bon, vous devez être le contraire (le mal). Le marxisme, c'est l'amour, n'est-ce pas ?

L'expression "rempli de haine" est également liée au principe de l'oppresseur contre l'opprimé, puisque si vous n'êtes pas d'accord avec le fait de donner à certains groupes leur statut d'opprimés, alors vous devez certainement avoir de la haine pour eux, n'est-ce pas ? (vous êtes dépourvu de "compassion" et d'"amour", etc.) Cela s'applique à tout sous-ordre du jour impliquant directement des personnes/groupes (féminisme, LGBTQ, migration de masse, etc.), ou des animaux (végétarisme et véganisme).

Il n'est pas surprenant que le terme "rempli de haine" comporte également un élément schizophrénique et hypocrite ; c'est typique de la personnalité de la secte, et c'est une autre inversion de la réalité. Les personnes endoctrinées pensent que ce qui les motive est (leur interprétation de) l'amour, l'unité, la vertu, l'éthique, la compassion, l'harmonie, la noblesse, le devoir, l'altruisme, etc. Aucune de ces choses n'est le moteur principal de cette idéologie. C'est l'égoïsme et la naïveté habituels auxquels on peut s'attendre de leur part - tout ce qui les concerne (y compris leurs croyances) se résume à ce qu'ils sont merveilleux et à ce que les choses sont "positives" et "gentilles". Ils se trompent complètement ! La haine est au cœur du marxisme. C'est le précurseur de sa capacité de destruction. Il ne s'agit pas seulement de la haine de ce qui n'est pas marxiste, mais de la haine de l'humanité et de la vie elle-même.

La secte/idéologie n'est-elle pas "remplie de haine" ? Les membres de la secte ne sont-ils pas (consciemment ou inconsciemment) remplis de haine pour leurs propres identités, nations, cultures, patrimoines et peuples (puisqu'ils sont en train de les détruire) ? Ne sont-ils pas remplis de haine pour ceux qui ne sont pas d'accord avec eux (en particulier les anti-marxistes/les vrais patriotes !)? Étant endoctrinés, ils cracheront de la haine pour ceux d'entre nous qui sont contre les "mondialistes", tout en servant ces mêmes mondialistes élitistes (qui nous haïssent tous). N'est-ce pas là de la haine ? Imaginez que vous haïssiez d'autres esclaves plus que vous ne haïssez votre maître ? C'est pire que de la haine !

Nous ne vivrions pas dans ce monde merdique et infecté par le marxisme si ce n'était de leur haine et de leur idéologie remplie de haine, et l'utilisation du terme "rempli de haine" est donc l'ultime déflexion/distraction. Ceux d'entre nous qui n'alimentent pas la secte/idéologie marxiste remplie de haine n'auraient aucune raison d'exprimer de la haine envers elle (et ses effets haineux) si elle n'existait pas ! Sans la secte/idéologie et ses tendances constantes à la manipulation, au contrôle, au remue-ménage de la merde et à la division, il y aurait très peu de raisons de haïr sur la planète à l'heure actuelle, en particulier dans l'Ouest !

Inversement, le patriotisme et les patriotes (qu'ils s'identifient comme nationalistes ou non) sont de véritables expressions d'amour pour leurs propres peuples, cultures, pays, etc., puisqu'ils cherchent à préserver ces choses en les protégeant de l'assaut sans amour, sans compassion et rempli de haine de l'idéologie.

L'utilisation de "rempli de haine" est également le signe de vertu arrogant typique que l'on peut attendre d'eux ; cela signifie que "nous sommes les arbitres des bonnes et mauvaises attitudes ou comportements, et cette opinion/personne remplie de haine nous est inférieure. Elle n'est pas à la hauteur en tant qu'être humain et mérite d'être condamnée". Il s'agit encore d'un autre terme stupide, puéril, de signalisation de la vertu, utilisé par des personnes endoctrinées pour faire taire toute opposition aux programmes véritablement haineux de la secte ou de l'idéologie.

La "haine" comme contrôle de l'esprit

L'expression de la colère contre les conséquences d'une infection marxiste dans la société peut attirer cette étiquette, même si la personne ne critique pas activement la secte/l'idéologie ou ses sous-agendas. Par exemple, une personne saine d'esprit pourrait exprimer sa colère face au défilé apparemment sans fin de choses psychotiques que les membres d'une secte disent ou font. Et c'est tout à fait son droit de le faire ! Elle a raison de le faire ! Mais ce type de réaction ne peut être toléré (du point de vue de la secte ou de l'idéologie). L'expression "rempli de haine" vise à faire croire que la personne visée est le problème, surtout aux yeux des autres. Il s'agit d'une forme d'intimidation psychologique subtile, destinée à s'assurer que les autres n'imitent pas le comportement.

La secte/idéologie veut que nous soyons des abrutis dociles et souriants, que nous soyons "positifs", "compatissants", etc. et que nous acceptions la destruction qu'elle nous impose, qu'elle impose à la société. Toute forme de haine à l'égard de cette folie doit être considérée comme un problème psychologique négatif de la personne qui exprime cette réaction émotionnelle tout à fait naturelle, rationnelle et constructive ! La colère, dans le bon contexte, est une question d'éthique, de justice et de conscience intellectuelle. Si vous êtes en colère contre un individu ou un groupe qui détruit ce qui est bon, et si vous exprimez cette colère devant les autres - donnant ainsi un exemple à suivre - vous êtes juste. Si les autres sont trop idiots, trop lâches ou trop loin pour apprécier cela, alors qu'ils aillent se faire foutre !

Le terme "Mansplaining"

Bien que le féminisme fasse l'objet d'une section distincte, ce terme stupide qui sème la discorde mérite d'être inclus ici. Tiré de *merrian-webster.com* : "Le mansplaining est... ce qui se produit lorsqu'un homme parle avec condescendance à quelqu'un (en particulier à une femme) de quelque chose qu'il connaît mal, en pensant à tort qu'il en sait plus que son interlocuteur".[6] Il

---

[6] https://www.merriam-webster.com/wordplay/mansplaining-definition-history

s'agit là d'un autre terme inventé, d'un morceau de propagande anti-hommes puérile provenant du mouvement féministe. Un seul "mot" pour générer des conflits entre les sexes en désignant les hommes comme le groupe cible oppressif, en particulier les hommes masculins bien informés, sûrs d'eux et capables de prendre les choses en main. Ce terme est très destructeur et vient s'ajouter à la programmation féministe marxienne. C'est un complément à l'endoctrinement, en fait, et une autre couche de conneries à laquelle nous devons faire face. Il génère de l'animosité et de la suspicion à l'égard des hommes dans l'esprit des femmes.

Le terme tente également de dissimuler une vérité que les membres des cultes en général, les féministes et d'autres ne veulent pas/ne peuvent pas accepter - les hommes ont un avantage sur les femmes en général lorsqu'il s'agit de percevoir clairement les questions d'ensemble et les choses techniques et mécaniques (en effet, la réalité elle-même est technique et mécanique). Même les questions plus générales, l'histoire, la science, la géopolitique comportent des éléments techniques et mécaniques). Parallèlement, les hommes en général ont tendance à s'intéresser davantage à ces questions au cours de leur vie, ce qui leur permet d'accumuler davantage de connaissances et leur confère un avantage considérable sur les femmes.

Plus de connaissances équivaut à plus de capacité à enseigner/expliquer les choses, en particulier à quelqu'un qui en sait moins ! C'est pourquoi ce sont souvent les hommes qui expliquent ce genre de choses aux femmes (et non l'inverse). Cela devrait être évident ! C'est une des différences fondamentales entre les sexes que la secte/idéologie tente de masquer. Il est évident que cette dynamique peut exister entre les hommes aussi, mais les hommes n'ont pas le droit de crier à l'oppression lorsqu'un autre homme plus informé et plus compétent leur explique les choses ! Encore une fois, personne n'a besoin de choisir la voie de la faiblesse (le déni) et d'être "offensé" par cela, car c'est tout simplement la vérité. Les hommes et les femmes ne sont pas les mêmes. Le terme "Mansplaining" n'est qu'une autre façon d'obscurcir la vérité et de promouvoir le concept erroné et préjudiciable d'égalité, par le biais d'un langage propagandiste. Il tente également de nier l'existence des hiérarchies (de connaissances/compétences) sur lesquelles la civilisation s'est construite. Il s'agit donc d'une attaque contre la civilisation elle-même.

Plaintes et critiques à l'égard des hommes

Le "Mansplaining" encourage les femmes à ne pas écouter les hommes, en insinuant qu'elles seront en quelque sorte plus "autonomes" si elles ne le font pas (ce qui est le contraire de la vérité). En particulier, elles ne devraient accepter aucune critique de la part des hommes, même si elles méritent d'être critiquées ! Voyez-vous comment cette mentalité peut poser un réel problème lorsqu'un homme non endoctriné interagit avec une femme endoctrinée ?

Ce terme permet d'éviter toute critique à l'égard des femmes qui peuvent avoir un comportement dégénéré, en raison de l'endoctrinement féministe marxien, en particulier si cette critique émane d'hommes (qui sont de toute façon plus susceptibles d'essayer de les faire sortir de leurs gonds). En outre, ce terme contribue à faire en sorte que ces femmes restent dans cette situation (puisqu'elles choisissent la voie de la faiblesse et ignorent les hommes), en s'entêtant et en s'enfonçant dans la réalité.

Dans une société saine, équilibrée et non contaminée, les hommes et les femmes peuvent s'équilibrer mutuellement de manière complémentaire, ce qui inclut parfois une critique constructive. Le masculin et le féminin s'équilibrent mutuellement, dans une relation symbiotique (les hommes et les femmes sont donc censés être complémentaires et non égaux). Que ce soit un homme ou une femme qui émette ce type de critique, il s'agit d'un acte essentiellement "masculin". C'est naturel ; le marxisme est anti-nature.

Cela rejoint également un point soulevé ailleurs, à savoir que la critique de toute personne ou groupe "opprimé" (en l'occurrence les femmes) n'est pas autorisée. Dans le cas présent, ce principe est poussé à l'extrême de manière psychotique : toute allusion à l'infériorité des opprimés par rapport à l'oppresseur (les hommes) est considérée comme un acte de guerre ! Un acte d'oppression contre les opprimés, venant du patriarcat lui-même ! Cela prouve que le but de donner à un groupe le statut d'"opprimé" n'est pas de l'aider, mais de gonfler son ego au point qu'il devienne gâté et insupportable, et que toute allusion à son imperfection soit intolérable.

Le terme "Mansplaining" est un terme nauséabond, choyé, et un bon exemple de l'absurdité qui apparaît en tant que "langage" lorsque le marxisme s'installe. C'est un terme qui dit : "Comment osez-vous ne pas traiter les femmes comme des déesses parfaites et omniscientes ? (Comme nous l'avons mentionné, ce facteur d'altération s'applique également à d'autres groupes opprimés, et pas seulement aux femmes ; c'est très problématique).

Blâme des victimes

Un terme marxien très dangereux et anti-femmes, utilisé par les membres de la secte à l'intérieur et à l'extérieur du féminisme. Il est également lié aux points précédents et à la manière dont toute critique - ou tentative de contrôle - du comportement des femmes peut être contrée par la secte toujours vertueuse au moyen d'une autre phrase accrocheuse. Ce terme augmente en fait le risque pour les filles/femmes d'être agressées/violées sexuellement, car il envoie le mauvais message, à savoir que les femmes n'ont pas à faire attention à leur comportement, y compris à ceux qui peuvent les exposer à de tels risques (par exemple, les jeunes femmes qui s'habillent de manière sexuelle, sortent en public et s'enivrent gravement avec de l'alcool, devenant ainsi une cible facile pour les prédateurs sexuels de la société). Elle est également liée à la "libéralisation" de la sexualité des femmes, une "réussite" apparente du féminisme.

Termes de "fierté" marxiste

> "Jusqu'à ma mort, je me souviendrai avec fierté d'avoir trouvé le courage d'affronter le spectre qui, depuis des temps immémoriaux, injecte du poison en moi et dans les hommes de ma nature... En effet, je suis fier d'avoir trouvé le courage de porter le premier coup à l'hydre du mépris public"[7]

> Karl Heinrich Ulrichs, 19ème siècle Allemagne
> proto militant des droits des homosexuels

Il ne peut y avoir de secte sans que ses membres ne se complimentent mutuellement sur leur intelligence en tant qu'êtres humains ou ne se tapent dans le dos pour n'avoir rien fait (ou, dans le cas de cette secte, pour avoir détruit la terre) ! Essayons d'analyser ces termes sans rire de leur ridicule dramatique. Vous les entendrez distribuer à ceux qui participent à des initiatives marxistes ou qui en font la promotion. Vous les entendrez peut-être lorsque quelqu'un "s'affiche" comme gay, "trans" ou "non-binaire", ou qui a effectué une "transition", généralement sur une plateforme publique, naturellement. C'est le cas par exemple de William Bruce "Caitlyn" Jenner - une beauté voluptueuse et sensuelle avec une mâchoire forte, une voix rauque, des mains puissantes qui sautent à la perche, une pomme d'Adam et des épaules.

Même s'il n'a jamais été aussi facile de faire toutes ces choses (en raison du déclin de la civilisation vers une dégénérescence complète, grâce au marxisme), ces personnes doivent être félicitées pour leurs efforts surhumains ! Bien sûr, le mythe de l'oppression de ces groupes (gays, trans) donne l'impression (à certains) que ces actes méritent une telle adulation.

Durée	Signification marxiste	Signification réelle	Effet escompté
Courageux	Vous avez fait preuve de courage parce que ce que vous avez fait est effrayant. Vous avez été courageux de continuer, d'endurer l'oppression pendant si longtemps, seul et sans soutien !	Vous avez dit/fait quelque chose qui promeut/soutient un sous-agenda marxiste. C'était très facile à faire et cela n'a nécessité aucun courage ou effort puisque c'est conforme à la culture marxiste.	Il montre aux autres que s'ils adoptent ce comportement, ils seront couverts de respect, d'admiration, d'"amour", etc. Il encourage les autres à adopter le même comportement

---

[7] Cité dans : Keith Stern, K., *Queers in History : The Comprehensive Encyclopedia of Historical Gays, Lesbians and Bisexuals* (2013). P. 460.
https://en.wikiquote.org/wiki/Karl_Heinrich_Ulrichs

		sectaire en les incitant à le faire.	
Fort	Comme ci-dessus, et vous avez fait preuve de force mentale !	Comme ci-dessus, mais ajoutez "force mentale" au compliment.	Comme ci-dessus.

Si une population est convaincue que le fait de faire des choses comme "sortir du placard" ou "faire une transition" rend une personne courageuse et forte, cela devient alors une partie de la perception de la population de ce qu'est la bravoure et la force. Une nouvelle norme est créée : vous êtes "courageux" et "fort" si vous adoptez des comportements acceptés par la collectivité. Vous êtes récompensé pour avoir fait un "sacrifice" en l'honneur de la secte. Le "coming-out" est un rituel de la secte.

Éléments essentiels

Quelques éléments fondamentaux de l'idéologie :

Oppresseur contre opprimé - un ingrédient essentiel

Comme il s'agit d'un élément central de l'idéologie et de l'endoctrinement, il convient de le disséquer plus avant. Le principe de l'oppresseur contre l'opprimé est un ingrédient principal utilisé à maintes reprises, et nous pouvons le voir dans tous les sous-agendas de la secte. Son impact est principalement double : il génère de fortes réactions émotionnelles chez les personnes concernées et crée des divisions. Combinés, ces deux éléments conduisent au chaos absolu. Le chaos auquel nous assistons aujourd'hui dans le monde n'existerait pas sans cette dynamique.

Ce principe est la pierre angulaire de l'idéologie depuis le tout début, bien qu'au fil du temps, son application ait changé (via le marxisme-léninisme, l'école de Francfort et le post-modernisme, etc.) Nous devrions nous émerveiller de la manière dont la secte a toujours réussi à recycler/réutiliser ce principe à ses fins diaboliques. "Si ce n'est pas cassé, ne le réparez pas", n'est-ce pas ? Ce qui n'a pas changé, en revanche, c'est le mode de fonctionnement de la secte : elle utilise la manipulation émotionnelle pour produire des réactions psychologiques fortes, avec des résultats catastrophiques pour la société. En outre, elle soutient des comportements sociopathes de type sectaire.

Premièrement, elle crée une division claire entre deux parties différentes, en les plaçant aux extrémités opposées d'un spectre. Elle désigne l'une comme "l'oppresseur/le dominateur/le contrôleur/l'agresseur" et l'autre comme "l'opprimée/la dominée/la contrôlée/la victime". Il encourage ensuite des émotions "masculines" combatives excessives à l'égard de la partie qualifiée d'"oppresseur" (négativité, haine, jugement, suspicion, etc.), tout en encourageant des émotions "féminines" excessives à l'égard de la partie qualifiée d'"opprimé" (positivité, chaleur, empathie, sympathie et compassion, confiance, etc.) En d'autres termes, il déclenche certaines perceptions, par défaut, qui créent un double standard. Cela peut conduire à l'effondrement de la justice, de l'éthique et de la moralité dans la société. Diviser pour mieux régner.

C'est sans doute l'aspect le plus important de l'idéologie, car il explique sa toxicité. Sans cette dichotomie émotionnelle, elle n'aurait aucun pouvoir. Elle fait partie de son "ADN", pour ainsi dire.

Des signes de vertu en jugeant ?

De manière amusante et quelque peu typique (en raison de la tendance de l'idéologie à s'inverser), le principe de l'oppresseur et de l'opprimé comporte également deux poids et deux mesures.

C'est amusant parce que l'appel à la vertu est un élément important de l'idéologie ; elle prétend qu'il s'agit de justice, d'éthique, etc. Elle affirme que toute forme de critique ou d'abus à l'encontre d'un membre d'un groupe "opprimé" est mauvaise, diabolique, discriminatoire, misogyne, raciste ou xénophobe, etc. Si vous n'êtes pas directement réprimandé par les membres de ce groupe pour vous être livré à cette critique/abus, votre comportement sera au moins désapprouvé. Vous pouvez être confronté au sentiment que le jugement est erroné : "tu ne devrais pas juger !" ou "tu devrais avoir plus de compassion", etc.

Nous obtenons généralement cette réponse de la part de ceux qui sont endoctrinés sans qu'ils s'en rendent compte (ou peut-être même sans que vous vous en rendiez compte). Pourtant, le principe même de l'oppresseur contre l'opprimé repose sur le jugement que vous portez sur la personne/le groupe de la classe "oppresseur" ! Il ne fonctionnerait pas sans jugement ! Par conséquent, si le principe oppresseur contre oppressé est crucial pour le fonctionnement de l'idéologie, alors le jugement est un élément crucial de l'idéologie ; il permet au culte de fonctionner et de proliférer. En un sens, le marxisme est un jugement.

N'est-ce pas amusant, compte tenu de toutes les absurdités liées à l'exercice de la vertu ? Bien sûr, leur réponse serait que certains méritent d'être jugés, et d'autres non. Et c'est là que nous voyons ce que la secte/idéologie fait vraiment : attaquer certains groupes qu'elle désigne comme problématiques. Encore de l'hypocrisie. Elle essaie d'être l'arbitre des bons et des mauvais comportements/attitudes. Et bien sûr, elle cherche à créer une nouvelle norme où l'éthique marxienne est la seule possible : vous devez juger ceux qui font partie du groupe que la secte a désigné comme "oppresseur", et vous ne devez pas juger ceux qui font partie du groupe qu'elle désigne comme "opprimé".

Il est vrai que certains membres de la société méritent d'être jugés par cette société, mais une secte/idéologie destructrice n'est pas en mesure d'assumer ce rôle ! Tout ceci nous rappelle une fois de plus que la secte/idéologie est douée pour répondre aux tendances de la société (porter des jugements) et les satisfaire. Elle fournit des alternatives fausses/inférieures à quelque chose de bon - le jugement de certains individus ou groupes au sein de la société pour le bénéfice de cette société/nation (exemple : traîtres ou subversifs, pourvoyeurs de dégénérescence, types destructeurs ayant subi un lavage de cerveau).

Manipulation émotionnelle

Voici un élément crucial pour expliquer le fonctionnement de l'endoctrinement marxien. L'effet de manipulation émotionnelle au cœur du principe oppresseur/opprimé ("oppresseur" = négativité/haine/jugement ; "opprimé" = positivité/sympathie/empathie) génère des conflits dans la société en chargeant émotionnellement les personnes concernées. Plus précisément, le conflit provient des réactions émotionnelles erronées des membres de la secte.

L'effet global, sans surprise, est que la personne affectée (ou infectée) a le sentiment qu'une injustice est commise par un groupe/individu envers un autre groupe/individu, et qu'elle désire donc se venger de l'"oppresseur" (au nom de l'"opprimé") ; essentiellement, elle se sent investie d'un devoir de diligence envers l'"opprimé". Ensuite, c'est "moi/nous à la rescousse", l'ego prend le dessus et l'activisme commence...

Dans l'esprit d'une personne qui perçoit les problèmes/la société sous l'angle de l'oppression contre l'oppression, elle ressent en même temps ces deux types d'émotions polaires opposées à l'égard de ces deux groupes différents : négativité/haine/jugement à l'égard du groupe "oppresseur", et positivité, sympathie/empathie, "amour"/"compassion", etc. à l'égard du groupe "opprimé". Une sorte de schisme schizophrénique de l'esprit est créé. En d'autres termes, le principe oppr. contre oppr. déclenche une mentalité "grrrrr" à l'égard de l'"oppresseur" et une mentalité "nawwwww" à l'égard de l'"opprimé". "Naawwwww" ou "aawwwwww" est le son que l'on peut émettre en regardant un joli bébé ou un magnifique chiot. C'est l'instinct maternel à l'état pur, mais déformé. C'est extrêmement dangereux pour la société et c'est bien sûr lié aux efforts de destruction de la masculinité/féminisation de la secte.

Un exemple clair de cet instinct maternel perverti se trouve dans le sous-agenda de l'immigration de masse (ou "multiculturalisme"/"diversité"), lorsque des personnes endoctrinées en Europe ont exprimé des émotions de chaleur et un devoir de soin envers des migrants qu'ils n'ont jamais rencontrés ! Ceci est lié au problème de l'altruisme pathologique dans les sociétés contaminées ; essayer de "sauver le monde" à ses propres dépens et à ceux de son propre pays, de son propre groupe ethnique, etc. Bien entendu, l'altruisme pathologique n'existe qu'en raison du principe de l'oppr. contre l'oppr.

Revenons à la double réaction émotionnelle opposant l'un à l'autre : il s'agit de deux émotions très fortes et très contrastées que l'on peut ressentir en même temps lorsqu'on examine une question particulière ou un sous-ordre du jour marxiste (c'est-à-dire le féminisme, l'immigration de masse, le racisme, etc.) Pour raisonner correctement, une personne doit être calme et ne pas laisser les émotions constituer le fondement de son raisonnement, mais lorsqu'une personne est "déclenchée" par ces deux types d'émotions, elle réduit sa capacité à raisonner et à voir la réalité telle qu'elle est (c'est-à-dire la vérité de la question). Son esprit a été forcé à un niveau inférieur de fonction/conscience, grâce à ces émotions très fortes et contrastées.

Comme leur esprit fonctionne désormais à ce niveau inférieur, ils sont plus faciles à contrôler et leur comportement est prévisible. L'endoctrinement les tient ! Ils sont désormais enfermés dans certains schémas comportementaux, préparés à réagir à certains stimuli d'une certaine manière (comme l'a expliqué Yuri Bezmenov). Ces points sont essentiels pour comprendre la nature de l'endoctrinement, pourquoi ce culte est si intense et fanatique, et pourquoi il n'y a pas de retour en arrière pour beaucoup...

Bien entendu, ces facteurs ne s'appliquent pas aux personnes intelligentes, matures et sûres d'elles, qui savent rester calmes et se forger une opinion claire et précise sur n'importe quelle question. Ce sont ces personnes qui ne se laissent pas entraîner par l'endoctrinement marxiste ! Pour ceux qui le font, leur incapacité à contrôler leurs émotions et leur manque d'intelligence sont des facteurs importants qui les font tomber dans le piège de l'endoctrinement.

Distorsion de la perception par inversion

La formule oppr. v oppr. déforme également la perception de la réalité de manière encore plus significative. Cela peut être fait à un degré tel que les choses sont complètement renversées. D'où le terme "inversion".

Cela peut s'appliquer à tout sous-ordre du jour où il y a une classe "opprimée". Le féminisme, par exemple, se présente comme un mouvement pro-femme. Or, il est anti-femmes. Il en va de même pour l'avortement, qui est une extension du féminisme. Il est présenté comme de la "compassion" ou des "soins de santé" pro-femmes, mais il est en réalité anti-femmes (c'est une agression contre leur corps, leur vie et leur esprit). Le nombre de femmes qui se retrouvent seules, brisées, vidées de leur vie à cause du féminisme et de l'avortement ne pourra jamais être évalué et rassemblé honnêtement ; surtout pas tant qu'il y aura une forte infection marxiste dans nos sociétés. Lorsqu'une femme se rendra compte que l'avortement qu'elle a subi n'était pas un acte de "soins de santé" ou de "compassion", il sera peut-être trop tard (c'est pourquoi l'illusion/le déni est une option beaucoup plus facile).

Il en va de même pour Black Lives Matter. Il ne donne pas de pouvoir aux Noirs, il ne fait que les déresponsabiliser. La mentalité de victime et le sentiment d'avoir droit à quelque chose que ce sous-ordre du jour apporte n'aboutissent jamais à une quelconque "autonomisation" ; ils ne font qu'accroître l'irresponsabilité, le statut de victime, le gâtisme et l'immaturité/dégénérescence. En outre, il se présente comme un antiracisme, mais comme nous l'avons clairement vu, il génère des tensions raciales et nourrit le racisme envers les Blancs "oppresseurs". Elle engendre également le racisme envers les Noirs - si une grande partie d'entre eux commence à défendre ou à soutenir le sous-agenda marxien B.L.M. destructeur de civilisation, ou commence à être "anti-establishment", anti-police, etc.

En ce qui concerne l'immigration de masse et le multiculturalisme, cela ne sera pas bénéfique pour l'Afrique ou le Moyen-Orient, mais plutôt préjudiciable (je parle ici de l'afflux de migrants européens, mais le même principe s'applique à l'immigration de masse dans d'autres parties du monde). Des analystes honnêtes et intelligents disent souvent, et à juste titre, que la meilleure façon d'améliorer ces peuples/pays est qu'ils s'aident eux-mêmes (ou qu'ils soient aidés) dans leur propre pays ; et non pas que les hommes les plus jeunes et les plus aptes soient simplement transplantés ailleurs, ce qui ne profite ni à leur pays d'origine ni à la destination choisie.

C'est ce qui se produit lorsque l'on perturbe l'équilibre naturel des choses en essayant d'imposer une "égalité" artificielle (raciale ou autre). Bien sûr, cet argument s'adresse à ceux qui pensent que cette immigration de masse encouragée est en fait une question d'humanisme (ce qui n'est pas le cas). Ce sur quoi nous nous concentrons ici, c'est l'inversion de la vérité ; comment la victimisation (avoir un statut d'"opprimé") ne conduit qu'à la déresponsabilisation, et non à la responsabilisation.

Cet effet d'inversion extrême de l'idéologie est un autre aspect qui rend l'endoctrinement si puissant : si quelqu'un est endoctriné et que sa perception de quelque chose est si complètement inversée (et reste ainsi pendant une période prolongée), il peut être littéralement impossible pour lui de saisir la vérité. Elle ne peut plus être aidée ; il est trop tard pour elle.

L'"opprimé" devient l'"oppresseur"

Le principe de l'oppresseur contre l'opprimé inverse également les choses en transformant la classe "opprimée" en oppresseur et en faisant de la classe "oppresseur" l'opprimé.

Nous pouvons le constater avec l'afflux de migrants dans toute l'Europe. Nombre d'entre eux ont adhéré au récit marxien selon lequel ils ont souffert historiquement et que, s'ils font souffrir leurs "oppresseurs" (les Blancs européens), ce sera d'une certaine manière juste et équitable. Les résultats sont évidents : agressions, viols et meurtres d'Européens par des migrants. Le récit (marxiste) insiste sur le fait que les Européens autochtones méritent en quelque sorte ce traitement de la part de ces migrants "opprimés" ! Nous avons vu de nombreux membres de ce groupe s'en tirer littéralement avec des meurtres depuis que les vagues de migrants ont commencé, grâce à cette caractéristique de l'opprimé qui devient l'oppresseur. Un autre exemple est le sous-agenda du féminisme et l'hostilité ouverte (misandrie) émanant de ces femmes "opprimées" envers leurs "oppresseurs" (les hommes blancs hétérosexuels) et le "patriarcat".

Cette caractéristique (l'opprimé devient l'oppresseur) est liée au sentiment d'avoir droit à quelque chose (c'est-à-dire d'être gâté) que ressentent souvent les membres de la classe "opprimée". Le sentiment d'avoir droit à quelque chose ou d'être gâté et l'agressivité vont de pair, en partie parce que les personnes gâtées deviennent généralement malheureuses, ce qui peut souvent conduire à la colère. En effet, ils sont piégés dans un cycle de gâchis continu de plaisir à court terme (croyant à tort qu'un gâchis supplémentaire les rendra heureux), ce qui ne fait qu'accroître leur misère à long terme, et ils peuvent stupidement se laisser aller à cause de la frustration. Cela se produit parce qu'ils sont soit trop bêtes, soit trop lâches pour voir que c'est eux le problème, et non ceux qui les entourent. Ils sont peut-être un peu conscients de leur faiblesse et de leur pourriture intérieure, ce qui alimente la frustration, mais leur esprit est programmé pour être accro à la mentalité de gâté et ils ne peuvent pas s'en empêcher. Les habitudes ont la vie dure.

Essentiellement, le fait de gâter une personne tend à la rendre déséquilibrée, parce qu'elle est coincée dans cette spirale descendante. C'est pourquoi elle peut finir par devenir insupportable et folle (sans empathie et détachée de la réalité).

Il est évident qu'un ego surdimensionné est un autre sous-produit du gâtisme, et le manque d'humilité conduit généralement à un comportement social dégénéré d'une forme ou d'une autre (par exemple, le manque de respect pour autrui). En outre, ils ne sont pas incités à traiter les autres avec respect parce qu'il n'y a pratiquement aucune conséquence pour eux s'ils ne le font pas (en raison de leur statut d'"opprimés"). Il s'agit là d'un autre effet toxique, destructeur de civilisation, du principe de l'opposition contre l'opposition. Les enfants gâtés doivent souffrir, qu'ils soient réformés ou non ! C'est cela la justice sociale.

Distorsion de la perception de l'histoire et de la réalité

Bien entendu, bon nombre des sous-agendas - féminisme, "antiracisme" et BLM, multiculturalisme/diversité, droits des LGBTQ - reposent sur l'idée que les membres du groupe "opprimé" méritent ce statut en raison des mauvais traitements qu'ils ont apparemment subis dans le passé. En d'autres termes (selon la secte/idéologie), les femmes, les non-Blancs et les LGBTQ ont tous souffert davantage, historiquement, que ceux qui n'appartiennent pas à ces groupes (par exemple, les hommes, les Blancs, les hétérosexuels, les hommes blancs hétérosexuels) ; et par extension, ils souffrent toujours davantage que les membres d'autres groupes dans le présent (c'est ce que dit la secte). Un point crucial, encore une fois, est que cette souffrance est apparemment causée par les groupes "oppresseurs" concernés. Ainsi, en raison de cette proportion apparemment intolérable et inégale de souffrance (!), la société doit être transformée par le biais d'une "révolution" ou d'une réforme, etc.

Or, toute personne non endoctrinée et rationnelle peut constater que des personnes de tous les groupes ont souffert dans le passé et continuent de souffrir ! (En effet, la vie est une souffrance, et l'a toujours été ! Tout le monde souffre !). Ainsi, pour que ce processus fonctionne, le marxisme doit créer une perception déformée de l'histoire et du présent afin de se conformer à son faux récit. En fait, la création d'une perception déformée de l'histoire et du présent est cruciale pour créer une perception déformée du présent. Cette distorsion est nécessaire pour montrer l'apparente distribution inégale de la souffrance dans le passé et le présent, qui met l'accent sur une plus grande souffrance dans certains groupes désignés seulement, d'une manière qui profite à la secte/idéologie. Propagande.

Le féminisme, par exemple, s'appuie sur une perception déformée de l'histoire pour convaincre les gens que les femmes ont traditionnellement souffert plus que les hommes, parce qu'elles ont été "opprimées" par eux, etc. Il y a des gens en Irlande, par exemple, qui croient réellement cela. Mais quiconque consacre ne serait-ce que cinq minutes à une étude honnête de l'histoire irlandaise trouvera beaucoup de souffrances, mais elles ne sont pas liées au sexe ! L'idée que les femmes ont davantage souffert dans ce pays est absolument ridicule ! Si une personne endoctrinée dans ce pays croit réellement au mensonge marxien qui prétend le contraire, elle sera encline à voir le mérite du féminisme ; elle estimera que, maintenant, les femmes méritent un traitement préférentiel.

Et c'est l'un des fronts de bataille par lequel l'idéologie fait des dégâts, puisque maintenant les hommes devraient être négligés pour donner la priorité aux femmes, car c'est en quelque sorte "juste" et "égal", etc. Cela est déstabilisant et préjudiciable à la société. L'impact du féminisme se traduit par un clivage destructeur, créant des tensions, tentant de diviser la société en deux sur la base du sexe (le clivage le plus universel au monde), et tout cela sur la base d'une perspective déformée et pro-marxienne de l'histoire.

Traitement préférentiel

Le statut de groupe "opprimé" a certaines conséquences, mais les effets suivants semblent être plus importants lorsqu'il s'agit de femmes, de personnes non blanches ou de migrants (dans le cadre du féminisme, du racisme/BLM ou du multiculturalisme/de l'immigration de masse) :

Outre le fait que le groupe "opprimé" sera déséquilibré, endommagé et gâché, et deviendra donc un problème pour la société (puisqu'il bénéficie désormais d'un traitement préférentiel), le groupe "oppresseur" sera déséquilibré, endommagé et négligé, et ne pourra donc pas contribuer à la société autant qu'il le pourrait. La négligence peut également avoir des effets destructeurs sur ce groupe (problèmes de santé physique et mentale, suicide, etc.). Exemple : les garçons sont négligés en raison d'initiatives féministes dans les écoles.

En outre, un sentiment de privation de droits est créé dans le groupe "opprimé" et, en général, le sentiment que quelque chose leur est dû se développe, ce qui perpétue le traitement préférentiel. Ils en deviennent également dépendants et ne sont pas incités à développer leur autosuffisance (ce qui serait une véritable "autonomisation", ironiquement). Autres exemples de traitement préférentiel : les femmes sont promues à des postes influents dans la société en raison de quotas de genre, plutôt que de leurs mérites ; les migrants sont mieux traités que les autochtones dans une situation similaire (comme en Irlande) ; les étudiants non blancs reçoivent des notes/crédits supplémentaires pour leur permettre d'entrer dans les universités américaines, simplement en raison de leur race, etc. Remarquez que ceux qui n'appartiennent pas aux groupes privilégiés "opprimés" sont, dans chaque cas, démoralisés, négligés ou affectés d'une manière ou d'une autre. Les principes d'"égalité" et d'oppression contre oppression combinés sont en jeu dans ces scénarios.

Expression de la colère

En plus de tout cela, le groupe "opprimé" a maintenant quelqu'un ou un groupe vers lequel diriger son animosité refoulée. Le principe de l'oppression contre l'oppression leur offre une excuse intégrée, en raison de la classe à laquelle ils appartiennent, et toute forme d'attaque contre la classe "oppresseur" est considérée comme justifiée. Ce principe est important, car il autorise des comportements contraires à l'éthique, destructeurs, voire criminels, qui ne seront pas condamnés de manière adéquate par la société. C'est l'une des façons dont la secte/idéologie s'attaque directement à la civilisation. C'est l'effondrement de la loi et de l'ordre, et du comportement normal et civilisé. Ce comportement non civilisé devrait normalement susciter une réaction de condamnation universelle, mais l'idéologie sectaire ne le permet pas.

Il est évident que la partie non endoctrinée de la population appellera un chat un chat et condamnera ce comportement de voyous comme étant criminel ; les membres de la secte refuseront de le faire. Il est évident que plus la secte est dominante dans une région, moins ces troubles seront condamnés. C'est globalement ainsi que cela fonctionne, et c'est exactement ce qui s'est passé.

L'exemple de l'antiracisme et de BLM

"Les Noirs n'ont pas été réduits en esclavage parce qu'ils étaient noirs, mais parce qu'ils étaient disponibles. L'esclavage existe dans le monde depuis des milliers d'années. Des Blancs ont réduit en esclavage d'autres Blancs en Europe pendant des siècles avant que le premier Noir ne soit amené dans l'hémisphère occidental. Les Asiatiques ont réduit les Européens en esclavage. Des Asiatiques ont réduit en esclavage d'autres Asiatiques. Les Africains ont réduit en esclavage d'autres Africains et, aujourd'hui encore, en Afrique du

Nord, des Noirs continuent de réduire des Noirs en esclavage.[8]

Thomas Sowell, auteur, économiste et universitaire noir américain

Le sous-agenda antiraciste et le mouvement Black Lives Matter s'appuient sur une perception déformée de l'histoire, convaincant les gens que les non-Blancs (en particulier ceux qui ont un patrimoine génétique africain) ont historiquement plus souffert que les Blancs. C'est totalement faux, et une évaluation honnête et impartiale de l'histoire le confirme. C'est un mensonge raciste qui sème la discorde !

Les adeptes de la secte évoquent des faits tels que le racisme historique et l'esclavage des Noirs par les Blancs, tout en ignorant totalement que toutes les autres races ont également pratiqué le racisme et l'esclavage (et même l'esclavage de leur propre race !). Le racisme et l'esclavage ont toujours existé entre les races à un certain degré, et c'est encore le cas aujourd'hui. L'argument marxiste est que les Blancs s'y sont livrés plus que les autres, ce qui n'est qu'une absurdité biaisée et raciste.

Les Sumériens (5e-2e siècle avant J.-C.), les Babyloniens (2e siècle avant J.-C.-1er siècle après J.-C.) et les Assyriens (3e siècle avant J.-C.-1er siècle après J.-C.) ont tous eu des esclaves à un moment ou à un autre. L'Égypte ancienne (du IVe siècle au Ier siècle avant J.-C.) comptait des esclaves. Des exemples d'esclavage en Chine (de Chinois) remontent au 5e siècle avant Jésus-Christ. Les Grecs anciens (12e siècle avant J.-C. - 1er siècle après J.-C.) et les Romains (1er siècle avant J.-C. - 1er siècle après J.-C.) avaient des esclaves. [9]

L'esclavage islamique remonte à l'époque de Mahomet (6e siècle après J.-C.), jusqu'à la traite négrière de Barbery (16e-19e siècles) : "Les esclaves européens ont été acquis par les pirates musulmans de la Barbarie lors de raids d'esclaves sur des navires et des villes côtières, de l'Italie aux Pays-Bas, à l'Irlande et au sud-ouest de la Grande-Bretagne, jusqu'à l'Islande au nord et à la Méditerranée orientale.[10]

En Amérique du Sud, les Mayas (de 1500 av. J.-C. à la fin du 1er siècle) et les Aztèques (14th-16th siècle) avaient des esclaves. En Europe, les Vikings en maraude ont pris des esclaves blancs lors de leurs expéditions dans le nord-ouest de l'Europe, entre les siècles 8th et 11th . Les tribus amérindiennes d'Amérique du Nord se sont mutuellement réduites en esclavage tout au long

---

[8] Sowell, *Barbarians Inside the Gates - and Other Controversial Essays* (1999), p. 164.

https://libquotes.com/thomas-sowell/quote/lbg2t4v

[9] "L'esclavage dans l'histoire". https://www.thehistorypress.co.uk/articles/slavery-in-history/

[10] https://www.britannica.com/topic/Barbary-pirate

de l'histoire, notamment les Pawnee, les Comanche, les Klamath, les Haïda, les Yurok et les Tinglit (et je suis sûr que d'autres). Des tribus africaines ont participé au commerce d'esclaves africains, avant et pendant la traite transatlantique des esclaves.[11] Ces exemples ne sont pas difficiles à trouver, malgré la quantité de contre-propagande marxienne à laquelle il faut se frotter sur ce sujet (qui tente évidemment de minimiser ou de banaliser ces cas par comparaison).

Le fait de désigner la race blanche européenne comme la principale coupable n'est qu'un choix historique biaisé et une distorsion du passé et du présent. En outre, le fait que la secte se concentre uniquement sur l'esclavage des Blancs contre les Noirs à des fins lucratives lui permet de critiquer deux de ses vieux ennemis : l'impérialisme colonial européen et le capitalisme. Comme on pouvait s'y attendre, une "éducation" marxiste "politiquement correcte" et partisane de l'histoire ne fournira qu'une perspective biaisée. En effet, il y a beaucoup d'histoire qui confirme tout cela, mais on ne vous l'enseignera pas dans une université rongée par le marxisme ! Nous avons déjà souligné l'inutilité de l'"éducation" marxienne.

Cette perception déformée de l'histoire (par le biais de la formule oppr. vs oppr.) entraîne un clivage destructeur, créant des tensions et divisant la société selon des lignes de démarcation raciales. Ce sous-programme ("antiracisme" et BLM) aura évidemment un impact massif dans les pays qui sont suffisamment multiethniques pour qu'il fonctionne, et où il y a un nombre suffisant de non-Blancs (par exemple, les États-Unis). À l'inverse, ce type de sous-programme ne serait pas aussi efficace dans un pays plus homogène sur le plan ethnique, comme l'Irlande par exemple, car historiquement, il n'y a tout simplement pas eu assez de non-Blancs en Irlande (il est vrai que la situation évolue rapidement).

Utilise le mécanisme de défense/rétorsion du groupe

Dans une société contaminée, la critique d'une seule personne d'un groupe "opprimé" est considérée comme une attaque contre l'ensemble du groupe, c'est la mentalité collectiviste. Il est dans l'intérêt de l'idéologie de contrer toute critique à l'encontre d'un membre d'un groupe "opprimé", afin de permettre à l'idéologie de faire ses dégâts sans rencontrer d'opposition. Le féminisme en est un exemple classique. Étant donné qu'un grand nombre de femmes sont tombées dans le panneau, il convient de le dire. Comme indiqué, si vous critiquez le féminisme, vous plaidez en fait pour le bien des femmes (et de la société dans son ensemble, etc.), mais il est évident que vous serez critiqué pour cela par ceux qui ont subi un lavage de cerveau. Puisque

---

[11] "L'esclavage avant la traite transatlantique".

https://ldhi.library.cofc.edu/exhibits/show/africanpassageslowcountryadapt/introductio natlanticworld/slaverybeforetrade

l'inversion existe et que le féminisme n'est pas au bénéfice des femmes, mais à leur détriment (le contraire de ce qu'un esprit endoctriné pense), vous serez critiqué pour l'avoir souligné. Il n'y a rien d'étonnant à cela ; c'est juste le lavage de cerveau qui fait son œuvre. Si vous attaquez/critiquez le féminisme/les féministes dans une société, et que le lavage de cerveau marxiste est suffisamment fort, cela est considéré comme une attaque contre toutes les femmes. L'endoctrinement et la défense du groupe se combinent pour supprimer votre critique.

Il est évident que vous n'attaquez pas toutes les femmes en critiquant/attaquant le féminisme/les féministes, puisqu'il y a beaucoup de femmes qui sont assez intelligentes pour rejeter le féminisme ! Les types endoctrinés, bien sûr, présument que toutes les femmes (qui comptent) sont féministes. Je suis sûr que vous l'avez remarqué.

L'idéologie/la secte a besoin que les femmes soient endoctrinées au point que le féminisme soit considéré comme n'étant pas seulement pro-femme, mais comme étant la femme elle-même ! Synonyme n'est pas le mot. L'objectif de l'idéologie est de faire en sorte que toute critique des femmes/du féminisme soit perçue comme une insulte/une menace pour toutes les femmes, et qu'elles réagissent en étant offensées, choquées, bouleversées, etc.

Cette contre-attaque collective est une astuce astucieuse et n'est pas le fruit du hasard - elle est intégrée à la formule opposant l'opposant à l'opposant en tant que mécanisme de défense. Astucieux, n'est-ce pas ? Toute critique à l'encontre de l'un des membres des groupes opprimés doit faire l'objet d'une contre-attaque de la part de l'ensemble du groupe. L'objectif est, une fois de plus, d'empêcher toute critique à l'égard de ce groupe. Cette absence de critique (lorsqu'elle est méritée/justifiée) conduit à l'inévitable spirale descendante de ce groupe mentionnée plus haut : le traitement préférentiel, le fait d'être gâté, la dégénérescence, la folie, etc.

Cette tactique de défense du groupe est utilisée dans divers autres sous-ensembles, y compris tout ce qui concerne la race, le socialisme, la "gauche" politique, etc. Toute critique publique de la violence entre Noirs et/ou de la violence liée aux gangs aux États-Unis (formulée par des personnes non noires) est qualifiée de "raciste" par les membres de la secte dans le grand public et MarxiStMedia. Là encore, l'objectif est d'inciter tous les Noirs à s'offusquer, en tant que collectivité, et à suivre la voie marxiste (et l'appât !) - supprimer et contrer la critique, aidant ainsi l'idéologie à dominer le récit. Il en va de même dans toute l'Europe lorsque la criminalité des immigrés est mise en exergue ou que l'on critique l'islam ou les musulmans en Europe. Il s'agit d'une manipulation des tendances tribales que nous pouvons avoir en tant qu'êtres humains.

L'idéologie/la secte a besoin que les gens soient "offensés" en masse pour proliférer. Au niveau du groupe : mêmes émotions, mêmes pensées, mêmes mots, mêmes actions et mêmes réactions. Au niveau individuel : si une personne est offensée, elle devient émotionnellement chargée et est plus encline à vouloir riposter. Cela en fait des "révolutionnaires" potentiels. Si vous appartenez à une catégorie de personnes "opprimées", expliquez ce qui précède aux autres ; dites-leur de ne pas tomber dans le piège de la tromperie en mordant à l'hameçon !

Comment le principe fonctionne-t-il avec la propagande et l'endoctrinement ?

Le principe de l'oppresseur contre l'opprimé est donc une tactique de division et de conquête qui peut être utilisée pour déséquilibrer/détruire les deux groupes, en particulier ceux qui sont plutôt complémentaires/symbiotiques (c'est-à-dire les hommes et les femmes hétérosexuels) ; mais bien sûr, il est utilisé en particulier pour détruire ceux qui appartiennent à la classe de l'"oppresseur". Pour faire un zoom arrière, du point de vue de l'idéologie, l'"oppresseur" et l'"opprimé" sont tous deux détruits : l'"opprimé" détruit l'"oppresseur" par des abus/attaques psychologiques/physiques, tout en se détruisant lui-même par la dégénérescence.

La propagande et l'endoctrinement peuvent être utilisés pour créer une différence dans la perception publique du groupe "oppresseur" et du groupe "opprimé". Naturellement, l'objectif est de créer/renforcer une perception négative du groupe "oppresseur" (haine, jugement, suspicion, etc.) et de créer/renforcer une perception positive du groupe "opprimé" (empathie, sympathie, "compassion", "amour", etc.), comme nous l'avons déjà mentionné.

Cibler les pires aspects de l'oppresseur

Le sous-agenda du féminisme se concentre sur les pires attributs/comportements de la classe "oppresseur" et les exagère. N'importe quel type d'attribut/comportement peut fonctionner, mais ceux qui affectent la classe opprimée en particulier, de manière négative, sont idéaux (par exemple, le viol). C'est un classique de la propagande marxiste : il faut exploiter toutes les faiblesses potentielles de l'ennemi ! La répétition constante de ce récit et la création de phrases accrocheuses (par exemple "culture du viol") sont utilisées pour renforcer le message et continuer à attirer l'attention sur ce comportement négatif (qui est le viol). En fin de compte, si l'idéologie est suffisamment dominante dans la société, ce comportement négatif devient synonyme du groupe cible. Le résultat est que les hommes en tant que groupe sont considérés comme des violeurs ou des violeurs potentiels ! N'avez-vous pas été témoin de ce phénomène dans les pays occidentaux ?

Le viol est idéal à cette fin, car il génère de la suspicion à l'égard de la classe "oppresseur", en jouant sur les peurs des femmes, entre autres choses. Il s'agit également d'un acte (anatomiquement parlant) que seuls les hommes peuvent pratiquer, ce qui n'est pas le cas des femmes, de sorte qu'il est immédiatement unilatéral et à sens unique, ce qui est idéal à des fins de propagande. (Oui, les lesbiennes et les homosexuels peuvent commettre des agressions sexuelles, mais ce n'est pas le sujet ici - nous parlons de la dynamique entre les hommes et les femmes hétérosexuels, et du féminisme. S'attaquer à ces groupes ne fait pas partie du programme marxiste, mais s'attaquer aux hommes hétérosexuels oui, donc ces questions ne seront pas mises en avant par la secte/idéologie et ne sont pas pertinentes ici. Il est évident que la secte/idéologie ne peut pas mettre l'accent sur ces questions parce qu'elle a besoin d'associer le concept de viol aux seuls hommes hétérosexuels).

Le viol est également idéal à des fins de propagande parce qu'il peut être difficile de déterminer dans certains cas, d'un point de vue juridique, s'il s'agit d'un véritable viol ou non. Il est évident que le cas d'un psychopathe nu dans les buissons attendant de se jeter sur une femme sans méfiance en plein jour est un cas clair et net, mais il existe d'autres variantes de scénarios qui ne sont pas aussi clairs.

Il est clair qu'il y a de véritables cas de viols/agressions sexuelles, mais il y a aussi de fausses allégations de viol, qui sont toutes deux des crimes tout aussi graves, mais vous n'entendrez pas la secte mettre l'accent sur ce fait. Le viol peut potentiellement ruiner la vie d'une femme (et c'est le cas), tout comme les fausses allégations de viol peuvent potentiellement ruiner la vie d'un homme (et c'est le cas). Selon moi, les auteurs de ces deux types d'actes devraient être punis, mais dans nos sociétés actuelles infectées par le marxisme, il n'est ni viable ni judicieux d'appliquer cette règle. Il n'est pas surprenant que le nombre croissant de fausses allégations de viol au cours des dernières décennies soit dû aux effets/à la domination de l'idéologie, via le féminisme - le sentiment d'avoir droit aux privilèges de la femme, d'être gâtée jusqu'à la psychose (et l'absence de conséquences d'un comportement négatif qui en résulte), en plus de la haine misandriste et sexiste à l'égard des hommes.

L'idéologie bénéficie grandement de l'utilisation de cette question souvent complexe (du viol), car il est difficile d'établir la vérité et les chiffres réels, de savoir d'où viennent ces chiffres et s'ils sont dignes de confiance. C'est dans cet environnement que l'idéologie peut exceller, en encourageant les gens à croire ce qu'ils choisissent de croire sur la question (influence post-moderniste). L'utilisation d'allégations de viol ou d'agression sexuelle est également une arme utile pour la secte, en particulier contre les hommes qu'elle considère comme des ennemis (c'est-à-dire les hommes de "droite").

Cela permet également à la secte d'essayer d'assimiler le viol à la masculinité. Le viol n'a rien à voir avec la masculinité ! En fait, c'est le contraire de la masculinité. La vraie masculinité, c'est la force et le pouvoir authentiques, alors que le viol est représentatif de la faiblesse, plus proche d'une forme de domination contraire à l'éthique. Un homme qui viole une femme n'est pas un "vrai homme". Il s'agit d'un acte violent et sociopathe, qui doit être traité comme tel.

La seule chose qu'un violeur a en commun avec un homme "réel", ordinaire et normal, c'est qu'ils sont tous les deux des hommes ! Traiter tous les hommes comme des violeurs potentiels à cause des actions de quelques hommes désespérés et orduriers est aussi stupide que destructeur. Cela témoigne d'une incompréhension fondamentale de ce qu'est le viol (de la part de ceux qui prétendent être des féministes ou des gardiens des droits des femmes) et de la manière de résoudre les problèmes dans la société. Elle est également extrêmement sexiste. En fait, c'est la définition même du sexisme : maltraiter une personne en raison du groupe auquel elle appartient (en insinuant que sa nature par défaut pourrait être néfaste et doit être modifiée).

Bien entendu, les trois courroies de transmission de la culture - les médias, le monde universitaire et l'industrie du divertissement - jouent un rôle déterminant dans tout cela, tout comme les diverses ONG féministes marxistes et les organisations à but non lucratif. Elles attirent toutes constamment l'attention sur cette vision négative de la classe "oppresseur" (en l'occurrence les hommes). La propagande génère autant de haine et de suspicion que possible à l'égard de la classe oppressive, tout en répétant le statut de victime de la classe opprimée (générant uniquement de l'empathie/de la sympathie pour ce groupe). Simultanément, tous les aspects positifs de la classe oppressive dans l'équation (les hommes) doivent être minimisés, ignorés ou cachés, afin de créer l'illusion que le groupe oppresseur est mauvais dans l'ensemble. Et voilà que les hommes, en tant que groupe, sont considérés comme des problèmes pour la société - personnalités autoritaires potentielles à la "masculinité toxique", fauteurs de troubles agressifs, violeurs potentiels, etc. Bien entendu, même si nous pouvions prouver aux membres de la secte que c'est bien ce qu'ils font, beaucoup estimeraient que ce mauvais traitement des hommes est "juste", compte tenu du mauvais traitement sexiste apparent des femmes dans le passé.

C'est ce tour de passe-passe qui est à l'origine des initiatives idiotes du soi-disant système éducatif occidental (éducation au "consentement"), qui considère désormais les jeunes garçons comme des violeurs potentiels. Cela crée une situation où les hommes sont maltraités (c'est-à-dire opprimés !) simplement en raison de leur sexe (à moins qu'ils ne soient homosexuels ou "non binaires", bien sûr), ce qui est (roulement de tambour) du sexisme ! Il est intéressant de noter que si les garçons décident de se conformer au culte/à l'idéologie et décident qu'ils sont homosexuels ou "non binaires", ou trans, ces mauvais traitements/oppressions cesseront soudainement... C'est bien pratique, n'est-ce pas ? Cette attaque principalement psychologique contre la classe des "oppresseurs" est désormais organisée et commencera à miner la confiance, la santé et le bien-être des membres de cette classe, à moins qu'ils ne soient prêts à se conformer au culte/à l'idéologie et à modifier leur comportement/personnalité en conséquence. C'est de la coercition idéologique.

En résumé, d'un point de vue tactique : l'idéologie identifie une faiblesse dans le groupe "oppresseur" cible (les hommes), sous la forme d'un comportement grave, négatif et criminel à l'égard du groupe "opprimé" (par exemple, le viol). le viol) ; l'endoctrinement (via le sous-agenda du féminisme) convainc un nombre suffisant de personnes, via le système infecté par le marxisme, qu'il y a une épidémie de viols dans les pays occidentaux ; les membres de la secte insistent alors sur le fait que la solution consiste à supprimer les hommes et la masculinité, à les traiter comme des violeurs potentiels, à donner la priorité aux femmes, etc. Bien que cela soit fait au nom de l'humanitaire, de l'égalité, de la "compassion", etc., il s'agit d'une attaque psychologique contre la classe des "oppresseurs" (en l'occurrence les hommes).

Ce qui s'est passé ici, c'est que la secte a réussi à monter une attaque contre le groupe "oppresseur" en utilisant la propagande, basée sur l'idée qu'il y a un problème, qui produit une réaction, qui est ensuite capitalisée lorsque la secte présente sa "solution". "Problème. Réaction. Solution" (mécanique dialectique hégélienne). Fabrication d'un "problème", puis évocation des émotions (qui forment la réaction), suivie de la capitalisation de cette réaction.

L'erreur de l'égalité

"Construire une société sur l'égalité, c'est comme construire une maison sur du sable : tôt ou tard, elle s'effondrera.

Yuri Bezmenov, Université du Sommet
Conférence au Forum de Los Angeles, 1983[12]

"Qu'il soit très juste que le monde se remplisse des tempêtes de notre vengeance" - c'est ainsi qu'ils se parlent... "Nous userons de la vengeance et de l'insulte contre tous ceux qui ne sont pas comme nous" - c'est ainsi que s'engagent les cœurs tarantules... "Et 'Volonté d'égalité' - ce sera désormais le nom même de la vertu ; et contre tout ce qui a du pouvoir, nous pousserons un cri d'indignation ! ". Prêcheurs d'égalité, la frénésie tyrannique de l'impuissance crie ainsi en vous l'"égalité" : vos désirs tyranniques les plus secrets se déguisent ainsi en mots de vertu !13

Friedrich Nietzsche, "Les tarentules",
Ainsi parlait Zarathoustra (années 1880)

L'égalité ne crée pas de "diversité" (ironiquement), mais de l'uniformité. Elle contribue à créer une société composée de camarades minions quelconques qui croient les mêmes choses et ont les mêmes points de vue. Ce n'est pas une coïncidence si cela correspond au stéréotype des différents régimes marxistes à travers l'histoire. Pas de liberté de penser, de parler ou d'agir comme bon

---

[12] Absolutely Subversive, "Yuri Bezmenov 1983 Interview and Lecture (1080p HD)", 8 août 2022. https://www.YouTube.com/watch?v=Z0j181tR5WM

[13] Nietzsche, F., "Les tarentules", *Ainsi parlait Zarathoustra* (1880).

http://4umi.com/nietzsche/zarathustra/29

vous semble - vous êtes obligé de vous conformer à la collectivité. Cette réalité d'une existence ennuyeuse et contre nature ne fait pas seulement partie de la vie dans un régime communiste historique et lointain - nous pouvons voir ce processus dans la société d'aujourd'hui. Êtes-vous libre de penser, de parler et d'agir comme bon vous semble, ou d'avoir des opinions différentes de celles des autres ? Ou êtes-vous conscient de la pression sociale qui vous pousse à vous conformer ? Cela prouve le principe général de ce livre. Peu importe l'étiquette que vous apposez sur votre société - si vous n'avez pas cette liberté, la société est infectée par le marxisme. L'"égalité" est synonyme de conformité et conduit finalement à un contrôle totalitaire à 100 % de vous et de votre société. Ce que chacun pense ou "ressent" comme de l'égalité n'a aucune importance.

L'égalité est constamment présentée comme une chose bénigne et vertueuse, selon le principe du cheval de Troie rouge - le mal déguisé en bien. Outre l'uniformité, elle aboutit inévitablement à un consensus de masse, à l'absence d'individualité et de libertés individuelles, à la suppression de l'excellence individuelle authentique et à la suppression des véritables leaders de la société. L'égalité conduit à l'effondrement de la société, et c'est la principale raison pour laquelle l'idéologie insiste tant sur elle. Sa relation avec le principe oppr. vs oppr. est que le principe le sert ; une fois que le principe est utilisé dans toute la société pendant une période prolongée (via les différents sous-agendas), cette merveilleuse "égalité" est alors réalisée, ce qui conduit à l'effondrement de la société.

L'égalité n'est pas naturelle

L'égalité n'est pas naturelle. Elle est anti-humaine et anti-nature. Ce n'est pas de l'humanitaire, c'est du pseudo-humanitaire. Par conséquent, pour avoir un quelconque espoir de l'atteindre, elle doit être imposée par une forme ou une autre de coercition (ce que l'histoire horrible de la secte confirme). Essayer d'imposer l'égalité, puisqu'elle n'est pas naturelle, ne conduit qu'à la destruction de la vie (au sens biologique et existentiel), parce qu'elle n'est pas conforme aux principes naturels de la vie. Dans ce cas, l'"égalité" est la cheville carrée que la secte enfonce dans le trou rond de la réalité.

La nature, dont les êtres humains font partie, ne se préoccupe pas des idées théoriques créées par l'homme comme l'"égalité". En un sens, elle ne se soucie pas du tout de ce que font les humains, qu'ils soient ou non des marxistes ayant subi un lavage de cerveau. La nature "est" tout simplement, tout comme la gravité. Comme l'a dit un jour le célèbre astronome italien Galileo Galilei, "la nature est inexorable et immuable ; elle ne transgresse jamais les lois qui lui sont imposées et ne se préoccupe pas de savoir si ses raisons abstruses et ses méthodes de fonctionnement sont compréhensibles pour les hommes". [14] L'application de l'égalité entraîne la destruction de la civilisation et de la vie en général. Bien que l'on puisse dire que la civilisation créée par l'homme ne fait pas partie de la nature au sens biologique, elle est naturelle en ce sens que l'humanité - par l'intermédiaire des hommes, qui font partie de la nature - crée la civilisation ; la civilisation est donc une extension de la nature.

Il est tout à fait naturel que les hommes conçoivent et construisent les structures qui forment la société (c'est le cas depuis des millénaires). Les hommes ont également la responsabilité de se battre pour protéger ces civilisations et leurs membres. Si les hommes - les hommes masculins - ne remplissent pas ces rôles, la civilisation s'effondre. Il est donc intéressant de constater que le marxisme a montré un vif intérêt pour la destruction des hommes en utilisant ses armes que sont l'"égalité" féministe et l'attaque contre la masculinité. Coïncidence ? En outre, les hommes remplissent généralement ces rôles en utilisant/participant à des hiérarchies inégales, impliquant une sorte de chaîne de commandement (une autre chose à laquelle la secte/l'idéologie s'oppose ostensiblement).

Le marxisme s'attaque également aux femmes, afin de détruire la civilisation et la vie. Il fait baisser le taux de natalité en les endoctrinant (via l'hédonisme, le féminisme, l'avortement, le lesbianisme, le mouvement de modification des genres, la culture pop, la pornographie, etc.) pour qu'elles ne fondent pas de famille (ou qu'elles la retardent jusqu'à ce qu'il soit trop tard) au nom de l'"égalité" et de l'"autonomisation".

Le fait que les femmes n'aient pas d'enfants - ou qu'elles aient un instinct maternel amoindri ou qu'elles n'aient pas la volonté d'avoir des enfants - est tout à fait anormal/naturel également (sans vouloir offenser les femmes qui ne peuvent pas physiquement avoir d'enfants ; cela ne dépend pas d'elles). En d'autres termes, l'idéologie encourage l'endoctrinement et la création de femmes qui se comportent de manière anormale (bien entendu, nombre de ces éléments existent depuis plus longtemps que l'idéologie, mais sa présence exacerbe le problème). Les femmes qui rivalisent avec les hommes - en essayant d'être "égales" à eux - sont également un comportement contre nature qui existe à cause du marxisme (via le féminisme).

Un concept populaire sur ce sujet est "l'égalité des chances contre l'égalité des résultats". Nous, qui ne sommes pas endoctrinés, souscrivons généralement à la première, tandis que la secte/l'idéologie prône généralement la seconde. La partie "égalité de résultat" est, en un mot, l'uniformité. Elle implique que, quelles que soient les actions d'une personne ou sa contribution (ou non) à la société, elle recevra le même traitement que les autres.

---

[14] Galilei, G. "Lettre à la grande duchesse Christina de Toscane", 1615. https://sourcebooks.fordham.edu/mod/galileo-tuscany.asp

Nous pouvons voir comment cela serait préjudiciable à une société, parce que les individus/groupes ne seraient pas jugés sur leurs mérites/effets. Cela conduirait à l'effondrement de la civilisation, y compris du comportement social normal, de la justice, des relations, etc. De toute évidence, nous pouvons voir comment "l'égalité des résultats" est problématique dans le contexte du socialisme - elle conduit à la destruction/au retard de la prospérité économique.

L'égalité est mauvaise pour l'esprit

> "La doctrine de l'égalité ! Mais il n'y a pas de poison plus venimeux : car elle semble prêchée par la justice elle-même, alors qu'elle est la fin de la justice... "Egaux pour les égaux, inégaux pour les inégaux, telle serait la vraie voix de la justice. Et sa conséquence : "Ne jamais rendre égaux des inégaux". Le fait que cette doctrine de l'égalité ait été entourée de tant d'horreurs et de sang a donné à cette "idée moderne" par excellence une sorte de gloire et d'éclat, de sorte que la Révolution, en tant que spectacle, a séduit même les esprits les plus nobles"[15]

Friedrich Nietzsche, *Le crépuscule des idoles*, 1889

Cette idée d'égalité est très toxique pour l'esprit. Elle rend les gens égaux - également prévisibles et banals. Bien sûr, si vous parlez d'égalité en termes de droits dans la société (que nous avons déjà à un degré suffisant !), et "d'égalité des chances", cela semble quelque peu raisonnable, n'est-ce pas ? Mais lorsqu'il s'agit de savoir ce que sont réellement les êtres humains, cela devient vite ridicule. Mettons de côté les concepts sociologiques et économiques. Il existe de nombreux adjectifs que nous pouvons appliquer aux personnes, mais celui-ci est le plus ridicule et le plus inexact lorsque nous l'examinons.

Lorsqu'une personne est endoctrinée dans cet état d'esprit d'égalité et qu'elle ne cesse de répéter ce concept dans son esprit, cela est très dommageable pour son psychisme. La réalité n'est pas "égale" et uniforme, les gens non plus, même s'ils semblent parfois l'être (à l'exception de nombreux membres de sectes). Les comportements et leur niveau (sur le plan éthique) ne sont pas non plus égaux. La réalité est nuancée et variée, de sorte que les mentalités et les perceptions des gens devraient l'être aussi.

En matière de développement personnel, il est ridicule de faire de ce concept d'"égalité" la pierre angulaire du cadre éthique d'une personne. Il s'agit d'un terme de propagande idéologique conçu pour promouvoir un agenda et qui doit être traité comme tel. L'"égalité" égalise les choses, les rend en quelque sorte identiques, et ne reconnaît pas si les choses sont (objectivement) positives ou négatives. Cela n'est d'aucune utilité pour l'individu. Voir la réalité à travers le prisme de l'"égalité" rend une personne aveugle aux nuances de la réalité,

---

[15] Nietzsche, F. Crépuscule des idoles (1889), P. 49.

https://www.faculty.umb.edu/gary_zabel/Phil_100/Nietzsche_files/Friedrich-Nietzsche-Twilight-of-the-Idols-or-How-to-Philosophize-With-the-Hammer-Translated-by-Richard-Polt.pdf

en particulier lorsqu'il s'agit de savoir ce qui est objectivement vrai et ce qui ne l'est pas, et ce qui est objectivement juste/éthique et ce qui ne l'est pas.

Tout cela diminue la capacité d'une personne à faire la distinction entre une opinion et une autre, une perception et une autre, un groupe et un autre, etc. Le résultat est que cette personne ne peut pas penser de manière indépendante, et encore moins juger correctement. Comment peut-elle alors traiter avec précision tout ce qui se trouve dans sa réalité environnante ? Elle ne le peut pas, et sa personnalité est alors vide. L'idéologie - avec son ensemble de "valeurs" et d'"éthiques" prêtes à l'emploi - peut combler ce vide. Ils n'ont pas besoin de réfléchir puisque c'est fait pour eux !

La personne peut alors se forger une opinion sur n'importe quelle chose en se basant sur le fait qu'elle vient d'un membre de la secte en position d'autorité, ou sur le fait qu'elle se sent bien (si l'opinion est acceptable pour sa programmation). En bref, penser avec l'"égalité" dans le cerveau rend les gens stupides, crédules et faciles à manipuler.

Égalité ou équité ?

Nous ne devrions pas être en faveur de l'égalité, mais de l'équité. Il y a une différence. L'équité est, en réalité, ce que certaines personnes (endoctrinées) pensent être l'égalité, et c'est pourquoi elles veulent cette "égalité". Ils veulent l'égalité parce qu'ils se sentent concernés par les autres et veulent qu'ils soient traités équitablement. Alors, tant mieux, plus d'équité ! Mais ne soutenons pas l'idée de l'"égalité" en raison de la destruction qu'elle entraîne. Évidemment, ceux qui sont endoctrinés ne peuvent pas comprendre cela - l'endoctrinement leur dit que l'égalité est l'équité. En un sens, selon l'endoctrinement, l'égalité est l'incarnation même de l'éthique. Pour ces personnes, c'est leur conception erronée qui constitue le véritable problème, mais nous aborderons les facteurs psychologiques dans un autre chapitre. **La** capacité à décider de ce qui est équitable/juste et de ce qui ne l'est pas dépend du degré de développement de notre sens de la conscience - quelque chose qui est essentiellement retardé ou amputé chez les personnes endoctrinées.

L'"égalité" ne contribue pas à créer de l'équité, elle crée au contraire de l'iniquité. Cette perception erronée est l'un des principaux facteurs à l'origine du désordre dans lequel se trouve la société à l'heure actuelle. C'est l'inversion de ce qui est bon/éthique et de ce qui est mauvais/non-éthique.

L'égalité des critiques : une mauvaise habitude

L'esprit d'égalité alimente les mauvaises habitudes. Le féminisme peut endoctriner les femmes à devenir un problème pour la société, et elles commencent à être destructrices envers elle (volontairement ou involontairement). Chaque fois qu'elles sont critiquées pour leur comportement (à juste titre), d'autres types endoctrinés prennent leur défense. Cela empêche la critique justifiée d'avoir un impact et de prévenir un comportement plus destructeur. Cette critique est particulièrement importante lorsqu'il s'agit de jeunes femmes, parce qu'elle peut maintenir leur comportement sous contrôle si elle est suffisamment puissante et universelle.

La promiscuité en est un exemple. Chaque fois que l'on souligne qu'il s'agit d'un comportement essentiellement dégénéré et vulgaire, les justificateurs tentent d'"égaliser" les choses et rétorquent que les hommes font cela depuis des lustres, alors pourquoi les femmes ne pourraient-elles pas le faire maintenant ? C'est pour qu'ils paraissent tous les deux "égaux". Je suis sûre que le lecteur a déjà été confronté à cet état d'esprit frustrant et peu constructif !

Ici, l'idéologie se perpétue elle-même - elle crée le problème en premier lieu (comportement négatif, fou, destructeur chez les femmes), puis ne nous permet pas, en tant que société, de prévenir ces effets néfastes. C'est un système qui s'auto-entretient. Chaque fois que nous essayons de résoudre un problème qui trouve son origine dans l'idéologie, nous nous heurtons à cette attitude bizarre qui nous empêche de résoudre le(s) problème(s). Il en va de même pour tout autre groupe "opprimé" endoctriné dont le comportement devient incontrôlable. La secte n'autorise aucune critique à l'égard des membres du groupe. Peu importe ce que la personne a fait, le groupe auquel elle appartient l'absout, et toute critique de ce groupe doit être contrée par une contre-critique du groupe opposé, ce qui est en quelque sorte "juste" (puisque l'"égalité" est considérée comme "juste"). Le problème de l'immigration de masse en Irlande en est la preuve : chaque fois qu'un migrant commet un crime violent, la secte nous rappelle que des Irlandais ont commis ou commettent ces crimes contre d'autres Irlandais.

Il s'agit d'une mauvaise habitude psychologique qui empêche toute justice et tout ordre véritables de prévaloir. Même les personnes peu endoctrinées s'en rendent coupables. Souvent, la personne qui s'y adonne présume qu'elle est intelligente et vertueuse, ce qui est complètement à l'envers. C'est incroyablement stupide ! L'idéologie/l'endoctrinement empêche les gens d'être jugés et punis, ce qui est anti-justice.

Égalité et conscience

L'égalité est une idée absurde et irrationnelle lorsqu'il s'agit du baromètre le plus important pour mesurer/juger une personne - la conscience. Nous ne sommes pas tous égaux en termes de conscience. Définissons d'abord ce que cela signifie, et il serait utile que le lecteur mette de côté toute idée préconçue (en particulier ceux qui peuvent avoir des perceptions déformées de la "spiritualité", généralement issues du mouvement "new age"). La conscience est, tout simplement, le degré de conscience, d'éveil, de lucidité et de perspicacité d'une personne, c'est-à-dire sa véritable intelligence. Tout d'abord, c'est la capacité d'une personne à traiter la réalité (la réalité étant la vérité réelle sur nous-mêmes, sur les autres, sur notre environnement, sur le fonctionnement du monde, etc.) La deuxième composante de la conscience - qui est inextricablement liée - est la conscience/morale, que l'on pourrait également qualifier de sens élevé de l'éthique. Un sens du bien et du mal. Non pas en fonction de ce que nous percevons comme étant le bien et le mal, mais en fonction de ce qui est réellement bien et mal, dans un sens objectif.

La conscience est la véritable intelligence, mais n'utilisons pas le mot "intelligence" car il peut être mal interprété. En effet, lorsque vous prononcez le mot "intelligence", il peut souvent déclencher des perceptions erronées, voire distrayantes (dont beaucoup proviennent du système infecté par le marxisme lui-même !) de ce qu'est l'intelligence - comme le niveau d'éducation d'une personne, son score de QI, le fait qu'elle soit ou non membre de *Mensa*, etc. Bien sûr, il y a d'innombrables personnes dans le monde qui sont "éduquées", "riches", "puissantes", etc. et qui sont des crétins absolus. Dans une perspective plus large, ces étiquettes ne signifient rien - ils ne sont peut-être ni éduqués, ni riches, ni puissants au sens propre du terme. Inversement, certaines personnes dépourvues de ces attributs peuvent avoir un niveau de conscience élevé.

Des signes de vie inégaux chez les "vivants".

La "conscience", c'est aussi le degré de vie d'une personne, ou son degré d'implication dans la vie. Ce concept, qui peut paraître choquant à première vue, est extrêmement utile à ceux qui essaient de donner un sens à la folie qui les entoure ; il devrait trouver un écho profond. Une certaine maîtrise émotionnelle est nécessaire pour y parvenir, et il est recommandé de se débarrasser momentanément de tout sentiment de "sympathie".

Il est vrai que nous sommes tous vivants dans un certain sens, nous avons tous un battement de cœur, nous pouvons manger, parler, marcher, nous reproduire, etc. Mais il est également clair que nous avons un sérieux problème dans le monde avec des individus ressemblant à des zombies qui ne sont pas vraiment ici ; ils ne sont pas vraiment présents dans ce monde et ne sont donc pas pleinement vivants. Ils ne sont pas des êtres humains à part entière. Il s'agit là d'une compréhension d'une importance capitale, mais qui n'est pas souvent abordée en ces termes. Les idéologies toxiques ont un rôle à jouer à cet égard, car elles peuvent transformer l'être humain en ces zombies non présents/morts-vivants.

Le concept d'"égalité" est une insulte pour ceux d'entre nous qui ne rentrent pas dans cette catégorie de zombies. Le système marxiste nous a caché cette vérité par le biais de ce concept. Lorsque nous examinons la véritable nature des êtres humains, l'"égalité" est l'un des termes les plus ridiculement erronés que nous puissions utiliser. La secte marxiste nous montre clairement que nous ne sommes pas tous égaux ! Ils sont la preuve que l'égalité n'existe pas et ne peut pas exister, en termes de l'étalon le plus important pour mesurer un être humain - la conscience.

En même temps (et c'est ce qui est le plus intéressant et involontaire), l'idéologie/la secte crée un nouveau type de système de classes, avec ceux d'entre nous qui ne sont pas endoctrinés dans la classe supérieure ; un fait dont les membres de la secte sont totalement inconscients. Les personnes infectées par le marxisme ne sont pas des individus réellement présents, vivants et sains d'esprit ; l'idéologie rend une personne folle, à un degré ou à un autre.

À l'inverse, ceux qui sont pleinement lucides et qui s'opposent au totalitarisme mondialiste que nous voyons déferler sur le monde - ces personnes sont à un autre niveau. Ces personnes sont vraiment vivantes ! Elles font généralement preuve d'intelligence, de conscience (perception et conscience supérieures) et d'amour. Il n'est pas juste de comparer ces groupes. L'un de ces groupes est constitué d'êtres humains authentiques, relativement fonctionnels et sains d'esprit ; l'autre ne l'est pas. Par ailleurs, il est intéressant de noter que les membres des sectes ont essayé, pendant des décennies, de faire certifier que leurs ennemis étaient fous ! Ils colportent l'idée que le fait d'exprimer du "racisme", d'avoir des perspectives nationalistes, conservatrices ou de "droite" est synonyme de maladie mentale, etc. ("Si vous n'êtes pas d'accord avec moi/nous, vous devez être fou !) Le contrôle de l'idéologie/de la secte sur les systèmes d'éducation et de santé lui a permis de décider de ce qu'est la santé mentale. À l'avenir, il sera courant d'essayer de qualifier de "malades mentaux" tous ceux qui ne sont pas d'accord avec le marxisme. Et, plus extrême encore, ils s'efforceront de faire traiter ces ennemis comme des sous-hommes (ce qu'ils sont eux-mêmes). Encore une inversion.

Autres éléments

Quelques autres observations générales sur le fonctionnement de la secte, de l'idéologie et de l'endoctrinement :

La chaleur monte d'un cran...

L'expression "faire bouillir une grenouille" est une vieille métaphore utilisée pour décrire le processus d'une menace qui se développe lentement. L'histoire raconte qu'une grenouille, si on la jette dans de l'eau bouillante, saute immédiatement. La plupart des êtres vivants ont cette réaction de sécurité intégrée ("action réflexe"), sous une forme ou une autre, n'est-ce pas ? Mais apparemment (comme le dit la métaphore/l'histoire), si vous mettez la grenouille dans de l'eau plus froide, puis que vous augmentez lentement le feu jusqu'à ce que l'eau soit bouillante, elle ne s'en apercevra pas et sera cuite. En d'autres termes, la grenouille n'a pas perçu la menace parce que les choses ont changé lentement, ou plus précisément, parce que l'environnement a changé lentement. Il s'agit d'une tactique à la Fabienne, symbolisée par le logo de la tortue, symbole d'une "transition lente et (presque) imperceptible vers le socialisme".

C'est également un facteur dans les diverses autres manifestations du marxisme que nous avons examinées précédemment : le "marxisme culturel", le postmodernisme et la "subversion idéologique". Toutes ces manifestations affectent la société cible, progressivement, sur une certaine période. Faire bouillir une grenouille" signifie qu'un pays/une population n'est pas attaqué(e) soudainement. Le processus est graduel, progressif, de sorte qu'il n'est pas perçu comme une menace. Ce rythme stratégique permet également aux nouvelles générations d'une nation d'être endoctrinées dès leur plus jeune âge pour devenir des membres de la secte, remplaçant ainsi les plus anciennes, éventuellement résistantes.

Cela résume parfaitement la stratégie utilisée dans le sous-agenda de l'immigration de masse en Europe. Il ne s'agit pas d'une importation (relativement) massive sur une très courte période, mais plutôt d'un étalement. Je dis "relativement" si l'on considère les populations des pays d'Afrique et du Moyen-Orient ! À l'heure où j'écris ces lignes, l'Irlande compte plus de 6,5 millions d'habitants, tandis que la population totale des pays subsahariens se chiffre en centaines de millions d'habitants : Le Nigeria compte 206 millions d'habitants, l'Éthiopie 114 millions, etc. L'Afghanistan, avec ses 38 millions d'habitants, est un exemple du Moyen-Orient. À cela s'ajoutent évidemment les réfugiés ukrainiens, dont la population s'élève à près de 37,5 millions d'habitants. [16] En augmentant lentement la pression sur les populations indigènes en Europe à l'aide de ce sous-ordre du jour, on crée également une situation où les migrants peuvent s'impliquer dans la politique, ce qui ne fait qu'accélérer le processus (bien sûr, ils peuvent être/devenir eux-mêmes des membres de la secte).

En Irlande, pays encore relativement homogène sur le plan ethnique, les migrants ont été expédiés et implantés dans diverses villes et localités du pays. Pour la partie endormie du public irlandais qui ne considère toujours pas l'immigration de masse comme une menace existentielle, cette dispersion du placement des migrants maintient beaucoup d'entre eux dans leur sommeil. Ils sont la grenouille assise dans la marmite... ignorant que le chauffage est en train d'être augmenté... Si toutefois des quantités massives de migrants étaient expédiées vers un seul endroit (Dublin ou Cork), même ces Irlandais endormis s'en rendraient compte beaucoup plus facilement. L'eau commence à monter autour du cou des autochtones, ethniquement parlant, et c'est une progression relativement lente pour la plupart d'entre eux.

Des fanatiques au quotidien qui défendent leur culte/idéologie

L'endoctrinement transforme des gens ordinaires en fanatiques souvent agressifs, qui sont programmés pour réagir à certains stimuli. En un sens, ils deviennent des robots. (voix de robot) "Je suis... o-ffen-sée !!". Comme nous l'avons mentionné, les personnes infectées peuvent percevoir toute forme d'agression ou de critique à l'égard d'une personne appartenant à un groupe "victime" comme une "oppression". Non seulement elles pensent que cette

---

[16] https://www.worldometers.info/world-population/population-by-country/

agression/critique est mauvaise, mais elles essaient activement de la supprimer, quelle que soit la raison de l'agression ou de la critique. Je suis sûr que vous en avez déjà fait l'expérience. Exemple : si vous critiquez un membre d'un groupe "opprimé", la personne endoctrinée vous "corrigera". Cette réaction peut se produire que vous ayez raison ou tort dans votre critique. Cela peut même se produire si la personne que vous critiquez n'est pas présente dans la pièce ! Il peut s'agir d'un parfait inconnu, d'une personne à la télévision, en ligne, etc. En d'autres termes, vous ne faites aucun mal, mais vous êtes "corrigé" parce que vous avez déclenché la personne endoctrinée (qui pense manifestement que vous faites quelque chose de mal). Il s'agit là du contrôle idéologique de la secte au niveau du terrain. Dans ce cas, la personne endoctrinée sera le petit commissaire du régime et surveillera consciencieusement les autres moutons. Si vous êtes "corrigé" de la sorte, vous avez probablement affaire à un membre d'une secte (que vous vous en rendiez compte ou non).

L'hypocrisie de la secte est présente ici : ils pensent que vous faites quelque chose de mal et ils essaient de vous "corriger" ou de contrôler votre comportement (qui est en fait mauvais). Évidemment, cela est lié au facteur de l'enfant gâté, car les enfants adorent contrôler leur environnement (y compris les autres) ! Cela peut également être lié à un bon vieux harcèlement, qui est également lié au fait d'être gâté ou immature. Si vous avez la malchance d'être en compagnie de quelqu'un qui est gâté, qui aime se plaindre et qui est infecté par le marxisme, je vous présente mes condoléances.

Altruisme pathologique

Lorsqu'une société est infectée par le marxisme pendant une période prolongée, elle peut développer ce que l'on appelle l'altruisme pathologique, l'enfant fou du principe de l'oppresseur contre l'opprimé. L'accent constamment mis dans la société (grâce à l'endoctrinement) sur les groupes "opprimés" conduit à cet excès psychotique d'émotions féminines. Il en résulte un excès d'empathie/sympathie, par défaut, envers le groupe auquel la secte attribue le statut de "victime" ou d'opprimé. Cela conduit à son tour aux perceptions déformées susmentionnées de ces groupes, y compris de leur comportement. Cette perspective déséquilibrée s'enracine dans l'esprit de beaucoup. C'est l'attitude "naaaaaaaw" devenue folle, résumée dans le mot choisi par la secte - "compassion". Elle se manifeste par l'incapacité de contrôler ses émotions et d'avoir une approche rationnelle des problèmes. Poussé à son terme, l'altruisme pathologique est le fait pour une personne/groupe/nation d'aider (ou d'essayer d'aider) les autres, même si cela implique sa propre destruction.

"Pathologique" vient du grec "Pathos" qui signifie souffrance, expérience ou émotion. Il est lié à la pathologie ou à la maladie. Lorsque nous appliquons cet état d'esprit à une nation, cela signifie la manifestation des tendances autodestructrices de cette nation, en particulier en ce qui concerne ses efforts "humanitaires" internationalistes (c'est-à-dire les politiques d'immigration, les initiatives des ONG/associations à but non lucratif, etc.) Cet élément travaille avec le très important principe oppr. vs oppr. en étant le carburant émotionnel qui lui permet de fonctionner (et donc de provoquer le chaos, la destruction, le déséquilibre, etc.)

"L'altruisme consiste essentiellement à agir pour le bien d'autrui. D'après le *dictionnaire anglais Oxford* : "Préoccupation désintéressée ou altruiste pour le bien-être d'autrui, en particulier comme principe d'action. Opposé à l'égoïsme, à l'égocentrisme ou (dans l'usage ancien) à l'égotisme".[17] D'un point de vue émotionnel purement féminin, cela peut sembler très noble ; mais est-ce noble si cet acte altruiste détruit non seulement l'auteur de cet acte, mais aussi son peuple, sa société, son héritage ? Non ! En d'autres termes, sacrifier le bien-être d'un groupe (le vôtre !) pour un autre ? Non, ce n'est pas noble, c'est hypocrite ! On respecte la vie/les gens/les races/les cultures ou on ne les respecte pas ! Il est évident que nous parlons ici de l'immigration de masse, qui est peut-être la manifestation la plus grave de cette mentalité masochiste et psychopathe. Bien sûr, personne ne suggère qu'il n'y a pas de bonne application de l'altruisme, mais il y a un temps et un lieu.

Il est également vrai que nous n'avons pas le droit de pratiquer ce prétendu altruisme à grande échelle (comme l'immigration de masse) au détriment de nos propres nations, peuples, etc. Personne n'a ce droit, et certainement pas une ordure de politicien sans conscience, de responsable d'ONG ou de militant marxiste !

L'altruisme pathologique peut être appliqué aux autres sous-agendas marxistes : les hommes qui soutiennent le féminisme participent à quelque chose d'anti-masculin, contribuant à faire des hommes (y compris eux-mêmes) des citoyens de seconde zone ; dans le véganisme, les gens participent à la destruction de leur propre corps, de leur esprit, de leur race et de leur nation pour le soi-disant bénéfice d'animaux agricoles qui ne savent même pas que les véganes existent (et ne se soucient même pas d'eux) ; dans l'arnaque du changement climatique, en se forçant à réduire leurs émissions de CO_2 à des niveaux incroyablement bas, les pays ne feront qu'endommager leurs industries et se paralyser financièrement, afin d'aider à "sauver" la planète. Il s'agit en fait d'une autodestruction due à la "gentillesse".

Compassion

En rapport avec le dernier point, voici un terme courant de signalisation de la vertu que vous entendez souvent lancé par les endoctrinés : la compassion. Il s'agit d'une autre escroquerie marketing marxienne, utilisée pour manipuler les émotions.

---

[17] Oxford English Dictionary - "Altruism".
https://www.oed.com/search/dictionary/?scope=Entries&q=altruism

Ce principe est lié à celui de l'oppression contre l'oppression, car, une fois de plus, la secte/idéologie a besoin de susciter l'émotion des masses à l'égard de toute personne appartenant aux classes "opprimées" (pour les manipuler). Naturellement, elle utilise aussi le principe du cheval de Troie rouge parce qu'il semble si bienveillant, humanitaire, conforme à la "justice sociale", etc. Il contribue également à donner la priorité aux membres des classes "opprimées" par rapport à ceux qui ne le sont pas, ce qui contribue à l'application d'une égalité artificielle, déstabilisante et destructrice. En outre, le concept de "compassion", tel qu'il est utilisé par la secte, a pour rôle de justifier leurs actions "révolutionnaires", en plus d'encourager la poursuite de ce merveilleux "activisme". Il s'agit d'un mot polyvalent extrêmement efficace, parfait pour l'affichage constant de la vertu de la secte, d'où son utilisation courante.

En 2018, en Irlande, un référendum constitutionnel a été organisé pour abroger le 8e amendement (1983) de la constitution (qui rendait l'avortement illégal sauf dans certaines circonstances), rendant ainsi l'avortement plus largement disponible et socialement acceptable. De toute évidence, ce sont les membres des sectes irlandaises en général, et pas seulement les féministes, qui ont provoqué ce changement.

Après le référendum, le "leader" non élu de l'Irlande - l'avorteur vivant Leo Varadkar - a utilisé le mot trois fois dans un bref discours typiquement nauséabond : "Nous avons voté pour apporter de la compassion là où il y avait autrefois une épaule froide, et pour offrir des soins médicaux là où nous fermions les yeux. Et : En écoutant les arguments des deux camps au cours des dernières semaines, j'ai été frappé par ce que nous avions en commun, plutôt que par ce qui nous divisait ("solidarité"). Les deux camps ont exprimé leur désir de s'occuper des femmes en situation de crise, de faire preuve de compassion et de choisir la vie". Et : "Tout le monde a droit à une seconde chance. C'est la deuxième chance de l'Irlande de traiter tout le monde de la même manière, avec compassion et respect".[18] Bien sûr, "tout le monde mérite une seconde chance" alors que le fœtus à naître n'a même pas droit à une chance, ni à une once de "compassion" d'ailleurs. On peut imaginer les dégénérés émotionnels souriants et larmoyants qui réagissent à son discours, en éprouvant des sentiments flous et chaleureux.

Il est intéressant de noter que le discours de M. Varadkar a commencé par ces mots : "Aujourd'hui est un jour historique pour l'Irlande. Une révolution tranquille a eu lieu, ainsi qu'un grand acte de démocratie". Cela résume la stratégie fabienne d'une prise de pouvoir marxienne secrète, en soulignant comment la secte utilise la "démocratie" pour prendre le contrôle. Ils font

---

[18] "Discours du Taoiseach, Leo Varadkar, suite à la déclaration sur le référendum sur le huitième amendement", dimanche 27 mai 2018. https://merrionstreet.ie/en/newsroom/speeches/speech_by_an_taoiseach_leo_varadkar_following_the_declaration_on_the_referendum_on_the_eighth_amendment.html

croire qu'il s'agit des souhaits du "peuple", mais ce n'est pas le cas - ce sont les souhaits de la secte. Dans un pays rongé par le marxisme comme l'Irlande, à ce moment-là, seuls les membres de la secte étaient motivés pour aller voter en masse, de sorte que les règles du jeu ne sont pas exactement les mêmes pour tous ; beaucoup sont naturellement désillusionnés par le système.

Le mot "compassion" insinue que si vous n'adhérez pas aux divers sous-agendas marxistes, vous ne vous souciez pas des autres êtres humains ou de leur souffrance ; que vous êtes un être humain inférieur à la norme. "Si vous n'avez pas de compassion pour (X), vous êtes une mauvaise personne ! C'est ce qu'ils disent : "Je suis une meilleure personne que vous. Nous sommes meilleurs que vous parce que nous soutenons ceci". Il existe un moyen simple de contrer tout cela : Les membres des sectes marxistes ne sont pas en mesure de donner des leçons d'éthique et de morale à qui que ce soit ! Ne vous inquiétez donc pas si des membres de sectes nous accusent de cette manière. Ce sont des hypocrites de premier ordre. Ce qu'ils disent en réalité (avec le mot "compassion"), c'est : "si vous n'êtes pas d'accord avec ce sous-ordre du jour marxiste, vous êtes une mauvaise personne", ce qui se traduit par "le marxisme est l'éthique elle-même". C'est un discours de secte.

Si vous vous opposez à ce que votre petit garçon ou votre petite fille à l'école reçoive un enseignement sur l'homosexualité (par son "professeur" marxiste infecté), on pourrait vous accuser de manquer de compassion pour les homosexuels. Si vous vous opposez à l'heure des histoires de drag queens, vous manquez de compassion pour les drag queens ; si vous vous opposez à "sauver la planète", vous manquez de compassion pour la planète (encore une fois, rires) ; si vous vous opposez au véganisme, vous manquez de compassion pour les vaches, les poulets, etc. ; si vous vous opposez à BLM, vous manquez de compassion pour les personnes noires/non blanches ; si vous vous opposez au socialisme, vous manquez de compassion pour les "pauvres", etc. Et ainsi de suite...

Une fois encore, cette "compassion" est très sélective et ne s'applique qu'à certains groupes/individus approuvés par le marxisme. Il est évident qu'une personne "pauvre" qui s'oppose au socialisme est un fasciste, un nazi, un raciste, etc.

Il y a presque un élément pseudo-spirituel impliqué ici aussi. En d'autres termes, si vous n'avez pas cette "compassion" marxiste, vous manquez de quelque chose à un niveau plus profond. Non seulement vous êtes une mauvaise personne, dépourvue de conscience, mais vous n'êtes pas un être humain pleinement développé et progressiste. En fait, vous n'appartenez pas à cette nouvelle classe supérieure d'êtres humains que la culture marxiste est en train de créer.

Enfin, ce terme est lié à la tactique consistant à surcharger la société de féminité. Il s'agit simplement d'un jargon supplémentaire pour escroquer les gens par le biais de leurs émotions et de leur ego, et nombreux sont ceux qui se sont fait avoir. C'est tout à fait croustillant, pathétique et juvénile.

Justice(s) sociale(s)

La "justice sociale" est un autre terme utilisé pour faire preuve de vertu. Dites-le à voix haute pendant une seconde, allez... chuchotez-le même avec les yeux fermés - pouvez-vous le sentir ? Pouvez-vous sentir le pouvoir révolutionnaire dans votre âme, au plus profond de vos reins ? (roule des yeux, bordel). Bien sûr, la justice "sociale" signifie en réalité la "justice" marxiste : la société est structurée selon une "éthique" et des principes marxiens tordus (révolution permanente, égalité, solidarité, diversité, "compassion", etc.)

Voici un autre exemple du double langage hypocrite : si vous parlez de choses comme le bien et le mal et la moralité, on vous accusera d'être malavisé - que vos idées proviennent d'idées dépassées et non progressistes, comme la religion, etc. Vous risquez d'entendre des choses comme "...mais qu'entendez-vous par "bien" et qu'entendez-vous par "mal" ?", et d'être entraîné dans des débats subjectifs et relativistes avec eux (à l'instar du postmodernisme).

En gros, ils critiquent vos idées sur le bien et le mal et disent que vous ne pouvez pas avoir ces croyances, puis viennent les insultes catégorisantes (extrême droite, nazi, fasciste, etc.). Ainsi, vous avez momentanément l'impression qu'il n'y a pas de système d'éthique dans la secte, que même l'idée d'éthique elle-même n'a peut-être pas de sens pour elle.

La situation s'inverse ensuite lorsque vous les entendez utiliser des termes de signalisation de la vertu tels que "justice sociale" ; un terme qui implique qu'ils ont un système d'éthique. Et ce n'est pas tout, ils sont tellement sûrs de la justesse de leur système qu'ils pensent avoir le droit d'imposer leurs croyances à l'ensemble de la société (!). Ils prétendent que leur éthique provient de la "science" (marxienne) (y compris les sciences sociales et tout autre canal que l'idéologie peut utiliser), et non d'idées relativement "stupides" comme le traditionalisme, le conservatisme, la religion, etc. Cela rend leur système d'éthique supérieur, apparemment. La "justice sociale" n'est qu'une autre manifestation verbale de cette psychose d'enfant gâté : "Nous avons raison, et vous avez tort ! Nous sommes les meilleurs, nous sommes spéciaux ! Il s'agit pour nous d'arriver à nos fins !", etc. C'est le discours d'un membre d'une secte.

Signes de vertu

La signalisation de la vertu consiste à faire quelque chose (c'est-à-dire à faire une déclaration) pour convaincre les autres qu'on est merveilleux : "Regardez-moi ! Je dis/fais cela parce que je suis quelqu'un de bien, et si tu veux être quelqu'un de bien, tu devrais dire/faire cela aussi ! C'est ça, la signalisation de la vertu ? L'immaturité ? Le narcissisme ? De l'autosatisfaction mesquine ? Ou y a-t-il une signification plus profonde en termes d'idéologie ? Toutes ces questions, mais aussi la dernière, qui est beaucoup plus insidieuse. Le discours de Leo Varadkar mentionné plus haut (après la victoire de la secte au référendum sur l'avortement) est un bon exemple d'une personnalité publique qui se veut vertueuse. Un homme politique qui utilise des mots tels que "attention" et "compassion", etc. Je suis sûr que cette personne a des problèmes d'immaturité, de narcissisme et de suffisance, mais ce ne sont pas les seules raisons pour lesquelles nous entendons une "personne" comme lui parler de cette manière.

Ce comportement provient du système imprégné de marxisme, qui tente de contrôler les pensées, les mots et les actions des masses. Ce n'est pas un hasard si pratiquement tous les personnages publics que vous voyez font cela, et tous plus ou moins en même temps, dans le monde entier ! Des politiciens aux acteurs, en passant par les journalistes, les auteurs, les animateurs de talk-shows, etc. Si l'on en voit autant actuellement, c'est parce qu'il s'agit d'une promotion et d'une programmation suggestive.

C'est une façon de dire aux gens ce qu'ils doivent penser des choses et comment ils doivent se comporter par la démonstration. Elle s'appuie sur l'aspect moutonnier du comportement humain, qui consiste à voir et à faire comme les singes. Il montre à ceux qui sont témoins de l'acte de signalisation de la vertu "Vous voyez ? Lorsque vous montrez de l'attention et de la compassion (marxiste) pour ceux qui le méritent (surtout publiquement !), les autres (les autres membres de la secte) vous donneront de l'admiration, du respect, etc. (cette probabilité ne s'applique pas au cas de Varadkar ; personne ne l'aime).

La signalisation de la vertu est très efficace pour conditionner la partie impressionnable du grand public par le biais de ses émotions et de son ego, et elle fonctionne à deux niveaux :

Premièrement, il programme le public avec la programmation elle-même - dans ce cas (dans le discours de "compassion" de Varadkar), la programmation est que l'avortement est synonyme de soins de santé pour les femmes, ou quelle que soit la programmation, le sous-agenda promu est (par exemple, le multiculturalisme et la diversité = positif, progressiste, etc.) Il s'agit de la promotion d'un sous-programme marxiste particulier.

En plus de promouvoir le sous-ordre du jour marxiste (dans ce cas, l'avortement), il conditionne également le public à croire que soutenir le sous-ordre du jour est la bonne chose à faire d'un point de vue moral/éthique. Cela permet de décourager tout doute dans l'esprit du public quant à la justesse de ce qui a été fait (dans cet exemple : la loi sera modifiée pour permettre aux femmes d'avorter plus facilement en Irlande). Promotion, puis réassurance/renforcement. Bien entendu, cette composante promotionnelle renforce également le lavage de cerveau féministe marxiste selon lequel avorter est une chose normale, rationnelle et socialement acceptable pour une femme. En bref, le discours encourage les femmes à avorter, par la suggestion.

Deuxièmement, cela incite le public à s'engager lui-même dans la signalisation de la vertu, car il y a des avantages à obtenir - adoration, respect, etc. Le simple fait qu'une personnalité publique le fasse active le mécanisme du "singe qui voit, singe qui fait". C'est l'idéologie marxiste qui utilise la culture superficielle de la célébrité à son avantage. Je sais que beaucoup de gens détestent un personnage comme Leo Varadkar et le malmèneraient même après un tel discours (indépendamment de leurs tendances idéologiques), mais il y en a aussi d'autres qui se plieraient à lui et le couvriraient d'éloges après coup.

C'est de ce type de personnes dont je parle, qu'elles soient proches de lui ou dans le public. Je le souligne parce qu'il est évident que ce deuxième niveau (sur lequel fonctionne la signalisation de la vertu) ne s'applique pas à quiconque n'a pas confiance ou ne respecte pas la personne qui s'y adonne.

Il y a également un effet boule de neige (rouge progressif) avec la signalisation de la vertu, car plus les gens sont aspirés par le culte (volontairement ou involontairement), plus il y aura un public sympathique, idolâtre et flatteur pour ceux qui s'engagent publiquement dans la signalisation de la vertu. Encore une fois, on en revient à l'ego et aux émotions, au besoin d'amour, d'admiration, de respect, etc. Je veux que les gens voient à quel point je suis génial et spécial, à quel point je suis compatissant, attentionné, courageux et fort ! C'est comparable à la façon dont les membres d'une secte se donnent mutuellement du respect, de l'admiration et de l'amour : plus la secte est grande, plus vous pouvez obtenir ce genre de choses ! Par conséquent, il est dans l'intérêt personnel et collectif de tous les membres d'une secte de faire preuve de vertu puisqu'ils en bénéficient. C'est leur nectar. Considérez-les comme des drogués.

Un système véritablement "progressif"

La secte peut commencer par une chose et passer à des choses plus extrêmes dans le cadre de son plan directeur révolutionnaire pour la société, au cours du processus de déstabilisation (merci Yuri). En Irlande, il y a eu un référendum sur le mariage gay en 2015, et un référendum en faveur de l'avortement en 2018.[19] Peut-être que si chaque personne (non endoctrinée) en Irlande savait à quel point la question apparemment frivole du mariage gay était sérieuse, elle s'y serait opposée.

Étant donné qu'une grande partie du public n'était pas consciente de l'importance de cette étape, les internationalistes n'ont pas eu besoin de forcer quoi que ce soit : la population a consenti en nombre suffisant. Le résultat positif du référendum a également montré aux internationalistes que

---

[19] https://en.wikipedia.org/wiki/Thirty-fourth_Amendment_of_the_Constitution_of_Ireland

l'endoctrinement fonctionnait et que l'Irlande était désormais suffisamment "progressiste" pour accepter des changements plus radicaux (comme l'avortement).

Ensuite, on assiste à la promotion/normalisation de comportements encore plus bizarres et dégénérés, comme l'hyper-sexualisation des enfants et les histoires de drag-queens, qui contribuent à ouvrir la voie à la normalisation de la pédophilie, etc. Si vous êtes là depuis quelques décennies, je suis sûr que vous avez remarqué l'intensification progressive de ces changements "progressistes" au cours des dernières années en Occident, en particulier au cours de la dernière décennie. Une pente glissante vers la dégénérescence...

C'est comme si la population était quelque peu testée ; si elle est assez crédule pour tomber dans une escroquerie, cela montre qu'elle est peut-être prête à tomber dans une autre. En Irlande, le référendum sur le mariage gay a précédé celui sur l'avortement. La réaction du public au premier a eu une incidence sur la manifestation du second. Peut-être que l'État rongé par le marxisme n'aurait pas pris la peine de tenter l'aventure de l'avortement si la réaction du public au "progressisme" avait été jusqu'alors beaucoup moins accueillante.

Hypocrisie et double langage si vous vous opposez à la secte

Même si l'hypocrisie inhérente semble être un défaut de la secte, dans un sens, c'est une force (de leur point de vue), parce qu'elle engendre un fanatisme extrême et insensé, ce qui rend le mouvement plus puissant. Cela accélère à son tour l'impact destructeur de l'idéologie sur la civilisation à long terme. Nous pouvons voir ces contradictions dans le comportement de la secte/idéologie en général, et dans les cas mentionnés plus haut.

Autre exemple : si une femme exprime publiquement des opinions patriotiques, conservatrices ou de "droite", elle sera attaquée par les membres de la secte. Pourquoi est-elle attaquée si elle appartient à un groupe "opprimé" ? Cela peut également s'appliquer dans le cas où une femme non marxiste se défend contre un homme marxiste/pro-marxiste (qui la maltraite psychologiquement/verbalement, etc.)

Bizarrement, les attaques concerneraient également les marxistes qui se décrivent comme des féministes. Le fait qu'elle soit une femme n'est pas pertinent lorsqu'elle se comporte comme une dangereuse fasciste aux opinions de droite. Le fait qu'elle ne soit pas marxiste est le véritable problème qui doit être abordé et contré par la secte. Le fait que vous apparteniez à un groupe "opprimé" ne change rien au fait que vous êtes une menace pour l'idéologie. En effet, les femmes endoctrinées vous considèrent comme une "traîtresse" aux femmes ! Lana Lokteff de Red Ice TV, par exemple, a été régulièrement critiquée par des femmes membres de la secte lorsque leur chaîne YouTube était au sommet de sa popularité.

Il en va de même pour une personne appartenant à tout autre groupe "opprimé"

- immigré, homosexuel, etc. - qui adopte des points de vue qui contredisent les points de vue marxistes. Dès que l'on critique la secte ou l'idéologie, le statut d'"opprimé" auquel cette personne aurait normalement droit s'évapore. Dès que vous attaquez le marxisme/la culture PC, etc., vous passez instantanément de ce groupe "opprimé" à un nouveau (mauvais !) groupe, en fonction de ce que vous avez dit/fait. En gros, vous pouvez maintenant être "attaqué" par les sous-fifres marxistes sans qu'ils aient à faire face à leur propre hypocrisie (puisque vous n'êtes plus, techniquement, "opprimé" ; vous êtes maintenant "l'oppresseur"). Si vous n'êtes pas marxiste et/ou opposé au marxisme, ils se moqueront de vous, supprimeront votre opinion, essaieront de vous nuire, etc. L'auteur britannique Douglas Murray, qui est également homosexuel, en est un exemple. Ses opinions sur de nombreux sujets, dont l'homosexualité, lui ont valu les foudres des membres de la secte du mouvement LGBTQ.

Vous pouvez même faire partie d'un groupe "opprimé" et avoir aidé le culte ou l'idéologie, mais vous n'êtes tout simplement pas assez "révolutionnaire". Prenons le cas de la célèbre auteure britannique J.K. Rowling, qui a écrit la série *Harry Potter.* Au fil des ans, Rowling a soutenu avidement de nombreuses causes en faveur de la secte/idéologie, notamment en créant des ONG/associations à but non lucratif axées sur les femmes, en faisant des dons au parti travailliste britannique et en s'opposant à la campagne du Brexit.[20] Cependant, elle n'a pas suivi les initiatives les plus extrêmes de la secte en matière de changement de sexe, s'attirant ainsi les foudres de cette dernière.[21] Fondamentalement, elle n'était pas d'accord avec le fait que les "femmes trans" sont en fait des femmes, et elle a soutenu feu Magdalen Berns (1983-2019) - un autre membre de la secte qui a eu maille à partir avec les extrémistes transgenres. Entre autres choses, Berns s'est opposée à l'idée que les lesbiennes qui ne voulaient pas avoir de relations sexuelles avec des "femmes trans" (hommes avec un pénis) étaient transphobes, etc.[22] Je creuse la fosse commune maintenant, bidons d'essence prêts à l'emploi.

Le cas de Rowling nous rappelle qu'il y a des niveaux de fanatisme à l'œuvre ici. Elle montre que si vous n'êtes pas assez extrémiste et que vous n'êtes pas tout à fait d'accord, quelle que soit votre richesse ou votre notoriété, vous serez contraint de vous conformer, ou vous serez attaqué. Elle a également été étiquetée - elle a été placée dans la catégorie *TERF* (trans-exclusionary radical feminist) par des membres plus extrémistes de la secte.[23] C'est fou. L'idéologie

---

[20] https://www.britannica.com/biography/J-K-Rowling

[21] Rowling, J. "J.K. Rowling écrit sur ses raisons de s'exprimer sur les questions de sexe et de genre", juin 2020. https://www.jkrowling.com/opinions/j-k-rowling-writes-about-her-reasons-for-speaking-out-on-sex-and-gender-issues/

[22] https://en.wikipedia.org/wiki/Magdalen_Berns

[23] https://en.wikipedia.org/wiki/TERF

remonte le long du rivage par vagues de plus en plus importantes...

Section IX - Les sous-agendas qu'il soutient

"L'histoire est un relais de révolutions ; le flambeau de l'idéalisme est porté par le groupe révolutionnaire jusqu'à ce que ce groupe devienne un establishment, puis le flambeau est tranquillement déposé pour attendre qu'un nouveau groupe révolutionnaire le reprenne pour la prochaine étape de la course. C'est ainsi que le cycle révolutionnaire se poursuit"[1]

Saul Alinsky, *Règles pour les radicaux*, 1971

Introduction

Cette section énumère les diverses sous-agendas destructrices actives dans notre monde actuel, soutenues par la secte/l'idéologie ; les différents composants d'une machine intégrée - le système marxiste internationaliste et mondialiste. Elles servent toutes l'objectif ultime de l'idéologie, à savoir la domination du monde.

Il est important de se rappeler que, bien que ces sous-agendas soient tous des questions apparemment disparates (et peuvent être considérées comme telles par la grande majorité), ils sont en fait tous reliés à un niveau idéologique par le marxisme ; ils ne semblent disparates qu'en surface. Il s'agit là d'un point crucial qui doit être largement compris par les masses jusqu'ici non informées. En outre, les sous-agendas sont tous, de manière assez évidente, des formes de "révolution", étant sans doute la partie la plus visible du système marxiste, même pour le profane. Le mouvement marxiste international a créé ces sous-agendas ou les soutient. En effet, si nous supprimions soudainement l'idéologie du monde, il serait difficile de voir comment ces sous-agendas pourraient obtenir une quelconque traction réelle ou même avoir un impact quelconque, sans parler de maintenir la prévalence qu'ils ont dans la conscience publique. En outre, il convient de souligner que ce sont ces sous-agendas qui causent les dommages à la civilisation dans le monde réel, plus que l'idéologie elle-même. Les dommages causés par les sous-agendas sont le produit final manifesté par l'idéologie. C'est ce dommage qui "réveille" les gens à cette folle activité révolutionnaire.

Certaines choses soutenues par le marxisme, comme l'immigration de masse

---

[1] Alinsky, S., *Rules for Radicals* (1971), p. 35.

(et le concept de gouvernement mondial unique qui y est lié), sont beaucoup plus importantes et plus anciennes que l'idéologie, dans le cadre d'une vision plus large des choses. D'autres, comme l'"islamisation" des pays occidentaux, sont manifestement le fruit du croisement de deux idéologies : le marxisme et l'islam : Le marxisme et l'islam. Évidemment, comme l'islam est bien antérieur au marxisme, on ne peut pas dire que le marxisme l'ait créé (environ douze siècles plus tôt, si l'on mesure la période allant de la mort de Mahomet à la rédaction du Manifeste communiste). Cependant, l'objectif de cette section est de souligner que l'idéologie joue un rôle central en permettant aux différents sous-agendas de transformer le monde, en particulier la civilisation occidentale. Que le marxisme ait ou non créé historiquement le sous-ordre du jour en question n'est pas la question principale ici - nous devons nous concentrer sur le rôle destructeur, habilitant et central de l'idéologie dans le présent.

(Soit dit en passant, ce qui précède est lié à l'"islamo-socialisme" - la coopération entre certains éléments de l'islam et ceux de la secte. Etant donné que ces éléments partagent les mêmes ambitions de domination mondiale et contiennent des sentiments anti-occidentaux et anti-chrétiens, il est tout à fait naturel qu'ils s'allient.[2] Cela explique également pourquoi les membres de la secte ne critiquent pas et n'attaquent pas les musulmans/islam comme ils le feraient avec les chrétiens/chrétienté. Et naturellement, c'est une autre raison pour expliquer pourquoi la secte a été pro-Palestine/anti-Israël au cours des décennies).

Toutes les sous-agendas, à un degré ou à un autre, sont fondées sur le principe originel oppresseur/opprimé tel qu'il figure dans le Manifeste communiste. Il s'agit simplement de variations de la même "lutte des classes" originelle entre le groupe riche/bourgeois/oppresseur et le groupe pauvre/prolétariat/opprimé. Et tout comme le principe original, il y a généralement deux groupes impliqués, placés dans l'un ou l'autre rôle.

Dans le cadre de l'endoctrinement, les sous-agendas produisent également les mêmes réponses émotionnelles et les mêmes résultats (décrits plus haut), plus ou moins. Combinées à d'autres facteurs (par exemple, l'état d'esprit "révolutionnaire" encouragé par l'activisme marxiste), ces réactions émotionnelles conduisent à des appels à l'action (pro-marxiste), ce qui permet aux sous-agendas de s'imposer dans nos sociétés. Bien entendu, sans action, il ne peut y avoir d'impact. En effet, si l'idéologie se cantonnait aux sphères intellectuelles, philosophiques ou académiques et ne se manifestait jamais par des actions concrètes (entraînant les conséquences inévitables), ce livre n'aurait pas lieu d'être. L'idéologie/l'endoctrinement exige une action

---

[2] https://www.encyclopedia.com/social-sciences/applied-and-social-sciences-magazines/socialism-islamic

"révolutionnaire"/"progressiste".

Boîtes rouges à tic-tac commie...

Tout au long de cette section, nous garderons à l'esprit les différents éléments du marxisme que nous avons examinés jusqu'à présent. Ils sont tous interconnectés et se recoupent en partie. Fondamentalement, nous cherchons à savoir combien de cases rouges "commie" chaque sous-agenda coche. Dans une perspective plus large, cette approche est essentielle pour détecter la présence d'une secte ou d'une idéologie dans notre monde.

Voici les éléments que nous recherchons lorsque nous examinons chaque sous-ordre du jour ; nous devons nous interroger :

Utilise-t-il le principe de l'oppresseur contre l'opprimé/diviser pour mieux régner ?

Met-elle en scène deux groupes, l'un étant l'oppresseur/le dominateur/le contrôleur/l'utilisateur/l'agresseur diabolique, et l'autre la victime opprimée/dominée/contrôlée/utilisée/innocente ? Ce faisant, crée-t-il des tensions, des conflits et des divisions ? Cible-t-elle spécifiquement certains groupes de la société en les plaçant dans le groupe des "oppresseurs" ? Le fait de donner à ces groupes "opprimés" un statut spécial leur assure-t-il un traitement préférentiel ? Procède-t-elle à un lavage de cerveau en déclenchant les deux principales réactions émotionnelles à l'égard des deux groupes ? (négativité, jugement, haine, mépris pour l'"oppresseur" ; positivité, sympathie, empathie, "amour", "compassion" pour l'"opprimé").

Crée-t-il un nouveau système de classes et contient-il des normes doubles ou de l'hypocrisie ?

Le sous-ordre du jour vise-t-il à créer une nouvelle catégorie de personnes, qui seront essentiellement traitées comme des citoyens de seconde zone ? Les normes de comportement qui s'appliquent au groupe des "oppresseurs" ne s'appliquent-elles pas aux membres du groupe des "opprimés" ? Un traitement préférentiel est-il appliqué à un groupe (les "opprimés"), ce qui nuit au bien-être des membres du groupe "oppresseur" ? Le traitement préférentiel des membres du groupe "opprimé" devient-il si extrême que les membres du groupe "oppresseur" sont complètement négligés ou maltraités et peuvent développer une tendance à l'autodestruction ?

Utilise-t-il le principe du cheval de Troie ?

Le sous-ordre du jour incarne-t-il la négativité, tout en étant déguisé en positivité ; la malveillance, déguisée en bienveillance ? Y a-t-il quelque chose dans la façon dont le sous-ordre du jour est étiqueté, ou dans les mots associés, qui donne cette fausse impression ? Sa nature destructrice n'apparaît-elle que plus tard, après que des dommages considérables ont déjà été causés ?

Est-elle fondée sur une perception déformée de l'histoire et/ou de la

réalité actuelle ?

S'appuie-t-elle sur l'ignorance de l'histoire (la réalité du passé) pour créer un nouveau récit erroné qui sert au marxisme à "créer" un nouveau (la réalité du) présent ? Déforme-t-elle la nature des choses dans l'histoire moderne ou récente pour la même raison ?

Est-elle encouragée/soutenue par le système ?

Le gouvernement, les courroies de transmission de la culture (éducation, médias, industrie du divertissement), les ONG, les organisations à but non lucratif ou d'autres institutions/organisations la promeuvent-ils ou la soutiennent-ils ? Ou, ce qui est le plus révélateur, le promeuvent-ils ou le soutiennent-ils tous simultanément et de manière coordonnée, même à l'échelle internationale ? (il s'agit là d'un facteur clé, qui montre l'internationalisme et la nature conspiratrice de la secte/idéologie, ainsi que sa domination).

S'attaque-t-il aux piliers de la civilisation occidentale : Capitalisme, Christianisme, Culture ?

Le sous-ordre du jour en question contribue-t-il à la destruction de ces choses d'une manière ou d'une autre, ne serait-ce qu'en termes de réputation ? Il est évident qu'une chose aussi nébuleuse que le capitalisme ne peut être détruite, mais la secte le critiquera ouvertement autant qu'elle le pourra et promouvra le socialisme comme alternative.

Par conséquent, si le sous-ordre du jour promeut le socialisme, il peut être interprété comme une attaque contre le capitalisme. Il en va de même si le sous-ordre du jour fait de la propagande contre le christianisme ou les chrétiens, ou promeut délibérément des choses qui vont à l'encontre des valeurs chrétiennes authentiques (par exemple, l'avortement, le polyamour, le mariage homosexuel, etc.)

Le sous-ordre du jour tente-t-il d'attaquer la culture d'un pays donné ? Met-il l'accent sur le traditionalisme et le patrimoine national d'une manière ou d'une autre ? Critique-t-il, "déconstruit-il" ou remplace-t-il des aspects de l'histoire d'un pays, généralement pour les remplacer par des interprétations marxiennes ? Essaie-t-elle de créer une réalité dans laquelle les attributs uniques des différents groupes - qu'ils soient raciaux, culturels, nationaux ou religieux - sont soit ignorés, soit supprimés et recouverts d'un vernis rouge marxiste politiquement correct ?

Tente-t-elle d'imposer l'"égalité" ?

Le sous-ordre du jour tente-t-il d'imposer le concept marxiste artificiel et hypothétique d'"égalité", en particulier entre les différents groupes ? Essaie-t-il de créer une uniformité entre eux ? Essaie-t-il de détruire toute forme d'intelligence ou de force exceptionnelle et inégale dans la société en la supprimant (car cela va à l'encontre du concept erroné selon lequel nous sommes tous égaux) ?

S'agit-il de faire preuve de vertu ?

Voyons-nous des signes de vertu employés pour faire avancer ce sous-ordre du jour particulier ? La manipulation émotionnelle est-elle présente ? La propagande nous dit-elle que ce sous-ordre du jour sera bénéfique à certains groupes, à nos sociétés/nations, voire à l'humanité dans son ensemble ?

Les sous-agendas et le principe de l'oppresseur contre l'opprimé

Un tableau montrant quelques-uns des sous-agendas organisés selon le principe de l'oppresseur contre l'opprimé :

Ordre du jour	Oppresseur	Opprimés
Avortement	Enfant à naître/patriarcat/mâles *	Femmes #
Anti-capitalisme	Capitalisme/capitalistes/riches (la bourgeoisie) *	Les non-riches/la classe ouvrière/le prolétariat et les socialistes
Antichristianisme	Chrétiens, Église catholique romaine	Non-chrétiens, catholiques ^ #
Les Vies Noires Comptent	Blancs *	Noirs/non-blancs en général
Changement climatique	Humains *	Terre (à nouveau, ricanement).
Féminisme	Hommes hétérosexuels */le patriarcat	Femmes #
LGBTQ	Toute personne n'appartenant pas à ces catégories *	Ceux qui appartiennent à ces catégories #
Multiculturalisme/immigration de masse/antiracisme	Blancs/capitalistes/impérialistes **	Non-blancs d'Afrique, du Moyen-Orient, d'Extrême-Orient, d'Amérique latine #.

Pédophilie	Non-pédophiles *	Pédophiles
Droits des Palestiniens	Israéliens/sympathisants israéliens/États-Unis *	Palestiniens #
Le véganisme	Producteurs/consommateurs de produits animaux	Animaux

* Les membres de sectes sont évidemment exemptés, car ils montrent leur "solidarité" avec ces groupes "opprimés" et font preuve de "compassion" à leur égard.

** Les Européens blancs en particulier, parce que ce sont eux qui ont créé tous les empires oppressifs et maléfiques, n'est-ce pas ?

Sauf si ces personnes sont des "nazis fascistes d'extrême droite" (c'est-à-dire des personnes qui ne sont pas membres d'une secte), auquel cas on leur attribue plutôt le statut d'"oppresseur".

J'inclus les "catholiques" ici parce que la secte mettra en évidence le problème de la pédophilie dans l'Église catholique et que les victimes sont des catholiques ou d'anciens catholiques. Encore une fois, ils n'ont pas le statut d'"opprimés" s'ils sont anti-marxistes (ce qui est le cas de nombreux chrétiens). Dans ce cas, les catholiques ne bénéficient que d'un statut symbolique d'"opprimés", car l'idéologie ne se préoccupe pas des catholiques/chrétiens bien sûr (!), mais elle feint de le faire pour détruire l'Église. Une décomposition plus complète de (certains) sous-agendas en termes plus généraux est présentée plus loin dans la section.

Ingrédients du mélange

On peut soutenir qu'aucun des sous-agenda énumérés n'est plus sérieux que les autres, c'est pourquoi ils ne sont pas classés dans un ordre particulier. Ils sont toutefois regroupés par type dans certains cas. Ils fonctionnent tous ensemble, comme les pièces d'une machine communiste ou les ingrédients d'un ragoût communiste. On pourrait dire que, par exemple, l'immigration de masse est une menace existentielle très grave pour l'intégrité de la civilisation ; c'est en effet le cas.

Cependant, ce sous-ordre du jour n'existe pas en soi ; il n'a pas non plus été initié ou perpétué en soi ; et, malgré ses conséquences désastreuses évidentes, nous ne pouvons certainement pas espérer l'arrêter tout en ignorant tous les autres sous-ordres du jour (!).

Puisque l'un des principaux objectifs du marxisme est de détruire la civilisation (et de la reconstruire sous la forme d'une "utopie" communiste), il est logique que tous les sous-agendas suivants contribuent à ce processus de différentes manières ou en différentes quantités, et/ou à différents stades du processus global. De même, tous ces sous-agendas contribuent au super-objectif du gouvernement mondial unique, avec lequel l'idéologie est liée.

Avec le marxisme, nous avons affaire à un monstre organique, psychologique et idéologique qui peut être rudimentaire et prévisible, mais aussi complexe et à multiples facettes ; et chaque sous-agenda peut être relié à d'autres de différentes manières. Parfois, ils sont synchronisés, parfois non. Parfois, certains sont (apparemment) en sommeil, tandis que d'autres sont pleinement actifs.

Les différents sous-agendas se soutiennent et se perpétuent les uns les autres

Les différentes sous-agendas entretiennent une relation quasi symbiotique. Elles se soutiennent mutuellement de telle sorte que leur succès/dominance individuelle est grandement favorisée par le succès/dominance d'autres sous-agendas individuels et, par extension, par le succès/dominance de tous les sous-agendas combinés. Quelques exemples rapides :

Le féminisme, les LGBTQ et les attaques contre le christianisme contribuent tous à la destruction du mariage et de **la** cellule familiale nucléaire traditionnelle. Cela permet de réduire la population des pays touchés/infectés, qui sont généralement des pays occidentaux et blancs (programme anti-blanc). Le féminisme augmente également le nombre d'avortements dans le pays infecté (en raison de la normalisation/popularisation), en plus d'encourager/influencer les femmes à attendre plus tard dans leur vie pour avoir des enfants. Ces mesures contribuent également à réduire le taux de natalité au sein de la population. La destruction de la famille permet également au système marxiste de mieux contrôler l'esprit des jeunes (puisque les parents sont progressivement retirés de l'équation), ce qui profite à tous les sous-ensembles puisque les jeunes seront endoctrinés pour les soutenir.

Le féminisme et le véganisme se combinent pour contribuer à détruire les niveaux de testostérone, ce qui entraîne un déséquilibre sociétal entre masculinité et féminité. Cet effet féminisant conduit à la prédominance d'attitudes féminines à l'égard des questions, des personnes et de la société impliquant des groupes "opprimés" (migrants, LGBTQ, genre "non binaire", etc.), sur lesquelles repose le principe oppresseur/opprimé.

Le végétalisme contribue à réduire (nutritionnellement) les niveaux de testostérone dans la société puisqu'il s'agit d'un régime pauvre en cholestérol et en graisses saturées (qui, entre autres, a un impact négatif sur le système endocrinien humain, responsable de la création d'hormones). Les personnes ayant subi un lavage de cerveau peuvent penser que c'est une bonne chose, car cela contribue apparemment à réduire la "masculinité toxique" chez les hommes. La diminution des niveaux de testostérone exacerbe le problème des suicides masculins (en raison de la dépression engendrée par la carence), ce qui, combiné à la suppression/négligence des hommes (grâce au féminisme), contribue à la priorisation/dominance artificielle et inégale des femmes dans la société, ce qui renforce le culte/l'idéologie. Une société physiquement et mentalement faible et déficiente en testostérone est évidemment beaucoup plus facile à envahir/détruire et à dominer/contrôler.

Le véganisme augmente massivement l'infertilité dans la population cible (en raison des dommages qu'il cause à la production d'hormones), contribuant ainsi à l'agenda anti-blanc. Il contribue également à la destruction de la civilisation occidentale d'un point de vue infrastructurel/organisationnel, car la masculinité (et la façon dont elle se manifeste dans les actions des hommes chaque jour) est nécessaire au fonctionnement de la civilisation.

La masculinité est nécessaire pour qu'une société puisse se défendre contre les attaques. L'impact de l'idéologie (et de ses différents sous-agendas) s'applique principalement aux pays occidentaux, majoritairement blancs et traditionnellement chrétiens. Comme l'idéologie n'a pas d'impact affaiblissant sur la population migrante, un différentiel est créé dans toutes les zones qui sont affectées par les différents sous-agendas. En d'autres termes, les populations migrantes ne subiront pas les effets destructeurs du féminisme, de l'avortement, du multiculturalisme, du véganisme, etc. Elles ne connaîtront pas les problèmes de fertilité et la chute des taux de natalité, la domination des attitudes féminines/sur-émotionnelles, la suppression/féminisation de leurs hommes, etc. En effet, les femmes occidentales ont des taux de natalité beaucoup plus bas que les femmes musulmanes, ce qui permet aux musulmans de dépasser très facilement les occidentaux. Le programme d'"islamisation de l'Occident" est bien entendu largement soutenu par l'immigration de masse, le féminisme, les LGBTQ, etc.

Le programme anti-chrétien est soutenu par le programme d'islamisation. L'islam/les musulmans domineront les pays traditionnellement chrétiens en remplaçant tout simplement la chrétienté/les chrétiens sur le plan démographique grâce à des taux de reproduction supérieurs (une situation favorisée par les autres sous-agendas anti-reproduction de l'idéologie). Sur le plan religieux, l'islamisation répond à un objectif majeur de l'idéologie, à savoir la destruction d'un pilier de la civilisation occidentale : le christianisme : le christianisme. En outre, le sous-agenda de l'islamisation contribue au sous-agenda anti-blanc. Les hommes migrants non blancs - musulmans ou autres - n'auront pas de problèmes de baisse de testostérone (ils ne seront pas non plus végétaliens !), ce qui signifie que les nations occidentales qu'ils habitent sont largement ouvertes à la domination des hommes migrants. Cette différence de masculinité, combinée au sous-programme du multiculturalisme et de la diversité, crée également une situation dans laquelle (certaines) femmes blanches endoctrinées peuvent choisir des hommes migrants plutôt que leurs homologues autochtones blancs, ce qui conduit à un mélange des races ou à un métissage largement répandu (que l'idéologie promeut/soutient, puisqu'elle est anti-blancs).

Le véganisme contribue également à détruire les niveaux d'hormones chez les jeunes, ce qui favorise le sous-agenda transgenre et crée plus d'enfants avec des problèmes psychologiques d'identité sexuelle (ce qui profite grandement à la secte/idéologie). Le véganisme à tout âge entraîne (à terme) une dégénérescence des tissus cérébraux et les pathologies associées : incapacité à contrôler les émotions et l'anxiété ; problèmes de santé mentale/cerveau (y compris Parkinson et Alzheimer précoces) ; dysfonctionnement hormonal susmentionné ; système immunitaire compromis ; et réduction de la durée de vie. Ces effets contribuent à l'affaiblissement général de la société, à la psychose et au remplacement de la population. Plus il y a d'individus émotionnellement instables et fous dans la société, mieux c'est pour la secte/idéologie ; le véganisme aide à atteindre cet objectif au niveau alimentaire, car les effets susmentionnés sont compatibles avec un régime contre nature déficient en graisses animales et en protéines animales de haute qualité avec un profil complet d'acides aminés.

Le véganisme est également utilisé en combinaison avec l'escroquerie sur le changement climatique. Le véganisme est considéré comme meilleur pour la planète, plus "durable" (anticapitalisme), etc. Cela permet à la secte/idéologie d'utiliser un sous-programme pour promouvoir l'autre et vice-versa. Les militants végétaliens font souvent référence à "l'agriculture à but lucratif" et à "l'oppression et l'exploitation" des animaux (anticapitalisme).

Le sous-programme des droits des Palestiniens, traditionnellement défendu par les marxistes, contribue également aux sous-programmes de l'immigration de masse et de l'islamisation. Il permet à la secte de placer les musulmans non blancs (en tant que groupe) dans la catégorie des "opprimés".

Cela peut également être lié à leur programme anti-américain traditionnel, car le déplacement apparent des "réfugiés" des régions "déchirées par la guerre" au Moyen-Orient (apparemment dû à l'"impérialisme américain" capitaliste bourgeois et raciste) fait partie du récit officiel de la cause des migrations massives. Comme les États-Unis soutiennent Israël, la secte soutient la "cause" palestinienne par procuration et, bien entendu, la secte/idéologie mondiale bénéficierait grandement de l'anéantissement d'un allié militaire occidental et d'une "démocratie" au Moyen-Orient. Encore une fois, le marxisme ne se préoccupe pas des gens (Palestiniens, musulmans, Afghans, etc.), il ne se préoccupe que de sa propre perpétuation.

Le mouvement Black Lives Matter a symboliquement conduit à des attaques flagrantes contre les entreprises et les propriétaires d'entreprises pendant les troubles (anticapitalisme), en plus du vol ou de la destruction de biens privés. Il a également conduit à des attaques contre la police, ce qui est une attaque contre l'État ("révolution" et "anarchie"). Elle soutient manifestement l'agenda anti-blancs, en les plaçant dans la catégorie des oppresseurs.

Le mouvement de "fierté" LGBTQ encourage les comportements

hétérosexuels inhabituels, non conventionnels et non traditionnels, ce qui ouvre la voie à des choses plus inhabituelles et sinistres telles que l'hypersexualisation des enfants et la normalisation de la pédophilie. En d'autres termes, il détruit la perception de ce qui est normal ou habituel (d'où le mot "queer"). Ce mouvement contribue également à promouvoir le concept extrêmement central, toxique et "progressiste" selon lequel le sexe est une question d'hédonisme et non de reproduction, ce qui conditionne gravement la population générale, en particulier les jeunes, en ce qui concerne leurs attitudes à l'égard du sexe/de la sexualité. Le message est que tout type de comportement sexuel est bon, à condition que quelqu'un y prenne plaisir, ce qui permet alors à certains d'affirmer que la pédophilie est acceptable. C'est la raison pour laquelle nous voyons apparaître ces derniers temps dans la société ces notions de racaille dégénérée selon lesquelles les enfants peuvent avoir des expériences sexuelles avec des adultes, etc. Si cela est considéré comme raisonnable, alors les deux parties impliquées jouissent de l'acte, légitimant ainsi la pédophilie. Les sous-groupes LGBTQ et "non-binaires" tentent d'imposer l'égalité en matière de sexe, de sexualité, de préférences sexuelles et de genre.

Le programme "transgenre" s'attaque aux jeunes hommes et femmes (souvent pré-pubères) qui ont des problèmes mentaux ("dysphorie de genre", etc.), ce qui les amène à suivre un traitement hormonal et à subir des opérations de "réaffectation de genre". Leur système reproductif est alors détruit, ce qui les rend infertiles et contribue à faire baisser le taux de natalité (contrôle/réduction de la population). Le sous-ordre du jour trans vise à détruire les différences biologiques entre les hommes et les femmes, ce qui revient à imposer l'égalité au niveau biologique. Enfin, la secte/idéologie a créé/soutenu le sous-programme LGBTQ parce que l'apparente "oppression" de ces groupes provient du système capitaliste bourgeois patriarcal dominé par les hommes "cis".

Le sous-ordre du jour sur le changement climatique a des sous-entendus génocidaires anti-humains, nous disant que les êtres humains sont trop nombreux sur la Terre. Il affirme que nous devons réduire notre "empreinte carbone" et qu'une réduction de la population serait constructive, résumée dans l'idée qu'avoir des familles moins nombreuses est en quelque sorte la chose responsable à faire (voilà encore cette inversion). Évidemment, et c'est révélateur, cela ne s'applique pas aux migrants non blancs qui arrivent dans les pays occidentaux en provenance d'Afrique et du Moyen-Orient - ils ne seront pas encouragés à avoir moins d'enfants (un double standard raciste) ! En outre, les "Verts" marxistes (rouges à l'intérieur, verts à l'extérieur) insisteront pour que les pays occidentaux accueillent des millions de migrants, ce qui nécessite des moyens de transport colossaux, en plus de la construction de logements, etc. qui ne sont ni écologiques ni "durables" ! (Note : il est vrai que tous les melons ne sont pas rouges à l'intérieur, comme le melon de roche (cantaloup). Ne nous engageons pas dans des stéréotypes fruitistes).

Il ne s'agit là que d'un simple riff ; les connexions sont infinies. L'analyse complète de ces liens pourrait vous faire perdre la tête (cela nécessiterait une représentation graphique élaborée). Comme nous l'avons dit, il s'agit d'un monstre organique à multiples facettes. Nous verrons au fur et à mesure comment la secte a été impliquée dans chaque sous-ordre du jour.

Immigration de masse

"Les migrations ne doivent pas être régies par un organisme international qui n'a pas de comptes à rendre à nos propres citoyens. En fin de compte, la seule solution à long terme à la crise migratoire est d'aider les gens à se construire un avenir plus prometteur dans leur pays d'origine"[3]

Discours du président Donald Trump à l'Assemblée générale des Nations unies, septembre 2018

Journaliste : "Quelle est la solution au problème de l'immigration ?

Orban : "Ne les laissez pas entrer, et ceux qui sont entrés, renvoyez-les chez eux".[4]

Le premier ministre hongrois Viktor Orbán répond à un journaliste

"Plutôt que d'apporter la paix et l'harmonie, l'UE provoquera l'insurrection et la violence.[5]

Nigel Farage, homme politique britannique, à propos de l'attribution du prix Nobel de la paix 2012 à l'Union européenne.

Le culte/idéologie soutient manifestement le sous-programme extrêmement destructeur et critique de la migration de remplacement de la population, tout en conduisant les divers sous-mouvements qui le soutiennent. Ce sous-ordre du jour tente d'atteindre l'égalité et l'uniformité marxiennes transnationales en éliminant les différences ethniques et culturelles, en plus de créer une "fédération" mondiale socialiste sans frontières (alias un gouvernement mondial). Il est intéressant de noter que ce sous-ordre du jour cible principalement les pays occidentaux historiquement/traditionnellement blancs et chrétiens.

Pour mémoire, je ne dis pas que les marxistes/le marxisme sont les seuls responsables de l'immigration de masse qui touche actuellement les pays

---

[3] C-SPAN, "President Trump addresses U.N. General Assembly - FULL SPEECH (C-SPAN)", 25 septembre 2018. https://www.YouTube.com/watch?v=KfVdIKaQzW8

[4] "Viktor Orban: Solution For The Problem Of Migration?Don't Let them In, And Those Who Are In, Send Home", 19 septembre 2020. https://www.bitchute.com/video/3gSDzk1SYrr8/

[5] BBC, "Nobel Peace Prize awarded to European Union", 12 octobre 2012.

https://www.bbc.com/news/world-europe-19921072

occidentaux (il y a des sous-entendus ethniques et "religieux" à cette question, pour ne pas dire plus). La secte et l'idéologie sont les principaux catalyseurs, sur le terrain, dans ces pays. Sans le culte et l'endoctrinement, les populations des pays occidentaux rejetteraient totalement l'immigration de masse, laissant les internationalistes qui la soutiennent impuissants. Le sous-ordre du jour ne progresserait pas, car une saine mentalité nationaliste dans chaque pays occidental y veillerait.

Nombreux sont ceux qui ont pris conscience qu'il s'agit d'un programme mondial orchestré, et non d'une sorte de "crise humanitaire" malheureuse et accidentelle (il s'agit bien d'une crise humanitaire, dans un sens, mais pas pour les raisons que l'on nous dit). Nombreux sont ceux qui constatent que les plus grandes organisations mondiales soutiennent ce sous-ordre du jour, notamment l'ONU et l'Union européenne (toutes deux marxistes). En outre (et de manière cruciale), certains comprennent que non seulement cette "crise" a été délibérément orchestrée, mais qu'elle est poussée à produire certains résultats démographiques.

Les membres de la secte se plaisent souvent à qualifier ces personnes - fidèles à leur réputation d'éternels traîtres - de "théoriciens du complot". Pourtant, de grandes organisations comme les Nations unies ne s'en cachent guère, puisqu'elles ont produit plusieurs documents faisant état de leurs intentions, dont le désormais tristement célèbre *Migration de remplacement : est-ce une solution au déclin et au vieillissement des populations ?* en 2001.[6]

Liste de contrôle des cocos

Ce sous-ordre du jour utilise le principe oppr. v oppr. qui est crucial pour cultiver l'altruisme pathologique nécessaire (dans les pays occidentaux) qui permet l'afflux massif de migrants. En effet, le soutien à l'immigration de masse dans un pays donné est le résultat d'une infection marxiste prolongée. L'endoctrinement émotionnel qui est au cœur du principe oppr. contre oppr. (comme indiqué plus haut) est tout aussi central dans ce sous-agenda que dans les autres ; il ne fonctionnerait pas sans lui.

Il est intéressant de noter que l'immigration de masse rapproche littéralement les peuples, mais qu'elle crée en même temps tant de divisions et de déstabilisations. Selon le récit officiel (marxiste), les migrants sont des réfugiés "opprimés", venant de régions déchirées par la guerre (ce qui est commodément imputé aux exploits militaires américains/à l'"impérialisme"), et non de simples migrants économiques venant dans les pays occidentaux pour

---

[6] ONU, "Migration de remplacement : Est-ce une solution au déclin et au vieillissement de la population ?" (2001), 21 mars 2000.

https://www.un.org/development/desa/pd/sites/www.un.org.development.desa.pd/files/unpd-egm_200010_un_2001_replacementmigration.pdf

y bénéficier d'une meilleure qualité de vie.

Il affirme également que nous avons l'obligation de les accueillir non seulement pour des raisons humanitaires en général, mais aussi parce que les pays occidentaux ont été historiquement les "oppresseurs" responsables de la situation dans ces pays. En somme, les Occidentaux ont une dette envers eux, et nous devons donc tout simplement le faire. Le refus d'obtempérer est fondé sur une mentalité de droite, raciste et sans compassion, bien entendu. L'appel à la vertu est poussé à son paroxysme, la secte insistant sur le fait que soutenir l'immigration de masse est le summum de la vertu.

Ce sous-ordre du jour contribue à créer un nouveau système de classes à plusieurs égards : Premièrement, les groupes indigènes deviendront finalement des minorités ethniques dans leur propre pays. En plus d'être moins nombreux, ils auront de moins en moins de pouvoir politique au fur et à mesure que le sous-ordre du jour progressera, et les groupes de migrants ne soutiendront généralement que les représentants de leurs propres groupes ethniques.

Deuxièmement, elle divise les partisans de l'immigration de masse de ceux qui ne le sont pas : les "humanitaires" infectés par le marxisme et politiquement corrects et les "racistes" non infectés et politiquement incorrects. Plus il y a de migrants dans le pays, plus il est difficile pour quelqu'un de déclarer ouvertement qu'il est opposé à ce sous-ordre du jour. Ils se placeraient littéralement dans la position de citoyens de seconde zone (racistes, fascistes, etc.). En fin de compte, les personnes de ce type se verraient refuser l'emploi, l'éducation, les services, les migrants bénéficiant d'une préférence, etc.

Ce sous-ordre du jour comprend un double standard/hypocrisie parce qu'il conduit à la destruction des groupes ethniques/cultures autochtones dans les pays qui absorbent les migrants. Un pays (et un peuple) qui permet que cela se produise dans son pays participe à un crime contre l'humanité. Les signes de vertu et l'altruisme pathologique utilisés par la secte reposent sur l'idée qu'un peuple ne devrait pas souffrir, mourir ou faire l'objet d'un nettoyage ethnique, etc. Par conséquent, le double langage et l'hypocrisie sont ici hors normes.

Par exemple : les membres de la secte en Irlande ont probablement les larmes aux yeux à l'idée qu'un groupe ethnique d'Afrique, du Moyen-Orient ou d'Amérique du Sud soit anéanti dans leur propre pays, mais ils ne voient pas, refusent de reconnaître ou ne se soucient tout simplement pas du fait que l'immigration de masse détruira le groupe ethnique irlandais en Irlande (et cela vaut également pour les Européens indigènes dans d'autres pays européens). N'est-ce pas là du waycisme ?

Le principe du cheval de Troie rouge s'applique de diverses manières : on nous dit que l'immigration de masse est nécessaire pour résoudre le problème de la baisse de la natalité, qu'elle est indispensable à la santé et à la prospérité économiques, qu'elle débouchera sur une société meilleure, plus "diversifiée", plus heureuse, etc.

Ce sous-agenda repose sur une perception déformée de la réalité/histoire à plusieurs égards : que les non-Blancs ont historiquement souffert plus que les Blancs, à cause des Blancs, et que les Blancs sont obligés de se sacrifier et de sacrifier leurs pays pour les "sauver" (distorsion de l'histoire) ; que le socialisme est la véritable raison pour laquelle l'Afrique est dans une situation désastreuse aujourd'hui, et non l'impérialisme du passé (distorsion de l'histoire et de la réalité) ; que les pays européens/occidentaux peuvent accueillir des quantités massives de migrants d'origines ethniques et culturelles différentes, et que tout se passera bien (distorsion de la réalité), etc.

Ce sous-ordre du jour est clairement soutenu par toutes les facettes du système marxiste : au niveau national par les gouvernements, les courroies de transmission de la culture (éducation, médias, divertissement), les ONG/associations à but non lucratif, etc. Dans le cas de l'Europe, il est également soutenu au niveau continental par l'Union européenne marxiste et, au niveau international, par les Nations unies marxistes.

Bien sûr, c'est un euphémisme gargantuesque que de dire que l'UE "soutient" simplement l'immigration de masse. C'est l'une des principales raisons pour lesquelles elle a été créée. L'autre raison est que la formation de cette entité paneuropéenne est une étape majeure vers un gouvernement mondial (le lecteur peut faire des recherches sur le comte Richard Nicholas Eriju Von Coudenhove Kalergi (1894-1972) et son mouvement paneuropéen des années 1920. [7]

Kalergi est considéré comme le "parrain" de l'Union européenne, mais on peut aussi le considérer comme l'homme de paille. Il était obsédé par l'idée d'une Europe "multiculturelle", peut-être parce qu'il était lui-même métis. Son livre *Praktischer Idealismus* ("Idéalisme pratique"), paru en 1925, confirme qu'il a été contaminé par cette idéologie.[8] C'est lui qui a suggéré d'utiliser l'"Ode à la joie" de Beethoven comme hymne "national" de l'UE ; il en va de même pour le dessin du drapeau de l'UE).[9]

En 2015, Angela Merkel, alors chancelière allemande et communiste en chef, a déclaré "Wir schaffen das" ("Nous pouvons le faire") pour faire proliférer cette "crise", annonçant la politique de la porte ouverte de l'Allemagne ; l'Allemagne a accepté plus d'un million de migrants.[10] ("Nous pouvons le

---

[7] "Pan-Europe". https://www.europarl.europa.eu/100books/en/detail/18/pan-europe?edition=fr&info=en

[8] Kalergi, R., *Praktischer Idealismus* (1925).

https://archive.org/details/Coudenhove-Kalergi-Praktischer_Idealismus-1925

[9] https://en.wikipedia.org/wiki/Anthem_of_Europe

[10] "Angela Merkel dit "Wir schaffen das" sur l'acceptation des réfugiés", 6 juin 2023.

faire" rappelle le célèbre slogan de Saul Alinksy et celui de l'ancien président américain Barack Obama "Yes we can").[11]

Les migrations de masse s'attaquent aux piliers de la civilisation occidentale de plusieurs manières :

Le capitalisme

Elle détruit la stabilité économique relative, la prospérité et la qualité de vie en amenant des quantités massives de migrants économiques qui seront incapables de s'intégrer dans la société, sans parler de contribuer financièrement. Il en résulte une surcharge de pression sur le système de protection sociale qui, à son tour, nuit davantage aux finances des pays occidentaux. À plus grande échelle, cela encourage des dizaines de millions de personnes originaires de régions généralement moins riches du monde à s'installer dans des régions généralement plus riches, essayant ainsi d'imposer l'égalité financière en réduisant la prospérité dans les pays occidentaux. Naturellement, toute charge financière ou perte de qualité de vie subie par les habitants des pays occidentaux plus prospères (en raison de l'immigration de masse) est considérée comme totalement juste et justifiée aux yeux de la secte.

L'afflux de migrants exerce une pression énorme sur les services des pays occidentaux, notamment en matière de logement, de soins médicaux, de criminalité, etc. Si l'on considère que la secte insistera non seulement pour que les pays occidentaux accueillent des millions de migrants, mais aussi pour que le logement, les soins médicaux et la protection sociale leur soient fournis gratuitement, il s'agit là d'une nouvelle attaque contre le système capitaliste, par le biais de la surcharge. Si vous vouliez faire s'effondrer les économies des pays occidentaux, l'immigration de masse ne serait-elle pas un excellent moyen de le faire ?

Le christianisme

Bien que des décennies d'endoctrinement, de propagande et de subversion marxistes aient largement contribué à détruire le christianisme dans les pays occidentaux, l'immigration de masse sera le dernier clou du cercueil, en raison de la démographie. En ce qui concerne l'Europe en particulier, une proportion massive des migrants qui arrivent sont musulmans. Ce processus accélère la destruction du christianisme et des chrétiens.

Culture

L'immigration de masse sera également le dernier clou dans le cercueil de la culture indigène, toujours en raison de la démographie. Les aspects

---

https://www.history.com/this-day-in-history/angela-merkel-says-wir-schaffen-das-on-accepting-refugees

[11] https://en.wikipedia.org/wiki/Barack_Obama_2008_presidential_campaign#Slogan

merveilleux et uniques de l'héritage culturel de chaque pays européen seront continuellement saturés par les absurdités marxistes de la "diversité", les remplaçant progressivement par la culture des groupes d'immigrés.

Dernier point de notre liste de contrôle, ce sous-ordre du jour tente d'imposer l'égalité en faisant comme s'il n'y avait pas de différence entre les différents groupes ethniques, religieux et culturels. Il repose sur l'idée erronée que non seulement des groupes très différents de cette nature peuvent coexister "également" dans les mêmes zones sans causer de déstabilisation et/ou de graves problèmes, mais qu'il est en fait "progressif" et souhaitable qu'ils le fassent.

Métissage

La composition ethnique d'un pays est liée à la culture et à l'"égalité". Sans vouloir offenser qui que ce soit personnellement, il s'agit d'un sujet important et sensible qui doit être compris. Le métissage est un mélange de races : deux personnes de races différentes produisent des enfants. Personnellement, je ne traite pas une personne moins bien parce qu'elle est métisse, bien sûr que non ; je juge une personne en fonction de son niveau de conscience. Cependant, nous devons nous méfier de tous ceux qui encouragent le métissage, en particulier lorsque des races entières sont concernées, en raison de l'impact sur les pays ! Lorsque des fous du contrôle internationaliste bizarres commencent à encourager ce phénomène à une échelle massive et sans précédent, ce n'est pas pour des raisons bienveillantes ! Cela devrait être évident !

Si nous reconnaissons l'élément anti-blanc de la secte/idéologie, combiné au fait qu'elle est le principal catalyseur de l'immigration massive de non-blancs dans les pays chrétiens occidentaux traditionnellement blancs, il est évident qu'il se trame quelque chose ici. Le concept de "multiculturalisme" est fréquemment utilisé pour promouvoir le métissage. La secte/idéologie est donc essentiellement à l'origine de l'immigration massive dans les pays occidentaux, tout en endoctrinant les populations indigènes avec des programmes de "multiculturalisme". Le fait que ces deux phénomènes se soient produits simultanément et de manière coordonnée nous montre que la même idéologie est à l'origine de ces deux phénomènes (cela vaut également pour les autres sous-agendas qui affectent les taux de natalité dans les populations essentiellement blanches : féminisme, avortement, véganisme, LGBTQ/genre non-binaire, etc.)

Le véritable problème est l'intégrité structurelle et démographique de certains groupes ethniques dans le monde. Cette immigration de masse forcée, artificielle et fabriquée aboutit à un véritable génocide des peuples indigènes, en particulier ceux d'origine européenne. D'un point de vue global, nous pouvons voir ce schéma clairement anti-blanc puisqu'il n'est infligé qu'aux pays occidentaux. Par conséquent, le métissage organisé, politique et mondialiste équivaut à du racisme à l'encontre des peuples blancs indigènes.

Encore une fois, la reproduction pour produire certains résultats est une forme d'eugénisme, et le résultat dans ce cas est une diminution du nombre de Blancs et l'absence de pays majoritairement blancs.

Une réponse prévisible : "mais les Irlandais ont aussi émigré !"

Les excuses que les membres de la secte utilisent pour justifier un sous-ordre du jour insensé et destructeur comme l'immigration de masse nous donnent un aperçu de l'effet destructeur du concept d'"égalité" de la secte.

En Irlande (et je suis sûr qu'ailleurs), les membres de la secte "antiraciste" insistent sur le fait que les Irlandais/indigènes devraient accepter l'immigration de masse parce qu'ils ont eux-mêmes émigré dans le passé. Des choses comme : "N'avons-nous pas migré vers d'autres pays ? "N'avons-nous pas émigré dans d'autres pays ?!? Que diriez-vous s'ils ne vous laissaient pas entrer ?!". C'est vraiment puéril. Alors c'est tout ?!? C'est la justification du soutien aux mouvements massifs de population à travers le monde et de l'acceptation de dizaines de millions de migrants dans les pays occidentaux ?

Cette tromperie marxiste a été répétée en Irlande ad nauseam, et vous êtes considéré comme hypocrite si vous n'êtes pas d'accord avec ce sous-ordre du jour. En un sens, on vous accuse de ne pas être authentiquement irlandais ou de ne pas comprendre l'histoire de l'Irlande ! C'est exactement le genre de gymnastique de perception désordonnée sur laquelle la secte/idéologie s'appuie pour détruire les peuples qui ne se doutent de rien ! Cette perception déformée de la réalité provient du concept d'"égalité". Si l'on ajoute à cela le fait que l'idéologie ne fait pas dans le pratique (constructif), on comprend pourquoi la pensée marxiste mène au chaos et à la destruction. L'élément central est le concept d'"égalité" appliqué aux différentes cultures, races, etc. C'est faux. C'est du charabia marxien "politiquement correct" que de dire le contraire.

Ce qu'ils prétendent, c'est qu'une situation historique est identique à la situation actuelle, mais ce n'est manifestement pas le cas. Les migrants irlandais (ou tout autre migrant européen) qui ont quitté l'Europe pour s'installer dans d'autres pays historiquement n'ont rien à voir avec les migrants africains et du Moyen-Orient qui entrent en Europe aujourd'hui (ou toute autre migration facilitée par le culte/l'idéologie). C'est totalement différent pour des raisons ethniques, religieuses, culturelles, politiques et financières. C'est l'un des points faibles de l'endoctrinement marxiste : il ne tient pas compte de la race, de la culture et de la religion (et de l'économie !). Il se contente de voir si quelqu'un est un "oppresseur" ou un "opprimé", s'il appartient à la bourgeoisie ou au prolétariat. L'endoctrinement sur cette question explique pourquoi les marxistes de toute l'Europe ne peuvent pas accepter que les migrations de masse entraînent une instabilité destructrice pour les nations et une vague de criminalité préjudiciable aux Européens. Cela conduit à un choc ethnique et culturel, mais le marxisme ne s'intéresse pas à l'ethnicité ou à la culture.

L'endoctrinement insiste sur le fait que l'immigration irlandaise aux États-Unis dans les années 1840 est identique aux vagues d'immigration de ces dernières années. C'est de la foutaise ! Une situation n'a rien à voir avec l'autre ! Tout d'abord, contrairement aux migrants qui arrivent aujourd'hui dans les pays occidentaux, les Irlandais n'ont pas émigré aux États-Unis avec l'aide de membres de cultes et d'organisations marxistes, en se faisant dire qu'ils étaient victimes d'une oppression et qu'on leur devait quelque chose (certains migrants cherchant à se venger des Amérindiens pour avoir opprimé l'Irlande !) Il en va de même pour d'autres migrations historiques de cette nature (c'est-à-dire d'autres groupes européens vers l'Amérique).

Deuxièmement, les Irlandais qui ont émigré aux États-Unis n'étaient pas des musulmans ! Bon nombre des migrants qui entrent aujourd'hui en Europe sont originaires de pays essentiellement musulmans. Jusqu'à présent, nous avons deux idéologies dans le mélange qui sont de mauvaises nouvelles pour les Européens blancs. Troisièmement, il est désormais (presque !) de notoriété publique que la plupart des migrants qui se rendent en Europe ne fuient pas des régions déchirées par la guerre. Ce sont des migrants économiques, qui viennent pour "un meilleur niveau de vie", ce qui signifie qu'ils utilisent le système de protection sociale (un système que la secte/idéologie a créé en premier lieu), ainsi que les services et le confort que la vie dans un pays occidental peut offrir.

Les migrants irlandais du milieu du 19e siècle n'ont pas bénéficié d'incitations aussi attrayantes - la majorité d'entre eux se sont installés dans les États du nord-est de l'Amérique et au Canada. Ils n'étaient pas logés dans des hôtels irlandais, ne bénéficiaient pas de l'aide sociale ou de la myriade d'autres aides dont bénéficient les migrants d'aujourd'hui. Enfin, ils n'ont pas bénéficié de ces aides au détriment des Américains qui en ont besoin !

Il suffit d'examiner ces quelques domaines pour que la tromperie marxiste devienne évidente. Et il ne s'agit là que d'effleurer la surface. Comme nous l'avons mentionné, c'est la raison pour laquelle le lavage de cerveau de l'égalité rend les gens stupides - ils sont incapables de faire la distinction entre une chose et une autre. Si une personne passe toute sa vie à regarder les individus, les races et les cultures à travers le prisme de l'"égalité", elle ne sera jamais en mesure d'apprécier pleinement les différences entre eux, toutes les nuances, qu'elles soient bonnes ou mauvaises.

Le Premier ministre irlandais Leo Varadkar a utilisé la technique/justification ci-dessus (pour l'immigration de masse) dans un discours à Dublin, à la suite d'une réunion avec la présidente du Parlement européen Roberta Metsola. Au début de l'année 2023, l'Irlande a connu des troubles. Il y a eu plusieurs manifestations anti-migrants contre l'afflux d'Ukrainiens, notamment à East Wall à Dublin. Commentant ces événements, M. Varadkar a déclaré : "Je suis très préoccupé par la montée de l'extrême droite [...] et par la montée du racisme en Irlande", ajoutant que "les réfugiés sont les bienvenus ici". Il a ajouté que s'opposer à l'afflux de migrants n'était "pas la manière irlandaise", faisant référence à la diaspora irlandaise et aux migrations du passé.[12] Un bon toutou mondialiste. Notez "réfugiés", pour étayer le récit officiel ; la plupart des gens savent que la majorité sont des migrants économiques.

Féminisation de nos nations et militantisme féminin

Nous avons noté l'effet de féminisation excessive que l'idéologie a sur une société, lorsqu'il s'agit de la manière dont les différents problèmes sont perçus. Elle fonctionne selon le principe de l'oppresseur contre l'opprimé, ce qui conduit finalement à un altruisme pathologique : l'autodestruction d'un peuple/d'une nation par des tentatives malavisées d'"aider" d'autres groupes/pays/continents. Avoir des attitudes trop féminines face à des problèmes particulièrement graves (comme l'immigration de masse) est mortel pour une nation et sa population autochtone. En fait, c'est suicidaire, d'un point de vue nationaliste.

Regardez ce qui est arrivé à la Suède, ravagée par le marxisme. L'influence des femmes endoctrinées dans les affaires suédoises a été illustrée lors de l'afflux de migrants. Les migrants étaient accueillis dans les aéroports par des groupes d'idiots au cerveau lavé et souriant, qui brandissaient des cartes "Bienvenue aux réfugiés". Faire des câlins et des bisous à de parfaits étrangers... Quelle folie et quelle naïveté ! En tant que nation, c'est l'équivalent de se rouler par terre et de montrer son ventre à un prédateur. C'est un non-sens à courte vue, qui tue la nation et qui est trop émotif. Vous demandez littéralement à être envahis et conquis par des forces extérieures. En 2014, lorsque la "crise" (fabriquée) des migrants battait son plein, le Premier ministre suédois de l'époque, Fredrik Reinfeldt, a encouragé les Suédois à leur "ouvrir leur cœur".[13] Marxisme = amour.

Ces éléments ont contribué à l'épidémie d'agressions et d'agressions sexuelles dans des pays comme la Norvège, l'Allemagne et la Suède. Il est étonnant que les femmes de ces pays - en particulier les féministes - soutiennent encore l'immigration de masse, mais c'est de l'endoctrinement pour vous. Féministes anti-femmes. Les statistiques relatives à ces incidents en Norvège au cours des dernières décennies montrent que la grande majorité des viols sont commis par des hommes "non européens" (c'est-à-dire des Africains ou des Moyen-

---

[12] EU Debates, "'Not the Irish way' Taoiseach Leo Varadkar concerned about the rise of the extreme right in Ireland", 4 février 23.
https://www.YouTube.com/watch?v=RpGCob69n4c

[13] Local Sweden, "Reinfeldt calls for tolerance to refugees", 2014.

https://www.thelocal.se/20140816/reinfeldt-calls-for-tolerance-to-refugees

Orientaux) à l'encontre de femmes autochtones.[14] La situation est similaire en Suède.[15] Comme on pouvait s'y attendre, ces crimes contre les femmes sont activement couverts par les traîtres marxistes des gouvernements et des médias, ou bien ils essaieront d'en faire une question féministe (c'est-à-dire que cela n'a rien à voir avec l'immigration).

En outre, la plupart des migrants sont des jeunes hommes en âge de se battre. Nombre d'entre eux sont issus de cultures musulmanes, qui considèrent ces femmes non musulmanes - celles qui les accueillent - comme des morceaux de viande, à prendre. Et ils ont pris. Ces porteurs de pancartes "Réfugiés bienvenus", qui font preuve de vertu, ont pensé à tort qu'ils étaient considérés comme de "bonnes personnes". Une sacrée supposition. Nombre de ces migrants nous ont depuis montré qu'ils n'appréciaient pas cette "hospitalité", comme le pensaient les naïfs.

Quel que soit le nombre de femmes agressées par les migrants dans ces pays, les membres de la secte continueront à nous traiter de racistes et d'islamophobes alors qu'ils accueillent les migrants avec des banderoles ou des pancartes et les bras ouverts. C'est un comportement stupide de complicité. Et même si ces semeurs de vertu sont eux-mêmes (ou leurs proches) victimes de ces crimes, ils seront toujours incapables de voir la vérité en face, à cause de l'endoctrinement. Certaines de ces "féministes" pourraient, peu après leur retour de l'aéroport (et lorsque l'effet dopaminergique de leur "bonne action" se sera dissipé), reprendre leurs discussions sur la "culture du viol" et le "patriarcat" qui leur sont imposés par les méchants mâles indigènes oppresseurs ; des mâles qui sont généralement de la même race qu'elles !

En 2018, dans un autre exemple de militantisme féminin endoctriné, Elin Ersson, une étudiante suédoise de 22 ans, a provoqué un drame dans un avion parce qu'un criminel condamné d'origine afghane était en train d'être expulsé. Elle avait (apparemment) l'intention de protester contre l'expulsion d'un autre migrant, mais celui-ci se trouvait dans un autre avion.[16] Un exemple frappant de la façon dont le lavage de cerveau transforme les gens en traîtres à leur propre pays, en empêchant l'expulsion de criminels !

Cette stupide gamine Ersson aurait dû être physiquement expulsée de l'avion

---

[14] Reijden, J., "Norway : 95% des viols de rue violents depuis le début des années 2000 ont été commis par des Africains et des musulmans ; couverts par les autorités", 4 septembre 2017. https://isgp-studies.com/immigration-the-rape-of-norway

[15] "Viol en Suède : Most convicted attackers foreign-born, says TV", 22 août 2018.

https://www.bbc.com/news/world-europe-45269764

[16] Crouch, D., "Swedish student fined for anti-deportation protest that went viral", Feb 2019. https://www.theguardian.com/world/2019/feb/18/swedish-student-elin-ersson-fined-after-broadcasting-plane-protest-against-asylum-seeker-deportation

et bannie des aéroports à vie (à moins qu'elle ne renonce publiquement à son statut d'"activiste"). Mieux encore, elle aurait dû être mise sous sédatifs et exilée en Afghanistan, avec son nouvel ami criminel migrant comme hôte. Ersson, issue d'un milieu socialiste, étudiait pour devenir travailleuse sociale au moment de sa glorieuse action révolutionnaire.

Détourner le blâme de soi

Bien que la secte ait joué un rôle essentiel dans la création et la perpétuation de cette "crise humanitaire" des migrations de masse et qu'elle ait tenté d'étouffer toute réaction patriotique/nationaliste à son encontre, elle a souvent colporté le récit selon lequel les migrants sont pour la plupart des "réfugiés" de régions déchirées par la guerre (en blâmant souvent la politique étrangère des États-Unis). Essentiellement, la secte/idéologie a créé la situation dans laquelle nous nous trouvons, tente de nous empêcher de faire quoi que ce soit pour y remédier, puis rejette la responsabilité sur d'autres. Nous savons maintenant que la grande majorité des migrants sont des migrants économiques, et non des réfugiés fuyant la guerre. En outre, même s'il était vrai que des millions de personnes fuyant des zones de guerre se sont dirigées vers l'Europe, leur admission dans ces pays dépend des pays eux-mêmes. Il est évident que l'appartenance à l'UE fait qu'il est pratiquement impossible pour les pays de choisir de fermer leurs frontières ou de mettre en place un système d'entrée/de visa solide.

Bien sûr, non seulement l'adhésion à une entité comme l'UE ne se ferait pas sans une infection marxiste, mais l'UE n'existerait pas en premier lieu ! En outre, la politique étrangère des États-Unis n'a rien à voir avec le fait que les pays européens gèrent leurs propres frontières ! C'est un bouc émissaire. Anders Borg, membre de la secte, a été ministre suédois des finances de 2006 à 2014. Il s'est exprimé à l'*Institut Peterson pour l'économie internationale* (PIIE), à Washington D.C. en 2013, et a dit ceci sur l'afflux migratoire : "En fait, les États-Unis nous fournissent ces flux - vous faites la guerre et nous recevons les réfugiés", ajoutant "et nous pensons qu'il s'agit fondamentalement d'un atout pour la société suédoise".[17] Les astuces de propagande de ce type sont très importantes. La ou les raisons perçues pour lesquelles les migrations de masse se produisent sont assez cruciales pour la perception qu'en a le grand public (dans n'importe quel pays occidental). Si la raison perçue est erronée, la vérité reste cachée ; et dans ce scénario, la secte/l'idéologie échappe à la plus grande partie du blâme.

Le culte de l'imputation des migrations de masse au croquemitaine de "l'impérialisme américain" contribue à convaincre (une partie) du public qu'il

---

[17] "La ministre suédoise aux États-Unis : "Vous faites la guerre, nous avons les réfugiés ! - C'est gagnant-gagnant", 12 novembre 2013.
https://www.YouTube.com/watch?v=zU0_6yPVCPQ

n'a aucun contrôle sur la situation, qu'il s'agit d'une force ou d'un facteur extérieur, ce qui, dans ce cas, n'est tout simplement pas vrai ! C'est une forme de démoralisation. C'est juste une autre déviation marxiste, pour cacher le fait que la secte/l'idéologie est le vrai coupable ici. Elle est en train de détruire l'Europe, par le biais des membres de la secte qui ont subi un lavage de cerveau et qui la servent sur tout le continent. La clé pour freiner toute migration destructrice est évidemment de contrôler les frontières d'un pays. Comme nous l'avons dit, l'adoption ou non de cette mesure dépend du niveau d'infection idéologique dans le pays. Et c'est quelque chose qui peut être contrôlé.

Manifestations anti-immigration en Irlande

En 2022/23, plusieurs manifestations contre l'immigration de masse ont eu lieu dans des centres pour migrants en Irlande. Le 18 février 2023, des membres de la secte ont organisé une contre-manifestation à Dublin intitulée "Irlande pour tous". Les manifestants portaient des pancartes rouges portant les inscriptions "Smash Racism" et "Everyone is welcome" (Tout le monde est le bienvenu).

Un article publié sur le site Web de *Common Dreams* indiquait ce qui suit : "Le rassemblement était organisé par la coalition de défense des droits Le Cheile, ainsi que par des groupes tels que United Against Racism, le National Women's Council of Ireland, l'Irish Congress of Trade Unions et l'Union of Students Ireland.[18]

En gaélique irlandais, les mots "Le Cheile" signifient "ensemble" (c'est-à-dire solidarité) ; un autre exemple de la secte/idéologie qui feint de respecter la culture irlandaise. Notez également les différents types de groupes infectés - un groupe "antiraciste", un groupe féministe, un groupe syndical et la plus grande organisation syndicale étudiante du pays.

Paul Murphy, membre éminent d'une secte irlandaise et député de *People Before Profit-Solidarity,* a tweeté à propos de la marche : "Quelle réponse puissante aux tentatives de semer la division et la haine. Il y a suffisamment de ressources dans ce pays pour que chacun ait un logement décent, un emploi et des services, et pour accueillir les réfugiés. Nous devons nous unir contre ceux qui accaparent actuellement cette richesse". C'est ça la solution ? Pourquoi ne pas l'avoir dit ! Il est temps de se révolter contre la bourgeoisie ! Prenez tous les marteaux et toutes les faucilles que vous pouvez trouver !

Le même mois, le *Irish Times a réalisé un* sondage d'opinion (apparemment) auprès de 1 200 adultes interrogés sur une période de deux jours. Le résumé de l'article indique que le sondage a mis en évidence "une forte volonté d'aider et de protéger les réfugiés et les demandeurs d'asile, mais aussi une inquiétude

---

[18] Conley, J. "'Ireland For All' : Tens of Thousands March in Dublin to Support Refugees", 18 février 2023. https://www.commondreams.org/news/ireland-refugees-march

quant à la capacité de l'Irlande à faire face au grand nombre de personnes qui sont arrivées au cours des 12 derniers mois. En plus des 70 000 réfugiés de la guerre en Ukraine, il y a eu une augmentation du nombre de personnes venant d'ailleurs qui demandent l'asile en Irlande en vertu du droit international, avec plus de 13 000 personnes arrivées l'année dernière".[19]

Sans la secte et le climat de peur sociale qu'elle crée, les Irlandais ordinaires seraient plus nombreux à exprimer publiquement leur opposition à l'immigration de masse.

Aide, complicité, immigration de masse et crimes contre les migrants

Bien entendu, la violence des migrants à l'encontre des Occidentaux (essentiellement blancs) sert bien la secte/idéologie : elle démoralise, déstabilise, génère des conflits perpétuels et attise les tensions raciales, ce qui fait encore plus le jeu de la secte/idéologie. Dans sa noble quête pour mettre fin à tout prix à ce comportement criminel et horrible qu'est le racisme (sarcasme), la secte a fait preuve d'une détermination implacable pour réprimer les crimes commis par les migrants. Bien qu'il s'agisse d'un problème mondial, voici quelques exemples eurocentriques :

Irlande

Dans la nuit du samedi 6 juin 2020, une violente agression a eu lieu à Carrigaline, dans le comté de Cork. Un jeune Irlandais de 17 ans a été agressé par une bande de jeunes Noirs et poignardé alors qu'il était allongé sur le sol. L'incident a été filmé par ces animaux et s'est retrouvé sur les médias sociaux via Snapchat. Dans cette vidéo troublante, on peut clairement entendre l'état d'esprit psychotique des auteurs, qui semblent fascinés par la vue du sang. Ils aiment ce qu'ils font.

L'inspecteur Garda Healy, qui s'est occupé de l'affaire, a déclaré que la victime s'est vue "demander 2 euros pour un bus par un jeune. Lorsqu'il a refusé, il a reçu des coups de poing et des coups de pied au sol. L'accusé a ensuite parlé au premier jeune impliqué dans l'agression. Il s'est approché de la personne blessée qui gisait sur le sol et lui a écrasé une bouteille de vodka de 70 cl sur la tête. Il a ensuite ramassé le goulot de la bouteille brisée et l'a poignardé à six reprises".[20]

Comme on pouvait s'y attendre, les membres de la secte en Irlande - y compris

---

[19] Leahy, P., "Irish Times poll : Majority of voters support ban on protests at refugee centres", 23 Feb 2023. https://www.irishtimes.com/ireland/social-affairs/2023/02/23/irish-times-poll-majority-of-voters-support-ban-on-protests-at-refugee-centres/

[20] "Vidéo : Irish Teenager Stabbed Over Two Euro Bus Fare by Gang of Teens", 8 juin 2020. https://nationalfile.com/video-irish-teenager-stabbed-over-two-euro-bus-fare-by-gang-of-teens/

un député local du parti Sinn Fein et leurs alliés dans les médias irlandais traîtres - ont tenté d'étouffer toute indignation ultérieure. Ces types ont prétendu que la diffusion de la vidéo de l'agression perturberait davantage la victime et sa famille. Des traîtres insensés. Lorsqu'un site GoFundMe a été créé pour collecter des fonds pour l'adolescent, les membres de la secte ont réussi à faire pression sur la société pour qu'elle le ferme.

PJ Coogan, de la station *96FM* de Cork, a déclaré : "Et il y a eu un Gofundme hier aussi, prétendument créé pour la victime : "Et il y a eu un Gofundme qui a volé hier aussi, prétendument mis en place pour la victime. En fait, cela n'a rien à voir avec la victime. Il s'agissait d'une façade d'un groupe d'extrême-droite et, après une petite enquête, il a été supprimé". Le 21 décembre de la même année, l'Irish Examiner a rapporté que l'un des jeunes impliqués avait été condamné à 18 mois de prison (deux ans et six mois de peine, dont un an avec sursis).[21] Un jugement pathétique. La peine pour un sociopathe - quel que soit son âge - qui tente de tuer quelqu'un pour plus de deux euros devrait être une pendaison publique, suivie d'une crémation immédiate.

Coups de couteau et émeutes

En septembre 2023, un Angolais a attaqué au hasard un autre homme à l'aéroport de Dublin. Kasonga Mbuyi, 51 ans, a utilisé un canif pour poignarder un touriste allemand qui fumait seul une cigarette à l'extérieur des départs. Les médias de Gript ont rapporté que le migrant était peut-être en colère à cause de sa situation en matière d'allocations sociales.[22] Un tribunal a entendu que l'attaque était "un appel à l'aide". Selon le Irish Times, il avait la nationalité irlandaise depuis 2014.[23]

Le 23 novembre 2023, un incident violent s'est produit en plein jour devant une école primaire du centre ville de Dublin. Trois enfants et un adulte ont été poignardés et blessés, et un enfant de cinq ans se trouve dans un état critique. L'agresseur était un homme adulte d'origine algérienne, qui a été maîtrisé et désarmé.

Le soir même, des émeutes ont éclaté à Dublin, provoquant de nombreux dégâts matériels et des agressions contre la police. Les médias et l'État se sont

---

[21] Heylin, L., "Video 'added another layer of hurt' - Teenager jailed for Carrigaline stabbing", Dec 2020. https://www.irishexaminer.com/news/courtandcrime/arid-40194798.html

[22] De Barra, M., "Dublin Airport stabbing : African migrant suspect may have been angry over welfare dispute". 18 Sept 2023. https://gript.ie/dublin-airport-stabbing-african-migrant-suspect-may-have-been-angry-over-welfare-dispute/

[23] Tuite, T., "Random knife attack at Dublin Airport was 'cry for help', court told", 23 septembre 2023. https://www.irishtimes.com/crime-law/courts/2023/09/23/random-knife-attack-at-dublin-airport-was-cry-for-help-court-told/

alors empressés d'agir, imputant les émeutes à l'"extrême droite".[24] Dans une déclaration faite devant le quartier général de la Garda (police), le commissaire de la Garda, Drew Harris, a déclaré : "Nous sommes en présence d'une faction de hooligans complètement lunatiques animés par une idéologie d'extrême droite [...] qui se livrent à des actes de violence graves".[25]

Ils ont également cherché à limiter les dégâts. De manière plutôt pathétique, les médias irlandais traîtres ont salué un migrant brésilien - qui a aidé à mettre l'agresseur hors d'état de nuire - comme un héros. Ils ont suggéré : "Vous voyez, les migrants peuvent aussi être de bonnes personnes ! S'il n'y avait pas ce culte/cette idéologie, de tels incidents ne se produiraient pas.

Dans une déclaration faite le vendredi 24 novembre, le camarade Leo Varadkar a fait allusion à une nouvelle législation sur le "discours de haine" : "Je pense qu'il est désormais évident pour tout le monde que notre législation sur l'incitation à la haine n'est tout simplement pas à jour... pour l'ère des médias sociaux, et nous avons besoin que cette législation soit adoptée... en quelques semaines parce que ce ne sont pas seulement les plateformes qui ont une responsabilité ici, ce sont aussi les individus qui postent des messages et des images en ligne qui attisent la haine et la violence. Nous devons être en mesure d'utiliser des lois pour les poursuivre individuellement aussi".[26]

Introduite pour la première fois en novembre 2022, la législation en question est le Criminal Justice (Incitement to Violence or Hatred and Hate Offences) Bill 2022 (projet de loi sur la justice pénale (incitation à la violence ou à la haine et infractions liées à la haine). Cette loi érige en infraction le partage ou le stockage de tout matériel considéré par l'État comme "haineux" ou incitant à la violence de quelque manière que ce soit. Elle permet également à la police de perquisitionner les domiciles et de confisquer les objets susceptibles de contenir de tels documents, tout en obligeant ces "criminels" à leur fournir des mots de passe, etc.[27] Des traîtres. Au moment de la rédaction (décembre 2023), ce projet de loi est presque passé devant le parlement irlandais.

---

[24] Fletcher, L., "Gardaí attacked during violent unrest after stabbing", 24 novembre 2023.

https://www.rte.ie/news/dublin/2023/1123/1418216-protests/

[25] GB News, "'There is No Failure here' : Garda Commissioner, Drew Harris, addresses public on the Dublin riots", 24 novembre 2023.
https://www.YouTube.com/watch?v=rFlNHcweOOs

[26] Sky News, "Dublin stabbings 'horrifying act of violence', says Taoiseach Leo Varadkar", 24 novembre 2023. https://www.YouTube.com/watch?v=5Be6DoUL0y8

[27] Projet de loi sur la justice pénale (incitation à la violence ou à la haine et délits de haine) 2022.

https://data.oireachtas.ie/ie/oireachtas/bill/2022/105/eng/ver_b/b105b22d.pdf

Certains ont suggéré que toute cette situation avait été planifiée. Que les émeutes aient été encouragées ou fabriquées d'une manière ou d'une autre par l'État (il en va de même pour l'agression au couteau), ou qu'il s'agisse d'une véritable réaction aux crimes commis récemment par des migrants, cela n'a rien à voir - aucune de ces émeutes n'aurait eu lieu si la secte ou l'idéologie n'avait pas dirigé les affaires du pays. Un pays contaminé par l'idéologie signifie un État composé de porte-parole ayant subi un lavage de cerveau, qui sont soit inconscients, soit indifférents au chaos qu'ils sont en train de créer.

Le mécontentement irlandais face à l'afflux de migrants

Bien sûr, la vérité est que le public irlandais commence à résister au sous-agenda du gouvernement irlandais (et donc de l'Union européenne) en matière d'immigration de masse. Dans une interview accordée à *GB News* le 3 décembre 2023, le journaliste irlandais David Quinn a commenté les événements survenus à Dublin et en a fait une analyse juste.[28]

L'animateur Andrew Doyle lui a demandé si le public irlandais était mécontent de cette question. M. Quinn a souligné que la croissance démographique en Irlande était presque la plus forte d'Europe (en raison de l'immigration), déclarant que "c'est un niveau de changement sans précédent pour un petit pays en un court laps de temps". Il a ajouté que cette situation tend à exercer une pression sur l'État (manque de services, de logements, etc.) et que les habitants des "zones défavorisées" ont tendance à en ressentir davantage les effets : "Il est donc facile pour quelqu'un comme moi, qui vit dans un quartier de classe moyenne, de faire la leçon aux habitants des quartiers défavorisés sur leur attitude à l'égard de l'immigration, mais je ne vis pas dans le multiculturalisme, je ne vis pas dans la multiethnicité, je ne vis pas dans une situation d'immigration importante, alors que les habitants de ces autres quartiers défavorisés le font généralement... et en fait, ils ne sont pas autorisés à avoir une opinion à ce sujet... parce que si vous exprimez la moindre inquiétude, vous êtes accusé de haine... et de racisme, et cela frustre les gens".

La mort d'Ashling Murphy

Le 12 janvier 2022, une Irlandaise de 23 ans, Ashling Murphy, a été assassinée au bord du Grand Canal à Tullamore, dans le comté d'Offaly. Le meurtrier (qui a récemment été condamné à la prison à vie en novembre 2023) était alors Jozef Puska, 31 ans, un Slovaque d'origine rom. Ce meurtre est devenu un incident de deuil international, et il semblait que tout le monde, y compris le Taoiseach (Premier ministre) irlandais et le président irlandais, faisait des

---

[28] GB News, "David Quinn talks the Dublin riots and Ireland's political class placing blame on Conor McGregor", 3 décembre 2023.
https://www.YouTube.com/watch?v=MSjUwfRG4fc

déclarations à ce sujet. Des veillées ont été organisées dans le monde entier.[29]

Les membres de la secte irlandaise ont utilisé la mort de Murphy à leurs propres fins et, comme on pouvait s'y attendre, ont tenté de transformer l'incident en une question féministe. En fait, le meurtre a été utilisé sans ménagement pour détourner la responsabilité de l'afflux de migrants causé par la secte et les politiques gouvernementales. Les étranges veillées internationales rappelaient les tactiques de la secte lors de la mort de George Floyd ; elles ont eu lieu au Royaume-Uni, en Australie, au Canada et aux États-Unis.

Dans une déclaration du 13 janvier 2022, le Taoiseach de l'époque et super-traitre prolifique Michael Martin a déclaré : "Il n'y a pas de place dans notre société pour la violence, en particulier la violence à l'égard des femmes. Elle ne peut être et ne sera pas tolérée... La sécurité des femmes est au cœur des valeurs de notre société".[30] Un bâtard de serpent trompeur.

Le 14 janvier, deux jours seulement après l'incident, il est apparu à la télévision irlandaise dans l'émission *The Late Late Show* : "... les hommes veulent faire partie de la solution... les hommes doivent écouter davantage les femmes... je pense que les hommes veulent prendre les devants et s'assurer que nous pouvons créer un autre type de société... où les gens se sentent en sécurité, où nous pouvons transformer la culture qui sous-tend les mauvais comportements et la violence à l'égard des femmes".[31] Quelle absurdité ! Sa mort n'a rien à voir avec les hommes irlandais ordinaires ou la culture irlandaise ! C'est méprisable !

Le président irlandais Michael "Last of the Leprachauns" D. Higgins est un autre membre éminent de la secte irlandaise et un fan du défunt dictateur communiste cubain Fidel Castro. Dans une déclaration faite le vendredi 14 janvier 2022, il a déclaré qu'il était "d'une importance cruciale que nous saisissions cette occasion pour réfléchir à ce qui doit être fait pour éliminer de notre société la violence à l'égard des femmes sous tous ses aspects, et à la manière dont ce travail ne peut être ni reporté ni commencé trop tôt...". Répondons à ce moment de la mort d'Ashling en nous engageant à créer une

---

[29] Moloney et Feehan, "Remembering Ashling Murphy : Details of minute's silence and vigils nationwide as events take place as far away as Australia", 14 Jan 2022. https://www.independent.ie/irish-news/remembering-ashling-murphy-details-of-minutes-silence-and-vigils-nationwide-as-events-take-place-as-far-away-as-australia/41239338.html

[30] "Déclaration du Taoiseach Micheál Martin sur la mort d'Ashling Murphy", janvier 2022. https://www.gov.ie/en/press-release/8979d-statement-by-taoiseach-micheal-martin-on-the-death-of-ashling-murphy/

[31] The Late Late Show, "An Taoiseach Micháel Martin on murder of Ashling Murphy | The Late Late Show | RTÉ One", 15 janvier 2022. https://www.YouTube.com/watch?v=SA3W3wrQKl0

société plus douce, plus compatissante et plus empathique pour tous, une société qui cherchera à éliminer toutes les menaces de violence à l'encontre de l'un ou l'autre de nos citoyens, et qui s'engagera en particulier à mettre fin, chez nous et à l'étranger, à la violence contre les femmes sous toutes ses formes".[32] Encore de l'endoctrinement et des conneries.

La camarade Michelle O' Neill, vice-présidente du parti ultra-marxiste pseudo-patriotique Sinn Fein, s'est exprimée lors d'une veillée organisée en l'honneur de Murphy dans les bâtiments du parlement à Stormont, Belfast.

Elle a déclaré que "la violence domestique, sexuelle et sexiste est une épidémie" et que "nous devons développer une approche de tolérance zéro applicable à l'égard de la misogynie et du sexisme".[33] Il s'agit là d'un opportunisme absolument dégoûtant, qui consiste à capitaliser idéologiquement sur la mort d'une jeune femme ! Une "approche de tolérance zéro à l'égard de la misogynie et du sexisme" ? Vous pouvez imaginer à quel point l'Irlande se porterait mal avec ces fanatiques au pouvoir.

Muireann O' Connell, personnalité des médias, est un autre membre du culte irlandais. Lors de l'émission *Ireland AM*, le lendemain du meurtre, elle a déclaré : "La violence contre les femmes perpétrée par des hommes est une pandémie...", ajoutant : "Nous devons faire quelque chose pour enseigner aux garçons et aux hommes de notre société".[34] Amusant. Aucun commentaire n'est nécessaire.

Ils continuent à le faire aujourd'hui, presque deux ans plus tard. En novembre 2023, une séquence d'information de la RTE a relaté le meurtre, comme un complément de propagande féministe.[35] En transformant l'incident en problème féministe, les membres de la secte ont suscité la suspicion (et la haine) à l'égard des hommes en tant que collectif en Irlande (dans l'esprit des personnes qui ne voient pas l'incident pour ce qu'il est réellement - un problème d'immigration).

Déclaration de Ryan sur l'impact sur la victime

---

[32] "Déclaration du Président Michael D. Higgins sur la mort d'Ashling Murphy", 14 janvier 2022.https://president.ie/en/media-library/news-releases/statement-by-president-michael-d-higgins-on-the-death-of-ashling-murphy

[33]" Une attaque contre toutes les femmes : North's politicians hold vigil for Ashling Murphy", 17 janvier 2022. https://www.irishtimes.com/news/crime-and-law/an-attack-on-all-women-north-s-politicians-hold-vigil-for-ashling-murphy-1.4778873

[34] Virgin Media Television, "'Violence against women perpetrated by men is a pandemic' - Muireann O'Connell", 13 janvier 2022. https://www.YouTube.com/watch?v=nG8n3fe0ynM

[35] RTE News, "Boyfriend, Ryan Casey, remembers 'vibrant, intelligent' Ashling Murphy", 10 Nov 2023. https://www.YouTube.com/watch?v=WSZpPsXsLjQ

Ryan Casey, le petit ami d'Ashling Murphy, a fait une déclaration sur l'impact de la victime devant la Central Criminal Court, à Dublin, avant la condamnation du tueur.[36] Il a beaucoup parlé de sa merveilleuse relation avec Aishling, mais lorsqu'il a donné le coup de poing, il a dit que Puska était un "fardeau pour la société... la plus basse des basses besognes". Il a également parlé de l'éléphant (rouge) dans la pièce : "Cela me rend malade au plus haut point qu'une personne puisse venir dans ce pays, bénéficier d'un logement social, d'une aide sociale et de soins médicaux gratuits pendant plus de dix ans, sans jamais occuper un emploi légitime et sans jamais contribuer à la société de quelque manière que ce soit, et qu'elle puisse commettre un acte de violence aussi horrible, aussi maléfique et aussi incompréhensible.

Il a ajouté : "J'ai l'impression que ce pays n'est plus celui dans lequel Ashling et moi avons grandi et qu'il a officiellement perdu son innocence lorsqu'un crime de cette ampleur peut être perpétré en plein jour. Ce pays doit se réveiller ; cette fois, les choses doivent changer, ce pays n'est tout simplement plus sûr. Cette fois, si un véritable changement ne se produit pas, si la sécurité des personnes vivant dans ce pays est encore ignorée, je crains que notre pays ne s'engage sur une voie très dangereuse et vous pouvez être sûrs que nous ne serons pas la dernière famille à se trouver dans cette situation". Il lui a rendu hommage de la meilleure façon qui soit, en disant la vérité.

Ses commentaires anti-marxistes ont été jugés offensants pour les membres de la secte irlandaise et n'ont pas vraiment été soulignés par les MSM. De toute évidence, il faisait allusion à l'afflux de migrants et à l'État-providence, deux éléments qui vont souvent de pair et qui sont au cœur des plans de la secte pour transformer les pays européens. Le jeudi 30 novembre 2023, Kitty Holland, membre de la secte et journaliste au Irish Times, a participé à l'émission *The View* (BBC TV, Royaume-Uni).

Elle a déclaré que la déclaration de Casey contenait une "incitation à la haine" et a tenté de justifier la censure de cette déclaration par les MSM, avant d'ajouter que "la race et la nationalité de l'homme (Puska)... n'est pas pertinente".[37] Ce n'est pas correct. En outre, seul un membre d'une secte - qui pense que tous les gens (ou les hommes) sont égaux, indépendamment de ces facteurs - dirait une telle chose.

Toute cette situation est un autre exemple de la façon dont la secte/idéologie n'a pas de véritable "compassion" (même pour une femme assassinée ou son

---

[36] "Ashling Murphy murder : Boyfriend Ryan Casey's Victim Impact Statement in Full", Nov 2023. https://www.newstalk.com/news/ashling-murphy-murder-boyfriend-ryan-caseys-victim-impact-statement-in-full-1615521

[37] Gript Media, "Kitty Holland : Le petit ami d'Ashling Murphy a exprimé une "incitation à la haine", 30 novembre 2023 (extrait de l'émission The View de la BBC du 30/11/2023). https://www.YouTube.com/watch?v=PnucUQTy-SA

petit ami), puisque la chose la plus importante dans ce cas est que l'idéologie (et son sous-agenda d'immigration de masse) n'est pas critiquée publiquement. Essentiellement, la vérité doit être supprimée si elle s'oppose au marxisme ou l'expose ; c'est pourquoi les membres de la secte des traîtres énumérés ci-dessus ont essayé de présenter le meurtre comme une question féministe. Un article du 11 novembre 2023 sur le site *Extra.ie* intitulé "Puska était un délinquant sexuel condamné et une "personne d'intérêt" dans deux autres agressions contre des femmes" a attiré l'attention sur le passé de Puska avant qu'il n'entre en Irlande.[38]

Solution

La solution immédiate pour les migrants qui attaquent ou assassinent les populations autochtones dans leur pays d'accueil est de leur offrir un exil permanent immédiat ou une peine de mort obligatoire. Lorsque vous avez affaire à des ordures violentes et dégénérées comme celles énumérées ci-dessus, vous devez envoyer un message fort. Cela permettrait au moins de freiner ces attaques jusqu'à ce que l'immigration de masse soit stoppée et que les déportations aient lieu. Bonne chance pour tenter d'imposer une justice aussi rapide tant que la secte a encore une emprise sur l'État !

Chaque victime des sous-agendas de l'idéologie - y compris l'immigration de masse - est considérée comme une sorte de martyr par la secte. Je suis sûr qu'au fond d'eux-mêmes, beaucoup d'entre eux ont apprécié le processus de "deuil" pour la mort d'Aishling Murphy (et de George Floyd, etc.). Puisque la fin justifie les moyens, chaque mort est un pas de plus vers l'utopie. Au fur et à mesure que la secte progresse sans rencontrer d'opposition, les attaques et les meurtres tels que ceux énumérés ci-dessus augmenteront en fréquence et en férocité.

En 2022, les médias irlandais ont fait état d'une nouvelle série de meurtres, cette fois dans le comté de Sligo, au nord-ouest du pays. Un migrant musulman irakien nommé Yousef Palani a assassiné deux Irlandais et en a attaqué un troisième. Il a "traqué les hommes en utilisant une application de rencontres LGBT avant de les poignarder à mort chez eux et de mutiler leurs corps". Il a arraché la tête de l'une de ses victimes et l'a laissée sur le lit. Palani a plaidé coupable pour deux chefs d'accusation de meurtre et a été condamné à la prison à vie.[39]

---

[38] MacNamee, G., "Puska was a convicted sex offender and 'person of interest' in two other assaults on women", 11 novembre 2023. https://extra.ie/2023/11/11/news/puska-record

[39] Galagher et O'Riordan, "Yousef Palani jailed for life for murder of Aidan Moffitt and Michael Snee in Sligo", 23 octobre 2023.

Une fois de plus, les médias irlandais traîtres ont tenté de faire passer l'incident pour un simple problème "homophobe", et non pour un problème d'immigration de masse et d'islam (le tribunal a appris que Palani avait dit à la police que l'islam interdisait l'homosexualité). Où sont les marches et les organisations LGBTQ qui exigent des mesures en matière d'immigration pour que cela ne se reproduise plus ?

Suède

La tragique Suède a connu un effondrement de l'ordre public en raison d'un niveau élevé d'infection. Le pays a connu une augmentation massive des crimes violents et des troubles sociaux en général, avec plusieurs zones de police interdites.

Bien plus tôt dans le processus, ces glorieux changements révolutionnaires ont été mis en évidence par un détective principal au début de l'année 2017. Peter Springare, un vétéran de 47 ans, a décrit l'activité policière d'une semaine dans la petite ville d'Orebro dans un post Facebook : "Voici ce que j'ai traité du lundi au vendredi cette semaine : viol, viol, vol, agression aggravée, viol-agression et viol, extorsion, chantage, agression, violence contre la police, menaces contre la police, crime lié à la drogue, drogue, crime, crime, tentative de meurtre, viol à nouveau, extorsion à nouveau et mauvais traitements". Il a ajouté que la quasi-totalité des suspects étaient des migrants africains et du Moyen-Orient : "Les auteurs présumés sont Ali Mohammed, Mahmod, Mohammed, Mohammed Ali, encore, encore, encore, Christopher. Mohammed, Mahmod Ali, encore et encore" (Christopher était le seul Suédois). Il énumère les pays représentés : "Irak, Irak, Turquie, Syrie, Afghanistan, Somalie, Somalie, Syrie encore, Somalie, inconnu, pays inconnu, Suède. Pour la moitié des suspects, nous ne pouvons pas être sûrs parce qu'ils n'ont pas de papiers valables. Ce qui, en soi, signifie généralement qu'ils mentent sur leur nationalité et leur identité". [40] Orebro était autrefois une ville suédoise relativement tranquille, et sa population est d'environ 129 000 habitants.

La ville de Malmö, située juste en face de Copenhague, au Danemark, est aujourd'hui un infâme trou à rats multiculturel. En janvier 2017, le chef de la police, Stefan Sinteus, a publié une lettre ouverte dans laquelle il demandait de l'aide pour faire face à une vague de criminalité : "Je peux vous assurer que la police de Malmö fait tout ce qui est en son pouvoir pour que les auteurs présumés répondent de leurs actes. Mais nous ne pouvons pas le faire seuls. Nous dépendons de vous et de vos témoignages pour résoudre ces crimes

https://www.irishtimes.com/crime-law/courts/2023/10/23/double-murderer-yousef-palani-jailed-for-life-for-attacks-on-gay-men-spurred-by-hostility-and-prejudice/

[40] Newman, A., "Swedish Police : Government Covering Up Huge Migrant Crime Spree", 22 Feb 2017. https://thenewamerican.com/swedish-police-government-covering-up-huge-migrant-crime-spree/ ; https://en.wikipedia.org/wiki/Orebro

violents. C'est pourquoi je vous lance un appel : Aidez-nous". Il a ajouté : "La police de Malmö enquête actuellement sur 11 meurtres et 80 tentatives de meurtre. À cela s'ajoutent d'autres crimes violents, des passages à tabac, des viols, des vols et des fraudes". Il semblerait également que 52 attaques à la grenade aient été signalées en 2016. La population de Malmö en 2022 était d'environ 357 377 habitants.[41]

En août 2018, le Daily Mail a rapporté des chiffres présentés dans un documentaire de *SVT (*chaîne de service public suédoise) : "Plus de la moitié des personnes condamnées pour viol ou tentative de viol en Suède l'année dernière sont nées dans un pays étranger, révèlent de nouvelles statistiques. Dans les cas de viol où la victime a été attaquée et ne connaissait pas son ou ses agresseurs, ce chiffre s'élève à 85 %. Quatre sur dix étaient en Suède depuis moins d'un an" ; et : "Leurs conclusions ont révélé que dans les cas où la victime ne connaissait pas l'agresseur, 97 des 129 personnes condamnées étaient nées en dehors de l'Europe. Les chiffres compilés, qui couvrent la période 2013-2018, sont basés sur les condamnations pour viol et tentative de viol prononcées par les tribunaux de district dans toute la Suède.[42]

En octobre 2016, un incident notable s'est produit dans la ville de Visby sur l'île de Gotland, au sud-est de Stockholm, dans la mer Baltique. Une femme handicapée a été victime d'un viol collectif par des migrants, ce qui a suscité l'indignation de la population locale. Après la libération des suspects, des manifestants ont "attaqué" un centre de réfugiés. De nouvelles manifestations ont incité les autorités à déployer des forces de police supplémentaires dans la ville. Les Démocrates *de Suède, un* parti anti-immigration, ont organisé une manifestation à Visby peu après. Des membres de la secte *Feminist Initiative* ont alors organisé une contre-manifestation.[43] Un groupe féministe contre-protestant essentiellement contre ceux qui protestent contre un viol ! Le féminisme n'a rien à voir avec le bien-être des femmes.

Un journaliste suédois honnête

---

[41] "La police suédoise dépassée par la violence musulmane", 28 janvier 2017.

https://www.eutimes.net/2017/01/swedish-police-overwhelmed-by-muslim-violence/

[42] Thompson, P., "Eight out of 10 'stranger' rapes in Sweden are carried out by migrants, with more than half of all rape convictions to foreigners, study reveals", 24 août 2018.

https://www.dailymail.co.uk/news/article-6095121/Eight-10-stranger-rapes-Sweden-carried-migrants-study-reveals.html

[43] "Police send backup to Gotland after reported rape fuels anger", 7 octobre 2016.

https://www.thelocal.se/20161007/police-send-backup-to-gotland-after-reported-rape-sweden

Le 28 septembre 2023, le journaliste suédois Lars Aberg est intervenu lors d'une conférence intitulée "L'obsession de la diversité : L'Europe peut-elle survivre au multiculturalisme ?" à Bruxelles, en Belgique.[44] M. Aberg a décrit les changements extrêmes que la Suède a subis, brossant un tableau honnête et sombre, soulignant que des milliards ont été dépensés pour intégrer les migrants, appelant cela "le multiculturalisme avec un portefeuille amical". Il a ajouté que "l'immigration a changé la nature de la Suède" et que la situation aurait pu être différente si les Suédois avaient eu "une vision moins idéaliste du monde et de la place de la Suède dans ce monde". Faisant quelques observations brillantes, il a ajouté : "... nous aurions pu définir plus clairement des termes comme intégration... nous aurions pu dire aux gens d'apprendre le suédois et de trouver un emploi... nous aurions pu éviter de considérer les personnes venant de pays lointains comme des victimes exotiques... mais la combinaison de frontières relativement ouvertes, d'un système de protection sociale généreux et d'aucune exigence sérieuse pour que les nouveaux arrivants s'intègrent à la société a été une invitation aux problèmes pour chacun d'entre nous".[45] En effet.

Emily Jones

L'immigration de masse entraîne également l'importation de dangereux sociopathes et psychotiques. Le 22 mars 2020 (jour de la fête des mères), à Bolton, au Royaume-Uni, une fillette de 7 ans, Emily Jones, a été tuée en plein jour devant ses parents alors qu'elle jouait dans un parc. Elle a été égorgée à l'aide d'un couteau à découper. L'assassin était Eltiona Skana (30 ans), une migrante albanaise souffrant de graves troubles mentaux, arrivée au Royaume-Uni en août 2014. Schizophrène paranoïaque, elle affirmait être victime de la traite des êtres humains (ou "opprimée").[46]

Mark, le père d'Emily, a rejeté la responsabilité sur le Greater Manchester Mental Health NHS Trust, qui était au courant de l'existence de Skana, mais qui l'a laissée en liberté, commettant par la suite ce crime horrible. Les membres de sectes dans tout le Royaume-Uni - dans l'État, les services de santé mentale et le grand public - sont à blâmer pour de telles choses. En décembre de la même année, Skana a été condamnée à la perpétuité, mais il se pourrait

---

[44] "L'obsession de la diversité : L'Europe peut-elle survivre au multiculturalisme ?

https://brussels.mcc.hu/event/can-multiculturalism-survive-21st-century-europe

[45] MCC Brussels, "Qu'est-il arrivé à notre pays ? La Suède a été transformée par le multiculturalisme - Lars Åberg", 26 octobre 2023. https://www.YouTube.com/watch?v=MhZ3QdJ1xe0

[46] "7-Year-Old Girl Stabbed to Death by Woman in UK Park on Mother's Day" (Une fillette de 7 ans poignardée à mort par une femme dans un parc britannique le jour de la fête des mères), 5 avril 2020. https://nationalfile.com/report-7-year-old-girl-stabbed-to-death-by-somali-migrant-in-uk-park-on-mothers-day/

qu'elle ne purge qu'une longue peine. En mai 2021, le Daily Mail a rapporté que Skana avait bénéficié d'une aide juridique de près de 70 000 livres sterling (!).[47] Je vois un moyen facile d'économiser de l'argent, et vous ? (un bûcher de sorcières au milieu de Manchester coûterait bien moins que 70 000 livres).

Il est évident que les assassins d'enfants bénéficient d'une aide juridique financée par le contribuable en raison de l'influence et de la "compassion" de la secte. Cela me donne envie de trancher quelques gorges. L'innocente petite Emily est morte deux mois avant George Floyd, mais la plupart d'entre vous n'ont probablement jamais entendu parler d'elle. Il n'y a pas eu de manifestations marxistes ni de veillées en son honneur dans le monde entier.

Les victimes de la criminalité des migrants dans l'ensemble de l'Occident sont trop nombreuses et il n'est pas possible de les honorer toutes. Nous devons aller de l'avant. Il est clair qu'il y a beaucoup de colère meurtrière envers les Blancs dans les pays d'accueil... je me demande d'où cela vient...

LGBTQ, trans/"non-binaire", sexualité, etc.

> "Je fais mon coming out... Je veux que le monde entier le sache... Je dois le montrer"[48]

> Diana Ross, "I'm coming out", 1980

Liste de contrôle des cocos

De toute évidence, ce sous-ordre du jour utilise le principe de l'oppresseur contre l'opprimé en tentant de nous convaincre que les personnes LGBTQ ont été, et sont toujours, injustement maltraitées (c'est-à-dire "opprimées") d'une manière ou d'une autre et qu'elles méritent donc désormais un traitement préférentiel. Il crée un nouveau système de classes en plaçant toute personne n'appartenant pas à ce groupe "opprimé" (en particulier toute personne opposée à ce sous-ordre du jour) dans la catégorie "oppresseur" (à moins qu'elle ne soit membre d'une secte, ou du moins qu'elle s'y conforme).

Le principe du cheval de Troie est évident puisque la promotion des LGBTQ est perçue comme quelque chose de bénéfique pour la société, même si les effets sont dévastateurs. Ce sous-ordre du jour est dissimulé sous le couvert de la "compassion", et concerne donc ostensiblement la prise en charge des personnes souffrant de problèmes liés au genre ou à la sexualité (c'est l'aspect de l'affichage de la vertu). Même si le nombre de personnes s'identifiant à ces

---

[47] " Killer who slit the throat of seven-year-old Emily Jones in Mother's Day murder was awarded nearly £70,000 in taxpayer's funded legal aid", 20 mai 2021. https://www.dailymail.co.uk/news/1article-9600547/Emily-Jones-Killer-awarded-nearly-70-000-taxpayer-funded-legal-aid.html

[48] *"Diana Ross-Im Coming Out (Lyrics)"*. https://www.YouTube.com/watch?v=ZuvGXxf7oNI

groupes a augmenté à l'époque moderne, elles représentent toujours une petite minorité au sein de la société (presque négligeable dans le cas des "trans" et des "non-binaires").

Ainsi, ce sous-ordre du jour contribue à une crise existentielle majeure qui aura un impact sur l'ensemble de la société (faible taux de natalité, infertilité, augmentation des problèmes de santé mentale, etc. En outre, le mensonge selon lequel les gens peuvent changer leur sexe biologique est en train de détruire d'innombrables vies (encore une fois, en particulier celles des jeunes et des naïfs). Cela ne les aidera pas, mais les ruinera. En fait, personne n'y gagne. Fidèle à sa forme destructrice, l'idéologie détruit ici le corps des gens (quoique par l'endoctrinement, les hormones et la chirurgie plutôt que par l'agression directe ou le meurtre). Il s'agit donc d'un cheval de Troie.

Elle repose sur une perception déformée de la réalité parce qu'elle promeut l'idée qu'il y a plus de deux sexes/genres, que cela peut être changé (par les moyens susmentionnés) et, plus insidieusement, que cette personne sera plus heureuse une fois le processus achevé - un mensonge absolument horrible et criminel. Les personnes "trans" présentent un niveau disproportionné de problèmes de santé mentale, avec des taux de suicide plus élevés. Bien entendu, les membres des sectes rétorqueront que cela est dû à la crise d'identité/de genre (par exemple, la dysphorie de genre) qu'ils traversent en premier lieu. C'est faux, et la preuve en est l'état de santé mentale de ceux qui ont subi le processus de "transition" avant et après : ils ne sont jamais guéris, et la "transition" était une erreur.

Évidemment, si des bloqueurs de puberté, des "traitements" hormonaux et des interventions chirurgicales ont été utilisés, il est possible qu'il n'y ait pas de retour en arrière. La stérilité est fréquente. Beaucoup de ceux qui ont subi ce processus disparaissent tout simplement de la scène publique. Toutefois, certains personnages nobles et courageux se sont manifestés. Walt Heyer me vient à l'esprit. Walt a développé une obsession pour le sexe féminin lorsqu'il était enfant. À l'âge de 4 ans, sa sage grand-mère "m'a travesti à plusieurs reprises, pendant plusieurs années, dans une robe violette pleine longueur qu'elle avait confectionnée spécialement pour moi, et m'a dit à quel point j'étais beau en fille". Cela a semé la confusion des genres et m'a conduit, à l'âge de 42 ans, à devenir une femme transgenre".[49]

(Pensez maintenant à tous les parents ou tuteurs dégénérés qui ont subi un lavage de cerveau et qui encouragent ce comportement chez leurs enfants, qu'ils "aiment" apparemment). Heyer s'est "transformé" en femme, a vécu en

---

[49] Heyer, W., "Hormones, chirurgie, regrets : j'ai été une femme transgenre pendant 8 ans - un temps que je ne peux pas récupérer".
https://eu.usatoday.com/story/opinion/voices/2019/02/11/transgender-debate-transitioning-sex-gender-column/1894076002/

tant que telle, mais a fini par se retransformer. Il a passé des années à s'exprimer sur la question.[50]

Un autre exemple est celui de Katie Lennon Anderson, une femme biologique américaine qui a tenté de devenir un homme en subissant une hystérectomie et une double mastectomie (qui l'ont laissée comme une "version mutilée et maltraitée" de son ancien moi). Elle se décrit aujourd'hui comme une "détransitionniste".[51] Véritablement "courageuse" et honorable, elle s'exprime désormais publiquement sur le sujet. Des cas comme celui-ci sont malheureusement très courants, et leur fréquence va augmenter de façon spectaculaire en raison de la domination du culte/de l'idéologie. Ce sous-ordre du jour tente également de faire croire que les personnes "transgenres" ont été "opprimées" au cours de l'histoire, et coche donc également la case de la perception déformée de l'histoire. Ce récit est souvent mêlé aux autres balbutiements de la secte, y compris l'oppression des homosexuels, etc. L'idée que les personnes "trans" ont été opprimées historiquement n'est qu'une autre distorsion flagrante du passé, qui profite à la secte.

Il est clair que ce sous-ordre du jour est encouragé et soutenu par le système. Lorsque Justin Trudeau, homosexuel, est Premier ministre du Canada à la même époque que l'Irlande, où Leo Varadkar, homosexuel, est Taoiseach (Premier ministre), et qu'une multitude d'autres personnages homosexuels occupent des postes de pouvoir ou d'influence dans le monde entier, c'est évident. Bien entendu, ils occupent ces postes pour promouvoir le sous-ordre du jour ; ils sont dans l'air du temps. En outre, plus il y a de personnages LGBTQ en position de pouvoir, plus ils contribueront à faire avancer le programme. Ils donneront à d'autres "opprimés" comme eux les moyens de participer à la domination de l'idéologie. Au sein de la grande secte, il s'agit d'une forme bizarre de tribalisme semblable à celui d'une secte : ils aideront "les leurs". En outre, le sous-ordre du jour est promu dans les systèmes éducatifs, dans le complexe des ONG et des organisations à but non lucratif, ainsi que dans les médias et l'industrie du divertissement. Nous pouvons tous le constater, pas besoin d'exemples.

Ce sous-ordre du jour s'attaque-t-il aux piliers de la civilisation occidentale ? Il contribue certainement à la destruction du traditionalisme et de toute sorte de programme religieux présent dans une société, en particulier dans les domaines de la sexualité, des relations, de l'amour, de la monogamie, du mariage, etc. Il s'agit manifestement d'un gros pied de nez (gay) au

---

[50] https://waltheyer.com/

[51] "Detrans Katie Lennon s'exprime en faveur du projet de loi sur les droits parentaux en NH", 20 avril 2023.

https://www.YouTube.com/watch?v=cK_WeOe7OVI

christianisme, typique du marxisme.

Elle tente d'imposer l'égalité en colportant le mensonge selon lequel toutes les orientations sexuelles ont la même valeur pour la société et qu'il est tout aussi positif pour quelqu'un de passer sa vie dans des relations/mariages homosexuels que dans des relations/mariages hétérosexuels. Encore une fois, il s'agit d'une attaque contre le meilleur type de relations pour une société saine, équilibrée et forte - les relations hétérosexuelles avec procréation.

Même si ce sous-ordre du jour parvient à réduire le nombre de relations traditionnelles, il s'agit d'une victoire pour la secte/idéologie.

Enfin, le "trans" et le "genre non binaire" constituent une forme d'eugénisme, puisqu'ils augmentent la stérilité et réduisent le taux de natalité dans les populations essentiellement blanches. Il est donc anti-blanc.

Histoire marxiste des LGBTQ

Ce sous-ordre du jour n'existerait pas si le culte marxiste n'avait pas d'abord été établi. Un examen de la formation des mouvements féministes, des droits des homosexuels et des LGBTQ, qui sont interconnectés, montre le fil rouge commun : des personnes se décrivant comme marxistes, socialistes ou communistes créent et/ou soutiennent ces mouvements. Certains font simplement partie du mouvement militant de la secte, du monde universitaire marxiste, ou des deux. (Bien sûr, il y a un croisement considérable entre les sous-agendas LGBTQ et féminisme, mais le féminisme a sa propre section). Dans l'ensemble, nous pouvons dire que les mouvements féministes et de défense des droits des homosexuels étaient distincts et déjà établis avant que le phénomène plus moderne des "trans" n'apparaisse sur le devant de la scène. On peut donc dire que ces mouvements ont ouvert la voie au mouvement "transgenre". Le 20e siècle a vu la production d'une multitude de livres par des membres de sectes marxistes faisant la promotion de ces mouvements. Il serait fastidieux d'énumérer tous ces personnages et les liens qui les unissent (l'histoire remonte au 19th siècle et au-delà), mais voici quelques événements, groupes et noms :

Edward Carpenter était un socialiste fabien et un militant LGBT. Il est l'auteur de *The Intermediate Sex : A Study of Some Transitional Types of Men and Women* (1908) ;[52] Lily Braun a dirigé une organisation allemande appelée *League of Progressive Women's Associations (Verband Fortschrittlicher Frauenvereine)*, qui était favorable aux droits des homosexuels (fin des années 1800/début des années 1900) ;[53] La *Mattachine Society,* fondée aux États-Unis en 1950, était une organisation de défense des droits des homosexuels créée

---

[52] Carpenter, E., *The Intermediate Sex : A Study of Some Transitional Types of Men and Women* (1912). https://archive.org/details/intermediatesex00carpgoog

[53] https://de.wikipedia.org/wiki/Verband_Fortschrittlicher_Frauenvereine

par Harry Hay, membre d'une secte et syndicaliste. Structurellement, elle était organisée de la même manière que le Parti communiste lui-même ;[54] Bayard Rustin était un socialiste, un défenseur des droits civiques et un activiste LGBTQ. Il était un associé de la figure culte noire américaine Martin Luther King ;[55] *Eros and Civilisation de* Herbert Marcuse : *A Philosophical Inquiry into Freud* (1956) de Herbert Marcuse doit être mentionné ici, car il prône le "libéralisme sexuel".

Le mouvement de "libération gay" a vu la création de groupes tels que le *Gay Liberation Front (*un nom militant quasi-terroriste à consonance très marxiste !) et le *Gay Marxist Group*. Le *Gay Left* a été actif de 1975 à 1980 à Londres, au Royaume-Uni.[56] Un autre groupe était le groupe français Front *homosexuel d'action révolutionnaire (Homosexual Front for Revolutionary Action.* Again, giggles). Il a été actif de 1971 à 1974 ;[57] *Towards a Gay Communism* est un livre publié en 1977 par l'auteur italien Mario Mieli. Il insinue notamment que le capitalisme opprime les homosexuels (roulements de paupières) ;[58] David Fernbach a écrit l'amusant ouvrage intitulé *The Spiral Path : A Gay Contribution to Human Survival* (1981). Il a étudié à la London School of Economics et est maoïste.[59][60]

Leslie Feinberg était une militante juive américaine lesbienne et transgenre, active depuis les années 1960. Elle était ouvertement engagée dans la secte en tant que membre du *Workers World Party, un* groupe marxiste-léniniste. Ses "écrits" comprennent *Transgender Liberation : A Movement Whose Time Has Come* (1992) ; *Transgender Warriors : Making History from Joan of Arc to Dennis Rodman* (1996) ; et *Rainbow Solidarity in Defence of Cuba* (2009).[61]

L'homosexualité dans les pays "communistes

En Russie, les bolcheviks ont dépénalisé l'homosexualité en décembre 1917. C'est étrange, car ils avaient sûrement des choses plus importantes à faire (comme apprendre à diriger un pays sans avoir à assassiner tout le monde, par

---

[54] https://en.wikipedia.org/wiki/Mattachine_Society

[55] https://www.britannica.com/biography/Bayard-Rustin

[56] https://en.wikipedia.org/wiki/Gay_Liberation_Front ; https://en.wikipedia.org/wiki/Gay_Left

[57] https://en.wikipedia.org/wiki/Front_homosexuel_d'action_revolutionnaire

[58] https://www.plutobooks.com/9780745399515/towards-a-gay-communism/

[59] https://archive.org/details/spiralpathgaycon00fern

[60] https://www.haymarketbooks.org/authors/41-david-fernbach

[61] https://en.wikipedia.org/wiki/Leslie_Feinberg

exemple). L'homosexualité a été récriminalisée sous Staline en 1933.[62] Cela a marqué une nouvelle phase dans laquelle les États communistes étaient anti-homosexuels, ce qui a été bien documenté (même par certains membres de cultes idéologiquement marxistes). Tout "indésirable" était traité comme tel par l'État.

Yuri Bezmenov a mentionné que l'homosexualité, etc. n'était nécessaire que pendant la phase de déstabilisation (du processus de subversion idéologique). Étant donné que les États communistes s'efforçaient de créer une force nationale, ils ont certainement réalisé que la promotion de l'homosexualité chez les hommes n'était pas dans leur intérêt (moins de natalité, moins de masculinité, etc.). Par conséquent, dans un État "socialiste"/"communiste", on est dur avec les homosexuels parce que la charade selon laquelle le marxisme se préoccupe des minorités est révolue.

L'œuvre de l'auteur et journaliste cubain Reinaldo Arenas fait référence à ce processus. Il a raconté comment les homosexuels comme lui ont été incarcérés par le régime de Castro. Il a été emprisonné à un moment donné pour ne pas avoir suivi la ligne idéologique du parti au pouvoir (le *Partido Comunista de Cuba)*. Il a ensuite réussi à s'échapper du régime et a continué à le critiquer ouvertement. Il est considéré comme un héros pro-LGBT. [63]

Par ailleurs, comme nous l'avons mentionné, il ne faut pas se laisser piéger par les étiquettes qui décrivent un État, un pays ou un régime ; nous devons nous concentrer sur l'idéologie qui est à l'œuvre sous la surface. Ainsi, l'idée que le Cuba de Castro (ou tout autre État rouge) ait pu être dur envers les catégories LGBTQ ne contredit pas le message de ce livre, à savoir que le mouvement LGBTQ est un sous-mouvement du marxisme. Nous ne pouvons pas comparer le Cuba de Castro à un pays occidental aujourd'hui à cet égard : il s'agissait d'une époque et d'un lieu où l'idéologie prenait une certaine forme et produisait certains effets. À l'heure actuelle, le sous-agenda LGBTQ est utilisé par l'idéologie dans le cadre du processus de déstabilisation en cours dans les pays occidentaux.

Ne pas mettre tout le monde dans le même sac

Sur ce genre de sujets, nous devrions juger les gens en tant qu'individus en fonction de leur niveau de conscience et de leur endoctrinement ou non (et à quel degré). Il est certain que de nombreux gays et lesbiennes ne soutiennent pas ce mouvement extrême "LGBTQ"/trans/"non-binaire" actuel, et il serait donc injuste de rejeter la responsabilité de ce qui se passe sur tous ceux qui ne sont pas hétérosexuels, comme s'ils étaient tous pareils ! Il se peut qu'ils ne

---

[62] Englestein, L., "Soviet policy toward male homosexuality : its origins and historical roots", 1995. https://pubmed.ncbi.nlm.nih.gov/8666753/

[63] https://www.britannica.com/biography/Reinaldo-Arenas

soutiennent pas les aspects les plus "radicaux" de ce sous-ordre du jour, notamment le fait d'imposer l'homosexualité aux enfants dans les écoles, l'heure du conte des drag-queens, ou le fait d'encourager les enfants à effectuer une "transition", etc.) Ces personnes ne sont pas en cause ici ; elles peuvent avoir l'attitude de "vivre et laisser vivre" et ne sont pas intéressées par l'imposition de leur comportement à qui que ce soit. Ce sont les personnes contrôlantes et fanatiques qui doivent nous préoccuper en ce moment.

Certains analystes ont noté que le "T" de "trans" s'est presque greffé sur le mouvement lesbien, gay et bisexuel, ce qui est clairement visible dans la divergence d'opinions mentionnée ci-dessus. Il n'en reste pas moins que les mouvements de défense des droits des homosexuels au XXe siècle ont jeté les bases de l'enfer sexuel transgenre et non binaire dans lequel nous nous trouvons aujourd'hui, et ceux qui ont participé à ces mouvements en sont quelque peu responsables. Encore une fois, la "révolution" progresse par vagues.

Donc, s'il est vrai qu'il existe une chose "normale" (en termes de santé, de comportement sexuel et d'identité sexuelle, etc.) et que les personnes appartenant aux catégories LGBTQ ne sont pas "normales", nous ne devrions pas restructurer la société pour nous adapter à elles ou modeler la jeunesse à leur image. Cela aurait des effets catastrophiques, et c'est exactement ce qui se passe actuellement. Où est la rationalité dans une affirmation aussi farfelue, demanderont certains ? Eh bien, si un trop grand nombre de personnes d'une nation, d'une société ou d'un groupe ethnique particulier s'engagent dans des relations (sexuelles ou autres) entre personnes de même sexe et sans enfant, cela conduira à l'extinction de ce groupe. Si une raison existentielle n'est pas suffisante pour freiner ce mouvement, alors qu'est-ce qui l'est ?

Le point de vue de l'auteur sur les LGBTQ

Certes, l'homosexualité et la bisexualité ne sont pas arrivées sur la planète en même temps que le marxisme ; elles existent depuis des lustres. Bien qu'il soit difficile de le quantifier, il y a peut-être eu une augmentation au cours de la période récente. Il y a aussi le phénomène beaucoup plus récent des personnes qui se posent des questions sur leur "genre", ce qui semble être différent. Il est possible qu'il y ait eu une augmentation massive de la dysphorie de genre, des "trans" et d'autres types d'anomalies sexuelles au cours des dernières décennies en raison d'un cocktail toxique de facteurs de déséquilibre hormonal, en particulier dans les pays les plus développés. Ces facteurs ont notamment affecté le matériel génétique des deux sexes (chromosomes) et ont eu un impact sur les femmes en âge de procréer et leurs enfants.

Sur le plan physiologique, ils comprennent : les facteurs génétiques et épigénétiques ; les régimes modernes pauvres en graisses et riches en glucides, avec des OGM et des aliments transformés, y compris le régime végétalien phytoestrogénique qui réduit la testostérone, l'utilisation largement répandue d'herbicides (par exemple le glyphosate), et la consommation de produits laitiers et de viandes non biologiques (chargés d'hormones, d'analgésiques, d'additifs, etc. progestérone) ; les contaminants - y compris le fluorure, les hormones et les médicaments pharmaceutiques - dans l'approvisionnement en eau ; le mode de vie moderne - niveaux de stress potentiellement plus élevés, manque d'activité physique, systèmes immunitaires relativement faibles, exposition réduite à la lumière du soleil (et la carence en vitamine D qui en résulte, qui a un impact sur le système endocrinien producteur d'hormones) ; l'exposition à diverses vibrations/radiations produites par la technologie moderne (téléphones portables, Wifi, télévision, micro-ondes, etc). Combinés, ces facteurs contribuent à diminuer les niveaux d'hormones saines et à affecter l'ADN dans une société, et généralement dans l'ensemble de la société où ces facteurs sont présents. Le matériel génétique affecté au sein de la population contribue alors à la sexualité de ceux qui naissent au sein de cette population. Il convient également de noter que ces facteurs sont apparus presque simultanément à l'ère moderne.

Sur le plan psychologique, en combinaison avec les facteurs susmentionnés, la société a subi les effets déséquilibrants de l'idéologie. On peut déjà citer la diabolisation de la masculinité et de la testostérone, ainsi que l'augmentation de la sur-féminité qui l'accompagne (toutes deux encouragées par divers sous-agendas marxistes et par le conditionnement oppresseur/opprimé).

En outre, la science émergente nous montre que nous pouvons influencer notre génétique par nos pensées, nos croyances et notre mentalité, en activant ou en désactivant certains gènes, dans certaines conditions ("expression génétique").[64] Peut-être que l'état d'esprit des femmes endoctrinées - avant et pendant la grossesse - contribue à ce problème en affectant la sexualité de leur progéniture. Si notre société diabolise la masculinité, les individus qui la composent refléteront de plus en plus ce climat culturel au niveau physiologique.

Tout cela s'ajoute à la promotion générale de la dégénérescence qu'apporte une infection par le marxisme, lorsqu'il s'agit d'attitudes naturelles et saines à l'égard des relations et de la sexualité. En résumé, la secte/idéologie crée et amplifie les conditions déséquilibrées et contre nature qui favorisent l'apparition de personnes/comportements non hétérosexuels, puis dit "regardez toutes ces personnes opprimées ! Il suggère ensuite "Nous devons transformer la société - par le biais d'une révolution sexuelle progressiste - pour les accueillir ! En fait, il faut plus d'homosexualité et de gays pour montrer à quel point nous sommes contre l'homophobie et la transphobie ! Les hétéros devraient aussi être gays autant que possible, pour être solidaires !", etc.

---

[64] Mukherji, S., "Mindset and Gene Expression", 15 février 2020.

https://www.psychologs.com/mindset-and-gene-expression/

Black Lives Matter et l'antiracisme

> "Le libéral blanc ne diffère du conservateur blanc que sur un point : il est plus fourbe, plus hypocrite que le conservateur... c'est celui qui a perfectionné l'art de se faire passer pour l'ami et le bienfaiteur du nègre. Le libéral blanc est capable d'utiliser le nègre comme un pion ou une arme"[65]

> Malcolm "X" Little, militant des droits des Noirs, 1963

> "Quand j'étais dans la rue, quand je parlais aux Noirs, très peu de gens avaient des préjugés sur le communisme.[66]

> Angela Davis, membre d'une secte et militante féministe, 1972

> "Les Afro-Américains ont subi un lavage de cerveau qui les empêche de faire preuve d'ouverture d'esprit et d'envisager un point de vue conservateur. J'ai reçu une partie de ce vitriol simplement parce que je me présente à l'investiture républicaine en tant que conservateur. Il s'agit donc d'un lavage de cerveau et d'un manque d'ouverture d'esprit, purement et simplement.[67]

> L'homme d'affaires noir américain Herman Cain,
> Interview sur CNN, octobre 2011

Ce sous-ordre du jour utilise le principe de l'oppresseur contre l'opprimé en plaçant les Blancs comme oppresseurs et les non-Blancs comme opprimés. Il crée évidemment des divisions raciales incendiaires, que ce soit dans les pays où les divisions raciales sont historiques (États-Unis, France, Royaume-Uni, etc.) ou dans ceux où elles sont relativement récentes et créées par la "diversité" (Irlande, par exemple). Il désigne aussi spécifiquement l'État - par le biais des forces de police - comme "oppresseur" fasciste, raciste et autoritaire.

Ce sous-ordre du jour contient des signaux de vertu et a été un cheval de Troie pour les Noirs aux États-Unis en particulier, car il était ostensiblement à leur avantage, alors qu'en fin de compte il ne ferait que leur nuire et les freiner.

Elle implique également une perception déformée de l'histoire/de la réalité, car elle repose sur la notion erronée que l'establishment américain - la police en particulier - est intrinsèquement raciste à l'égard des Noirs. Elle tente également de dissimuler le fait que le groupe racial noir commet un nombre disproportionné de crimes par rapport à d'autres groupes dans ce pays (en

---

[65] "Malcolm X : White Liberals and Conservatives".
https://www.YouTube.com/watch?v=T3PaqxblOx0

[66] Angela Davis - Pourquoi je suis communiste (entretien de 1972).

https://www.YouTube.com/watch?v=cGQCzP-dBvg

[67] Martin, R., "Herman Cain denies GOP's horrible history with blacks", 3 octobre 2011.

https://edition.cnn.com/2011/10/01/opinion/martin-cain-brainwashed/index.html

partie en raison de l'influence de l'idéologie dans les communautés noires). En outre, elle encourage le racisme anti-blanc, ainsi que le discours raciste selon lequel les Blancs devraient désormais être soumis aux Noirs, au nom de la "justice sociale" (un nouveau système de classes).

Elle a été soutenue par le système de toutes les manières habituelles et a constitué une attaque contre le capitalisme et la culture - au cours des "manifestations" que ce sous-ordre du jour a inspirées, puisque des entreprises et des monuments ont été attaqués.

La montée en puissance de BLM

George Floyd est mort le 25 mai 2020 et est devenu un catalyseur martyr de la secte/idéologie. Le mouvement Black Lives Matter (BLM), bien qu'il ait été créé auparavant, a alors pris de l'ampleur. La mort de Floyd a déclenché une cascade d'actions révolutionnaires glorieuses à travers le monde, dans près de 60 pays au cours de l'été, la majorité se trouvant aux États-Unis et en Europe. Nombre d'entre elles ont tourné à la violence, notamment à Londres et à Paris. Les "manifestations" londoniennes, qui ont duré plusieurs semaines, sont devenues violentes, en particulier lorsque des groupes d'extrême droite s'en sont mêlés après que des membres de la secte ont commencé à attaquer des monuments.[68] [69]

En Irlande, une manifestation a été organisée par plusieurs groupes sectaires, dont *Black Pride Ireland.* Selon leur site web *blackprideireland.ie* : "Nous sommes... une organisation LGBTQIA par des Noirs homosexuels, pour des Noirs homosexuels en Irlande".[70] Des personnes du monde entier étaient censées "s'agenouiller" en signe de solidarité. Certains membres non blancs de la secte se sont même filmés en train d'approcher des Blancs, insistant pour qu'ils se prosternent devant eux et s'excusent pour le "privilège blanc" (un acte qui symbolise la transformation de la classe des "oppresseurs" en celle des "opprimés" soumis).[71]

De toute évidence, en raison de l'ignorance du public mentionnée plus haut, trop peu d'entre eux accusaient le marxisme d'être à l'origine de cette folie. Ce

---

[68] BBC, "French police clash with anti-racism activists in Paris", 13 juin 2020.

https://www.bbc.com/news/world-europe-53036388

[69] BBC, "London protests : More than 100 arrests after violent clashes with police", juin 2020.https://www.bbc.com/news/uk-53037767

[70] The Irish Times, "Black Lives Matter protest takes place in Dublin", 6 juin 2020 (vidéo). https://www.irishtimes.com/news/black-lives-matter-protest-takes-place-in-dublin-1.4272820

[71] Le YouTuber BLM a forcé des filles blanches à s'agenouiller pour s'excuser du "privilège blanc". 3 juin 2020. https://www.YouTube.com/watch?v=RKF5LsTe6KM

n'est que plus tard que beaucoup ont compris. Patrisse Khan-Cullors, membre de la secte et cofondatrice de BLM, a donné une interview à *Real News Network* en 2015, qui a ensuite refait surface pendant les troubles, déclarant : "...nous avons en fait un cadre idéologique...moi-même et Alicia en particulier sommes des organisateurs formés, nous sommes des marxistes formés, nous sommes très au fait des théories idéologiques. Et je pense que ce que nous avons vraiment essayé de faire, c'est de construire un mouvement qui pourrait être utilisé par beaucoup, beaucoup de Noirs".[72] (en d'autres termes, "nous avons subi un lavage de cerveau, nous avons lu beaucoup de théories marxistes et nous voulons laver le cerveau de beaucoup d'autres Noirs").

Le réseau Black Lives Matter (officiellement) a été créé par Cullors, Alicia Garza et Opal Tometi en 2013.[73] Ces cinglés ayant subi un lavage de cerveau sont des personnifications de l'héritage de Saul Alinksy - des "organisateurs" de la communauté noire. La page "À propos" du site *blacklivesmatter.com* utilise une terminologie révélatrice. Le groupe dont "la mission entière est d'éradiquer la suprématie blanche" se décrit comme un "collectif de libérateurs" (insinuant que les Noirs sont asservis/opprimés, naturellement). Ils affirment que "nous devons dépasser le nationalisme étroit qui est trop répandu dans les communautés noires" et affirment leur "résilience face à l'oppression mortelle" (en d'autres termes, "il y a trop de patriotisme américain à notre goût").[74] Le texte "Passez à l'action" dit "Rejoignez le mouvement pour lutter pour la liberté, la libération et la justice". Il n'est pas nécessaire de sortir le dictionnaire marxiste-anglais.

Black Lives Matter Inc.

Un autre aspect du BLM, typiquement marxiste, est la criminalité évidente : émeutes, vols, agressions, dégâts matériels et fraudes. L'organisation a reçu environ 90 millions de dollars de dons en 2020, selon les sources.[75] 90 millions de dollars à une bande de membres d'une secte antiaméricaine et antiblanche ! Trahison des nantis !

Cullors a été démasquée comme une hypocrite et une profiteuse. Elle aurait acheté une propriété de 1,4 million de dollars à Los Angeles. La maison est

---

[72] Real News Network, "A Short History of Black Lives Matter", 23 juillet 2015.

https://www.YouTube.com/watch?v=Zp-RswgpjD8

[73] Mouvement "Black Lives Matter".
https://library.law.howard.edu/civilrightshistory/BLM

[74] https://blacklivesmatter.com/about/

[75] Morrison, A., "New Black Lives Matter tax documents show foundation is tightening its belt, has $30M in assets", 27 mai 2023.
https://apnews.com/article/black-lives-matter-donations-george-floyd-protests-ddcf0d21d130a5d46256aa6c5d145ea7

située à Topanga Canyon, un quartier riche à prédominance blanche, à quelques minutes en voiture des plages de Malibu.[76] Si ce n'est pas un geste envers la bourgeoisie, je ne sais pas ce que c'est ! Il semble que le crime paie. Selon le New York Post, Khan-Cullors a également acheté des maisons à Inglewood, Los Angeles, et une autre dans la ville, ce qui porte le total à 3,2 millions de dollars.[77] Qu'est-il advenu de l'expression "prendre aux riches pour donner aux pauvres" ? Ou, pour citer le grand Marx lui-même, qu'est-il advenu de "de chacun selon ses capacités, à chacun selon ses besoins" ? Les profits ne sont-ils pas diaboliques ? Je suppose que les "dons" sont différents, n'est-ce pas ?

Un article paru le 24 juin 2020 sur Breitbart.com s'est penché sur les antécédents de Mme Cullors, affirmant qu'elle "a été la protégée d'un terroriste national soutenant les communistes pendant plus d'une décennie, passant des années à se former à l'organisation politique et à absorber l'idéologie marxiste-léniniste radicale qui a façonné sa vision du monde". Le membre de la secte en question était Eric Mann qui "a encadré Cullors pendant plus d'une décennie dans l'organisation communautaire, a été membre de groupes militants de la gauche radicale : Students for a Democratic Society et Weather Underground, qui ont fait exploser des bâtiments gouvernementaux et des commissariats de police dans les années 1960 et 1970.[78]

L'une des organisations à l'origine de BLM s'appelle *Thousand Currents*. Susan Rosenberg est la vice-présidente du conseil d'administration. Rosenberg était une membre très active d'une secte juive et une terroriste intérieure anti-américaine qui a passé la plus grande partie de sa vie impliquée dans des activités "révolutionnaires".

Elle a notamment commis des attentats à la bombe et des fusillades, et tué par balle un agent de sécurité et des policiers lors d'un hold-up de la Brinks en 1981. Elle était un membre actif de l'*Organisation communiste du 19 mai*, qui menait une campagne de terrorisme intérieur contre l'État américain. Ce groupe nettement féministe soutenait des groupes marxistes de pouvoir noir

---

[76] "Marxist BLM leader buys $1.4 home in predominantly white neighborhood", 10 avril 2021. https://www.lawofficer.com/marxist-blm-leader-buys-1-4-home-in-predominantly-white-neighborhood/

[77] "Le cofondateur de BLM a dépensé 3,2 millions de dollars en accumulant des maisons au cours des dernières années", 11 avril 2021.

https://www.lawofficer.com/blm-co-founder-spent-3-2m-accruing-homes-in-past-few-years/

[78] Klein, J., "Black Lives Matter Founder Mentored by Ex-Domestic Terrorist Who Worked with Bill Ayers", 24 juin 2020.
https://www.breitbart.com/politics/2020/06/24/black-lives-matter-founder-mentored-by-ex-domestic-terrorist-who-worked-with-bill-ayers/

tels que la *Black Liberation Army*. Rosenberg devrait toujours être incarcérée, mais elle a été graciée par Bill Clinton le dernier jour de son mandat.[7980]

La mort de Floyd et l'accent mis sur BLM a été un énorme coup de pouce en termes de relations publiques pour la secte. Un article paru sur *uk.pcmag.com* le 20 juillet 2020 : "le hashtag #BlackLivesMatter a été utilisé 47,8 millions de fois sur Twitter du 26 mai au 7 juin 2020. C'est un peu moins de 3,7 millions de fois par jour !".[81] Par ailleurs, selon Forbes, le 2 juin 2020, on estime à 28 millions le nombre d'utilisateurs d'Instagram ayant posté un carré noir uni accompagné du hashtag #blackouttuesday. Un autre était #TheShowMustBePaused, utilisé par la multitude d'idiots de l'industrie musicale.[82]

Le plus grand mensonge de Candace

En octobre 2022, Candace Owens a fait une apparition dans l'émission *Tucker Carlson Tonight*. Candace Owens est un excellent exemple d'une femme noire américaine fantastique qui non seulement n'a pas été endoctrinée, mais qui est aussi une opposante talentueuse et prolifique à la secte/idéologie. Lors de l'interview, elle a parlé de BLM et d'un documentaire qu'elle a produit et qui s'intitule "The Greatest Lie Ever Sold" (Le plus grand mensonge jamais vendu). Elle portait un t-shirt amusant représentant le poing serré marxiste, tenant une belle liasse de billets. Sur la question du montant colossal des fonds reçus par BLM, elle a déclaré : "... ils ont volé les Américains, ils ont fait de l'argent, ils ont fait de l'argent : "Ils ont volé les Américains, ils ont volé les émotions des Américains, ils ont extrait des émotions, ils ont utilisé la douleur noire pour créer de la confusion et pour prendre des dizaines de millions de dollars aux gens".[83] Elle a également déclaré qu'une grande partie des fonds était en fait destinée au mouvement LGBTQ (preuve supplémentaire qu'il s'agit d'une grande secte).

Lorsque Carlson lui a demandé si des Noirs ordinaires avaient bénéficié de

---

[79] https://thousandcurrents.org/

[80] https://en.wikipedia.org/wiki/Susan_Rosenberg

[81] Cohen, J., "#BlackLivesMatter Hashtag Averages 3.7 Million Tweets Per Day During Unrest", 20 juillet 2020. https://uk.pcmag.com/why-axis/127817/blacklivesmatter-hashtag-averages-37-million-tweets-per-day-during-unrest

[82] Monckton, P., "This Is Why Millions Of People Are Posting Black Squares On Instagram", 2 juin 2020. https://www.forbes.com/sites/paulmonckton/2020/06/02/blackout-tuesday-instagram-black-squares-blackouttuesday-theshowmustbepaused/

[83] Fox News, "Owens details shocking documentary exposing Black Lives Matter funding", 13 octobre 2022. https://www.YouTube.com/watch?v=5JfMiXbVH4U

BLM, elle a répondu que non seulement BLM n'avait bénéficié à personne, mais qu'il avait en fait nui aux communautés noires : à la suite des émeutes, de nombreuses entreprises ont quitté ces zones (attaque contre le capitalisme), et il y avait des zones de police "interdites". Il est intéressant de noter qu'elle a mentionné que peu de temps après la diffusion de la bande-annonce du documentaire, l'IRS (Inland Revenue Service) a menacé son organisation caritative - Blexit - d'ouvrir une enquête. Deux poids, deux mesures, quelqu'un ?

Le témoignage d'un policier noir

Le 10 juillet 2020, une interview vidéo est apparue sur la chaîne YouTube de *KGW News*, mettant en scène l'officier Jakhary Jackson du Bureau de la police de Portland, dans laquelle il donne son point de vue de première main sur les troubles du BLM. Son témoignage professionnel est révélateur.[84]

Lorsqu'il tentait de s'adresser aux manifestants noirs, il était toujours interrompu par des membres blancs de la secte, qui les informaient de ne pas s'adresser à des officiers de police comme lui (ceci parce que les officiers de police noirs sont évidemment les plus à même de ramener les manifestants noirs à la raison). Jackson a obtenu un diplôme d'histoire à l'université d'État de Portland et a remarqué que les manifestants auxquels il avait affaire n'avaient aucune idée de l'histoire (en d'autres termes, ils balbutiaient une rhétorique marxiste erronée, c'est-à-dire de la propagande).

Il a donné des exemples de "manifestants" blancs criant des propos racistes à l'encontre d'officiers noirs, lors de "manifestations" prétendument antiracistes. Il a également noté que les Noirs quittaient ces manifestations, conscients qu'il y avait autre chose que les droits des Noirs à l'origine de l'agitation. Quelque chose d'autre en effet... "Cela en dit long quand vous êtes dans une manifestation "Black Lives Matter", vous avez plus de minorités du côté de la police que dans une foule violente", a-t-il déclaré. Il a également parlé de la condescendance dont il a fait l'objet de la part des membres de la secte blanche - on lui a dit de quitter son emploi, qu'il nuisait à sa communauté, etc. - et de l'hypocrisie d'une "personne blanche privilégiée qui dit à une personne de couleur ce qu'elle doit faire de sa vie" (lors d'une manifestation ostensiblement consacrée à l'égalité, aux droits et à l'autonomisation des Noirs, etc.)

Il s'agit d'un cas où le masque (de vertu) de l'idéologie tombe. Encore une fois, la secte/idéologie ne se soucie pas des gens, qu'ils soient noirs ou non. Si vous ne faites pas partie de la grande révolution, quelle que soit votre race, vous êtes l'ennemi. La mort de Floyd n'était qu'un prétexte pour les membres de la secte de faire ce qu'ils font : détruire. Ce qui est arrivé à Portland est une honte absolue ! Un exemple stupéfiant et exaspérant de ce qui arrive quand on

---

[84] KGW News, "KGW : What it's like to be a Black officer policing Portland protests | Raw interview", 10 juillet 2020. https://www.YouTube.com/watch?v=ha-7SETmJD4

n'éradique pas l'agitation marxiste immédiatement, avec une force extrême. Un foyer de marxisme dans l'Amérique d'aujourd'hui !

George américain et George irlandais

George Floyd n'était pas un être humain modèle. En fait, c'était un criminel dégénéré et un junkie. Ce jour-là, il était drogué jusqu'à la moelle et la police l'a approché parce qu'il utilisait un faux billet de 20 dollars. Bien que l'agent Derek Chauvin ait été incroyablement stupide de s'agenouiller ainsi sur lui, Floyd est mort parce qu'il n'a pas pu suivre les instructions de base de la police. Les images de la caméra corporelle de son arrestation le prouvent et montrent le comportement le plus frustrant et le plus pathétique que l'on puisse voir de la part d'une personne. Ces images (disponibles sur la chaîne YouTube *Police Activity*) mettent en lumière le travail incroyablement difficile que la police doit accomplir chaque jour dans ce pays.[85] (La chaîne YT *Police Activity* documente les incidents et les arrestations de la police à travers les États-Unis. Elle donne au spectateur une idée claire de qui et de ce à quoi la police doit faire face en permanence. Il est amusant de constater que, lors de leur arrestation, de nombreux Noirs plaident "je ne peux pas respirer", une tendance lancée par George Floyd).

Devons-nous être bouleversés par la mort d'une telle personne ? Il est certainement ridicule de considérer cette mort comme celle d'un saint. Des gens meurent constamment dans le monde entier, mais le programme marxiste exige, bien sûr, que le monde entier soit attristé par cette mort. Si l'homme était blanc, la secte ne réagirait pas, bien sûr, car ce n'est pas avantageux. De même, si une personne blanche est tuée par, disons, un migrant noir, la secte ferait tout ce qui est en son pouvoir pour étouffer l'affaire ; elle tirerait toutes les ficelles possibles pour empêcher que l'affaire n'atteigne la conscience publique, ou bien elle la tournerait de manière à ce qu'elle profite à la secte/idéologie en limitant les dégâts en termes de relations publiques. Dans le cas de Floyd, la secte a saisi l'occasion.

Les membres d'une secte en Irlande ont utilisé la même tactique - capitaliser sur la mort d'une personne non blanche. George Nkencho a été abattu devant son domicile près de Clonee, à la frontière entre Dublin et Meath, le 30 décembre 2020 par la Gardai (police). Le jeune homme de 27 ans avait agressé un directeur et menacé le personnel avec un couteau au centre commercial de Hartstown. Il a menacé des membres du public et la police qui est arrivée sur les lieux. Il a ensuite été suivi jusqu'à son domicile par les Gardai habituels,

---

[85] PoliceActivity, "Full Bodycam Footage of George Floyd Arrest", 10 août 2020.

https://www.YouTube.com/watch?v=XkEGGLu_fNU

non armés, qui lui ont conseillé de déposer son arme.[86]

L'ASU (unité de soutien armé) s'est rendue sur place et, après l'échec des tentatives de recours à la force non létale, Nkencho a été abattu alors qu'il s'élançait vers eux en brandissant une grande lame (une vidéo de l'incident le confirme). L'incident s'est déroulé selon le schéma habituel dans de telles circonstances (particulièrement visible aux États-Unis, comme le montre la chaîne YT Police Activity) : un jeune homme noir commettant un délit ou agressant quelqu'un, brandissant une arme mortelle, refusant de baisser son arme lorsque la police armée le lui ordonne, et tombant sous une pluie de balles.

Fait révélateur, le lendemain même, les membres de la secte en Irlande ont organisé une manifestation devant le commissariat de police de Blanchardstown ! Quelle surprise, n'est-ce pas ? Vous pouvez imaginer ces idiots mourant d'envie qu'un tel événement se produise afin de pouvoir sortir les pancartes anti-establishment ! Une image de la "manifestation" publiée dans le journal *Sunday World* le 3 janvier montre le poing serré des communistes.[87]

De manière typique, les membres de la secte - en particulier dans les médias - ont affirmé et réaffirmé que Nkencho avait des problèmes de "santé mentale", tentant de le dépeindre comme une victime (opprimée). Si c'était vrai, quelle différence cela ferait-il ? Il y a littéralement des centaines de millions de personnes dans le monde qui souffrent de problèmes de "santé mentale" et la majorité d'entre elles ne commettent pas de crimes violents ; en tout cas, elles ne se font pas tirer dessus alors qu'elles brandissent agressivement un couteau et qu'elles chargent des policiers armés ! Il en va de même pour l'Irlande elle-même, qui connaît de gros problèmes de dépression et de santé mentale, en particulier chez les jeunes hommes, et qui n'agit pourtant pas de la sorte. Il doit s'agir d'un racisme fasciste autoritaire institutionnel à l'égard des Noirs, n'est-ce pas ? Et qu'en est-il de la santé mentale - et des cicatrices mentales inexprimées tout au long de la vie - des personnes terrorisées et agressées par Nkencho ce jour-là ?

Des personnalités politiques irlandaises de haut rang et des membres de la secte ont exprimé leurs condoléances à la famille, toutes les personnes impliquées soulignant que Nkencho n'avait pas de casier judiciaire, mais qu'il souffrait de

---

[86] Hussey, S., "Man dies after being shot by gardaí in west Dublin", 30 décembre 2020.

https://www.rte.ie/news/crime/2020/1230/1186988-shooting/

[87] O' Connell et Foy, "False Claims : Family of George Nkencho pursuing legal action over 'vindictive assertions' circulating online", 3 Jan 2021.

https://www.sundayworld.com/news/irish-news/family-of-george-nkencho-pursuing-legal-action-over-vindictive-assertions-circulating-online-39925190.html

ces fameux problèmes de "santé mentale". Évidemment, ces sentiments ont dominé le récit officiel, et la police armée n'a pas été officiellement félicitée publiquement pour avoir fait son travail d'une manière significative. Sur les médias sociaux, cependant, les actions des agents ce jour-là ont été largement soutenues.

Dans une société saine, après un tel incident, un avertissement public (et une garantie) devrait être émis par l'État pour que de telles activités criminelles fassent l'objet de la même réponse à l'avenir. Jouer à des jeux stupides, gagner des prix stupides.

Le comportement antisocial disproportionné des Noirs

Aux États-Unis, la secte/idéologie tente de cacher le fait que les Noirs (par rapport aux Blancs) ont tendance à commettre plus de crimes, à se faire arrêter plus souvent et à adopter un comportement plus antisocial (y compris les meurtres, la criminalité liée à la drogue, etc.) En outre, il y a plus de crimes et de meurtres entre Noirs et Blancs que l'inverse. La secte/idéologie tente de déformer et d'inverser cette réalité. C'est pourquoi il est nécessaire qu'elle s'empare de chaque meurtre d'un Noir par un Blanc, afin de brosser un tableau contraire à la vérité. Il faut également affirmer sans équivoque que la programmation marxiste de la "victime" est un facteur de causalité majeur de tout cela.

Cette vérité a été mise en lumière par le brillant travail de Colin Flaherty (1955-2022), auteur et ancien journaliste irlando-américain décédé. Il a notamment publié *White Girl Bleed a Lot : The Return of Racial Violence to America and How the Media Ignore it* (2012) et *Don't Make the Black Kids Angry : The Hoax of lack victimisation and those who enable it* (2015).[88] Il est évident que son travail a suscité des critiques constantes de la part de la secte. Il a également reçu le soutien de nombreuses personnes. Thomas Sowell - le légendaire, éminent et brillant intellectuel noir - a fait l'éloge du travail de Flaherty.[89]

Selon Flaherty, lorsque des violences entre Noirs et Blancs se produisent, la secte réagit de plusieurs manières, notamment en niant qu'elles se produisent, en affirmant que les Blancs se livrent également à de telles violences ou en suggérant que les Blancs les méritent d'une manière ou d'une autre (la plus vile des trois). Bien entendu, toutes ces réponses puent la "logique" marxienne (psychose) et aucune ne contient une once de condamnation des auteurs/actes (et ce, tout en croyant qu'ils devraient être les arbitres de l'éthique sociétale !) Son travail a également mis en lumière le fait que le récit marxien affirme depuis des décennies qu'il existe un racisme institutionnel et une hostilité de la population blanche à l'égard des Noirs. On s'attendrait donc à voir beaucoup

---

[88] https://www.thriftbooks.com/a/colin-flaherty/1019415/

[89] https://en.wikipedia.org/wiki/White_Girl_Bleed_a_Lot

de violence entre Blancs et Noirs, mais c'est exactement le contraire qui se produit. [90] La seule chose qui soit systématique et "institutionnelle" ici, c'est la haine envers les Blancs. Encore une inversion.

Une fois de plus, le principe de l'oppresseur contre l'opprimé est central : l'endoctrinement convainc les membres du groupe "opprimé" qu'ils sont des victimes, ce qui encourage un comportement dégénéré au sein de ce groupe (surtout si cet endoctrinement existe depuis des dizaines d'années). Lorsque ce comportement se produit, si les membres de ce groupe ne sont pas corrigés ou si leur comportement n'est pas au moins condamné par la société, il s'aggravera et finira par entraîner la société dans sa chute (comme dans d'autres sous-agendas). En outre, ils estiment que la société leur doit quelque chose. Le comportement dégénéré et dérangeant met beaucoup d'entre eux en conflit avec les autorités, y compris la police (les "oppresseurs fascistes"). Les conséquences de leurs actes (punitions, arrestations, incarcérations, etc.) leur permettent de crier à nouveau à l'oppression. Et le cycle continue...

L'influence de l'idéologie fait ressortir le pire de l'humanité, dans n'importe quel groupe. L'infection marxiste dans les communautés noires crée ce cycle ; BLM le perpétue. BLM est anti-noir, car il asservit de nombreux Noirs à ce cycle de victimisation. Des choses comme l'"Affirmative Action" et les réparations ne sont là que pour faire avancer la cause marxiste, en diabolisant les groupes "oppresseurs" (les Blancs), ce qui contribue à l'endoctrinement des masses en général ; en outre, elles accordent un traitement préférentiel aux membres du groupe "opprimé" (les Noirs), ce qui conduit à tous les problèmes déjà énumérés.

Essentiellement, ce traitement préférentiel se plie davantage au groupe "opprimé", en répondant à la dégénérescence mentale provoquée par l'endoctrinement marxiste en premier lieu. Il est évident qu'il est bénéfique pour l'idéologie/la secte de créer une "culpabilité blanche", car cela renforce le récit.

(Soit dit en passant, un autre exemple de culpabilisation est le *Sorry Day* en Australie. Cet événement annuel du calendrier suggère que les personnes de souche européenne/caucasienne devraient s'excuser pour les mauvais traitements infligés aux Aborigènes dans le passé. Il s'agit d'une autre manœuvre marxiste fabienne des traîtres de ce pays visant à injecter un peu de culpabilité blanche dans la population. Cela ne sert à rien d'autre ! Donner aux Aborigènes le statut d'"opprimés" ne les aide en rien. Le Premier ministre fabiusien Kevin Rudd a présenté ses excuses au nom du gouvernement australien en 2008).[91]

---

[90] Notes tirées de ses vidéos en ligne et de ses interviews.

[91] https://en.wikipedia.org/wiki/National_Sorry_Day

Un autre facteur majeur de la dégénérescence et de la criminalité des Noirs (y compris les crimes entre Noirs) est la culture stupide des gangs de Noirs, qui est principalement le fait des Noirs. Et les gangs de trafiquants de drogue noirs endommagent principalement les communautés noires. Certains criminels noirs peuvent même être vénérés ou considérés comme des "rebelles" pour avoir commis des crimes et attiré l'attention des forces de l'ordre. Quelle putain de noblesse ! Être un voyou et un criminel dégénéré, c'est "cool", n'est-ce pas ? N'est-il pas amusant de voir des gens prétendre qu'ils n'ont pas le choix, et qu'ils sont essentiellement forcés de choisir une vie de criminalité, de trafic de drogue, etc. Membres de gangs criminels et trafiquants de drogue (toutes races confondues), vous avez le choix : rendez service au monde et tuez vous ! Ce serait plus noble que de détruire vos communautés et de gâcher la vie des gens. Si c'est un peu trop extrême, pourquoi ne pas trouver un (vrai) travail ?

Une police "raciste

Dans le cadre de ses efforts pour cacher cette vérité aux masses (les taux de criminalité noire disproportionnés), la secte a besoin de contrôler les forces de police. C'est ce qui se passe actuellement dans tout l'Occident : les policiers sont endoctrinés et pensent qu'ils ont des préjugés contre les personnes non blanches et qu'ils en arrêtent trop, etc. La cause en est le racisme blanc institutionnel, naturellement, n'est-ce pas ? Bien sûr, l'arrestation de suspects noirs n'a rien à voir avec le comportement des individus en question (et l'insinuer serait "raciste"). Au Royaume-Uni, en mars 2023, un "rapport" rédigé par Dame Louise Casey, membre d'une secte, a été publié. Il affirme essentiellement que le Metropolitan Police Service (MPS, ou "Met") de Londres est institutionnellement raciste, misogyne et homophobe. Comme on pouvait s'y attendre, le rapport dénonçait le fait que l'initiative "Stop and Search" de la Met n'était pas équitable sur le plan racial, les Noirs étant davantage interpellés par la police. [92]

Un article du journal The Guardian du 21 mars inclut la réponse du maire de Londres, Sadiq Khan, qui a déclaré : "Les preuves sont accablantes : "Les preuves sont accablantes. La baronne Casey a découvert du racisme institutionnel, de la misogynie et de l'homophobie, ce que j'accepte. Je serai résolu à soutenir le nouveau commissaire et à lui demander des comptes alors qu'il s'efforce de réformer la police". [93] Euh oh... une nouvelle police

---

[92] Baroness Casey of Blackstock, "An independent review into the standards of behaviour and internal culture of the Metropolitan Police Service", mars 2023.

https://www.met.police.uk/SysSiteAssets/media/downloads/met/about-us/baroness-casey- review/update-march-2023/baroness-casey-review-march-2023a.pdf

[93] Dodd, V. "Met police found to be institutionally racist, misogynistic and homophobic", 21 mars 2023. https://www.theguardian.com/uk-

communiste ? Quoi qu'il en soit, tout ce qui s'est passé ici, c'est qu'un membre de la secte a fait de la propagande et qu'un autre l'a approuvée, insinuant que le premier membre de la secte est une sorte d'"expert".

Tout groupe racial (dans ce cas, les Noirs au Royaume-Uni) devrait être arrêté plus souvent en moyenne que les autres groupes raciaux, s'il a un comportement antisocial plus fréquent. Nous devrions être heureux de voir toute personne arrêtée et punie pour avoir commis des délits, en particulier des délits graves, quelle que soit sa race. Les adeptes de sectes ne le sont manifestement pas.

En résumé, tout ceci n'est qu'une partie de l'effet fou et destructeur de civilisation de l'application d'une égalité artificielle, en plus de l'effondrement de la loi et de l'ordre que l'idéologie crée.

Les chiffres du site *gov.co.uk* pour les "Arrests" publiés en octobre 2023 montrent que " le taux d'arrestation des personnes noires était 2,4 fois plus élevé que celui des personnes blanches - il y avait 21,2 arrestations pour 1 000 personnes noires, et 9,0 arrestations pour 1 000 personnes blanches " (période avril 2020-mars 2022). La rubrique "Par ethnie" indique le "taux d'arrestation" (nombre d'arrestations pour 1 000 personnes), par ethnie" (pour avril 2021-mars 2022) : en première position, "Toute autre origine noire" à 53,5, puis "Noirs des Caraïbes" à 24,4, puis "Noirs" à 21,2, puis "Blancs mixtes et Noirs des Caraïbes" à 17,5 en quatrième position.[94]

Émeutes de Chicago 2023

En avril 2023, des bandes de jeunes, en grande majorité non blancs, ont déclenché une émeute dans la ville hautement contaminée de Chicago, dans l'Illinois. Ils se sont livrés à des agressions, à des dégâts matériels, ont sauté sur des véhicules et se sont livrés à des actes de dégénérescence générale dans les quartiers du centre-ville et du front de mer. Un adolescent a reçu une balle dans la cuisse.[95] Il est évident que c'est le résultat de la présence de l'idéologie.

Le maire noir de Chicago est le membre de la secte et démocrate Brandon Johnson, qui s'est toujours impliqué dans des causes et des groupes

---

news/2023/mar/21/metropolitan-police-institutionally-racist-misogynistic-homophobic-louise-casey-report

[94] "Arrests", 24 octobre 2023. https://www.ethnicity-facts-figures.service.gov.uk/crime-justice-and-the-law/policing/number-of-arrests/latest/

[95] Nguyen et Stefanski, "Chicago Police Respond to Large Groups of Teenagers Downtown for 2nd Night in a Row", 15 avril 2023. https://www.nbcchicago.com/news/local/chicago-police-millennium-park-crowds-31st-street-beach/3119992/

"progressistes".[96] Après les émeutes, il a refusé de condamner catégoriquement la criminalité, montrant les symptômes classiques de l'endoctrinement marxiste. Il était à Springfield pour s'adresser à l'assemblée générale de l'Illinois et s'est adressé aux médias à l'extérieur : "diaboliser les enfants est une erreur... nous devons aussi assurer leur sécurité... ils sont jeunes... ils prennent parfois des décisions stupides", suggérant que la solution était d'investir dans les jeunes (!).[97]

Quelle drôle de réponse ! Il montrait vraiment son expertise, puisqu'il a reçu une "éducation" marxienne en "développement de la jeunesse" à l'université d'Aurora, dans l'Illinois. Au moins, il n'a pas hésité à dire qu'ils étaient des victimes opprimées lorsqu'ils sautaient sur les toits des voitures.

Son plaidoyer en faveur de la "communauté", etc. fait partie de l'héritage de l'agitateur marxiste Saul Alinsky. Pendant les troubles de BLM, Johnson a rédigé la résolution "Justice for Black Lives" (Justice pour les vies noires) qui a été adoptée en juillet 2022. Il y suggère que le comté "réoriente les fonds destinés au maintien de l'ordre et à l'incarcération vers des services publics non administrés par les forces de l'ordre".[98] De toute évidence, les "services publics" sont des "services" infectés par le marxisme. Je me demande si une telle réorientation des fonds explique pourquoi, lors des émeutes d'avril 2023, la police ne semblait pas disposer de matériel anti-émeute ?

Lors d'une conférence de presse en août 2023, il a déclaré que son administration était basée sur le "soin" et que certaines "tendances" se produisaient dans la ville. Lorsqu'un journaliste lui a demandé de donner des exemples de certaines de ces tendances, il a qualifié les émeutes de "grands rassemblements". Un autre journaliste lui a demandé s'il faisait référence aux "actions de la foule", ce à quoi il a répondu : "Non, ce n'est pas approprié" : "Non, ce n'est pas approprié, nous ne parlons pas d'émeutes...". Il a fait taire les journalistes à plusieurs reprises et a de nouveau parlé de "grands rassemblements" en continuant : "Il est important que nous parlions de ces dynamiques de manière appropriée... Il ne s'agit pas d'obscurcir ce qui se passe, mais nous devons être très prudents lorsque nous utilisons des termes pour

---

[96] https://en.wikipedia.org/wiki/Brandon_Johnson

[97] Fox 32 Chicago, "Chicago mayor-elect says 'demonizing children is wrong' after downtown chaos", 19 avril 2023.
https://www.YouTube.com/watch?v=TBOL1Au4tQ8

[98] Yin, A., "Brandon Johnson a dit une fois que c'était un 'objectif politique' de défaire la police. Il a été moins précis dans sa candidature à la mairie", 23 février 2023. https://www.chicagotribune.com/politics/elections/ct-brandon-johnson-defund-police-justice-for-black-lives-20230223-lrapyjp5xzcilfmvkys3bajcki-story.html

décrire certains comportements".[99] Quelle attitude audacieuse ! Pour qui se prend-il ? Une insulte à Chicago !

Il est évident que le terme "grands rassemblements" est un terme "gentil", qui ne porte pas de jugement (par rapport à "foule", "gang", etc.). Il est évidemment interdit de juger ces pauvres jeunes des groupes minoritaires "opprimés", n'est-ce pas ? La phrase soulignée illustre l'insistance de la secte à contrôler le langage - et donc la narration - comme indiqué ailleurs. En outre, le fait de mentionner l'obscurcissement tout en s'engageant dans l'obscurcissement est également une escroquerie marxiste typique. Un comportement sournois.

Il ne fait aucun doute que les habitants sains d'esprit de Chicago auraient été scandalisés par les émeutes et qu'ils ont le droit de décrire les auteurs comme ils l'entendent ! Même le langage le plus injurieux imaginable est trop fort pour eux, et toute personne saine d'esprit conviendrait qu'ils auraient dû être punis de façon expéditive. Après avoir été sommés de se retirer et de se disperser, les jeunes qui les ignoraient auraient dû être immédiatement encerclés, compressés, malmenés, puis emmenés dans des fourgons de police pour passer la nuit enfermés. C'est ainsi que l'on établit une norme, qui dissuade de nouveaux comportements à l'avenir ; une réaction molle de la part des autorités ne fait qu'encourager d'autres comportements de ce type. Sinon, on peut imaginer quel genre d'"adultes" détraqués ces adolescents gâtés deviendront.

Un jeune couple métis a été agressé par la foule d'adolescents, dans ce qu'ils ont déclaré être une attaque aléatoire et non provoquée. Un autre membre de la secte, le sénateur d'État Robert Peters, aurait déclaré : "Je considère le comportement des jeunes comme un acte et une déclaration politiques. C'est une protestation de masse contre la pauvreté et la ségrégation".[100] L'absence de condamnation et la tentative de justification de ce comportement criminel montrent qu'il s'agit d'un marxiste. Ce qu'il voulait vraiment dire, c'est "oppression et ségrégation du prolétariat par l'apartheid".

Le vendredi 4 août 2023, une émeute a éclaté dans le parc Union Square de New York, avec les habituels dégâts matériels, jets de projectiles sur la police, perturbation de la circulation, escalade des structures comme des singes et terreur des habitants. Kai Cenat, bon samaritain et star des réseaux sociaux, a eu la brillante idée d'organiser une distribution d'articles de jeu, qu'il a

---

[99] NBC Chicago, "Chicago Mayor Brandon Johnson's full remark on teen violence on Wednesday's press conference", 3 août 2023.
https://www.YouTube.com/watch?v=aYILmiuH_BE

[100] Potter, W. "They said they were trying to kill us !" (Ils ont dit qu'ils essayaient de nous tuer !) Chicago couple who were battered by violent mob say it was a 'completely random' attack", 19 avril 2023. https://www.dailymail.co.uk/news/article-11988761/Chicago-couple-battered-violent-mob-condemn-random-attack-state-senator-DEFENDS-rioters.html

annoncée en direct.[101] La vidéo montre des participants majoritairement non blancs.[102] Cenat a été accusé d'incitation à l'émeute. De toute évidence, Cenat et les Playstations n'ont rien à voir ici ; ce n'était qu'un enfant bruyant et stupide. Ce qui est important, c'est le sentiment anti-establishment qui suinte des non-Blancs, qui bouillonne sous la surface, et leur volonté de participer à la destruction de la civilisation sur un simple coup de tête (ou de Playstation). Cette mentalité est principalement due au lavage de cerveau marxiste.

Féminisme

> Nous ne pouvons plus ignorer cette voix intérieure qui dit : "Je veux quelque chose de plus que mon mari, mes enfants et ma maison".[103]
>
> Betty Friedan, *La mystique féminine*, 1963

> "Nous ne devons pas être comme certains chrétiens qui pèchent pendant six jours et vont à l'église le septième, mais nous devons parler pour la cause tous les jours, et faire en sorte que les hommes, et surtout les femmes que nous rencontrons, rentrent dans les rangs pour nous aider"[104]
>
> Eleanor Marx, Discours à l'occasion de la première journée de mai, 1890

> "Pour les féministes radicales, le nouveau féminisme n'est pas seulement la renaissance d'un mouvement politique sérieux en faveur de l'égalité sociale. C'est la deuxième vague de la révolution la plus importante de l'histoire. Son but : renverser le système de classes et de castes le plus ancien et le plus rigide qui existe, le système de classes fondé sur le sexe - un système consolidé pendant des milliers d'années... (c'est) l'aube d'une longue lutte pour se libérer des structures de pouvoir oppressives mises en place par la nature et renforcées par l'homme".[105]
>
> Shulamith "Firestone" Feuerstein, *La dialectique du sexe*, 1970

Liste de contrôle des cocos

Ce sous-agenda/sous-culte est peut-être le plus problématique de tous. Il utilise le principe de l'opposition contre l'opposition de la manière diabolique

---

[101] https://en.wikipedia.org/wiki/Kai_Cenat_Union_Square_giveaway

[102] Eyewitness News, "LIVE | Twitch streamer's giveaway sparks mayhem in Union Square", 4 août 2023. https://www.YouTube.com/watch?v=b9Hvl7k2SRk

[103] Friedan, B., *The Feminine Mystique* (1963). https://libquotes.com/betty-friedan/quote/lbo3h2k

[104] Marx, E., Discours à l'occasion de la première journée de mai, 1890. https://www.marxists.org/archive/eleanor-marx/works/mayday.htm

[105] Feuerstein, S., *La dialectique du sexe* (1970), p. 15.

https://teoriaevolutiva.files.wordpress.com/2013/10/firestone-shulamith-dialectic-sex-case-feminist-revolution.pdf

habituelle, en creusant un fossé entre les hommes et les femmes hétérosexuels. C'est sans doute la clé de l'impact mondial de la secte/idéologie à l'heure actuelle.

S'attaquer à un peuple ou à une nation dans le but de l'affaiblir est la tactique ultime pour diviser et conquérir, car il n'y a pas de clivage social plus universel que celui de l'homme et de la femme. Naturellement, cette occasion de créer la division n'a pas été négligée par la secte/idéologie.

Ce sous-ordre du jour est une attaque contre plusieurs éléments clés qui assurent la force, l'unité et la défense d'une nation, notamment la cellule familiale et le rôle des hommes en tant que bâtisseurs et défenseurs des civilisations (et la masculinité qui y est liée). Elle contribue à neutraliser les hommes dans leur rôle traditionnel et millénaire de protecteurs d'une société, en les dépeignant comme des "oppresseurs" (encore une inversion). Elle encourage les femmes à avoir une attitude négative, cynique/suspicieuse et déformée à l'égard des hommes par défaut, ce qui affaiblit les hommes collectivement (et donc leur capacité à être des protecteurs). Elle a engendré des termes de propagande tels que "masculinité toxique" et "culture du viol".

Au niveau sociétal, elle encourage non seulement un manque d'appréciation des hommes (et des contributions irremplaçables qu'ils apportent chaque jour), mais aussi un dédain palpable à leur égard. Sur le plan personnel, il déforme souvent la perception qu'une femme a des hommes avec lesquels elle interagit, en particulier des hommes qui sont véritablement forts de caractère ("dominants"). Une société/nation forte et saine est une société dans laquelle les hommes et les femmes se complètent et se soutiennent mutuellement ; ils sont considérés comme complémentaires et non comme "égaux". Cela devient impossible dans une société contaminée par le marxisme, au détriment de tous. La popularisation de la notion d'"égalité" des sexes est elle-même un résultat de l'infection.

Le nouveau système de classes, le double standard et l'hypocrisie sont évidents dans la manière dont les hommes hétérosexuels sont systématiquement négligés, marginalisés ou discriminés (dans l'éducation, les tribunaux de divorce, les positions d'autorité, etc.) L'idéologie donne la priorité aux femmes et tente de les placer dans la classe supérieure (autrefois "opprimée", aujourd'hui), manifestant ainsi le privilège féminin au niveau sociétal et le gonflement de l'ego qui en résulte au niveau individuel. Les résultats de ce gonflement de l'ego chez les femmes endoctrinées sont visibles, évidents et catastrophiques pour la société.

C'est un cheval de Troie parce qu'il est présenté comme quelque chose de bénéfique pour une société juste et prospère - une exigence même. Il commence par être apparemment bienveillant, défendant certaines causes apparemment inoffensives comme le droit des femmes à travailler ou à voter, etc. ; puis, en l'espace de quelques générations, il se retrouve dans la rue pour protester contre le fait que l'avortement n'est pas assez répandu (participant ainsi au génocide de son propre peuple). C'est un excellent exemple du fonctionnement du principe du cheval de Troie. Les différentes "vagues" ou interprétations du féminisme n'étaient que des étapes.

Le féminisme est fondé sur une perception marxienne déformée de l'histoire, selon laquelle les femmes ont historiquement souffert plus que les hommes, en raison de l'oppression des hommes/du patriarcat, et doivent désormais bénéficier d'un traitement préférentiel (alias privilège). Cette distorsion est également appliquée au présent, insinuant que les femmes souffrent toujours plus que les hommes (une inversion de plus, puisque les femmes sont désormais privilégiées par rapport aux hommes). Le féminisme est également clairement promu/soutenu par le système "progressiste".

S'attaque-t-elle aux piliers de la civilisation occidentale ? Étant donné que le christianisme (en particulier l'Église catholique) s'est généralement opposé à la secte/idéologie, il n'est pas surprenant que le féminisme ait été en conflit avec elle, contribuant à éroder son influence sur des questions telles que l'avortement, la contraception, le mariage, etc. Il s'agit clairement d'une attaque contre la cellule familiale nucléaire hétérosexuelle traditionnelle, en endoctrinant avec succès de nombreuses femmes pour les éloigner de la maternité. Enfin, ce sous-ordre du jour tente manifestement d'imposer l'"égalité" et fait appel à la vertu.

En outre, le féminisme complète également le sous-programme anti-blanc de l'idéologie puisqu'il a surtout proliféré dans les pays occidentaux. Le féminisme, combiné à son produit, l'avortement, contribue à l'eugénisme anti-blanc, sans doute plus que les autres sous-agendas.

Ses effets et ce qu'il est vraiment

Le féminisme produit les effets suivants, dont certains sont développés plus loin : il contribue à déséquilibrer la société en termes de dynamique yin/yang masculin/féminin ; il accroît le comportement psychotique des femmes sur le plan psychologique par le biais d'un endoctrinement hédoniste égocentrique et sur le plan chimique par le biais de la pilule contraceptive (progestérone) ; il démoralise la classe des guerriers (c'est-à-dire les hommes) ; il réduit le taux de natalité dans une population affectée (réduction de la création de la vie), et il augmente et normalise l'avortement (anti-vie) ; il place un nombre croissant de femmes et d'hommes homosexuels dans des positions d'autorité ou d'influence (au nom de l'égalité des sexes). démoralise la classe guerrière (c'est-à-dire les hommes) ; réduit le taux de natalité dans une population affectée (réduction de la création de vie), et augmente et normalise l'avortement (anti-vie) ; place un nombre croissant de femmes et d'homosexuels à des postes d'autorité ou d'influence (au nom de la "diversité" et de l'"égalité"), ce qui permet à l'idéologie de continuer à proliférer en raison de la féminisation de la société et de la politique.

D'aucuns pourraient faire valoir que cela rend apparemment certaines femmes heureuses, ou que les femmes aiment se décrire comme féministes, ou qu'elles aiment le féminisme, etc. Ces arguments ne signifient rien. Ce n'est pas parce que quelqu'un aime quelque chose que c'est bon. Un violeur aime l'acte de viol, j'en suis sûr. Quiconque aime être féministe participe à un crime pire que le viol d'une seule femme - le viol marxien du psychisme féminin, de la véritable féminité et de l'intégrité des femmes en tant que collectivité (sans parler du viol marxien de la civilisation).

En outre, qu'en est-il à long terme ? Il est facile pour une adolescente ou une jeune femme d'une vingtaine d'années de dire qu'elle aime le féminisme, mais qu'en est-il plus tard dans la vie ? Lorsqu'il sera trop tard pour commencer à avoir des relations sérieuses et à fonder une famille, défendra-t-elle ses convictions, après s'être rendu compte qu'elle a laissé passer sa chance ? Je doute qu'il y ait beaucoup de gens qui aient le courage d'admettre qu'ils ont eu la mauvaise attitude depuis le début... une vie passée à se bercer d'illusions et à se cacher des émotions "négatives" s'en chargera ; mais il y a quelques exceptions.

En décembre 2023, Fox News a présenté une femme de 38 ans qui a fait une vidéo en larmes, montrant qu'elle s'était finalement "réveillée" de l'endoctrinement.[106] Melissa Persling avait précédemment écrit un article pour Business Insider dans lequel elle exprimait sa crainte d'avoir "raté l'occasion" de fonder une famille, etc. Elle a déclaré : "C'est un tel sentiment de culpabilité : "La culture actuelle est tellement axée sur le moi... et je pense que certaines d'entre nous passent à côté", ajoutant : "Je me sens incroyablement trahie par le féminisme". À propos de son éducation, elle a déclaré : "On m'a constamment inculqué l'idée que... "Les femmes peuvent tout faire, nous n'avons pas vraiment besoin des hommes" (mais) les femmes ne peuvent pas tout faire". Bien que Mme Persling ait apparemment été malmenée par le public après la publication de l'article (pour s'être attiré les foudres, en fait), elle a fait quelque chose de positif, de même que pour la vidéo. Elle devrait être félicitée, et non maltraitée.

Là encore, le lavage de cerveau marxiste utilise l'hédonisme comme carotte - il vous procure un plaisir à court terme, en échange d'une insatisfaction à long terme, d'une illusion, etc. De nombreuses femmes sont tombées dans ce piège, par naïveté et crédulité, ce qui n'est pas surprenant. Malheureusement, les conséquences de leurs mauvais choix ne se limitent pas à leur vie, puisque la décision des femmes de refuser la responsabilité traditionnelle d'avoir des

---

[106] Grossman, H., "Woman in her 30s cries describing finally wanting kids after swearing off marriage : 'Betrayed by feminism'", 11 décembre 2023.

https://www.foxnews.com/media/woman-30s-cries-describing-finally-wanting-kids-after-swearing-off-marriage-betrayed-feminism

enfants (ou de les retarder jusqu'à un âge plus avancé) a un impact sur l'ensemble de la société. À l'époque du pré-marxisme et du pré-féminisme, il n'était pas socialement acceptable que les femmes refusent cette responsabilité. Dans cette nouvelle ère post-féministe, c'est plus qu'acceptable, et trop de femmes font de mauvais choix, grâce à l'endoctrinement.

Le féminisme n'est pas favorable aux femmes, il est favorable au marxisme. Soutenir ce sous-agenda signifie que vous soutenez la dégénérescence et la destruction des femmes, plutôt que d'être humanitaire, "compatissant", etc. Être féministe signifie que vous soutenez l'idéologie marxiste destructrice de la civilisation (via l'un de ses sous-agendas) - cette même civilisation dont vous faites partie, qui vous a créé, qui vous permet de vivre, de connaître le bonheur, etc. En substance, cela signifie que vous êtes anti-civilisationnel et anti-humain. Inversement, il n'y a aucun avantage sociétal à soutenir le féminisme, que ce soit pour les femmes ou pour la société en général. Il n'est encouragé que parce qu'il s'agit d'un sous-ordre du jour de l'idéologie visant à instaurer une égalité uniforme contre nature et déformant la réalité, ce qui n'est pas une bonne chose. Encore une fois, le marxisme ne se préoccupe pas des personnes ou des groupes, il les utilise simplement pour progresser. L'idéologie est douée pour trouver des personnes/groupes mécontents et pour coopter leurs griefs à son profit. Essentiellement, elle les encourage à se révolter contre leurs "oppresseurs".

Les féministes communistes

Les liens entre le féminisme et la grande secte/idéologie sont infinis, avec plusieurs centaines de personnalités impliquées au cours des deux derniers siècles. Il existe différentes variétés de féministes, dont beaucoup croient que pour mettre fin à l'"oppression" des femmes, il faut renverser le capitalisme puisque la "division des classes" est inhérente à la société capitaliste. Voici quelques exemples de féministes communistes :

Les féministes Betty Millard (1911-2010),[107] Mary Inman (1894-1985),[108] et Eleanor Flexner (1908-1995)[109] étaient toutes membres du Parti communiste américain (CPUSA). Dans les années 1940, Millard a écrit pour un torchon marxiste appelé *New Masses*, et a rédigé "Woman Against Myth" - *un* texte féministe de vingt-quatre pages sur la suprématie masculine, entre autres choses.

Dans son livre *In Woman's Defense* (1940), Inman parle de l'inégalité des sexes et de l'oppression des femmes. Flexner a écrit *Century of Struggle : The Women's Rights Movement in the United States* (1959). Ce n'est que plus tard

---

[107] https://en.wikipedia.org/wiki/Betty_Millard

[108] https://en.wikipedia.org/wiki/Mary_Inman

[109] https://en.wikipedia.org/wiki/Eleanor_Flexner

dans sa vie, après des décennies de promotion de l'idéologie, qu'elle a admis publiquement être membre du parti.

La féministe Elizabeth Gurley Flynn (1890-1964) a présidé le Comité national du CPUSA de 1961 à 1964. Elle a été impliquée dans diverses activités sectaires et s'est fait un nom en tant qu'organisatrice des *Industrial Workers of the World* (IWW) au début du 20e siècle. Adolescente, Flynn a été contaminée par ses parents, qui étaient eux-mêmes membres d'une secte, semble-t-il. Traître à l'Amérique depuis toujours, elle a eu droit à l'équivalent de funérailles nationales à Moscou en 1964.[110]

Angela Davis est une militante féministe noire américaine et un ancien membre du Parti communiste américain. Elle a figuré sur la liste des dix fugitifs les plus recherchés par le FBI pour son implication dans la mort du juge Harold Hely en 1970. Mme Davis a également été directrice du département d'études féministes de l'université de Californie, à Santa Cruz, jusqu'à sa retraite.[111]

En 1970, Shulamith (Feuerstein) Firestone (1945-2012) a écrit *The Dialectic of Sex : The Case for Feminist Revolution*, dans lequel elle déclare : "Les féministes doivent remettre en question non seulement toute la culture occidentale, mais aussi l'organisation de la culture elle-même, et même l'organisation de la nature". [112]

Firestone est considérée comme une "féministe radicale" - une interprétation qui appelle au démantèlement du redoutable patriarcat sexiste et oppressif. Dans son livre, elle suggère que l'objectif de la révolution féministe est l'élimination "de la distinction sexuelle elle-même", et pas seulement des privilèges masculins (ce qui devrait résonner en raison de la société transsexuelle dans laquelle nous vivons aujourd'hui). Apparemment, c'est le comportement autoritaire de son père juif orthodoxe qui a inspiré son militantisme. [113] Feuerstein a participé à la création de plusieurs groupes féministes, dont les *Redstockings* en 1969. [114] Atteinte de schizophrénie pendant de nombreuses années, Feuerstein est morte recluse en 2012, à l'âge de 67 ans. Une autre vie gâchée.

La même année, un autre ouvrage de trash féministe marxien de classe a été écrit sous le titre *The Myth of the Vaginal Orgasm (Le mythe de l'orgasme*

---

[110] https://www.britannica.com/biography/Elizabeth-Gurley-Flynn

[111] https://www.britannica.com/biography/Angela-Davis

[112] Feuerstein, S., *La dialectique du sexe : The Case for Feminist Revolution* (1970).

https://teoriaevolutiva.files.wordpress.com/2013/10/firestone-shulamith-dialectic-sex-case-feminist-revolution.pdf

[113] https://en.wikipedia.org/wiki/Shulamith_Firestone#Early_life

[114] https://en.wikipedia.org/wiki/Redstockings

vaginal).[115] L'auteur est Anne Koedt, qui a participé à la création de plusieurs groupes d'activistes féministes.[116]

La mystique marxiste

Betty Friedan (1921-2006 ; née Bettye Goldstein) était un autre membre de la secte actif aux États-Unis au 20e siècle. Considérée comme une icône féministe et une figure clé dans la création de ce que l'on appelle le féminisme de la "deuxième vague", elle est l'auteur d'un livre très révéré intitulé *The Feminine Mystique* (1963) (titre ironique et amusant, car féminité et féminisme ne vont généralement pas de pair).[117]

Friedan a donné l'impression d'être une femme au foyer opprimée qui s'est "réveillée" de l'horrible réalité dans laquelle elle vivait, et qui a décidé d'écrire un livre à ce sujet. En réalité, tout cela n'était qu'une vaste conjuration marxiste : Friedan était attachée au mouvement communiste aux États-Unis, en tant qu'activiste et propagandiste pendant de nombreuses années.[118] Malheureusement pour les États-Unis (et pour d'autres pays victimes du féminisme par la suite), le public s'est laissé séduire par cette escroquerie. Le livre s'est vendu à des millions d'exemplaires. C'est à cause de ce genre de conneries...

Dans son livre, elle décrit sa vie de famille en banlieue en des termes dramatiques, qualifiant son foyer de "camp de concentration confortable" (on en revient aux nazis !). Il s'avère, selon son mari Carl, qu'ils avaient une femme de ménage à plein temps et que Betty était trop occupée à militer à l'extérieur de la maison pour être une épouse et une mère digne de ce nom ! Elle était l'exemple même de ce que l'endoctrinement "révolutionnaire" peut faire à l'esprit d'une femme - trop occupée à essayer de "sauver" le monde pour faire ce qu'il faut pour ceux qui l'entourent. Le passé communiste de Friedan a été mis en évidence dans *Betty Friedan and the Making of the Feminine Mystique : The American Left, the Cold War and Modern Feminism* (1999), du professeur David Horowitz.[119]

---

[115] Koedt, A., "Le mythe de l'orgasme vaginal", 1970.

https://web.archive.org/web/20130106211856/http://www.uic.edu/orgs/cwluherstory/CWLUArchive/vaginalmyth.html ; https://en.wikipedia.org/wiki/Anne_Koedt

[116] https://en.wikipedia.org/wiki/Anne_Koedt

[117] https://www.britannica.com/biography/Betty-Friedan

[118] Horowitz, D., "Betty Friedan's secret Communist past", 18 janvier 1999.

http://www.writing.upenn.edu/~afilreis/50s/friedan-per-horowitz.html

[119] Horowitz, D. *Betty Friedan et la création de "The Feminine Mystique" : The American Left, the Cold War, and Modern Feminism* (1999).

La professeure féministe Alison Jagger a qualifié la famille nucléaire de "pierre angulaire de l'oppression des femmes : elle renforce la dépendance des femmes à l'égard des hommes, elle renforce l'hétérosexualité et elle impose les structures de caractère masculines et féminines dominantes à la génération suivante".[120] La contribution globale de Jagger à la diffusion de l'idéologie a été de fusionner le féminisme et les études philosophiques. Elle a travaillé avec des universités aux États-Unis, en Nouvelle-Zélande et en Norvège.[121]

Les livres et textes susmentionnés écrits par des membres de sectes contiennent, dans un sens, des exemples des "charges utiles" idéologiques dont Kent Clizbe a parlé dans son livre *Willing Accomplices,* mentionné plus haut. Par exemple, l'idée qu'une femme qui est une femme au foyer traditionnelle est une forme d'"oppression" et qu'elle sera malheureuse.

Groupes féministes

En Irlande, le groupe féministe le plus important est le *National Women's Council.* Extrait de la page "À propos de nous" : "Notre objectif est de mener l'action pour la réalisation de l'égalité des femmes et des filles en mobilisant, en influençant et en construisant la solidarité", et "le féminisme est une valeur centrale et essentielle de notre organisation. Cela signifie que nous agissons systématiquement pour atteindre une véritable égalité pour toutes les femmes et les filles".[122]

Un autre est *Radicailín*. Ce nom est un autre portemanteau marxien combinant "radical" et "cailín" (le mot gaélique irlandais pour "fille") ; une autre tentative typique de feindre l'irlandaisité. Extrait de la page d'accueil de leur site web (souligné pour l'accentuation) : "Nous sommes un groupe de libération des femmes composé de femmes irlandaises et migrantes qui reconnaissent que l'oppression des femmes est basée sur la réalité matérielle de notre sexe biologique. Ce groupe a été créé pour contrer les récits et les pratiques misogynes de notre culture. Nous sommes laïques et nous avons une position abolitionniste sur toutes les formes de violence à l'égard des femmes et des filles. Notre groupe offre un soutien et une communauté aux femmes qui

---

https://www.umasspress.com/9781558492769/betty-friedan-and-the-making-of-the-feminine-mystique/

[120] Jaggar, A., *Feminist Politics and Human Nature* (1983).

https://archive.org/details/FeministPoliticsAndHumanNature/page/n23/mode/2up?view=theater

[121] Jaggar, A., "Encyclopédie, nouvelles scientifiques et revues de recherche".

https://academic-accelerator.com/encyclopedia/alison-jaggar

[122] https://www.nwci.ie/discover/about_us

souhaitent faire campagne pour la libération des femmes".[123] Libérez ces femmes asservies, mo chailiní ! ("mes filles !")

Au Royaume-Uni, nous avons la *Fawcett Society*, nommée d'après Millicent Fawcett (1847-1929), militante des suffragettes au XIXe siècle. Extrait de la page "Our History" (souligné pour l'accentuation) : "Nous luttons pour l'égalité des sexes depuis plus de 150 ans et continuons à le faire aujourd'hui, en 2022. Nous nous efforçons de combler l'écart de rémunération entre les hommes et les femmes, de faire en sorte que davantage de femmes accèdent à des postes de pouvoir politique... En ce moment, nous faisons campagne pour que la misogynie soit considérée comme un crime de haine, afin que les femmes qui en sont la cible bénéficient de la même protection que les autres groupes".[124] En ce qui concerne les femmes dans les rôles politiques, la section "Qui sommes-nous" indique que l'organisation fait campagne pour "garantir l'égalité des pouvoirs", en précisant que "seuls 34 % des députés et 35 % des conseillers municipaux sont des femmes. Nous faisons campagne pour que davantage de femmes de toute notre diversité entrent en politique à tous les niveaux".[125] Comme nous l'avons dit, l'introduction de femmes plus "autonomes" en politique ne fera qu'accélérer le déclin de la civilisation. C'est l'idéologie qui utilise des femmes ayant subi un lavage de cerveau pour continuer à proliférer, par le biais de leur ego. Quant à la "misogynie", si les membres de la secte font ce qu'ils veulent, les hommes non membres de la secte (y compris votre serviteur) seront traités comme des criminels s'ils mettent en évidence un comportement endoctriné dégénéré chez les femmes.

En Australie, il y a le *One Woman Project* (OWP) - un splendide exemple de la quantité de marxisme qu'un seul groupe peut débiter. Sur la page "Valeurs et croyances" de son site Internet, on peut lire, à la rubrique "Anti-colonialisme", que le One Woman Project est "basé sur des terres indigènes volées, et que tout travail féministe doit agir contre les structures actuelles du colonialisme de peuplement". Globalement, le mouvement féministe doit être anticolonialiste et ne doit pas participer au sauvetage des Blancs, ni le promouvoir".[126] Cela revient donc à admettre qu'il s'agit essentiellement d'une organisation australienne anti-australienne, en Australie.

Sur l'antiracisme : "Le féminisme doit être antiraciste et lutter activement contre la suprématie blanche. Il doit toujours donner la priorité aux voix et aux besoins des femmes et des personnes de couleur, en particulier des Premières nations, qui sont les fondatrices du féminisme et continuent d'être les leaders

---

[123] https://radicailin.com/

[124] https://www.fawcettsociety.org.uk/our-history

[125] https://www.fawcettsociety.org.uk/about

[126] https://www.onewomanproject.org/about-us

de notre mouvement". Un groupe de défense des droits des femmes ? Non, le masque tombe. Elle promeut également l'arnaque du changement climatique, les LGBTQ, l'avortement et la décriminalisation du "travail du sexe" (c'est-à-dire la promotion de la dégénérescence).

Comment le féminisme peut affecter l'esprit

Ce sous-ordre du jour - et les diverses interprétations qu'il inspire - est toxique pour l'esprit des femmes, en particulier des jeunes femmes, qui constitueront de toute évidence la population féminine de demain. Voici quelques-uns des impacts possibles sur leur esprit :

Déshabilite, au lieu d'habiliter

Le dogme féministe fait naître dans l'esprit des femmes l'idée toxique qu'elles appartiennent à un groupe spécial et protégé - la mentalité d'opprimée/victime. Cette perspective déformée ne fait qu'encourager les femmes à rejeter la responsabilité de leurs difficultés ou de leurs échecs sur des sources ou des personnes extérieures (par exemple, le "patriarcat", les hommes, etc.). Cela a un effet néfaste sur l'esprit ! Il affaiblit une personne, lui donnant un exutoire commode pour ses émotions négatives lorsqu'elle doit faire face à l'adversité dans sa vie. Au lieu de "assumez vous-même la responsabilité de vos succès ou de vos échecs", c'est "la pauvre, c'est parce que tu es une fille/femme !

Au lieu de cela, on devrait dire aux femmes "vivez votre vie". Soyez une personne authentique, pas seulement le membre d'un groupe (y compris un membre d'une secte marxiste). Personne ne vous retiendra injustement. N'utilisez pas votre sexe comme excuse pour ne pas faire quelque chose de votre vie. Vous pouvez être victime ou vainqueur ; c'est l'un ou l'autre". Une personne ne peut pas être à la fois "opprimée" (faible) et "responsabilisée" (forte) !

Seules les femmes faibles d'esprit et non autonomes ont "besoin" du féminisme ; les femmes véritablement autonomes n'en ont pas besoin. La véritable émancipation vient de l'intérieur, vers soi, à partir de soi. Une personne - femme ou non - n'a certainement pas le droit de soutenir une idéologie destructrice (ou l'une de ses tentacules, comme le féminisme) parce qu'elle a des problèmes d'estime de soi ! En substance, la recherche de "l'autonomisation" ne peut plus être utilisée par les femmes comme une excuse pour soutenir le féminisme.

Mon conseil à toutes les femmes qui veulent être des individus forts et complets est de s'éloigner le plus possible de la pensée féministe. Le féminisme et les féministes sont l'ennemi. Si vous voulez vous sentir "autonomes" (peu importe ce que cela signifie pour vous) et avoir une vie formidable, gratifiante et pleine de sens, faites-le, à condition de continuer à assumer vos responsabilités vis-à-vis de la société et de votre nation. Rien ni personne ne vous retient, si ce n'est vous-même.

Rappelez-vous que rien - ni carrière, ni plaisirs éphémères, ni frivolités, ni voyages - ne vous apportera plus de satisfaction que d'avoir une grande famille à vous. Ce sera votre plus grande et plus importante réussite. Tout ce qui suggère le contraire provient de la propagande féministe. Gardez à l'esprit que le pire ennemi d'une femme n'est pas l'homme ou le patriarcat, mais les femmes endoctrinées qui se feront un plaisir de vous entraîner dans leur chute (par "solidarité").

En outre, si vous voulez vraiment tester votre métal et votre sagesse en tant que femme, que diriez-vous d'être une femme anti-féminisme, comme d'autres femmes l'ont fait ? Ce serait, ironiquement, rendre un grand service aux femmes - vous sauveriez littéralement la vie des femmes ! Une "féministe" antimarxiste.

Être au-dessus des critiques = gonflement de l'ego

La présence du féminisme peut amener les femmes à se sentir au-dessus de toute critique, car il semble immoral d'"opprimer" davantage un groupe déjà "opprimé". Elles peuvent également penser - consciemment ou inconsciemment - qu'elles méritent d'être privilégiées au détriment des hommes. Outre le fait d'être sexiste (et donc hypocrite), cette attitude est néfaste, car elle gonfle l'ego et prive les femmes d'humilité.

Le féminisme, combiné à la culture actuelle axée sur les médias sociaux, l'ego et la popularité, est un mélange très toxique pour l'esprit des jeunes femmes. En effet, cette combinaison amplifie encore l'inflation de l'ego. Le résultat de cette inflation de l'ego à si grande échelle est une épidémie de sales gosses insupportables ! Imaginez que l'on transmette à la moitié de la population le message qu'elle est parfaite telle qu'elle est et qu'elle ne doit jamais accepter la critique !

Voilà l'impact que peut avoir le féminisme s'il n'est pas contrôlé. Le résultat, pour dire les choses crûment, est qu'elles sont endoctrinées pour devenir des salopes orientées vers elles-mêmes, en particulier lorsque l'oppresseur - les hommes blancs hétérosexuels - est concerné (ce qui est sexiste). Encore une fois, cela est destructeur pour toutes les parties concernées, y compris pour la société elle-même (remarque : ce n'est pas "PC" de traiter une femme de "salope", surtout en public, n'est-ce pas ? Je me demande d'où cela vient...).

Opprimés ou gâtés ?

Dans le monde d'aujourd'hui, les jeunes femmes endoctrinées à un degré suffisant peuvent se plaindre de vivre sous un patriarcat oppressif (rires), alors que ce qui est plus vraisemblablement le cas pour ces femmes est exactement le contraire - elles sont trop bien traitées par rapport à leur comportement (voir "gâtées") ! Il s'agit d'une inversion, car non seulement leur attitude ne reflète pas leur réalité, mais elle peut suggérer exactement le contraire. En effet, compte tenu de la culture marxiste dans laquelle elles grandissent et des effets de l'endoctrinement sur elles et leur entourage (féminisme ou autre), elles sont plus susceptibles d'être narcissiques, superficielles et gâtées, et non "opprimées" ! En outre, le fait de cracher de la propagande féministe marxiste sexiste et maléfique mérite en soi une sorte de châtiment. La naïveté n'enlève rien à la méchanceté. Ironiquement, être dans cet état d'esprit et être gâté rend quelqu'un malheureux, puisqu'il est dans un état mental dégénéré. Dans le cas présent, une femme dans cet état d'esprit dispose d'un exutoire pratique pour sa misère - le féminisme - qui permet à cette misère de s'exprimer sous la forme de ces ordures dogmatiques "intellectuelles". Essentiellement, être une dégénérée n'est pas noble et n'est pas une façon de vivre, et c'est de cela qu'il s'agit en fait.

Surcompensation, due à l'endoctrinement

Cette mentalité de victime de groupe crée de la faiblesse et non de la force. Certaines femmes surcompensent en fait en devenant dominantes et agressives. Dans leur crédulité, elles croient sincèrement à la propagande féministe et pensent : "Cela ne m'arrivera pas, je ne suis pas une victime ! Je ne suis pas une victime !" et elles deviennent alors elles-mêmes oppresseurs/dominateurs, ce qui est une forme d'hypocrisie ironique, n'est-ce pas ? La mentalité "Je les attaquerai avant qu'ils ne m'attaquent", alors qu'en réalité, ils ne seront pas du tout attaqués. Il en résulte des esprits/personnalités agressifs, faibles, repoussants/peu attrayants, gravement déséquilibrés. Il est intéressant de noter que l'endoctrinement féministe transforme les femmes au point d'amputer leur personnalité de tout semblant de féminité. L'endoctrinement les convainc que la féminité est l'opposé de la "responsabilisation" et qu'elle est donc une faiblesse, et qu'elles doivent donc la supprimer. Elles sont convaincues que cette chose positive autrefois sacrée, qui peut apporter un équilibre à la vie et qui devrait faire partie de leur identité - leur féminité - doit être niée et supprimée à tout prix. Le résultat est que le féminisme est anti-féminité et que ces femmes endoctrinées ne sont pas des femmes à part entière. C'est triste. La féminité est une chose belle et sacrée, propre aux femmes (authentiques). L'humanité serait un collectif plus sombre si elle disparaissait complètement.

La "culture de la salope" et la misandrie

Une autre conséquence du féminisme est la culture de la salope [TM—] , une société où il est socialement acceptable pour les femmes de se comporter comme des salopes. Puisqu'elles appartiennent à une classe "opprimée", cela signifie qu'elles n'ont plus à se comporter comme des êtres humains décents et qu'elles peuvent désormais adopter elles-mêmes un comportement "oppressif" et négatif (car cela est en quelque sorte juste et justifiable). Ils ont carte blanche pour agir comme ils l'entendent dans cet environnement, y compris en devenant des activistes marxistes, sans avoir à répondre de leurs actes.

La misandrie - l'hostilité envers les hommes - est le contraire de la misogynie.

Vous remarquerez que ce comportement est principalement dirigé vers les hommes blancs hétérosexuels, ce qui est apparemment tout à fait acceptable (puisque ce sont les pires oppresseurs, n'est-ce pas ?). Cette mentalité ne s'adresse pas aussi souvent aux hommes appartenant à des groupes "opprimés" (par exemple, les homosexuels ou les immigrés). Cependant, vous remarquerez que les femmes qui ont tendance à adopter un comportement de salope se comportent de la sorte avec n'importe qui, qu'il appartienne ou non à un groupe désigné comme "oppresseur". La différence est que le comportement de salope envers les hommes blancs hétérosexuels est considéré comme justifié, noble, voire révolutionnaire (!).

Dans ce cas, le concept "les hommes sont les oppresseurs" ne leur donne qu'une excuse pour être des salopes. Elles ne se soucient pas vraiment des "droits de la femme" ou de quoi que ce soit de "noble", ou de quoi que ce soit d'autre qu'elles-mêmes en fait. Le culte/l'idéologie s'adapte à toutes sortes de comportements et de personnalités dégénérés. Donc, c'est vrai, l'idéologie donne du pouvoir aux femmes ; elle leur permet d'agir comme des garces dégénérées et socialement parasites.

Mâles "bêta

> "Les temps difficiles créent des hommes forts. Les hommes forts créent les bons moments. Les bons moments créent des hommes faibles. Et les hommes faibles créent des temps difficiles"[127]

G. Michael Hopf, *Ceux qui restent,* 2016

Un "mâle bêta" est essentiellement un homme dépourvu de masculinité. Le fait que le féminisme contribue à créer un plus grand nombre de ces hommes dans la société profite grandement à l'idéologie/la secte. Elle connaît le pouvoir que les jeunes femmes peuvent avoir sur les jeunes hommes. Les hommes veulent impressionner les femmes, qui veulent qu'ils soient attirés par eux, qu'ils aient des relations sexuelles avec eux, etc.

Lorsque l'endoctrinement féministe entre en jeu, il nous fait basculer dans la mauvaise direction, en faisant ressortir les pires caractéristiques des femmes. Nous pouvons en voir les effets en observant la manière dont les collectifs de femmes (quelque peu endoctrinées) traitent les hommes qui ne se conforment pas à leurs attitudes. Les hommes sont obligés de se soumettre au comportement endoctriné ou d'être ostracisés. Il s'agit d'une forme très puissante de chantage psychologique que les femmes peuvent exercer sur les hommes et qui est pratiquement inexistante lorsque l'on inverse les sexes.

Les hommes sont alors contraints de choisir entre conserver leur masculinité intacte et se tenir à l'écart des femmes contaminées, ou capituler et interagir avec elles malgré l'effet drainant que cela a sur eux. Pour les jeunes hommes

---

[127] Hopf, G., *Ceux qui restent* (2016).

d'aujourd'hui (qui ne comprennent probablement pas ce qui se passe), le premier choix est bien sûr trop difficile. En choisissant la seconde option, ils suivent leur désir d'être acceptés, ainsi que leurs pulsions biologiques, mais ils en paient le prix fort... C'est ce qui arrive aux jeunes hommes du monde entier en ce moment même, en les conditionnant à se conformer à ces sales gosses.

La folie de tout cela est que les femmes endoctrinées peuvent ensuite se plaindre du manque de masculinité (superficielle) des hommes ! Cela peut être exprimé ouvertement ou faire partie de leur attitude méprisante à l'égard des hommes en filigrane. Les femmes endoctrinées, perplexes, auront cet état d'esprit tout en étant parfaitement inconscientes des effets néfastes de l'endoctrinement sur la masculinité, qui émanent d'elles-mêmes !

Il est intéressant de noter que tout cela peut produire l'effet inverse de la "survie du plus apte" (encore l'eugénisme). Les mâles les plus intelligents et les plus intègres auront du mal à avoir des relations avec les femelles endoctrinées. Les mâles plus faibles, dociles et de moindre qualité s'en sortiront beaucoup mieux dans l'ensemble. Les effets sur la société sont évidemment dégénératifs et l'influence négative de l'idéologie (via le féminisme) garantira la persistance de cette situation. Les nouvelles générations d'hommes ne grandiront pas avec des modèles masculins positifs (c'est-à-dire des hommes sans ballon) et pourraient eux-mêmes avoir des problèmes à développer leur masculinité ; et la spirale descendante continue...

Comme on l'a dit, une société remplie d'hommes comme celle-ci ne peut se défendre ni contre la subversion idéologique, ni contre la conquête directe. Elle ne peut pas non plus s'attaquer au problème du contrôle de ces femmes endoctrinées (!), qui ne cesseront d'entraîner la société dans leur chute. Étant virtuellement dépourvue de masculinité, une telle société n'a littéralement pas les couilles de faire ce qu'il faut... En résumé, le féminisme détruit à la fois la féminité et la masculinité.

La "pandémie" de viols

Le viol n'est pas un problème aussi important que les féministes voudraient nous le faire croire. La tromperie étant un élément central de la stratégie marxiste, nous ne devrions pas être surpris d'apprendre que la fréquence des viols a été largement exagérée. Cela mis à part, je propose l'analyse suivante, basée sur des cas de viols réels. Le mouvement féministe n'empêchera pas les femmes d'être violées ! Le fait que les membres de la secte féministe pensent que leurs efforts vont permettre d'atteindre cet objectif montre qu'ils ne comprennent pas ce qu'est le viol.

Le viol est un abus de pouvoir. C'est une personne qui fait passer ce qu'elle veut avant le bien-être de quelqu'un d'autre. Il s'agit d'un comportement psychopathe/sociopathe, et le type de personne qui adopte ce comportement ne sera pas affecté par ce que fait le mouvement féministe ; toutes ces ONG/associations à but non lucratif/associations caritatives, marches, initiatives, slogans, livres, émissions de télévision, articles ne signifient rien pour un prédateur de ce genre. Elles n'aboutissent à rien et ne servent à rien d'autre qu'à promouvoir la propagande féministe. Quelqu'un est-il assez stupide pour croire le contraire ?

La tragédie dans tout cela, c'est que des hommes innocents sont constamment pris dans le collimateur, y compris de jeunes garçons. La "logique" simple d'esprit de l'endoctrinement signifie que leurs solutions seront toujours basées sur la punition de l'ensemble du collectif d'hommes (car le marxisme ne s'intéresse pas aux individus, ni à l'éthique ; il s'intéresse aux groupes, en revanche !) Les actions d'un homme qui viole sont alors expliquées de la manière suivante - c'est un homme, et c'est ce que font les hommes. En réalité, la seule chose qu'un violeur a en commun avec un vrai homme, c'est qu'ils sont tous les deux des hommes, et c'est tout. À part cela, ils sont complètement différents.

Le journal Irish Independent a rapporté en décembre 2021 que le "consentement" allait être mis en avant dans l'éducation sexuelle à l'école.[128] Quelqu'un pense-t-il vraiment que cela ne s'adressera pas principalement aux jeunes hommes ? Ainsi, les élèves de tout le pays seront tôt ou tard confrontés à un "professeur" décrivant l'art de faire une bonne pipe et mimant la meilleure façon d'enfoncer un gode dans le cul, tout en parlant simultanément de l'objectivation des femmes et du "consentement" (et il ne s'agit là que des professeurs masculins). Une grande partie de ces conneries est filtrée par les Nations unies (élargies ailleurs).

Au Royaume-Uni, le consentement fait partie de l'éducation sexuelle et relationnelle (Relationships and Sex Education) enseignée dans les écoles anglaises en 2020.[129] En avril 2022, les médias australiens ont rapporté que l'éducation au consentement allait être rendue obligatoire dans les écoles du pays.[130]

Avortement

---

[128] Gataveckaite, G., "Consent to be taught in schools as part of new relationship and sexuality education", 31 Dec 2021. https://www.independent.ie/irish-news/education/consent-to-be-taught-in-schools-as-part-of-new-relationship-and-sexuality-education-41196300.html

[129] Long, R., "Relationships and Sex Education in Schools (England)", 22 décembre 2023.

https://commonslibrary.parliament.uk/research-briefings/sn06103/

[130] Meacham, S., "What mandatory consent education will look like in Australian schools", 16 avril 2022. https://www.9news.com.au/national/mandatory-consent-education-rolled-out-in-all-australian-schools-history-of-sex-education-explainer/6655e9d2-3dd5-400d-9b6a-67b89debb853

"Aucune femme ne devrait se voir interdire de prendre des décisions concernant son propre corps. Lorsque les droits des femmes sont attaqués, nous nous battons".[131]

Tweet de Kamala Harris, membre d'une secte et première vice-présidente des États-Unis.
Vice-présidente Kamala Harris, février 2017

"La naissance d'un enfant humain est un acte qui transforme la femme en un amas de chair presque sans vie, taché de sang, torturé, tourmenté et rendu frénétique par la douleur.[132]

Vladimir "féministe" Lénine, "paroles prophétiques", 1918

L'avortement tel qu'il existe dans le monde aujourd'hui est une extension du féminisme ; il n'existerait pas à une telle échelle sans lui. Il ne serait certainement pas appelé "soins de santé" ou considéré comme un comportement socialement acceptable dans la mesure où il l'est aujourd'hui. En effet, le lavage de cerveau a réussi à convaincre de nombreuses personnes qu'une femme enceinte est en quelque sorte "opprimée" par le fait d'être enceinte ; elle cède au patriarcat en étant ainsi ! Il s'agit d'une bêtise diabolique, dégénérée et anti-humanitaire !

Bien entendu, ce sous-ordre du jour est également lié à l'eugénisme prôné par le système. Il contribue grandement à l'objectif de "migration de remplacement" poursuivi par l'ONU et d'autres entités marxistes, l'objectif étant de réduire le nombre de personnes "indigènes" dans un pays donné. En ce qui concerne les taux de natalité, la formule est très simple : augmenter le nombre de migrants/naissances de migrants et réduire le nombre de naissances d'autochtones. Vous constaterez alors une réduction du nombre d'autochtones ; c'est ainsi que l'on procède (bien entendu, il existe de nombreux autres éléments connexes, tels que les "vaccins" spécifiques à la démographie, le régime alimentaire, le sous-agenda transgenre/non-binaire, etc.)

Les mouvements féministes ont joué un rôle crucial dans l'augmentation du nombre d'avortements dans le monde, dans leurs pays respectifs, par le biais de la normalisation, etc. Les récents changements constitutionnels irlandais sur l'avortement n'auraient pas eu lieu sans les activités de la secte. Ces changements, planifiés longtemps à l'avance par les membres résidents de la secte, étaient malheureusement inévitables en raison du niveau d'infection dans le pays.

Il était presque amusant de voir le désarroi des "pro-choix" (occasionnels)

---

[131] *Harris, K., Twitter, février 2017.*
https://twitter.com/kamalaharris/status/831613559297736705?lang=en

[132] Lénine, V.I., "Paroles prophétiques", 2 juillet 1918.
https://www.marxists.org/archive/lenin/works/1918/jun/29b.htm

lorsqu'ils étaient confrontés à l'idée que ces changements constitutionnels augmenteraient le taux d'avortements en Irlande. Lorsque l'on rend l'avortement plus pratique, plus légal et plus acceptable socialement (en supprimant systématiquement toute stigmatisation liée à l'acte), on constate une augmentation du nombre de bébés irlandais avortés. Il n'est pas nécessaire d'être titulaire d'un diplôme de sociologie marxienne à la con pour s'en rendre compte !

La perplexité était également évidente lorsque le terme "pro-choix" était décomposé pour eux - si vous êtes "pro-choix", vous êtes pro-avortement ; le terme a été soigneusement conçu pour absoudre la personne de toute sorte de conscience morale dans son soutien à cet acte maléfique. Dans le cas de l'avortement, le fait qu'une autre personne commette l'acte ne vous exonère pas de toute responsabilité.

Chiffres sur l'avortement

Abort73.com est un site web américain. Extrait de la page d'accueil : "L'avortement est un acte de violence qui tue un être humain innocent" et "tue les membres les plus petits et les plus faibles de la communauté". La page des statistiques sur l'avortement aux États-Unis fournit des estimations, citant deux sources : "l'*Institut Guttmacher* (AGI), à titre privé, et les *Centres de contrôle des maladies* (CDC), à titre public".

Elle indique que, sur la base de données au niveau des États, "environ 961 000 avortements ont eu lieu aux États-Unis en 2021". Les chiffres utilisés par l'institut Guttmacher, qui remontent à quelques décennies, montrent que les chiffres annuels varient de 1,3 million en 2000 à 930 000 en 2020. On estime à 60 millions le nombre d'avortements depuis 1973, ce qui montre une corrélation avec l'influence croissante du féminisme (et donc du lavage de cerveau féministe).[133]

Le site donne également des estimations par pays, y compris la République d'Irlande. L'élection de l'amendement constitutionnel en 2018 a marqué un tournant dans l'accessibilité et l'acceptabilité sociale de l'avortement. Jusqu'à cette date, l'avortement n'était autorisé que dans certaines circonstances en République d'Irlande (en cas de danger médical pour la mère enceinte), de sorte que les femmes se rendaient souvent au Royaume-Uni pour subir l'intervention.

(Soit dit en passant, lors de la préparation du référendum sur l'avortement, nous avons une fois de plus vu le comportement marxien des sectaires à l'œuvre. Les gens sont rentrés en Irlande pour voter, en particulier les femmes

---

[133] "Statistiques sur l'avortement aux États-Unis".
https://abort73.com/abortion_facts/us_abortion_statistics/

irlandaises, dans une manifestation bizarre et exaspérante de trahison.[134] Ces idiotes s'évertuaient littéralement à détruire leur propre patrie, avant de repartir chez elles, sans doute satisfaites et parfaitement inconscientes d'avoir participé à un horrible rituel cultuel !

L'auteur était présent au château de Dublin pour assister aux célébrations du résultat de l'élection, et a vu quelques centaines de membres de la secte extatiques, applaudissant et chantant).

L'article d'Abort73 utilise des informations recueillies auprès du ministère irlandais de la Santé et du site britannique *www.gov.uk* (souligné pour l'accentuation) : "En 2019, 6666 avortements ont eu lieu en République d'Irlande". Il précise que 59 796 naissances ont été enregistrées cette année-là et qu'un pourcentage presque négligeable de ces avortements était motivé par des raisons de santé ou des anomalies fœtales (0,5 % et 2 % respectivement). Les chiffres pour 2018 concernant les avortements pratiqués au Royaume-Uni s'élèvent à 2 879.

Depuis que les nouvelles lois irlandaises sur l'avortement sont entrées en vigueur le 1er janvier 2019, ces chiffres montrent l'évidence - la "victoire" démocratique de la secte au référendum a entraîné une augmentation du nombre de bébés irlandais avortés. Cela a été rendu possible par le réseau activé de cabinets de médecins généralistes, de cliniques de "planification familiale" et d'hôpitaux participants dans tout le pays. (Je suis sûr que le lecteur a remarqué le nombre de la bête... Il est intéressant de noter que la secte a remporté le référendum avec un peu plus de 66,4 % des voix, 33,6 % étant contre (le degré 33rd est le niveau officiellement le plus élevé de la franc-maçonnerie de rite écossais).[135]

Les passages soulignés mettent en évidence l'évidence : la majorité des avortements étaient motivés par des raisons "sociales" (les femmes ne voulaient tout simplement pas de l'enfant). L'un des éléments de la propagande féministe qui a circulé en Irlande avant le référendum, et qui a été colporté par de nombreuses personnes, était qu'une modification de la loi autoriserait l'avortement pour des raisons de santé (y compris les anomalies fatales du fœtus) et, bien sûr, en cas de grossesse violente. Comme indiqué ailleurs, cette tactique est typique de la secte - trouver quelque chose qui se produit dans relativement peu de cas, l'exagérer comme un problème, et l'utiliser comme un outil de propagande pour justifier toute la transformation de la société ! D'innombrables crétins en Irlande sont tombés dans le panneau et ont répété

---

[134] Amnesty International, "Why Ireland's emigrants are coming home to fight for safe abortion", 21 mai 2018. https://www.amnesty.org/en/latest/news/2018/05/irish-expats-come-home-to-vote-for-abortion/

[135] https://en.wikipedia.org/wiki/Thirty-sixth_Amendment_of_the_Constitution_of_Ireland

cette propagande comme des perroquets.

La secte veut plus de sang de bébés...

Après le référendum, le 20 décembre 2018, le président irlandais et membre de la secte Michael D. Higgins a signé la loi The Health (Regulation of Termination of Pregnancy) Act 2018 (loi sur la santé (réglementation de l'interruption de grossesse) 2018). Le site *ifpa.ie* indique que cela signifie essentiellement que : "Tant qu'une période d'attente de 3 jours s'est écoulée, les soins d'avortement sont légaux sur demande jusqu'à 12 semaines de grossesse. L'avortement est également autorisé en cas de risque pour la vie ou la santé d'une femme et en cas d'anomalie fœtale fatale. L'avortement reste criminalisé dans tous les autres cas".[136]

Manifestement, cela ne suffit pas aux membres de la secte irlandaise, qui affirment que la loi en vigueur est trop restrictive (!). Pour ces dégénérés, les avortements ne sont tout simplement pas assez fréquents dans le pays, et c'est trop compliqué d'en obtenir un. Naturellement, ils veulent que les avortements soient possibles après 12 semaines, que la période d'attente de trois jours soit supprimée et que la criminalisation soit supprimée (nous pourrions deviner ces choses ; c'est le même schéma dans d'autres pays occidentaux). En raison de ces facteurs restrictifs, selon les groupes féministes, les femmes irlandaises continuent de se rendre à l'étranger pour se faire avorter. Ils veulent rendre aussi facile que possible pour les femmes de se faire arracher l'"oppression patriarcale" de leur utérus.

En janvier 2022, *Irish Legal a* rapporté que l'avocate Marie O'Shea "dirigerait la deuxième phase de l'examen indépendant des lois irlandaises sur l'avortement" et que "l'article 7 de la loi de 2018 sur la santé (réglementation de l'interruption de grossesse) prévoit un examen de la législation au plus tard dans trois ans".[137] Bien sûr, la secte savait que cette occasion de "progrès" se présenterait, car elle était planifiée depuis le début.

En avril 2022, le groupe féministe culte *National Women's Council of Ireland* (NWCI) a déclaré sur son site web qu'il "accueillait chaleureusement l'examen du système d'avortement effectué par Marie O'Shea", et qu'il "saluait particulièrement les recommandations sur l'augmentation de la couverture géographique, sur le fait de rendre l'attente de trois jours facultative, sur la dépénalisation, et sur l'examen des restrictions arbitraires sur les soins en cas d'anomalie fatale du fœtus". En avril 2023, le ministre irlandais de la santé,

---

[136] "Histoire de l'avortement en Irlande". https://www.ifpa.ie/advocacy/abortion-in-ireland-legal-timeline/

[137] "Groupe de travail du CNO sur l'avortement", 26 janvier 2022.

https://www.irishlegal.com/articles/marie-oshea-to-lead-second-phase-of-abortion-law-review

Stephen Donnelly, a publié le rapport.[138]

Il est intéressant de noter qu'un post du 22 novembre 2023 sur le site web de la NWCI fait très religieusement référence aux Nations unies, en déclarant : "Depuis le vote de 2018, l'Organisation mondiale de la santé a publié ses lignes directrices pour les soins d'avortement, avec des directives explicites selon lesquelles tout obstacle aux soins, tels que les périodes d'attente obligatoires, les limites d'âge gestationnel et la criminalisation, devrait être supprimé".[139]

Oh, dans ce cas, si l'ONU le dit, je suppose que c'est la bonne chose à faire... Il s'agit en fait d'un groupe sectaire qui se réfère à un autre, c'est tout. "Barrières aux soins", mon Dieu, ces "gens" ne sont-ils pas méprisables ?

Ton corps, ton choix !

Comment se fait-il qu'en matière d'avortement, les membres de la secte insistent sur le mantra "Mon corps, mon choix", alors qu'en matière de Covid, c'est "Fais ce qu'on te dit avec ton corps". La réponse est : "Ce n'est pas la même chose ! Le Covid est dangereux et tue d'autres personnes. Il nous affecte tous ! Même si le Covid était une pandémie mortelle semblable à la grippe espagnole, examinons leur logique :

"Covid est dangereux..." : l'avortement est également dangereux. Dangereux pour une société. Dangereux pour la santé mentale des femmes. Dangereux pour leurs perspectives de reproduction.

"...et tue d'autres personnes !". Tuer est anti-vie (évidemment), et l'avortement est la même chose. Peu importe qu'il s'agisse d'un agent pathogène mortel qui tue ou d'une femme qui décide de faire tuer le fœtus qu'elle porte en elle. Il s'agit dans les deux cas d'un acte contre la vie.

"Cela nous affecte tous !". Et l'avortement n'en fait pas partie ! Il ne s'agit pas seulement de la volonté d'une femme ! Donner naissance (à la vie) est une responsabilité très sérieuse (et un privilège !) que les femmes ont et que les hommes n'ont pas. Si, dans un pays ou un groupe ethnique donné, trop de femmes décident de ne pas avoir d'enfants (ou reportent cette décision à une date très tardive), ce groupe risque de disparaître. Il y a aussi la possibilité que ce groupe devienne un "bred-out" de son propre pays, ce qui s'applique particulièrement si ce pays importe de grandes quantités d'immigrés. Ces

---

[138] "Le rapport O'Shea sur l'avortement doit être le catalyseur d'un changement de système : NWC", 26 avril 2023.

https://www.nwci.ie/learn/article/oshea_abortion_review_must_be_catalyst_for_syste m_change_nwc

[139]

https://www.nwci.ie/learn/article/nwc_strongly_welcomes_oireachtas_committee_pro posals_to_change_abortion_law

éléments sont plus importants que les sentiments et les désirs personnels d'une femme ! Il est évident que ce niveau d'examen de conscience et d'altruisme dépasse l'entendement des membres de la secte.

En résumé, les femmes n'ont pas le droit, en masse, de faire passer leurs propres désirs (souvent hors de propos, égoïstes ou frivoles) avant la survie de leur propre groupe ethnique ! Et ce, même si, au cours des dernières décennies, les taux de natalité dans les pays occidentaux sont tombés en dessous du seuil de remplacement. L'attitude irresponsable, égocentrique et à courte vue de certaines femmes y contribue largement. Lorsque les rôles seront inversés, nous commencerons à remplacer les générations actuelles de femmes contaminées par le féminisme par des femmes à l'esprit plus traditionnel, en désintoxiquant progressivement la société du féminisme. Cela doit être fait pour des raisons existentielles, au moins.

L'industrie pornographique : Son corps, son choix

Une autre monstruosité liée à la "libération des femmes" est l'industrie pornographique. Elle n'existerait pas sans le féminisme et l'association programmée entre sexe et hédonisme. Il s'agit d'un vaste sujet en soi, mais qui mérite d'être mentionné ici. Bien sûr, les hommes sont également responsables de sa prolifération, mais dans une société plus traditionnelle, sans féminisme, il n'y aurait pratiquement pas de femmes participantes ! L'absence de femmes prêtes à s'objectiver signifie l'absence d'industrie pornographique. En effet, (propagande féministe mise à part) dans l'écrasante majorité des cas dans le monde, les femmes décident de ce qu'elles font de leur corps et de leur sexualité, en particulier dans les pays occidentaux.

L'industrie pornographique dégénérée contribue à briser les relations normales entre les hommes et les femmes, déforme la perception du corps humain, du sexe, des relations, et est extrêmement nocive pour le système de récompense de la dopamine et de la sérotonine dans le cerveau des hommes (dégénérescence psychologique/émotionnelle). Les débuts de l'industrie pornographique ont été marqués par le cinéma, l'ère des "films pour adultes".

Aujourd'hui, il a évolué avec la technologie pour devenir le porno en ligne. Dans le prolongement de cette évolution, la frontière entre la "star du porno" et la femme de tous les jours s'estompe, avec des sites web tels que *Onlyfans.com* et *Sex.com*, qui permettent à pratiquement toutes les femmes disposant d'une connexion internet de participer à cette dégénérescence. Ces sites ont un effet eugénique sur la société, car ils contribuent à dissocier davantage la sexualité de la reproduction en déplaçant la sexualité dans un domaine virtuel (personne ne tombera enceinte sur l'internet !). Bien entendu, ce sont les femmes qui décident de se prostituer en ligne de la sorte et qui sont aujourd'hui de brillants exemples d'auto-objectivation féminine. En effet, il s'agit de prostitution virtuelle - des femmes choisissant d'accomplir des actes sexuels pour de l'argent - tout en étant filmées pour que le monde entier puisse les voir. C'est l'exemple même de l'absence de talent. Fait nouveau encore plus inquiétant, on utilise désormais l'intelligence artificielle et les "Deep Fakes" dans le porno en ligne pour déformer encore plus la perception de la réalité par l'utilisateur. Le marxisme est vraiment la pente glissante de la dégénérescence.

Changement climatique

"Le mouvement vert est sur la bonne voie en ce qui concerne l'environnement et notre planète, mais il a ce hideux intérieur rouge qui ne cesse de révéler qu'il ne souhaite pas une meilleure relation entre nous et notre environnement, mais la fin du capitalisme.[140]

Douglas Murray, auteur et journaliste britannique, mai 2022

"Il s'agit en grande partie d'un canular, d'une industrie lucrative.[141]

Le président Donald Trump sur le changement climatique, juin 2017

Liste de contrôle des cocos

Dans ce sous-ordre du jour, selon le principe opp. contre opp., les humains sont les oppresseurs, et la planète est la victime opprimée (naaaawww, la pauvre planète !). Cela rejoint également la notion anti-humaine à peine cachée, tissée dans l'idéologie, selon laquelle les êtres humains sont simplement mauvais, et qu'il est dans leur nature d'être destructeurs/autodestructeurs... Évidemment, c'est la plus grosse connerie dans ce contexte.

Il crée un nouveau système de classes entre ceux qui soutiennent le mouvement "vert" et "passent au vert" et ceux qui ne le soutiennent pas (individus et nations). Ceux qui ne le font pas sont des "climato-sceptiques" ou des "négateurs du changement climatique". Il s'efforce également de créer un nouveau système de classes économiques en termes d'"éthique" (marxienne), car les entreprises et les industries qui ne "passent pas au vert" seront traitées comme inférieures d'un point de vue éthique. Cela permet aux membres de la secte de les discriminer. Ce sous-ordre du jour utilise également le principe du cheval de Troie puisque le "virage vert" est présenté comme quelque chose de bénéfique pour les nations, les individus, les économies, l'agriculture et la nature, alors qu'il leur est en fait préjudiciable.

Elle repose sur une perception déformée de l'histoire et du présent. Il s'agit d'une pseudo-science, basée sur une théorie scientifique, apparemment

---

[140] John Anderson, "Douglas Murray | 'The Incoherence of LGBTQI+", 24 mai 2022.

https://www.YouTube.com/watch?v=ntX0xWvjGrI

[141] MSNBC YouTube, "Donald Trump Believes Climate Change Is A Hoax", 3 juin 2017.

https://www.YouTube.com/watch?v=yqgMECkW3Ak

soutenue par l'ensemble de l'histoire enregistrée et par le climat actuel. Pourtant, les relevés climatiques ne remontent pas aussi loin dans l'histoire, et aucune preuve concluante que l'activité humaine fait "changer" le climat n'a été apportée (nous n'avons pas eu les moyens de commencer à mesurer avec précision les températures mondiales avant la fin du siècle 19th).

Bien entendu, de nombreux grands esprits se sont penchés sur les questions climatiques au cours de l'histoire, et d'autres ont contribué à des inventions scientifiques utiles : vers 340 avant J.-C., le grand intellect grec Aristote, par exemple, a écrit *Meteorologica,* un traité philosophique sur le sujet des phénomènes atmosphériques.[142] Un autre grand intellect, Galileo Galilei, a inventé le thermomètre en 1592.[143] Mais la technologie n'a pas existé au cours de l'histoire pour mesurer avec précision l'activité climatique et recueillir des données fiables. Cependant, comme d'habitude, la secte a trouvé le moyen d'extraire des informations du passé pour les adapter à son récit. Un exemple en est l'utilisation des données des carottes glaciaires, qui montrent les fluctuations des niveaux de dioxyde de carbone dans l'atmosphère et des températures sur des milliers d'années. [144]

Ce sous-ordre du jour est soutenu massivement par le système sur la scène mondiale. La plupart des grandes organisations mondiales y sont favorables, notamment les Nations unies (ONU) et le *Club de Rome* (COR). Fait révélateur, l'*Organisation météorologique mondiale* (OMM) est un tentacule de l'ONU marxiste. Le Secrétaire général de l'OMM était Jukka Petteri Taalas au cours de certaines périodes récentes. Taalas a été nommé par le chef des cocos de l'ONU et membre de la secte portugaise Antonio Guterres. [145] (Nous reviendrons plus tard sur l'ONU et le CdR).

Elle s'attaque aux piliers de la civilisation occidentale. Il s'attaque au capitalisme en ayant un impact sur l'agriculture et l'industrie par le biais de restrictions gouvernementales, d'impôts, etc., forçant ces secteurs à "passer au vert" même si cela a un impact négatif sur eux, voire les détruit. Le mouvement "vert" permet aussi insidieusement à la secte de prendre le contrôle de la gestion des ressources d'un pays, ce qui est essentiel pour prendre le contrôle de l'économie de ce pays (qui est lui-même un tremplin vers la mise en œuvre d'un système socialiste).

La secte adore rejeter la responsabilité de n'importe quel problème/situation

---

[142] https://www.britannica.com/biography/Aristotle

[143] https://www.britannica.com/biography/Galileo-Galilei

[144] Bauska, T., "Ice cores and climate change", 3 juin 2022.

https://www.bas.ac.uk/data/our-data/publication/ice-cores-and-climate-change/

[145] https://en.wikipedia.org/wiki/World_Meteorological_Organization

sur le capitalisme, en utilisant tous les moyens à sa disposition, y compris la déformation des faits établis ou la fabrication de nouveaux concepts. Leur escroquerie pseudo-scientifique sur le climat en est un excellent exemple. Tout problème de pollution lié au commerce ou à l'industrie sous quelque forme que ce soit sera imputé au capitalisme - la recherche non éthique de profits, l'oppression bourgeoise des travailleurs, etc. Ils lui attribueront toutes sortes de problèmes environnementaux, car cela fait d'une pierre deux coups : cela promeut le sous-agenda de la tromperie climatique (et tous les bénéfices pour l'idéologie qu'il contient) et attaque leur vieil ennemi.

À l'inverse, il suffit d'observer le comportement (environnemental) d'un pays entièrement contrôlé par les membres d'une secte, la République "populaire" de Chine. Ce pays a toujours résisté à toutes les tentatives multinationales visant à contrôler son comportement dans ce domaine. En d'autres termes, pendant que le reste du monde s'agite pour "sauver la planète", la Chine fait ce qu'elle veut, car le sous-ordre du jour de la tromperie climatique n'a pas besoin d'être appliqué dans ce pays (puisque le marxisme est déjà suffisamment aux commandes). Ce sous-agenda climatique vise à rendre la planète plus marxiste, et non à en prendre soin ou à la "sauver".

Il tente d'imposer l'égalité entre les pays (sélectionnés) en termes d'efficacité de la production d'énergie (c'est-à-dire qu'ils ont une capacité limitée à produire de l'énergie, puisqu'ils sont forcés de devenir "verts"). Elle oblige à se conformer aux initiatives internationalistes en matière de climat, créant ainsi une égalité au niveau international (ou uniformité).

Enfin, il n'y a peut-être pas de plus grande expression de la vertu marxienne que d'affirmer que l'on va sauver une planète entière ! Très drôle. Des égos gargantuesques.

Le marxisme ne s'occupe pas d'économie ; ils ne sont pas du tout compatibles. Comme nous l'avons mentionné, partout et à chaque fois que des régimes "socialistes" se sont installés, les économies ont été réduites à néant. Il n'est donc pas surprenant que de nombreux adeptes de sectes adhèrent au mouvement "vert", car ils sont inconscients des implications économiques destructrices (pour les plus fanatiques, ils sont peut-être conscients).

Il est également intéressant de constater que le programme de "sauvegarde de la planète" se traduit par une profanation du paysage naturel. Ces parcs éoliens et ces panneaux solaires inefficaces et à l'aspect artificiel apparaissent maintenant partout où ils peuvent être installés, car il est évident que de grandes quantités sont nécessaires. Pour contourner ce problème d'espace, les éoliennes sont placées en mer, ce qui est encore plus coûteux. Quel que soit l'endroit où elles seront placées, elles prendront beaucoup de place, ce qui aura pour effet de dégrader l'environnement. Le programme "Sauver la planète" est en fait en train de détruire la planète (encore une inversion), tout en gaspillant du temps, de l'argent et des ressources naturelles. Tout cela fait de ce sous-agenda un programme anti-nature.

Bien entendu, le sous-agenda climatique fait partie des ambitions de la secte en matière de contrôle mondial, qu'elle peut atteindre par le biais d'organisations internationalistes telles que l'ONU.

Changement climatique ou pollution ?

Pourquoi les membres d'une secte insistent-ils sur l'escroquerie du changement climatique ? Pourquoi voit-on tous ces groupes d'activistes marxistes "verts" (rouges à l'intérieur) nous dire qu'il y a une urgence climatique ? Pourquoi cet "alarmisme" climatique ?

On l'appelait autrefois "réchauffement climatique", puis on l'a rebaptisé "changement climatique", parce que la fluctuation globale des températures mondiales ne confirmait pas le nom original au fil du temps. Pour énoncer (ce qui devrait être) une évidence avant de poursuivre : il n'y a pas de problème majeur à régler ici, et la planète n'a pas besoin d'être sauvée (elle n'est pas non plus "opprimée") ! Le climat change, c'est ce qu'il fait ! Il change, passe par différentes phases, principalement en raison de l'activité solaire - la relation de la Terre avec le Soleil - et ce, depuis des millénaires. Cela n'a rien à voir avec le comportement humain ou les émissions de dioxyde de carbone. Il s'agit d'un récit alarmiste, étayé par la "science" et les "experts", qui est une manipulation émotionnelle, tout comme les autres sous-agendas marxiens.

La pollution, quant à elle, est une question distincte qui tend à s'entremêler, mais elle n'entraîne pas de changements climatiques ! Elle peut affecter la qualité de l'air, de la terre ou de l'eau (entre autres) et il est certain que nous pourrions apporter des améliorations dans ces domaines, mais cela ne justifie toujours pas l'existence du mouvement "vert" marxiste ! Encore une fois, l'idéologie n'est pas nécessaire ici. Le recyclage est également une chose positive : la conservation des ressources est efficace, ce qui est toujours une bonne chose, mais les boîtes de conserve, le carton et le plastique recyclables n'ont rien à voir avec les modèles météorologiques et ne sauvent certainement pas de planètes !

Ce sous-agenda ne concerne pas la "planète", mais le contrôle. Il s'agit d'aider à la destruction du système capitaliste (dans les pays développés) et d'essayer d'empêcher son développement (dans les pays sous-développés), de voler (taxe carbone), de prendre le contrôle des terres et des ressources, d'essayer d'imposer l'"égalité" dans le monde des affaires et de créer un gouvernement marxiste mondial. En pratique, comme nous l'avons vu au cours des régimes "communistes" du 20e siècle, les systèmes/initiatives socialistes ne sont pas du tout bénéfiques pour l'environnement (les pays économiquement faibles sont généralement mal organisés, corrompus, inefficaces et souvent négligents, sales, polluants, etc.)

N'oubliez pas que le succès de la grande "révolution" de l'idéologie ou de la secte dépend du contrôle qu'ils exercent sur le récit public. Les "experts" qui colportent la théorie du changement climatique opèrent dans le même système que les autres "experts" qui ont propulsé le fiasco de Covid, le "multiculturalisme", le socialisme, les conneries sur le genre non-binaire, etc. La crédibilité du système, à ce stade du jeu, devrait être nulle.

Énergies renouvelables ou nucléaire

Les sources d'énergie dites "renouvelables", telles que l'énergie éolienne, solaire, hydroélectrique, etc. sont inefficaces et insuffisantes pour répondre à nos besoins énergétiques, et ne le seront peut-être jamais. Forcer leur utilisation aujourd'hui ne fera que gaspiller du temps, de l'argent et des ressources. En outre, l'énergie nucléaire est de loin le meilleur choix, le plus propre, les nouveaux réacteurs étant capables d'utiliser le combustible usé des réacteurs plus anciens. Comparés au solaire et à l'éolien, les réacteurs à fission nucléaire produisent de grandes quantités d'énergie, occupent beaucoup moins d'espace, sont beaucoup plus fiables (capables de fonctionner vingt-quatre heures sur vingt-quatre, toute l'année, quelles que soient les conditions météorologiques) et produisent très peu de CO2 (ce qui n'a pas vraiment d'importance).[146] Évidemment, il faut s'attendre à ce que le membre moyen d'une secte "écologiste" soit convaincu de tout cela ! Ils mentionneront les incidents tout à fait circonstanciels de Three-Mile Island (1979 ; certains pensent qu'il s'agissait d'un sabotage), de Tchernobyl (1986) et de Fukishima (2011). L'internet est inondé d'articles de contre-propagande sectaire qui tentent de minimiser l'énergie nucléaire au profit des énergies renouvelables, en rejetant les avantages énumérés ci-dessus.

La France alimente environ soixante-dix pour cent de son réseau en énergie nucléaire. En outre, elle "est le premier exportateur net d'électricité au monde en raison de son très faible coût de production, et en retire plus de 3 milliards d'euros par an".[147] Un article paru en février 2023 sur *energydigital.com* classe les "10 premiers pays producteurs d'énergie nucléaire". Les États-Unis, la France et la Chine occupent les trois premières places, avec respectivement 93, 56 et 51 réacteurs. Alors que la France et les États-Unis ne semblent pas avoir de projets enthousiastes pour étendre leur réseau, la Chine "prévoit de développer son système électrique, avec l'ouverture prochaine de 18 réacteurs. Ensemble, ces réacteurs produiront 17,2 GW pour les systèmes électriques de la Chine. Le pays prévoit également de construire 39 réacteurs nucléaires

---

[146] "5 Fast Facts about Spent Nuclear Fuel", 3 octobre 2022.

https://www.energy.gov/ne/articles/5-fast-facts-about-spent-nuclear-fuel

[147] "L'énergie nucléaire en France", août 2023.

https://world-nuclear.org/information-library/country-profiles/countries-a-f/france.aspx

supplémentaires d'une capacité brute combinée de 43 GW".[148] Cela corrobore la stratégie actuelle de la Chine (dirigée par le parti communiste chinois) sur tous les autres fronts : expansion, expansion, expansion.

L'Allemagne est la grande absente de cette liste, malgré sa tradition d'excellence en matière d'ingénierie. Il n'est pas surprenant que, sous la direction de l'ancienne chancelière communiste Angela Merkel, l'infrastructure nucléaire ait été de plus en plus démantelée et remplacée par des "énergies renouvelables". L'incident de Fukushima au Japon en 2011 a fourni aux membres de la secte allemande une excellente occasion de faire avancer ce sous-programme, en organisant des manifestations antinucléaires massives et coordonnées pour répondre aux préoccupations en matière de sécurité ;[149] en dépit du fait qu'un tremblement de terre sous-marin et le tsunami de quinze pieds qui s'en est suivi ont provoqué l'incident de Fukushima.[150] Je ne me souviens pas de la dernière fois où l'Allemagne a connu un tremblement de terre de 9,0 suivi d'un énorme tsunami, et vous ? Encore un exemple de la secte qui capitalise sur quelque chose et crée de l'alarmisme pour faire avancer la révolution.

Les groupes marxistes tels que les *Amis de la Terre* et *Greenpeace se* sont toujours opposés à l'énergie nucléaire et, par extension, aux armes nucléaires. La plupart de ces protestations "nobles" ont été menées dans des pays principalement occidentaux (non communistes) pendant les années de la guerre froide. Aucun commentaire n'est nécessaire.

Le passage au vert freine la croissance économique

Les mouvements "verts" marxistes des pays occidentaux font constamment pression sur les gouvernements pour qu'ils investissent dans les technologies et les infrastructures renouvelables. Les pays du tiers monde et les pays en développement seront contraints de se rallier à ce sous-agenda si le mouvement climatique se poursuit sans opposition. Sous la pression de la secte internationale (via les Nations unies et une multitude d'organisations militantes), ces pays n'utiliseront plus les combustibles fossiles conventionnels comme source d'énergie. Cela signifie qu'ils n'auront pas accès à une énergie

---

[148] Ahmad, M., "Top 10 : Pays producteurs d'énergie nucléaire", 8 février 2023.

https://energydigital.com/top10/top-10-nuclear-energy-producing-countries

[149] Appunn, K., "The history behind Germany's nuclear phase-out", 9 mars 2021.

https://www.cleanenergywire.org/factsheets/history-behind-germanys-nuclear-phase-out

[150] "Accident de Fukushima Daiichi", août 2023.

https://world-nuclear.org/information-library/safety-and-security/safety-of-plants/fukushima-daiichi-accident.aspx

bon marché, qui pourrait permettre à leurs économies de se développer. Au lieu de cela, ils seront "encouragés" (contraints) à utiliser des sources d'énergie renouvelables "vertes" coûteuses pendant leur développement. Cela retarde leur croissance économique (attaque contre le capitalisme). Étant donné que le marxisme s'est toujours imposé assez facilement dans les pays du tiers-monde, il s'agit peut-être d'une autre façon de s'assurer que ces pays continuent à choisir le marxisme comme moyen (voué à l'échec) de sortir de leur situation. La pression exercée par les grandes organisations pour qu'ils "passent au vert" fait en sorte que l'option de choisir avec enthousiasme le capitalisme ne leur est pas ouverte.

Et puis il y a la fameuse escroquerie de la taxe carbone. Lorsque les entreprises (ou même les pays) sont contraintes de payer cette taxe, elles sont essentiellement punies pour leur production industrielle. Plus leur production est élevée, plus elle est taxée (attaque contre le capitalisme). Par conséquent, cette taxe fait également de ce sous-agenda une escroquerie financière. Les personnes concernées pourront s'enrichir démesurément. Il s'agit d'une forme de vol (selon le deuxième plan du Manifeste communiste). La secte/idéologie saisira toutes les occasions de détruire le système capitaliste - y compris l'industrie privée non contrôlée par le gouvernement - par le biais de la fiscalité. Avec la taxe carbone, ils ont trouvé un moyen de taxer les gens (c'est-à-dire de voler leurs bénéfices) pour rien. En outre, cette taxation fait paraître les "énergies renouvelables" plus compétitives en termes de coûts. L'ancien vice-président des États-Unis, Al Gore, qui est peut-être la principale voix politique alarmiste en matière de climat, a empoché l'argent tout en poursuivant sa noble quête pour nous sauver tous. Selon un article paru en janvier 2023 dans le Daily Mail, "l'ancien vice-président a été à l'avant-garde des investissements dans les technologies vertes, ce qui a fait gonfler sa fortune, estimée à 330 millions de dollars". L'article précise également qu'il perçoit un salaire de 2 millions de dollars par mois chez Generation Investment Management. Il a également passé des années à voler dans des avions produisant du CO_2 et possède plusieurs propriétés. [151] Il est l'exemple même du membre d'une secte hypocrite.

Groupes de melon d'eau

Just Stop Oil a commencé à sauver l'humanité en 2022. Extrait de la page d'accueil de leur site web : "Just Stop Oil est un groupe de résistance civile

---

[151] Farrell, P., "How Al Gore has made $330m with climate alarmism : L'ancien vice-président a fait fortune après avoir perdu contre George W. lorsqu'il a créé une société d'investissement écologique qui vaut aujourd'hui 36 milliards de dollars et qui lui rapporte 2 millions de dollars par mois... alors qu'il met en garde contre les "bombes à pluie" et les "océans en ébullition"", 19 janvier 2023.
https://www.dailymail.co.uk/news/article-11653723/How-Al-Gore-300m-climate-alarmism-Former-VP-fortune-losing-George-W.html

non violente qui demande au gouvernement britannique de cesser d'accorder des licences à tous les nouveaux projets pétroliers, gaziers et charbonniers. Il est amusant de constater que la couleur choisie pour leur image de marque est l'orange (site web, t-shirts, etc.), ce qui constitue une tentative décente d'originalité, en toute justice (une fois de plus, le rouge communiste serait trop évident). Leur logo est très intéressant et a de multiples significations - il s'agit d'un crâne humain en forme d'ampoule, mais aussi d'une personne triste et d'une goutte d'huile en guise de larme. [152] J'approuve - l'activisme révolutionnaire marxiste est une idée misérable, qui mène à l'extinction de l'humanité.

Ce groupe a attiré l'attention pour ses actions révolutionnaires glorieuses dans les médias et en ligne. En 2023, des manifestants ont été vus en train de jeter de la poudre orange un peu partout, notamment lors d'événements sportifs de premier plan en avril et en juillet - le championnat du monde de snooker à Sheffield et le tournoi de golf British Open à Liverpool. En Formule 1, ils ont également perturbé le Grand Prix de Grande-Bretagne 2022 en s'asseyant sur la piste. Si j'arrivais dans un virage et que je voyais ces connards sur la piste, j'actionnerais les essuie-glaces, je klaxonnerais, je passerais à la vitesse supérieure et je mettrais le pied au plancher...

Une autre tactique consiste à perturber la circulation (des conducteurs amateurs), en particulier dans le centre de Londres, au Royaume-Uni.[153] Ces idiots étaient assis sur la route, exaspérant les Londoniens ordinaires, qui étaient souvent obligés de s'asseoir dans les véhicules sous le regard de la "police". Certains membres brillants du public ont déchiré leurs bannières, les ont traînés hors de la route et les ont harcelés d'une manière ou d'une autre, mais évidemment, la police menaçant de les arrêter, et non les manifestants (!), les protestations se sont poursuivies. Souvent, les manifestants, une fois traînés hors de la route, se remettaient à ramper, ce qui était exaspérant. Certaines personnes ont essayé de faire la morale aux activistes, ce qui est une perte de temps totale - essayer de raisonner avec des membres d'une secte ayant subi un lavage de cerveau. N'oubliez pas qu'il s'agit de grands héros révolutionnaires de l'humanité, en lévitation au-dessus du reste d'entre nous, qui savons mieux que les autres.[154]

Il est absolument ridicule que cela ait pu se produire ! L'establishment britannique est truffé de membres de sectes, il n'y a donc aucun espoir de rendre les manifestations marxistes illégales pour l'instant. Dans une société

---

[152] https://juststopoil.org/

[153] "Just Stop Oil : Qu'est-ce que c'est et quels sont ses objectifs ?", 8 novembre 2023. https://www.bbc.com/news/uk-63543307

[154] "'Just Stop Oil' Protestors Getting Wrecked", 3 juillet 2023. https://www.YouTube.com/watch?v=s7XPNM_Om9Q

plus saine, ils seraient entassés dans des fourgons de police et contraints de travailler dans une mine de charbon ou sur une plate-forme pétrolière quelque part pour le reste de leur vie. En guise de solution idéale pour les manifestants qui restent sur la route, voici un mot de feu l'humoriste américain Bill Hicks (1961-1994) qui a dit ceci à propos des émeutes de L.A. en 1992 : "Step on the fuckin gas man ! Ils sont à pied, vous êtes dans un camion... Je crois que je vois un moyen de sortir de là...".[155]

De nombreux commentateurs en ligne ont fait remarquer que ces activistes sont pour la plupart des étudiants, des retraités et peut-être des chômeurs (qui ne contribuent donc pas actuellement à l'économie), alors qu'ils empêchent les travailleurs et les navetteurs de faire de même. Bien que cela ait été reconnu et compris, il est moins évident que leur action d'arrêter le trafic soit symbolique de la position anticapitaliste et anti-civilisationnelle de l'idéologie.

Il est intéressant de noter que les travailleurs quotidiens que les activistes gênaient comprenaient la classe ouvrière "prolétaire", sans oublier que plus vous retenez quelqu'un dans les embouteillages, prolongeant ainsi son temps de trajet, plus vous consommez de carburant et plus le véhicule produit de la pollution par son tuyau d'échappement. Des actions encore plus ouvertement anticapitalistes ont été menées en avril 2022, lorsqu'ils ont tenté de bloquer plusieurs installations, infrastructures et terminaux pétroliers.[156]

Un autre groupe prédécesseur britannique, bien qu'à un niveau plus élevé de folie kamikaze, est *Insulate Britain*. Extrait de la page d'accueil de leur site Internet *insulatebritain.com* (souligné pour l'accentuation) : "Nous avons besoin que le gouvernement isole les maisons britanniques pour sauver des milliers de vies et éviter un effondrement économique et social. Chaque année au Royaume-Uni, des centaines de milliers de familles sont obligées de choisir entre se chauffer ou manger, entre des enfants qui ont froid ou des enfants qui ont faim, et des milliers de personnes meurent parce qu'elles ont trop froid. L'isolation des maisons britanniques permettra de sauver des vies et de fournir des maisons chaudes tout en contribuant le plus efficacement possible à la réduction des émissions de carbone et à la création d'emplois intéressants.[157]

Grâce à Satan, nous avons ces gens merveilleux pour nous sauver de cet effondrement, pendant qu'ils sauvent les pauvres prolétaires. Ces fous ont été vus en train d'obstruer la circulation à plusieurs carrefours de l'autoroute M25

---

[155] "Bill Hicks : Revelations (1992/ 93)".
https://www.YouTube.com/watch?v=6wG0wZD3Kh8

[156] "Just Stop Oil : Qu'est-ce que c'est et quels sont ses objectifs ?", 8 novembre 2023.https://www.bbc.com/news/uk-63543307

[157] https://insulatebritain.com/

près de Londres à la fin de l'année 2021.[158]

Un groupe culte apparenté est *Extinction Rebellion* (ER. Ce nom est un autre candidat au titre de "comment mettre autant de marxisme que possible dans un seul titre"). En fait, Just Stop Oil et Insulate Britain sont des ramifications, ER étant légèrement plus haut placé dans la structure internationale de la secte. Extrait de la section "Pourquoi se rebeller ?" de leur site, sous "Désobéissance civile non violente" : "Nous suivons les traces de ceux qui nous ont précédés. Du mouvement pour l'indépendance de l'Inde au suffrage des femmes, du mouvement pour les droits civiques au printemps arabe, l'histoire nous a montré à maintes reprises que la protestation non violente est un moyen efficace d'obtenir des changements. Et pourtant, il n'y a aucune garantie. En tant que rebelles, nous savons que la réalité de demain est la préoccupation d'aujourd'hui".[159] Il s'agit en effet d'un pas dans la bonne direction.

Letzte Generation (Dernière Génération) est un groupe allemand également actif en Italie et en Autriche. Leur logo est un cœur entouré d'un cercle rougeâtre (marxisme = amour !). Ils sont connus pour des tactiques similaires : ils aspergent de peinture les monuments publics, se collent à la route, utilisent des extincteurs pour pulvériser de la peinture orange sur les devantures des magasins et des restaurants. Ils ont même dégradé une fois un tableau de Claude Monet avec de la purée de pommes de terre, et un tableau de Van Gogh a eu droit au même traitement.[160] Bizarreries. Extrait de la page "Qui sommes-nous" de leur site web (souligné pour l'accentuation) : "Nous sommes la dernière génération à pouvoir arrêter l'effondrement de notre société. Face à cette réalité, nous acceptons sans crainte des honoraires élevés, des accusations criminelles et l'emprisonnement".[161]

Les égos gargantuesques qui se manifestent ici, une fois de plus, rappellent brutalement qu'il s'agit de fanatiques et qu'aucune coercition ou punition ne les dissuadera. La seule façon de traiter avec des idéologues fondamentalistes est la force physique. Fait amusant, deux des membres ont été critiqués dans les médias en février 2023 pour s'être envolés vers l'Asie pour des vacances, rejetant du CO2 à profusion.[162] Encore une fois, dans une société saine, tout membre identifié d'une secte ne sera pas autorisé à quitter ou à entrer dans un

---

[158] https://en.wikipedia.org/wiki/Insulate_Britain_protests

[159] https://rebellion.global/why-rebel/

[160] https://en.wikipedia.org/wiki/Last_Generation_(mouvement_climatique)

[161] https://letztegeneration.org/en/wer-wir-sind/

[162] Scally, D., "German climate activists swap court date for Bali holiday", 3 Feb 2023.

https://www.irishtimes.com/world/europe/2023/02/03/german-climate-activists-swap-court-date-for-bali-holiday/

pays à sa guise. Si tout va bien et se déroule comme prévu, ce sera la "dernière génération" de membres de la secte marxiste.

Notez également comment ces groupes parlent de cet effondrement sociétal inévitable. La genèse en est l'hypothèse de Karl Marx selon laquelle le capitalisme contient en lui les germes de sa propre destruction. La secte utilise beaucoup cet outil pour essayer de déclencher un sentiment émotionnel d'urgence, qui peut produire une réaction favorable à la secte ou à l'idéologie.

Un autre est le groupe activiste australien *Stop Fossil Fuel Subsidies* (SFFS, ou "Stop for fuck's sake !"; ce qui est super australien). Leur page d'accueil, qui arbore à nouveau la couleur rouge, indique qu'il s'agit d'un "nouveau groupe politiquement non affilié de citoyens ordinaires qui agissent pour obliger les gouvernements à cesser leur soutien à l'industrie des combustibles fossiles".[163] Des membres de secte impartiaux ? Dites-m'en plus ! En outre, "nous avons été contraints de nous engager sur la voie de la résistance civile non violente afin de mettre un terme à cette obscénité". Non, personne ne vous oblige à faire quoi que ce soit.

Ils déclarent également que "des décennies d'inaction dangereuse et motivée par l'appât du gain ont accéléré le réchauffement climatique d'origine humaine au point que la civilisation ne sera plus viable, à moins que des mesures urgentes ne soient prises pour réduire rapidement les émissions de gaz à effet de serre. L'heure est venue de renforcer les revendications et la résistance civile, proportionnellement à la menace existentielle à laquelle nous sommes tous confrontés". Ces deux phrases comprennent (dans l'ordre) : anti-capitalisme/anti-profits, pseudo-science, alarmisme, révolution, encore plus d'alarmisme.

David et Joanne

David Evans et sa femme Joanne Nova sont deux "climato-sceptiques" notables en Australie. Ils s'expriment tous deux sur cette question depuis de nombreuses années. Ce sont des personnages très intéressants puisqu'ils ont tous deux été impliqués dans la défense de ce sous-ordre du jour au début de leur carrière.

Ingénieur et mathématicien, Evans possède pas moins de six diplômes universitaires, dont un doctorat en génie électrique qu'il a obtenu à l'université de Stanford, en Californie. Il a travaillé comme consultant pour l'Australian Greenhouse Office - rebaptisé "Department of climate change" - de 1999 à 2005 et de 2008 à 2010. Il a participé au développement de Fullcam, un

---

[163] https://www.stopffs.org/about

système de mesure des niveaux de carbone dans l'environnement.[164][165] Evans est devenu un peu un paria lorsqu'il a commencé à remettre en question la théorie, citant les données des carottes glaciaires comme un tournant majeur pour lui personnellement. Ce grand homme a eu la conscience et le courage de s'exprimer.

Le 23 mars 2011, il a prononcé un discours lors d'une manifestation "No Carbon Tax" sur les marches du parlement de l'Australie occidentale (discours intégral disponible sur son site web www.sciencespeak.com).[166] Il commence ainsi : "Le débat sur le réchauffement climatique a atteint des proportions ridicules. Il est truffé de demi-vérités, de malentendus et d'exagérations. Je suis un scientifique. J'étais dans le train du carbone, je comprends les preuves, j'ai été alarmiste, mais je suis maintenant sceptique".

Evans poursuit : "L'idée que le dioxyde de carbone est la principale cause du récent réchauffement climatique repose sur une supposition qui s'est révélée fausse à la lumière des preuves empiriques recueillies au cours des années 1990. Mais la manne était trop importante, avec trop d'emplois, d'industries, de profits commerciaux, de carrières politiques, et la possibilité d'un gouvernement mondial et d'un contrôle total qui dépendaient du résultat. Ainsi, plutôt que d'admettre qu'ils se sont trompés, les gouvernements et leurs climatologues maintiennent aujourd'hui outrageusement la fiction selon laquelle le dioxyde de carbone est un polluant dangereux".

Il a également déclaré que le CO2 contribue à réchauffer la planète, mais que "les modèles climatiques sont fondamentalement défectueux" et qu'ils "surestiment considérablement les augmentations de température dues au dioxyde de carbone". Il a fait référence à des preuves qui contredisent le discours officiel, telles que les données des ballons météorologiques, et qui ont été essentiellement ignorées.

D'autres sources "alternatives" de connaissances dans le monde affirment que la Terre, comme notre étoile - le Soleil - est en fait un organisme, dans un sens, qui fluctue et passe par différents stades de développement ; elle peut également réagir aux changements dans son environnement/conditions (comme les êtres vivants ont tendance à le faire) et peut également avoir un impact sur son environnement. Evans a fait allusion à ce concept dans son discours, d'un point de vue scientifique : "Il existe aujourd'hui plusieurs preuves indépendantes montrant que la Terre réagit au réchauffement dû à l'augmentation du dioxyde de carbone en atténuant ce réchauffement. Tous les systèmes naturels à longue durée de vie se comportent de la sorte, contrant

---

[164] https://sciencespeak.com/about.html

[165] https://en.wikipedia.org/wiki/David_Evans_(mathématicien et ingénieur)

[166] https://sciencespeak.com/rally.pdf

toute perturbation, faute de quoi le système serait instable. Le système climatique ne fait pas exception, et nous pouvons désormais le prouver".

Essentiellement, pour faire un zoom arrière, les "alarmistes" climatiques (membres de la secte) suggèrent à tort que la planète ne peut pas supporter ce que les humains font (en termes d'émissions, etc.) et que cela crée plusieurs déséquilibres environnementaux, alors qu'Evans a suggéré à juste titre que la planète peut s'adapter et s'adapte. L'argument contraire de la secte, qui est au cœur de son mouvement, est faux.

Dire que la secte du climat exagère et déforme les informations de manière biaisée est un euphémisme ; c'est de la propagande. L'utilisation de thermomètres et leur emplacement physique sont évidemment au cœur des affirmations selon lesquelles la planète se réchauffe. Evans explique : "Le réchauffement de la planète se mesure en dixièmes de degrés, de sorte que tout coup de pouce supplémentaire est important. Aux États-Unis, une enquête menée par des volontaires a révélé que près de 90% des thermomètres officiels ne respectaient pas les exigences officielles en matière d'emplacement, à savoir qu'ils ne devaient pas être trop proches d'une source de chauffage artificielle". Il a ajouté : "La fausse représentation consiste à utiliser des thermomètres sélectionnés dans des endroits qui se réchauffent artificiellement et à appeler les résultats "réchauffement planétaire"".

Les satellites fournissent une mesure précise et globale des températures, a souligné M. Evans, et ce de manière impartiale. Leurs données indiquent que "l'année la plus chaude a été 1998 et que, depuis 2001, la température mondiale s'est stabilisée", ajoutant : "Pourquoi les milieux climatiques occidentaux ne présentent-ils que les résultats des thermomètres de surface et ne mentionnent-ils pas les résultats des satellites ?

Il s'agit là d'exemples typiques d'une secte ou d'une idéologie qui sélectionne les informations pour promouvoir un certain récit, en déformant la réalité. Il a conclu son discours en disant : "Oui, le dioxyde de carbone est une cause du réchauffement de la planète, mais c'est tellement mineur que cela ne vaut pas la peine de faire grand-chose". À une autre occasion, Evans a désigné l'activité solaire comme étant la principale influence sur le climat de la Terre.

Joanne

Joanne Nova, l'épouse de David, qui a également une formation scientifique, est une voix respectée de la vérité climatique. Son excellent site web *joannenova.com.au* est l'un des plus grands sites climato-sceptiques au monde. Les articles du blog couvrent plusieurs sujets connexes, et elle écrit avec beaucoup de perspicacité et d'attitude. Elle a également publié "The Skeptic's Handbook" en 2009. Son travail a notamment mis en évidence l'extrême inefficacité énergétique, le coût élevé et l'infaisabilité générale des sources d'énergie "renouvelables" par rapport aux sources conventionnelles.[167][168]

En juillet 2023, Nova a donné une interview sur YouTube à l'animateur Topher Field dans le cadre de l'émission *The Aussie Wire*. Elle a parlé des produits à base d'"énergie verte" et du fait qu'ils étaient fabriqués grâce au travail d'esclaves. La conversation a mis en évidence l'hypocrisie du mouvement "vert", qui est ostensiblement attaché aux droits de l'homme.[169]

Une organisation qui attire l'attention sur cette question est *Walk* Free, *un* groupe international de défense des droits de l'homme basé à Perth, qui se consacre à l'éradication de l'esclavage moderne, sous toutes ses formes, au cours de notre vie. Il est intéressant de noter que leur site web - walkfree.*org* - *a un* ton nettement marxien (puisque la secte nous rappelle souvent que l'esclavage est une forme d'oppression) et qu'ils ont pourtant attiré l'attention sur l'esclavage marxiste, un peu par inadvertance.[170]

Les Ouïghours ne peuvent pas "marcher librement".

Le mercredi 24 mai 2023, un article paru sur le site *abc.net.au* indiquait : "Le Xinjiang, province du nord-ouest de la Chine, abrite des groupes ethniques, dont les Ouïghours, qui auraient fait l'objet de persécutions de la part des autorités de Pékin. Des rapports suggèrent également l'utilisation généralisée de main-d'œuvre ouïghoure forcée dans des camps de production de polysilicium, l'ingrédient clé des panneaux solaires".[171]

La directrice fondatrice de Walk Free, Grace Forrest, a été citée comme ayant déclaré : "Le risque avec les panneaux solaires, comme avec de nombreux éléments de l'économie verte, est qu'il s'agit de chaînes d'approvisionnement transnationales qui manquent cruellement de transparence et de responsabilité. Le fait est que, par défaut, une économie verte sera construite sur l'esclavage moderne. Nous avons l'occasion et la responsabilité de dire que l'on ne peut pas nuire à des personnes au nom de la sauvegarde de la planète". L'article précise également que "près de 90 % de l'approvisionnement mondial en polysilicium provient de Chine, Walk Free notant qu'environ la moitié de cette quantité provient du Xinjiang".

Encore une fois, l'idéologie ne se préoccupe pas des gens, elle les feint pour

---

[167] https://en.wikipedia.org/wiki/Joanne_Nova

[168] https://joannenova.com.au/

[169] The Aussie Wire, "The Truth About Coal and Power in Australia : Joanne Nova Explains", 26 juillet 2023. https://www.YouTube.com/watch?v=GwFDlsTSwNI

[170] https://www.walkfree.org/

[171] Mercer et Dole, "Forrest group Walk Free warns of slavery threat in Australia's solar panel supply chains", 24 mai 2023. https://www.abc.net.au/news/2023-05-24/forrest-group-walk-free-warns-slavery-threat-solar-panels/102383470

proliférer. Comme le fanatisme de la secte progresse par vagues de plus en plus importantes, même si la plupart des membres de la secte dans le monde sont contre cette forme d'esclavage, comme nous l'a appris Yuri Bezmenov, cela n'arrêtera pas les communistes chinois (qui seraient heureux de les réduire en esclavage, eux aussi, pour dissidence contre la "révolution").

Quant aux camps d'internement du Xinjiang, ils sont officiellement désignés comme des "centres d'éducation et de formation professionnelles" par le parti communiste chinois (PCC) au pouvoir dans le pays.[172] Incarnation même du racisme et de l'oppression, ces camps sont l'incarnation régionale du réseau national de prisons Laogai. Les camps du Xinjiang, en particulier, ont été créés pour opprimer/éliminer les minorités ethniques et religieuses, notamment les Ouïghours, qui sont musulmans, tout en empêchant toute séparation réelle avec la Chine.

Les voitures au cobalt

Dans un billet de blog publié le mardi 8 août 2023, Nova souligne que les Chinois sont désormais les principaux exportateurs de véhicules électriques (VE) : "Tant que l'Occident imposera les VE à sa propre population, puis les taxera pour subventionner toutes les bornes de recharge et la production d'électricité supplémentaire nécessaire, les clients, excédés et souffrants, choisiront la voiture la moins chère qu'ils pourront trouver. Et sans électricité bon marché provenant du charbon ou de la main d'œuvre esclave dans les usines, comment l'industrie automobile occidentale pourrait-elle être compétitive ?[173] Compte tenu du mode opératoire et des ambitions du PCC, cette situation est certainement le fruit d'une volonté délibérée ! Nova a également souligné les menaces potentielles que les voitures électriques chinoises font peser sur les pays occidentaux (surveillance, etc.).

L'ingrédient clé utilisé pour produire les batteries des véhicules électriques est le métal élémentaire cobalt. Un article est paru sur le site *E&E News* le 15 mars 2022, intitulé "Cobalt poses human rights test for Biden on clean energy" (Le cobalt est un test pour les droits de l'homme pour Biden sur les énergies propres).[174]

---

[172] Maizland, L., "China's Repression of Uyghurs in Xinjiang", 22 septembre 2022.

https://www.cfr.org/backgrounder/china-xinjiang-uyghurs-muslims-repression-genocide-human-rights

[173] Nova, J., "How to paralyze a city with one easy EV "update"", 8 août 2023.

https://joannenova.com.au/2023/08/how-to-paralyze-a-city-with-one-easy-ev-update/

[174] Holzman, J., "Cobalt poses human rights test for Biden on clean energy", 15 mars 2022. https://www.eenews.net/articles/cobalt-poses-human-rights-test-for-biden-on-clean-energy/

La République démocratique du Congo (RDC) est une source majeure de ce métal : "La RDC, parfois appelée "l'Arabie saoudite de l'ère des véhicules électriques", produit environ 70 % du cobalt mondial. Environ 80 % du cobalt est transformé en Chine avant d'être incorporé dans les batteries lithium-ion".

Il ajoute : "Les allégations de travail forcé dans les usines chinoises de polysilicium ont incité le Congrès, l'année dernière, à adopter une interdiction générale des importations de produits solaires liés à une région du pays. Les fonctionnaires des douanes ont saisi d'énormes cargaisons provenant d'au moins trois entreprises et ont inscrit un important fournisseur chinois sur une liste noire. Le polysilicium est un élément clé de la plupart des types de panneaux solaires. Les produits utilisant du cobalt congolais, comme les batteries lithium-ion utilisées dans les véhicules électriques et les systèmes de stockage d'énergie, ont échappé à ce type de mesures d'application".

Guerre économique écologique

Si l'on s'éloigne momentanément du sous-ordre du jour de la lutte contre le changement climatique, ces questions sont extrêmement importantes en termes de présence mondiale de l'idéologie. Il semble que les Chinois, qui ne jouent manifestement pas le jeu de l'"agenda vert", utilisent essentiellement des travailleurs esclaves pour produire et vendre ces produits inefficaces et inutiles. Ils y gagnent, car en continuant à construire leur infrastructure économique à l'aide de centrales au charbon et de centrales nucléaires, ils finiront par surpasser les pays occidentaux qui sont occupés à se paralyser eux-mêmes en devenant "verts". Alors que la Chine construit davantage de centrales électriques conventionnelles, les pays occidentaux construiront davantage de parcs éoliens. Si l'économie mondiale est une course, les Chinois appuient sur l'accélérateur (jeu de mots) et l'Occident s'en détache. En outre, la taxe carbone permet à l'industrie chinoise de surpasser facilement ses homologues occidentaux, puisqu'ils ne paieront pas ces taxes.

Tout cela est lié à l'*initiative "Belt and Road"* (BRI) du PCC, qui utilise l'économie pour construire son empire mondial par divers moyens, notamment l'acquisition de territoires et de ressources, faisant ainsi progresser le marxisme international[175] (un sujet important suffisamment traité par d'autres auteurs). Le nom "Belt and Road" (ceinture et route) était auparavant "One Belt, One Road" (une ceinture, une route). Le Premier ministre du PCC, Xi Jinping, a apparemment suggéré ce nom, qui fait référence aux projets de la Chine en matière de commerce terrestre (une "ceinture" économique) et maritime et de routes maritimes ("route").[176]

---

[175] Jie et Wallace, "What is China's Belt and Road Initiative (BRI) ?", 13 septembre 2021.https://www.chathamhouse.org/2021/09/what-chinas-belt-and-road-initiative-bri

[176] Kuo et Kommenda, "What is China's *Belt and Road* Initiative ?".

Xi étant considéré par certains comme le nouveau Mao, il a traversé l'esprit de cet auteur que "Une ceinture, une route" avait une signification plus profonde : il pourrait s'agir d'une référence à un souvenir militaire historique de la *Longue Marche de* 1934 (une période de deux ans de retraite pour les forces communistes face à leurs ennemis nationalistes). Il s'agissait d'une demi-ceinture, symbole de leur lutte pour survivre malgré le fait qu'ils n'avaient plus rien. En janvier 2016, lors d'une visite au musée où il a vu l'objet, Xi a déclaré qu'il représentait "le pouvoir de la croyance". Il a été donné au Musée national de Chine en 1975.).[177]

En novembre 2018, Joanne Nova est intervenue lors de la douzième *conférence de l'EIKE sur le climat et l'énergie* à Munich, en Allemagne. Cette excellente et complète présentation était intitulée "Comment détruire un réseau électrique en trois étapes simples".[178]

Nova a déclaré que l'Australie possède les quatrièmes ressources mondiales en charbon, qu'elle en est le premier exportateur et qu'elle en a suffisamment pour durer "300 ans au rythme actuel où nous l'utilisons comme principale source d'électricité". Elle a également souligné que le pays possède les plus grandes réserves d'uranium au monde (deuxième producteur) et qu'"il y a 450 réacteurs nucléaires dans le monde et en Australie, nous n'en avons aucun".[179] Ces éléments montrent à quel point la secte a étouffé le progrès dans ce pays.

Cov(a)id(s) 19(84)-le virus du peuple

"Le pouvoir ne vient pas d'un badge ou d'une arme, le pouvoir vient du mensonge, du grand mensonge et du fait que le monde entier joue le jeu avec vous. Une fois que tout le monde est d'accord avec ce qu'il sait au fond de son cœur ne pas être vrai, vous les tenez par les couilles"[180]

Sénateur Ethan Roark (Powers Booth), *Sin City*, 2005

"De toutes les choses qui existent, qu'est-ce qui pourrait causer une surmortalité

---

https://web.archive.org/web/20180905062336/https://www.theguardian.com/cities/ng-interactive/2018/jul/30/what-china-belt-road-initiative-silk-road-explainer

[177] "L'histoire du parti partagée par Xi : une demi-courroie rappelle aux gens le pouvoir de la croyance", 23 avril 2021. http://en.moj.gov.cn/2021-04/23/c_613668.htm

[178] EIKE, "Joanne Nova - How to destroy a power grid in three simple steps", 18 février 2022.

[179] "Production d'uranium par pays".

https://wisevoter.com/country-rankings/uranium-production-by-country/#uranium-production-by-country

[180] "Sin City - Senator Roark's Speech (hardsub)", 14 mars 2012.

https://www.YouTube.com/watch?v=Os9TU3e0kMo

de dix millions de morts en une seule année ? Il est clair qu'une grande guerre pourrait en être la cause, de même qu'une pandémie - naturelle ou créée par la bioterrorisme"[181]

Un riche informaticien bizarre obsédé par les pandémies, les vaccins, les niveaux de population et le bioterrorisme a appelé William Gates, avril 2018.

Liste de contrôle des cocos

Tout le fiasco de Covid a été marqué par les empreintes de la secte. Ce sous-ordre du jour a créé une division entre ceux qui étaient trop bêtes pour voir ce qui se passait et ceux qui ne l'étaient pas. Il a créé une classe obéissante et une classe non obéissante, tout en encourageant les mauvais traitements à l'égard des non obéissants. Elle a placé les "victimes" de Covid dans la classe des "opprimés" et a insinué que ceux qui refusaient les vaccins étaient essentiellement les "oppresseurs", comme une forme de chantage émotionnel pour forcer les gens à se conformer. Elle a créé un nouveau système de classes en traitant ceux qui ne se faisaient pas vacciner comme des citoyens de seconde zone, en leur refusant ou en tentant de leur refuser certains "droits" (voyages, entrée dans les établissements, droit au travail, etc.) Il est évident que les "non-vaxxers" sont stupides et représentent un danger pour la société, n'est-ce pas ? Pour les simples d'esprit, ils doivent donc être traités comme tels.

La pandémie de Covid 19(84) était clairement une tentative des mondialistes de consolider leur contrôle sur les masses. Il n'est pas surprenant que, dans l'ensemble, les éléments marxistes de tout l'Occident aient soutenu cet agenda totalitaire. Comme on pouvait s'y attendre, ils ont mis en place un système de suivi des personnes "vaccinées" et de celles qui ne l'étaient pas. Les membres de la secte insinuaient que ceux qui refusaient les injections devaient être traités comme des citoyens de seconde zone puisqu'ils ne se conformaient pas au système. En substance, cela signifiait qu'ils seraient privés de droits, ce qui est la définition même d'une citoyenneté de seconde zone : pas de droit de voyager librement, de socialiser, etc.

La prise d'un mystérieux "vaccin" (ou de vaccins) dont on n'a tout simplement pas besoin est le symbole parfait du principe du cheval de Troie. Une fois que les gens s'engagent dans cette voie, ils sont prêts à recevoir toutes sortes d'injections. Ce sous-agenda est également basé sur une perception déformée de la réalité parce qu'il ne s'agit pas d'une véritable pandémie. Bien entendu, c'est peu dire que Covid a bénéficié d'un soutien massif de la part du système.

Le plus révélateur, c'est que la pandémie a également constitué une attaque flagrante contre le capitalisme. Pendant les fermetures gouvernementales forcées, la société - et donc l'économie - a été essentiellement paralysée (bien que temporairement dans certains secteurs). De nombreux propriétaires de

---

[181] Bill Gates : Qu'est-ce qui pourrait causer, en une seule année, plus de 10 millions de décès ?", 30 avril 2018. https://www.YouTube.com/watch?v=5ToWY_BYb00

petites entreprises ont été contraints d'endurer des mois d'attente angoissante et d'inquiétude quant à leur réouverture, tandis que beaucoup d'autres ont été contraints de fermer boutique. Un crime horrible du gouvernement contre les chefs d'entreprise !

Il était exaspérant d'être témoin de cette folie, et des ignobles forces de police traîtresses qui l'appliquaient ! En novembre 2022, un article du Irish Times faisait référence aux conclusions de l'Office central des statistiques, selon lesquelles "quelque 24 % des entreprises ayant répondu à ses enquêtes en avril et mai 2020 ont cessé temporairement ou définitivement leurs activités" (bien que les chiffres réels soient probablement beaucoup plus élevés).[182]

Dans de nombreux pays au cours de cette période, des paiements Covid ont été versés par des membres de sectes au sein des gouvernements à ceux qui ne pouvaient pas travailler afin de les " compenser " pour une situation qu'ils avaient créée ! Ainsi, les membres de la secte en collusion dans le monde entier ont causé la situation Covid en premier lieu (la Chine communiste, nos gouvernements contaminés, les frontières ouvertes, les membres de la secte dans les MSM à travers le monde, etc.), puis ils commencent à faire des choses comme : refuser aux gens le droit de travailler et de gagner de l'argent en leur interdisant de se rendre au travail et d'en revenir, sauf s'il s'agit de travailleurs "essentiels" ; leur refuser le droit d'ouvrir leur entreprise, ce qui les conduit à la faillite ; les forcer à accepter les paiements Covid de l'État pour survivre ; qualifier de "théoriciens du complot" ceux qui résistent à la pression du gouvernement pour obtenir des vaccins ; dire que toutes les protestations/émeutes concernant tout cela sont alimentées par des individus malavisés d'"extrême droite", etc. Cette provocation devrait exaspérer les gens !

Quelle audacieuse "charité" que d'émettre ces paiements Covid ! Encore un exemple de la secte qui distribue de l'argent gratuit, ce qui draine les finances de l'économie (anticapitalisme). Les confinements ont essentiellement forcé de nombreuses personnes à perdre leur emploi et leurs moyens de subsistance, en plus de les rendre dépendantes de l'État et de les faire bénéficier d'allocations et de la sécurité sociale. Le fait de priver le prolétariat de son indépendance financière est tout à fait typique de la secte. Il est évident qu'ils se fichent éperdument des riches propriétaires d'entreprises "bourgeoises" qui sont touchés par cette mesure.

Refuser aux gens le droit d'aller travailler ou de gérer leur propre entreprise, ou les contraindre à accepter les paiements de Covid sont autant d'attaques contre le capitalisme et l'indépendance financière d'un individu par rapport à

---

[182] Slattery, L. "'Dramatic effect' of pandemic on Irish businesses still being felt", 2 novembre 2022. https://www.irishtimes.com/business/2022/11/02/dramatic-effect-of-pandemic-on-irish-businesses-still-being-felt/

l'État.

Il s'agissait de l'application de l'égalité dans la mesure où tout le monde était contraint de se conformer à l'État par le biais de la propagande et de la pression sociale collective pour se faire vacciner ; l'égalité de la conformité. Il s'agissait d'un signal de vertu, puisque le fait de se faire vacciner était la chose moralement responsable à faire, pour la "sécurité" des autres, pour le bien de la "collectivité".

Attitudes des membres d'une secte et promotion des vaccins

Il est très révélateur que la secte en général encourage les gens à obéir à l'État/au système à tout prix. Ne sont-ils pas censés être des "rebelles" ? C'est l'un des symptômes d'une société fortement infectée - il n'y a pas assez de scepticisme, trop de conformité avec le contrôle de l'État. Peut-être que les masses ne seraient pas aussi disposées à suivre l'escroquerie de Covid si nos pays n'avaient pas été préalablement injectés de marxisme. De nombreux membres de sectes n'ont pas objecté lorsque le très capitaliste Bill Gates et Big Pharma sont intervenus pour proposer leurs "cures" vaccinales.

En outre, il y a eu la promotion des vaccins. Comme nous l'avons vu dans les médias, ceux qui les refusaient devaient, selon les adeptes de la secte, être punis pour ne pas s'y être conformés. Les vertueux ont défendu ces mesures en masse pour le bien de la société, naturellement. Le sénateur travailliste australien Raff Ciccone s'adressait ainsi aux "anti-vaxxers" dans le *journal The Age* du 16 juin 2020 : "Notre tolérance à l'égard de votre ignorance volontaire est terminée. Nous ne pouvons pas nous permettre, moralement ou économiquement, de céder du terrain à ceux qui choisissent de ne pas se faire vacciner... Je ne préconise pas de vacciner les gens contre leur volonté. Ce serait une erreur. Nous devons veiller à ce que la sécurité de notre communauté soit la priorité numéro un. Cela signifie que la participation à la vie quotidienne ne peut pas mettre les autres en danger. Si vous ne voulez pas être vacciné contre le COVID-19, vous devez assumer les conséquences de cette décision".[183]

Il poursuit son article en préconisant ce nouveau système de classes par le biais du refus d'emploi, de garde d'enfants et d'entrée dans les locaux aux personnes opposées au vaccin, en les qualifiant de "théoriciens de la conspiration". Encore un membre de secte qui prône le totalitarisme, tout en essayant de nous convaincre qu'il est bienveillant en faisant preuve de vertu.

L'ancien premier ministre britannique, chef du parti travailliste et fabiusien Tony Blair était un fervent partisan des passeports Covid pendant la

---

[183] Ciccone, R., "New COVID-19 restrictions will be needed for anti-vaxxers", juin 2020.

https://www.theage.com.au/national/victoria/new-covid-19-restrictions-will-be-needed-for-anti-vaxxers-20200616-p55330.html

"pandémie", tout comme l'*Institut Tony Blair pour le changement mondial*. Ils ont plaidé en faveur d'un "passeport Covid solide" au Royaume-Uni, qui consisterait essentiellement à accorder plus de libertés aux personnes entièrement vaccinées.[184] Dans un article paru sur le site web de Sky News le 6 juin 2021, il a été cité comme ayant déclaré : "Il est temps de faire la distinction entre les personnes vaccinées et celles qui ne le sont pas, à la fois pour les citoyens qui se trouvent ici à des fins domestiques, mais aussi pour nos citoyens et ceux d'autres pays qui voyagent, en partant du principe que la vaccination réduit considérablement les risques.[185]

En novembre 2020, dans le cadre d'un effort désespéré pour contrôler de manière préventive le discours, le parti travailliste britannique a appelé à la suppression rapide de tout contenu "anti-vaccin" circulant en ligne. Ils ont "demandé au gouvernement de présenter d'urgence une législation qui inclurait des sanctions financières et pénales pour les entreprises qui n'agissent pas pour "éradiquer les contenus anti-vaccins dangereux".[186]

En février 2022, alors que le gouvernement irlandais s'apprêtait à lever l'obligation de porter un masque, un autre membre éminent de la secte s'est retrouvé dans l'opposition. Lors d'une interview sur la station de radio Newstalk, le député Paul Murphy, People Before Profit, a déclaré : "Je pense que c'est une erreur d'abandonner le port du masque à ce stade".[187] Il s'est dit préoccupé par le bien-être des travailleurs (il roule des yeux) et des personnes vulnérables (alias les opprimés), mais pas par celui de la bourgeoisie bien sûr (!), ajoutant que "certaines personnes perdront la vie à la suite de cette décision". Il a également fait de la publicité pour les cliniques d'injection Covid sur sa page Facebook, et a fièrement annoncé son premier vaccin dans un post du 12 juillet 2021 intitulé "First vaccine working its way in in my system now!#vaccinationdone" (Le premier vaccin fait son chemin dans mon

---

[184] Beacon et Innis, "Covid Passes : Evidence and Models for Future Use", 6 avril 2022.

https://institute.global/policy/covid-passes-evidence-and-models-future-use

[185] Sephton, C., "COVID-19 : 'Time to distinguish' between those who have and have not had a vaccine, Tony Blair says", 6 juin 2021.

https://news.sky.com/story/covid-19-time-to-distinguish-between-those-who-have-and-have-not-had-a-vaccine-tony-blair-says-12325869

[186] "Labour calls for emergency legislation to "stamp out dangerous anti-vax content"", 14 novembre 2020. https://www.laboureast.org.uk/news/2020/11/14/labour-calls-for-emergency-legislation-to-stamp-out-dangerous-anti-vax-content/

[187] McNeice, S., "I think it's a mistake to abandon the mask mandate at this point" - Murphy", 17 février 2022. https://www.newstalk.com/news/paul-murphy-i-think-its-a-mistake-to-abandon-the-mask-mandate-at-this-point-1312908

système maintenant!#vaccinationdone).[188] Un salaud stupide et irresponsable.

Murphy ne voulait pas seulement vacciner l'Irlande, mais aussi le monde entier, sans tarder. Voici un extrait de sa page Facebook du 7 décembre 2021 : "L'avidité des grandes sociétés pharmaceutiques retarde le déploiement mondial des vaccins, en particulier en Afrique et dans d'autres pays du Sud. Ces grandes sociétés pharmaceutiques restreignent artificiellement l'offre de vaccins et font grimper les prix en appliquant ce que l'on appelle la "propriété intellectuelle" et les brevets. Nous ne pouvons pas lutter contre le Covid uniquement dans l'Union européenne : il faut le vaincre dans le monde entier pour empêcher l'apparition de nouvelles variantes. Cela signifie qu'il faut supprimer les brevets des grandes sociétés pharmaceutiques et partager les recettes et la technologie des vaccins pour permettre aux pays de produire des vaccins localement et d'accélérer la mise en œuvre de la vaccination.

Typiquement, il suggérait une discrimination raciste et capitaliste des pays du tiers-monde (soupir). Pour replacer les choses dans leur contexte, il s'agit d'un membre d'une secte marxiste, au milieu d'une "pandémie" marxiste fabriquée de toutes pièces, qui tente de détourner le mépris vers cet éternel oppresseur de l'humanité qu'est le capitalisme. À une autre occasion, lors d'un discours au Dail (parlement irlandais), il a exprimé son souhait que "le monde entier puisse être vacciné dès que possible".[189] Il va sans dire qu'aucune de ces conneries n'est rebelle ou "radicale" !

Le "virus chinois"

Le virus de l'~~arme biologique~~ étant originaire de Wuhan, en Chine, le président Trump l'a appelé le "virus chinois". Manifestement, Trump sait ce que sont le président Xi Jinping et le Parti communiste chinois (PCC), et il a tenu leur "gouvernement" pour responsable de la situation, en le blâmant à plusieurs reprises. Il avait raison à cent pour cent. Weijia Jiang est une journaliste sino-américaine et la correspondante principale de CBS News à la Maison Blanche. Elle est un exemple de membre de la diaspora chinoise qui sert les intérêts du PCC dans les médias occidentaux, volontairement ou involontairement, en détournant l'attention de leurs activités. Pendant le Covid, elle a eu plusieurs joutes très médiatisées avec le président américain. Lors d'une conférence de presse en mars 2020, elle lui a demandé "pourquoi continuez-vous à appeler cela "le virus chinois" ?", insinuant qu'il était raciste, l'accusant de ne pas se

---

[188] Paul Murphy TD, "First vaccine working its way in my system now!#vaccinationdone", 12 juillet 2021. https://www.facebook.com/719890584766018/posts/4194734213948287/?paipv=0&e av=AfYIU7NhUi45-lTfq6BSSUj7A2mIEsyWpASXzBbouG3reNn_ynery5G-pwuJFkUkiXY&_rdr

[189] Paul Murphy TD, "Roll out vaccines worldwide - scrap the Big Pharma's patents" (vidéo), 7 décembre 2021. https://www.facebook.com/watch/?v=6441599159243350

"préoccuper des Américains d'origine chinoise dans ce pays". M. Trump a répondu : "Ce n'est pas du tout raciste, non, pas du tout, ça vient de Chine, c'est pour ça. Je veux être précis".[190]

À une autre occasion, en avril 2020, ce gamin irrespectueux a reproché à Trump une réponse inadéquate à la pandémie, l'accusant à nouveau d'une discrimination injustifiable à l'encontre des "ressortissants chinois".[191]

Lors d'une autre conférence de presse, cette fois-ci sur la pelouse de la Maison Blanche, Mme Jiang a fait référence aux précédentes déclarations de M. Trump, qui avait laissé entendre que le taux de dépistage du Covid aux États-Unis était meilleur que celui d'autres pays. Elle lui a demandé "pourquoi s'agit-il d'une compétition mondiale pour vous, si chaque jour des Américains continuent de perdre la vie ?", l'accusant en fait de faire passer son ego avant le bien-être de ces personnes. (Gardez à l'esprit que dans l'exemple précédent, elle l'accusait de ne pas répondre assez rapidement ou adéquatement, et dans cet exemple, elle l'accusait essentiellement de répondre trop vigoureusement (!). De toute évidence, les "questions" accusatrices étaient trop stupides pour qu'il soit possible d'y répondre, et Trump a donc répondu : "Eh bien, ils perdent la vie partout dans le monde, et c'est peut-être une question que vous devriez poser à la Chine... Ne me la posez pas à moi, posez-la à la Chine, d'accord ? Une fois de plus, Jiang a tenté d'en faire une question raciale : "Monsieur, pourquoi me dites-vous cela à moi en particulier ?[192] Je ne veux pas dire que Jiang est à l'emploi direct du PCC, mais il s'agit là d'un comportement perturbateur et défensif typique de la subversion marxiste. Quoi qu'il en soit, les "journalistes" de ce genre devraient être empêchés d'interagir avec des chefs d'État légitimes. Imaginez que vous essayiez de diriger un pays et que vous ayez à gérer des pertes de temps non professionnelles comme celles-ci.

Wuhan

Le Covid aurait en effet dû être universellement qualifié de virus chinois puisque l'Institut de virologie de Wuhan (WIV) a été universellement désigné comme la source de l'épidémie. Cela signifie, par extension, que le PCC totalitaire était également impliqué ; rien ne se passe en Chine sans qu'il n'en ait le contrôle. Il était triste de voir tant de gens, qui étaient assez intelligents

---

[190] CNBC, "President Donald Trump : Calling it the 'Chinese virus' is not racist at all, it comes from China", 18 mars 2020.
https://www.YouTube.com/watch?v=dl78PQGJpiI

[191] Guardian News, "'Keep your voice down' : Trump berates female reporter when questioned over Covid-19 response", 20 avril 2020.
https://www.YouTube.com/watch?v=5c3wWNsmLA0

[192] CBS News, "Trump tells CBS News reporter to "ask China" about deaths and abruptly end briefing", 11 mai 2020.
https://www.YouTube.com/watch?v=hF_LvrUvozQ

pour reconnaître que le drame de Covid était une situation fabriquée, blâmer les "élites", le "nouvel ordre mondial", les grandes sociétés pharmaceutiques, etc. Il aurait dû être évident de savoir qui était derrière tout cela, étant donné l'origine. Nous aurions pu l'appeler le "virus du peuple". Covid a mis en évidence le niveau d'ignorance concernant le marxisme international et sa nature manipulatrice et conspiratrice.

Le 15 janvier 2021, une fiche d'information intitulée "Activity at the Wuhan Institute of Virology" a été publiée sur le site web du Département d'État américain.[193] Elle commence par "Depuis plus d'un an, le Parti communiste chinois (PCC) empêche systématiquement une enquête transparente et approfondie sur l'origine de la pandémie de COVID-19, préférant consacrer d'énormes ressources à la tromperie et à la désinformation". Elle indique que le gouvernement américain ne sait pas exactement comment ni où la pandémie est apparue et se concentre sur le comportement du gouvernement chinois en la matière, suggérant que des pratiques inappropriées à la WIV "ont augmenté le risque d'une exposition accidentelle et potentiellement involontaire". La page web mentionne également "l'obsession mortelle du PCC pour le secret et le contrôle" et met en évidence les maladies prépandémiques du personnel de la WIV, ainsi que ses recherches et ses "activités militaires secrètes", faisant référence aux "travaux passés de la Chine en matière d'armes biologiques". Le PCC a empêché quiconque - journalistes et autorités sanitaires compris - d'interviewer le personnel malade du WIV avant l'épidémie. Bien que le WIV soit officiellement une "institution civile", l'article indique qu'il "s'est engagé dans des recherches classifiées, y compris des expériences sur des animaux de laboratoire, pour le compte de l'armée chinoise depuis au moins 2017".

En juin 2020, un documentaire intitulé *The Cover-up of the Century (La dissimulation du siècle)* a été diffusé. Présenté par la journaliste d'investigation sino-américaine Simone Gao, il donne un aperçu des circonstances entourant l'épidémie.[194] Il révèle comment un médecin de l'hôpital central de Wuhan, le Dr Li Wienlang, qui a mis en garde ses collègues contre le Covid, a été sommairement réprimandé par son employeur et publiquement couvert de honte par les médias. Le radiodiffuseur d'État - CCTV (China Central Television) - est sous le contrôle direct du département de la propagande du PCC, dispose de 50 chaînes et émet en six langues pour plus d'un milliard de téléspectateurs. Elle a été créée par Mao Zedong et a été diffusée pour la

---

[193] Département d'État américain, "Fact Sheet : Activity at the Wuhan Institute of Virology", 15 janvier 2021. https://2017-2021.state.gov/fact-sheet-activity-at-the-wuhan-institute-of-virology/

[194] Zooming in with Simone Gao, "(中文字幕) The Coverup of the Century | Zooming In's one-hour documentary movie | zooming in special", 29 juin 2020. https://www.YouTube.com/watch?v=MZ74NhEUY-w

première fois en 1958.[195] Le documentaire indique qu'"à partir du 2 janvier (2020), la chaîne CCTV, porte-parole du Parti, a diffusé en continu une série d'émissions condamnant les "lanceurs de rumeurs"" (un autre terme de la propagande communiste, comme "théoricien du complot"). Il a poursuivi en affirmant que "toute personne ayant partagé des informations sur le virus entrait dans cette catégorie, y compris le Dr Li". De toute évidence, compte tenu du mode de fonctionnement de l'establishment chinois, l'ordre d'infliger à Li ce traitement sévère est venu du plus haut niveau, afin d'en faire un exemple et d'étouffer toute discussion ultérieure. Un truc d'État policier communiste.

Le documentaire souligne également que, selon des documents internes, l'armée chinoise savait dès décembre 2019 à quel point le virus était contagieux, ajoutant : "Le PCC a maintenu 1,4 milliard de Chinois dans l'ignorance du danger de ce virus pendant au moins 20 jours" : "Le PCC a maintenu les 1,4 milliard de Chinois dans l'ignorance du danger de ce virus pendant au moins 20 jours". De manière révélatrice, le documentaire montre que l'OMS (Organisation mondiale de la santé) a minimisé la transmissibilité du virus à la mi-janvier 2020, répétant essentiellement la propagande du PCC. Le PCC a agi de manière à ne pas contenir l'épidémie, mais à faciliter sa propagation. Ils ont permis à des millions de personnes de prendre des vols internationaux au cours de cette période. Ils savaient ce qui se passait, mais n'ont rien fait. Si l'on ajoute à cela les ambitions mondiales de la Chine et ses tactiques de subversion et d'infiltration, il est probable que tout ce fiasco de Covid était une "crise" fabriquée, une attaque biologique et économique contre l'Occident.

Véganisme : la révolution de l'esprit végétal

> "Le véganisme n'est pas seulement un régime alimentaire. Ce n'est pas seulement un "style de vie". C'est un acte de défi non violent. C'est un refus de participer à l'oppression des innocents et des vulnérables. Rejoignez la révolution du cœur. Devenez végétalien".[196]

Gary L. Francione, militant végane, Facebook, mai 2013

En 2019, il a été rapporté que le maire socialiste fabiusien de Londres, Sadiq Khan, faisait la promotion du régime alimentaire Planetary Health Diet. L'objectif étant que les presque neuf millions d'habitants de la ville adoptent des régimes "écologiques" d'ici 2030. Le site *dailyskeptic.org* note que ce

---

[195] CCTV, "ABOUT CCTV".
https://www.cctv.com/special/guanyunew/gongsijianjie/index.shtml?spm=C96370.PP DB2vhvSivD.E0NoLLx8hyIZ.3#cctvpage1

[196] Francione, G., Facebook, 20 mai
2013.https://www.facebook.com/abolitionistapproach/posts/veganism-is-not-just-a-diet-it-is-not-just-a-lifestyle-it-is-a-nonviolent-act-of/598432076843217/

régime "a été l'un des premiers à suggérer que les calories individuelles soient ramenées aux niveaux de la Seconde Guerre mondiale et que la viande soit rationnée à 44 grammes par jour".[197] (Nous y revoilà...). Le communisme est historiquement synonyme de rationnement et de famine...).

Le groupe Lancet et sa "EAT-Lancet Commission on Food, Planet, Health" (Commission EAT-Lancet sur l'alimentation, la planète et la santé) est une organisation qui promeut ce régime de santé planétaire. D'autres recommandations "d'experts" et "scientifiques" incluent la réduction drastique ou l'élimination des graisses saturées et animales (dont l'importance est soulignée plus loin).[198]

Il existe clairement un lien historique entre le véganisme et la secte/idéologie puisqu'il s'agit d'une forme de "révolution". Nous pouvons remonter jusqu'au XIXe siècle pour trouver des personnages socialistes qui prônaient des régimes alimentaires respectueux des droits des animaux, tels que James Pierrepont Greaves (1777-1842) et Amon Bronson Alcott (1799-1888).[199] [200] Bien sûr, le véganisme n'aurait pas le niveau de popularité qu'il a aujourd'hui s'il n'y avait pas eu le culte de l'idéologie.

Aujourd'hui, les gens croient que leurs choix alimentaires font d'eux des révolutionnaires, destinés à sauver toute vie sur Terre ! Manger héroïquement ! Ouah ! Autrefois, quand vous mangiez un morceau de concombre, vous mangiez simplement du concombre ; aujourd'hui, quand vous mangez du concombre, vous sauvez littéralement l'humanité d'elle-même, en plus de sauver les pauvres animaux opprimés, bien sûr. Ne nous attardons pas sur le fait que le véganisme est le meurtre hypocrite, sans compassion, raciste et antispéciste de plantes innocentes et sans défense...

Il est intéressant de noter que de nombreux végétaliens "de gauche" deviennent hystériques à propos des animaux et pensent qu'il est mal de les tuer et de les manger ; mais ils soutiennent aussi volontiers l'avortement ! L'avortement est un acte de racisme à l'encontre de la race humaine. En gros, on ne peut pas prendre la vie des animaux, mais on peut prendre la vie des humains ? Ce n'est pas l'égalité ! Peut-être pensent-ils ainsi parce que leur point de vue "moral" est basé sur ce qui leur procure du plaisir : les animaux leur procurent du plaisir,

---

[197] Morrison, C., "Sadiq Khan Signs Up Londoners for the 'Planetary Health Diet' by 2030 With Meat Cut to WW2 Levels of 44g a Day", 17 octobre 2023. https://dailysceptic.org/2023/10/17/sadiq-khan-signs-up-londoners-for-the-planetary-health-diet-by-2030-with-meat-cut-to-ww2-levels-of-44g-a-day/

[198] "The EAT-Lancet Commission on Food, Planet, Health". https://eatforum.org/eat-lancet-commission/

[199] https://en.wikipedia.org/wiki/James_Pierrepont_Greaves

[200] https://en.wikipedia.org/wiki/Amos_Bronson_Alcott

alors que les bébés humains - et la responsabilité d'être parent - n'en procurent pas (on en revient à l'hédonisme et à l'ego).

Ce sous-ordre du jour ne se limite pas à la "durabilité" et à la promotion de l'"environnementalisme" marxiste. Le véganisme est une forme de malnutrition popularisée qui contribue à la réalisation de nombreux objectifs de la secte/idéologie. Si ce régime dégénéré et contre nature[201] - qui manque de "graisses animales", de cholestérol, de graisses saturées et de protéines complètes biodisponibles - est adopté en masse par une population, il entraîne plusieurs conséquences dégénératives graves. En fait, le véganisme contribue à endommager l'organisme humain principalement à trois niveaux, qui favorisent tous la secte/idéologie et l'agenda des internationalistes : il accélère le processus de vieillissement (le cholestérol est un composant crucial de la plupart des cellules du corps ; des protéines suffisantes, biodisponibles (utilisables) et de qualité sont également un problème) ; il prive le système endocrinien des matières premières (cholestérol) nécessaires à la production d'hormones et contribue ainsi à brouiller les frontières entre l'homme et la femme ; et il prive le cerveau des matières premières (cholestérol et graisses saturées) qui contribuent à générer des individus fous et émotionnellement instables, ce qui complète parfaitement l'endoctrinement marxien.[202 203 204] En fait, le véganisme est du marxisme - c'est un signe de vertu anti-humain et un altruisme pathologique sous forme de régime alimentaire.

Naturellement, le régime affaiblit une société par la destruction de la masculinité, via la réduction des niveaux de testostérone (la testostérone est composée à 95 % de cholestérol, et un régime végétalien est pratiquement dépourvu de cholestérol). L'une des conséquences est l'effondrement des relations normales entre hommes et femmes, la réduction du taux de natalité, la démoralisation accrue des hommes et l'incapacité de résister à la prise de contrôle par la secte en raison de l'absence de résistance qui en résulte. Bien sûr, le véganisme n'entraîne pas tout cela à lui seul, mais c'est un facteur contributif important ; il travaille avec les autres sous-agendas marxistes pour

---

[201] Bramante, S., "Que se passerait-il dans un monde végétalien ?", 23 mai 2023.

https://www.carnisostenibili.it/en/what-would-happen-if-the-world-went-completely-vegan/

[202] Ede. G, "The Brain Needs Animal Fat", 31 mars 2019.
https://www.psychologytoday.com/us/blog/diagnosis-diet/201903/the-brain-needs-animal-fat

[203] MacAuliffe, L., "Is Animal Fat Good for You ? The Science on Why it's The Optimal Food for Humans", 18 décembre 2023. https://www.doctorkiltz.com/is-animal-fat-good-for-you/

[204] National Library of Medicine (plusieurs auteurs), "Biochemistry, Cholesterol", 8 août 2023. https://www.ncbi.nlm.nih.gov/books/NBK513326/

produire ces effets.

Liste de contrôle des cocos

Elle utilise le principe oppr. vs oppr. parce qu'elle désigne les humains - ceux qui produisent/consomment des produits animaux - comme étant l'oppresseur, et les animaux comme les victimes opprimées. Cela est lié à la mentalité "l'homme est mauvais" mentionnée plus haut, que la secte/idéologie promeut par le biais de plusieurs sous-agendas.

Un nouveau système de classes est créé, une division, entre ceux qui participent à cette grande révolution qui sauve la planète et ceux qui n'y participent pas. Ceux qui n'y participent pas appartiennent évidemment à la classe des oppresseurs et sont donc la classe immorale et sans compassion. Cette attitude est hypocrite et insensée, car elle place le bien-être d'animaux agricoles pratiquement sans esprit et sans âme au-dessus du bien-être des êtres humains (car le véganisme entraîne la dégénérescence des êtres humains, en raison de la malnutrition). Le jugement émanant des végétaliens à l'égard de ces "oppresseurs" arriérés et néandertaliens se traduit par une pression sociale considérable en faveur de l'adhésion au sous-culte.

Le véganisme est un exemple typique de l'utilisation du principe du cheval de Troie. Apparemment, il est bon pour les humains, les animaux et la planète elle-même, mais il aboutit à la destruction ou à l'endommagement de ces trois éléments à long terme. Elle contribue à la dégénérescence de l'humanité, ce qui ne peut qu'avoir un impact négatif sur les autres parties concernées. Si les humains sont détruits par la dégénérescence, tout le reste le sera aussi. Fondamentalement, lorsque vous bousculez l'ordre naturel des choses (comme la secte/l'idéologie tend à le faire), tout s'effondre.

Elle repose sur une perception déformée de l'histoire/de la réalité car elle suggère que les humains n'ont pas le droit d'utiliser les animaux pour se nourrir (une affirmation grandiose) ; elle suggère également que les humains peuvent être en bonne santé (physique et mentale) sans consommer de produits animaux, ce qui est une distorsion de la réalité. La propagande sectaire a suggéré que le véganisme a existé dans le passé sans effets catastrophiques (développé plus loin), ce qui est une distorsion de l'histoire (voir le documentaire *Game Changers* ci-dessous ; il y est question de gladiateurs romains qui étaient véganes).

Il est fortement promu par le système et clairement soutenu par ses nombreuses facettes marxistes - les "courroies de transmission de la culture", les médias en ligne et sociaux - ainsi que par les gouvernements, les Nations unies, le complexe des ONG et des organisations à but non lucratif, etc. Il est lié au sous-agenda du changement climatique et à la "durabilité", etc., puisque l'adoption de ce régime alimentaire "sauvera la planète", etc.

À titre d'exemple, un "documentaire" Netflix de 2018 intitulé The *Game*

Changers a impliqué de grands noms d'Hollywood, dont James Cameron, Arnold Schwarzenegger et Jackie Chan. Ce document de propagande marxienne a fait la promotion du véganisme auprès d'athlètes crédules et du grand public. Sans les produits d'origine animale (et les stéroïdes, etc.), nous ne parlerions pas d'Arnie aujourd'hui. La laitue, le tofu et les haricots n'ont jamais été les collations préférées de Terminator.[205]

Un autre "documentaire" Netflix intitulé *Cowspiracy : The Sustainability Secret (Le secret de la durabilité)* a été publié en 2014. Son titre est "Apprenez comment l'élevage industriel décime les ressources naturelles de la planète et pourquoi cette crise a été largement ignorée par les principaux groupes environnementaux".[206] Sous un titre amusant, ce document de propagande associe le véganisme au sous-agenda du changement climatique, affirmant que l'industrie agricole contribue dangereusement aux niveaux mondiaux de CO2. Et ne parlons pas des "émissions" de méthane de ces pauvres vaches opprimées...

La mentalité exprimée ici est la raison pour laquelle l'infrastructure agricole traditionnelle dans les pays occidentaux - y compris les moyens de subsistance de tant d'éleveurs de bétail - est aujourd'hui attaquée par la secte. Ces dernières années, l'Irlande a connu plusieurs manifestations très médiatisées d'agriculteurs sur des questions connexes.

En juillet 2023, ils ont protesté contre les plans du gouvernement visant à réduire les émissions de méthane en procédant à un abattage massif du bétail.[207] La secte veut donc tuer pour améliorer les choses, n'est-ce pas ? Typique.

En janvier 2024, le célèbre et très apprécié milliardaire de la technologie Elon Musk a fait une apparition dans l'émission irlandaise non-MSM *Gript*. L'animateur Ben Scanlon a soulevé la question avec Musk, qui a répondu : "Il n'est absolument pas nécessaire de faire quoi que ce soit pour l'agriculture... changer (cela) n'aura aucun effet sur l'environnement... arrêtez d'attaquer les agriculteurs". Il a ajouté que l'abattage prévu n'aurait aucun effet bénéfique.[208] M. Musk est partisan des sources d'énergie renouvelables, mais ne soutient pas tout ce qui est associé au mouvement "vert". (Au moment de la rédaction, en janvier 2024, des manifestations agricoles antigouvernementales de grande

---

[205] https://gamechangersmovie.com/

[206] https://en.wikipedia.org/wiki/Cowspiracy

[207] Barker, E., "Irish farmers protest plans to cull 200,000 cows, Elon Musk weighs in", 21 juillet 2023. https://www.beefcentral.com/news/irish-farmers-protest-plans-to-cull-200000-cows-elon-musk-weighs-in/

[208] Gript Media, "Elon Musk hits out at Irish climate plan to cut 200k cattle", 25 janvier 2024. https://www.YouTube.com/watch?v=9cwNFpmu7B0

ampleur ont lieu en France et en Allemagne pour des raisons similaires).[209]

Il s'agit d'une attaque contre la civilisation occidentale qui tente de modifier les habitudes alimentaires ; des habitudes qui font partie de la culture occidentale et qui ont conduit à la création de la civilisation occidentale elle-même (elle n'a pas été construite par des hommes buvant du lait de soja ou d'avoine, ou mangeant de l'avocat, de la salade, etc.) C'est une attaque contre les industries agricoles, qui font elles-mêmes partie de ce qui permet aux économies capitalistes de fonctionner. C'est une attaque contre l'ordre naturel et la religion, car elle défie ce que certains appellent le "plan de Dieu" - l'idée que les humains sont censés dominer le règne animal, et que nous sommes censés les utiliser à des fins agricoles. À cet égard, il est vrai que nous devrions nous efforcer de minimiser/éliminer les souffrances inutiles dans notre agriculture.

Le véganisme tente également d'imposer l'égalité/l'uniformité en réduisant la population générale (les hommes en particulier) à des faibles trop émotifs et mentalement instables, plus susceptibles de soutenir les divers sous-agendas du culte/de l'idéologie. Elle encourage l'ensemble de la population à manger de la même manière, comme s'il s'agissait d'animaux agricoles (le thème de l'anti-humanité encore une fois - que nous, les masses inférieures, sommes aussi bas que les animaux). Il s'agirait d'une égalité dans la mesure où le grand public aurait un régime dégénéré et peu nutritif, tandis que les "socialistes champagne" (élitistes) mangeraient normalement.

N'oublions pas que l'histoire du marxisme est marquée par l'obsession de contrôler l'agriculture pour contrôler l'approvisionnement en nourriture, ce qui aboutit généralement à la famine (ou malnutrition, ce que le véganisme est essentiellement). Dans ce contexte, des concepts tels que la pénurie et le rationnement seront familiers au lecteur. Bien entendu, il ne s'agit pas du bien-être des animaux, mais du contrôle du comportement humain.

Les désirs personnels, les motivations, les justifications des membres de la secte qui soutiennent le véganisme ne sont pas pertinents - une fois que la secte/l'idéologie est aux commandes et contrôle l'approvisionnement en nourriture, cela conduit inévitablement aux mêmes résultats : famine généralisée, maladie et mort.

Véganisme et socialisme

Voici un extrait du site marxiste *morningstaronline.co.uk* (ce titre est une autre référence à Lucifer, le porteur de lumière, l'"étoile du matin").[210] L'extrait est

---

[209] Tanno And Liakos, "Farmers' protests have erupted across Europe. Here's why", 10 février 2024. https://edition.cnn.com/2024/02/03/europe/europe-farmers-protests-explainer-intl/index.html

[210] Swanson, D., " Veganism and socialism go hand in hand ", 1er novembre 2018.

intitulé "Veganism and Socialism go hand in hand" (souligné pour l'accentuation) :

"Les militants véganes exposent inlassablement les failles internes du capitalisme. Le mouvement est entièrement compatible avec les principes du socialisme, dont il s'inspire d'ailleurs. Faire campagne pour prendre le contrôle d'une industrie corrompue qui maximise le profit au détriment des vies ordinaires est une éthique fondamentale". Et "en remettant directement en question la coutume intégrée selon laquelle certaines vies sont plus importantes que d'autres, le véganisme s'aligne sur les campagnes radicales menées tout au long de l'histoire". L'aspect le plus connu du véganisme est le rejet de la viande et des autres produits d'origine animale. Il s'agit en soi d'un acte révolutionnaire à plus d'un titre qu'on ne le pense souvent. Le plus évident est qu'il met en évidence le fait que les animaux sont traités comme des marchandises élevées et abattues pour l'argent". Le capitalisme, les profits sont diaboliques, ok, j'ai compris.

L'article se poursuit : "En bref, le véganisme est non seulement compatible avec la gauche, mais aussi fermement ancré dans les principes socialistes", et "loin d'être une campagne d'idéologues privilégiés, ce mouvement radical, qui ne cesse de s'accélérer, frappe continuellement au cœur du capitalisme. L'émancipation de l'humanité et la bataille pour le socialisme restent inachevées, mais la gauche radicale peut trouver dans la communauté végane un allié et un compagnon de confiance". Et voilà, oppression, capitalisme, révolution, sauvetage de l'humanité, etc. etc. Évidemment, l'auteur, lui-même membre d'une secte, utilise les termes erronés de "compatible" et d'"allié", comme s'il ne s'agissait pas essentiellement d'une seule et même idéologie, le marxisme. (nous avons reconnu cette compartimentation problématique dès le début).

Il conclut : "Par l'éducation, l'agitation et l'organisation, nous pouvons créer un monde meilleur dans lequel chacun, humain ou non, a des chances égales de s'épanouir". Les vaches, les cochons, les poulets et les moutons peuvent-ils "s'épanouir" ? Sur le plan professionnel ? Ou peut-être, s'ils étaient libres de faire ce qu'ils veulent, choisiraient-ils de ne pas travailler et de devenir des "esprits libres" - faire du yoga, des œuvres de charité à l'étranger, s'occuper d'autres animaux, etc. Ou mieux encore, elles pourraient devenir des activistes marxistes, n'est-ce pas ? Des "vaches contre le racisme" ou des "poules transgenres non binaires". C'est magnifique ! Je comprends maintenant !

Plus sérieusement, les vaches/moutons/poulets n'ont pas d'autre but dans ce monde que d'être utilisés comme animaux agricoles par les humains, comme c'est le cas depuis l'aube de l'humanité. Fin de la discussion.

J'ai eu un jour une "conversation" très animée avec une étudiante universitaire

---

https://morningstaronline.co.uk/article/veganism-and-socialism-go-hand-hand

en surpoids, victime d'un lavage de cerveau, qui était récemment devenue végétalienne. Elle parlait de l'oppression des poules et du fait que nous prenions les œufs sans leur "consentement" (une expression marxienne à la mode pour attaquer les "oppresseurs"). Quelle insulte au règne animal - projeter sur lui une mentalité marxiste lunatique. Elle suggérait que, lorsque les poules se rendent compte que les œufs ont disparu, elles pensent qu'il s'agit d'une "exploitation brutale, éhontée et nue de nos camarades du prolétariat à plumes ! Poulets du monde entier, unissez-vous".

Antiaméricanisme

"L'Amérique choisira toujours l'indépendance et la coopération plutôt que la gouvernance mondiale, le contrôle et la domination... Nous rejetons l'idéologie du mondialisme. Nous rejetons l'idéologie du mondialisme et embrassons la doctrine du patriotisme"[211]

L'excellent discours du président Donald Trump à l'Assemblée générale des Nations unies
Discours de l'Assemblée générale des Nations unies, septembre 2018

"Les États-Unis finiront par arborer le drapeau rouge communiste... le peuple américain le hissera lui-même.[212]

Premier ministre soviétique Nikita Khrouchtchev, Bucarest, juin 1962

"La menace du communisme dans ce pays restera une menace jusqu'à ce que le peuple américain prenne conscience des techniques du communisme... l'individu est handicapé par le fait qu'il se trouve face à une conspiration si monstrueuse qu'il ne peut pas croire qu'elle existe. L'esprit américain n'a tout simplement pas pris conscience du mal qui a été introduit parmi nous. Il rejette même l'hypothèse que des créatures humaines puissent épouser une philosophie qui, en fin de compte, doit détruire tout ce qui est bon et décent"

J. Edgar Hoover, *The Elks Magazine* (août 1956)[213]

Un autre signe d'infection dans votre société est l'expression de sentiments anti-américains. La secte/idéologie a traditionnellement encouragé la perception que les États-Unis sont la force militariste la plus puissante, la plus maléfique et la plus dominante dans le monde ; qu'ils ont une sorte de quasi-empire. Sur le plan géopolitique, leur propagande a réussi à convaincre de nombreuses personnes des tendances impérialistes d'un tel mastodonte capitaliste. Il s'agit de la domination militaire, économique, corporative et médiatique des États-Unis sur le monde, n'est-ce pas ? En outre, ils ont essayé

---

[211] C-SPAN, "President Trump addresses U.N. General Assembly - FULL SPEECH (C-SPAN)", 25 septembre 2018. https://www.YouTube.com/watch?v=KfVdIKaQzW8

[212] Stormer, John A., *None Dare Call it Treason* (1964), p. 9.

[213] Hoover, J., *The Elks Magazine, août 1956*. https://libquotes.com/j-edgar-hoover/quote/lbj3c3u

d'assimiler cet "impérialisme" au patriotisme américain, ce qui est une autre astuce marxienne. Mais est-ce vraiment vrai ? Bien que certains puissent penser que les États-Unis ont été, d'une certaine manière, cette force dominatrice qui parcourt le monde, nous devons nous demander d'où vient cette perception. Et qui ou quoi la promeut ? Il n'est pas surprenant que de nombreux étudiants universitaires endoctrinés soient nourris (et vomissent !) de telles idées. Comme on pouvait s'y attendre, la secte/idéologie est heureuse de nous faire croire qu'être belliciste fait partie de l'identité américaine et que nous parlons de cet "Empire américain", etc.

Il y a un autre avantage majeur pour la secte si les gens croient à cette propagande selon laquelle les États-Unis sont un monstre oppressif et impérialiste - ils peuvent l'utiliser pour justifier la destruction de l'Amérique. Dans le cas de l'immigration de masse par exemple, puisque les "bellicistes" comme les États-Unis sont apparemment responsables de tous ces "réfugiés", ils ont maintenant une "dette" envers le reste du monde. C'est la même formule que celle utilisée pour les pays européens ayant un passé colonial. En outre, la "politique étrangère" des États-Unis est parfois expliquée par l'idée que les Américains sont tout simplement violents et dominateurs par nature ; que ces choses font presque partie de l'héritage américain. On entend des choses comme "regardez ce qu'ils ont fait aux Indiens d'Amérique", qu'ils sont des fanatiques armés de fusils, ou que l'impérialisme militant n'est qu'une conséquence naturelle de l'existence d'un grand pays capitaliste diabolique et consumériste (merci V.I. Lénine) !

C'est logique, non ? (Roulements de paupières). Il est intéressant de noter que certains pourraient affirmer que la "domination américaine" en dehors de ses frontières n'est pas seulement géopolitique et militaire, mais aussi "culturelle" - ce qui inclut l'influence des médias américains, du divertissement, d'Hollywood, de l'industrie musicale, etc.

Vous remarquerez que le mépris pour les États-Unis dans votre société n'est pas seulement dirigé contre la politique étrangère et l'"interventionnisme" militaire des États-Unis, mais aussi contre les Américains et la culture américaine en général. Les non-américains peuvent avoir entendu les stéréotypes négatifs selon lesquels les habitants de ce pays sont fous, stupides, arrogants, odieux, armés, sans culture, bellicistes, etc. Le dernier stéréotype en particulier - "bellicistes" - est très intéressant et constitue une diffamation marxiste classique ; il est également facile à réfuter. Des bellicistes comparés à qui/quoi ? Naturellement, toute action militaire anticommuniste entreprise par les forces américaines est "mauvaise" selon les membres de la secte ; par conséquent, un tel comportement doit être qualifié de "bellicisme". Il est intéressant de noter que la plupart des actions militaires menées par les forces américaines au cours du 20th siècle après la Seconde Guerre mondiale (qu'elles soient manifestes ou secrètes) concernaient les forces communistes : Amérique du Sud, Grenade, Cuba, Corée, Viêt Nam et, bien sûr, la guerre froide, y compris l'Afghanistan. (Les actions menées depuis lors - la guerre du Golfe (1991), la guerre d'Irak (2003-2011) et l'invasion et l'occupation de l'Afghanistan (2001-2021) - l'ont été pour d'autres raisons, mais le peuple américain ne devrait pas être stéréotypé à cause des décideurs dans ces cas-là).

Laissons de côté les "bellicistes" pour un moment - nous avons des gens avec les attributs négatifs ci-dessus partout dans le monde, alors pourquoi les États-Unis devraient-ils être considérés comme exceptionnellement mauvais ? D'ailleurs, qu'entendons-nous par "les États-Unis" ? S'agit-il de quelques Américains ? Ou de quelques centaines, milliers ou millions ? C'est un grand pays ! Avec une population de plus de 334 millions d'habitants, il est tout simplement stupide, fou, arrogant, etc. de qualifier négativement l'ensemble du pays. En outre, il y a des membres de cultes dégénérés ayant subi un lavage de cerveau partout dans le monde, de sorte que la nationalité d'une personne n'a pas d'importance. La grande majorité des nationalités dans le monde n'ont pas le luxe de se montrer du doigt sur cette question ! Il y a beaucoup d'êtres humains fantastiques aux États-Unis, de grands patriotes et des penseurs de toutes sortes. Malgré les préjugés anti-américains qui peuvent exister, nous devrions être capables de le voir. Nous ne devrions pas considérer les patriotes irlandais, britanniques, allemands, italiens ou autres comme supérieurs aux patriotes américains ; un patriote est un patriote - soit vous êtes pour la liberté, l'anti-internationalisme ou l'anti-marxisme, soit vous ne l'êtes pas.

Droit à l'autodéfense des États-Unis

"Le mouvement communiste aux États-Unis a commencé à se manifester en 1919. Depuis lors, il a changé de nom et de ligne de parti chaque fois que cela s'avérait opportun et tactique... Il prône la destruction de notre forme de gouvernement américain, la destruction de la démocratie américaine, la destruction de la libre entreprise et la création d'un "Soviet des États-Unis" et d'une révolution mondiale ultime".[214]

J. Edgar Hoover, directeur du FBI, discours de la commission de la Chambre des représentants sur les activités anti-américaines. sur les activités anti-américaines, 1947

La haine de l'Amérique fait partie de l'ADN des marxistes, qui ont toujours cherché à la détruire, non pas par une conquête militaire pure et simple, mais par la subversion, la propagande, etc. Les États-Unis sont un exemple de pays généralement prospère et économiquement puissant (grâce à une économie capitaliste). C'est pourquoi, depuis l'époque de Lénine, d'innombrables membres de sectes les ont considérés comme une cible de choix. En outre, à l'époque post-coloniale, l'establishment américain était majoritairement blanc et chrétien.

---

[214] J. Edgar Hoover, directeur du FBI, discours devant la commission de la Chambre des représentants sur les activités anti-américaines, 26 mars 1947.

Lorsque les patriotes américains ont pris conscience des intentions de la secte d'attaquer les États-Unis, ils ont été autorisés à se défendre. C'est le premier point qui justifie les actions américaines contre la secte : la légitime défense. Deuxièmement, la secte étant mondiale, la traiter devient une affaire internationale ; être défensif dans ce cas nécessite de passer à l'attaque à l'étranger. Les actions menées par les États-Unis pour empêcher la pourriture marxiste de se renforcer près de leurs frontières en Amérique latine étaient totalement justifiées.

L'idée que les États-Unis pourraient rester les bras croisés et permettre à la pourriture de s'emparer complètement de l'Amérique du Sud, du reste des Caraïbes et des pays d'Amérique centrale est ridicule ; une telle pensée est le résultat d'une incompréhension du fanatisme agressif de la secte ! Le marxisme, rappelons-le, est une forme d'impérialisme internationaliste - il continuera toujours à pousser pour contrôler plus de territoires. S'il n'y avait pas eu l'opposition militaire que les États-Unis lui ont historiquement opposée, la secte/idéologie aurait peut-être déjà atteint une domination complète... En résumé, l'idéologie n'oublie jamais et reste amère.

S'opposer globalement au culte

Il convient également de noter que malgré les efforts apparents des États-Unis pour combattre directement la secte dans le monde entier, ils n'ont guère eu de succès dans certains engagements majeurs (énumérés plus haut) - ils ont dû se retirer du Viêt Nam, n'ont pas fait assez pour aider le Cambodge et n'ont pas pu empêcher la perte de la Corée du Nord. Ils n'ont pas non plus réussi à prendre Cuba lors de l'invasion malheureuse de la Baie des Cochons (encore une fois, parce qu'ils ne se sont engagés qu'à moitié). Ils ont toutefois réussi à s'emparer de la petite Grenade.

Il s'agit là d'engagements directs avec la secte, mais il y a aussi les guerres par procuration à l'époque de la guerre froide, notamment la guerre soviétique en Afghanistan, lorsque les États-Unis ont soutenu les moudjahidines contre le gouvernement marxiste de la République "démocratique" d'Afghanistan, soutenu par les Soviétiques, ou les Contras, soutenus par les États-Unis, contre les sandinistes marxistes du Nicaragua.

Et puis, de manière plus pertinente, il y a un autre domaine d'opposition à la secte - le champ de bataille idéologique, qui a été mené contre les États-Unis principalement sur le sol américain par les membres de la secte (traîtres américains ou agents marxistes étrangers).

Bien sûr, les choses ne sont pas toujours noires ou blanches, et il semble que l'administration américaine (ou certains de ses éléments, du moins) n'ait pas toujours été clairement opposée à la propagation du communisme (par exemple, sa condamnation et ses sanctions économiques à l'encontre du gouvernement sud-africain anticommuniste de la minorité blanche pendant les années de l'apartheid).[215] Indépendamment de ces contradictions, les États-Unis se sont généralement opposés militairement au communisme au cours de la seconde moitié du XXe siècle.

Une question de responsabilité

Cela nous amène au point suivant. La secte adore affirmer que les États-Unis sont une force impériale et que c'est la raison pour laquelle ils se sont engagés dans des actions militaires au Vietnam, en Corée, etc. Les actions américaines au Moyen-Orient au cours des dernières décennies sont également considérées comme impérialistes par la secte, car si les États-Unis contrôlent le territoire là-bas, la secte ne peut pas le faire (c'est-à-dire les ambitions de la Russie et de la Chine).

Ce que l'on oublie ici, c'est que les forces militaires du monde entier ont la responsabilité de s'opposer aux actions militaires de la secte, par la dissuasion ou l'opposition directe ! Cela s'applique particulièrement aux nations et aux forces militaires hautement compétentes comme celles des États-Unis. Parmi les exemples contemporains de ce processus en action, on peut citer les positions du président Trump à l'égard de l'armement nucléaire de la Corée du Nord et des ambitions territoriales de la Chine.

Pour prouver que les États-Unis sont impériaux, la secte a souvent soulevé le fait qu'il y a des bases américaines partout dans le monde. Ces bases ont été créées pour empêcher la propagation du communisme et nous devrions les soutenir. Les actions militaires contre la secte n'ont pas pour seul but de conserver un contrôle politique ou géographique afin de maintenir des intérêts dans une certaine région (comme dans le cas des États-Unis), mais pour le bien de l'humanité. Utiliser la force militaire n'importe où dans le monde pour arrêter la propagation du "communisme" est un acte noble. Si vous avez le pouvoir de le faire, vous avez la responsabilité de le faire. En outre, comme l'a dit Yuri Bezmenov, à un certain stade de l'infection, l'intervention militaire est la seule option disponible ; elle est donc parfois inévitable.

Depuis 2002, en préparation de ses opérations au Moyen-Orient, l'armée américaine utilise l'aéroport de Shannon, dans le comté de Clare, en Irlande, comme escale. Divers groupes politiques marxiens, dont un groupe d'activistes appelé *Shannonwatch*, ont protesté contre cette utilisation de l'aéroport.

Un article du Irish Times du dimanche 19 novembre 2023 est revenu sur la question en raison de l'actuel conflit israélo-palestinien.[216] Il mentionne une

---

[215] "La fin de l'apartheid", 20 janvier 2001. https://2001-2009.state.gov/r/pa/ho/time/pcw/98678.htm

[216] McQuinn, C., "Shannon Airport not being used by US to supply military equipment to Israel - Varadkar", 19 novembre 2023.

"motion de People Before Profit (PBP) qui demande que l'Irlande impose unilatéralement des sanctions aux politiciens israéliens en raison du bombardement de Gaza et que l'aéroport de Shannon soit fermé à l'armée américaine". PBP est l'un des groupes ouvertement marxistes en Irlande. Dans cette motion, les membres de la secte soupçonnaient l'aéroport d'être utilisé pour transporter des armes vers Israël. Shannonwatch y a organisé une veillée "pour la paix" le dimanche 12 novembre, bloquant symboliquement la route d'entrée. Ils ont également lu les noms des enfants tués dans le conflit.[217]

Comme d'habitude, cela n'a rien à voir avec l'humanitarisme, quoi qu'en pensent les membres de la secte concernés (activistes, politiciens ou journalistes) ; le lavage de cerveau les oblige à prendre ces positions, c'est aussi simple que cela. Il s'agit d'une opposition idéologique bien ancrée aux opérations internationales des États-Unis, puisqu'ils ont traditionnellement entravé la diffusion de l'idéologie. En outre, les membres de la secte s'opposeront par procuration à toute activité des États-Unis perçue comme pro-israélienne, puisqu'ils sont favorables à la Palestine.

Les nations capables sont le système immunitaire

S'opposer à la secte - militairement ou autrement - est un sale boulot, mais quelqu'un doit le faire. C'est un acte de purification. Pour en revenir au thème du marxisme en tant que pandémie idéologique, les pays qui s'opposent à l'expansionnisme marxiste représentent le système immunitaire de l'humanité, attaquant l'agent pathogène partout où il se trouve. Certains rétorqueront : "Mais pourquoi est-il nécessaire que les États-Unis ou qui que ce soit d'autre maintiennent une présence militaire mondiale ? C'est parce que, pour poursuivre l'analogie, un système immunitaire efficace doit toujours rester sur ses gardes dans l'ensemble de l'organisme, c'est ainsi qu'il doit fonctionner. Il ne s'agit pas d'un combat que l'on mène une seule fois et qui est terminé ; il faut s'engager à lutter autant de fois que nécessaire pour supprimer l'infection si elle devait réapparaître. Une vigilance militaire éternelle est indispensable.

Certains auront peut-être du mal à accepter ce concept (avoir une position agressive et répressive), mais il est nécessaire dans ce cas ; l'histoire de la lutte contre l'idéologie montre qu'elle continuera toujours à réapparaître, et peut-être qu'elle le fera toujours. La seule question qui se pose est de savoir si nous pouvons au moins l'étouffer suffisamment. Il y a aussi la perception naïve selon laquelle "pourquoi les États-Unis ou tout autre groupe devraient-ils dominer, alors que les pays "communistes" ne sont pas autorisés à le faire...

---

https://www.irishtimes.com/politics/2023/11/19/shannon-airport-not-being-used-by-us-to-supply-military-equipment-to-israel-varadkar/

[217] Shannonwatch, "Shannon Peace Rally Remembers those Killed in Gaza and Other Wars", 12 novembre 2023. https://www.shannonwatch.org/content/shannon-peace-rally-remembers-those-killed-gaza-and-other-wars

pourquoi n'y a-t-il pas plus d'égalité ? Cette perception vient de l'idéologie ! "Naawww, regardez les pauvres régimes communistes qui sont opprimés et anéantis !". I-n-s-a-n-e. Les pays communistes sont-ils importants ? Non, les pays guidés par l'idéologie ne méritent pas d'être sur un pied d'égalité avec ceux qui ne le sont pas ! L'histoire prouve que les nations infectées, bien qu'incapables de gérer efficacement leur propre pays, semblent toujours se préoccuper davantage de forcer les autres pays à être comme les leurs (au lieu de se concentrer sur la gestion efficace de leurs propres affaires). Bien sûr, nous ne devrions pas nous efforcer de placer un seul pays dans une position de contrôle mondial, mais si nous avons le choix entre un pays fortement infecté et un pays beaucoup moins infecté qui domine les affaires, nous devrions choisir ce dernier.

Résumé

La propagande marxiste soulignant l'"impérialisme américain" nous détourne de la menace globale posée par la secte/idéologie (en plus d'avoir un effet déstabilisateur sur les États-Unis eux-mêmes). La propagande anti-américaine de la secte est-elle simplement un cas où elle jette ses jouets par-dessus bord ? Il est intéressant de noter que la contre-propagande soviétique de l'époque a convaincu certaines personnes que les États-Unis avaient créé la menace communiste au Viêt Nam pour justifier leur impérialisme ! Je suis sûr que les dizaines de millions d'âmes malheureuses/de squelettes sous terre en Asie discuteraient de l'idée que la propagation du communisme n'était que de la propagande américaine.

Bien entendu, l'auteur n'excuse pas les crimes commis par les forces américaines dans les conflits, mais souligne simplement que l'idée selon laquelle les forces armées américaines ont été les principaux belligérants du XXe siècle est une déformation massive des faits. Nous devons également porter un regard neuf sur le Moyen-Orient. Toutes les interventions dans ces régions ne relèvent pas simplement de l'action "impérialiste" des États-Unis (comme la secte voudrait nous le faire croire). Nous devons toujours examiner les signes d'infection marxiste dans les pays avant de décider si une action militaire est justifiée.

Enfin, il faut considérer l'hypocrisie qui se manifeste ici : en matière de crimes contre l'humanité, de totalitarisme et d'ambitions impériales, il n'y a pas de contestation possible en ce qui concerne les pertes et le nombre de corps (civils ou autres) si l'on compare l'activité des États-Unis et les actions de la secte.

Au moment de la rédaction, les patriotes américains tentent de destituer le président marxiste Joe Biden en raison de ses activités résolument anti-américaines ; les membres de la secte tentent désespérément de le protéger en gardant secrètes ses trahisons à l'étranger. Les membres de la secte tentent désespérément de le protéger en gardant secrètes ses relations d'affaires traîtresses avec l'étranger. [218] La secte se bat aussi désespérément pour maintenir l'afflux d'immigrants illégaux, entre autres choses. La lutte pour le contrôle de l'Amérique se poursuit...

En outre, à l'heure actuelle (février 2024), des signes forts indiquent que l'alliance résolument non occidentale de la Chine, de la Corée du Nord, de la Russie (et de leurs alliés) se prépare à un conflit à grande échelle. Si une alliance communiste a l'ambition d'attaquer l'Occident actuellement affaibli, elle choisit le bon moment...

---

[218] Yerushalmy, J., "Biden impeachment inquiry explained : what is happening and could the president be convicted ?", 14 Dec 2023. https://www.theguardian.com/us-news/2023/dec/14/biden-impeachment-inquiry-explained-what-is-happening-and-could-the-president-be-convicted

Section X - Autres signes et symptômes

"La révolution avancera jusqu'à ce que sa consolidation soit totale. Le temps est encore loin où il peut y avoir une période de calme relatif. Et la vie est toujours une révolution"[1]

Antonio Gramsci, *Les maximalistes russes* (1916)

Introduction

Dans quelle mesure votre pays est-il infecté ? Comment pouvons-nous le "tester" ? Existe-t-il des signes visuels tels que des symboles, des logos, etc. Y a-t-il des choses que nous pouvons entendre dans les médias ou dans la façon dont les gens parlent ? Qu'en est-il de la politique ou de l'éducation ? La sexualité ? Les relations amoureuses ? La religion et la spiritualité ? Devons-nous rechercher des attitudes subtiles, des phrases faciles à repérer, ou les deux ? Comment repérer ces signaux d'alarme (communistes) lorsqu'ils se présentent ? Voici d'autres signes et symptômes d'infection au sein d'une société :

Marxistes/Marxisme lui-même

Voici quelques signes qui sont directement liés à l'idéologie/la secte :

Les groupes ouvertement marxistes, comme Antifa, sont autorisés à opérer en public, se moquant de l'ordre public. Il peut également y avoir une collusion entre eux et la police/l'État (à un niveau officiel ou officieux).

Les individus se sentent offensés lorsque vous critiquez le marxisme/socialisme/communisme, les membres d'une secte ou toute personne qui soutient ces idées, et se jettent à sa/leur défense. Toute critique publique de la secte/idéologie ou des groupes/initiatives marxistes est contrée par des attaques collectivistes, semblables à celles d'une meute, à l'encontre de quiconque les émet.

Il est évident que l'idéologie/la secte représente une rébellion/révolution authentique et constructive. Bien qu'ils soient endoctrinés/infectés, beaucoup pensent en fait qu'ils sont des "rebelles" opposés au totalitarisme ; ils peuvent également insinuer qu'ils sont immunisés contre tout endoctrinement idéologique provenant du système (!). Vous entendrez peut-être "Comment pouvez-vous parler des élites mondialistes et du Nouvel Ordre Mondial tout en

---

[1] Gramsci, A., "The Russian Maximalists", 1916.
https://www.marxists.org/subject/quotes/miscellaneous.htm

critiquant le socialisme ?!? Vous ne vous rendez pas compte que nous sommes tous dans la même équipe ?!?"

La pression sociale est palpable pour devenir membre d'une secte et se conformer à l'idéologie. Si ce n'est pas le cas, vous devez être un extrémiste sans éthique (nazi, fasciste, etc.). Il n'est pas permis d'être en désaccord avec leur idéologie, et certainement pas sans répercussions.

Les gens semblent être légèrement infectés par le marxisme, par défaut. Évidemment, vous ne pouvez pas en être sûr tant que quelqu'un ne vous donne pas un signe clair - comme lorsqu'il exprime ses "opinions" - mais ces types peuvent être partout et n'importe où dans la société (je dis "opinions" parce qu'ils ne font que répéter la rhétorique marxiste). Une personne peut être déjà préparée à s'aligner politiquement, psychologiquement et sociologiquement sur l'idéologie sans être complètement endoctrinée. La personne en question peut même ne pas penser qu'elle a des opinions ou des substances politiques dans son esprit, mais lorsqu'elle en exprime, il s'agit indubitablement de positions marxistes.

Il peut s'agir de quelque chose d'aussi simple que : L'idée que "les pays ne devraient pas exister", car il s'agit d'une "vieille idée pas cool", etc. ou qu'"il ne devrait pas y avoir d'écart de rémunération entre les hommes et les femmes" sur le lieu de travail.

Même s'il ne s'agit que d'un parti pris pro-marxiste occasionnel, cela va loin. Si vous donnez au marxisme un pouce, il prendra un mile. Chaque pensée pro-marxiste au sein de la population s'additionne et produit un effet quantique global.

Une "culture de protestation" sectaire

> "Notre tâche est d'utiliser toutes les manifestations de mécontentement, de rassembler et de mettre à profit toutes les protestations, même les plus modestes.[2]

V.I. Lénine, "Que faire ?", 1902

Un autre signe est qu'il y a constamment des manifestations, ce qui sature et domine l'environnement de protestation au point qu'elles passent inaperçues et sont inefficaces. Cela empêche toute forme d'incarnation réelle, constructive et percutante (c'est-à-dire non marxiste).

En tant qu'élément traditionnel très important du culte/de l'idéologie, la culture de protestation permet à ces "révolutionnaires" en herbe de sortir dans la rue et de marquer leur territoire. Elle leur donne confiance, leur fait sentir qu'ils

---

[2] Lénine, V.I., "Que faire ?", 1902, P. 54.

https://www.marxists.org/archive/lenin/works/1901/witbd/

peuvent changer les choses, qu'ils sont spéciaux (et pas seulement des putes de l'idéologie). Sur toutes les questions importantes, ils servent le totalitarisme internationaliste en exécutant ses ordres, tout en donnant l'illusion que la démocratie fonctionne dans un certain sens et que le "pouvoir du peuple" est réel.

D'un point de vue stratégique, la culture marxiste de protestation est importante pour le système, car elle crée une armée d'activistes qui peuvent être déployés sur commande pour exécuter ses ordres, par exemple lorsqu'ils s'opposent à tout moment au repli nationaliste ou "de droite", ou lorsqu'ils défendent les divers sous-agendas marxiens, etc.

La culture de protestation procure également à ceux qui y participent un sentiment d'euphorie collectiviste. Elle fait partie de leur vie sociale et donne un sens à leur vie. Dans leur naïveté, ils ont l'impression de faire quelque chose de bien et de s'amuser entourés de gens qui les encouragent et sont d'accord avec eux. Quel bonheur ! C'est le piège psychologique du marxisme en action. C'est le nectar rouge. Les universités imprégnées de marxisme sont particulièrement à blâmer pour cela, car elles encouragent cette culture de la protestation.

Vous pourriez entendre des chants tels que : "Une seule race, la race humaine ! (qui insinue l'"égalité" et l'uniformité entre les groupes raciaux), ou "Le pouvoir au peuple" (qui devrait être "le pouvoir au prolétariat"). (qui devrait être "le pouvoir au prolétariat"), ou le très imaginatif "Que la racaille nazie quitte nos rues ! Un autre slogan est "Pas de justice, pas de paix" - un autre clin d'œil à la "Révolution continue", sous forme de chant. Pour eux, la "justice" est une utopie communiste. Tant qu'elle ne sera pas réalisée, ils continueront à faire du bruit (à moins qu'on ne les en empêche, évidemment).

Il est intéressant de noter que ce chant est ce que l'idéologie/la secte nous dit, par l'intermédiaire des idiots utiles. Il nous dit qu'il n'y aura ni justice ni paix tant que l'idéologie/la secte sera présente. Évidemment, l'ironie est perdue pour les idiots utiles qui le crient.

Symboles et images

On peut voir des symboles marxistes classiques tels que la faucille et le marteau communistes ou l'étoile rouge ouvertement utilisés en public (par exemple sur des banderoles lors de manifestations), ou l'iconographie marxiste sur des vêtements. C'est le cas, par exemple, des t-shirts de Che Guevara : Les t-shirts de Che Guevara (un des favoris des étudiants), ou d'autres articles arborant des images de Marx, Lénine, Mao, Castro. Il se peut même que certains de ces prophètes figurent sur des timbres ! En 2017, un timbre irlandais rouge a été émis pour célébrer le 50e anniversaire de la mort du terroriste marxiste Che Guevara.[3] Il est certain que cela serait très étrange, même pour quelqu'un qui ignore tout du culte/de l'idéologie (même si Guevera avait des ancêtres irlandais) ! Une autre insulte flagrante à l'irlandisme et un exemple de marquage du territoire par la secte.

Le poing levé du marxisme

> Les socialistes crient "le pouvoir au peuple" et lèvent le poing fermé en le disant. Nous savons tous ce qu'ils veulent dire en réalité : le pouvoir sur le peuple, le pouvoir à l'État"[4]
>
> La "Dame de fer" Margaret Thatcher sur le socialisme

Un autre signe d'infection est que le poing serré, ou des variantes de celui-ci, sont visibles dans toute la société ; ils peuvent être attachés à divers groupes d'activistes, ONG/associations à but non lucratif, et même à des organisations gouvernementales, etc. Exemples : un poing fermé rose pour le féminisme ; un poing fermé noir pour Black Lives Matter ou d'autres groupes "Black Power" ; un poing fermé multicolore pour un événement LGBTQ "Pride" ; un poing fermé vert pour l'arnaque du changement climatique ; un poing fermé tenant une seringue médicale pour promouvoir les vaccinations ; un poing fermé écrasant un fœtus pour promouvoir l'avortement ; un poing fermé frappant une religieuse au visage (parce qu'elle est chrétienne) ; et un poing fermé frappant un trou du cul rouge (communiste) (parce que c'est pour ça qu'ils sont là, n'est-ce pas ?). Le poing fermé représente la force, la solidarité, la combativité et la rébellion. Le fait que de nombreuses personnes reculent d'horreur devant le salut romain fasciste, mais n'ont pas la même réaction lorsqu'elles voient le poing serré du marxisme, résume bien la situation actuelle dans le monde.

La couleur rouge

Ce n'est pas une invention de la secte, mais c'est sa couleur préférée. Lorsque nous commençons à en voir trop partout dans la société, c'est un autre signe d'infection. Elle peut dominer dans le matériel promotionnel, les sites web, les magazines, les logos, la conception architecturale et intérieure, les entreprises, etc. En particulier, nous pouvons le remarquer dans les domaines liés à la politique, aux ONG/associations à but non lucratif ou aux groupes d'affaires publiques/sociales qui peuvent, ou non, être ouvertement "de gauche". Bien que son utilisation ne soit pas toujours nécessairement de nature subversive, en

---

[3] Fox News, "Che Guevara stamp in Ireland outrages Cuban-Americans", 10 octobre 2017.

https://www.foxnews.com/world/che-guevara-stamp-in-ireland-outrages-cuban-americans

[4] Thatcher, M., Discours au Conseil central conservateur, 15 mars 1986 (deuxième mandat en tant que Premier ministre). https://libquotes.com/margaret-thatcher/quote/lbr1a0w

raison de la présence de l'idéologie dans la société et des niveaux élevés d'endoctrinement, cette couleur est considérée comme la couleur de la révolution, du progrès, de l'évolution, etc. Du point de vue de la psychologie du marketing, le rouge suggère l'action, la passion, etc.

Quant à la raison d'être du rouge, certains disent qu'il trouve son origine dans la Révolution française, qu'il symbolise le sang des classes ouvrières opprimées qui ont sacrifié leur vie sous le joug du capitalisme, ou le sang des martyrs de la cause dans les temps anciens.

Le drapeau rouge est l'hymne *de* plusieurs partis travaillistes en Irlande et au Royaume-Uni. Le premier couplet est le suivant : "Le drapeau du peuple est d'un rouge profond, il a souvent enveloppé nos morts martyrs, et avant que leurs membres ne deviennent raides et froids, le sang de leurs cœurs a teinté chacun de ses plis".[5]

Le drapeau LGBTQ aux couleurs de l'arc-en-ciel

Nous l'avons tous remarquée, à force de nous la mettre sous le nez tout au long de l'année. Bien qu'il ne fasse pas partie du marxisme traditionnel (ouvertement), le fait de le voir partout dans votre pays est un autre signe évident d'infection. Il a flotté au-dessus des bâtiments du gouvernement irlandais de Leinster House en juin 2019 pour marquer le mois des fiertés.[6]

Bien que ces couleurs symboliques "arc-en-ciel" soient généralement associées aux marches des fiertés LGBTQ, aux organisations, aux initiatives, etc. Bien qu'elles sortent du cadre immédiat de ce livre, le lecteur peut, pour plus de clarté, faire des recherches sur les *lois noahides* (c'est aussi le drapeau de l'Oblast autonome juif près de la frontière entre la Russie et la Chine).[7][8] L'utilisation de ce drapeau relève de la manipulation psychologique occulte ("révélation de la méthode"), car il suggère une intention génocidaire basée sur l'eugénisme que le commun des mortels ne comprend pas. Ce drapeau signifie essentiellement qu'une opération d'eugénisme anti-blanc est en cours, que le mouvement LGBTQ (et le marxisme en général) sert. Il est amusant de voir les membres d'une secte à l'intelligence faible et au cerveau lavé essayer de comprendre cela : pour eux, ce n'est qu'un joli drapeau d'homosexualité aux couleurs de l'arc-en-ciel - "peut-être que chaque couleur représente un sexe

---

[5] Connell, J., "The Red Flag", 1889.
https://www.marxists.org/subject/art/music/lyrics/en/red-flag.htm

[6] "Le drapeau arc-en-ciel flotte à Leinster House pour marquer la Pride", 29 juin 2019.

https://www.irishtimes.com/news/politics/rainbow-flag-flying-at-leinster-house-to-mark-pride-1.3941776

[7] https://en.wikipedia.org/wiki/Noahidism

[8] https://www.britannica.com/place/Jewish-Autonomous-Region

différent", etc.

Société en général

Voici quelques signes qui ne sont pas souvent associés à la présence de l'idéologie, mais qui y sont liés ou en sont la cause. Ils peuvent également être plus difficiles à repérer dans un premier temps.

Il y a une augmentation générale des fous et des signes de maladie mentale : Bien entendu, lorsque je parle de "maladie mentale", je ne me réfère pas à la définition technique, approuvée par l'État et corroborée par les universités. Je parle du comportement quotidien des fous.

Les gens deviennent plus ennuyeux et plus prévisibles : Si tout le monde est programmé selon la formule marxiste, leur comportement devient prévisible. De plus, leur influence négative sur le reste d'entre nous (qui sommes sains d'esprit) signifie que nous sommes poussés à être ennuyeux et "PC", comme eux ; soit cela, soit nous serons ostracisés lorsqu'ils se rendront compte que nous ne sommes pas comme eux (l'horreur !). Bien sûr, nous avons la possibilité de nous ostraciser nous-mêmes et de les éviter. Si "la variété est l'épice même de la vie, qui lui donne toute sa saveur" (citation de William Cowper), l'uniformité est la puanteur qui colle à la vie et lui donne toute sa puanteur.

Tout le monde doit être maniaquement "positif" et "gentil" : Ce point est lié au précédent. Il est important pour la secte/idéologie de cultiver un environnement uniformément stupide et maniaquement "positif" dans la société. En effet, il sera plus facile de repérer une personne "folle" comme vous et moi à un kilomètre de distance lorsque nous commencerons à exprimer d'autres états d'esprit "négatifs" (frustration, colère, etc.). Un environnement heureux, "positif" et uniforme, semblable à celui d'une secte, est plus propice à la propagation de l'idéologie ; il décourage de manière préventive toute opposition dans la société. Ce phénomène est lié à la dégénérescence, à l'hédonisme et à la docilité.

Il y a une féminisation générale de la société (brièvement abordée plus haut) : Vous pouvez remarquer un nombre excessif d'attitudes trop féminines à l'égard des choses. Non seulement elles sont plus visibles, mais elles commencent à dominer. Il s'agit d'un aspect de la "féminisation"/destruction du masculin (émasculation), dans le but d'affaiblir une société. Exemple : vous entendrez de plus en plus de gens dire "naaaaaw" à tout, comme s'il s'agissait d'un mignon chiot ou d'un bébé. Je suppose que l'on pourrait appeler cela du chouchoutage, de l'infantilisation ou de la mollesse. Ce "naaaawww" odieux sera utilisé dans les conversations, par des "adultes", à l'égard d'autres adultes (!).

Les femmes et les homosexuels en particulier sont les principaux coupables, mais les hommes hétérosexuels moins virils s'y adonnent également. De tous les types de personnes susceptibles d'en être victimes, ce sont les hommes masculins qui ont le plus grand potentiel de destruction et d'affaiblissement. Par essence, il s'agit d'une pratique déresponsabilisante et démoralisante, car elle encourage la sensibilité et la faiblesse là où il n'y en a pas. Cette idiotie semble être quelque chose de tout à fait trivial, mais elle est en fait très sérieuse ; c'est un symptôme d'une mentalité excessivement compatissante/excessivement féminine, qui est une forme de dégénérescence qui alimente les sous-agendas de la secte. Encore une fois, cela contribue à créer un environnement psychologique bénéfique à la secte/idéologie.

L'idée que le fait d'être blanc est mauvais : vous pouvez entendre des propos dans ce sens, ou des phrases telles que "la blancheur est une maladie". Puisque les Blancs sont la race "oppresseur" (selon la version marxiste de l'histoire), ils méritent d'être traités comme la classe oppresseur dans le présent, un fléau pour l'humanité.

Les choses réelles deviennent des choses imaginaires et vice-versa : sous l'influence du post-modernisme marxien, on entend des concepts qui tentent de déformer la perception que les gens ont de la réalité. De nouveaux termes/concepts sont créés, d'autres sont rejetés ou "déconstruits". Des choses que l'on croyait réelles sont désormais considérées comme inexistantes. C'est ainsi que l'on entend des propos tels que "le genre est une construction sociale" ou "la race est une construction sociale". Inversement, des termes/concepts fabriqués (par la secte) tels que "l'hétéronormativité" et "le genre non-cis" deviennent des choses réelles. Le marxisme n'a rien à voir avec la nature ou la science.

En politique et géopolitique

Il n'y a pas d'opposition légitime au gouvernement ou à l'internationalisme : Les partis se qualifient de "centre-droit" ou de "centre-gauche", etc. mais tout cela n'est qu'un non-sens trompeur. Ils sont tous essentiellement marxistes à un degré ou à un autre. Lorsqu'il s'agit de questions plus générales, ils sont tous généralement en faveur de l'internationalisme/mondialisme.

Il n'y a pas de "droite", il n'y a que "l'extrême droite" : Vous n'entendrez pas le terme "droite", mais "extrême droite". Cela est dû au fait que toute personne qui ne soutient pas l'internationalisme est immédiatement qualifiée d'extrémiste, de dangereuse, etc. C'est dramatique et désobligeant. La secte/idéologie ne peut pas permettre que le terme "droite" soit utilisé trop souvent (pour décrire toute personne ayant une position nationaliste) parce que cela permettrait à un groupe d'opposition non marxiste d'exister sans être suffisamment maltraité. En fait, elle ne peut pas se permettre de laisser quelqu'un décrire une politique de "droite" sans l'associer à l'extrémisme.

Internationalisme = bon, nationalisme = mauvais

L'idée est présente que nous devrions avoir un "monde sans frontières", et que les frontières sont immorales ou carrément mauvaises ; même que les nations ne devraient pas exister du tout (puisque le monde devrait être "solidaire"). Toute pensée authentiquement patriotique ou nationaliste est considérée comme nazie, fasciste ou d'extrême droite et comme vieille, rétrograde, pas cool, déconnectée du monde moderne, etc.

Selon la secte, toute personne qui croit que ce genre de choses est bienveillant veut évidemment que son pays soit le meilleur/dominant et qu'il prenne le contrôle du monde, etc. (ce qui renvoie à la période de la Seconde Guerre mondiale et aux perceptions déformées des événements et des groupes impliqués).

Vous entendrez des personnalités politiques déclarer que le pays doit être davantage intégré à la communauté internationale, que nous devons penser "plus ouvertement", que le pays fait "partie d'une communauté mondiale"... qu'il ne s'agit plus d'un pays souverain indépendant, mais d'un "État membre" du monde. Il peut être suggéré que votre pays doit être "global", sinon il ne survivra pas ("le communisme ou la mort"). Il s'agit donc essentiellement de promouvoir l'internationalisme marxien (un monde sans frontières), de dire que c'est "inévitable" (pour démoraliser les nationalistes) et de dire que la souveraineté nationale est mauvaise, diabolique, etc.

En mai 2017, lors d'une session du Dáil & Seanad, l'homme politique irlandais et chef du parti Fianna Fáil Micheal Martin a prononcé un discours sur le référendum du Brexit : "Qu'il n'y ait aucun doute sur la position de l'Irlande. Nous ne voulons rien avoir à faire avec une idée rétrograde de la souveraineté. Nous restons absolument attachés aux idéaux de l'Union européenne. Nous voyons l'Union pour ce qu'elle est - l'organisation internationale la plus réussie de l'histoire du monde".[9] Il est évident que lorsqu'il a dit "l'Irlande", il ne parle qu'au nom d'autres traîtres endoctrinés qui pensent comme lui. En effet, l'UE est une organisation internationale marxiste couronnée de succès, tout comme l'ONU ("couronnée de succès" pour l'idéologie). Il serait amusant à ce stade (décembre 2023) de qualifier l'UE de "réussie" car elle commence à s'effondrer, en partie grâce à des gens comme Martin.

M. Martin poursuit : "Nous n'avons pas la nostalgie d'un empire perdu ni le désir d'affirmer notre supériorité sur les autres. Nous n'avons jamais cherché à nous mettre à l'écart du monde, gardant jalousement le droit de dire non à tout". C'est de l'escroquerie marxienne de haut niveau. Le langage du serpent rouge. Comme toujours, l'utilisation du mot "empire" par les membres de la secte est amusante, une déviation classique. L'expression "affirmer sa supériorité sur les autres" est un clin d'œil évident à l'oppression et renvoie à

---

[9] The National Party, "Micheál Martin rejects a "backward-looking idea of sovereignty" for no sovereignty at all", 18 mai 2017.
https://www.YouTube.com/watch?v=akkPu-FJyiA

la remarque (faite ailleurs) selon laquelle les membres de la secte croient à tort que le nationalisme équivaut à une nation ayant des tendances dominantes et impérialistes à l'égard d'autres pays (cf. la Seconde Guerre mondiale). Il s'agit simplement d'une hypocrisie marxienne de signalisation de la vertu, puisque la secte/idéologie est axée sur la domination des autres.

Sans surprise, vos politiciens insistent consciencieusement pour que vous restiez membre d'organisations internationalistes (c'est-à-dire l'UE). Ils insistent pour que votre pays le fasse, même à son propre détriment (ce qu'ils ne souligneront évidemment pas). Début 2019, lors des discussions sur le Brexit, le Taoiseach (Premier ministre) irlandais Leo Varadkar a déclaré dans une interview : "Je suis l'Union européenne lorsqu'il s'agit de ces questions. Le gouvernement irlandais et l'Union européenne ne font qu'un en ce qui concerne le Brexit... S'ils (les gens) ne l'ont pas réalisé au cours des deux dernières années, ils sont en train de s'en rendre compte".[10] Tous unis ? Euh oh... solidarité...

D'autres membres de la secte "irlandaise" ne veulent même pas que la frontière entre la République d'Irlande et l'Irlande du Nord existe. En effet, il est de tradition au sein du mouvement républicain irlandais d'appeler à une "Irlande unie" - une République socialiste de trente-deux comtés. Le parti marxiste pseudo-nationaliste Sinn Fein veut une Irlande unie pour cette raison.

Des membres de cultes encore plus "marginaux" le font, comme le commissaire en chef de People Before Profit, Richard Boyd Barrett. Un article de RTE News datant de mars 2021 le citait comme déclarant que son parti voulait voir la fin de cette partition, et que "l'unification des gens pour un type différent d'Irlande au nord et au sud est sérieusement à l'ordre du jour".[11] (Une remarque à ce sujet, à l'intention de mes compatriotes patriotes irlandais : oubliez l'idée d'une Irlande unie ! Ne parlons pas comme des membres d'une secte et ne jouons pas le jeu en les aidant à dissoudre d'autres frontières ! D'ailleurs, nous avons des préoccupations plus urgentes en ce moment, n'est-ce pas ?)

Un accroissement du pouvoir gouvernemental et de la réglementation : Un signe que la secte/idéologie est en train de consolider son contrôle sur un pays, c'est lorsque le gouvernement fait pression pour obtenir de plus en plus de réglementations (centralisation du pouvoir). Ces réglementations peuvent concerner tous les domaines, mais elles sont particulièrement évidentes dans le domaine économique. Il y a une augmentation de la taille du gouvernement et des départements gouvernementaux, y compris les départements,

---

[10] Irish News, ""I Am The European Union" Says Arrogant Puffed Up EU Rent Boy, Leo Varadkar", 10 février 2019. https://www.YouTube.com/watch?v=9bbT_A5T6qg

[11] Meskill, T., "Dublin South-West TD Paul Murphy joins People Before Profit", 1 mars 2021. https://www.rte.ie/news/politics/2021/0301/1200161-paul-murphy-pbp/

organisations et employés associés ou sous contrat avec le gouvernement (ce qui pèse lourdement sur les finances publiques tout en ne servant à rien).

Un nombre croissant de représentants publics issus de groupes "opprimés" : Les hommes politiques et les représentants des autorités seront de plus en plus souvent nommés non pas en fonction de leurs mérites, mais en fonction de leur groupe (sexe, race, orientation sexuelle, religion, etc. ou des combinaisons de ces éléments). Plus ils sont "diversifiés", mieux c'est. En 2007, l'immigré nigérian Rotimi Adebari est devenu maire de Portlaoise, dans le comté de Laois, et le premier maire noir d'Irlande. Le Guardian rapporte qu'il "a récemment obtenu un master en études interculturelles à l'université de Dublin City, (et) travaille maintenant pour le conseil du comté sur un projet d'intégration pour les nouveaux immigrants".[12] En 2020, Hazel Chu a été nommée lord-maire de Dublin, devenant ainsi "la première personne d'origine chinoise à être maire d'une capitale européenne".[13] En juin 2023, un conseiller du Fianna Fáil, Abul Kalam Azad Talukder, est élu président du district métropolitain de Limerick.[14] Talukder est un musulman du Bangladesh. Après les émeutes du 23 novembre 2023 à Dublin (mentionnées plus haut), suite à l'agression à l'arme blanche d'enfants devant une école de la ville de Dublin, Talukder a commenté les émeutiers : "J'aimerais qu'on leur tire une balle dans la tête".[15]

Diversité, mode et médias

Vous verrez de plus en plus d'émissions de télévision, de films, etc. avec une sélection "diversifiée" d'acteurs, d'animateurs, d'invités, etc. Il en va de même dans la presse écrite, les magazines, les vitrines, etc. En Irlande, la chaîne de magasins *Life Style Sports* a amusamment orné ses magasins d'images présentant plusieurs visages métis (même dans des villes où la population est composée à plus de 90-95 % d'Irlandais blancs). Chaque fois que vous voyez une famille à la télévision (c'est-à-dire dans les publicités), vous ne verrez pas un couple blanc avec des enfants. Au moins l'un d'entre eux sera métis. Ou bien nous pouvons voir des combinaisons inhabituelles de personnes présentées dans des couples, dans des émissions de télévision, par exemple : une petite femme noire naine atteinte du syndrome de Down dans une relation

[12] Bowcott, O., "From asylum seeker to Ireland's first black mayor in seven years", 29 juin 2007. https://www.theguardian.com/world/2007/jun/29/ireland

[13] https://en.wikipedia.org/wiki/Lord_Mayor_of_Dublin

[14] Jacques, A., "Historic moment as Cllr Talukder voted Limerick's first Muslim Metropolitan Cathaoirleach", 20 juin 2023. https://www.limerickpost.ie/2023/06/20/historic-moment-as-cllr-talukder-voted-limericks-first-muslim-metropolitan-cathaoirleach/

[15] Jacques, A., "'I'd like to see them shot in the head' : Councillor's hard line on Dublin riots", 29 novembre 2023. https://www.limerickpost.ie/2023/11/29/id-like-to-see-them-shot-in-the-head-councillors-hard-line-on-dublin-riots/

avec un homme blanc albinos de grande taille mais en fauteuil roulant et arborant un bouc de Lénine. Tout cela est fait au nom de l'"égalité" et pour combattre le mal de l'"hétéronormativité".

La laideur est belle

Grâce à la promotion joyeuse de la "diversité" et de la dégénérescence par la secte/idéologie, et à sa tendance à inverser les choses, on nous dit aujourd'hui essentiellement que la laideur est la nouvelle beauté.

On le voit dans la publicité lorsque, par exemple, une femme en surpoids est présentée comme belle. C'est une influence terrible sur les femmes en général et c'est même dangereux pour quelqu'un qui est déjà dans cet état de mauvaise santé. Une société irresponsable est une société où l'on dit à toute personne en très mauvaise santé - qui a besoin (et souvent envie !) de changer pour son propre bien - qu'elle est parfaite telle qu'elle est. Tess Holliday, célèbre mannequin américain "grande taille", est également connue pour être une "militante de la positivité du corps".[16] Dans ce contexte, le terme "body positivity" (positivité du corps) convainc les femmes qu'il n'y a pas de mal à être une dégénérée physique.

Dans ce contexte, être "positif" signifie se cacher des émotions inconfortables qui peuvent surgir lors de l'autocritique et faire face à la vérité sur soi-même (c'est-à-dire à l'illusion). Bizarrement, ces mannequins en surpoids sont présentés par certains comme des symboles de l'émancipation féminine, etc. Si vous ne pouvez même pas contrôler vos envies de manger, vous n'êtes pas "autonomes".

Les personnes défigurées ou handicapées en sont d'autres exemples. L'ex-mannequin britannique Katie Piper, victime d'une attaque à l'acide sulfurique au visage en 2008, a figuré dans une publicité pour le shampoing Pantene en 2010 (bien qu'elle ait perdu une grande partie de ses cheveux lors de l'attaque).[17] Sofia Jirau, mannequin portoricaine atteinte du syndrome de Down, a été engagée par Victoria's Secret en 2022.[18] Évidemment, nous ne nous attaquons pas ici à ces femmes, mais plutôt au principe de vertu et de dégénérescence qui se cache derrière la façade ; l'idéologie qui promeut la

---

[16] https://en.wikipedia.org/wiki/Tess_Holliday

[17] Pearson-Jones, B., "Katie Piper shares surprise at being asked to model for a hair care brand a decade after losing her locks - and admits she relies on her tresses for giving her confidence", 5 janvier 2020. https://www.dailymail.co.uk/femail/article-7525749/Katie-Piper-reveals-joy-asked-model-hair-care-brand-10-years-losing-locks.html

[18] Blance, E., "Who is Sofia Jirau, the first model with Down syndrome to pose for Victoria's Secret ?", 23 février 2022. https://www.vogue.fr/fashion/article/sofia-jirau-model

"diversité" de ce genre de choses. Il est vrai que l'attirance n'est pas toujours centrée sur la beauté superficielle et les perceptions conventionnelles de celle-ci, mais ce n'est pas la question ici.

Il y a des sous-entendus babyloniens ici - l'idéologie ouvre la voie à un type de monde infernal, où tous les types de perversions de la beauté esthétique, de la sexualité et du comportement seront normalisés, tout comme dans la malheureuse ville mésopotamienne "diverse" de l'Antiquité.[19] Les exemples ci-dessus (combinés à la perversion sexuelle et à la perversion du genre que la secte/idéologie promeut ailleurs) ne sont que le début de ce qui va arriver... À moins que la secte ne soit stoppée.

Visages de la signalisation de la vertu

Dans ces secteurs, les signaux de vertu seront prédominants, de la part de tous ceux qui disposent d'une tribune publique. Attention à l'expression stupide de signe de vertu sur le visage des personnalités des médias et des célébrités du monde entier ! Il s'agit d'une expression "je suis triste", que l'on tire généralement en écoutant quelqu'un (c'est-à-dire l'invité ou l'interviewé) expliquer à quel point il est "opprimé". C'est un visage qui nous dit "c'est triste, et vous devriez vous sentir triste". Les présentateurs d'émissions de chat, par exemple. L'ancien animateur irlandais du Late Late Show, Ryan Tubridy, aujourd'hui honni, était passé maître dans l'art de cette expression.

Les politiciens aussi, par l'intermédiaire des médias. Après la fusillade de la mosquée de Christchurch en Nouvelle-Zélande en mars 2019, le Premier ministre de l'époque, Jacinda Arden, a revêtu un hijab en signe de solidarité (marxienne) avec les victimes. Elle affichait une expression pathétique de signe de vertu sur son visage, comme dans une horrible pantomime OTT. Il est amusant de constater que d'autres membres de la secte l'ont félicitée dans le monde entier pour avoir fait preuve de tant de "solidarité" et de "compassion".[20] Membre engagée de la secte et coupable de nombreux crimes contre son pays, Mme Arden a été chef du parti travailliste néo-zélandais et Premier ministre de 2017 à 2023.

Police, sécurité et guerre

> Le mot "paix" tel qu'il est prononcé par les communistes signifie la victoire du socialisme.[21]

---

[19] https://www.britannica.com/place/Babylon-ancient-city-Mesopotamia-Asia

[20] McConnell, G., "Face of empathy : Jacinda Ardern photo resonates worldwide after attack", 18 mars 2019. https://www.smh.com.au/world/oceania/face-of-empathy-jacinda-ardern-photo-resonates-worldwide-after-attack-20190318-p5152g.html

[21] *"Bella Dodd Explains Communism Ducks"*, conférence à l'université Fordham, 1953.

Le dénonciateur communiste Bella Dodd,
conférence à l'université Fordham, 1953

Le présent peut être l'attitude selon laquelle nous avons besoin de "paix" à tout prix ; que les guerres, la violence et les armées sont mauvaises. En fait, elle peut se manifester par l'idée que toute résistance par la force est mauvaise (à moins qu'elle ne soit "révolutionnaire", bien sûr). Il s'agit là d'une autre notion hypocrite et vertueuse présente dans la société en raison de l'infection. Ce que l'idéologie suggère réellement, c'est que toute résistance énergique à la secte/idéologie (et au mondialisme/internationalisme) est mauvaise, en particulier la plus puissante d'entre elles - la résistance militaire à grande échelle et la guerre totale.

Ce type d'état d'esprit naïf, hippie et "positif" est exactement l'attitude que votre ennemi souhaite vous voir adopter, afin que vous baissiez votre garde. Si une force/idéologie hostile prévoit de détruire votre nation, elle veut que vous ayez cet état d'esprit, car elle n'y parviendra pas. Il y a une grande différence entre l'utilisation de la force physique pour attaquer un autre groupe/pays pour des raisons injustifiables (conquête, oppression, acquisition de territoires ou de ressources, etc.) et la force défensive (c'est-à-dire l'utilisation de la force pour nettoyer votre pays de la secte/idéologie). Cette dernière est absolument justifiable ! Bien sûr, vos ennemis ne veulent pas que vous fassiez ce discernement - ils veulent que vous pensiez que tout usage de la force est mauvais. Cette attitude "nous devons être pacifiques", bien sûr, est une autre forme de signalisation de la vertu.

Les soldats et les armées sont mauvais

De nombreuses personnes (endoctrinées) considèrent que les soldats et les armées sont intrinsèquement mauvais, qu'ils sont tous des meurtriers, comme si tous les soldats/guerriers de l'histoire de l'humanité avaient été les mêmes. C'est de la foutaise ! Il est amusant d'entendre les opinions sans cervelle et vertueuses de quelqu'un qui, dans notre société moderne relativement confortable, n'a que peu ou pas de respect pour un soldat, presque par défaut, en particulier s'il ne peut même pas supporter un peu de stress, d'inconfort ou de critique (sans parler d'un conflit physique ou d'un combat réel jusqu'à la mort).

C'est le résidu d'années de lavage de cerveau "PC", qui peut provenir de diverses sources (éducation, divertissement, croyances "new age", consommation de drogues et/ou hippie, etc.) Évidemment, si cette opinion émane d'une personne endoctrinée par le marxisme, cette condamnation des soldats/de la violence ne s'applique pas à tous ces merveilleux "révolutionnaires" marxistes tels que Trotsky, Che Guevara, Castro, les

---

https://www.YouTube.com/watch?v=VLHNz2YMnRY

nombreux marxistes africains, les groupes terroristes sectaires, etc.

Elle s'applique toutefois à toute force armée qui a été ou est un adversaire du marxisme, ou à une force armée impériale : Les forces américaines, les forces impériales françaises et britanniques, l'armée nationale-socialiste allemande pendant la deuxième guerre mondiale, l'armée nationaliste de Franco pendant la guerre civile espagnole, les armées des Boers blancs en Afrique du Sud ou en Rhodésie, etc. Tous ces soldats sont des oppresseurs fascistes, capitalistes, racistes et malfaisants. Je n'approuve pas les crimes commis par les forces armées du monde entier, passées ou présentes, mais le mot clé ici est "crime". Il ne fait aucun doute que de nombreux soldats/forces armées ont commis des crimes, mais cela ne les rend pas tous aussi éthiques ou contraires à l'éthique.

Ce que nous soulignons ici, c'est l'effet des programmes de "paix" sur les masses. Bien entendu, lorsqu'ils nous incitent à haïr le militarisme ou toute forme de force physique, c'est pour nous amadouer et nous rendre sans défense ; ils ne promeuvent pas ces idées pour des raisons bienveillantes ! Comme nous le constatons actuellement dans le monde, sans la possibilité d'utiliser la force physique pour se défendre, défendre son pays, défendre son peuple (ou si vous refusez d'utiliser la force), tôt ou tard, la force sera utilisée contre vous.

Au moment de la rédaction (janvier 2024), il est question au Royaume-Uni d'une guerre avec la Russie. De nombreux commentateurs ont noté que la volonté de se battre pour le Royaume-Uni n'est plus ce qu'elle était historiquement (cela est dû à l'érosion du patriotisme britannique par le culte/l'idéologie). Le 12 février 2024, une vidéo est apparue sur la chaîne YouTube de Nigel Farage, ancien homme politique britannique partisan du Brexit et présentateur de GB News. Le sujet était l'état des forces armées britanniques dans le contexte d'un conflit mondial potentiel. Il a parlé des "objectifs de diversité", de la tendance récente aux poursuites rétroactives contre d'anciens soldats et de l'assouplissement des contrôles de sécurité pour l'admission dans les services britanniques. Il est évident que cet assouplissement des contrôles de sécurité permet aux ennemis de l'Occident de s'infiltrer, y compris les extrémistes islamiques ou les éléments marxistes.

Le résultat de tout cela est que l'armée britannique "ne serait pas apte à défendre ce pays si nous devions nous engager dans un conflit mondial".[22] Il est certain que ces facteurs aggravent le problème de la faiblesse des recrutements ces derniers temps. Le "Wokeness" est la mort d'une nation.

Le 12 février 2024, une vidéo d'information britannique a montré la nouvelle annonce de recrutement "woke" de l'armée britannique. Elle mettait en scène

---

[22] Nigel Farage, "The British Army is being Destroyed !", 12 février 2024.

https://www.YouTube.com/watch?v=qPN2ahYC6W4

un soldat musulman priant au milieu du champ de bataille devant ses camarades non musulmans. Le slogan est "Keep my faith" (garder ma foi).[23] M. Farage a souligné que certains milieux suggéraient de supprimer le christianisme de la cérémonie annuelle du jour du souvenir des forces armées.

En décembre 2023, il a été rapporté aux États-Unis que le sénateur démocrate Dick Durbin s'est exprimé sur des questions similaires concernant l'armée américaine. Il a suggéré que des migrants pourraient être recrutés dans les services en échange de la citoyenneté américaine, et il a parlé d'un nouveau projet de loi à cet effet. S'exprimant devant le Sénat américain, il a évoqué les problèmes de recrutement de l'armée, indiquant que les services n'atteignaient pas leurs quotas. En ce qui concerne la possibilité pour les migrants de s'inscrire, il a déclaré : "Devrions-nous leur en donner l'occasion ? Je pense que nous devrions le faire".[24] Il a défendu des idées similaires en mai/juin 2023.[25]

Il s'agit d'une rhétorique hautement irresponsable, à la limite de la trahison. Elle est au minimum maladroite. Premièrement, les migrants du monde entier n'ont pas besoin d'être davantage encouragés à entrer dans les pays occidentaux. Deuxièmement, une fois de plus, cela encourage l'infiltration des ennemis de l'Amérique. L'impact de la secte/idéologie sur l'Amérique et le patriotisme américain au cours des décennies a été le principal responsable de la réduction des niveaux de recrutement. Aujourd'hui, il est suggéré de risquer de recruter des membres de sectes anti-américaines à l'étranger !

Voici un autre élément connexe et troublant. Le 2 février 2024, la chaîne YouTube de *Tucker Carlson* a diffusé une interview du biologiste Bert Weinstein. Weinstein avait récemment été témoin d'événements survenus à la brèche de Darien au Panama, en Amérique centrale - un point de convergence pour les migrants qui se rendent aux États-Unis depuis l'Amérique du Sud. Weinstein a expliqué qu'il y avait de plus en plus de migrants chinois - principalement des hommes en âge de servir dans l'armée - qui ne savaient pas trop pourquoi ils émigraient...[26] Si l'on ajoute à cela les facteurs énumérés ci-dessus et les affrontements militaires historiques entre la secte et les États-Unis,

[23] GB News, "'British soldiers Praying to Allah' : Nigel Farage Rages at Banishing of Christianity from army", 12 février 2024. https://www.YouTube.com/watch?v=T5U3XbMvau4

[24] "Durbin propose la citoyenneté américaine pour les immigrés clandestins par le biais du service militaire". https://www.YouTube.com/watch?v=B-XmAs5xGTs

[25] Forbes Breaking News, "Dick Durbin Pushes For 'Pathway To Citizenship' For DACA Recipients Who Serve", 3 juin 2023. https://www.YouTube.com/watch?v=N8PBmVyBPoE

[26] Tucker Carlson, "How China and the UN are Fueling the Invasion of America", 2 février 2024. https://www.YouTube.com/watch?v=wOxksFHAHRU

on comprendra aisément ce qui se trame ici...

"Les armes à feu sont mauvaises et le grand public ne devrait pas en avoir."

Dans une société entièrement contrôlée par la secte/idéologie, seul l'État devrait posséder des armes. La secte fera toujours pression pour le désarmement du grand public au nom de la "paix", de la vertu, etc. Nous avons vu cette situation se produire constamment aux États-Unis, où les membres de la secte de tous bords et à tous les niveaux ont promu cette notion. Le socialiste en chef Barack Obama a constamment tenté de changer la culture des armes à feu pendant son mandat et a été soutenu par des membres de la secte travaillant dans les médias dans tout l'Occident.

L'idée que les Américains sont des fous de la gâchette fait partie de l'antiaméricanisme prôné par la secte et est manifestement liée à ses tentatives de désarmer le public américain. Avoir des armes dans une société relativement civilisée est une bonne chose, car cela permet aux citoyens de se protéger. Non seulement contre les criminels, mais aussi contre les gouvernements tyranniques, surtout si ces gouvernements sont dirigés par des membres de la secte... Nombreux sont ceux qui pensent que sans le deuxième amendement de la constitution américaine et l'accès du grand public aux armes, les éléments traîtres (marxistes) de l'establishment auraient déjà mis en place un contrôle militariste sur le sol américain. J'ajouterais également qu'un public bien armé est un facteur de dissuasion supplémentaire pour les ennemis étrangers de l'Amérique.

Une discothèque gay "Cops and Soldiers".

Autre signe d'infection : les membres de la police et des forces armées - qui devraient être des symboles de force, de masculinité et de défense nationale - dansent dans les rues ou adoptent un comportement sexuellement suggestif (en particulier la variété homo-érotique) ; leurs véhicules peuvent être recouverts des couleurs LGBTQ, etc. Et ce n'est pas pendant leur nuit de repos, ni sur une propriété privée quelque part, ni sur le parking derrière le poste de police, mais en public, sous le regard d'innombrables yeux perplexes et de smartphones bien réglés. En Irlande, en juin 2018, les forces de défense irlandaises ont participé à une marche des fiertés LGBTQ dans la ville de Dublin ; certains hauts gradés y ont participé. [27]

Fin 2021, la police irlandaise a dansé comme des idiots en portant des masques

---

[27] Murtage, P., "Head of Defence Forces to walk in Dublin Pride Parade", 30 juin 2018. https://www.irishtimes.com/news/ireland/irish-news/head-of-defence-forces-to-walk-in-dublin-pride-parade-1.3548434

de Covid dans une vidéo chorégraphiée, sur la chanson "Jersusalema".[28] Des policiers en Suède, au Royaume-Uni et ailleurs ont également été vus en train de danser lors d'événements de la Pride depuis 2015.[29] [30] (L'auteur a pensé que des acteurs étaient utilisés dans certains cas (en particulier ceux qui portaient des masques Covid), dans le but de démoraliser publiquement les forces de police. Toutefois, même l'usurpation d'identité ne devrait pas être autorisée ; elle est criminelle). Dans le sud-ouest de l'Irlande, en juin 2023, la Garda Siochana (police irlandaise) a dévoilé une nouvelle voiture de patrouille aux couleurs de l'arc-en-ciel, en "solidarité" avec les marches des fiertés LGBTQ et les groupes de la région (il y a eu d'autres exemples ailleurs).[31]

À l'inverse, il suffit de regarder les défilés militaires publics en Corée du Nord et en Chine pour se rendre compte de la façon dont ils font jouer leurs muscles masculins. Des chars, des lance-missiles, des véhicules blindés de transport de troupes, des pièces d'artillerie, et j'en passe, ainsi que des milliers de fantassins. Regardez dans les yeux du personnel de service - ils sont prêts à tout pour prouver leur valeur au Parti ! Ils veulent à tout prix montrer qu'ils sont prêts à tuer pour la grande révolution mondiale ! Il n'y a pas la moindre trace de danse, de poussée pelvienne, d'homosexualité, de dysphorie de genre, de masques de boiteux ou de pantalons sans cul, nulle part.

Escrocs et infiltrés

Un autre signe évident d'infection est la présence d'escrocs, d'infiltrés et de pseudo-patriotes. Dans l'histoire de la subversion et de la propagande marxistes, il y a déjà eu de nombreuses formes d'agents, de trompeurs et d'apologistes, qu'ils soient volontaires ou non. Le marxisme a l'habitude de subvertir les mouvements nationalistes, par des moyens toujours plus créatifs. La secte a toujours utilisé la tactique de l'entrisme - en infiltrant des groupes opposés et en gravissant les échelons en leur sein - pour les faire dérailler, en particulier dans la sphère politique.

À l'ère d'Internet, nous assistons à une contamination similaire de la part des membres de sectes, en particulier sur YouTube. Leur rôle peut consister à

---

[28] All things Ireland, "Gardaí Irish Police In Ireland Dancing on the Jerusalema Song", 14 Dec 2021. https://www.YouTube.com/watch?v=NGkzgqisiBU

[29] Haigh, E., "Fury at 'woke' Lincoln Police after officers are filmed dancing the Macarena at Pride festival while number of unsolved crimes across UK remains high", 21 août 2022. https://www.dailymail.co.uk/news/article-11132029/Fury-woke-Lincoln-Police-officers-filmed-dancing-Macarena-Pride-festival.html

[30] "La police suédoise danse pour la Pride", mai 2020. https://www.YouTube.com/watch?v=apE9vH-pcow

[31] O'Shea, J., "Gardai unveil new rainbow 'Pride' patrol car for West Cork in shout out to LGBTQ community", 30 juin 2023. https://www.corkbeo.ie/news/local-news/gardai-unveil-new-rainbow-pride-27229628

essayer d'embrouiller les gens ou de les dissuader d'adopter des points de vue nationalistes ou patriotiques, de les convaincre qu'ils ne veulent pas ou n'ont pas besoin de souveraineté. Ils peuvent également contribuer à déstabiliser le mouvement "antimondialiste" en détournant (ou en rejetant carrément) toute préoccupation concernant le marxisme. Nous devons également nous méfier de toute personne qui promeut ouvertement ou subtilement des concepts marxistes, en tant qu'apologiste ou partisan. Il est parfois difficile de s'en apercevoir. Le fait que beaucoup ignorent encore ce qu'est le marxisme (et la menace qu'il représente) rend ce processus d'autant plus difficile.

Red-tubers

Les membres d'une secte attirent et escroquent les masses de différentes manières. Ils peuvent prendre la forme de "philosophes", d'analystes politiques, de personnalités des médias en ligne, de faux chrétiens, etc. Certains peuvent se faire passer pour des nationalistes ou des patriotes (ou du moins pour des sympathisants) afin de déstabiliser ce mouvement. D'autres sont des gourous "spirituels", des analystes, des orateurs, des auteurs, etc. Il en existe de toutes les formes et de toutes les tailles.

Ils peuvent convaincre ceux qui veulent bien les écouter que "l'agression est une mauvaise chose" ou que "nous ne faisons qu'un, donc nous ne devrions pas avoir de pays..." ou que "toutes les religions sont identiques et primitives... le christianisme est tout aussi mauvais que le talmudisme ou l'islam..." ; *ou* ceux qui promeuvent toute sorte de dégénérescence pro-marxienne, de post-modernisme, de "spiritualité", toute sorte de trucs nuisibles qui ont la tête dans les nuages.

Pensez à un type de Russell Brand. Tantôt humoriste, tantôt acteur, animateur radio, auteur, acteur, et maintenant YouTubeur et voix "spirituelle", avec une base de fans massive. Je l'ai entendu régurgiter des conneries pseudo-spirituelles, bien sûr, mais ce qui est plus important, c'est son penchant ouvertement marxiste. Il a été impliqué dans le New *Statesman*, un célèbre magazine socialiste créé par la Fabian Society. Il est aussi clairement un militant de gauche. Fait révélateur, il a publié un livre intitulé *Revolution* (2014), avec les lettres e,v,o,l colorées en rouge marxiste sur la couverture du livre, essayant d'assimiler l'idéologie/la révolution marxiste à l'amour.[32] Il s'est parfois présenté comme plus "neutre", tout en ayant une attitude nettement marxiste à l'égard des affaires mondiales. Il cite également des sources telles que le *World Socialist Web Site* (WSWS).[33][34] Brand ouvre ses

---

[32] https://en.wikipedia.org/wiki/Revolution_(livre)

[33] Russel Brand, "It's Full-Scale War !" (C'est la guerre à grande échelle). - Personne n'est prêt pour ce qui arrive", 18 janvier 2024.
https://www.YouTube.com/watch?v=_w8psH6NKNw

[34] https://www.wsws.org/en

vidéos en disant : "Hello there you awakening wonders ! Merci de nous rejoindre dans notre voyage vers la vérité et la liberté que nous entreprenons ensemble".[35] "Éveil" au sens marxien du terme ? Dans un sens "éveillé" ?

Un autre exemple est celui du YouTubeur britannique Tom Nicholas. Sa chaîne compte actuellement près de 500 000 abonnés. L'une de ses vidéos s'intitule "Comment repérer un fasciste (potentiel)".[36] Nous pourrions nous arrêter là.

Une autre est la chaîne au nom sans équivoque "Marxism Today".[37] Elle est animée par Paul Connolly, membre irlandais de la secte, qui "éduque" le public sur les vertus du socialisme et du communisme en l'éblouissant avec des informations partisanes. Le style épuré de la production vidéo montre comment la secte essaie toujours de présenter le marxisme comme étant cool et bienveillant, afin d'attirer les jeunes en particulier. Le serpent rouge perd à nouveau sa peau.

Dans sa vidéo "Pourquoi le communisme ? Socialism 101", Connolly déclare avec un sourire fier : "Bienvenue à Socialisme 101 - une série conçue pour aider à éduquer les personnes sans connaissances préalables sur les bases du socialisme et du communisme d'un point de vue explicitement marxiste-léniniste et marxiste-léniniste-maoïste avec des vidéos courtes et faciles à digérer".[38] C'est à se demander... Je préférerais peindre un grand mur, puis m'asseoir sur un tabouret et mettre mes lunettes. Imaginez que vous approuviez trois des pires êtres humains de tous les temps avec le sourire aux lèvres, pour que le monde entier puisse le voir. Avec 71k subs au moment de l'édition, il est inondé d'images d'idoles communistes et de la couleur rouge.

Un autre est le YouTubeur britannique Harris "hbomberguy" Brewis, avec 1,6 million d'abonnés au moment de la rédaction. Un autre serpent rouge souriant, au cerveau lavé, dérangé et manipulateur qui promeut/défend divers sous-agendas, dont le changement climatique, les vaccinations de masse et le féminisme, tout en niant l'existence du sous-agenda anti-chrétien ou du "marxisme culturel".

L'une des vidéos s'intitule "Le déni du climat : Une réponse mesurée". Les vidéos sont un mélange de "comédie" PC (marxienne) et de moqueries habituelles à l'égard de quiconque n'est pas d'accord avec la secte ou

---

[35] https://www.YouTube.com/@RussellBrand

[36] Tom Nicholas, "How to Spot a (Potential) Fascist", 19 juillet 2020. https://www.YouTube.com/watch?v=vymeTZkiKD0

[37] https://www.YouTube.com/@Marxism_Today

[38] Marxism Today, "Pourquoi le communisme ? | Socialism 101", 2 avril 2021.

https://www.YouTube.com/watch?v=N52bJRe0Gg8&list=PL0J754r0IteXABJntjBg1 YuNsn6jItWXQ

l'idéologie. Certaines d'entre elles comportent ses commentaires sur des vidéos réalisées par des voix non marxistes ("nazis" et "racistes"), ce qui lui permet de "démystifier" ces points de vue opposés.[39] Je suis sûr que pour les autres membres de la secte, il passe pour quelqu'un d'éloquent, d'intelligent, de perspicace, de charmant, etc. Il est intéressant de noter qu'il utilise le terme "vrais croyants" à propos des voix nationalistes/non-marxiennes ou de leurs adeptes, insinuant presque que ces personnes font partie d'une secte. Inversion, encore une fois.

Brewis "s'identifie" comme bisexuel et s'est déjà décrit comme "un socialiste d'extrême gauche qui vénère les philosophes du mouvement communiste et leurs écrits". Ainsi, sous les visages ridicules et les "gags" prévisibles, il n'est qu'un fanatique de plus qui colporte l'idéologie en ligne.[40]

Ce ne sont là que quelques exemples parmi tant d'autres. YouTube soutiendra évidemment ces chaînes, leur permettant d'exister et de se développer. Inversement et simultanément, les chaînes qui ne se conforment pas au marxisme seront supprimées. Toute critique sérieuse de la secte/idéologie, expliquant qu'il s'agit d'une secte massive, folle et mondiale, ne sera pas autorisée. En revanche, vous serez autorisé à diffuser la glorieuse révolution ou à critiquer les opposants à la secte autant que vous le souhaitez.

La propagande mentionnée ci-dessus doit être éliminée du réseau et les personnes impliquées doivent être maîtrisées. Les personnes endoctrinées ne peuvent pas être autorisées à infecter les autres, surtout pas à une telle échelle. Peut-être devrions-nous inventer et mettre en œuvre des lois sur le "discours de Marx" ?

---

[39] Chaîne YouTube de Hbomberguy.
https://www.YouTube.com/channel/UClt01z1wHHT7c5lKcU8pxRQ

[40] https://rationalwiki.org/wiki/Hbomberguy

Section XI- Les nations divisées

"Il n'y a pas de salut pour la civilisation, ni même pour l'espèce humaine, si ce n'est la création d'un gouvernement mondial.[1]

Albert Einstein, célèbre scientifique "génial" et membre d'une secte

"L'humanité souffre... L'humanité est plus forte lorsqu'elle est unie.[2]

António Guterres, Secrétaire général de l'ONU,
Déc 2023 Message du Nouvel An

Introduction

Les Nations unies sont-elles une entité marxiste ? Promeut-elle et soutient-elle cette idéologie d'une manière ou d'une autre ? S'agit-il d'une organisation internationaliste qui centralise le pouvoir au détriment de la souveraineté des pays membres ? L'ONU est une bête intrigante et vaste, qui mériterait un livre à elle seule, mais voici quelques éléments d'information pertinents :

Vue d'ensemble

L'ONU a son siège à New York, sur le territoire international. En tant qu'organisation intergouvernementale mondiale, elle dispose de bureaux principaux à Nairobi, Vienne et Genève, et de six langues officielles. Créée en 1945 et composée actuellement de 193 États membres, l'ONU a pour objectif officiel la "paix" et la "sécurité". En plus de faire respecter le droit international, elle joue un rôle humanitaire et de maintien de la paix, ainsi qu'une variété de fonctions apparemment bienveillantes.[3]

La structure de l'ONU ou du système des Nations unies comprend six groupes : l'Assemblée générale, le Conseil de sécurité, le Conseil économique et social, le Conseil de tutelle, la Cour internationale de justice et le Secrétariat de l'ONU. D'autres sous-organisations de premier plan liées à l'ONU sont les suivantes : l'OIT (Organisation internationale du travail), l'OMC (Organisation mondiale

---

[1] Albert Einstein, cité par Charles Kegley, *World Politics : Trend and Transformation* (2008), P. 537. https://en.wikiquote.org/wiki/World_government

[2] Nations Unies, "Message du chef de l'ONU pour le Nouvel An 2024 | Nations Unies", 28 décembre 2023.

https://www.YouTube.com/watch?v=cxFvUbhVz50

[3] https://www.britannica.com/topic/United-Nations

du commerce), l'OMS (Organisation mondiale de la santé), l'UNESCO (Organisation des Nations unies pour l'éducation, la science et la culture) et le FMI (Fonds monétaire international). (Plus l'OMM (Organisation météorologique mondiale) mentionnée plus haut).[4]

D'autres entités notables sont issues des Nations unies : Le HCR (Haut Commissariat des Nations unies pour les réfugiés) ; l'UNIFEM (Fonds de développement des Nations unies pour la femme) et l'UN WOMEN (Entité des Nations unies pour l'égalité des sexes et l'autonomisation des femmes), qui ont fusionné en 2011 pour devenir l'UN WOMEN ; l'UNRWA (Office de secours et de travaux des Nations unies pour les réfugiés de Palestine dans le Proche-Orient).

Il s'agit clairement d'un sous-groupe d'organisations qui facilitent les migrations de masse, le féminisme et les droits des Palestiniens, sous-agendas marxiens de la secte/idéologie.

La page "Système des Nations unies" du site *un.org* présente d'autres "Fonds et programmes", notamment : L'UNICEF (Fonds des Nations unies pour l'enfance), qui a pour mission de "sauver la vie des enfants, de défendre leurs droits et de les aider à réaliser leur potentiel, de la petite enfance à l'adolescence". Il s'agit bien évidemment d'enfants sans parents ou de parents manifestement inaptes, n'est-ce pas ? Le Programme des Nations unies pour le développement (PNUD) contribue à "éradiquer la pauvreté et à réduire les inégalités". L'UNFPA (Fonds des Nations unies pour la population) a pour objectif de créer "un monde où chaque grossesse est désirée, où chaque naissance est sans danger et où le potentiel de chaque jeune personne est réalisé" ; cela a une connotation eugéniste et signifie qu'ils prônent l'avortement.[5]

Fondation

L'ONU a été ostensiblement créée pour jouer le rôle que la Société des Nations était censée jouer dans la "paix mondiale", mais dans un monde d'après-guerre, pour "préserver les générations futures du fléau de la guerre, qui, à deux reprises au cours de notre vie, a infligé à l'humanité des souffrances indicibles", en plus de promouvoir le "progrès social".[6] Lors de la création de l'ONU, le secrétaire général par intérim était Alger Hiss, un espion communiste actif aux États-Unis. Hiss était secrétaire général de la *Conférence des Nations unies sur l'organisation internationale* en 1945. Ce groupe était responsable de la création de la charte des Nations unies, et Hiss y jouait un rôle central. (Il a

---

[4] https://en.wikipedia.org/wiki/United_Nations_System#United_Nations

[5] "Système des Nations unies". https://www.un.org/en/about-us/un-system

[6] "Charte des Nations unies et statut de la Cour internationale de justice", 1945, p. 2. https://treaties.un.org/doc/publication/ctc/uncharter.pdf

ensuite été condamné pour deux chefs d'accusation de parjure en 1950, après avoir été démasqué par plusieurs transfuges membres d'une secte). [7]

Il est intéressant de noter que la tristement célèbre ComIntern (Internationale communiste ou Troisième Internationale) a été dissoute en mai 1943, au moment même où l'ONU commençait à se former. L'insigne de l'ONU sur le drapeau bleu clair des Nations unies - la Terre flanquée de deux feuilles d'olivier - est très similaire à l'emblème de l'Union soviétique. Encore une fois, je pense que la couleur bleue vous perturbe un peu...[8][9][10]

Leaders d'hier et d'aujourd'hui

Les premiers dirigeants de cette nouvelle organisation internationale de "paix" étaient indéniablement marxistes. Le premier secrétaire général officiel de l'ONU (1946-1952) était Trygve Lie (1896-1968), un nom de famille tout à fait approprié. [11] Lie était un membre éminent du parti social-démocrate norvégien. Le deuxième (1953-1961) est un socialiste suédois nommé Dag Hammarskjold (1905-1961), qui défend ouvertement les politiques "communistes" de la secte.[12] Le troisième (1961-1971) était U Thant (1909-1974), un marxiste birman.[13] Je détecte un schéma ici...

Annan

Kofi Annan (1938-2018) a été le septième Secrétaire général (1997-2006). Il a étudié l'économie à l'*université Kwame Nkrumah de science et de technologie au Ghana* et au *Macalester College* dans le Minnesota aux États-Unis. [14]

(Le premier porte le nom du membre de la secte panafricaniste avide mentionné plus haut, dans la section Afrique, et le second est ouvertement favorable à l'internationalisme et au multiculturalisme).[15][16] Voici quelques-unes de ses citations :

---

[7] Federal Bureau of Investigation, "Alger Hiss".https://www.fbi.gov/history/famous-cases/alger-hiss

[8] https://en.wikipedia.org/wiki/Communist_International

[9] https://www.britannica.com/topic/flag-of-the-United-Nations

[10] https://en.wikipedia.org/wiki/State_Emblem_of_the_Soviet_Union

[11] https://www.britannica.com/biography/Trygve-Lie

[12] https://www.britannica.com/biography/Dag-Hammarskjold

[13] https://www.britannica.com/biography/U-Thant

[14] https://www.britannica.com/biography/Kofi-Annan

[15] https://www.knust.edu.gh

[16] "Une force pour un changement positif". https://www.macalester.edu/about/

La première résume bien l'ONU. En 2004, dans son message pour célébrer la Journée internationale de la paix, il a déclaré : "Rien ne peut être plus dangereux pour nos efforts de construction de la paix et du développement qu'un monde divisé par des lignes religieuses, ethniques ou culturelles. Dans chaque nation, et entre toutes les nations, nous devons nous efforcer de promouvoir une unité fondée sur notre humanité commune".[17] Étant donné que les gens ont tendance à se diviser naturellement selon ces lignes, cela signifie que l'ONU doit changer la façon dont le monde fonctionne naturellement - essayer d'éliminer la religion, la race et la culture de la conscience des gens (ce qui est exactement ce qu'elle a fait). Sinon, elles ne seront pas en mesure de parvenir à la "paix".

En septembre 2002, à Johannesburg, lors du sommet mondial sur le développement durable, il s'est exprimé sur le changement climatique en déclarant : "Mais ne nous laissons pas tromper, lorsque nous regardons un ciel bleu clair, en pensant que tout va bien. Tout ne va pas bien. La science nous dit que si nous ne prenons pas les mesures qui s'imposent maintenant, le changement climatique causera des ravages, même de notre vivant".[18] En résumé, ne vous fiez pas à vos propres sens ; la fin du monde est proche (roulements d'yeux).

En juin 2000, dans sa déclaration à la session spéciale de l'Assemblée générale "Femmes 2000 : Égalité entre les sexes, développement et paix pour le XXIe siècle", il a déclaré : "Il n'y a pas de stratégie de développement plus bénéfique pour la société dans son ensemble - pour les femmes comme pour les hommes - que celle qui implique les femmes en tant qu'acteurs centraux".[19] Comme mentionné ailleurs, il est dans l'intérêt de la secte/idéologie de placer de plus en plus de femmes dans des positions d'autorité en ce moment, car cela renforce son emprise. En ce qui concerne le racisme, il a déclaré en septembre 2016 : "Nous pouvons avoir des religions, des langues et des couleurs de peau différentes, mais nous appartenons tous à la même race humaine".[20]

Lors de la Journée internationale de la femme, en mars 1999, il a déclaré : "La violence à l'égard des femmes est peut-être la violation des droits de l'homme la plus honteuse et la plus répandue. Elle ne connaît pas de frontières

---

[17] "Citations de Kofi Annan". https://www.kofiannanfoundation.org/kofi-annan/kofi-annan-quotes/

[18] "Citations de Kofi Annan". https://www.kofiannanfoundation.org/kofi-annan/kofi-annan-quotes/

[19] Communiqué de presse de l'ONU, "Le Secrétaire général, dans son discours à la session extraordinaire de 2000 consacrée aux femmes, déclare que l'avenir de la planète dépend des femmes", 5 juin 2000. https://press.un.org/en/2000/20000605.sgsm7430.doc.html

[20] https://www.kofiannanfoundation.org/kofi-annan/kofi-annan-quotes/

géographiques, culturelles ou financières. Tant qu'elle perdurera, nous ne pourrons prétendre faire de réels progrès vers l'égalité, le développement et la paix".[21] Quelle absurdité pour les adeptes de la vertu ! L'avortement est la plus honteuse des violations des droits de l'homme ! Il est intéressant de noter qu'Annan a également été impliqué dans un groupe de cinglés du Nouvel Ordre Mondial appelé The Elders.

Lune

Ban Ki Moon, membre fanatique d'une secte, a été le huitième secrétaire général sud-coréen de l'ONU (2007-2016). En janvier 2011, à Davos, en Suisse, dans un discours prononcé lors du Forum économique mondial (WEF), M. Moon s'est montré pleinement marxiste : "Nous manquons de temps. Le temps de s'attaquer au changement climatique. Le temps d'assurer une croissance verte durable et résistante au climat. Il est temps de générer une révolution de l'énergie propre", affirmant que le modèle économique mondial actuel est essentiellement "un pacte de suicide".

Il a ajouté : "Ici, à Davos, cette réunion des puissants, représentés par quelques pays clés, il peut sembler étrange de parler de révolution, mais c'est ce dont nous avons besoin en ce moment. Nous avons besoin d'une révolution. Une pensée révolutionnaire. D'une action révolutionnaire".[22]

En février 2014, à l'occasion de la Journée mondiale de la justice sociale, il a déclaré que cette journée "est observée pour mettre en évidence le pouvoir de la solidarité mondiale afin de faire progresser les opportunités pour tous", et "Nous devons faire davantage pour autonomiser les individus grâce à un travail décent, soutenir les personnes grâce à la protection sociale, et veiller à ce que les voix des pauvres et des marginalisés soient entendues... plaçons la justice sociale au cœur de la réalisation d'une croissance équitable et durable pour tous".[23] Impressionnant ! Ce type parle couramment le marxisme.

Lors de la COP22 en novembre 2016, il a déclaré : "Je ne cesserai jamais, même après ma retraite, de travailler avec les Nations unies, mes collègues et les dirigeants du monde entier pour veiller à ce que cet accord sur le

---

[21] Communiqué de presse de l'ONU, "La violence à l'égard des femmes est la violation des droits de l'homme la plus honteuse et la plus répandue, déclare le Secrétaire général dans ses remarques à l'occasion de la Journée internationale de la femme", 8 mars 1999. https://press.un.org/en/1999/19990308.sgsm6919.html

[22] Communiqué de presse de l'ONU, "Warning of 'global suicide,' Ban calls for revolution to ensure sustainable development", janvier 2011. https://news.un.org/en/story/2011/01/365432

[23] Ki-Moon, B., "Journée mondiale de la justice sociale", 20 février 2014.

https://www.cepal.org/en/articles/2014-world-day-social-justice

changement climatique soit pleinement mis en œuvre".[24] Un drame, quelqu'un ? M. Moon a également joué un rôle clé dans l'Agenda 2030 de l'ONU et ses objectifs de "développement durable".

En plus d'être un sauveur planétaire, Moon s'est exprimé ouvertement sur plusieurs autres sujets. À l'occasion de la Journée de l'égalité des femmes en août 2016, il a déclaré : "Les pays où l'égalité des sexes est plus grande ont une meilleure croissance économique. Les entreprises dirigées par des femmes sont plus performantes... Les preuves sont claires : l'égalité pour les femmes est synonyme de progrès pour tous".[25] (similaire à ce qu'a dit Kofi Annan, ci-dessus).

Il a défendu le sous-ordre du jour LGBTQ en disant ceci dans son discours "The Time Has Come" en mars 2012 : ""Il est scandaleux que dans notre monde moderne, tant de pays continuent à criminaliser des personnes simplement parce qu'elles aiment un autre être humain du même sexe".[26] Il est très astucieux d'utiliser le mot "aimer" (par opposition à "être attiré par"), pour éviter la notion d'attirance (potentiellement) superficielle et suggérer des relations potentiellement occasionnelles ou dénuées de sens.

Guterres

L'actuel et neuvième secrétaire général est Antonio Guterres, qui a été premier ministre du Portugal pendant un certain temps et membre du parti socialiste portugais. Il a également été président de l'Internationale socialiste de 1999 à 2005.[27] Il a fait ces remarques sur le changement climatique en septembre 2018, le décrivant comme "la question déterminante de notre époque et nous sommes à un moment déterminant. Nous sommes confrontés à une menace existentielle directe". Il a déclaré : "Nous devons nous éloigner de notre dépendance à l'égard des combustibles fossiles pour les remplacer par des énergies propres provenant de l'eau, du vent et du soleil... Nous devons changer notre façon de cultiver la terre". Il a également débité des conneries anticapitalistes : "Les nations les plus riches du monde sont les plus responsables de la crise climatique, mais les effets sont ressentis en premier lieu par les nations les plus

---

[24] COP 22, "Remarques du Secrétaire général à la presse lors de la COP2", 15 novembre 2016.

https://www.un.org/sustainabledevelopment/blog/2016/11/secretary-generals-remarks-to-the-press-at-cop22/

[25] Tavares, C., "This #WomensEqualityDay, Remember What Your Vote Means", 26 août 2016. https://www.huffpost.com/entry/this-womensequalityday-re_b_11705836

[26] Droits de l'homme des Nations unies, "Message du Secrétaire général des Nations unies au Conseil des droits de l'homme", 7 mars 2012. https://www.YouTube.com/watch?v=qtxU9iOx348

[27] "Secrétaire général, Biographie". https://www.un.org/sg/en/content/sg/biography

pauvres et les peuples et communautés les plus vulnérables".[28] On en revient à ces foutus bourgeois riches qui oppriment les prolétaires vulnérables...

Encore quelques perles de Guterres. Un tweet du 25 mars 2020 : "La traite transatlantique des esclaves est l'un des plus grands crimes de l'histoire de l'humanité. Et nous continuons à vivre dans son ombre. Nous ne pouvons aller de l'avant qu'en affrontant ensemble l'héritage raciste de l'esclavage".[29] Le chef de l'ONU - un gouvernement mondial, une organisation favorable à l'immigration de masse - se livre à un exercice de culpabilisation des Européens blancs, racistes et blancs.

Un autre en avril 2020, qui met en avant le récit de l'ONU sur le Covid : "Alors que le monde lutte contre le #COVID19, nous combattons également une épidémie de faussetés et de mensonges préjudiciables. J'annonce une nouvelle initiative de l'@UN Communications Response pour diffuser les faits et la science, en contrant le fléau de la désinformation - un poison qui met plus de vies en danger".[29] Merci camarade Guterres !

Dans un tweet datant de juillet 2020, il met en avant plusieurs sous-agendas marxiens en même temps : "Le @COVID19 a aggravé les inégalités et les vulnérabilités existantes pour les femmes et les filles. Samedi, à l'occasion de la Journée mondiale de la population, et tous les jours, nous devons protéger les droits des femmes et des filles, mettre fin à la violence sexiste et préserver les soins de santé sexuelle et reproductive".[29] Celui-ci est amusant : de l'inégalité sociale ("lutte des classes") à l'eugénisme, en passant par le féminisme, les coups portés aux femmes, la contraception et l'eugénisme, tout cela dans un seul tweet !

Gardons à l'esprit que même si ces hommes étaient/sont à la tête de l'entité intergouvernementale mondiale la plus importante et la plus puissante, leur attitude est similaire à celle du membre moyen d'une secte marxiste. Mêmes pensées et mêmes mots. Même idéologie.

L'OMS ?

Créée en 1948, l'Organisation mondiale de la santé (OMS) est le bras (ou tentacule) médical des Nations unies. C'est une organisation qui "relie les nations, les partenaires et les peuples pour promouvoir la santé, assurer la sécurité dans le monde et servir les personnes vulnérables, afin que chacun, partout, puisse atteindre le niveau de santé le plus élevé".[30] Cela semble très

---

[28] Discours de New York, "Remarques du Secrétaire général sur le changement climatique [telles que prononcées]", 10 septembre 2018.
https://www.un.org/sg/en/content/sg/statement/2018-09-10/secretary-generals-remarks-climate-change-delivered

[29] https://en.wikiquote.org/wiki/Antonio_Guterres

[30] "À propos de l'OMS". https://www.who.int/about

bien. "Assurer la sécurité du monde" est un signe de vertu de niveau patronal. "Vulnérable" équivaut à "opprimé".

Cette sous-organisation, ainsi que le Club de Rome, ont joué un rôle déterminant dans l'élaboration et la mise en œuvre de l'agenda de la Covid 19. L'ONU, par l'intermédiaire de l'OMS, a joué un rôle clé dans la mise en place des blocages mondiaux. Cette organisation a été fondée sur le principe fabien de l'intention d'utiliser tous les moyens disponibles pour faire avancer le programme marxien d'un gouvernement mondial sans frontières, y compris les moyens "médicaux". Il est évident que cette organisation mondiale de la "santé" n'a pas été créée pour améliorer la santé de qui que ce soit ! Elle a été créée pour faire avancer l'agenda du gouvernement mondial unique, par le biais d'une autre structure.

Améliorons donc notre définition de l'OMS : c'est le bras médical d'une organisation marxiste mondiale. L'actuel directeur général de l'OMS est Tedros Ghebreyesus, un membre d'une secte somalienne et un ancien membre présumé du Front de libération du peuple du Tigré (un autre groupe terroriste marxiste).[31]

Le premier directeur général de l'OMS était un psychiatre canadien, ancien combattant de la Première Guerre mondiale et membre fanatique d'une secte du nom de George Brock Chisholm.[32] Il était un champion de la "santé mentale" marxienne et cherchait à utiliser des moyens psychiatriques pour détruire les valeurs morales traditionnelles.

À la page 5 de *La psychiatrie de la paix durable et du progrès social* (1946), il déclare : "La réinterprétation et finalement l'éradication du concept de bien et de mal qui a été la base de l'éducation des enfants, la substitution d'une pensée intelligente et rationnelle à la foi dans les certitudes des personnes âgées, tels sont les objectifs tardifs de pratiquement toutes les psychothérapies efficaces".[33] Hmm, une "thérapie" pour changer la perception de la moralité d'une personne ?

Il souhaitait ostensiblement un monde de "paix" et pensait que pour y parvenir, le comportement humain devait être "modifié en profondeur". Il pensait que les psychologues, les psychiatres, les sociologues et les hommes politiques

---

[31] Reuters, "Ethiopia says WHO chief has links to rebellious Tigrayan forces", 15 janvier 2022. https://www.reuters.com/world/africa/ethiopia-accuses-who-chief-links-rebellious-tigrayan-forces-2022-01-14/

[32] https://www.britannica.com/topic/World-Health-Organization

[33] Chisholm, G., "The Psychiatry of Enduring Peace and Social Progress", 1946, p. 5.

https://mikemcclaughry.files.wordpress.com/2012/12/psychiatry-of-enduring-peace-and-social-progress-chisholm-and-sullivan-1946.pdf

devaient être chargés de "tracer les changements nécessaires". [34]

Il dissimule à peine sa haine pour toute notion de morale religieuse, qu'il décrit comme le "concept du bien et du mal, le poison décrit et mis en garde depuis longtemps comme le "fruit de l'arbre de la connaissance du bien et du mal"". [35] Il a fait de nombreuses déclarations de ce type, révélant sa mentalité relativiste morale (satanique), c'est-à-dire l'idée que nous pouvons fabriquer notre idée du "bien et du mal". Nous pouvons le considérer comme le parrain psychiatrique psychotique de la "conscience" de l'ONU. Notez la référence au jardin d'Eden (et par extension à Lucifer/Satan).

Chisholm a également cofondé la *Fédération mondiale de la santé mentale* (WFMH) en 1948 à Londres. Je suis sûr que les lecteurs occidentaux auront remarqué tout ce qui a été dit sur la "santé mentale" au cours des dernières décennies. Selon le site web de la WFMH, Chisholm "a envisagé la WFMH comme un organisme international non gouvernemental qui servirait de lien entre les organisations de santé mentale de la base et les agences des Nations unies". [36] Hein ? Lier la santé mentale (l'esprit) des gens à une entité marxiste internationaliste d'un seul gouvernement mondial ?

Il a été fait allusion plus haut au fait qu'une grande partie du personnel des services de santé mentale d'aujourd'hui est issue du système éducatif marqué par le marxisme et sera donc, à tout le moins, sympathique à la secte ou à l'idéologie, ignorant totalement l'ironie de sa position.

Sommets de la Terre et agendas 21 et 30

"Les Nations Unies ne sont rien d'autre qu'une trappe vers l'immense camp de concentration du Monde Rouge. Nous contrôlons pratiquement l'ONU". [37]

Harold Rosenthal, "La tyrannie cachée", 1978

La monstruosité marxiste du gouvernement mondial unique (l'ONU) a multiplié les manœuvres pour faire avancer le sous-agenda du changement climatique. Il y a eu la "Convention-cadre sur les changements climatiques" (CCNUCC) lors du Sommet de la Terre à Rio de Janeiro en juin 1992, puis le Protocole de Kyoto en 1997 et l'Accord de Copenhague, suivi de l'Accord de Paris en 2016. Ces accords ont abouti à l'"'Agenda pour l'environnement et le développement" ou Agenda 21.

---

[34] Ibid. P. 7.

[35] Ibid. P. 9.

[36] "Qui nous sommes - Histoire". https://wfmh.global/who-we-are/history

[37] Rosenthal, H., "The Hidden Tyranny", 1978. https://ia803207.us.archive.org/9/items/rosenthal-document-hidden-tyranny-1983/Rosenthal%20Document-HiddenTyranny%281983%29.pdf

En septembre 2015, le "Sommet du développement durable" des Nations unies a débouché sur la création de l'Agenda 2030. [38] [39] [40]

Un mot omniprésent dans la propagande est "durabilité" - il vient de l'esprit des membres de la secte qui supposent que les sociétés capitalistes sont vouées à l'échec (comme l'ont prédit les prophètes marxistes). Il suggère que la civilisation ne peut survivre sans un communisme mondial. Naturellement, le document de l'Agenda 2030 a le ton marxien habituel de l'appel à la vertu.

Après le paragraphe 59, à la page 18 du document Agenda 2030 (91 paragraphes au total), il y a 17 objectifs de développement durable énumérés (notes entre parenthèses) : " mettre fin à la pauvreté sous toutes ses formes partout dans le monde (fantasme socialiste) ; éliminer la faim, assurer la sécurité alimentaire et une meilleure nutrition et promouvoir une agriculture durable (plus d'élevage) ; garantir une vie saine et promouvoir le bien-être pour tous à tout âge (note : pas de libre arbitre pour faire autrement ?) ; assurer une éducation inclusive & équitable de qualité & promouvoir les possibilités d'apprentissage tout au long de la vie pour tous (plus de contrôle des systèmes éducatifs) ; réaliser l'égalité des sexes et autonomiser toutes les femmes et les filles. (note : ça fait enfantin, tout ça ? Sans parler du sexisme) ; garantir la disponibilité et la gestion durable de l'eau et de l'assainissement pour tous (y compris le contrôle de l'approvisionnement en eau potable) ; garantir l'accès à une énergie abordable, fiable, durable et moderne pour tous (rendre le monde entier "vert") ; promouvoir une croissance économique soutenue, inclusive et durable, le plein emploi productif et un travail décent pour tous (sauver les travailleurs) ; construire des infrastructures résistantes, promouvoir une industrialisation inclusive et durable et encourager l'innovation ; réduire les inégalités au sein des pays et entre les pays (essayer d'imposer l'égalité au sein des pays et entre les pays ! Supprimer la prospérité nationale) ; rendre les villes et les établissements humains inclusifs, sûrs, résilients et durables (donc beaucoup de diversité, une conformité "pandémique", et pas de pensée dangereuse "d'extrême droite", etc.) ; assurer des modèles de consommation et de production durables (par exemple, contrôler comment les gens mangent, comment ils vivent, etc.) ; prendre des mesures urgentes pour lutter contre le changement climatique et ses conséquences (soupir) ; conserver et utiliser durablement les océans, les mers et les ressources marines pour le

---

[38] Nations unies, "Convention-cadre des Nations unies sur les changements climatiques", 1992.

https://unfccc.int/files/essential_background/background_publications_htmlpdf/application/pdf/conveng.pdf

[39] "Qu'est-ce que le protocole de Kyoto ?". https://unfccc.int/kyoto_protocol

[40] Nations unies, "Accord de Copenhague", 18 décembre 2009.
https://unfccc.int/resource/docs/2009/cop15/eng/l07.pdf

développement durable (nouvelle attaque contre les industries de la pêche des nations) ; protéger, restaurer et promouvoir l'utilisation durable des écosystèmes terrestres, gérer durablement les forêts, lutter contre la désertification, stopper et inverser la dégradation des sols et enrayer la perte de biodiversité ; promouvoir des sociétés pacifiques et ouvertes à tous en vue d'un développement durable, assurer l'accès à la justice pour tous et mettre en place des institutions efficaces, responsables et ouvertes à tous à tous les niveaux (faire en sorte que les pays deviennent entièrement marxistes) ; renforcer les moyens de mise en œuvre et revitaliser le partenariat mondial pour le développement durable (les Nations unies forceront le monde à se conformer)".[41]

Le Club de Rome

Le Club de Rome (COR) est un autre groupe de fous du contrôle étroitement lié à l'ONU.[42] Certains ont déclaré que le COR avait une relation de "groupe de réflexion" avec l'ONU ; qu'il "suggère" des choses que l'ONU met ensuite en pratique à l'échelle mondiale (je suis d'accord avec cette évaluation). Fondé en 1968, le Club de Rome est considéré par beaucoup comme l'un des "six grands" groupes de la Table ronde "gouvernement mondial" qui exercent apparemment un contrôle important sur les affaires mondiales.

(Les cinq autres sont le : Royal Institute of International Affairs (créé en 1920) ; Council on Foreign Relations (1921) ; Nations unies (1945) ; Groupe Bilderberg (1954) ; Commission trilatérale (1973). Il convient de noter qu'ils sont apparus après la révolution russe de 1917, alors que l'idéologie commençait à prendre de l'ampleur au niveau mondial).

La page "À propos de nous" du site web du COR et sa page PDF d'information contiennent la rhétorique marxienne habituelle : "Des décennies de consommation exponentielle et de croissance démographique en sont venues à mettre en péril le climat de la Terre et les systèmes de maintien de la vie, tout en renforçant les inégalités sociales et économiques et en appauvrissant des milliards de personnes dans le monde". Apparemment, "les limites de la biosphère terrestre" ont été atteintes, "déstabilisant les fondements de la vie telle que nous la connaissons". Le CdR veut que nous agissions maintenant pour sauver la Terre et que nous nous dirigions vers des modèles économiques, financiers et sociopolitiques plus équitables (ce qui revient à dire que nous

---

[41] Nations unies, "Transformer notre monde : le Programme de développement durable à l'horizon 2030", P. 18.
https://sustainabledevelopment.un.org/content/documents/21252030AgendaforSustain ableDevelopmentweb.pdf

[42] "Organisation:Club de Rome".
https://handwiki.org/wiki/Organization:Club_of_Rome

allons avoir une planète socialiste).[43] [44] Pour simplifier son rôle, le COR est un département scientifique, biologique, environnemental et technologique du système internationaliste "mondialiste". Lorsque vous entendez des initiatives liées aux vaccins/maladies, au climat, aux technologies de traçage, aux Organismes Génétiquement Modifiés, poussées par le système, vous savez que ce groupe est impliqué. En bref, il s'oppose à la nature, à Dieu et à la liberté humaine. Le COR représente une approche moderne de la réalisation d'un gouvernement mondial unique - la création de crises supposées et de solutions (suggérées par eux) qui profitent à leur programme global (dynamique hégélienne). Il est dirigé par un comité exécutif, mais ses sponsors comprennent de nombreuses élites au pouvoir - royaux, politiciens, hommes d'affaires, etc.

Limites ou révolution

Parmi les publications associées au COR figurent l'ouvrage anticapitaliste intitulé *Limits to Growth* (1972) et la publication plus ouvertement marxiste *The First Global Revolution* (1991).[45][46] Ces ouvrages et d'autres documents approuvés par le COR abordent des thèmes tels que : la notion de surpopulation et le fait que les êtres humains sont problématiques pour le monde ; l'idée que nous avons abusé de la vie dans les sociétés capitalistes (anticapitalisme) ; l'idée que nous avons besoin d'une "révolution" internationale (rhétorique trotskiste), que tous les pays devraient être unis (solidarité) pour faire face à ces problèmes environnementaux/biologiques/démographiques apparents (l'agenda d'un gouvernement mondial unique).

Les limites de la croissance est un élément de propagande marxienne qui trouve son origine dans une étude réalisée en 1970 par le Massachusetts Institute of Technology (MIT). L'étude portait sur "les implications d'une croissance mondiale continue". Elle a été réalisée par une équipe de chercheurs internationaux qui ont "examiné les cinq facteurs fondamentaux qui déterminent et, dans leurs interactions, limitent en fin de compte la croissance sur cette planète : l'augmentation de la population, la production agricole, l'épuisement des ressources non renouvelables, la production industrielle et la génération de pollution". L'équipe du MIT a introduit des données sur ces cinq facteurs dans un modèle informatique mondial et a ensuite testé le

---

[43] "À propos de nous". https://www.clubofrome.org/about-us/

[44] "Le Club de Rome".https://www.clubofrome.org/wp-content/uploads/2023/11/CoR_Flyer_A4_Oct2023-digital.pdf

[45] Plusieurs auteurs, *The Limits to Growth* (1972). https://www.clubofrome.org/publication/the-limits-to-growth/

[46] King et Schneider, *La première révolution mondiale* (1991).

https://www.clubofrome.org/publication/the-first-global-revolution-1991/

comportement du modèle en fonction de plusieurs séries d'hypothèses afin de déterminer des modèles alternatifs pour l'avenir de l'humanité. The Limits to Growth est le rapport non technique de leurs conclusions".[45]

Ouah ! Cartographier l'avenir de l'humanité à l'aide de modèles informatiques ?!? C'est de la merde à la Star Trek ! À la limite de la sorcellerie, même ! N'oublions pas que même les superordinateurs de 1970 étaient à peu près aussi puissants que le populaire ordinateur personnel Commodore Amiga 500, sorti en 1987.[47] Je pourrais probablement en fabriquer un avec les pièces et les morceaux qui se trouvent dans les tiroirs de mon bureau...

La couverture du livre La première révolution mondiale montre le globe terrestre avec tous les pays colorés en rouge (communiste). Si l'on considère que ce livre a été publié juste après l'effondrement de l'U.R.S.S., cela n'est rien d'autre que flagrant. En outre, les premières pages contiennent le même quatrain d'Omar Khayyam mentionné plus haut dans la section sur la société fabienne, immortalisé dans la fenêtre fabienne de la London School of Economics : "... ne pourrions-nous pas le briser en morceaux et ensuite, le remodeler plus près du désir du cœur...". (le plan de destruction/reconstruction du monde).[48]

Ce livre suggère que l'humanité elle-même est le problème de la Terre (message anti-humanité/anti-Dieu). À la page 115, le sous-titre "L'ennemi commun de l'humanité, c'est l'homme" indique ce qui suit : "En cherchant un nouvel ennemi pour nous unir, nous avons eu l'idée que la pollution, la menace du réchauffement climatique, les pénuries d'eau, la famine et d'autres phénomènes similaires conviendraient... Ces phénomènes constituent en effet une menace commune qui exige la solidarité de tous les peuples... Tous ces dangers sont causés par l'intervention humaine et ce n'est que par un changement d'attitude et de comportement qu'ils peuvent être surmontés. Le véritable ennemi est donc l'humanité elle-même".[49] Oh, je vois, c'est l'humanité qui est le problème. Le diable sourit. Dans un monde sain, toute personne surprise en train d'écrire ou de débiter ces insanités incendiaires serait immédiatement arrêtée et soumise à une évaluation psychologique. Encore de la trahison contre l'humanité.

Sur le site web du CdR, un "article" de 2020 intitulé "Un redémarrage vert

---

[47] https://en.wikipedia.org/wiki/Amiga_500

[48] Khayyam, O., "[73] Ah Amour ! Pourrions-nous, toi et moi, conspirer avec le destin ?", 11e siècle.

https://www.poetry-chaikhana.com/Poets/K/KhayyamOmar/73AhLovecoul/index.html

[49] King et Schneider, La première révolution mondiale (1991). P. 115.

https://www.clubofrome.org/publication/the-first-global-revolution-1991/

après la pandémie" indique : "La pandémie de coronavirus est un signal d'alarme pour arrêter de dépasser les limites de la planète. Après tout, la déforestation, la perte de biodiversité et le changement climatique rendent les pandémies plus probables. La déforestation rapproche les animaux sauvages des populations humaines, ce qui augmente la probabilité que des virus zoonotiques comme le SRAS-CoV-2 franchissent le pas entre les espèces. De même, le groupe d'experts intergouvernemental sur l'évolution du climat avertit que le réchauffement de la planète accélérera probablement l'émergence de nouveaux virus".[50] Quelle absurdité ! On dirait qu'il a été écrit par un étudiant de l'université ayant subi un lavage de cerveau et travaillant en intérim pour le parti communiste chinois ! Cela devrait faire bouillir le sang - ces cinglés créent ces situations, puis les imputent au capitalisme ! Il pourrait s'intituler "Un redémarrage marxiste après la pandémie".

L'article avait raison : la pandémie a été un véritable signal d'alarme - un signal d'alarme montrant que la Terre est infestée de militants obsédés par le contrôle qui ont subi un lavage de cerveau.

---

[50] COR, "Un redémarrage vert après la pandémie" (2020).

https://www.clubofrome.org/impact-hubs/climate-emergency/a-green-reboot-after-the-pandemic/

Section XII-Marxisme V Liberté

"La liberté n'est jamais à plus d'une génération de l'extinction. Nous ne l'avons pas transmise à nos enfants par le sang. Elle doit être défendue, protégée et transmise pour qu'ils fassent de même.[1]

Le président américain Ronald Reagan

"Le conflit entre le communisme et la liberté est le problème de notre époque. Il éclipse tous les autres problèmes. Ce conflit est le reflet de notre époque, de ses labeurs, de ses tensions, de ses problèmes et de ses tâches. De l'issue de ce conflit dépend l'avenir de toute l'humanité"[2]

Dirigeant syndical américain de premier plan
et président de l'AFL-CIO George Meany (1894-1980)

Introduction

Nous savons tous qu'à chaque fois que nous exprimons des opinions patriotiques, nationalistes ou anti "PC", ou que nous critiquons l'internationalisme/mondialisme, vous pouvez être sûrs que tôt ou tard, un marxiste (ou trois) se matérialisera pour dissuader, débattre, se moquer, calomnier ou menacer. Oui, c'est prévisible et nauséabond (souvent amusant), et nous savons que c'est parce qu'ils sont programmés pour le faire. Le saint marxiste Lev Bronstein (alias Léon Trotsky) a écrit un jour dans "Leur morale et la nôtre" (1938) : "Celui qui calomnie la victime aide le bourreau"[3] (nous pourrions remplacer "bourreau" par "oppresseur" ; dans le langage moderne, il s'agit de "victim-blaming"). N'est-il pas révélateur que les membres d'une secte - en particulier les plus fanatiques - "attaquent" agressivement ceux d'entre nous qui subissent cette tyrannie internationaliste ? Dans cette équation, en agissant de la sorte, la secte se range du côté de l'"oppresseur".

Aussi irritant et frustrant que ce comportement puisse être, nous ne devons pas

---

[1] Reagan, R., "*A Time for Choosing : Les discours de Ronald Reagan, 1961-1982*" (1983).

https://www.azquotes.com/quote/241175

[2] Skousen, W., *The Naked Communist* (1958), préface.

https://ia601509.us.archive.org/13/items/B-001-002-046/B-001-002-046.pdf

[3] Trotsky, L., "Leur morale et la nôtre", 1938.
https://www.marxists.org/archive/trotsky/1938/morals/morals.htm

considérer la situation comme négative. Au contraire, c'est la preuve que nous affichons les bonnes attitudes (celles que les "élites" internationalistes ne veulent pas que nous ayons). En fait, le degré de suppression marxiste est un moyen rapide d'évaluer le désir de liberté d'une société. En effet, il existe une corrélation très claire entre le niveau d'intensité de l'activité marxiste traîtresse (mondialiste/internationaliste) dans une société et le niveau de sentiment anti-mondialiste/internationaliste qui existe.

Dès que quelqu'un commence à exprimer des idées/idéologies opposées (y compris des objections au mondialisme/internationalisme), la secte réagit immédiatement dès que ces sentiments sont détectés. La réaction est proportionnelle au niveau de prévalence et de fréquence de ces idées, telles qu'elles apparaissent dans le discours d'une société.

Tout le vitriol que les membres de la secte crachent est une mesure de la menace qu'ils considèrent comme étant ces idées "dangereuses et d'extrême droite". D'où la phrase souvent citée : "Si vous ne recevez pas de critiques, c'est que vous n'avez pas dépassé la cible". Par conséquent, le niveau de vitriol anti-patriotique émanant de la secte des traîtres dans un pays donné est un indicateur du degré de réveil d'une société face aux plans des mondialistes internationalistes ; du degré de refus d'obtempérer.

En d'autres termes, si une nation entière est remplie de personnes zombifiées, pro-internationalisme, ayant subi un lavage de cerveau, sans le moindre soupçon d'attitude "maléfique" de droite ou d'amour pour leur pays, vous n'entendriez pas un seul aboiement de chienne de la part des toutous marxistes. Le pays tout entier serait rempli de dégénérés comme eux - tout le monde ferait partie de la grande secte - et les gosses n'auraient personne pour les contredire. Il n'y aurait aucune résistance au flux mondialiste - tous nageraient vers la lumière du gouvernement totalitaire mondial unique avec des émotions induites par le soja, des larmes aux couleurs de l'arc-en-ciel et des sourires maniaques aux yeux écarquillés, en disant (voix de robot) "Nous ne faisons qu'un".

Une autre phrase appropriée est "Il fait toujours plus sombre avant l'aube" : le système - et la secte marxiste qui le sert - va se plaindre avec une intensité croissante lorsqu'une société se réveillera, refusera de se conformer et entrera en conflit avec lui. Inévitablement, les choses vont devenir désagréables et, alors que l'ère du marxisme est en train de mourir, une colère de représailles aux proportions gigantesques nous attend (par exemple, la troisième guerre mondiale). En attendant, nous devrions prendre tout le vitriol et les actions de la secte comme un compliment - cela montre que nous sommes perçus comme une menace. En fait, espérons que cela ira plus loin ! Pour eux, cela revient à creuser sa propre tombe par vocation. Toutes leurs actions criminelles sont dûment notées par nous, et chacun d'entre eux sera jugé et paiera le prix de sa trahison.

Le sida des nations

> "Le communisme est comme une maladie auto-immune : il ne tue pas lui-même, mais il affaiblit tellement le système que la victime se retrouve sans défense et incapable de lutter contre quoi que ce soit."[4]
>
> Légende des échecs et activiste politique
Garry Kasparov, L'hiver arrive, 2015

Le marxisme fait aux nations ce que le virus HIV fait au corps humain. Ce n'est pas le virus lui-même qui tue une personne. Cependant, il peut neutraliser le système immunitaire, le rendant inefficace. Lorsque cet état immunitaire affaibli est atteint, une personne séropositive peut être diagnostiquée comme souffrant du syndrome d'immunodéficience acquise (SIDA). La personne peut alors mourir de causes multiples qui, dans des circonstances normales, seraient traitées par le système immunitaire. Essentiellement, un système immunitaire inefficace conduit à un organisme affaibli et vulnérable.[5] Si un pays est un organisme, son système immunitaire est son sens de l'unicité, ses traditions, son patriotisme, sa religiosité, sa culture, etc. Comme nous l'avons vu, la secte/idéologie érode et finit par neutraliser ces aspects. Comme nous l'avons vu, la secte/l'idéologie érode et finit par neutraliser ces aspects. Une fois ce système immunitaire retiré de l'équation, l'organisme/la nation est alors tout à fait ouvert aux attaques. Le marxisme ne se contente pas d'abattre le mur qui protège la nation, il invite de dangereux agents pathogènes - les divers sous-agendas marxiens (féminisme, immigration de masse, LGBTQ, activisme contre le changement climatique qui détruit l'économie, etc. Son obsession pour la destruction des nations est évidente dans ses propres positions sur ces questions. La secte/idéologie, dans un sens, est une boule de démolition malade pour le mur d'enceinte d'une nation (à la fois symboliquement et littéralement si nous incluons la frontière internationale d'un pays).

Essayer de créer un mouvement patriotique, anti-internationaliste/mondialiste dans un pays où le marxisme est trop présent, c'est comme essayer de remplir un bain avec de l'eau alors qu'il n'y a pas de bouchon dans l'évier. Il y a un problème sous la surface qu'il faut d'abord régler. Vous vous demandez peut-être : "Pourquoi la baignoire ne se remplit-elle pas ? Les robinets sont à fond !".

Peut-être ne voyez-vous pas la prise, parce que votre vue est obscurcie par toutes les bulles progressistes LGBTQIXY+ aux couleurs de l'arc-en-ciel du président Mao qui se trouvent sur le chemin ? Ces bulles symbolisent les innombrables distractions qu'une culture infectée par le marxisme nous jette

---

[4] Kasparov, G., *Winter is Coming* (2015), P. 33.

[5] Scaccia, A., "Faits concernant le VIH : Espérance de vie et perspectives à long terme", 23 janvier 2023.

https://www.healthline.com/health/hiv-aids/life-expectancy

constamment à la figure. Ne nous laissons pas distraire. Occupons-nous du problème qui nous retient le plus. Bouchons cette fuite avec un gros godemiché masculin, aux couleurs patriotiques, anti-marxiste et en colère comme Hitler.

Le marxisme sabote le patriotisme

Le marxisme est en quelque sorte le point de rencontre entre la structure mondialiste et les masses. Cette idéologie permet au système mondialiste de contrôler psychologiquement une partie importante de la population de chaque pays, afin de la maintenir suffisamment divisée pour qu'elle ne soit pas en mesure d'opposer une résistance. Cet élément marxiste sert le système mondialiste en supprimant la partie patriotique/pro-liberté/non-marxiste de la population. Fondamentalement, le marxisme sabote le nationalisme, au niveau du sol ; c'est son rôle. Dès que ce nationalisme patriotique apparaît, ils sont là pour le faire dérailler.

Le marxisme ne transforme pas seulement les gens en traîtres, il les ampute également de leur nationalité par rapport à ceux qui ne sont pas infectés. Par exemple, un Irlandais n'est pas pleinement irlandais s'il est infecté. Elle peut avoir l'air, la voix, l'apparence d'une Irlandaise et être ethniquement irlandaise, mais son esprit, son cœur et son âme ne le sont pas. Sur le plan idéologique, elle est anti-irlandaise. C'est la réalité brutale de la situation dans laquelle nous nous trouvons (et cela vaut aussi pour d'autres nationalités). Une fois endoctrinée, une personne va à l'encontre de sa propre nationalité/groupe ethnique, qu'elle le veuille ou non. Si elle fait partie d'une nation, elle devient l'ennemie de cette nation, souvent alors qu'elle se trouve à l'intérieur de celle-ci.

Ce qu'on appelle le "nationalisme" est une réponse rationnelle au monstre du totalitarisme internationaliste. Le rôle de la secte ou de l'idéologie est de dévier ou de diffuser cette énergie, d'étouffer cette flamme, de noyer ces cris, de bloquer la lumière (par exemple, la lumière émanant de cette ampoule "nazie").

Ce mouvement naturel mondial vers la liberté (émanant de la partie non infectée de la population de chaque pays) pourrait se développer et prendre de l'ampleur, ce qui finirait par renverser la situation. En effet, nous avons tous vu ce mouvement se développer ces derniers temps comme une véritable réaction au "mondialisme". L'obstacle qui se dresse sur le chemin est la secte/l'idéologie. C'est le poids qui nous tire vers le bas. C'est pourquoi s'y attaquer directement doit être une priorité absolue. Si vous deviez gravir en courant une colline très raide et très longue, ou même une montagne, et que vous vous rendiez compte que vous avez un lourd sac de pierres sur le dos, ne serait-il pas sage de le déposer d'abord ? Vous pourriez essayer quand même, mais ne vous étonnez pas si vous commencez à faire sauter des disques et des ligaments à gauche, à droite et au centre alors que vous échouez (et tombez) inévitablement, encore et encore.

Les prisonniers blâment les agents pénitentiaires

Compte tenu de la situation mondiale actuelle, nous devons considérer l'ignorance comme un crime. L'ignorance du monstre mondialiste et de ses méthodes idéologiques de contrôle est un crime. C'est un crime dont le marxisme profite allègrement. C'est un crime pour lequel nous avons tous collectivement purgé suffisamment de peine. Je soulève ce point parce que, même aujourd'hui, vous entendrez souvent les gens blâmer le(s) parti(s) politique(s) qui est/sont actuellement au pouvoir. Ou bien ils blâment un homme/femme de paille. Il peut s'agir de Leo Varadkar en tant que Taoiseach (Premier ministre) d'Irlande, du président américain Joe Biden, de Sadiq Khan en tant que maire de Londres, de Justin Trudeau en tant que Premier ministre du Canada, d'Emmanuel "Micro" Macron en France ou du Premier ministre du Royaume-Uni Rishi Sunak, etc.

En ce qui concerne le niveau d'infection marxiste dans nos pays et le chaos internationaliste anti-liberté qu'il entraîne, la responsabilité en incombe à la population elle-même. Il est si facile de rejeter la responsabilité sur une certaine figure, un certain groupe, etc. Malheureusement, cela n'est pas du tout constructif et ne fait que fournir une cible émotionnelle pour nos frustrations ; ils sont une célébrité hors d'atteinte, un punching-ball politique que nous pouvons frapper verbalement. C'est une mauvaise habitude qui empêche tout progrès et toute compréhension.

C'est aussi incroyablement puéril. Comme si une seule personnalité politique (comme celles qui ont été citées) contrôlait ce programme mondial massif, complexe et coordonné, ou conduisait l'idéologie/la secte dans sa ville ? Il y en aura d'innombrables autres d'où ils viennent ! Pour moi, ce sont des choses insignifiantes. Cette attitude, qui consiste à penser que ces types dirigent réellement le spectacle ou prennent les grandes décisions, montre simplement la naïveté de la situation dans son ensemble, à savoir que nous sommes contrôlés par une machine marxiste "mondialiste" et que l'idéologie/le culte permet à cette machine de fonctionner. Il en va de même pour les partis politiques en général. Leurs orientations idéologiques sont souvent le reflet des orientations idéologiques du grand public (ou d'une partie importante de celui-ci, du moins).

Il est également très marxien pour un peuple de crier à la victime et de se prétendre opprimé ! Il y a toujours quelqu'un d'extérieur à blâmer ! L'émancipation nationale, ou la liberté dans n'importe quel autre sens, ne peut jamais venir de cette manière ! Le grand public (non endoctriné) des pays touchés doit accepter la responsabilité de ne pas avoir détecté l'infection marxiste plus tôt (et, dans certains cas, de l'avoir soutenue involontairement). Laissant le passé derrière nous (et nos excuses avec), nous pouvons maintenant prendre nos responsabilités et commencer à renverser la vapeur idéologiquement dans nos sociétés, en choisissant le nationalisme patriotique.

Au lieu de blâmer les dirigeants politiques, nous pouvons concentrer notre énergie sur la résolution de ce gros problème qui nous entoure. Nous avons plus de pouvoir que ces dirigeants, car si nous refusons d'acquiescer et résistons activement au contrôle et aux idéologies internationalistes, alors peu importe qui sont les dirigeants officiels. Les "leaders" internationalistes tels que Biden, Trudeau, Varadkar, Macron, etc. ne sont pas le problème - ils sont les symptômes du problème.

Les personnes saines d'esprit deviennent moins "progressistes" avec l'âge

Avez-vous remarqué que beaucoup passent d'une attitude "progressiste"/"PC" lorsqu'ils étaient jeunes à une attitude plus "conservatrice"/"non PC" lorsqu'ils sont plus âgés, mais pas l'inverse ? (Vous pourriez trouver quelques exemples apparents de ce dernier, mais je vérifierais leur sincérité ; il s'agit probablement de trompeurs marxistes). Comment cela se fait-il ? Je parle de la différence entre une personne plus jeune (entre la fin de l'adolescence et la vingtaine, voire la trentaine pour certaines personnes) et un âge plus mûr. Pourquoi cette tendance générale ?

C'est parce que les gens ne deviennent pas plus bêtes ou plus ignorants en vieillissant, mais que le fait d'être bête ou ignorant en raison de l'immaturité n'est pas seulement courant, mais fait partie du cours des choses. Cela s'applique à tous les êtres humains, à un degré ou à un autre. Les gens n'évoluent pas avec le temps !

Cependant, ils peuvent "s'éveiller" à certaines choses avec le temps. Je dis "peut" parce que, évidemment, il y a beaucoup de gens qui ne s'éveillent jamais aux choses. Certaines personnes parviennent à rester détachées de la réalité toute leur vie ! Réjouissez-vous car vous n'êtes pas l'une de ces personnes (à moins qu'un membre d'une secte ne lise ces lignes, avec cet air suffisant et en état de mort cérébrale).

Pour ceux d'entre nous qui ont plus de potentiel que cela, nous avons tendance à progresser davantage avec le temps. Cela peut être légèrement ou plus prononcé, en fonction de notre constitution émotionnelle (ego/peur/estime de soi), de notre attitude vis-à-vis de l'apprentissage/du perfectionnement, de nos compétences, de notre curiosité/enthousiasme, de notre état de santé psychologique/physiologique, de la force de notre volonté, etc.

Certains d'entre nous peuvent évaluer et réévaluer leurs systèmes de croyances au fil du temps. Cela nous donne l'occasion d'"améliorer" nos attitudes, pour ainsi dire. Nous avons ainsi plus de chances de nous rendre compte que nous avons peut-être absorbé certaines idées par endoctrinement (c'est-à-dire par des programmes marxistes "progressistes"). Lorsque nous nous rendons compte que c'est le cas, nous pouvons alors choisir d'arrêter d'avoir ces anciennes perspectives inférieures, essentiellement en les désintoxiquant, et d'en choisir de nouvelles, supérieures.

Essentiellement, passer de croyances/perspectives "progressistes" à des croyances/perspectives "non progressistes" signifie que vous développez une conscience - vous comprenez maintenant la différence entre le bien et le mal. Une véritable conscience ! Vous pouvez développer davantage cette véritable conscience au fur et à mesure que vous progressez dans votre vie. Mais l'inverse n'est pas possible : il n'est pas possible de trouver quelqu'un qui soit passé d'une personne intelligente avec une conscience bien développée dans la vingtaine à une personne moralement dégénérée et sans conscience dans la trentaine (à moins qu'il n'y ait eu des dommages/traumatismes cérébraux extrêmes, l'utilisation de drogues psychotropes et un lavage de cerveau pour changer essentiellement ce qu'il est, etc.) Ce processus devrait être expliqué aux enfants par leurs parents et ancré en eux.

Bien entendu, ceux qui appartiennent à la catégorie des "progressistes" ont un niveau de conscience plus limité. C'est là le nœud du problème. Ils ne parviennent pas à relier les points ; il leur manque certaines vis (y compris la connaissance) et ils possèdent une conscience inférieure. Ceux qui ont un niveau de conscience plus élevé finiront (tôt ou tard dans la vie) par être plus traditionalistes/"conservateurs" et anti-mondialistes/internationalistes, car ils se rendront compte que c'est la bonne attitude à avoir.

Les ailes gauche et droite d'un oiseau

"Dans le monde d'aujourd'hui, si vous êtes neutre, vous êtes déjà un ennemi.[6]

Le transfuge soviétique Yuri Bezmenov, Sommet
University Forum à Los Angeles, 1983

La "gauche" et la "droite" sont-elles vraiment les mêmes, à un niveau plus large ? Ne sont-elles que les deux ailes d'un grand oiseau internationaliste et mondialiste du "Nouvel ordre mondial" ? Certains pensent qu'il s'agit là d'un débat stupide, puisque les deux ailes sont manifestement contrôlées par des "élites" mondialistes obscures, dignes des Illuminati (les proverbiaux hommes malfaisants qui se cachent derrière le rideau). Nous avons vu cette croyance devenir presque à la mode dans certains cercles, dans d'autres - un axiome. Mais le débat est-il stupide ? Cette croyance est-elle correcte ?

S'il est vrai que nous avons un système de contrôle "mondialiste" qui dirige les affaires du monde (et beaucoup pensent que c'est le cas), cela ne signifie-t-il pas que nous, les basses masses votantes, et le gouvernement/la politique, la démocratie et le vote, etc. sont tous hors de propos et que toute la dichotomie gauche/droite n'est qu'une grande distraction ? Tout cela n'est-il qu'un grand spectacle de cirque destiné à nous détourner de la vérité, à savoir que nous n'avons aucun pouvoir ? Nombreux sont ceux qui pensent ainsi. En outre, beaucoup de ces personnes pensent que quiconque pense autrement (c'est-à-

---

[6] Interview et conférence de Yuri Bezmenov en 1983 (1080p HD).

https://youtu.be/Z0j181tR5WM?feature=shared&t=6231

dire quelqu'un qui "croit" à la politique gauche/droite) est inintelligent, mal informé, ou une personne de "faible conscience", etc.

Nous voyons clairement cette perception dans le mouvement dit "New Age" et dans ce que nous pouvons appeler la culture de la "théorie de la conspiration". Bien sûr, il est compréhensible d'avoir une attitude cynique et désespérée à l'égard de la politique, et cela existe également dans d'autres domaines de la société.

Cependant, cette situation est exaspérante et inacceptable ! La perception selon laquelle les politiques de gauche et de droite sont toutes identiques et dénuées de sens est extrêmement inutile, irresponsable et déresponsabilisante pour la cause de la liberté authentique ! En outre, elle renforce le totalitarisme internationaliste (que le marxisme est/sert). Il s'agit d'une perception déformée de la manière dont le monde fonctionne réellement et de ce qui lui arrive en ce moment. Il s'agit donc d'un comportement contradictoire adopté par ceux qui pensent avoir déjà tout compris ! Soyons directs : soit vous êtes pour le totalitarisme international, soit vous êtes contre, à un degré ou à un autre. À moins que vous n'aimiez l'idée que vos semblables vivent comme de misérables esclaves soumis dans un futur dystopique dégénéré, il est recommandé que nous choisissions collectivement (et avec enthousiasme !) la dernière option.

Être "juste" en ce moment, c'est être juste

"Le cœur du sage penche à droite, mais le cœur de l'insensé penche à gauche".[7]

Nouvelle Bible Internationale, Ecclésiaste 10:2

Compte tenu de l'état du monde actuel et des circonstances dans lesquelles nous nous trouvons, il est clair qu'être "nationaliste" est une position judicieuse. (Ne vous sentez pas mal à l'aise avec cette étiquette, mais si vous insistez, choisissez-en une autre qui signifie la même chose). Si "nationaliste" signifie avoir un pays séparé et souverain, alors logiquement cela permet un certain degré de séparation par rapport à la structure de contrôle internationaliste et mondialiste. C'est en fait une bonne idée (!). Si l'on considère que la civilisation s'effondre littéralement autour de nous à cause de l'internationalisme, c'est probablement la meilleure idée que l'humanité ait jamais eue.

Si tout cela entre dans la catégorie "droite" et qu'être "gauche" n'y entre pas (et fait même le contraire), alors le choix est clair, n'est-ce pas ? Dans cette équation, être "de droite" est objectivement supérieur à être "de gauche", car le premier aboutit potentiellement à la liberté du pays en question, alors que le second aboutit à l'inverse (pas de véritable souveraineté, destruction de nos

---

[7] New International Bible, Ecclésiaste 10:2. https://biblehub.com/ecclesiastes/10-2.htm

pays, de nos peuples, de nos cultures, sociétés ultra-dégénérées, etc).

Ce que l'on appelle "gauche", "gauchisme" ou tout ce qui est associé au marxisme - indépendamment de ses origines, de ce que la "gauche" est ou n'est pas aujourd'hui, de ce qu'elle était "censée" être à l'origine, du fait qu'elle soit qualifiée de "libérale" ou non, etc. est généralement le problème. Par conséquent, tout ce qui s'y oppose généralement fait partie de la solution. Nous n'insisterons jamais assez sur ce point ! C'est l'une des grandes vérités fondamentales non discutées de la vie dans ce monde au cours des deux derniers siècles, en particulier depuis le début du 20e siècle. Cela devrait être un axiome tactique pour l'avenir du mouvement patriotique mondial.

L'idée que la "gauche" et la "droite" sont toutes deux égales en termes de valeur pour l'humanité dans notre situation actuelle est fausse. C'est une déformation des faits. Le fait que les adeptes du "nouvel âge/spirituel" ou ceux qui ont une vision essentiellement conspirationniste des choses insistent sur ce point montre à quel point les gens peuvent être détachés de la réalité. Le simple fait qu'une personne ordinaire puisse se sentir gênée, craintive ou paranoïaque en s'associant à quoi que ce soit de "droite" est un indicateur clair de l'extrémité du spectre politique qui exerce la plus grande influence sur la société.

L'idée que la "droite" et la "gauche" sont de fausses alternatives contrôlées par une élite bourgeoise obscure, et qu'il n'y a pas de différence entre elles, a un effet démoralisant. Elle conduit de nombreuses personnes à croire que nous n'avons aucun contrôle sur la situation - que l'internationalisme mondialiste est inévitable - tout en empêchant les nations de choisir la "bonne" voie libératrice.

En fait, quelle que soit l'étiquette que nous choisissons d'utiliser, il existe une solution "politique" à tout cela, et il est extrêmement imprudent de rejeter complètement la politique. En outre, il serait extrêmement utile qu'un plus grand nombre d'entre nous s'engagent vigoureusement dans la sphère politique, à condition que ce soit fait de la bonne manière.

Gauche V Droite = Opprimé V Oppresseur

La dichotomie gauche-droite contient également la formule oppresseur-opprimé, avec l'inversion/déformation habituelle de la vérité. Le récit marxien dit : gauche = bien, et droite = mal. Il dit que ceux qui sont à droite se rangent du côté des oppresseurs (bourgeois capitalistes, oligarques impérialistes, etc.), tandis que ceux qui sont à gauche sont du côté des "opprimés" (minorités, non-riches/prolétariat, etc.).

En réalité, ceux de la "gauche", en général, soutiennent les sous-agendas marxiens susmentionnés qui prétendent aider les "opprimés", mais qui servent également ces bourgeois totalitaires mondialistes (qui sont les véritables oppresseurs !). Ainsi, même ici, la formule rouge est utilisée une fois de plus sur les termes descriptifs les plus fondamentaux du spectre politique, et renverse la réalité dans le processus.

Cette distorsion de la réalité, cette inversion (que ceux de "droite" sont alliés aux oppresseurs) est constamment soulignée pour renforcer le lavage de cerveau et arrêter toute opposition à l'agenda internationaliste marxiste mondialiste. D'où l'évidente et étrange mentalité à l'envers qui émane des membres des sectes dans le monde d'aujourd'hui et qui dit : si vous êtes vraiment contre le système de contrôle (comme le sont les "droitiers"/nationalistes), vous soutenez certainement le méchant système bourgeois capitaliste oppressif ! C'est à l'envers !

Dans cette ère récente de l'histoire mondiale, gravement infectée par le marxisme, les termes "droite" et "gauche" ont été utilisés pour diviser les opinions des gens et les classer selon qu'ils se conforment ou non à un système de gouvernement mondial unique "mondialiste". Ils sont également utilisés pour désigner les personnes qui s'opposent à la secte ou à l'idéologie.

Comme indiqué, "droite" et "fasciste" sont utilisés comme des termes péjoratifs/répressifs, tandis qu'à l'inverse, des termes tels que "progressiste" sont utilisés comme des termes élogieux/commandatifs, et cela est constamment souligné. Il s'agit d'une tactique efficace de lavage de cerveau qui encourage les moutons à surveiller les autres moutons.

La façon dont un membre de secte moderne utilise ces termes est liée à ce qui s'est passé pendant la période de la Première et de la Seconde Guerre mondiale. Bien que l'activisme traître et la subversion des membres de sectes soient beaucoup plus anciens, ils sont d'une importance capitale en ce qui concerne leur comportement actuel. Les membres de sectes du monde entier - qui soutiennent l'agenda internationaliste mondialiste - sont des traîtres qui qualifient leurs compatriotes de "fascistes", etc., dans le but d'assimiler leurs actions actuelles à des actes maléfiques apparemment commis dans le passé par d'autres groupes. Je fais bien sûr référence aux actes commis par les différents régimes non marxistes/"fascistes" au 20e siècle, comme le fait d'avoir des ambitions impériales et de vouloir conquérir le monde, d'être autoritaires et violents, de supprimer la liberté d'expression (marxiste), etc.

Fascisme vs Marxisme

Voici une vérité monumentale que la partie relativement saine et non endoctrinée de la population mondiale doit comprendre pleinement. La secte/l'idéologie et ce que l'on appelle globalement le "fascisme" sont des ennemis mortels parce qu'ils sont des adversaires/rivaux idéologiques. En outre, compte tenu de la tendance prévisible de la secte à calomnier tout ce qui s'oppose à elle, cela signifie que le fascisme sera constamment soutenu comme l'incarnation de l'injustice et du mal dans une société suffisamment contaminée par le marxisme. La secte fait évidemment cela tout en détruisant hypocritement tout, en prétendant qu'elle est elle-même l'incarnation de la justice, de la bienveillance, du "progressisme", etc. Espérons que le lecteur trouvera son compte dans cette section...

Après la Première Guerre mondiale, l'idéologie gagne rapidement en popularité dans toute l'Europe et de nombreuses tentatives de prise de contrôle marxiste ont lieu, avec plus ou moins de succès. Inspirés par les bolcheviks meurtriers de Russie, divers groupes sectaires se sont lancés dans l'aventure. Il est important de comprendre la signification historique globale des événements qui se sont déroulés sur les champs de bataille idéologiques que sont l'Italie, l'Allemagne et l'Espagne, et la manière dont la secte a été traitée dans ces cas-là. La haine qui émane de la secte à l'égard de tout ce qu'elle considère comme "fasciste" découle de ces conflits historiques, en particulier de ceux où elle a été battue ou vaincue entièrement par ses adversaires idéologiques. C'est pourquoi la secte déteste les fascistes ! Des ennemis mortels ! Les "fascistes" allemands et italiens de l'entre-deux-guerres ont traité les membres de la secte comme tels. D'abord, Benito Mussolini (1883-1945) et ses "chemises noires" fascistes les ont traités en Italie, créant ainsi un précédent pour la lutte que les autres patriotes mèneraient dans leurs pays respectifs.

Avant de poursuivre, nous devons aborder une question importante, car elle est souvent source de confusion ; cette confusion peut limiter notre compréhension de la haine de la secte pour le fascisme (et nous devons comprendre pleinement la secte). Certains pensent que le fascisme n'est qu'une autre forme de marxisme. Bien qu'il s'agisse d'un sujet vaste et complexe, la réponse courte est non - il ne s'agit pas de la même chose (nous développerons ce point après avoir examiné certains événements historiques).

La naissance du fascisme

> "Nous déclarons la guerre au socialisme, non pas parce qu'il est socialiste, mais parce qu'il s'est opposé au nationalisme.[8]

> Benito Mussolini, discours à Milan, 23 mars 1919

> "Nous n'avons aucune compassion et nous ne vous en demandons aucune. Lorsque notre tour viendra, nous ne chercherons pas d'excuses à la terreur"[9]

> Karl Marx, *Suppression de la Neue Rheinische Zeitung* (1849)

La lutte idéologique pour le contrôle du Royaume d'Italie (de l'époque) a duré de la fin de la Première Guerre mondiale jusqu'en 1926 environ, date à laquelle la secte a été relativement neutralisée. La secte a utilisé des tactiques typiques

---

[8] Pugliese, S., *Fascism, Anti-fascism, and the Resistance in Italy : 1919 to the Present*, (2004) p. 43. (Discours de Mussolini à Milan, 23 mars 1919).
https://libquotes.com/benito-mussolini/quote/lbw9x1q

[9] Marx, K., "Suppression de la *Neue Rheinische Zeitung*", 1849.
https://www.marxists.org/archive/marx/works/1849/05/19c.htm

pour prendre le contrôle pendant cette période - grèves ouvrières, occupation d'usines et de propriétés, violence, assassinats, etc.

Puisque la secte, dirigée par le *Partito Socialista Italiano* (Parti socialiste italien), essayait de se "révolter" contre les propriétaires terriens et commerciaux, ces derniers avaient naturellement un allié dans les fascistes de Mussolini qui n'étaient pas marxistes (en fait, c'est l'une des nombreuses raisons pour lesquelles Mussolini a gagné le soutien populaire - il n'a pas cherché à diviser la nation selon des lignes de classe/économiques, comme le fait la secte). C'est ce soutien qui a permis aux fascistes antimarxistes de l'emporter à la fin, avec le soutien de l'armée royale italienne.[10]

La marche de Mussolini sur Rome en octobre 1922 a marqué le début du régime fasciste lorsque le roi Victor Emmanuel III (1869-1947) l'a nommé Premier ministre.[11] Ce qui a conduit à cette situation - et c'est là l'élément crucial - c'est l'utilisation de la force brutale par les partisans et les alliés de Mussolini contre la secte. L'affaire s'était déroulée dans une sorte de va-et-vient, avec des assassinats de part et d'autre, et même, plus tard, des tentatives d'assassinat du Duce ("chef") lui-même. Ses "chemises noires" ont agressé et éliminé des membres de la secte, supprimant essentiellement la secte pendant toute la durée de son règne (environ deux décennies). Parmi les victimes figurait un prophète marxiste, Antonio Gramsci.[12] Il est évident que les membres de la secte, à l'époque et aujourd'hui, considèrent cela comme de l'"oppression" et de l'"autoritarisme". Deux décennies, c'est une longue période pour un groupe d'enfants fous qui ne parviennent pas à faire ce qu'ils veulent ! Ils prendront leur revanche sur Mussolini à la fin de la Seconde Guerre mondiale.

Mussolini était autrefois socialiste et s'identifiait comme tel, mais il a créé un nouveau type d'idéologie nationaliste, distinct du socialisme marxien, pour s'y opposer. Avec son parti fasciste, il a remis l'Italie sur les rails, et non seulement cela, mais c'était aussi une Italie plus stable, plus prospère et (relativement) exempte de marxisme et de mafia. En fait, l'entre-deux-guerres en Italie a été le premier conflit majeur que la secte a perdu, et la secte n'oublie jamais. Le fait d'être amèrement antifasciste est inscrit dans l'ADN de l'endoctrinement, et Mussolini en est le principal responsable.

La révolution allemande

En Allemagne, la République de Weimar (1919-1933) a été créée, sous l'égide du *parti social-démocrate* pro-marxiste. Cette période est marquée par une

---

[10] https://www.britannica.com/biography/Benito-Mussolini

[11] https://www.britannica.com/event/March-on-Rome

[12] https://military-history.fandom.com/wiki/Italian_Civil_War

Allemagne en grande difficulté.[13] En janvier 1919, la *Ligue Spartacus* mène des soulèvements dans toute l'Allemagne.

Fondé par Rosa Luxemburg et Karl Liebknecht (1871-1919), ce groupe est le précurseur du *Kommunistiche Partei Deutschlands* (KPD) (Parti communiste allemand).[14] Des républiques soviétiques voient le jour à Leipzig, en Bavière (alias République soviétique de Munich), à Hambourg et à Brême. Ces groupes sectaires se battent ouvertement dans les rues contre les forces de l'État.

Comme en Italie, ce mouvement a été réprimé par la force, mais pas aussi immédiatement ni de manière aussi cohérente (au fil des ans). L'armée allemande étant alors en plein désarroi, le gouvernement engagea un groupe de mercenaires vétérans de la Première Guerre mondiale, les *Freikorps Oberland*, pour soutenir les troupes.[15] Bien entendu, il est compréhensible que les vétérans n'apprécient pas que ce mouvement anti-allemand et soutenu par les bolcheviks prenne le pouvoir, surtout si peu de temps après les sacrifices qu'ils ont consentis lors de la Première Guerre mondiale.

Finalement, Luxemburg et Liebknecht sont à nouveau capturés, mais cette fois-ci, ils sont exécutés, le corps de Luxemburg étant jeté sans cérémonie dans le canal de la Landwehr. Le corps de Luxemburg est jeté sans ménagement dans le canal de la Landwehr. Son cortège funèbre rassemble des milliers de personnes dans les rues (sans doute des membres de la secte, consentants ou non).[16] La fanatique Luxemburg, en particulier, est considérée comme un prophète marxiste qui, jusqu'à la fin, n'a cessé de cracher de la bile révolutionnaire.

Le 14 janvier 1919, le soir de son exécution, elle écrit : "de cette "défaite" naîtront de futures victoires. "L'ordre règne à Berlin ! Larbins imbéciles ! Votre "ordre" est construit sur du sable. Demain, la révolution "se lèvera à nouveau, entrechoquant ses armes" et, à votre grand effroi, elle proclamera à grand renfort de trompettes : "J'étais, je suis, je serai".[17] La cinglée avait raison - la secte/idéologie n'est malheureusement pas morte avec elle. Comme on l'a dit,

---

[13] "La République de Weimar (1918 - 1933)".

https://www.bundestag.de/en/parliament/history/parliamentarism/weimar/weimar-200326

[14] Cavendish, R., "The Spartacist Uprising in Berlin", 1er janvier 2009.

https://www.historytoday.com/archive/spartacist-uprising-berlin

[15] "Freikorps".https://www.studysmarter.co.uk/explanations/history/democracy-and-dictatorship-in-germany/freikorps/

[16] https://www.britannica.com/biography/Rosa-Luxemburg

[17] Luxemburg, R. "L'ordre règne à Berlin", janvier 1919.
https://www.marxists.org/archive/luxemburg/1919/01/14.htm

même au moment de la mort, il n'y a pas de retour en arrière, ni de prise de conscience de ce qu'ils sont.

Quant à Liebknecht, Marx et Engels étaient ses parrains, ce qui est tout ce qu'il y a à savoir sur son identité (je me demande lequel portait la jupe de travelo ?).[18] Leurs "meurtres" sont toujours commémorés et, en janvier 2019, les membres de la secte en Allemagne en ont célébré le centenaire.[19] À cette occasion, des membres de sectes anti-allemandes ayant subi un lavage de cerveau dans l'Allemagne d'aujourd'hui ont rendu hommage à des membres de sectes anti-allemandes qui ont été abattus parce qu'ils étaient membres d'une secte il y a un siècle. C'est de la folie ! Il est inacceptable que cela soit autorisé.

Malgré les efforts des Freikorps, l'infection marxiste a fini par s'emparer de l'Allemagne, contribuant à créer un pays divisé et chaotique. Cette situation a prévalu jusqu'à ce que ce type appelé "Adolf Hitler" et le parti NSDAP prennent le contrôle du pays, qui étaient (malgré les arguments erronés du contraire) fermement et brutalement antimarxistes.

Eux aussi ont eu recours à des groupes organisés et à la répression violente pour priver la secte de son pouvoir, lui infligeant ainsi sa deuxième grande défaite de la période. Comme en Italie, ils ont été empêchés de prendre le contrôle d'un pays par un groupe rival.

La guerre civile "espagnole

> "Une chose dont je suis sûr, et à laquelle je peux répondre honnêtement, c'est que quelles que soient les contingences qui peuvent survenir ici, partout où je serai, il n'y aura pas de communisme"[20]
>
> Le général Francisco Franco, en discussion avec Niceto Alcalá-Zamora (1938)

Voici une leçon très importante sur le sujet de l'infection nationale, qui fournit un exemple précoce et dramatique. Contrairement aux infections en Italie et en Allemagne, ce qui s'est passé en Espagne nous montre les conséquences catastrophiques qu'il y a à laisser la secte s'installer confortablement dans l'establishment politique. C'est la raison pour laquelle il faut s'attaquer à eux plus tôt, sinon ils s'enfonceront dans le sol et vous ne pourrez pas les en sortir

---

[18] https://www.britannica.com/biography/Karl-Liebknecht

[19] Connolly et LeBlond, "Germany remembers Rosa Luxemburg 100 years after her murder", 15 janvier 2019. https://www.theguardian.com/world/2019/jan/15/germans-take-to-the-streets-to-celebrate-rosa-luxemburg-karl-liebknecht-berlin

[20] Franco, F., en discussion avec Niceto Alcalá-Zamora, cité dans Francisco Franco : The Times and the Man (1938) de Joaquin Arraras, P. 159. https://libquotes.com/francisco-franco/quote/lbi7y5y

sans une lutte sanglante.

La secte a pris de l'ampleur politique grâce à la situation démocratique nouvellement créée dans le pays pendant les années d'instabilité des années 1920, dont le point culminant a été l'instauration de la deuxième République espagnole en 1931. Cette période a été essentiellement une lutte entre le nationalisme et le marxisme, au cours de laquelle la secte a commis des crimes contre ses ennemis "fascistes" (y compris le clergé et les prolétaires non marxistes) ; elle a également tenté, comme on pouvait s'y attendre, de mettre le pays à feu et à sang par tous les moyens possibles lorsqu'elle ne le contrôlait pas (protestations, grèves, etc.). Il est évident que les Espagnols nationalistes, religieux et non endoctrinés voulaient les voir partir. Avec de nouvelles élections et le reflux nationaliste qui s'ensuivit, les événements qui suivirent créèrent un horrible conflit.[21][22]

Ces événements ont bien sûr culminé avec la brutale et sanglante guerre civile espagnole (1936-1939). Les membres de la secte ("volontaires") sont venus du monde entier pour aider la "révolution", avec le soutien important du régime de Staline en Russie. Cette guerre a été marquée par l'assassinat de milliers de prêtres et de religieuses catholiques, qui ont été contraints de prendre les armes. Avec la victoire de l'Espagne nationaliste à la fin du conflit (en partie grâce au soutien logistique de l'Allemagne hitlérienne), le général Francisco Franco (1892-1975) est devenu dictateur.[23]

J'aime appeler cela la guerre civile "espagnole", parce que l'appeler "guerre civile espagnole" est une déformation de la vérité. Il s'agissait d'un conflit entre des Espagnols sains d'esprit et des traîtres et envahisseurs marxistes fous et ayant subi un lavage de cerveau. Une seule partie de ce conflit était authentiquement espagnole, il ne s'agissait donc pas d'une guerre civile. C'est la nature de tous les conflits de ce type : ils divisent les populations des pays infectés entre ceux qui sont endoctrinés et ceux qui ne le sont pas.

Le général Franco a rendu le communisme et la franc-maçonnerie responsables de ce qui est arrivé à l'Espagne (et les deux sont liés, comme nous l'avons mentionné). Dans un article paru en décembre 1946 dans *Arriba*, il écrivait : " Tout le secret des campagnes déclenchées contre l'Espagne s'explique en deux mots : maçonnerie et communisme : Maçonnerie et communisme... nous

---

[21] https://www.britannica.com/place/Spain/Primo-de-Rivera-1923-30-and-the-Second-Republic-1931-36

[22] "Terreur rouge en Espagne". https://academic-accelerator.com/encyclopedia/red-terror-spain

[23] https://www.britannica.com/event/Spanish-Civil-War

devons extirper ces deux maux de notre pays".[24]

En septembre 1945, dans un discours prononcé devant un groupe falangiste à Madrid, il a déclaré : "Nous avons déchiré le matérialisme marxiste et nous avons désorienté la maçonnerie. Nous avons déjoué les machinations sataniques du super-État maçonnique clandestin. Malgré son contrôle de la presse mondiale et de nombreux politiciens internationaux, la lutte de l'Espagne est une croisade. La lutte de l'Espagne est une croisade ; en tant que soldats de Dieu, nous portons avec nous l'évangélisation du monde". [25] Devrions-nous l'appeler "le général Franco, théoricien de la conspiration" ? Ou "Franky Conspiracy Theory" ?

L'Espagne de Franco était farouchement anticommuniste et n'a fait aucun cadeau à la secte jusqu'à sa mort en 1975, la réprimant par des arrestations, des interrogatoires, des tortures et des exécutions. On comprend que de tels régimes s'attirent les foudres éternelles de la secte. Le généralissime leur a fait subir leur troisième grande perte de l'époque, cette fois sur la scène mondiale, malgré le fait qu'il ait été confronté au poids de la communauté marxiste internationaliste. En 1977, deux ans après la mort de Franco, l'interdiction du parti communiste espagnol a été levée.

Le "fascisme", une autre forme de marxisme

Pour reprendre ce qui a été dit précédemment, non, ce que l'on appelle le "fascisme" (et les différents régimes auxquels on a donné ce nom) n'étaient pas des variantes du marxisme. En général, les régimes "fascistes" étaient collectivistes, bien sûr, mais pas la même chose que la secte sur le plan idéologique. D'ailleurs, il y a eu plusieurs variantes de ce que l'on appelle les mouvements "fascistes", et les régimes de Mussolini, Hitler, Franco, Salazar (Portugal), Pinochet (Chili), etc. étaient différents les uns des autres.

En fait, l'utilisation du terme "fasciste" dans tous les cas est quelque peu erronée. Tous avaient des alliances avec l'Église catholique romaine - le principal ennemi organisationnel de la secte tout au long de l'histoire - et ils étaient majoritairement chrétiens. Ils cherchaient tous à préserver l'intégrité de leur pays et à ne pas faire partie d'un collectif internationaliste qui érode l'identité nationale (comme le fait la secte). Et surtout, ils étaient tous anti-marxistes.

Italie

---

[24] Franco, F., écrit sous le pseudonyme de Jakin Boor dans la revue *Arriba* dans un article intitulé "Maçonnerie et communisme" (14 décembre 1946), cité dans *Franco : A Biography* de Juan Pablo Fusi Aizpurú ?, P. 71. https://libquotes.com/francisco-franco/quote/lbs2d0t

[25] Franco, F., Discours à la section féminine de la Phalange à Madrid (11 septembre 1945). https://libquotes.com/francisco-franco/quote/lbp4a9v

Le mouvement fasciste en Italie visait à élever l'ensemble de la nation et pas seulement la classe ouvrière/le prolétariat (comme dans le socialisme marxien). Contrairement à la secte, il n'était pas anticapitaliste, mais cherchait à le contrôler au service de la nation. Les grèves ouvrières n'étaient pas autorisées par le régime (puisqu'elles sont utilisées comme une forme de chantage économique anticapitaliste). Nous avons déjà examiné la stupidité absolue de diaboliser et d'attaquer la richesse et les riches comme le fait la secte, de sorte que ces positions étaient beaucoup plus rationnelles et ne créaient pas de division entre les classes.

Mussolini a donné la définition définitive du fascisme dans *La doctrine du fascisme* (1932). Il rejette le libéralisme classique, qui mettait davantage l'accent sur l'individu : "Anti-individualiste, la conception fasciste de la vie souligne l'importance de l'État et n'accepte l'individu que dans la mesure où ses intérêts coïncident avec ceux de l'État. Elle s'oppose au libéralisme classique... Le libéralisme a nié l'État au nom de l'individu, le fascisme le réaffirme".

Évidemment, cela n'aurait de sens que si l'État était éthique, ce que ceux d'entre nous qui vivent dans la société occidentale moderne ont du mal à imaginer.[26] Le fascisme a été conçu comme un compromis entre un pouvoir étatique fort et la souveraineté individuelle, afin de rééquilibrer les choses, puisque le libéralisme classique n'a manifestement rien fait pour arrêter le marxisme (contrairement au fascisme, qui a été créé pour l'arrêter).

Comme l'écrivait Mussolini, le fascisme "ne voit pas seulement l'individu, mais la nation et le pays ; les individus et les générations liés par une loi morale". [27] Il reconnaît également l'hédonisme superficiel, parlant de "supprimer l'instinct de vie enfermé dans un bref cercle de plaisir".[28]

Il s'opposait à "toutes les utopies et innovations jacobines... il rejette donc l'idée qu'à un moment donné, la famille humaine parviendra à un règlement définitif de toutes ses difficultés".[29] Le fascisme ne croyait pas à l'idée de l'utopie marxienne, où nous nous tenons tous la main et chantons "Kumbaya" ensemble dans la solidarité à travers le monde, ce qui est une autre différence assez importante.

Elle n'était pas non plus d'accord avec le socialisme (souligné pour

---

[26] Mussolini, B., La doctrine du fascisme Benito Mussolini (1932), p. 3.

https://ia600800.us.archive.org/14/items/TheDoctrineOfFascismByBenitoMussolini/The Doctrine du fascisme par Benito Mussolini.pdf

[27] Ibid. P. 2.

[28] Ibid. P. 2.

[29] Ibid. P. 3.

l'accentuation) : "Aucun individu ou groupe (partis politiques, associations culturelles, syndicats économiques, classes sociales) (n'existe) en dehors de l'État. Le fascisme s'oppose donc au socialisme pour lequel l'unité au sein de l'État (qui fusionne les classes en une seule réalité économique et éthique) est inconnue, et qui ne voit dans l'histoire que la lutte des classes. De même, le fascisme s'oppose au syndicalisme en tant qu'arme de classe. Mais lorsqu'il est placé dans l'orbite de l'État, le fascisme reconnaît les besoins réels qui ont donné naissance au socialisme et au syndicalisme, en leur accordant l'importance qu'ils méritent dans le système de guilde ou de corporation dans lequel les intérêts divergents sont coordonnés et harmonisés dans l'unité de l'État".[30]

Ainsi, non seulement le fascisme est différent de la secte/idéologie, mais il vise à la battre à son propre jeu en améliorant la société (ce que les membres de la secte croient à tort être sa raison d'être). C'est une autre grande raison pour laquelle la secte/idéologie est historiquement hostile au fascisme et le considère comme un rival acharné.

Pour conclure sur le fascisme italien, même à ce stade, il est facile de comprendre d'où vient la haine de la secte/idéologie pour son rival, puisque le fascisme s'est opposé au marxisme ou l'a supplanté. Et les enfants n'aiment pas qu'on ne leur donne pas satisfaction (ou qu'on ne leur accorde pas l'attention dont ils ont besoin).

Allemagne

> "Le communisme n'est pas le socialisme. Le marxisme n'est pas le socialisme. Les marxiens ont volé le terme et en ont confondu le sens. J'enlèverai le socialisme aux socialistes... Le marxisme n'a pas le droit de se déguiser en socialisme. Contrairement au marxisme, il n'implique pas la négation de la personnalité, et contrairement au marxisme, il est patriotique. Nous avons choisi de nous appeler les National-Socialistes. Nous ne sommes pas internationalistes. Notre socialisme est national"[31]

> Adolf Hitler, entretien avec George Sylvester Viereck, Munich, 1923

Bien entendu, certains pensent également que le national-socialisme allemand n'était qu'une autre forme de marxisme, sans doute en partie à cause du mot "socialiste" dans le nom qu'ils ont choisi.

L'Allemagne d'Hitler - le "Troisième Reich" - était un État autoritaire, bien sûr. Certes, l'État contrôlait virtuellement les moyens de production dans de nombreux secteurs industriels (avec une surveillance étroite dans d'autres),

---

[30] Ibid. P. 3.

[31] Hitler, A., interview par George Sylvester Viereck *The American Monthly* (1923).

https://famous-trials.com/hitler/2529-1923-interview-with-adolf-hitler

mais sa méthode était extrêmement efficace (contrairement à la secte) ; l'Allemagne s'est transformée en une puissance économique. Il est vrai que le régime était peut-être le plus anticapitaliste dans sa rhétorique (comparé à d'autres régimes "fascistes"), mais pas de la même manière que la secte marxiste ; cela s'explique en partie par le fait que le système "capitaliste" internationaliste n'avait pas été tendre avec eux (c'est-à-dire les dettes nationales de la Première Guerre mondiale imposées par le traité de Versailles en 1919).[32] En fait, ils n'étaient pas assez stupides pour détruire leur propre potentiel/puissance économique (comme la secte le fait avec son socialisme), d'autant plus que l'Allemagne avait fait faillite après la Première Guerre mondiale. Comme ils insistaient beaucoup sur le fait que l'Allemagne était ethniquement allemande, on les a qualifiés d'"ultra-nationalistes" - une autre différence entre eux et la secte. (Etant donné que la secte prône fanatiquement l'ouverture des frontières et l'immigration de masse de nos jours, il est logique qu'elle les considère comme des ultra-nationalistes racistes, des suprémacistes blancs, etc.)

En outre, le régime national-socialiste était également un fervent promoteur et défenseur de la culture allemande, en représailles à la contamination/désacralisation de celle-ci par la secte pendant la République de Weimar (les années "pré-nazies"). La liste (des différences) est longue...

M. Hitler

Pour clarifier ces questions, prenons quelques mots de la bouche du cheval, si vous le voulez bien. Peut-être avez-vous déjà entendu parler de cet homme ? Largement considéré comme l'homme le plus maléfique de l'histoire, en particulier par les adeptes de sectes, Adolf Hitler (1889-1945) a dirigé l'Allemagne nationale-socialiste de 1933 à sa mort, à la fin de la Seconde Guerre mondiale.[33] Voici un extrait d'un excellent livre de l'auteur américain Benton L. Bradberry intitulé *The Myth of Germany Villany* (2008) :

"Hitler avait ceci à dire sur la signification du "socialisme" pour l'Allemagne, tel qu'imprimé dans un article du "Guardian, Sunday Express" du Royaume-Uni, le 28 décembre 1938 : Je définis le mot "socialiste" à partir du mot "social", qui signifie principalement "équité sociale". Un socialiste est quelqu'un qui sert le bien commun sans renoncer à son individualité, à sa personnalité ou au produit de son efficacité personnelle. Le terme "socialiste" que nous avons adopté n'a rien à voir avec le socialisme marxien. Le marxisme est anti-propriété, ce qui n'est pas le cas du véritable socialisme. Le marxisme n'accorde aucune valeur à l'individu, à l'effort individuel ou à l'efficacité ; le véritable socialisme valorise l'individu et l'encourage à l'efficacité

---

[32] "Traité de Versailles". https://www.britannica.com/event/Treaty-of-Versailles-1919

[33] "Adolf Hitler - dictateur de l'Allemagne".
https://www.britannica.com/biography/Adolf-Hitler/Rise-to-power

individuelle, tout en soutenant que ses intérêts en tant qu'individu doivent être en accord avec ceux de la communauté... On m'accuse d'être contre la propriété, d'être athée. Ces deux accusations sont fausses".[34] Je suis sûr que le lecteur peut voir les similitudes avec le régime fasciste en Italie. En effet, Hitler s'est inspiré des succès de Mussolini.

"... le parasite mondial marxiste..."

Voici les paroles prophétiques d'Hitler sur la démocratie et le marxisme, extraites de son livre *Mein Kampf*, publié en 1925 : "La démocratie, telle qu'elle est pratiquée aujourd'hui en Europe occidentale, est le précurseur du marxisme. En fait, ce dernier ne serait pas concevable sans la première. La démocratie est le terreau dans lequel les bacilles de la peste mondiale marxiste peuvent croître et se répandre".[35] (Une rapide recherche de mots dans un lecteur PDF confirme que ce livre était plein de vitriol à l'égard de la secte/idéologie ; une vérité importante qui n'est pas soulignée dans les récits officiels politiquement corrects/marxistes).

Si vous vous êtes déjà demandé pourquoi certains peuples de l'histoire étaient assez "fous" pour soutenir des dictateurs nationalistes, voici pourquoi : un système démocratique permet à la secte d'accéder au pouvoir politique. Bien entendu, la secte ne parle de "démocratie" que lorsqu'elle n'est pas aux commandes, et c'est alors le marxisme totalitaire qui s'impose (ce que les Occidentaux non endoctrinés sont en train de découvrir).

Le 10 février 1933, lors de son premier discours en tant que chancelier allemand au Sportpalast de Berlin, Hitler a déclaré : "À cette époque, la lutte contre le marxisme a été, pour la première fois, déclarée objectif de combat. C'est à ce moment-là que j'ai fait le vœu, en tant qu'inconnu, de commencer cette guerre et de ne pas me reposer jusqu'à ce que ce phénomène soit enfin éradiqué de la vie allemande".[36] Il est révélateur que des bannières nazies aient été déployées lors de cet événement : "Mach deutschland uom marxismus frei" ("Faites de l'Allemagne un pays sans marxisme") et "Der marxismus mub sterben domit die nation wieder oufer" ("Le marxisme doit mourir et la nation se relèvera").[37] Le discours est disponible sur Bitchute ("Adolf Hitler's First Speech"), et des extraits ont été présentés dans plusieurs documentaires de

---

[34] Bradberry. B., *The Myth of Germany Villainy* (2008), P. 148.

[35] Hitler, A., *Mein Kampf* (1925), P. 71.

[36] Hitler, A., "Proclamation à la nation allemande", Sportpalast, Berlin, 10 février 1933.

http://www.emersonkent.com/speeches/proclamation_to_the_german_nation.htm

[37] "Premier discours d'Adolf Hitler en tant que chancelier du Reich".
https://www.bitchute.com/video/IKpfU2NBnoWc/

Netflix.

Extrait de la page 149 du Mythe de la méchanceté allemande (légèrement modifié) : "Dans un article paru dans le journal nazi "Volkischer Beobachter" le 11 mai 1933, peu après avoir été nommé chancelier, Hitler a écrit : "Depuis quatorze ou quinze ans, je ne cesse de proclamer à la nation allemande que je considère comme ma tâche devant la postérité de détruire le marxisme, et c'est un serment solennel que je respecterai aussi longtemps que je vivrai... Nous voyons dans le marxisme l'ennemi de notre peuple que nous déracinerons et détruirons sans pitié... Le communisme est le précurseur de la mort, de la destruction nationale et de l'extinction. Nous avons engagé la bataille contre lui et nous le combattrons jusqu'à la mort".[38] Hitler a tenu sa promesse en juin 1941, lorsque l'armée allemande a exécuté l'opération Barbarossa, une tentative ratée d'anéantir l'Union soviétique.[39] Cette tentative de destruction du foyer du communisme international marque le début de la fin pour le Troisième Reich, qui n'aura plus jamais l'avantage au cours de la Seconde Guerre mondiale. Le résultat, malheureusement, fut que l'Union soviétique allait survivre en tant que principal point d'infection de la secte/idéologie dans le monde (un autre fait important qui n'est pas largement compris).

Les succès remportés par l'Italie et l'Allemagne sous ces régimes "fascistes" et le grand respect dont jouissaient les dirigeants de ces deux pays avant la Seconde Guerre mondiale (associés à la répression brutale des membres de la secte) ont certainement été des facteurs importants pour susciter la haine éternelle de la secte. Les célèbres camps de concentration de la Seconde Guerre mondiale étaient remplis de membres de sectes, ce que l'on oublie souvent. C'est pour cette raison qu'ils ont été construits à l'origine, afin de loger tous les ennemis de l'État.

La haine que ces régimes "fascistes" vouaient à la secte/idéologie nous aide également à comprendre l'ampleur du problème auquel nous sommes confrontés aujourd'hui, car elle nous montre à quel point il était gênant et exaspérant, même à l'époque. Le monde est confronté à ces fauteurs de troubles depuis la fin de la Première Guerre mondiale, et pourtant, aujourd'hui, au quart du XXIe siècle, nombreux sont ceux qui ne sont même pas pleinement conscients du problème, et qui n'en comprennent même pas l'importance ! C'est plus qu'inquiétant !

En outre, les opinions confuses qui associent les régimes "fascistes" à la secte ont contribué à masquer le fait qu'ils étaient des ennemis acharnés, que la secte/l'idéologie était problématique et détestée à l'époque également, et que ce conflit avec le marxisme a fait rage en permanence depuis la révolution

---

[38] Bradberry. B., *The Myth of Germany Villainy* (2008), P. 149.

[39] https://www.britannica.com/event/Operation-Barbarossa

russe de 1917.

Pinochet

Anti-marxiste notoire en Amérique du Sud, Augusto Pinochet (1915-2006) était un militaire qui a pris le contrôle du Chili après que celui-ci ait été gravement infecté. Son règne a commencé par un coup d'État militaire contre l'establishment marxiste en 1973. Lors d'une conférence de presse tenue le 11 septembre de cette année-là, il a déclaré : "Les forces armées ont agi aujourd'hui uniquement par inspiration patriotique pour sauver le pays du formidable chaos dans lequel il était plongé par le gouvernement marxiste de Salvador Allende".[40]

Son règne de dix-sept ans a été particulièrement brutal, rappelant l'Espagne franquiste. Il s'est livré à une violence systématique généralisée, à la torture et à l'exécution des membres des sectes. À un moment donné, au cours de l'opération Condor (la purge transfrontalière des membres de sectes soutenue par la CIA, mentionnée plus haut), Pinochet et ses alliés de "droite" ont eu recours à des "vols de la mort" : les membres de sectes étaient embarqués dans des avions et jetés - encore vivants dans certains cas - dans un plan d'eau ou au-dessus des Andes.[41]

Il a fait plusieurs déclarations sur la purge, notamment "Nous avons pratiquement nettoyé cette nation des marxistes", et "Rome a coupé la tête des chrétiens et ils ont continué à réapparaître d'une manière ou d'une autre. Il en va de même pour les marxistes".[42][43] Dans une déclaration du 8 novembre 1998, il a dit : "Je suis convaincu que le retour au Chili d'une véritable démocratie et, partant, de la véritable liberté à laquelle tous les individus ont droit, n'aurait pas pu se faire sans l'élimination du gouvernement marxiste".[44]

Comme on pouvait s'y attendre, l'idée que Pinochet était un monstre a été entretenue par la secte pendant et depuis son règne.[45] Il en va de la survie même de la secte. Il est nécessaire pour eux de cracher constamment de la haine pour

---

[40] Pinochet, A., Conférence de presse (11 septembre 1973, YouTube.com).

https://libquotes.com/augusto-pinochet/quote/lbs2j2o

[41] "Vols de la mort". https://academic-accelerator.com/encyclopedia/death-flights

[42] Pinochet, A., discours (23 février 1988), cité dans "Las frases para el bronce de Pinochet". https://libquotes.com/augusto-pinochet/quote/lbu2d0v

[43] Pinochet, A., discours (10 novembre 1995), cité dans "Las frases para el bronce de Pinochet". https://libquotes.com/augusto-pinochet/quote/lbg5e9a

[44] Pinochet, A., Déclaration, 08 novembre 1998.
https://www.azquotes.com/quote/1096354

[45] https://en.wikipedia.org/wiki/Augusto_Pinochet

leurs ennemis historiques, afin d'empêcher le reste d'entre nous de prendre un jour des mesures brutales similaires contre eux.

Par conséquent, chaque fois que nous les entendons parler de "suppression de la liberté d'expression", de "droits de l'homme", de "fascisme", d'"autoritarisme" et de "dictatures", etc. c'est la raison pour laquelle ils le font (consciemment ou inconsciemment) - pour leur propre survie. C'est pourquoi ils le font (consciemment ou inconsciemment) - pour leur propre survie. Ils veulent continuer à être des membres de culte fous, et donc détruire l'humanité sans opposition, sans aucune punition d'aucune sorte.

Les guerres mondiales comme outil de propagande

La période de la Seconde Guerre mondiale a été transformée en un outil de propagande extrêmement efficace qui aide grandement la secte/idéologie. L'accent constant mis sur cette période - et sur l'Allemagne hitlérienne en particulier - a plusieurs objectifs : dissimuler les crimes de la secte tout au long du XXe siècle en détournant l'attention, et associer toute idée de souveraineté nationale authentique, de nationalisme ou de patriotisme à des actes malveillants. Cela renforce l'idée que "si vous n'êtes pas marxiste, vous êtes mauvais" (c'est pourquoi ils qualifient les nationalistes antimondialistes de "racaille nazie").

Est-il possible que les mondialistes internationalistes ne veuillent pas que le grand public connaisse la vérité antimarxiste cachée sur les régimes "fascistes" du 20e siècle, parce qu'elle pourrait potentiellement remonter le moral des patriotes nationalistes du monde entier aujourd'hui ?

Elle susciterait également une immense colère contre les menteurs et les pseudo-intellectuels qui n'ont pas informé le grand public de cette vérité, soit par ignorance, soit par étroitesse d'esprit, soit par endoctrinement, soit par tromperie pure et simple.

Section XIII-Épilogue : L'apocalypse zombie

"Zombies du monde entier, unissez-vous ! Nous n'avons rien d'autre à manger que vos cerveaux !"

Marl Karx

"Tu as du rouge sur toi"[1]

Shaun of the Dead, 2004

Une guerre mondiale de zombies rouges

Les films de zombies sont une excellente analogie de notre situation mondiale actuelle, et il y en a eu beaucoup au fil des décennies. Je les considère comme une prophétie, une préfiguration de l'apocalypse. Dans le monde d'aujourd'hui, certains sont infectés, d'autres non, comme dans ces films. Les zombies ne sont pas vraiment vivants, mais ils sont en quelque sorte vivants - il y a des signes de vie - tout comme les membres des cultes. Ils ne sont pas égaux à ceux qui ne sont pas infectés, bien sûr, en termes de conscience (comme nous l'avons vu plus haut, le degré de présence, de conscience et d'intelligence d'une personne). Les zombies peuvent infecter les autres en les "transformant" lorsqu'ils entrent en contact avec eux (par le toucher, la morsure, etc., selon le film), de la même manière que les membres d'une secte "infectés" ayant subi un lavage de cerveau influencent/contaminent leurs "victimes" - les personnes naïves et non encore infectées. Ils peuvent utiliser la violence contre leurs ennemis ou inciter les autres à la violence, mais la plupart du temps, n'est-ce pas psychologique ? Ils essaieront de drainer votre énergie mentale, votre enthousiasme et votre moral. Ils rongent essentiellement votre esprit.

Nous sommes tous engagés dans une guerre mondiale idéologique, psychologique et spirituelle contre une armée mondiale de "personnes" au cerveau lavé comme celui d'un zombie. L'image des infectés mangeant le cerveau des non infectés est symbolique - c'est la "dévoration" de la conscience humaine par un comportement zombie. Si l'on considère le monde en termes d'endoctrinement et d'absence de conscience, ces films prennent une toute nouvelle signification. Les zombies sont stupides et il leur manque

---

[1] "You've Got Red on You", *Shaun of the Dead* (2004)

https://www.YouTube.com/watch?v=T1GYsCMCLpo

essentiellement quelque chose, c'est pourquoi ils mangent des cerveaux - ils ont besoin des vôtres parce qu'ils n'en ont pas.

Appelez-les des membres de la secte marxiste

Il est temps pour nous tous de reconnaître et de dire la vérité, en masse. En général, en tant que société, nous ne sommes pas assez honnêtes et directs avec eux au sujet de leur appartenance à une secte. C'est une question que nous devons tous aborder personnellement dans notre vie, si nous avons la constitution pour le faire. Il se peut que nous devions être directs, voire brutalement honnêtes. Ce n'est pas le moment de s'inquiéter d'être "poli" et de ménager les sentiments des gens ! Il n'y a rien de noble à être "gentil" si cela accélère l'effondrement du monde qui vous entoure ; vous n'avez pas le droit de revendiquer un tel statut dans ce cas.

Nous devons tous commencer à affronter l'endoctrinement et les endoctrinés de front, en leur disant que ce qu'ils font est mal, et pourquoi ils le font. Il faut aussi leur dire qu'ils sont hypocrites, puisqu'ils "oppriment" souvent le reste d'entre nous alors qu'ils sont de glorieux révolutionnaires (tout en supposant qu'ils agissent de manière à lutter contre l'oppression). Dans de nombreux cas, nous ne devrions pas agir de la sorte et nous attendre à des résultats positifs chez la personne avec laquelle nous traitons. Il ne s'agit pas nécessairement de convaincre ou de "laver le cerveau", non, puisque cela est futile dans de nombreux cas.

Nous devrions plutôt nous contenter d'une confrontation de principe. Ceux qui sont capables de "s'en sortir" le feront ; ceux qui ne le peuvent pas nous montrent qu'ils sont irrécupérables, ce qui nous aide à tracer cette ligne dans le sable (cela les éloigne aussi souvent de vous, à votre avantage). Nous le ferons aussi pour créer une pression sociale, pour réprimer et humilier, et pour rendre socialement inconfortable le fait d'être ouvertement membre d'une secte, pour priver le mouvement de son oxygène social de secte. Ce sera le grand défi de l'ère moderne, voire le plus grand défi auquel l'humanité ait jamais été confrontée...

Conseils aux parents : préserver l'immunité des enfants

"Si ton cœur reste pur et bat d'une manière purement humaine, et qu'aucun esprit démoniaque n'est capable d'éloigner ton cœur des sentiments les plus fins, alors seulement je trouverai le bonheur que, depuis de nombreuses années, je rêve de trouver grâce à toi ; sinon, je verrais le plus beau but de ma vie en ruine"[2]

Une lettre de 1837 de Heinrich Marx à son fils possédé par le démon,

---

[2] Marxists.org, "Lettre de Heinrich Marx à son fils Karl", 1837

https://marxists.architexturez.net/archive/marx/letters/papa/1837-fl2.htm

qui était déjà trop loin...

Ce conseil ne vaut que pour les parents qui ne sont pas eux-mêmes contaminés, bien entendu. Méfiez-vous de toute personne travaillant avec l'État ou en son nom ! Méfiez-vous en particulier de ceux qui exercent une fonction "éducative" ou d'influence. Il y a de fortes chances qu'ils aient reçu une éducation marxiste contaminée et qu'ils la transmettent à vos enfants. Les parents doivent aussi, malheureusement, garder un œil sur toute autre personne susceptible d'influencer leur enfant. Cela peut venir d'amis, de relations, de collègues de travail, de coéquipiers de sport, etc. et n'oublions pas les médias, les divertissements et les influences des médias sociaux ! Vous avez du pain sur la planche...

C'est une tragédie lorsqu'un parent perd son enfant à cause du lavage de cerveau marxiste (à moins qu'il ne soit lui-même déjà endoctriné). Cette idéologie scélérate provoque même des divisions au sein des familles. Les parents doivent donc être vigilants et protéger leurs enfants de la secte/idéologie, en plus de toutes les responsabilités habituelles et fondamentales de la parentalité telles que : fournir de la nourriture, un abri, des vêtements, une protection, et les autres responsabilités (non assumées dans de nombreux cas) telles que leur enseigner l'amour, la santé, la discipline, la confiance, la patience, l'humilité, etc. Il s'agit vraiment d'un environnement déplorable pour élever un enfant, pour de nombreuses raisons, mais nous devons néanmoins être vigilants, et ces choses doivent être faites. Le paysage est beaucoup plus toxique et sans doute plus complexe que jamais, mais il est essentiel d'immuniser les enfants, sinon l'avenir est perdu...

Tout parent rationnel et sain d'esprit protégerait ses enfants d'un agresseur, d'un pédophile ou de toute autre personne susceptible de leur causer du tort. Les parents responsables doivent maintenant commencer à considérer les membres des sectes marxistes de cette manière, ou toute personne qu'ils pourraient soupçonner d'en faire partie, y compris les enseignants et les professeurs à tous les niveaux, les fonctionnaires, les organisateurs communautaires, les travailleurs sociaux, etc. Le soupçon, dans ce cas, est très utile. La suspicion, dans ce cas, est très utile. Tout le monde doit être contrôlé pour l'endoctrinement marxiste avant d'être autorisé à entrer en contact avec les jeunes.

Bien entendu, comme nous l'avons déjà mentionné, une personne (parent ou non) doit comprendre suffisamment l'idéologie/la secte pour pouvoir identifier qui est membre d'une secte et qui ne l'est pas ! Ainsi, en plus de toutes les autres responsabilités des parents mentionnées ci-dessus, ils doivent consacrer du temps à l'étude et à la compréhension de ce sujet.

Un livre comme celui-ci est un point de départ idéal. Je souhaite que les parents s'arment de ces connaissances, afin de pouvoir décider en connaissance de cause des personnes avec lesquelles leurs enfants interagissent et des informations auxquelles ils sont exposés. Considérez ces connaissances et cette formation comme un investissement judicieux ; une "amélioration" de votre personnalité pour le bien de nos enfants.

Dans un vieux documentaire (dont je ne me souviens plus du nom) sur ce qui s'est passé au Cambodge avec Pol Pot et ses compagnons de la secte des Khmers rouges, une femme dit qu'elle a bien élevé son fils, mais qu'il est quand même allé travailler pour Pol Pot ; ils ont quand même réussi à l'endoctriner. Cela soulève un point : de nombreux parents n'ont peut-être pas été en mesure de se préparer à cette situation, car ils n'étaient pas conscients de la menace marxiste. Bien sûr, il y a beaucoup de parents qui ont "bien" élevé leurs enfants, mais sans être conscients de l'idéologie et du risque d'endoctrinement, leurs enfants peuvent encore en être victimes. C'est malheureusement la tragédie de la situation. C'est pourquoi nous ne pouvons pas être trop vigilants.

Il y a un prédateur dans le monde - un prédateur caché, complexe, psychologique, qui peut s'en prendre à n'importe qui, mais les jeunes sont particulièrement exposés. Nous devons pardonner aux parents bien intentionnés du passé de ne pas avoir été capables de voir venir ce monstre. Il est difficile pour le commun des mortels de voir que ce monstre existe dans notre monde, et encore plus de galvaniser ses enfants contre lui. Cela dit, il est important que ce message parvienne au plus grand nombre de parents possible, afin que personne ne puisse prétendre qu'il n'a pas été informé. Nous devons tous veiller à ce que cette excuse ne soit pas acceptable.

Les critiques de zombies

Bien sûr, certains reconnaîtront la valeur de ce travail. Beaucoup ne le feront pas ou essaieront même activement de le ternir, protégeant ainsi la secte/l'idéologie (volontairement ou involontairement). De cette manière, l'impact du livre peut être supprimé. Plus l'impact anticipé est fervent, plus l'attaque suppressive des membres de la secte est importante. Bien sûr, ils utiliseront les critiques habituelles et il y aura des critiques prévisibles sur diverses plateformes marxistes (sites web, journaux, émissions, podcasts, etc.). Ils souligneront toutes les faiblesses perçues et les exagéreront, en plus d'être mesquins en trouvant des erreurs/perceptions d'erreurs ou en se moquant de manière générale. Ils essaieront vainement de fabriquer, de déterrer, d'exagérer et de répéter tout ce qu'ils peuvent utiliser au sujet de l'auteur.

Si ce livre fait l'objet de discussions dans certains médias (ou partout où vous pouvez voir une réponse collective), vous remarquerez les commentaires suivants qui sont les "critiques" habituelles utilisées par les zombies offensés ; certaines étant plus ouvertement marxistes et d'autres apparemment "neutres" : "Ce n'est pas ce qu'est le marxisme ! Il ne sait même pas ce que ça veut dire !"; "Je suis d'accord avec lui sur certains points, mais pas sur d'autres" ; "Il met tout sur le dos du marxisme !"; "Il confond marxisme/socialisme avec communisme/stalinisme/marxisme-léninisme !"; "Ecrit comme un vrai fasciste. 2 étoiles" ; "Il répète des choses !"; *"A-t-il vraiment lu Marx et Engels ?!?"*; "De nombreux experts ne sont pas d'accord avec (tel ou tel point), alors comment pouvez-vous prendre ce livre au sérieux ?"; le livre est "hyperbolique" ou "une théorie du complot absurde !", ou "J'ai arrêté de lire après la page (X) à cause d'une erreur sur (Y)", etc. etc.

Ils feront tout cela parce que, au fond d'eux-mêmes, ils sont contrariés. Ils sont vexés qu'on les critique, eux et leur vision (erronée) du monde. Ce genre de venin mesquin ne peut émaner que d'une personne qui n'a pas l'ombre d'une colonne vertébrale, au fond d'elle-même. L'élément enfantin est un mélange de colère, d'arrogance, de pseudo-intellectualisme, etc. Nous le voyons se manifester dans le vitriol - il n'y a pas de capacité à contrôler les émotions. Ce type de réactions au livre prouve qu'il est correct, mais aussi qu'il est important et nécessaire.

Si ces types de réactions sont des tentatives de suppression du livre, alors elles ne pourraient pas être plus auto-sabotantes. Chaque fois que les types endoctrinés essaient de le faire, ils s'exposent davantage pour ce qu'ils sont. Ils encouragent également les gens comme nous à les exposer davantage. Sur la tombe de Karl Marx, on peut lire la déclaration grandiose suivante : "Les philosophes n'ont fait qu'interpréter le monde, de diverses manières ; l'important, c'est de le changer".[3] Bien sûr, mais seulement si l'on peut le faire de manière positive. À cet égard, Marx et la secte marxiste sont les éternels ratés.

Quant à ceux qui ne sont pas nécessairement endoctrinés mais qui entravent l'impact du livre, ils constituent également un problème. La société n'est pas en mesure de reconnaître la vérité. Souvent, l'ego et/ou un intellectualisme excessif peuvent faire obstacle, car une personne fait passer sa satisfaction personnelle avant ce qui est le mieux pour le groupe. C'est une tendance dont la secte/idéologie peut tirer pleinement parti, car elle veut cette réaction de la part de ses adversaires ou à leur égard. Elle adore l'idée que les réactions à ce livre puissent être divergentes ; plus elles sont divergentes, moins les idées du livre sont une menace pour la secte/idéologie.

En d'autres termes, lorsque nous vivons dans une société où ce qui est vrai et bénéfique fait l'objet d'une reconnaissance et d'un soutien collectifs et reçoit le respect qu'il mérite, nous vivons dans une société qui connaîtra des changements positifs. Il appartient vraiment aux personnes impliquées dans le discours public sur cette question d'avoir la maturité, l'intelligence et le courage nécessaires pour se mettre au service de la vérité. Ils doivent mettre tout le reste de côté - y compris les intellectualismes égoïstes - et faire avancer le message de ce livre de toutes les manières possibles, pour le bien de tous .

---

[3] https://en.wikipedia.org/wiki/Tomb_of_Karl_Marx

Autres titres

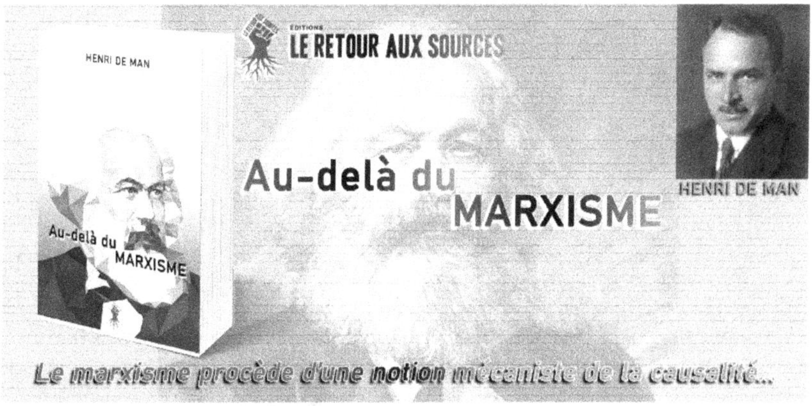

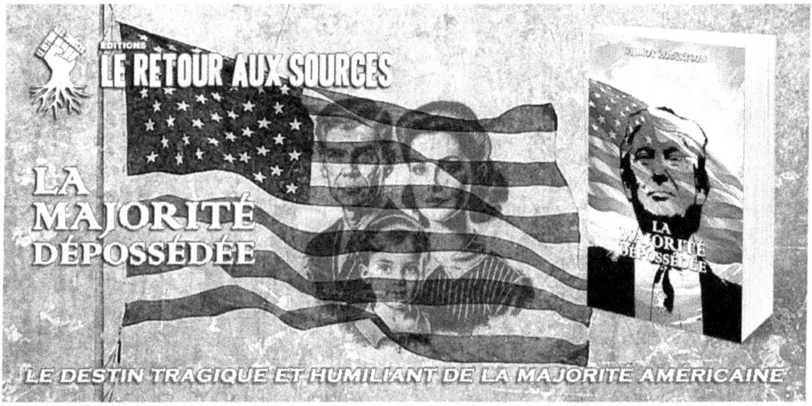

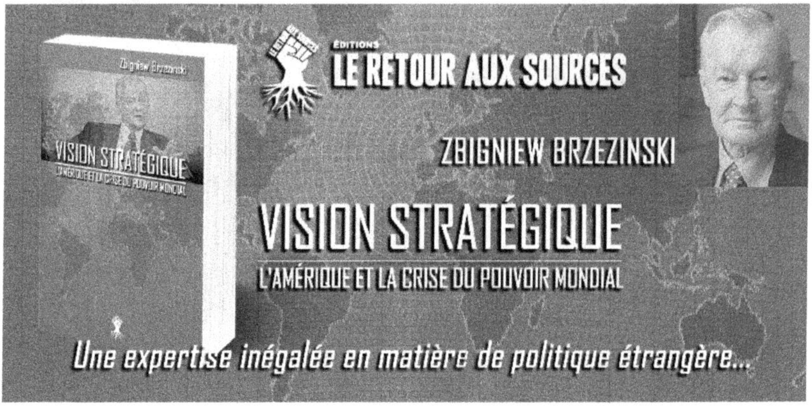

www.ingramcontent.com/pod-product-compliance
Lightning Source LLC
Chambersburg PA
CBHW071140270326
41929CB00012B/1817